박문각
한국사
능력검정

90개 주제로 정리한

한국사 능력검정시험

브랜드만족 1위 박문각

심화 1·2·3급

남택범 편저

박문각

머리말

책을 만들면서 언제나 하는 생각이 있었습니다.

"어느 책이나 첫머리에 담겨있는 머리말을 제대로 읽어본 적이 있는가?"

어려운 학문을 다루는 전문 서적의 머리말은 책을 펴게 된 근원적인 질문과 그에 간략한 해답이 담겨있어 꼭 읽어야 하는 부분이라 생각하지만, 문제집을 만드는 저 조차 다른 문제집의 머리말을 정성스럽게 읽어 본 적이 없는 것 같습니다. 저는 그 이유가 "실질적인 도움이 되는 글이다."라고 인식하지 못하는 것이 아닐까 생각합니다. 그래서 이 교재에서는 한국사능력검정시험의 중요성, 효율성, 기본 소양 등등 거창한 말들은 모두 생략하려 합니다. 제가 여러분께 해드리고 싶은 이야기는 바로 시험을 잘보는 법을 몇 자 적어볼까 합니다. 사람마다 공부의 성향도 다르고 이해 수준도 다르기에 모두에게 적용될 수는 없지만 그래도 시험을 잘볼 수 있는 몇 가지 방법을 알려드리겠습니다.

❶ 역사 공부를 잘하는 방법은 "쪼개기"와 "붙이기"를 잘하는 것이다.

우리가 머릿속에 지식을 저장하는 단계는 마치 컴퓨터 저장소에 여러 파일을 저장하는 것과 같은 작업입니다. 아무리 많은 파일을 저장하였더라도 그 파일의 정확한 위치를 모르면 우리는 그 파일을 열어 볼 수 없습니다. 그래서 우리는 파일들의 위치를 쉽게 찾기 위하여 폴더를 설정하는 "쪼개기" 작업을 하는 겁니다. 이것이 바로 구분짓기입니다. 상・하위의 다양한 폴더를 생성하여 파일을 저장하는 것처럼 우리는 각각의 지식을 구분되는 주제에 맞추어 정리해야 합니다. 이때 폴더의 이름이 되는 것이 바로 주제가 되는 것입니다. 대주제는 상위폴더라면 중주제, 소주제는 하위폴더가 되는 것입니다. 이렇게 구분을 잘 해두고 정리하는 사람이 지식의 위치를 찾기 쉽기에 역사 공부를 잘할 수 있습니다. 그리고 두 번째는 "붙이기" 작업입니다. 쪼개기로 나눈 다양한 주제의 지식들은 단절적인 사실들의 나열이 아닙니다. 역사는 수많은 사실들이 연결되어 있기에 쪼개놓은 지식들을 다시 연결하여야 흐름을 파악할 수 있습니다. 그래서 두 번째 필요한 능력은 폴더단위로 나뉘어 있는 지식들을 다시 연결하는 작업을 잘해야 합니다. 이 두 가지 기술이 여러분의 지식을 정리하고 인과관계를 살펴보는 데 많은 도움이 될 수 있을 것입니다.

❷ 우리는 원하는 등급을 얻고자 공부하는 것이지 역사학자가 되려는 것이 아니다.

이 시험은 여러분이 그동안 준비했던 시험과 조금 다릅니다. 우리는 만점을 받기 위해 최소한의 무지를 줄여야 하는 시험을 준비하는 것이 아닙니다. 이 시험은 자신의 목표 등급을 확보하기 위하여 최소한의 점수만 확보하면 되는 시험입니다. 즉, 여러 지식들 중 '선택과 집중'이라는 방식으로 효율성을 높일 수 있습니다. 정말로 이해가 안 되거나 어렵게 여겨지는 부분은 과감히 포기하셔도 됩니다. 물론 그러기 위해서는 본인이 포기하는 부분이 어디인지 명확한 구분이 되어 있어야 합니다. 또한 당연한 말이지만 포기하는 부분이 너무 많아 최소점 아래의 지식만 확보하는 것도 안 됩니다. 포기할 부분을 잘 선택해서 조율하는 것, 그것이 효율적인 합격 시간을 만들어 드릴 것입니다.

❸ 사료와 그림, 제시된 모든 것은 힌트이다.

국어 시험에 익숙한 우리들은 긴 문장을 가진 지문만 나와도 벌써 눈앞이 깜깜합니다. 저걸 언제 다 읽고 문맥을 파악하고 출제자가 요구하는 정답을 찾지? 아마 본능적인 추론 단계일 것입니다. 하지만 역사 문제는 다릅니다. 제시된 문장을 다 읽고 문맥을 파악할 필요가 없습니다. 늘 하는 당연한 말이지만 파악하면 더 좋은 거지만요. 그럼 어떻게 해야 할까? 그건 바로 그 긴 글 속에서 그림 속에서 우리가 학습한 최소한의 힌트를 찾아내는 것입니다. 문맥이 무슨 내용인지 모르겠어도 기본이론 시간에 들어본 단어를 빠르게 추출하는 것입니다. 그러니 문장이 길면 길수록 내가 아는 힌트 단어가 들어있을 확률이 높아지는 것입니다. 따라서 우리는 사료가 길게 제시되면 더 좋아해야 합니다.

❹ 한국사능력검정시험은 친절한 시험이다.

모든 시험은 합격자와 불합격자를 구분한다는 목적이 있습니다. 정해진 합격자를 위하여 누군가는 틀려야 하는 문제를 출제해야 하는 것입니다. 그래서 문제를 출제하는 사람은 다양한 경우의 수를 생각해서 너무 쉬워도, 또 너무 어려워도 안 되는 변별력을 갖춘 문제를 만들기 위하여 노력합니다. 하지만 한국사능력검정시험은 정해진 합격자 수를 맞추기 위한 의도적인 변별력 생성 작업을 할 필요가 없는 시험입니다. 당연히 시험인지라 최소한의 변별력을 갖추려고 하지만 의도적으로 사람들의 오답을 유발하기 위한 "매력적인 오답"을 강제적으로 만들 이유가 없는 시험입니다. 그러니 너무 어렵게 부담을 가지지 않으시길 바랍니다.

❺ 시기를 묻는 문제가 나오면 앞 · 뒤 문제를 확인해 보자.

한국사능력검정시험의 심화 과정은 총 50문제가 나옵니다. 이 50문제는 선사시대부터 현대까지 시간순으로 배열되어 있습니다. 즉, 앞문제와 뒷문제를 통해서 지금 이 문제의 시기를 유추할 수 있는 기본적인 힌트를 얻을 수 있습니다. 예를 들어 앞문제가 고려시대 문제이고 뒷문제도 고려시대 문제이면 시기를 묻고 있는 이 문제도 고려시대일 확률이 높은 것입니다. 소소하지만 이러한 힌트도 챙겨보시면 점수에 도움이 될 수 있습니다.

이밖에도 문제를 풀어내는 지식 외적인 활용법들은 이 교재 내용을 설명하고 있는 동영상 강의에서 좀 더 말씀해 드리도록 하겠습니다.

모든 지식을 습득하는 가장 지루하고 재미없는 방법은 바로 교과서로 배우는 것입니다. 하지만 우리는 그 방법을 가장 효율적이라고 생각하기도 합니다. 여러분은 여러분이 원하는 최소한의 자격을 획득하기 위한 가장 효율적인 학습을 시작하는 사람들입니다. 여러분의 소중한 인생의 중요한 나날들을 지루하고 재미없는 학습에 너무 오래 두지 마십시오. 효율적인 학습을 통해 보다 행복한 날들을 늘리시기를 열심히 도와드리겠습니다.

편저자 남택범 드림

한국사 능력검정시험 안내

목적

- 우리역사에 대한 관심을 확산 · 심화시키는 계기를 마련하고 균형 잡힌 역사의식을 갖도록 함
- 한국사 전반에 걸쳐 역사적 사고력을 평가하여 역사 교육의 올바른 방향 제시
- 역사학습을 통해 고차원적 사고력과 문제해결능력을 육성함으로써 학생 및 일반인들의 학습능력 향상에 도움을 주도록 함

응시 대상

- 대한민국 국민(재외동포 포함), 한국사에 관심 있는 외국인

인증 등급

- 성적에 따라 인증 등급을 3개로 나누어 인증

시험 종류	인증등급	급수 인증 기준	평가 수준	문항수
심화	1급	80점 이상	대학교 교양 및 전공 학습, 고등학교 심화 수준	50문항 (5지 택1)
	2급	70점 이상 80점 미만		
	3급	60점 이상 70점 미만		
기본	4급	80점 이상	중 · 고등학교 학습, 초등학교 심화 수준	50문항 (4지 택1)
	5급	70점 이상 80점 미만		
	6급	60점 이상 70점 미만		

※ 배점 : 100점 만점(문항별 1 ~ 3점 차등 배점)

평가 내용

- 선택형(객관식) 50문항

시험 종류	평가 내용
심화	**한국사 심화과정**으로서 한국사에 대한 체계적인 이해를 바탕으로 한국사의 주요 사건과 개념을 종합적으로 이해하고, 역사 자료를 분석하고 해석하는 능력, 한국사의 흐름 속에서 시대적 상황 및 쟁점을 파악하는 능력
기본	**한국사 기본과정**으로서 기초적인 역사 상식을 바탕으로 한국사의 필수 지식과 기본적인 흐름을 이해하는 능력

시험 시간

시험 종류	시간	내용	소요시간
심화	10:00~10:10	오리엔테이션(시험 시 주의 사항)	10분
	10:10~10:15	신분증 및 수험표 확인(감독관)	5분
	10:15~10:20	문제지 배부	5분
	10:20~11:40	시험 실시 (50문항)	80분
기본	10:00~10:10	오리엔테이션(시험 시 주의 사항)	10분
	10:10~10:15	신분증 및 수험표 확인(감독관)	5분
	10:15~10:20	문제지 배부	5분
	10:20~11:30	시험 실시 (50문항)	70분

인증 결과의 활용

- 2012년부터 한국사능력검정시험 2급 이상 합격자에 한해 인사혁신처에서 시행하는 5급 공무원 공개경쟁채용시험 및 외교관 후보자 선발시험에 응시 자격 부여
- 2013년부터 한국사능력검정시험 3급 이상 합격자에 한해 교원임용시험 응시 자격 부여
- 국비유학생, 해외파견 공무원 선발 시 국사 시험을 한국사능력검정시험(3급 이상 합격)으로 대체
- 2014년도부터 한국사능력검정시험 2급 이상 합격자에 한해 인사혁신처에서 시행하는 지역인재 7급 견습직원 선발시험에 추천자격 요건 부여
- 2015년부터 공무원 경력경쟁채용시험에 가산점 부여
- 2018년부터 군무원 공개경쟁채용시험에서 국사 과목을 한국사능력검정시험으로 대체
- 2021년부터 7급 국가(지방)공무원 공개경쟁채용시험에서 한국사과목을 한국사능력검정시험으로 대체
- 2022년부터 순경공채, 경찰간부후보생 등 경찰채용 필기시험 한국사과목을 한국사능력검정시험으로 대체
- 일부 공기업 및 민간기업의 직원 채용이나 승진 시 반영
- 일부 대학의 수시 모집 및 육군 · 해군 · 공군 · 국군간호사관학교 입시 가산점 부여

※ 인증서 유효기간은 인증서를 요구하는 각 기관에서 별도로 정함

CONTENTS

차례

90개 주제로 정리한 한국사능력검정시험

차례

부록

한국사

능력검정시험

90개
주제로
정리한

심화
1·2·3급

01 선사시대

자료 더하기

구석기 시대의 시기 구분

전기	큰 석기, 여러 용도로 사용
중기	돌조각인 격지를 잔손질해 사용
후기	쐐기를 이용하여 여러 돌조각을 제작, 이음도구 사용

흑요석기

▲ 흑요석기

흑요석은 화산지대에서 생성되는 암석으로 절단면이 날카로워 구석기 시대부터 신석기 시대까지도 석기의 귀한 재료로 활용되었다.

연천 전곡리 유적을 발견한 미군

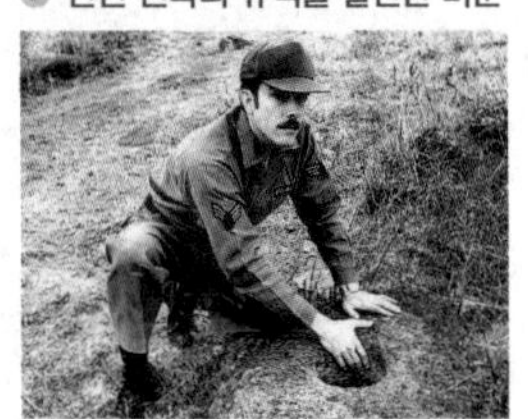

▲ 미군 그렉 보웬 상병

구석기 시대 유물

▲ 주먹도끼와 슴베찌르개

01 / 석기 시대

1 구석기 시대

(1) 시기: 약 70만 년 전에 시작(석기 제작 방법으로 시기를 구분)

(2) 유적지: 평남 상원 검은모루 동굴, 경기 연천 전곡리, 충남 공주 석장리 등

(3) 도구: 주먹도끼, 찍개, 긁개, 슴베찌르개 등 뗀석기 사용

(4) 사회: 동굴이나 막집에서 거주, 사냥이나 채집을 하며 이동 생활, 평등한 공동체적 생활

(5) 예술: 동물의 뼈나 뿔 등을 이용하여 조각품 제작

2 신석기 시대

(1) 시기: 기원전 8000년(1만 년 전)경에 시작

(2) 유적지: 서울 암사동, 평양 남경, 김해 수가리 등(주로 강가나 바닷가)

(3) 도구: 간석기(돌괭이, 돌삽, 돌보습, 돌낫 등), 가락바퀴, 뼈바늘, 토기(이른민무늬, 덧무늬, 빗살무늬 토기 등)

(4) 사회: 움집(모서리가 둥근 사각형) → 정착 생활, 농경 생활 시작, 사냥과 고기잡이도 중요, 평등한 공동체적 생활

(5) 신앙 및 예술: 원시 신앙(애니미즘, 샤머니즘, 토테미즘), 조개껍데기 가면, 치레걸이 등

02 / 청동기, 철기 시대

1 청동기 시대

(1) 시기: 기원전 2000년경 ~ 기원전 1500년경부터 시작

(2) 특징

① 농업 생산력의 발전 → 잉여 생산물의 증가 → 사유 재산 제도와 빈부 격차, 계급의 분화

② 직사각형 모양의 움집이 점차 지상가옥화, 취락지 형성 및 방어시설 설치(환호, 목책 등)

(3) **도구**: 청동기(비파형 동검, 거친무늬 거울), 석기(반달돌칼, 바퀴날 도끼 등), 토기(민무늬 토기, 미송리식 토기)

(4) **무덤**: 고인돌(탁자식·바둑판식), 돌널무덤 → 대규모 노동력 동원의 흔적

(5) **예술**: 사냥 및 고기잡이의 성공과 농사의 풍요 기원 → 바위그림 제작(고령 양전동 바위, 울주 반구대)

2 철기 시대

(1) **시기**: 기원전 5세기경부터 시작

(2) **도구**

① 철제 농기구의 사용 → 농업 생산력 증가, 철제 무기 사용 → 정복 활동 활발

② **토기**: 민무늬 토기·덧띠 토기·검은 간토기 등

(3) **중국과의 교류**: 명도전·반량전·오수전 등의 중국 화폐 출토, 경남 창원 다호리 유적의 붓 출토(한자 사용)

(4) **대표적인 유물**: 세형 동검, 잔무늬 거울, 거푸집 → 독자적인 청동기 문화 발달

(5) **무덤**: 널무덤, 독무덤

대표 사료 확인하기

1. 모비우스 학설

미국의 고고학자 모비우스는 구석기 문화를 주먹도끼 문화권과 찍개 문화권으로 분류하였다. 그는 인도를 기준으로 인도 서쪽인 유럽, 아프리카, 서아시아 등지를 아슐리안형 주먹도끼 문화권이라 하였고, 동아시아 지역에는 주먹도끼가 없으며, 그 대신 찍개가 중심을 이루는 구석기 문화를 가지고 있다고 주장하였다. 이 이론은 아프리카나 유럽에 비해 아시아는 석기 제작 기술이 떨어져 외날식 양식의 구석기만 나온다는 것이었다. 널리 통용되던 이 학설은 1978년 경기도 연천 전곡리에서 아슐리안형 주먹도끼가 나오게 되면서 폐기되었다.

2. 청동기 시대의 유물

▲ 비파형 동검

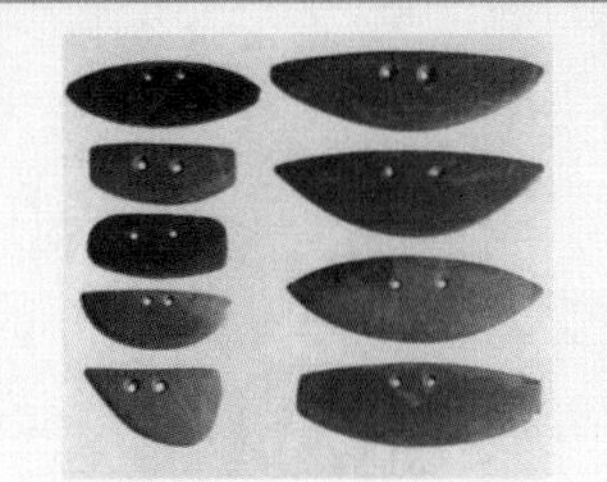
▲ 반달돌칼

▲ 농경문 청동기

자료 더하기

신석기 시대 가락바퀴

신석기 시대 움집터

신석기 시대 빗살무늬 토기

청동기 시대 붉은 간토기

철기 시대 검은 간토기

자료 더하기

3. 청동기 시대의 무덤

▲ 탁자식 고인돌(강화)

▲ 바둑판식 고인돌(고창)

▲ 돌널무덤

4. 철기 시대의 유물

▲ 세형 동검과 거푸집

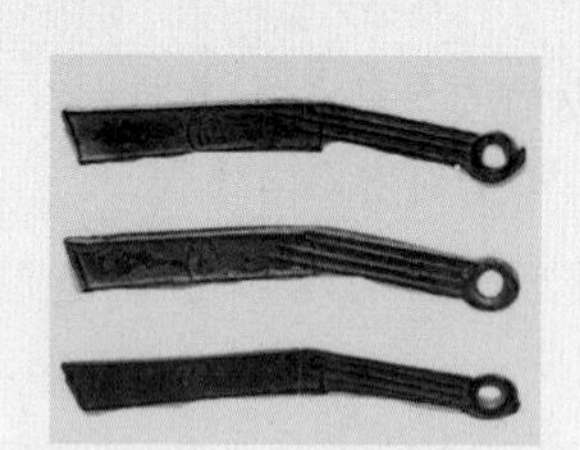
▲ 명도전

▲ 잔무늬 거울

02 고조선

01 / 고조선의 건국과 발전

자료 더하기

1 고조선 건국 신화

(1) 단군 신화: 청동기 문화를 배경으로 한 고조선 성립의 역사적 사실 반영

(2) 신화의 내용: 농경 사회, 토테미즘, 홍익인간, 선민사상, 제정일치 사회(단군왕검) 등

(3) 언급된 역사서: 『삼국유사』(최초), 『제왕운기』, 『세종실록지리지』, 『응제시주』, 『동국여지승람』 등

2 고조선의 발전

(1) 고조선의 발전: 기원전 2333년 단군왕검이 건국
- ① 기원전 3세기경 연나라와 대립(진개의 침입) → 요령에서 대동강 유역으로 중심지 이동
- ② 부왕과 준왕의 등장(왕위 세습, 상·대부·장군 등의 관직 설치) → 진·한 교체기 위만 이주

(2) 위만 조선의 성립: 중국의 진·한 교체기에 위만세력 이주
- ① 서쪽 변경지역의 방어를 담당하던 위만이 준왕을 몰아내고 정권을 찬탈
- ② 고조선의 정통 계승: 상투, 조선인 옷, '조선' 국호 사용, 토착민을 관직에 등용
- ③ 철기 문화의 본격적 수용 → 활발한 정복 활동, 중국의 한과 한반도 남부 사이에서 중계무역 전개

(3) 한(漢)과의 대립과 멸망
- ① 한 무제 집권 이후 갈등 악화 → 한의 창해군 설치(기원전 128년)
- ② 한 사신 섭하 살해사건(기원전 109년) → 한의 침입 → 우거왕 살해 등 내분으로 멸망(기원전 108년)
- ③ 한은 고조선의 땅에 4군을 설치하여 운영(낙랑군, 진번군, 대방군, 현도군)

평양 단군릉

마니산 참성단

02 / 고조선의 사회 모습

1 고조선의 사회

(1) 8조법

① 살인자는 처형 → 생명 존중, 노동력 중시, 보복주의 원칙

② 상처를 입힌 자는 곡물로 배상 → 농경 사회, 사유재산제

③ 절도자는 노비로 삼고 속죄하려는 자는 돈 50만 전을 낸다. → 계급 사회, 사유재산제

④ 여자는 정조를 지키고 음란하고 편벽된 짓을 하지 않음 → 남성 중심 가부장제 가족 사회

2 고조선의 강역

(1) 초기: 요령지방을 중심으로 발전(고인돌, 미송리식 토기, 비파형 동검으로 추정)

(2) 후기: 대동강 유역의 왕검성을 중심으로 발전

▼ 고조선의 문화적 강역

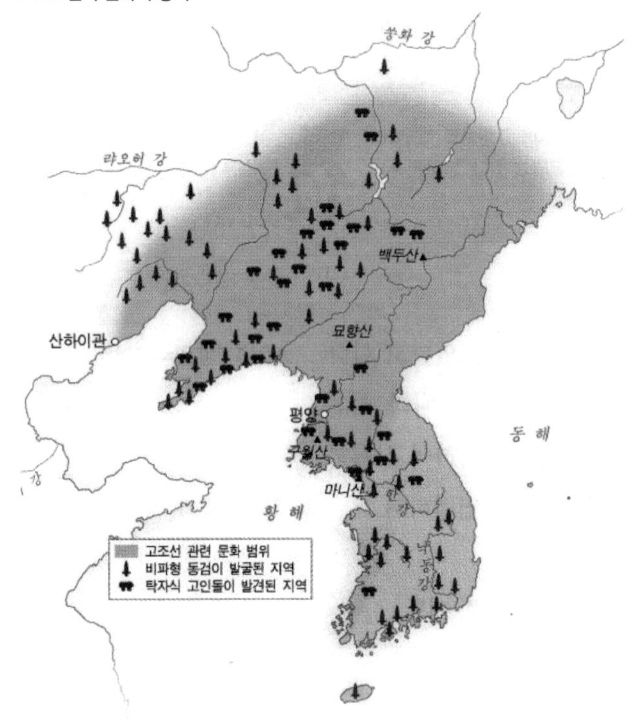

자료 더하기

고조선의 8조법

대개 사람을 죽인 자는 즉시 죽이고, 남에게 상처를 입힌 자는 곡식으로 갚는다. 도둑질을 한 자는 노비로 삼는다. 용서를 받고자 하는 자는 한 사람마다 50만 전을 내게 한다. (중략) 이러해서 백성은 도둑질을 하지 않아 대문을 닫고 사는 일이 없었다. 여자는 모두 정숙하여 음란하고 편벽된 짓을 하지 않았다.

－「한서」－

미송리식 토기

대표 사료 확인하기

자료 더하기

1. 고조선의 건국 신화(『삼국유사』, 『제왕운기』)

• 『삼국유사』

고기(古記)에는 "옛날에 환인(桓因)의 서자 환웅(桓雄)이 있어서 자주 천하에 뜻을 두어 인간 세상을 구하기를 탐냈다. 아버지가 아들의 뜻을 알고 천부인(天符印) 3개를 주고 가서 그곳을 다스리도록 하였다. 환웅은 무리 3,000명을 이끌고 태백산정(太伯山頂)의 신단수(神壇樹) 아래로 내려왔으니, 그곳을 신시(神市)라 부르고 이분을 환웅천왕(桓雄天王)이라고 부른다. 풍백(風伯), 우사(雨師), 운사(雲師)를 거느리고 곡식, 운명, 질병, 형벌, 선악 등을 주관하니 무릇 인간의 360여 일들을 주관하여 세상에 있으며 다스리고 교화하였다."

• 『제왕운기』

처음 누가 나라를 열고 풍운을 열었느냐, 제석의 손자니 이름하여 단군이라.
제요와 함께 무진년에 흥하여 하왕조를 거치도록 궁궐에 계시다.
은나라 무정 8년 을미에 아사달 산에 들어가 신이 되었다.
1028년간 나라를 향유하셨으나, 어쩔 수 없이 변화함은 환인의 부르심이라.
그 뒤 164년 후에 어진 분이 군신관계를 다시 열었다.
(본기에 말하기를 상제 환인에게 서자가 있어 웅이라 하였다 … 삼위 태백으로 내려가 널리 인간을 이롭게 하겠다고 하였다. 웅이 천부인 3개를 받아 귀신 3천을 거느리고 태백산 꼭대기 신단수 아래에 내려오니 이 분이 단웅천왕이다 … 손녀에게 약을 먹여 사람 몸이 되게 하여 단수의 신과 결혼하여 아들을 낳았다. 이름을 단군이라 하니 조선 땅에서 왕이 되었다. 따라서 시라, 고례, 남북옥저, 동북부여, 예맥 모두가 단군의 후손이다. 1038년을 다스리고 아사달 산에 들어가 신이 되니 죽지 않기 때문이다.)

2. 위만에 대한 기록

• 연왕 노관이 한을 배반하여 흉노로 들어가자, 만도 망명하였다. 무리 천여 명을 모아 상투를 틀고 오랑캐 복장을 하고서 동쪽으로 도망하여 변경을 지내 패수를 건너 진의 옛 땅인 상하장에 살았다. 점차 진번·조선인과 옛 연·제의 망명자를 복속시켜 거느리고 왕이 되었으며, 왕검에 도읍을 정하였다. – 『한서』 조선전 –
• 연인 위만이 상투를 틀고 이복(夷服)을 입고 와서 왕이 되었다. – 『삼국지』 「위서, 오환선비동이전」 –
• 연나라 사람 위만도 망명하여 오랑캐의 복장을 하고 동쪽으로 패수를 건너 준(準)에게 항복하였다.
– 『삼국지』, 위서, 동이전 –
• 무리를 지은 천여 사람이 상투를 틀고 '만이(蠻夷) 옷'을 입고 동으로 갔다. – 『사기』, 「조선열전」 –

3. 고조선의 멸망

누선은 제나라 병사 7천인을 거느리고 먼저 왕험에 이르렀는데, 우거가 성을 지키고 있으면서, 누선의 군사가 적음을 엿보아 알고, 곧 성을 나와 누선을 치니 누선군은 패해 흩어져 도망갔다. …… 좌장군이 패수 위의 군사를 격파하고 전진하여 왕험성 아래 이르러 서북쪽을 포위했다. 누선[군]도 또한 가서 합세하여 성의 남쪽에 주둔하였다. 우거가 끝내 성을 굳게 지키므로 몇 달이 되어도 함락시킬 수 없었다. …… 원봉 3년 여름(기원전 108년), 니계상 참이 사람을 시켜 조선왕 우거를 죽이고 항복하여 왔으나, 왕험성은 함락되지 않았다. 죽은 우거의 대신 성기(成已)가 또 한(漢)에 반하여 다시 군리들을 공격하였다. 좌장군은 우거의 아들 장강과 상 노인의 아들 최(最)로 하여금 그 백성을 달래고 성기를 죽이도록 하였다. 이로써 드디어 조선을 평정하고 사군(四郡)을 설치하였다. – 『한서』 –

03 초기국가의 형성

01 / 부여

1 정치와 발전

(1) 위치: 만주 쑹화 강 유역의 평야지대

(2) 정치: 1세기 초 왕호 사용, 왕 아래 마가·우가·저가·구가 등의 관리가 존재(사출도 지배)

2 경제와 사회

(1) 경제: 농경과 목축의 반농반목, 말·주옥·모피 등의 특산물

(2) 법률: 살인자는 사형, 살인자의 가족은 노비, 절도 시 12배 배상, 간음·질투한 여자는 사형

(3) 풍속: 12월에 영고(제천행사), 우제점법, 순장의 풍습

02 / 고구려

1 정치와 발전

(1) 위치: 압록강 유역인 졸본 지방에서 건국

(2) 정치: 왕 아래 대가(상가, 고추가 등)들이 관리(사자, 조의, 선인)를 거느림, 제가회의

고구려 국동대혈

2 경제와 사회

(1) 경제: 산악지대라 농지 부족, 약탈 경제 발달, 부경(창고)

(2) 법률: 제가회의를 통해 사형 결정, 살인자의 가족은 노비, 절도 시 12배 배상

(3) 풍속: 10월에 동맹(제천행사), 서옥제, 조상신 숭배(국동대혈)

03 / 옥저와 동예

1 정치와 발전

(1) 위치: 함경도(옥저) 및 강원도 북부의 동해안(동예)

(2) 정치: 고구려의 압력으로 왕이 없음, 읍군·삼로라는 군장이 지배

2 경제와 사회

구분	옥저	동예
경제	• 농경: 토지 비옥 • 해산물(소금, 어물) 풍부	• 해산물 풍부, 방직 기술 발달(명주, 삼베) • 특산물: 단궁(짧은 활), 과하마(작은 말), 반어피(바다표범 가죽)
사회	• 민며느리제 • 가족 공동 무덤	• 제천행사: 무천(10월) • 족외혼, 책화(다른 부족의 영역 침범 시 노비나 가축으로 변상) • 철(凸)자형과 여(呂)자형의 집터 유적 발견

04 / 삼한

1 정치와 발전

(1) 위치: 마한(충청·전라), 진한(대구·경주), 변한(김해·창원)으로 형성

(2) 정치: 한반도 남부의 진(辰)이 고조선 유이민 세력을 흡수해 발전

① 마한의 목지국을 중심으로 여러 소국들의 연맹 체제 형성

② 신지·읍차 등 군장이 통치, 제사장인 천군이 지배하는 신성 지역인 소도 존재(제정 분리)

2 경제와 사회

(1) 경제: 농경 발달(김제 벽골제, 밀양 수산제, 제천 의림지 등 저수지), 철 생산(교역 발달)

(2) 풍속: 제천행사(5월 수릿날, 10월 계절제), 토실이나 반움집 거주, 문신, 편두 등

▼ 초기국가의 위치

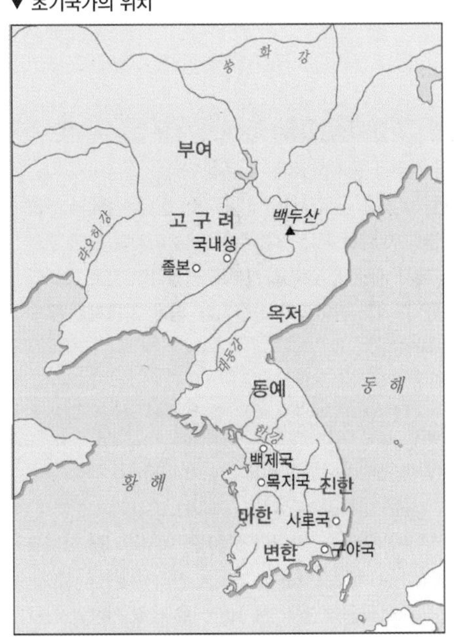

자료 더하기

동예의 주거 유적

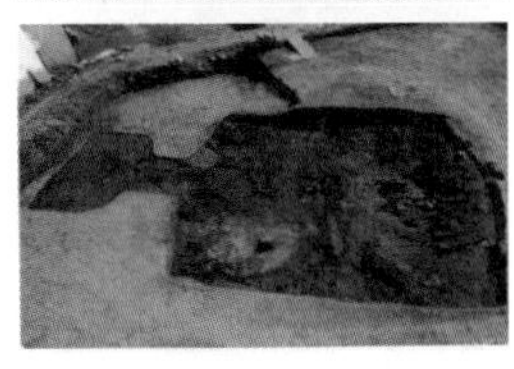

김제 벽골제 수문

마한의 토실

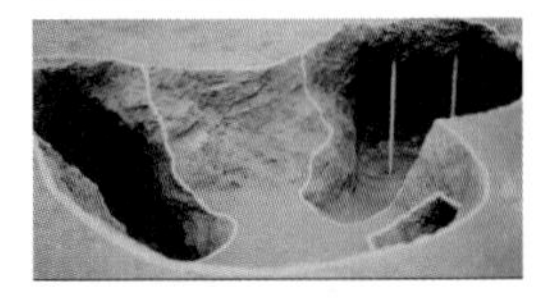

마한의 주구묘

마한의 옹관묘(독무덤)

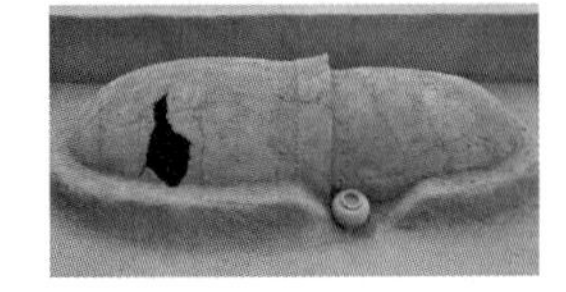

자료 더하기

대표 사료 확인하기

1. 부여

산릉과 넓은 들이 많아서 동이 지역에서는 가장 넓고 평탄한 곳이다. 토질은 5곡이 자라기에는 적당하지만, 5과는 생산되지 않는다. … 나라에는 군왕이 있고, 모두 6축의 이름으로 관명을 정하여 마가, 우가, 저가, 구가, 대사, 대사자, 사자가 있다. … 은력 정월에 지내는 제천행사는 국중대회로 날마다 마시고 먹고 노래하고 춤추는데, 그 이름을 영고라 하였다. … 형벌이 엄격하여 사람을 죽인 자는 사형에 처하고 그 집안사람은 적몰하여 노비로 삼는다. 도둑질을 하면 12배를 변상케 했다. … 형이 죽으면 형수를 아내로 삼는데 … 전쟁을 하게 되면 그때도 하늘에 제사를 지내고, 소를 잡아서 그 발굽을 보아 길흉을 점치는데, 발굽이 갈라지면 흉하고 발굽이 붙으면 길하다고 생각한다. 사람이 죽으면 여름에는 모두 얼음을 쓰며, 사람을 죽여서 순장을 하는데 많을 때는 100명 가량이나 된다. … 가뭄이나 장마가 계속되어 5곡이 영글지 않으면, 그 허물을 왕에게 돌려 '왕을 마땅히 바꾸어야 한다.'라고 하거나 '죽여야 한다.'라고 하였다.

2. 고구려

큰 산과 깊은 골짜기가 많고 넓은 들이 없어 산골짜기에 의지하여 살면서 산골의 물을 식수로 한다. 좋은 전지가 없으므로 부지런히 농사를 지어도 식량이 충분하지 못하다. … 그 나라에는 왕이 있고, 벼슬로는 상가, 대로, 패자, 고추가, 주부, 우대, 승, 사자, 조의, 선인이 있으며, … 큰 창고는 없고 집집마다 조그만 창고가 있으니, 그 이름을 부경이라 한다. … 10월에 지내는 제천행사는 국중대회로 이름하여 동맹이라 한다. … 감옥이 없고 범죄자가 있으면 제가들이 모여서 평의하여 사형에 처하고 처자는 몰수하여 노비로 삼는다. 그 풍속은 혼인할 때 구두로 미리 정하고, 여자의 집에서 몸채 뒤편에 작은 별채를 짓는데, 서옥이라고 부른다.

3. 옥저

토질은 비옥하며, 산을 등지고 바다를 향해 있어 오곡이 잘 자라며 농사짓기에 적합하다. … 그 나라의 혼인하는 풍속은 여자의 나이가 10살이 되기 전에 혼인을 약속하고, 신랑집에서는 맞이하여 장성하도록 길러 아내로 삼는다. (여자가) 성인이 되면 다시 친정으로 돌아가게 한다. 여자의 친정에서 돈을 요구하는데, (신랑 집에서) 돈을 지불한 후 다시 신랑 집으로 돌아온다. 그들은 장사를 지낼 적에 큰 나무 곽을 만드는데, 길이가 10여 장이나 되며 한쪽 머리를 열어 놓아 문을 만든다. 새로 사람이 죽으면 시체는 모두 가매장을 하되, 겨우 형체가 덮일 만큼 묻었다가 가죽과 살이 다 썩은 다음에 뼈만 추려 곽 속에 안치한다. 온 집식구를 모두 하나의 곽 속에 넣어 두는데 …

4. 동예

대군장이 없고 한대 이래로 후, 읍군, 삼로의 관직이 있어 하호를 통치하였다. … 동성끼리는 결혼하지 않는다. 꺼리는 것이 많아서 병을 앓거나 사람이 죽으면 옛집을 버리고 곧 다시 새 집을 지어 산다. 삼베가 산출되며 누에를 쳐서 옷감을 만든다. … 해마다 10월이면 하늘에 제사를 지내는데, 주야로 술 마시며 노래 부르고 춤추니 이를 무천이라 한다. 또 호랑이를 신으로 여겨 제사 지낸다. 부락을 함부로 침범하면 벌로 노비와 소, 말을 부과하는데, 이를 책화라 한다. …… 낙랑의 단궁, 그리고 반어피가 산출되며, 땅은 기름지고 무늬 있는 표범이 많다. 또 과하마가 나는데 한의 환제 때 이를 바쳤다.

5. 삼한

세 종족이 있으니 하나는 마한, 둘째는 진한, 셋째는 변한인데, 진한은 옛 진국이다. … (나라마다) 각각 장수가 있어서, 세력이 강대한 사람은 스스로 신지라 하고, 그 다음은 읍차라 하였다. … 거처는 초가에 토실을 만들어 사는데, 그 모양은 마치 무덤과 같았으며, 그 문은 윗부분에 있다. … 해마다 5월이면 씨뿌리기를 마치고 귀신에게 제사를 지낸다. 떼를 지어 모여서 노래와 춤을 즐기며 술 마시고 노는데 밤낮을 가리지 않는다. 10월에 농사일을 마치고 나서도 이렇게 한다. … 귀신을 믿기 때문에 국읍에 각각 한 사람씩을 세워 천신의 제사를 주관하게 하는데, 이를 천군이라 부른다. 또 여러 나라에는 각각 별읍이 있으니 그것을 소도라 한다.

04 고구려의 발전과 멸망

01 / 고구려의 성장

주몽 (B.C.37~B.C.19)	• 건국: 부여 이주민과 압록강 유역 토착민의 연합(B.C.37) • 졸본성을 중심으로 건국, 한 군현과 대결하며 성장
유리왕 (B.C.19~A.D.18)	• 국내성 천도 • 황조가
태조왕 (53~146)	• 계루부 고씨의 왕위 독점적 세습, 5부 체제의 성립(부족적 성격) • 영토 확장: 옥저 정복, 현도군 공격, 요동 지역 진출 도모
고국천왕 (179~197)	• 부족적 전통 성격의 5부 → 방위를 의미하는 행정적 성격의 5부 • 왕위 계승: 형제 상속 → 부자 상속 • 재상 을파소 등용, 진대법 실시
미천왕 (300~331)	• 어릴 적 왕궁을 떠나 소금장수 생활(이름: 을불) • 서안평 공격, 낙랑 축출(대동강 지역 진출)
고국원왕 (331~371)	• 전연의 모용황(선비족)의 침입 → 미천왕릉 도굴, 왕비 포로 • 백제와의 격돌: 근초고왕이 이끄는 백제군의 화살에 평양성에서 사망
소수림왕 (371~384)	• 율령 반포, 불교 공인(전진 출신 승려 순도가 전파), 태학 설립(유학 장려, 인재 양성)

02 / 고구려의 전성기

광개토 대왕 (영락, 391~412)	• 동부여 복속, 후연 격파, 숙신·거란 정벌, 한강 이북 차지(백제 아신왕의 항복) • 신라에 침입한 왜 격퇴 → 한반도 남부에까지 영향력
장수왕 (412~491)	• 광개토 대왕릉비 건립 • 유연과 지두우 분할, 흥안령 일대 점령, 중국 남북조와 교류(풍홍사건) • 평양 천도(427): 남진 정책 실시, 경당 설치 • 백제 공격(475): 한성 함락, 한강 유역 차지 → 충주 고구려비 건립
문자(명)왕 (492~519)	• 부여 복속 → 고구려 최대영토 확보

▼ 5세기 고구려의 전성기

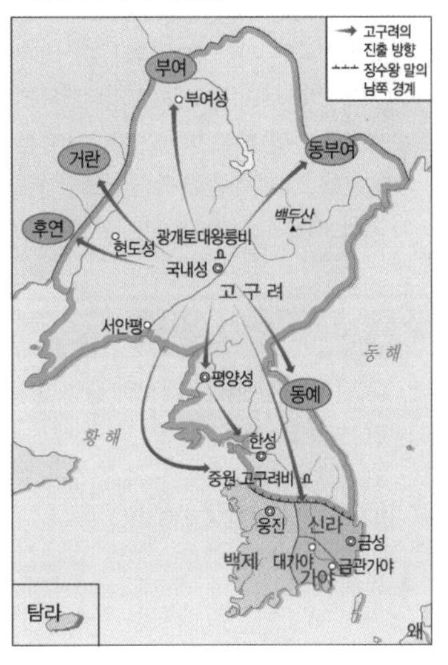

자료 더하기

오녀산성(졸본)

광개토 대왕릉비(모형)

▲ 광개토 대왕릉비
광개토 대왕릉비는 국내성에 세워진 비석으로 장수왕이 아버지 광개토 대왕의 업적을 기념하기 위하여 세웠다. 높이는 6미터가 넘으며, 총 44행, 1775자의 문자가 새겨져 있다. 내용은 총 3부로 구성되어 있다. 1부는 추모왕(주몽)의 건국 신화, 2부는 광개토 대왕의 정복활동, 마지막 3부는 무덤관리인(수묘인)에 관한 규정이 담겨 있다.

자료 더하기

호우명 그릇

▲ 호우명 그릇
경주의 호우총에서 발견된 호우명 그릇의 밑바닥에는 '乙卯年國岡上廣開土 地好太王(을묘년국강상광개토지호태왕)'이라는 광개토 대왕의 묘호가 새겨져 있다. 이를 통하여 당시 고구려와 신라의 긴밀한 관계를 알 수 있다.

충주 고구려비

아차산 홍련봉 고구려 보루

▲ 아차산과 보루
서울 광진구에 위치한 아차산은 한강 유역을 한눈에 내려다 볼 수 있는 위치이며 강 이남의 백제의 위례성을 내려다 볼 수 있는 군사적 요충지이다. 그래서 신라가 쌓은 아차산성, 고구려의 군사시설인 보루가 남아있다. 또한 이곳은 장수왕에 의해 개로왕이 전사한 곳이며, 한강 유역 회복에 나선 온달이 전사한 곳이기도 하다.

03 / 고구려의 중흥과 멸망

시기	내용
6세기 (안장·안원·양원)	• 귀족 세력 강화로 왕권 약화 • 나·제 연합에 의해 한강 유역 상실
평원왕 (559~590)	• 나·제 동맹 결렬, 수의 등장으로 긴장관계 시작 • 온달 장군 등장(평원왕의 딸 평강공주와 결혼)
영양왕 (590~618)	• 즉위 초 한강 유역 회복전쟁 시도 → 실패(아차산성에서 온달 사망) • 수나라에 대한 선제공격 → 수의 침공 격퇴(을지문덕, 살수대첩) • 『신집』 편찬
영류왕 (618~642)	• 당의 침입에 대비한 천리장성 축조 • 연개소문의 정변으로 사망
보장왕 (642~668)	• 연개소문에 의해 옹립, 대당 강경책 실시 → 당 태종의 침입 격퇴(안시성, 양만춘) • 연개소문 사후 아들들에 의한 권력 다툼 → 고구려 멸망 • 나·당 전쟁 이후 당의 요동 도독으로 파견 → 고구려 부흥운동 시도 실패(678)

대표 사료 확인하기

1. 주몽 신화

그녀에게 햇빛이 비추었고, 그녀가 몸을 당겨 피하면 햇빛이 또 따라와서 비추었다. 이로 인해 임신을 하여 다섯 되쯤 되는 크기의 알 하나를 낳았다. …… 그 어머니가 그것을 감싸서 따뜻한 곳에 두었더니 한 사내아이가 껍질을 깨뜨리고 나왔다. 그 아이는 골격과 외모가 빼어나고 기이하였고, 나이가 겨우 일곱 살이었을 때에 다른 아이들보다 훨씬 성숙하였다. 손수 활과 화살을 만들었고, 쏘기만 하면 백발백중이었다. 부여(扶餘)의 속담에 활을 잘 쏘는 사람을 주몽(朱蒙)이라 하였으므로 이를 아이의 이름으로 삼았다고 한다. －『삼국사기』－

2. 진대법

왕이 질산 남쪽에서 사냥하였다. 길가에 앉아 우는 자를 보고 우는 이유를 물으니 그가 대답하였다. "가난하여 항상 품팔이로 어머님을 봉양하였습니다. 금년에는 흉년이 들어 품팔이할 곳이 없어 곡식 한 되나 한 말도 얻을 수 없기에 우는 것입니다." 왕이 "아, 내가 백성의 부모가 되어, 백성들을 이러한 지경에 이르게 하였구나. 내 죄이다."라 하며 옷과 음식을 주어 위로하였다. 이어서 서울과 지방의 해당 관청에 명령하여 홀아비·과부·고아·자식 없는 늙은이·늙고 병들고 가난하여 혼자 힘으로 살 수 없는 자들을 널리 찾아내어 구제하게 하였다. 봄 3월부터 가을 7월까지 관의 곡식을 풀었다. 백성들의 식구가 많고 적음에 따라 차등 있게 구제 곡식을 빌려 주었다가 겨울 10월에 상환하게 하는 것을 법규로 정하였다. 모든 백성이 크게 기뻐하였다. －『삼국사기』－

3. 고구려의 불교 수용

- 372년 6월 전진에서 사신과 승려 순도를 파견하여 불상과 경문을 보내왔다. 왕은 사신을 보내 답례하고 토산물을 조공하였다.
- 375년 2월 비로소 초문사를 창건하여 순도를 머물게 하고, 또 이불란사를 창건하여 아도를 머물게 하였다. 이것이 해동 불교의 시작이다. －『삼국사기』－

자료 더하기

4. 광개토 대왕의 정복 활동

(영락) 9년(399) 기해에 백제가 서약을 어기고 왜와 화통하므로, 왕이 평양으로 순수해 내려갔다. 신라가 사신을 보내 왕에게 말하기를, "왜인이 그 국경에 가득 차 성을 부수었으니, 노객(신라왕)은 백성된 자로서 왕에게 귀의하여 분부를 청한다."라고 하였다. …… 10년(400) 경자에 보병과 기병 5만을 보내 (신라를) 구원하게 하였다. …… 관군이 이르자 왜적이 물러가므로, 뒤를 급히 추격하여 임나가라의 종발성에 이르렀다. 성이 곧 귀순하여 복종하므로 순라병을 두어 지키게 하였다. 신라의 농성을 공략하니, 왜구는 위축되어 궤멸하였다.

– 『삼국사기』 –

5. 온달의 한강 유역 공격

영양왕(嬰陽王)이 즉위하자 온달이 아뢰었다. "지금 신라가 우리의 한수 이북의 땅을 차지하여 자기들의 군현으로 삼으니, 그곳의 백성들이 애통하고 한스럽게 여겨 한시도 부모의 나라를 잊은 적이 없사옵니다. …… 병사를 주신다면 한번 쳐들어가 반드시 우리 땅을 도로 찾아오겠나이다." 왕이 이를 허락하였다. 온달이 길을 떠날 때 맹세하며 말했다. "죽령(竹嶺) 서쪽의 땅을 우리에게 되돌리지 못한다면 돌아오지 않으리라!" 마침내 떠나가 아단성(阿旦城) 밑에서 신라군과 싸우다가 날아오는 화살에 맞아서 죽고 말았다. 장사를 지내려 하는데 관이 움직이지 않았다.

– 『삼국사기』 –

6. 충주 고구려비(중원고구려비)

5월에 고려 대왕 상왕공(相王公)은 신라 매금(寐錦)과 세세토록 형제처럼 지내기를 원하였다. …… 매금의 의복을 내리고 …… 상하(上下)에게 의복을 내리라는 교를 내리셨다. …… 12월 23일 갑인에 동이매금(東夷寐錦)의 상하가 우벌성에 와 교를 내렸다.

05 백제의 발전과 멸망

풍납토성(위)과 몽촌토성(아래)

공산성

01 / 백제의 성장

온조(비류) (B.C.18~A.D.28)	• 건국: 한강 유역의 토착 세력과 고구려 계통 유이민 세력의 결합(B.C.18) • 한강 유역 하남 위례성에서 건국
고이왕 (234~286)	• 낙랑군 공략, 목지국 정복 → 한강 유역 완전히 장악, 한 군현과 항쟁 • 국가 체제 확립: 6좌평의 관제와 16관등제 마련, 관복제(자 · 비 · 청색) 도입

02 / 백제의 전성기

근초고왕 (346~375)	• 마한 정복 → 남해안까지 진출 • 고구려의 평양 공격 → 고구려의 고국원왕 전사, 황해도 지역 차지 • 중국의 요서 · 산둥, 일본의 규슈 진출 • 왕위의 부자 상속 확립, 역사서 『서기』 편찬 • 일본에 아직기와 왕인 파견, 칠지도 하사
침류왕 (384~385)	• 동진의 승려 마라난타에 의해 불교 전파

▼ 4세기 백제의 발전

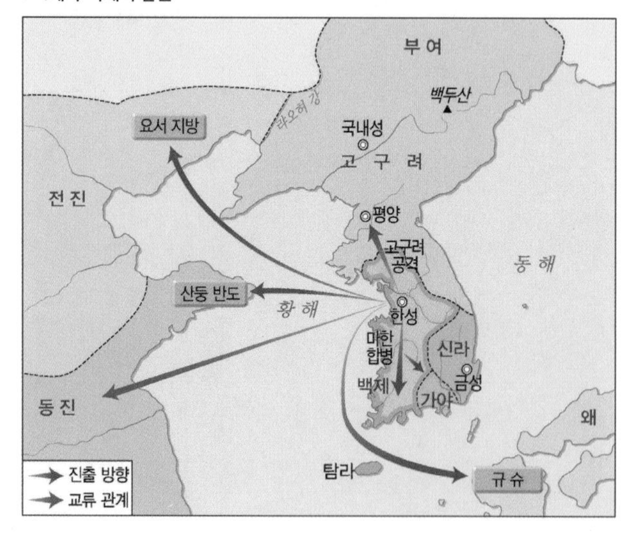

03 / 백제의 위기

아신왕 (392~405)	• 광개토 대왕의 공격 → 한강 이북 상실
비유왕 (427~455)	• 장수왕의 평양 천도 → 긴장관계 강화 • 신라 눌지 마립간과 나 · 제 동맹 체결
개로왕 (455~475)	• 고구려 견제 목적으로 북위에 국서 보냄 • 고구려 승려 도림의 꾀에 빠져 국력 낭비 • 위례성 함락 이후 아차산성에서 처형
문주왕 (475~477)	• 장수왕의 위례성 침략 시기 신라에 가서 원군 요청 • 위례성 함락 후 웅진으로 천도

04 / 백제의 중흥과 멸망

동성왕 (479~501)	• 신라 소지 마립간과 결혼 동맹 체결 • 탐라 복속
무령왕 (501~523)	• 중국 남조의 양과 화친 관계, 문물 수용(양직공도) • 지방에 22담로를 두고 왕족 파견 → 지방에 대한 통제력 확보 • 대가야 지방으로 영향력 확대(전라도 동부지역)
성왕 (523~554)	• 사비(부여) 천도, 국호를 '남부여'로 고침(538) • 중앙 관청을 22부로 확대, 수도 5부, 지방 5방으로 지방 제도 정비 • 신라(진흥왕)와 연합하여 고구려를 공격해 한강 하류 지역 차지(551) → 신라에게 다시 빼앗김(553) → 관산성 전투에서 사망 • 불교 진흥(겸익), 왜에 불교 전파(노리사치계)
무왕 (600~641)	• 익산 천도 시도, 미륵사 건립
의자왕 (641~660)	• 해동증자, 대대적인 신라 공격 → 윤충의 군대가 대야성 차지(김춘추의 딸 사망) • 사치와 향락, 나 · 당 연합군의 공격 → 백제 멸망

자료 더하기

양직공도

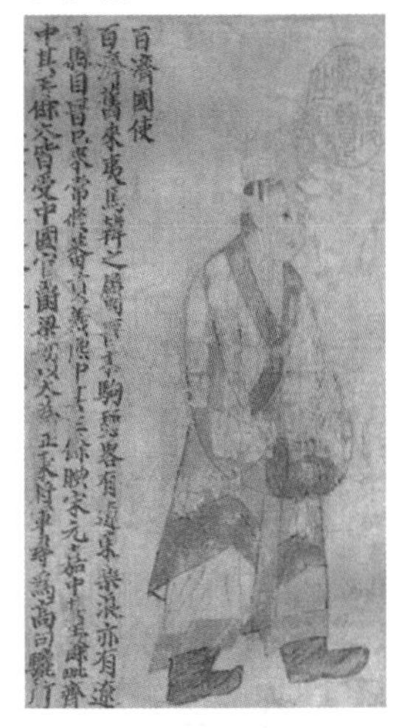

무령왕릉 지석

미륵사지 석탑 사리 장엄구

"우리 백제의 왕후께서는 좌평 사택적덕(沙宅積德)의 딸로 오랜 세월에 선인(善因)을 심으셨기에 현생에 뛰어난 과보를 받아 태어나셨다. (이에 왕후께서는) 만백성을 어루만져 길러주시고 삼보(三寶)의 동량(棟梁)이 되셨으니 이에 공손히 정재(淨財)를 희사하여 가람을 세우시고 기해년(己亥年, 639년) 정월 29일에 사리를 받들어 맞이하셨다. 원하옵기를 …… 대왕 폐하의 수명은 산악과 같이 견고하고 천지와 함께 영구하여…"

자료 더하기

부여 고란사와 고란사 약수

부여 고란사는 부소산성 내 낙화암 주변에 위치한 사찰로 창건에 대한 자세한 기록은 없으나, 백제 때 왕들이 노닐기 위하여 건립한 정자였다는 설과 궁중의 내불전(內佛殿)이라는 설이 전하며, 백제의 멸망과 함께 소실된 것을 고려 시대에 백제의 후예들이 삼천궁녀를 위로하기 위해서 중창하여 고란사(高蘭寺)라 하였다. 이 고란사 뒤편에 흐르는 약수물이 유명한데 그 이유는 한 모금 마시면 3년이 젊어진다는 전설 때문이다.

대표 사료 확인하기

1. 근초고왕의 고구려 공격

- 24년(서기 369) 가을 9월, 고구려왕 사유(斯由, 고국원왕)가 보병과 기병 2만 명을 거느리고 치양(雉壤)에 와서 주둔하며 병사를 풀어 민가를 노략질하였다. 임금이 태자에게 병사를 주어, 지름길로 치양에 이르러 불시에 공격하여 그들을 격파하고 5천여 명을 사로잡았는데, 노획한 물품은 장병들에게 나누어 주었다.
- 26년(서기 371) 겨울, 임금이 태자와 함께 정예군 3만 명을 거느리고 고구려를 침범하여 평양성(平壤城)을 공격하였다. 고구려왕 사유가 필사적으로 항전하다가 화살에 맞아 죽었다. – 『삼국사기』 –

2. 한성 함락과 개로왕의 죽음

472년 북위로 사신을 보내 함께 고구려 침공에 나설 것을 요청하였다. 하지만 북위는 백제의 요청을 거절하였고, 개로왕은 북위와의 외교 관계를 중단하였다. 북위는 이 사실을 고구려에게 알려 주었고 고구려 장수왕은 475년 9월 3만의 병사를 이끌고 기습적으로 남하하여 백제의 수도인 한성(漢城)을 포위하였다. 고구려군이 침공해오자 왕은 아들인 문주(文周)를 신라로 보내 구원을 요청, 1만여 명의 원병을 얻어 돌아왔지만 그러나 이미 한성은 파괴되고 왕이 죽은 뒤였다. – 『삼국사기』 –

3. 백제와 신라의 결혼 동맹

- 15년(493) 봄 3월에 백제왕 모대(牟大)가 사신을 보내 혼인을 청하였다. 왕은 이벌찬(伊伐飡) 비지(比智)의 딸을 보냈다.
- 16년(494) 가을 7월에 장군(將軍) 실죽(實竹) 등이 고구려와 살수(薩水)의 들판에서 싸우다가 이기지 못하고 물러나 견아성(犬牙城)을 지켰는데, 고구려 군사가 그곳을 포위하였다. 백제왕 모대(牟大)가 군사 3,000명을 보내 구원하여 포위를 풀어주었다.
- 17년(495) 가을 8월에 고구려가 백제 치양성(雉壤城)을 포위하자 백제가 구원을 요청하였다. 왕이 장군 덕지(德智)에게 명하여 군사를 이끌고 구원하게 하니, 고구려 무리들이 무너졌다. 백제왕이 사신을 보내 고마움을 표하였다. – 『삼국사기』 –

4. 무령왕릉

영동대장군인 백제 사마왕은 나이가 62세 되는 계묘년 5월 임진일인 7일에 돌아가셨다. 을사년 8월 갑신일인 12일에 안장하여 대묘에 올려 뫼시며 기록하기를 이와 같이 한다.

5. 성왕의 전사(관산성 전투)

32년(서기 554) 가을 7월, 임금이 신라를 습격하고자 몸소 보병과 기병 50명을 거느리고 밤에 구천(狗川)에 이르렀다. 신라의 복병이 나타나 그들과 싸우다가 혼전 중에 임금이 병사들에게 살해되었다. 시호를 성(聖)이라 하였다. – 『삼국사기』 –

6. 의자왕

의자왕은 무왕의 맏아들로서 씩씩하고 용감하며 대담하고 결단성이 있었다. 무왕이 재위 33년(632)에 태자로 삼았다. 부모에게 효도하고, 형제와 우애가 있어서 당시에 해동증자(海東曾子)라고 불렸다. 무왕이 돌아가시자 태자가 왕위를 이었다. (당나라) 태종이 사부낭중(祠部郎中) 정문표(鄭文表)를 보내 (왕을) 주국(柱國) 대방군왕(帶方郡王) 백제왕(百濟王)으로 책봉하였다. – 『삼국사기』 –

06 신라의 성장과 발전

01 / 신라의 성장

박혁거세 (B.C.57~A.D.4)	• 건국: 경주 지역의 토착 세력과 유이민 세력의 결합(B.C.57) • 진한의 소국인 사로국에서 출발
내물왕 이전	• 6부족 연맹체 → 박 · 석 · 김 3성이 교대로 왕위에 오름 • 왕호의 변천: 거서간 → 차차웅 → 이사금 → 마립간 → 왕

02 / 신라의 발전

내물 마립간 (356~402)	• 낙동강 동쪽의 진한 지역 장악 • 김씨에 의한 왕위 계승권 확립, 왕호로 '마립간' 사용 • 가야, 왜 연합 세력의 신라 공격 → 광개토 대왕의 군사적 지원으로 격퇴 → 고구려의 내정 간섭(호우총과 호우명 그릇)
눌지 마립간 (417~458)	• 백제 비유왕과 나 · 제 동맹 체결 • 고구려 승려 묵호자가 불교 전파
소지 마립간 (479~500)	• 백제 동성왕과 결혼 동맹 체결 • 주요 도로에 역참 설치하고 보수, 수도에 시전 설치
지증왕 (500~514)	• 국호 '신라' 사용, 왕호 '왕' 사용, 행정 제도 정비(주 · 군 · 현), 소경 설치(아시촌소경) • 우산국 정벌, 동시전 설치, 우경 장려, 순장 금지
법흥왕 (건원, 514~540)	• 병부 설치, 율령 반포, 백관의 공복 제정(17등급, 자 · 비 · 청 · 황), 상대등 설치 • 불교 공인(이차돈 순교), 금관가야 복속
진흥왕 (540~576)	• 품주 설치, 화랑도 개편, 지방 행정 제도 개편 및 지방군 6정 체제 확립 • 대외 정복: 백제 성왕과 함께 한강 유역 차지, 대가야 정복(낙동강 유역 장악), 함흥평야까지 진출(단양 적성비, 4개의 순수비 건립) • 이사부의 건의를 받아 『국사』 편찬, 가야에서 우륵 망명, 황룡사 창건
진지왕 (576~579)	• 화백회의에 의해 왕에서 폐위
진평왕 (579~632)	• 수나라에 고구려 공격을 요청하는 걸사표 올림(원광) • 원광이 세속오계를 작성
선덕여왕 (632~647)	• 의자왕의 공격으로 대야성 상실 → 김춘추를 고구려 · 당에 파견 • 분황사, 영묘사 창건, 황룡사 9층 목탑 건립, 첨성대 건립 • 비담 · 염종의 난 진압 이후 사망
진덕여왕 (647~654)	• 품주를 집사부와 창부로 분리 • 당과의 외교 강화 이후 당의 연호, 중국식 관제 도입, 당 고종에게 「태평송」 보냄

자료 더하기

경주 나정

▲ 경주 나정
나정은 박혁거세 탄생 설화에 등장하는 우물로 최근 발굴조사를 통해 나정 주변에 제사를 위한 공간이 있었음을 확인하였다.

이사부

▲ 이사부가 언급된 사건
• 지증왕 때 우산국 정벌
• 진흥왕 때 『국사』 편찬 건의
• 진흥왕 때 대가야 정벌

단양 적성비

자료 더하기

▼ 6세기 신라의 전성기

「태평송」
신라 진덕여왕(眞德女王) 4년(650)에 당나라 고종에게 보낸 오언시로, 당나라의 태평성대를 기리는 내용의 작품이다.

> 위대한 당나라 왕업(王業)을 여니, 높고도 높은 황제의 길 창창히 빛나네.
> 전쟁을 그쳐 천하를 평정하고, 문물을 닦아 백대를 이어가리.
> 하늘을 본받음에 은혜가 비오듯 하고, 만물을 다스림에 도리와 한몸 되네.
> 지극히도 어질어 해와 달과 짝하고, 운까지 때맞추니 언제나 태평하네.

하슬라
하슬라는 오늘날 강릉 지방의 옛 명칭이다. 『신증동국여지승람』에 따르면 고조선 멸망 이후 임둔이라 불리다가 고구려가 하서량, 신라가 하슬라로 칭했다. 이후 통일신라 시대 명주라고 불리다가 고려 말 오늘날과 같이 강릉이 되었다.

대표 사료 확인하기

1. 지증왕의 신라 국호 제정과 우산국 정벌

- 여러 신하들이 아뢰기를 "시조께서 나라를 세우신 이래 국호(國號)를 정하지 않아 사라(斯羅)라고도 하고 혹은 사로(斯盧) 또는 신라(新羅)라고도 칭하였습니다. 신들의 생각으로는 신(新)은 '덕업이 날로 새로워진다.'는 뜻이고 나(羅)는 '사방을 망라한다.'는 뜻이므로, 이를 국호로 삼는 것이 마땅하다고 여겨집니다. …… 이제 뭇 신하들이 한 마음으로 삼가 신라국왕이라는 칭호를 올립니다."라고 하니, 왕이 이에 따랐다.
- 이사부는 하슬라주 군주가 되어 우산국의 병합을 계획하고 있었다. 그런데 그 나라 사람들이 어리석고 사나워서 위력으로는 항복받기 어려우니, 계략으로 복속시킬 수밖에 없다고 생각하였다. 이에 나무 사자를 많이 만들어 전선(戰船)에 나누어 싣고 그 나라 해안에 다다라, "너희들이 항복하지 않으면 이 맹수를 풀어 놓아 밟아 죽이겠다."라고 위협하니, 그 사람들이 두려워서 곧 항복하였다.

2. 법흥왕의 불교 공인과 금관가야 복속

- 불법을 처음으로 행하였다. …… 이때에 이르러 왕이 불교를 일으키려 하였으나 여러 신하들이 믿지 않고 불평을 많이 하였으므로 근심하였다. 이차돈이 아뢰기를, "바라건대 신의 목을 베어 여러 사람들의 논의를 진정시키십시오."라고 하였다. …… 이차돈의 목을 베자 잘린 곳에서 피가 솟구쳤는데, 그 색이 우윳빛처럼 희었다. 여러 사람들이 괴이하게 여겨 다시는 불교를 헐뜯지 않았다.
- 금관국의 임금 김구해(金仇亥)가 왕비 및 세 아들인 장남 노종(奴宗), 중남 무덕(武德), 계남(季男) 무력(武力)과 함께 국고(國庫)의 보물을 가지고 신라에 항복하였다. 신라는 이들을 예로 대접하고, 왕에게 상등(上等)의 벼슬을 주고, 그 본국을 식읍(食邑)으로 삼게 하였다.

3. 진흥왕의 『국사』 편찬과 대가야 정벌

- "나라의 역사는 임금과 신하의 선악을 기록하여 좋은 것 나쁜 것을 먼 후손에게까지 보이는 것입니다. 역사를 편찬하지 않으면 후손들이 무엇을 보겠습니까?" 임금이 진심으로 그렇다고 여겨 대아찬 거칠부(居柒夫) 등에게 명하여 문사들을 널리 모아 역사를 편찬하게 하였다.
- 가야가 배반하니 왕이 토벌하도록 명령하였다. …… 사다함이 기병 5,000명을 거느리고 공격하니 모두 항복하였다. 공을 논하였는데, 사다함이 으뜸이었다. 왕이 좋은 농토와 포로 200명을 상으로 주었다.

4. 원광의 걸사표(진평왕)

왕이 고구려로부터 자주 침략당하는 것을 근심하여, 수나라에 군사를 청하려고 원광에게 걸사표를 지어 달라고 하였다. 그가 말하기를, "자기가 살려고 남을 멸망에 빠지게 하는 것은 승려가 할 도리가 아니지만, 제가 대왕의 땅에 살면서 대왕의 물과 풀을 먹고 있으니, 어찌 감히 명령에 따르지 않겠습니까?"라고 하고, 곧 글을 지어 바쳤다.

07 신라의 삼국 통일

01 / 고구려와 수 · 당의 전쟁

1 고 · 수 전쟁

(1) 고구려의 선제공격(598): 수의 압박에 영양왕이 요서지역을 공격, 수 문제의 반격(실패)

(2) 수 양제의 공격(612): 을지문덕이 살수에서 승리(살수대첩)

(3) 무리한 대외 원정과 토목공사로 반발 → 수나라 멸망(618)

▼ 수나라의 고구려 침입

2 고 · 당 전쟁

(1) 고구려: 당의 침입에 대비하여 천리장성 축조 → 연개소문의 집권 이후 대당 강경책 전개

(2) 당 태종의 침입(645): 안시성에서 양만춘이 당의 군대 격파

3 나 · 당 동맹 결성(648)

(1) 배경: 백제의 신라 공격(대야성 함락), 당의 고구려 침략 실패(고·당 전쟁)

(2) 신라가 김춘추를 보내 나·당 동맹 체결

02 / 백제 · 고구려의 멸망과 삼국 통일

1 백제 멸망과 백제 부흥운동

(1) 나·당 연합군의 공격

① 당군의 기벌포 상륙, 김유신의 황산벌 전투 승리

② 사비성 함락으로 백제 멸망(660), 웅진도독부 설치

자료 더하기

수 양제

당 태종

우리나라와 관련된 당나라 주요 황제들

- 당 태종: 고구려 침공
- 당 고종: 삼국통일 시기
- 당 현종: 무왕의 등주 공격, 성덕왕의 발해 공격

자료 더하기

(2) 백제 부흥운동(660~663)

① 부여 풍, 복신, 흑치상지, 도침 등이 임존성과 주류성에서 부흥운동 전개

② 백강 전투(663): 왜의 수군이 백제 부흥운동 지원 → 나·당 연합군에게 격파

2 고구려 멸망과 고구려 부흥운동

(1) 나·당 연합군의 공격

① 연개소문 사후 연개소문의 아들들의 권력 다툼 발생

② 요동 방어선 붕괴 및 평양성 함락으로 멸망(668), 안동도호부 설치

(2) 고구려 부흥운동

① 검모잠과 고연무 등이 안승을 추대하여 운동 전개

② 문무왕의 도움으로 금마저(익산)에 보덕국 수립 → 나·당 전쟁 이후 안승이 신라에 투항

3 나 · 당 전쟁

(1) 당의 야욕

① 백제 공격 이전 약속을 어기고 신라까지 차지하려 시도

② 웅진도독부(660), 계림도독부(663), 안동도호부(668) 설립

(2) 전쟁의 전개

① 신라가 고구려 부흥운동 지원(보덕국), 사비에 주둔한 당군 격퇴(소부리주 설치)

② 매소성(675)·기벌포(676) 전투에서 당군 격파 → 삼국 통일 완성(676)

▼ 나·당 전쟁

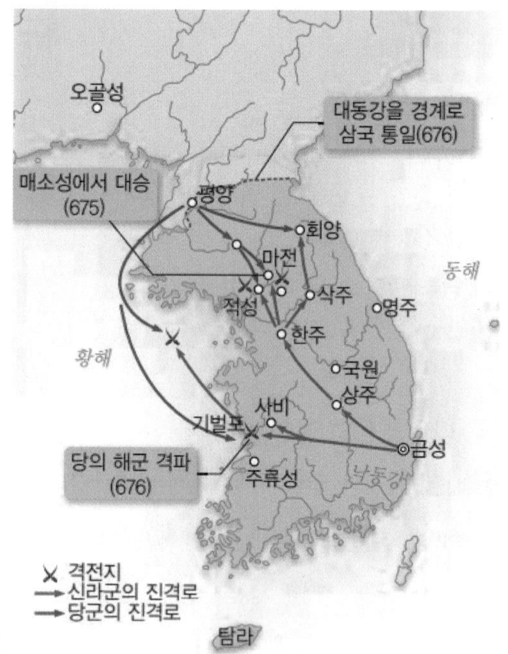

소부리주

소부리주는 백제 멸망 이후 신라가 부여 지방에 설치한 행정구역 명칭이다. 백제가 망한 뒤 당이 안동도호부를 운영하였으나 나·당 전쟁이 발생하자 신라가 웅진 사비 지역을 확보하고 소부리주를 설치하였다. 이후 신문왕 때에 행정구역 개편에 따라 웅천주가 되었다.

대표 사료 확인하기

1. 을지문덕의 편지와 살수대첩

• 을지문덕의 편지(여수장우중문시)

신묘한 계책은 천문을 꿰뚫어 볼 만하고, 오묘한 전술은 땅의 이치를 모조리 알았도다.
전쟁에 이겨서 공이 이미 높아졌으니, 만족을 알거든 그만두기를 바라노라.

• 살수대첩

하루에 일곱 번 싸워 모두 이긴 우문술의 군대는 살수(薩水)를 건너 평양 근처까지 들어와 진을 쳤다. 을지문덕이 사신을 보내 거짓으로 항복하자 우문술은 수의 군대가 피로하고 지쳐 평양 함락이 어렵다고 판단하여 철수하고자 하였다. 이때 을지문덕이 군사를 출동시켜 사면에서 들이치니 수 병사들은 살수를 건너지도 못하고 허물어졌다. 처음 수의 군대가 쳐들어 올 때는 무릇 30만 5천 명이었는데, 요동성으로 돌아갈 때는 겨우 2천 7백 명뿐이었다. – 『삼국사기』 –

2. 백제의 멸망

임금은 당나라와 신라의 병사들이 이미 백강과 탄현을 지났다는 소식을 듣고서 장군 계백(階伯)을 보내 결사대 5천 명을 거느리고 황산(黃山)으로 가서 신라 병사와 싸우게 하였다. 계백은 네 번 싸워서 모두 이겼으나 병사가 적고 힘이 다해 마침내 패배하였다. 계백은 그곳에서 전사하였다. …… 소정방이 군사들을 시켜 성곽에 뛰어 올라 당나라 깃발을 세우게 하였다. 태는 형세가 다급해지자 성문을 열고 살려주기를 청하였다. 이때 임금 및 태자 효가 여러 성과 함께 모두 항복하였다. 소정방이 임금 및 태자 효, 왕자 태, 융, 연(演) 및 대신과 장병 88명과 주민 1만 2천 8백 7명을 당나라 서울로 압송하였다.

3. 백제 부흥운동과 백강전투

부흥군에 의해 왕으로 추대되었던 부여 풍은 고구려와 왜국에 군사를 요청하여 당나라 군대를 막으려 하였다. …… 문무왕과 당의 장수 유인원은 육군을 거느리고 나아가고, 유인궤는 수군을 거느리고 백강으로 가서 육군과 합세하여 주류성으로 갔다. 백강 어귀에서 왜국 군사를 만나 네 번 싸워서 모두 이기고, 그들의 배 4백 척을 불살랐다. 이때 부여 풍은 탈출하여 도주하였다. …… 왕자 부여 충승, 충지 등이 부여 풍의 군사를 거느리고 왜국 군사들과 함께 항복하였다.

4. 고구려의 멸망

계필하력이 먼저 군사를 이끌고 평양 밖에 도착하고 이적의 군사가 뒤따라 와서 한 달이 넘도록 평양을 포위하였다. 보장왕 장이 연남산으로 하여금 수령 98명을 거느리고 백기를 들고 이적에게 항복하였다. 그러나 연남건은 오히려 성문을 닫고 수비하며 대항하였다. …… 5일 뒤에 승려 신성이 성문을 열었다. …… 남건은 스스로 칼을 들어 자신을 찔렀으나 죽지 않았다. 당의 군사가 왕과 남건 등을 붙잡았다. – 『삼국사기』 –

5. 나 · 당 전쟁

• 15년(서기 675) 봄 29일, 이근행이 군사 20만 명을 거느리고 매소성(買肖城)에 주둔하였는데, 우리 병사가 공격하여 쫓아버리고 말 3만 3백 8십 필을 얻었으며 그밖에 얻은 병장기도 그만큼 되었다.
• 16년(서기 676) 겨울 11월, 사찬 시득(施得)이 수군을 거느리고 설인귀와 소부리주 기벌포(伎伐浦)에서 싸웠으나 크게 패하였다. 다시 진군하여 크고 작은 22회의 싸움에서 승리하고 4천여 명의 목을 베었다.

자료 더하기

김춘추 어진

고구려의 천리장성

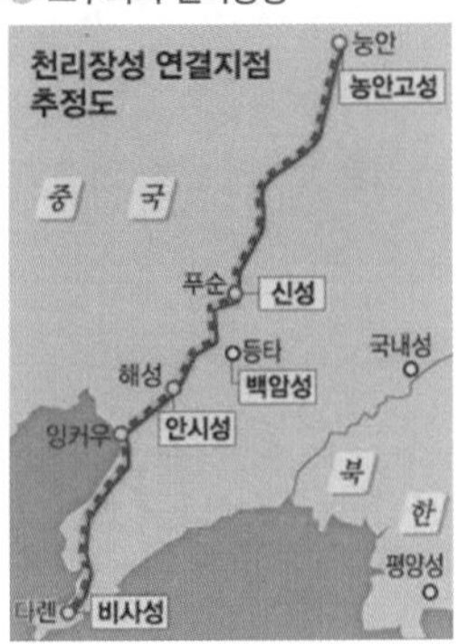

08 가야 연맹

01 / 전기 가야 연맹

① 성립

(1) 성립: 변한 지역에서 농업과 철기문화의 발전으로 여러 정치 조직 형성

(2) 전기 가야 연맹: 낙동강 하류 지역의 금관가야 중심으로 연맹 형성

(3) 금관가야: 김수로가 건국, 김해평야의 농업생산력, 낙랑과 왜를 연결하는 무역으로 성장

▼ 가야의 발전

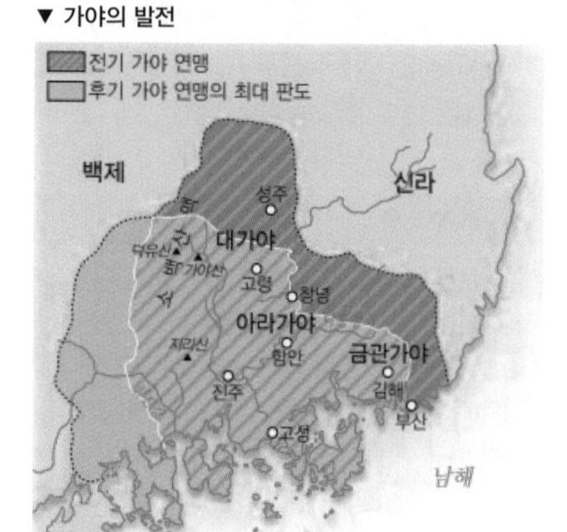

② 쇠퇴

(1) 쇠퇴: 4세기 초 백제와 신라의 팽창, 신라를 지원한 고구려 광개토 대왕의 공격을 받고 세력 약화

(2) 전기 가야 연맹의 해체: 금관가야의 왕 김구해(구형왕)가 법흥왕에게 투항하면서 금관가야 멸망(532)

③ 문화

(1) 금관가야: 김해 대성동 고분군

02 / 후기 가야 연맹

① 성립

(1) 성립: 5세기 후반 고령의 대가야를 중심으로 형성

(2) 대가야의 외교

① 중국 남제에 사신을 보내 책봉을 받음, 나·제 연합과 함께 고구려 공격

② 백제 무령왕의 동진 정책으로 법흥왕과 결혼동맹 체결

③ 법흥왕에게 금관가야 병합 이후 백제 성왕과 동맹 체결

② 쇠퇴

(1) 관산성 전투: 백제 성왕의 요청으로 관산성 전투에 참여 → 패배

자료 더하기

파사석탑

▲ 파사석탑

김수로 왕의 왕비인 허황옥이 아유타국에서 싣고 왔다고 전해지는 석탑이다. 이 탑은 파도를 진정시켜준다는 탑이라고 해서 일명 진풍탑으로 불리기도 한다.

(2) 멸망: 신라 진흥왕의 공격으로 멸망(562)

3 문화

(1) 대가야: 고령 지산동 고분군

(2) 아라(안라)가야: 함안 말이산 고분군

대표 사료 확인하기

1. 가야의 건국신화

가야산신(伽耶山神) 정견모주(正見母主)가 천신(天神) 이비가지(夷毗訶之)에 감응되어 대가야왕 뇌질주일(惱窒朱日)과 금관국왕 뇌질청예(惱窒靑裔)의 두 사람을 낳았다고 하였다. 그리하여 뇌질주일은 이진아시왕의 별칭이고, 뇌질청예는 수로왕의 별칭이라고 하였다. –『동국여지승람』–

2. 김수로 신화

후한(後漢)의 광무제(光武帝) 건무(建武) 18년(42년) 마을 북쪽 구지(龜旨)에서 수상한 소리로 부르는 기척이 있었다. …… "하늘이 우리에게 명하기를, '이곳에 가서 새로운 나라를 세우고 임금을 만들라.'고 하였기 때문에 내려온 것이다. 너희들은 모름지기 산봉우리 꼭대기의 흙을 파면서, '거북아 거북아, 머리를 내밀어라. 만일 내밀지 않으면 구워먹으리.'라고 노래를 부르면서 발을 구르고 춤추어라. 그러면 대왕을 맞이하게 되어 기뻐서 춤추게 될 것이다."라고 하였다. …… 자주색 줄이 하늘에서 드리워져 땅에 닿아 있었다. 줄의 끝을 찾아보니 뜻밖에 붉은 보자기로 싸여 있는 금으로 된 상자가 나타났다. 열어 보니 황금알 6개가 있었는데 둥근 것이 해와 같았다. …… 이튿날 아침 사람들이 다시 모여 상자를 열어 보니 6개의 알이 변하여 동자가 되어 있었는데 용모가 매우 훤칠하였다. 이에 침상에 앉히고 사람들이 공손히 예를 올렸으며 공경함이 그칠 줄 몰랐다. (그들은) 나날이 자라 10여 일이 지나자 키가 9척이어서 곧 은(殷)나라의 천을(天乙)과 같았고 얼굴은 용과 닮아서 곧 한(漢)나라의 고조(高祖)와 같았다. 눈썹이 8가지 색깔인 것은 곧 중국의 고(高)와 같았고 눈이 쌍겹눈인 것은 곧 우(虞)나라의 순(舜)임금과 같았다. 그달 보름에 즉위하였으며, 처음 나타났다고 해서 이름을 수로(首露)라고 하였는데……. –『삼국유사』–

3. 구지봉과 김해 대성동 고분군

4. 고령 지산동 고분군

자료 더하기

함안 말이산 고분군과 유물

가야 유물

09 통일신라

01 / 신라 중대의 왕권 강화

1 주요 임금의 업적

임금	업적
태종 무열왕 (654~661)	• 진골 출신(최초), 집사부 시중의 권한 강화, 상대등에 김유신 임명 • 백제 멸망, 갈문왕 제도 폐지
문무왕 (661~681)	• 고구려 멸망, 삼국 통일 달성 • 새로운 도성 건설 시도(의상의 반대 건의 수용), 의상이 부석사 창건, 대왕암릉
신문왕 (681~692)	• 귀족 세력 숙청: 장인 김흠돌의 난을 계기로 이에 연루된 귀족 제거 • 중앙 14부 체제, 지방 9주 5소경 체제 완성 • 9서당 10정의 군사제도 정비 • 국학 설립, 녹읍 폐지 및 관료전 지급, 달구벌 천도 시도(실패)
효소왕 (692~702)	• 수도에 서시와 남시 설치
성덕왕 (702~737)	• 당나라의 요청으로 발해의 남부지역 공격(발해 무왕의 등주 공격) • 백성들에게 정전 지급, 「백관잠」 저술, 누각전(물시계) 설치
경덕왕 (742~765)	• 관청과 지방의 명칭을 중국식으로 개칭, 상대등의 권한 강화, 녹읍 부활 • 성덕대왕 신종 제작 시작, 불국사 · 석굴암 창건, 당나라에 공예품 "만불산" 보냄
혜공왕 (765~780)	• 96각간의 난, 김지정의 난 발생(반란 도중 시해) • 성덕대왕 신종 완성

02 / 신라 하대의 혼란

1 주요 임금의 업적

임금	업적
원성왕 (785~798)	• 독서삼품과 설치
헌덕왕 (809~826)	• 김헌창의 난(웅주 도독 출신, 아버지 김주원의 왕위 계승 실패가 원인)
흥덕왕 (826~836)	• 장보고의 청해진 설치, 사치금지령 발표
진성여왕 (887~897)	• 원종 · 애노의 난, 적고적의 난, 견훤의 무진주 점령 • 최치원의 시무 10조, 『삼대목』 편찬

자료 더하기

갈문왕

왕과 일정한 관계를 가진 사람으로 신라의 최고 성씨 집단의 장에게 주어진 호칭이다. 갈문왕은 왕과는 엄연히 구별되었지만 지배세력 내에서는 왕에 준하는 특수한 위치를 차지하였다.

김흠돌의 난

김흠돌은 자신의 딸을 태자(신문왕)에게 시집보냈다. 이후 파진찬 흥원, 대아찬 진공 등과 반역을 도모했다가 진압당하였다.

장보고의 도움을 받은 승려 엔닌

> 귀하를 뵌 적은 없으나 높으신 이름을 오래 전에 들었기에 흠모하는 마음이 더욱 깊어만 갑니다. …… 부족한 이 사람은 다행히도 대사께서 세우신 이곳 법화원에 머무를 수 있었던 것을 말로 다할 수 없이 감사하게 생각합니다. 저는 은혜를 입고 있으면서도 멀리 떨어져 찾아뵙지 못하였습니다.
>
> – 엔닌, 『입당구법순례행기』 –

▲ 장보고(?~846)
- 당으로 건너가 무령군 소장에 오름
- 귀국 이후 청해진 건설
- 해적 퇴치 및 해상 무역 장악
- 회역사(일본), 견당매물사(당) 파견
- 산동반도에 법화원 건립
- 신무왕(김우징) 즉위에 공헌
- 중앙 귀족들의 견제 → 암살로 사망

최치원(857~?)
- 12세의 나이로 당에 유학
- 18세에 당의 빈공과 합격
- 황소의 난 진압(토황소격문)
- 진성여왕에게 시무 10조를 올림
- 왕위를 계승하는 효공왕의 상표문 작성
- 관직을 떠난 후 다양한 저술 활동 전개
- 『계원필경』, 『사산비명』, 『제왕연대력』 등 저술

2 사회 혼란과 호족의 등장

(1) 귀족들의 왕위 쟁탈전 전개: 잦은 임금 교체(박씨 성의 임금들도 등장)

(2) 6두품의 정치적 지위 약화: 골품제 비판, 당으로 유학, 새로운 정치 이념과 사회상 제시

(3) 호족 세력의 성장

① 독자적인 지방 세력 형성 → 스스로 성주·장군을 자처하며 세력 형성

② 견훤(무진주), 작제건(송악), 기훤(죽주), 양길(북원) 등

자료 더하기

대표 사료 확인하기

1. 만파식적과 신문왕

해관 박숙청이 아뢰되, "동해에 작은 산이 떠서 감은사로 향하여 오는데 물결을 따라 왕래합니다."라고 하였다. …… 국왕이 배를 타고 그 산에 들어가니, 용이 나타나 "동해의 용이 된 그대의 아버지인 문무왕과 천신(天神)이 된 김유신이 그대에게 옥대와 대나무를 전해 주라고 하였다."라고 하였다. 국왕이 놀라고 기뻐하여 대나무를 베어서 피리를 만들었다. …… 그 피리를 만파식적이라 하고 나라의 보물로 삼았다.

– 『삼국사기』 –

2. 신문왕(김흠돌의 난 · 지방 행정 제도 정비)

• 김흠돌의 난

공이 있는 자를 상주는 것은 옛 성인의 좋은 규정이요, 죄 있는 자를 벌주는 것은 선왕의 아름다운 법이다. …… 적의 괴수인 흠돌·흥원·진공 등은 그 벼슬이 재능으로 높아진 것이 아니라 실상 왕의 은덕으로 올라간 것이지만, …… 악당들이 서로 도와 날짜와 기한을 정해 반역을 행하려 하였다.

• 지방 행정 제도 정비

5년(685) 봄, 완산주를 다시 설치하고 용원을 총관으로 삼았다. 거열주를 나누어 청주를 설치하니 비로소 9주가 갖추어졌는데, 대아찬 복세를 총관으로 삼았다.

3. 혜공왕 때의 혼란한 상황(96각간의 난 · 김지정의 난)

• 96각간의 난

대공 각간이 반란을 일으키자, 수도와 5도의 주와 군 등 96각간이 서로 싸워 크게 어지러워졌다. 대공 각간의 집이 망하자 그 집의 보물과 비단 등을 왕궁으로 옮겼다. 신성(新城) 장창(長倉)이 불에 탔다. 사량리(沙梁里)와 모량리(牟梁里)에 있던 역적들의 보물과 곡식도 왕궁으로 날랐다. 난리가 석 달이나 지속되었다. 상을 받은 사람도 제법 많았지만 죽임을 당한 사람도 셀 수 없이 많았다.

– 『삼국유사』 –

• 김지정의 난

이찬 김지정(金志貞)이 반란을 일으키고 무리들을 모아 궁궐을 포위하여 침범하였다. …… 상대등 김양상이 이찬 경신(敬信)과 함께 병사를 일으켜 지정 등을 죽였다. 임금과 왕비는 난리 중에 살해되었다.

– 『삼국사기』 –

자료 더하기

문무왕 수중릉

동궁(임해전)과 월지(안압지)

▲ 동궁과 월지
동궁과 월지는 문무왕이 삼국 통일 이후 축조한 궁궐과 정원이다. 『삼국사기』에는 이 정원에서 연회를 개최하였다는 기록이 자주 나온다. 특히 월지에서 발견된 주사위를 통해 상류층들의 오락문화를 엿볼 수 있다.

원성왕의 독서삼품과 시행

처음으로 독서삼품을 제정하여 관직을 주었다. 『춘추좌씨전』·『예기』·『문선』을 읽어서 그 뜻에 능통하고, 이와 동시에 『논어』와 『효경』에 밝은 자를 상품으로 하고, 『곡례』·『논어』·『효경』을 읽은 자를 중품으로 하고, 『곡례』와 『효경』을 읽은 자를 하품으로 하였다. 5경, 3사, 제자백가서에 모두 능통한 자는 절차를 뛰어넘어 발탁하였다.

4. 김헌창의 난 · 김범문의 난

- 김헌창의 난

14년(822) 웅천주 도독 헌창이 그의 아버지 주원이 임금이 되지 못했다는 이유로, 반역을 일으켜 국호를 장안(長安)이라 하고, 연호를 경운(慶雲) 원년이라 하고, 무진·완산·청주·사벌 네 주의 도독과 국원경·서원경·금관경의 사신들과 여러 군과 현의 수령들을 위협하여 자기 부하로 삼았다.

- 김범문의 난

17년(825) 봄, 헌창의 아들 범문이 고달산의 도적 수신 등 백여 명과 함께 모반하여 평양(平壤)에 도읍을 세우고자, 북한산주를 공격하였다. 도독 총명이 병사를 거느리고 가서 그를 잡아 죽였다.

5. 진성여왕 때의 혼란한 상황(원종 · 애노의 난, 적고적의 난)

- 원종·애노의 난

3년(889) 나라 안의 여러 주와 군에서 공물과 세금을 보내지 않아 창고가 비고 국가재정이 궁핍하였다. 임금이 사람을 파견하여 독촉하니, 이로 인하여 도처에서 도적이 봉기하였다. 이때 원종(元宗), 애노(哀奴) 등이 사벌주(沙伐州)에 웅거하여 반란을 일으켰다.

- 적고적의 난

10년(896), 도적들이 나라의 서남쪽에서 봉기하였다. 그들은 바지를 붉게 물들여 스스로 남들과 다르게 하였기 때문에 사람들은 적고적(赤袴賊, 붉은 바지를 입은 도적)이라고 불렀다. 그들은 주와 현을 도륙하고, 서울의 서부 모량리(牟梁里)까지 와서 사람들을 위협하고 노략질하고 돌아갔다.

신라의 시대 구분

<table>
<tr><th colspan="5">신라의 시대 구분</th></tr>
<tr><td rowspan="2">『삼국사기』</td><td colspan="2">상대
(성골)</td><td>중대
(무열왕계 진골)</td><td>하대
(내물왕계 진골)</td></tr>
<tr><td colspan="2">박혁거세~진덕여왕</td><td>무열왕~혜공왕</td><td>선덕왕~경순왕</td></tr>
<tr><td rowspan="2">『삼국유사』</td><td>상고(독자적 왕호)</td><td>중고(불교식 왕호)</td><td colspan="2">하고(중국식 왕호)</td></tr>
<tr><td>박혁거세~지증왕</td><td>법흥왕~진덕여왕</td><td colspan="2">무열왕~경순왕</td></tr>
</table>

Chapter 10 후삼국 시대

01 / 후백제

1 후백제

(1) 성장: 상주 출신의 군인인 견훤이 무진주(광주)를 점령, 스스로 왕을 자처한 견훤이 완산주에 도읍을 정하고 건국(900)

(2) 발전

① 차령산맥 이남의 충청도와 전라도 지역을 차지, 중국의 오·월과 외교관계 수립

② 신라 수도까지 점령, 경애왕을 죽이고 경순왕을 옹립

(3) 멸망

① 왕위 계승 간의 갈등 발생 → 첫째 신검이 왕권을 차지하고 견훤을 금산사(김제)에 유폐

② 견훤은 후백제를 탈출 → 왕건에게 투항 → 936년 일리천 전투 패배로 후백제 멸망

02 / 후고구려

1 후고구려

(1) 성장: 신라 왕족 출신인 궁예가 양길의 군사들을 바탕으로 송악을 점령하고 건국(901)

(2) 발전

① 골품제 폐지, 광평성을 비롯한 9관등제 설치

② 왕건이 후백제의 배후지역 나주를 점령 → 왕건을 시중에 임명

③ 영토 확장 이후 철원으로 수도 천도, 국호를 마진·태봉으로 변경

(3) 멸망

① 스스로를 미륵으로 자처하며 폭압적인 정치 실시

② 왕건을 추대한 신하들에 의해 축출(918)

자료 더하기

후삼국 시대의 전개

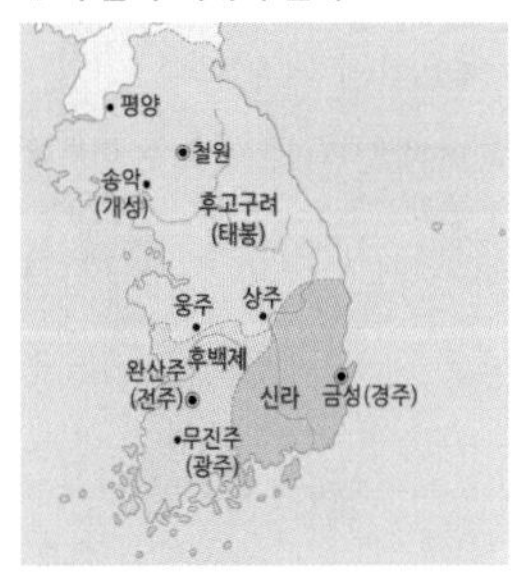

논산 견훤 왕릉

철원 궁예 궁터

자료 더하기

사심관 제도

고려 태조 때 지방 호족 세력을 약화시키려고 실시한 왕권 강화책이다. 사심관 제도는 935년 고려에 항복한 신라의 마지막 왕인 경순왕(김부)을 경주의 사심관으로 삼은 데에서 시작되었다. 사심관에게는 지방 관리들을 선발할 수 있는 권한과 동시에 그 지방에서 반역의 일이 발생하면 사심관 직에 임명된 관리에게 연대 책임을 지게 함으로써 지방 세력을 약화시키는 정책이다.

마의태자와 충북 청주 미륵대원지

마의태자는 신라 마지막 임금인 경순왕의 아들로 신라의 마지막 태자였다. 아버지가 고려에 투항한 이후 금강산으로 들어가 베옷을 입고 초식을 하며 생을 마쳤다는 데서 유래되었다.

청주 미륵대원지의 석불입상은 금강산으로 가던 마의태자가 꿈에서 관음보살을 만나 만든 불상이라는 전설이 내려온다.

김제 금산사와 견훤

김제 금산사는 진표율사에 의해 창시된 법상종의 중심 사찰로 미륵신앙의 중심지이다. 금산사에는 아들에 의해 폐위되어 유폐된 견훤의 이야기가 전해진다. 견훤은 장남인 신검에게 왕위를 빼앗기고 김제 금산사에 유폐당한다. 이후 탈출을 감행하여 고려 왕건에게 귀부하게 된다.

03 / 고려의 건국과 후삼국 통일

1 고려 건국

(1) 왕건의 즉위: 궁예를 제거한 신하들이 왕건을 왕으로 추대

(2) 수도 이전: 즉위 이후 송악으로 천도

2 후삼국의 통일 과정

구분	내용
공산 전투 (927)	• 신라 경애왕의 구원 요청으로 왕건이 출병 • 경주를 점령하고 약탈한 견훤이 돌아가던 중 공산(대구) 지역에서 교전 • 고려의 패배: 포위된 왕건을 대신하여 신숭겸 · 김락의 희생으로 탈출
고창 전투 (930)	• 낙동강 서부 지역에서 격돌 → 왕건 승리, 경상도 지역 호족 장악
견훤 투항 (935)	• 왕위 계승과정에서 유폐된 견훤이 왕건에게 투항, 양주를 식읍으로 지급
경순왕 투항 (935)	• 견훤 투항 이후 경순왕도 국가를 왕건에게 넘기고 투항, 경주의 사심관으로 임명
일리천 전투 (936)	• 신검의 군대와 일리천(경북 선산)에서 격돌, 이후 신검의 항복으로 후백제 멸망

대표 사료 확인하기

1. 견훤

• 견훤은 상주 가은현 사람으로 본래의 성은 이씨였는데 후에 견으로 성씨를 삼았다. 아버지는 아자개이니 농사로 자활하다가 후에 가업을 일으켜 장군이 되었다.

• 왕은 아첨하는 소인들을 항상 옆에 두고 남몰래 희롱하며 정사를 돌보지 않으므로 기강이 문란해졌고 또한 기근이 심하여 백성들은 사방으로 유리하고 도적이 벌떼처럼 일어나서 국내가 어지럽게 되자, 견훤은 몰래 딴 마음을 먹고 많은 사람을 불러 모아가지고 서남쪽 주현의 적도들을 토벌하니 가는 곳마다 모든 사람들이 그에게 호응하여 한 달 사이에 5천 명의 무리가 모여들었다.

2. 궁예

• 머리를 깎고 승려가 되어 스스로 선종(善宗)이라고 이름하였다. 신라 말에 정치가 잘못되고 백성이 흩어져 지방의 주현들이 반란 세력에 따라 붙는 자가 거의 반에 이르고 먼 곳과 가까운 곳에서 도적들이 벌떼처럼 일어나 그 아래에 백성이 개미처럼 모여드는 것을 보고 이런 혼란기를 틈타 무리를 모으면 자신의 뜻을 이룰 수 있다고 생각하여 대순 2년 신해년에 죽주의 도적 괴수 기훤에게 의탁하였다. 기훤이 얕보고 거만하게 대하자, 경복 원년 임자년에 북원의 도적 양길에게 의탁하니, 양길이 잘 대우하여 일을 맡기고 드디어 병사를 나누어 주어 동쪽으로 땅을 점령하도록 하였다.

• 궁예는 신라 사람으로 성은 김씨이고, 아버지는 제47대 헌안왕 의정이며, 어머니는 헌안왕의 궁녀였는데 그 성명은 잘 알지 못한다. …… 왕이라 자칭하고 사람들에게 이르기를, "이전에 신라가 당에 군사를 청하여 고구려를 격파하였기 때문에 옛 도읍 평양은 오래되어 풀만 무성하게 되었으니 내가 반드시 그 원수를 갚겠다."라고 하였다.

자료 더하기

3. 견훤의 경주 공격 → 경순왕의 즉위

9월(927) 견훤이 고울부에서 우리 군대를 공격하니, 임금이 태조에게 구원을 요청하였다. 태조가 장군에게 명령하여 굳센 병사 1만을 내어 가서 구원하게 하였다. 견훤은 구원병이 아직 도착하지 않은 겨울 11월에 서울을 습격하였다. 이때 임금은 왕비, 후궁 및 친척들과 함께 포석정에서 연회를 베풀어 즐기고 있었기 때문에 적병이 오는 것을 모르고 있다가 갑자기 어찌할 줄을 몰랐다. 견훤은 또 그의 병사들을 풀어 공사(公私)의 재물을 모두 약탈하였고, …… 견훤은 임금을 핍박하여 자살하게 하고 이어서 임금의 친척 동생에게 임시로 나라 일을 맡게 하였다. 그가 바로 경순왕이다.

4. 신검의 반란과 견훤의 투항

견훤의 아들 신검(神劒)이 그 아버지를 금산의 불당에 유폐시키고, 그 아우인 금강(金剛)을 죽였으며, 스스로 왕위에 올랐다. …… 견훤이 고려로 달아났다. 견훤이 금산에 있은 지 석 달 만에, 지키던 군사 30인에게 술을 마시게 하여 취하게 하고는, 막내아들 능예(能乂)와 딸 애복(哀福), 폐첩 고비(姑比) 등과 함께 나주로 달아나, 사람을 보내어 고려왕에게 뵙기를 청하니, …… 그가 이르자 예로써 후하게 대우하고, 다시 견훤을 일컬어 상보(尙父)라 하였으며, 남궁(南宮)의 관사를 주고 직위는 백료(百僚)의 위였으며, 양주를 주어 식읍을 삼게 하고…….

－『동국통감』－

5. 경순왕의 투항

9년(935) 겨울 10월, 임금은 사방의 토지가 모두 다른 사람의 소유가 되어, 나라의 세력이 약해지고 고립되어서 스스로 안전을 지킬 수 없겠다고 여겼다. 이에 여러 신하들과 함께 고려 태조에게 항복할 것을 의논하였다. …… 곧 시랑 김봉휴에게 편지를 가지고 가서 태조에게 항복을 청하게 하였다. …… 고려 태조가 임금의 편지를 받고, 대상(大相) 왕철 등을 보내 임금을 영접하게 하였다.

11 발해

자료 더하기

상경용천부

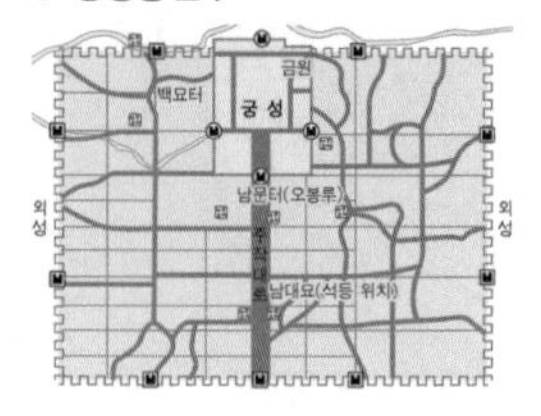

발해의 중앙 정치 조직

01 / 발해의 정치

1 건국

(1) 대조영: 당이 지배하던 요동지역의 고구려 유민과 말갈족 통합

(2) 발해 건국

① 통합 세력을 동쪽으로 이동, 당의 공격을 막아내고 동모산 근처에 건국

② 초기 국호는 진(辰), 이후 발해군왕으로 책봉되어 발해로 변경

▼ 발해의 영역

2 무왕(대무예, 인안, 719~737)

(1) 영토 확장

① 동북방의 여러 세력 복속, 북만주 일대 장악

② 흑수 말갈 통합과정에서 당과 갈등 → 장문휴의 등주 공격

(2) 외교

① 당과 신라의 연합을 견제하기 위하여 일본에 국서를 보내 국교 수립

② 일본에 보낸 국서에 '고려국왕'이라 칭하며 고구려 계승의식 표방

3 문왕(대흠무, 대흥 · 보력, 737~793)

(1) 외교: 당, 신라와 친선 관계 유지 – 신라와 상설 교통로 개설, 당의 문물·제도 수용

(2) 통치 체제 정비

① 수도 이전: 중경 → 상경 → 동경으로 이동(이후 성왕 때 상경으로 재천도)

② 3성 6부제의 중앙통치 체제 확립, 주자감 설치

4 선왕(대인수, 건흥, 818~830)

(1) 영토 확장: 요동 지방으로 진출하면서 고구려의 옛 땅 대부분 수복, 신라와 국경 접함

(2) 통치 체제 정비: 5경 15부 62주의 지방 행정 제도 완비

(3) 전성기: 중국에서 해동성국이라 칭함

- 왕
  - 정당성(상서성)
    - 좌사정: 충부(이부), 인부(호부), 의부(예부)
    - 우사정: 지부(병부), 예부(형부), 신부(공부)
  - 선조성(문하성)
  - 중대성(중서성)
  - 중정대(어사대)
  - 문적원(비서성)
  - 주자감(국자감)

※(　) 안은 당의 관제임

발해는 고구려를 계승하였지만, 당의 정치 제도를 받아들여 중앙정치 조직으로 3성 6부를 두었다. 그러나 명칭과 운영은 발해의 독자성을 유지하여 왕 아래에 정당성, 선조성, 중대성이라는 3성의 명칭과 6부의 명칭을 다르게 사용하였다. 또한 발해에서는 좌사정과 우사정이라는 기구를 두어 6부를 이원적으로 나누어 운영하였다.

대표 사료 확인하기

1. 무왕의 등주 공격

- 왕은 즉위 후 연호를 인안(仁安)으로 하였다. …… 왕이 신하들을 불러 논의하며 말하기를, "흑수(黑水)가 처음에는 우리에게 길을 빌려 당나라와 왕래했고, 일이 있으면 모두 우리에게 알렸다. …… 지금은 당나라에 벼슬을 청하면서 우리에게 알리지 않고 있으니, 이는 반드시 우리를 배반하여 당과 함께 우리를 앞뒤에서 치려는 것이다."라고 하였다. 이어 왕은 그의 아우 대문예와 외숙 아아상을 보내 흑수를 공격하게 하였다.
- 32년(733) 가을 7월에 당(唐) 현종은 발해(渤海)·말갈(靺鞨)이 바다를 건너 등주로 쳐들어오자, 태복원외경(太僕員外卿) 김사란을 귀국하게 하여, 왕에게 개부의동삼사 영해군사를 더 제수하고 군사를 일으켜 말갈의 남쪽 도읍을 치도록 하게 하였다. 마침 큰 눈이 한 자 넘게 쌓이고 산길이 험하여 절반이 넘는 병사들이 죽고 아무 공 없이 돌아왔다.

2. 무왕이 일본에 보낸 국서

왕의 국서에 이르기를, "열국(列國)을 거느리고 여러 번(蕃)을 총괄하면서, 고려의 옛 땅을 회복하고 부여의 유풍을 지니고 있습니다. 너무 멀어 길이 막히고 바다 역시 아득하여 소식이 통하지 않고 길흉을 물음이 끊어졌는데, 우호를 맺고 옛날의 예에 맞추어 사신을 보내어 이웃을 찾는 것이 오늘에야 비롯하게 되었습니다."라고 하였다.

3. 문왕의 국서에 대한 일본의 반응

지금 보내온 국서(國書)를 살펴보니 부왕(父王)의 도를 갑자기 바꾸어 날짜 아래에 관품(官品)을 쓰지 않았고, 글 끝에 천손(天孫)이라는 참람된 칭호를 쓰니 법도에 어긋납니다. 왕의 본래의 뜻이 어찌 이러하겠습니까. (중략) 고씨의 시대에 병난이 그치지 않아 조정의 위엄을 빌려 저들이 형제를 칭하였습니다. 지금 대씨는 일없이 고의로 망령되이 사위와 장인을 칭하였으니 법례를 잃은 것입니다.

4. 남북국 시대

부여씨와 고씨가 망한 다음에 김씨의 신라가 남에 있고, 대씨의 발해가 북에 있으니 이것이 남북국이다. 여기에는 남북국사가 있어야 할 터인데, 고려가 편찬하지 않은 것은 잘못이다. 저 대씨는 어떠한 사람인가. 바로 고구려 사람이다. 그들이 차지하고 있던 땅은 어떤 땅인가. 바로 고구려 땅이다. …… 김씨와 대씨가 망한 다음 왕씨가 통합하여 차지하고는 고려라고 하였다. …… 고려가 마침내 약소국이 된 것은 발해의 땅을 되찾지 못했기 때문이니, 이후 탄식할 수 있겠는가.

– 『발해고』 –

정효공주의 사망

공주는 대흥 56년(792) 여름 6월 9일 임진일에 사망하니, 나이는 36세였다. 이에 시호를 정효공주라 하였다. 이 해 겨울 11월 28일 기묘일에 염곡의 서쪽 언덕에 배장하였으니, 이것은 예의에 맞는 것이다. 황상(皇上)은 조회를 파하고 크게 슬퍼하여, 침소에 들어가지 않고 음악도 중지시켰다.

12 삼국의 통치 체제

자료 더하기

담로

담로는 원래 백제어로 '다라', '드르'의 음차(音借)로서 '성(城)'을 의미한다. 담로는 중국의 군현과 같은 기능을 가진 지방지배조직으로서, 왕족 출신의 지방관이 파견되었다.

상수리 제도

통일신라 시대 지방 호족들을 중앙에 머물게 하는 제도로, 각 주의 지방 호족들 중 한 명을 뽑아 중앙에 볼모로 와 있게 함으로써 지방 세력을 견제하고 왕권을 강화하고자 한 것이다. 상수리 제도는 고려의 기인제도, 조선의 경저리 제도와 유사한 제도라고 볼 수 있다.

집사부

집사부는 진덕여왕 때 품주를 개편해 설치한 왕명출납기구이다. 집사부의 중심은 장관인 중시(시중)였는데, 정원은 1인이고, 진골 출신이 임명되었으며, 이찬(伊飡)에서 대아찬(大阿飡)의 관등을 가진 자가 임명되었다.

향·부곡

향과 부곡은 삼국시대부터 존재한 행정구역으로 국가가 성립되는 과정에서 정복전쟁에 패배하였거나 투항 또는 귀순한 집단의 정착지, 또는 반역죄인의 집단적 유배지, 귀화인의 집단마을, 기타 특수한 생산노비의 집단거주 등에서 연유한 것으로 추정되는 지역이다. 여기에 거주하는 주민들은 일반적인 주민들에 비해 차별대우를 받았다.

01 / 삼국의 통치 체제

구분		고구려	백제	신라
관등		10여 관등 (~형, ~사자)	16관등 (~솔, ~덕, ~무)	• 경위(중앙): 17관등 • 외위(지방): 11관등
중앙관제			6좌평 → 22부	병부, 창부, 집사부 등
귀족 합의제		제가회의	정사암회의	화백회의
수상		국상, 대대로(대막리지)	상좌평(내신좌평)	상대등
지방 행정 조직	수도	5부	5부	6부
	지방	5부(욕살) – 성(처려근지)	5방(방령) – 군(군장)	5주(군주) – 군(태수)
	특수	3경(국내, 평양, 한성)	22담로(왕족파견)	2소경(충주, 강릉)
군사		• 중앙: 대모달, 말객 • 지방: 성주	• 중앙: 각 부에 500명 • 지방: 방령	• 중앙: 서당(모병) • 지방: 6정

02 / 남북국 시대의 통치 체제

구분	통일신라	발해
중앙 정치 조직	• 집사부(국왕 직속 기구): 국가 기밀 사무 담당 • 집사부와 시중의 기능 강화: 상대등 세력 약화 • 집사부를 비롯한 13부 설치 • 사정부 설치: 감찰기능 강화 • 경위제와 외위제를 경위제 17관등으로 통합	• 3성 6부 체제 → 당의 제도 수용 • 독자성 유지 – 이원적 체제 운영(좌사정 · 우사정) – 유교식 명칭의 6부 체제
수상	• 시중	• 대내상
합의 기구	• 화백회의(상대등)	• 정당성(대내상)
감찰 기관	• 사정부/외사정(지방관 감찰)	• 중정대
지방 행정 조직	• 9주 5소경 제도 – 9주(도독) – 군(태수) – 현(현령) – 촌(촌주) – 5소경(사신): 군사 · 행정상 요지에 설치, 수도의 편재성에 따른 통치 약점 보완, 지방의 균형적 발전, 지방 세력 통제 목적, 상수리 제도 • 향 · 부곡: 전쟁 포로, 반역자, 범죄자 등 거주	• 5경 15부 62주 체제 – 5경(전략 요충지에 설치): 상경 용천부 · 중경 현덕부 · 서경 압록부(대당 교역중심) · 동경 용원부(대일 무역중심) · 남경 남해부(신라도) – 15부(도독) – 62주(자사) – 현(현승) • 촌장: 주로 말갈족으로 구성, 촌장을 통해 지배
군사 조직	• 9서당(중앙군): 민족 융합 목적으로 편성 • 10정(지방군): 9주에 1정씩 배치(한주에는 2정)	• 10위(중앙군): 왕궁과 수도 경비 • 지방군: 농병일치 → 지방관이 지휘

대표 사료 확인하기

1. 6좌평제와 관복제정

• 6좌평제

27년(서기 260) 봄 정월, 내신좌평(內臣佐平)을 두어 왕명출납에 관한 일을, 내두좌평(內頭佐平)을 두어 재정에 관한 일을, 내법좌평(內法佐平)을 두어 예법에 관한 일을, 위사좌평(衛士佐平)을 두어 친위병에 관한 일을, 조정좌평(朝廷佐平)을 두어 형벌에 관한 일을, 병관좌평(兵官佐平)에게는 지방의 병사에 관한 일을 맡겼다.

• 관복제정

2월, 명을 내려 6품 이상은 자주색 옷을 입고 은화로 관을 장식하고, 11품 이상은 붉은색 옷을 입고, 16품 이상은 푸른색 옷을 입게 하였다.

– 『삼국사기』 –

2. 고구려 최초의 국상 명림답부

신대왕 15년(179) 가을 9월, 국상인 명림답부가 사망하였는데, 나이가 113세였다. 왕이 친히 조문하며 애통해 하였고, 조정에 나가는 것을 7일 동안 중단하였다. 이에 예를 갖추어 질산(質山)에 장사지내고, 묘지기(守墓) 20가(家)를 두었다.

– 『삼국사기』 –

3. 정사암회의

사비 부근의 호암사(虎岩寺)에 정사암이라는 바위가 있어 국가에서 재상을 선정할 때 해당 자격자 3, 4명의 이름을 봉함하여 이 바위 위에 두었다가 얼마 뒤에 이름 위에 인적(印跡)이 있는 자를 재상으로 삼았다.

4. 통일신라와 발해의 지방 행정 제도

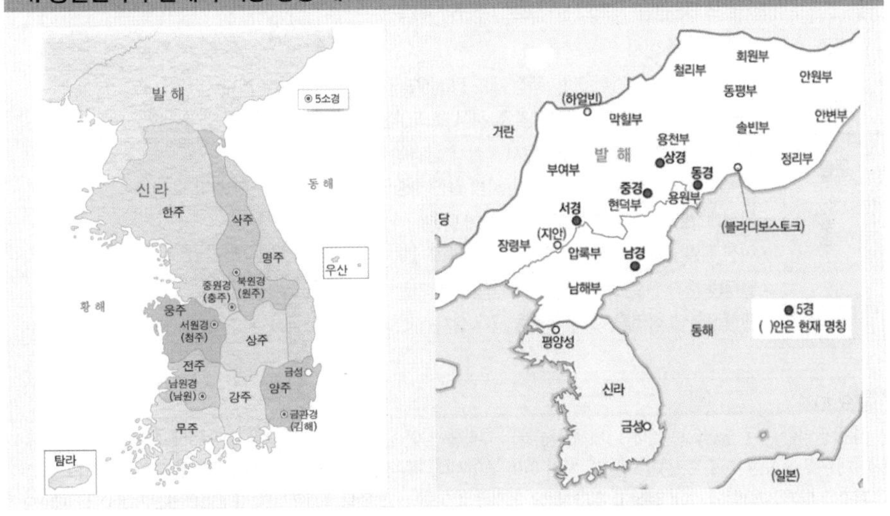

자료 더하기

9서당

통일신라의 중앙 군사조직으로 국왕의 직속 부대이다. 통일 이전 서당이 조직된 이래로 통일 이후 복속된 지역의 군사들을 포함하는 방식으로 9개 부대로 운영되었다. 부대의 구분은 옷깃의 색으로 했다.

녹금서당	신라인
자금서당	신라인
비금서당	신라인
백금서당	백제인
황금서당	고구려인
흑금서당	말갈인
벽금서당	보덕국인
적금서당	보덕국인
청금서당	백제인

각 시대별 왕명출납 기구의 변천

신라/통일신라	집사부
고려	중추원
조선	승정원

각 시대별 감찰기구의 변천

통일신라	사정부/외사정
발해	중정대
고려	어사대
조선	사헌부
대한민국	감사원

13 고려 초기

자료 더하기

태조 왕건 청동상

기인 제도

기인 제도는 지방 호족의 자제를 볼모로 삼아 수도에 두고 출신지의 일에 대하여 자문하게 한 제도이다. 이는 지방세력 통제와 행정실무의 효율성을 위해 시행되었다.

훈요 10조와 『정계』·『계백료서』

훈요 10조는 후대 왕들이 지켜야 할 정책 방향을 제시한 유훈이라면, 『정계』·『계백료서』는 신하의 도리를 강조한 책으로 현재 전해지지는 않는다.

신숭겸

▲ 신숭겸(~ 927)

- 궁예 말년에 홍유, 복지겸 등과 혁명
- 고려의 개국공신
- 927년 공산전투에서 왕건을 대신해 전사
- 장절공 시호 하사
- 예종이 지은 향가인 「도이장가」의 주인공

01 / 고려 전기 주요 임금의 정책

태조	• 민생 안정책: 조세 인하(세율 1/10), 흑창 설치, 부채 노비 해방 • 호족 통합책: 정략결혼 정책, 왕씨 성 하사, 관직 · 토지 하사, 토성제 실시 • 호족 견제책: 사심관 제도와 기인 제도 • 유교 진흥책: 신라 하대 6두품 등용, 『정계』 · 『계백료서』 저술 • 고구려 계승 의식: 북진 정책(청천강 지역으로 영토 확장), 발해 왕족 포용(대광현 귀부), 서경 중시 • 불교 · 풍수지리 중시: 비보사찰 건립, 연등회 · 팔관회 강조 • 훈요 10조: 후대 왕들이 지켜야 할 정책의 방향 제시
정종	• 혜종 때 발생한 왕규의 난 진압(서경 출신 왕식렴의 후원), 서경 천도 실패 • 거란 침입에 대비: 청천강에 광군(사) 설치
광종	• 독자적 연호 사용(광덕, 준풍), 제위보 설치, 송과의 외교 수립 • 호족 억제 정책: 노비안검법, 과거제(후주 출신 쌍기의 건의), 공복 제정(자 · 단 · 비 · 녹) • 국사 · 왕사제 실시, 불교 통합 시도(균여)
경종	• 시정 전시과 실시
성종	• 최승로의 시무 28조(유교적 통치 체제 확립 건의), 국자감 설치 • 중앙 통치 체제 확립(2성 6부), 12목 설치(지방관 파견), 향직 제도 정비 • 의창과 상평창 설치, 팔관회와 연등회 폐지, 화폐(건원중보, 철전) 주조, 문신월과법 • 거란의 1차 침입: 서희의 활약으로 강동 6주 획득
목종	• 개정 전시과 실시
현종	• 강조의 정변으로 즉위, 지방 행정 제도 정비(5도 양계, 4도호부, 8목 체제) • 거란의 2 · 3차 침입, 천리장성 축조 시작, 초조대장경 조판, 『7대실록』 편찬
문종	• 고려 통치 체제의 확립, 경정 전시과 실시, 남경 승격 • 동 · 서 대비원 설치, 흥왕사 창건, 사학 발전(최충의 문헌공도를 비롯한 사학 12도)
숙종	• 남경개창도감 설치, 주전도감 설치(화폐 발행) • 여진 정벌 실패 후 별무반 설치(윤관), 서적포 설치
예종	• 별무반 출격 → 동북 9성 설치, 복원궁(도교) 건립 • 관학진흥책: 청연각 · 보문각 설치, 7재 설치, 양현고 설치

훈요 10조

짐은 평범한 가문 출신으로 분에 넘치게 사람들의 추대를 받아 왕위에 올랐다. 재위 19년 만에 삼한을 통일하였고, 이제 왕위에 오른 지도 25년이 되었다. 몸이 이미 늙어지니, 후손들이 사사로운 인정과 욕심을 함부로 부려 나라의 기강을 어지럽게 할까 크게 걱정이 된다. 이에 이것을 지어 후대의 왕들에게 전하고자 하니, 바라건대 아침 저녁으로 펼쳐 보아 영원토록 귀감으로 삼을지어다.

제1조 우리 국가의 왕업은 반드시 모든 부처의 도움을 받아야 한다. 사원을 짓고 주지를 파견하여 불도를 닦게 하되, 후세에 간신이 승려들의 청탁을 받아 각 사원을 서로 다투어 빼앗는 일이 없도록 해야 한다.

제4조 우리나라는 예로부터 중국의 문물과 예악을 본받았으나 지역이 다르고 인성이 다르니 굳이 맞출 필요는 없다. 거란은 짐승의 나라이므로 그들의 의관 제도를 아예 따르지 말라.

제5조 나는 삼한 산천 신령의 도움을 받아 왕업을 이루었다. 서경은 수덕(水德)이 순조로워 우리나라 지맥의 근본이 되니 만대 왕업의 땅이다. 1년에 100일 이상 머물러 왕실의 안녕을 이루어야 할 것이다.

대표 사료 확인하기

1. 광종의 노비안검법

왕이 노비를 상세히 조사하여 옳고 그름을 밝히도록 명령하였다. 이 때문에 주인을 배반하는 노비들을 도저히 억누를 수 없었으므로, 주인을 업신여기는 풍속이 크게 유행하였다. 사람들이 다 수치스럽게 여기고 원망하였다. 왕비도 간절히 말렸지만 받아들이지 않았다. – 『고려사절요』 –

2. 광종의 과거제 실시와 공복 제정

• 과거제 실시

무오 9년(958) 여름 5월. 한림학사 쌍기(雙冀)를 지공거로 임명하고, 시(詩)·부(賦)·송(頌)과 시무책(時務策)을 시험하여 진사(進士)를 뽑게 하였다. …… 쌍기의 의견을 채택하여 처음으로 과거(科擧)를 설치하니, 이로부터 문풍(文風)이 비로소 흥성하였다.

• 공복 제정

백관(百官)의 공복(公服)을 정하여 원윤(元尹) 이상은 자삼(紫衫), 중단경(中壇卿) 이상은 단삼(丹衫), 도항경(都航卿) 이상은 비삼(緋衫), 소주부(小主簿) 이상은 녹삼(綠衫)으로 하였다. – 『고려사절요』 –

3. 최승로의 시무 28조

지난 다섯 왕께서 하신 정치와 교화가 잘 되었거나 잘못된 사적을 삼가 기록하여 거울삼을 만한 일, 경계할 만한 일들을 조목별로 아뢰겠습니다. …… 저는 비록 어리석으나 국가 중직에 있으면서 진언할 마음도 있었고, 또 회피할 길도 없으므로 당면한 시국 대책 28개 조항을 첨부하여 올립니다.

제7조 국왕이 백성을 다스림은 집집마다 가서 돌보고 날마다 이를 보는 것은 아닙니다. 그런 까닭으로 수령을 보내어 백성의 이익되는 일과 손해되는 일을 살피게 하는 것입니다. 청컨대 외관(外官)을 두십시오.

제13조 우리나라에서는 봄에는 연등회를, 겨울에는 팔관회를 베풀어 사람을 많이 동원하여 힘든 일을 시키니, 이를 줄여서 백성이 힘을 펴게 하십시오.

제19조 공신의 등급에 따라 그 자손을 등용하여 업신여김을 받고 원망하는 일이 없도록 하십시오.

제20조 불교는 몸을 닦는 근본이며 유교는 나라를 다스리는 근원이니, 몸을 닦는 것은 내생을 위한 것이며, 나라를 다스리는 일은 곧 오늘의 할 일입니다. 오늘은 극히 가깝고 내생은 지극히 먼 것이니, 가까운 것을 버리고 먼 것을 구하는 일이 그릇된 일이 아니겠습니까? – 『고려사절요』 –

4. 강조의 정변

왕은 이주정이 김치양에게 붙은 것을 알고는 임시로 서북면 도순검부사(西北面 都巡檢副使)를 제수하여 그날 바로 떠나게 하였고, 이어서 서북면 순검사(西北面 巡檢使) 강조(康兆)를 불러 궁궐로 들어와 호위하게 하였다. …… 태후께서 김치양과 더불어 사직을 찬탈하고자 모의를 하였는데, 공(公)이 외방에서 많은 군사들을 장악하고 있기 때문에 혹시 자신들의 뜻을 따르지 않을까 두려워하여 거짓으로 왕명을 꾸며 불러들인 것입니다. …… 태후는 강조가 오는 것을 꺼리어 내신(內臣)을 보내 절령(岊嶺)을 지키면서 오가는 사람들을 막게 하였다. …… 강조가 왕을 폐위시켜 양국공(讓國公)으로 삼고 합문통사사인(閤門通事舍人) 부암(傅巖) 등으로 하여금 감시하게 하였으며, 병사를 보내어 김치양 부자와 유행간 등 7명을 죽이고, 그 당여(黨與)와 태후의 친속(親屬) 30여 명을 섬으로 유배 보냈다. – 『고려사절요』 –

왕규의 난
광주 지방의 호족인 왕규가 자신의 손자이자 왕건의 아들인 광주원군을 왕으로 옹립하기 위하여 일으킨 사건으로, 혜종의 뒤를 이어 임금이 된 왕요(정종)가 서경의 왕식렴 세력과 연합하여 진압하였다.

광군
거란의 침입에 대비하기 위하여 청천강 지역에 주둔한 부대로, 외적과 싸운 적은 없으나 고려 건국 이후 만들어진 최초의 전국적인 군사조직이었다. 이후 주현군으로 변모하였다.

노비안검법
억울하게 노비가 된 자를 조사하여 양인으로 해방시켜 주는 제도로, 호족 및 공신들의 경제력과 군사력에 타격을 주었기에 반발이 거셌다.

문신월과법
문신월과법은 고려 성종이 과거 급제 이후 공무를 핑계로 학문활동을 하지 않는 관료들을 우려하여 중앙관료에게는 매달 시(詩) 3편과 부(賦) 1편씩 올리도록 하고, 지방관료들은 매년 시 30편과 부 1편씩 지어 올리게 한 제도이다.

분사제도
분사제도는 고려 태조 왕건 때부터 강조되었던 서경(평양)에 독립된 행정기구를 운영하는 제도를 말한다. 태조 왕건 이래로 기능이 강화되어 예종 때 이르면 중앙정부와 세력이 비등해졌다. 하지만 묘청의 서경 천도 운동 이후 인종에 의해 그 기능이 축소되었으며, 무신정권 시기 조위총의 난을 진압한 이후 유명무실해지게 된다.

14 고려의 통치 체제

✐ 고려 통치 체제의 특징

태조 때 태봉의 관제를 중심으로 신라와 당·송의 제도를 참고하여 정치제도를 마련하였고, 성종 때 당의 관제인 3성 6부제와 고려의 독자적인 기구(도병마사, 식목도감) 등이 마련되면서 제도의 기틀을 마련하였다. 이후 문종 때 완성되었다.

✐ 고려의 중앙 통치 조직

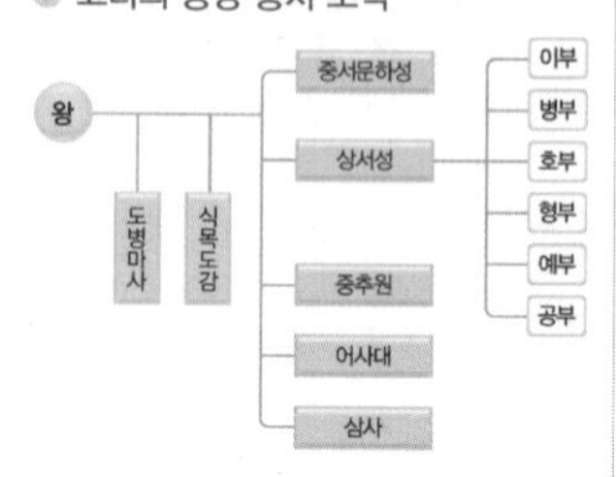

01 / 고려의 통치 체제

구분		내용
특징		• 2성 6부제: 당의 3성 6부제를 모방하여 고려의 실정에 맞게 운영 • 재추 회의: 중서문하성의 재신 + 중추원의 추밀의 합좌 기구 – 도병마사: 국방 문제 의논, 원 간섭기 도평의사사로 기능 확대 – 식목도감: 법제 제정, 시행 세칙(임시 기구)
주요 관부와 기능	중서문하성	• 국가 최고 정무 기관(수상: 문하시중) • 재신(2품 이상, 정책 심의 · 결정 + 백관 통솔), 낭사(3품 이하, 언관)
	상서성	• 정책 집행: 6부 관할 • 6부: 이부(문관인사), 병부(무관인사), 호부(재정), 형부(법률), 예부(교육), 공부(토목)
	중추원	• 왕명 출납, 숙위, 군기 사무 관장 • 추밀(2품 이상, 군사 기밀), 승선(3품 이하, 왕명 출납)
	삼사	• 화폐와 곡식의 출납에 대한 회계
	어사대	• 관리 감찰
	기타	• 춘추관(실록 편찬), 사천대(천문관측), 한림원(왕의 교서 작성), 보문각(서적 관리)
	대성(대간)	• 어사대 + 중서문하성의 낭사: 서경(동의), 간쟁(건의), 봉박(거부) • 견제와 균형의 원리

02 / 고려의 지방 행정 제도

구분		내용
특징		• 지방관이 파견되지 못한 속현 존재
행정 구역	5도	• 상설 행정 기관이 없는 일반 행정 단위 • 안찰사 파견, 모든 현에 지방관이 파견되지 못함(주현 < 속현)
	양계	• 국경 지대에 설치한 군사적인 특수 지역, 병마사 파견
	경기	• 개성부에서 관할하는 특수 구역 – 개경부사 파견
	3경	• 개경 · 서경(평양) · 동경(경주) → 남경(한양)
	4도호부	• 군사적 방어 지역
	향 · 부곡 · 소	• 특수 행정구역, 신분적으로 양인이지만 차별 대우(과중한 세금, 거주 이전 불가 등) • 향 · 부곡(농업 종사), 소(수공업 종사)

▼ 고려의 지방 행정 제도

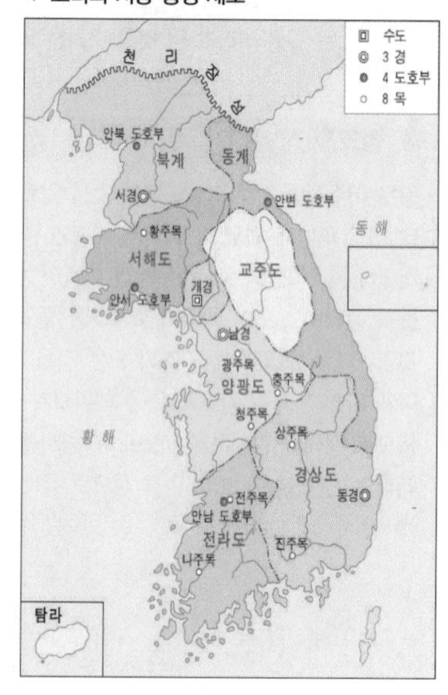

03 / 군사 · 교육 · 관리 등용 제도

군사 제도	중앙	• 2군 6위: 군인전 지급, 세습적 직업 군인 • 중방: 무신 최고의 합좌 기구 – 궁궐, 도성의 수비와 치안 협의
	지방	• 주현군(5도), 주진군(양계 – 상비군)
교육 제도	국자감	• 유학부: 국자학(3품 이상), 태학(5품 이상), 사문학(7품 이상) • 기술학부: 율학, 서학, 산학강좌 – 8품 이하
	관학 진흥책	• 숙종: 서적포(서적 간행) • 예종: 관학 7재(전문 이상), 양현고(장학 재단), 청연각 · 보문각(학문 연구소) 설치 • 인종: 경사 6학, 향교 확대
관리 등용 제도	과거	• 제술과 · 명경과(문관 선발), 잡과(기술관 선발), 승과(승계 부여) → 응시 자격은 법적으로 양인 이상(실제로 귀족 · 향리의 자제가 응시), 신분보다는 개인의 능력 중시
	음서	• 공신이나 5품 이상 고위 관리의 자손에게 관직 수여, 승진에 제한 없음

대표 사료 확인하기

1. 도병마사

국가가 도병마사를 설치하여 시중·평장사·참지정사·정당문학·지문하성사로 판사를 삼고, 판추밀 이하로 사를 삼아, 큰일이 있을 때마다 회의하였다. 한 해에 한 번 모이기도 하고 여러 해 동안 모이지 않기도 하였다. …… 녹사(錄事)가 논의할 일을 앞에 가서 알리면, 각기 자신의 의사대로 그 가부(可否)를 말한다. 녹사는 그 사이를 왔다 갔다 하면서 논의가 한 가지로 결정되도록 하며, 그렇게 한 뒤에 시행한다.

– 『역옹패설』 –

2. 어사대

어사대에서 대부경 왕희걸, 우사낭중 유백인, 예부낭중 최복규, 원외랑 이응년 등이 서경 분사(分司)에서 토지를 겸병하여 재물을 모으고 있음을 탄핵하고 그들을 관직에서 파면할 것을 요청하니 왕이 이 제의를 좇았다.

– 『고려사』 –

3. 12목의 설치

무자(戊子)에 처음으로 12목(牧)을 설치하고 조(詔)를 내리기를, " …… 비록 몸은 궁궐에 살고 있지만 마음은 항상 백성에게 두루 미쳐 있다. 밤늦게 먹고 날이 새기 전에 일어나 옷을 입으며 항상 충성스러운 말을 구하며 낮은 곳의 목소리를 듣고 먼 곳을 보는 데 어질고 착한 이의 힘을 빌리고자 한다. 이에 지방 수령들의 공적을 의지하고 백성들이 바라는 바에 부응하고자 우서(虞書)의 12목(牧)을 본받아 시행하고 주나라가 800년을 이어갔던 것처럼 우리의 국운도 연장하고자 한다."라고 하였다.

– 『고려사』 –

자료 더하기

대간의 기능

- 간쟁: 국왕의 부당한 처사, 과오에 대해 비판하는 일
- 봉박: 국왕의 부당한 명령에 대해 봉함하여 되돌려 공박하는 일
- 서경: 인사이동이나 법률 제정에서 대간의 서명을 거치는 일

고려의 기타 기구

- 춘추관: 시정(時政)을 기록하여 역사와 실록의 편찬 업무를 담당
- 사천대: 천문관측 업무를 담당
- 한림원(예문관): 왕의 교서와 외교문서 작성 업무를 담당
- 보문각: 궁중의 서적 관리 및 경연 업무를 담당
- 비서성: 경전이나 축문을 담당
- 통문관: 외국어 교육 및 통역을 담당
- 전중성: 왕실 및 왕족의 족보 관리를 담당
- 태의감: 왕실의 의약·치료를 담당

고려의 중앙군(2군 6위)

- 2군: 응양군, 용호군
- 6위
  - 좌우위, 신호위, 흥위위(수도 방어)
  - 금오위(경찰임무)
  - 천우위(의장)
  - 감문위(궁성과 성문 수비)

고려의 특수군

- 광군: 거란 방어(정종)
- 별무반: 여진 공격(숙종)
- 마별초: 의장대(고종, 최우)
- 삼별초: 치안유지(고종, 최우)
- 연호군: 왜구 대비(고려 말)

고려의 관리 등용 제도

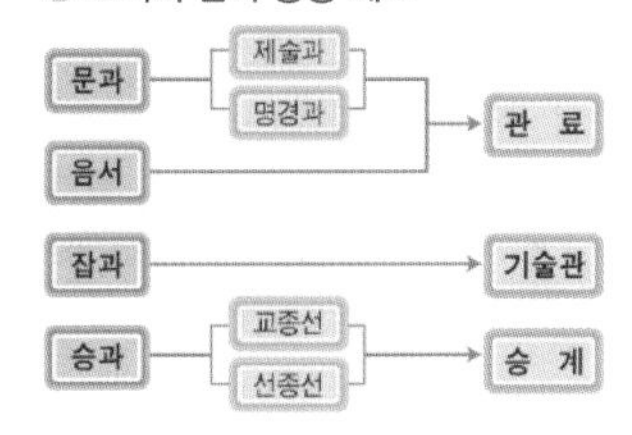

자료 더하기

4. 향 · 부곡 · 소

- 지난 왕조(고려) 때 5도와 양계에 있던 역과 진에서 역을 부담한 사람과 부곡인은 모두 태조 때 반기를 든 사람들이다. 고려 왕조는 이들에게 천하고 힘든 일(賤役)을 맡게 했다. – 『조선왕조실록』 권1 태조 –
- 이제 살펴보건대, 신라에서 주군(州郡)을 설치할 때, 그 전정(田丁) 호구(戶口)가 현의 규모가 되지 못하는 곳에는 향(鄕)을 두거나 혹 부곡(部曲)을 두어 소재(所在)의 읍에 속하게 하였다. 고려 때 또 소(所)라고 칭하는 것이 있었는데, 금소(金所)·은소(銀所)·동소(銅所)·철소(鐵所)·사소(絲所) …… 탄소(炭所)·염소(鹽所)·묵소(墨所)·자기소(瓷器所)의 구별이 있어 각각 그 물건을 공급하였다.

– 『신증동국여지승람』 –

5. 음서제

- 신(臣) 최종번은 어려서 대강 글 짓는 재주를 배웠기에 일찍이 과거에 뜻을 두었으나 논리정연하게 글 쓰는 능력이 없고 문서도 잘 다루지 못합니다. 문음을 통해 관리로 채용은 되었으나 유학을 공부하지 않고 벼슬길에 오른다면 장차 무슨 낯으로 벼슬살이를 하겠습니까?
- 윤공(尹公)의 이름은 승해요, 자는 자장이니 수주 수안현이 본 고향이었다. 그는 어려서부터 학문에 힘을 써 나이 열여덟에 사마시에 합격하였고, 거듭 이부의 과거에 응시하였으나 합격하지 못하였다. 가문 덕에 문음을 통해 지수주사판관(知水州事判官)이 되었다.

– 『동국이상국집』 –

15 문벌귀족의 갈등

01 / 문벌귀족 사회

1 문벌귀족

(1) 형성: 과거·음서를 통한 관직 독점, 과전·공음전 등을 통한 경제적 혜택, 결혼으로 결속

(2) 갈등: 정치권력과 경제적 혜택을 둘러싼 귀족 사회의 내부 분열 발생

▼ 고려 왕족과 경원 이씨의 혼인

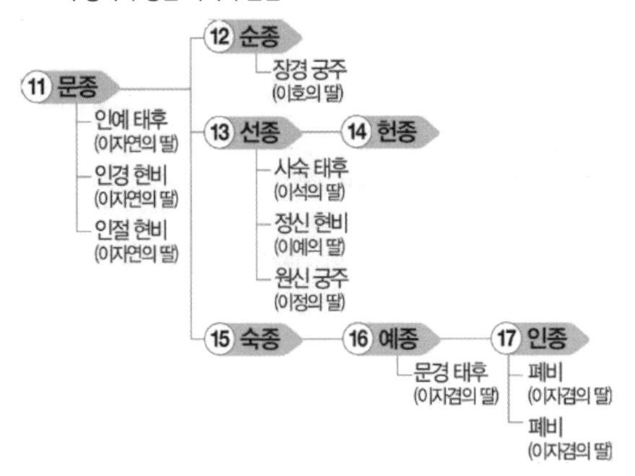

2 이자겸의 난(1126)

(1) 배경: 경원 이씨가 왕실의 외척으로 권력 독점, 왕의 측근 세력과 갈등

(2) 경과: 이자겸이 척준경과 함께 난을 일으킴 → 척준경이 이자겸 제거

(3) 영향: 인종의 개혁 정치 → 서경 세력 중용(서경 세력의 천도 운동 시작)

3 묘청의 서경 천도 운동(1135)

(1) 배경: 이자겸의 난 이후 인종의 개혁 정치 → 서경 세력 중용(서경 세력의 천도 운동 시작)

(2) 주장: 칭제 건원, 금국 정벌

(3) 경과: 개경파와 서경파의 대립 → 묘청 등이 국호 '대위', 연호 '천개' 제정, 반란을 일으킴 → 김부식이 이끄는 관군에 1년 만에 진압

김부식

▲ 김부식(1075~1151)
- 신라 무열왕의 후손
- 이자겸의 난 이후 고위직 승진
- 묘청 일파의 서경 천도 운동 진압
- 인종의 명으로 『삼국사기』 편찬

개경파와 서경파의 주장 비교

구분	개경파	서경파
인물	김부식	묘청, 정지상
사상	유교	풍수지리설
대외정책	사대 정책	금국 정벌론
역사인식	신라 계승	고구려 계승
성격	보수적, 사대적	자주적, 진취적

자료 더하기

서경파 정지상의 시 「송인」

비개인 긴 둑에 풀빛이 짙은데
님 보내는 남포에 슬픈 노래 흐르는구나
대동강물이야 어느 때나 마르리
이별의 눈물 해마다 푸른 물결에 더하여지네

대표 사료 확인하기

1. 이자겸

그의 본관은 경원(慶源)이다. 누이 장경궁주(長慶宮主)는 순종의 비(妃)이다. 둘째 딸이 예종의 비가 된 후 지위가 높아졌다. 더욱 여러 아들도 주요 관직에 출사하면서 권력을 행사하기에 이르렀다. 뇌물을 공공연히 받아 사방에서 선물이 모여 들어 썩은 고기가 항상 수만 근이 되었으며, 다른 사람의 땅을 강탈하는 등의 횡포를 자행하였다.

– 『고려사』 –

2. 묘청의 서경 천도 운동

- 제가 보건대 서경 임원역의 땅은 풍수지리를 하는 사람들이 말하는 아주 좋은 땅입니다. 만약 이곳에 궁궐을 짓고 옮겨 앉으시면 천하를 다스릴 수 있습니다. 또한, 금이 선물을 바치고 스스로 항복할 것이요, 주변의 36나라가 모두 머리를 조아릴 것입니다.
- 금년 여름 서경 대화궁에 30여 군데나 벼락이 떨어졌습니다. 서경이 만약 좋은 땅이라면 하늘이 이렇게 하였을리 없습니다. 또 서경은 아직 추수가 끝나지 않았습니다. 지금 거동하시면 농작물을 짓밟을 것입니다. 이는 백성을 사랑하고 물건을 아끼는 뜻과 어긋납니다.

3. 묘청에 대한 신채호의 평가

서경 전역(戰役)을 역대의 사가들이 다만 왕사(王師)가 반적(反賊)을 친 전역으로 알았을 뿐인데, 이는 근시안의 관찰이다. 곧 낭·불 양가 대 유가의 싸움이며, 국풍파 대 한학파의 싸움이며, 진취 사상 대 보수 사상의 싸움이니, 묘청이 곧 전자의 대표요, 김부식은 곧 후자의 대표였던 것이다. …… 만일 김부식이 패하고 묘청이 승리했다면 조선사가 독립적, 진취적 방면으로 진전하였을 것이니, 이 전역을 어찌 '일천년래 제일대사건(一千年來 第一大事件)'이라 하지 아니하랴.

16 무신정권

01 / 무신정권

1 무신정변(1170)

(1) 원인: 숭문천무 분위기, 군인전 미지급, 의종의 사치와 향락 → 하급 군인들의 불만

(2) 전개: 정중부, 이의방 등 무신들이 정변을 일으키고, 의종을 폐한 후 명종 옹립

2 무신정권의 전개

연합 정치기	이의방 → 정중부(중방) → 경대승(도방) → 이의민(천민 출신, 중방)
최씨 집권기	• 최충헌 → 최우 → 최항 → 최의 • 최충헌(1196~1219): 봉사 10조, 도방 부활, 흥녕부 설치(식읍 – 진주), 교정도감 설치(최고 집정부), 조계종 후원(지눌의 결사 운동) • 최우(1219~1249): 정방(인사권), 마별초 · 삼별초 조직, 서방(문신 자문 기구), 강화 천도, 팔만대장경 조판
최씨 무신정권 이후	• 김준 → 임연 → 임유무 • 왕정 복고, 원종의 즉위 과정에서의 갈등 • 개경 환도로 무신정권 종식

3 무신집권기의 사회 동요

(1) 반무신정권: 김보당의 난(1173), 조위총의 난(1174), 교종 승려의 난(1174, 귀법사·흥왕사 등)

(2) 농민 봉기: 망이·망소이의 난(1176), 김사미·효심의 난(1193, 신라 부흥), 이연년 형제의 난(1237, 백제 부흥)

(3) 천민 봉기: 전주 관노의 난(1182), 만적의 난(1198, 신분 해방 추구) 등

▼ 무신집권기 주요 봉기

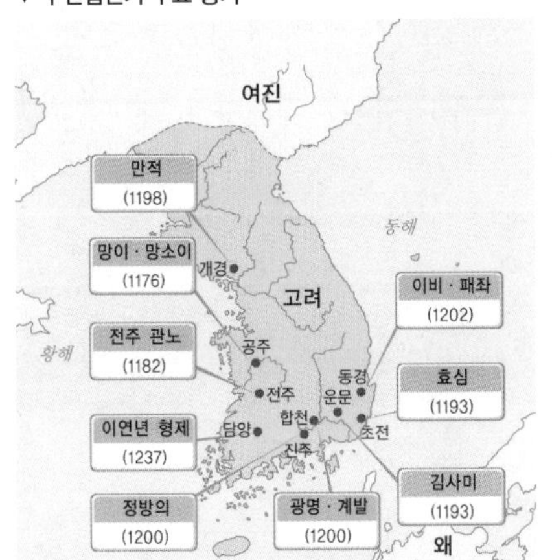

자료 더하기

무신집권기 주요 기구

중방	연합 정치기 무신합좌 회의기구
도방	신변보호
교정도감	최충헌 이후 최고 집정기관
정방	인사 담당 기관
서방	정책 자문 기관

봉사 10조

- 새로 지은 궁궐로 들어갈 것
- 관리의 수 감축
- 토지 겸병 통제
- 유능한 수령 파견으로 향리의 횡포 엄금
- 공물 진상 금지
- 승려의 왕궁 출입과 곡식 대여 금지
- 유능한 관리 등용(신상필벌)
- 관리의 사치 금지
- 사찰 남설 금지
- 신하의 간언 용납

이규보

▲ 이규보(1168~1241)
- 죽림칠현(해좌칠현)과 어울림
- 과거 급제 후에도 10년간 관직에 출사를 못함
- 최충헌을 칭송하는 시를 쓰고 관직 진출
- 최우 집권기 요직에 진출
- 최우에게 팔만대장경 조판 건의
- 『동명왕편』, 『동국이상국집』, 『백운소설』 등 저술

1. 최충헌의 집권과 봉사 10조

• 최충헌의 집권

적신 이의민이 과거 임금을 시해하는 죄를 저지르고 백성들에게 잔학한 피해를 끼쳤으며 왕위를 엿보기까지 했습니다. 신들이 오랫동안 그의 소행을 혐오해 오던 끝에 나라를 위해서 그를 토벌했습니다. 다만 일이 누설될까 우려한 나머지 감히 먼저 아뢰지 못하였으니 죽을 죄를 저질렀습니다.

• 봉사 10조

그가 글을 올리기를 "이의민은 성품이 사납고 잔인하여 윗사람을 업신여기고 아랫사람을 능멸했습니다. … (중략) … 원컨대 폐하께서는 태조의 바른 법을 따라서 이를 행하여 빛나게 중흥하소서. 이에 삼가 열 가지 일을 조목별로 아룁니다."

2. 무신집권기 봉기(조위총의 난, 망이 · 망소이의 봉기, 만적의 봉기)

• 조위총의 난

조위총이 군사를 일으켜 …… 동북 양계의 여러 성에 격문을 보내어 불러 말하기를, "소문을 들으니 서울에서는 중방에서 의논하기를 '북계에 가까운 여러 성에는 대체로 거세고 나쁜 사람들이 많으니 마땅히 가서 토벌해야 한다.'고 하고 군사를 이미 크게 동원하였으니, 어찌 가만히 앉아 있다가 스스로 주륙을 당하겠는가? 마땅히 각각 병마를 규합하여 속히 서경으로 나오라."라고 하였다. 이에 철령(자비령) 이북의 40여 성이 와 호응하였다.

• 망이·망소이의 봉기

우리 고을 명학소를 충순현으로 승격시키고 수령을 두어 무마하려고 하였다. 그러나 이후 군대를 동원하여 우리를 토벌한 뒤 내 어머니와 아내를 잡아 가두는 것은 대체 무슨 짓인가? 나는 싸우다 죽을지언정 결코 항복하여 포로가 되지는 않을 것이요, 반드시 왕경(王京)에 가서 분풀이를 하고 말 것이다.

• 만적의 봉기

신종 원년(1198) 사노 만적 등 6인이 북산에서 나무하다가 공사노비들을 불러 "국가에서 정중부의 반란, 김보당의 반란이 있은 이래로 고관이 천민과 노비에서 많이 나왔다. 장수와 재상이 어찌 씨가 따로 있으랴. 때가 오면 누구나 할 수 있다. 우리가 왜 근육과 뼈를 괴롭게 하며 채찍 밑에서 고통을 겪어야 하는가?"라고 모의하였다.

17 고려의 대외 관계

01 / 고려 전기의 대외 관계

구분	내용
거란	• 배경: 친송 북진 정책 • 침입 – 1차 침입(993): 서희의 외교 담판, 강동 6주 확보 – 2차 침입(1010): 강조의 정변 명분, 양규의 선전 – 3차 침입(1018): 강감찬의 귀주대첩(1019) • 영향: 고려 · 송 · 거란의 세력 균형 유지, 나성과 천리장성 축조(거란, 여진의 침략 대비)
여진	• 윤관의 여진 정벌: 별무반(신기군 · 신보군 · 항마군) 편성 – 동북 9성 축조(1107, 척경입비도) → 이후 9성 반환(1109) • 금의 건국과 발전: 군신 관계 요구의 수락(이자겸) → 북진 정책의 쇠퇴

▼ 거란의 침입과 고려의 대응

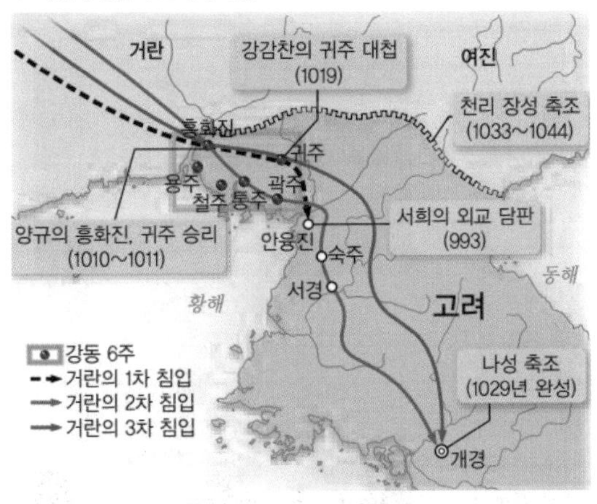

▼ 강동 6주

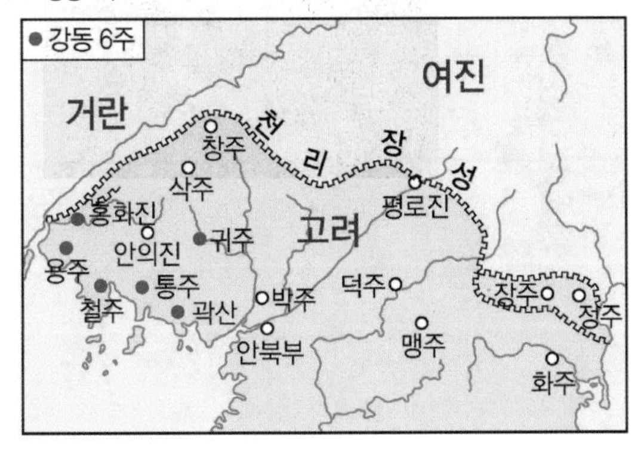

윤관의 척경입비도

자료 더하기

홍건적의 침입

1차(1359)	서경 함락
2차(1361)	개경 함락, 공민왕의 복주(안동) 피난

놋다리 밟기

공민왕(恭愍王)이 왕비인 노국공주와 함께 안동지방에 피난갔을 때, 마침 개울을 건너게 되었는데 젊은 부녀자들이 나와 그 개울 위에 일렬로 엎드려 사람다리를 놓아 노국공주를 지나가게 하였다고 한다. 그 후 이 고을 부녀자들은 당시를 기념하기 위하여 새해 명절인 정월 대보름날 밤을 택하여 이 놀이를 했고, 그 후 하나의 연중행사가 되었다고 한다.

왜구 격퇴에 관한 주요 전투

홍산대첩(1376)	최영(부여)
진포대첩(1380)	최무선(금강)
황산대첩(1380)	이성계(남원)
관음포대첩(1383)	정지(남해)
쓰시마토벌(1389)	창왕, 박위

02 / 고려 후기의 대외 관계

구분	내용
몽골	• 배경: 강동의 역(1219) – 공물 요구 → 몽골 사신 저고여 피살(1225) • 경과: 6차에 걸친 침입 – 1차(1231): 박서의 항전(귀주성), 고려 정부의 강화 요청 → 내정간섭(다루가치 파견) 시작 – 2차(1232): 강화 천도, 살리타의 침입 → 김윤후가 처인성에서 살리타 사살 – 3차(1235~39): 장기간 전쟁, 황룡사 9층 목탑 소실, 팔만대장경 조판 – 4차(1247): 고려의 입조와 개경 환도를 요구하며 침략 – 5차(1252): 충주방호별감 김윤후가 충주성에서 승리 – 6차(1254): 충주 다인철소민들의 활약 → 익안현으로 승격 • 삼별초 항쟁(1270~73): 강화도 → 진도(배중손) → 제주도(김통정) • 영향 – 초조대장경, 황룡사 9층탑 등 문화재 소실 – 국토의 황폐화와 민생 파탄
홍건적	• 1차 침입(1359): 서경 함락 – 이암, 이방실 등의 활약으로 격퇴 • 2차 침입(1361): 개경 함락, 공민왕의 복주(안동) 피난 – 정세운 · 이방실 · 최영 · 이성계 등의 격퇴
왜구	• 고려 말 잦은 침입: 최영(홍산대첩), 최무선(진포대첩), 이성계(황산대첩), 정지(관음포대첩), 박위(쓰시마섬 토벌) 등의 격퇴 → 신흥 무인 세력의 성장

고려의 대몽 항쟁과 삼별초

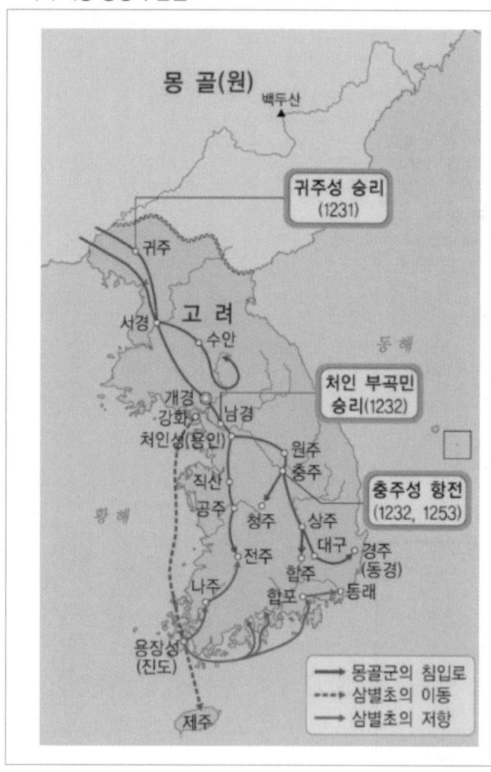

▲ 용장산성(진도)

▲ 항파두리성(제주)

대표 사료 확인하기

자료 더하기

1. 서희의 외교 담판

- "고려는 신라 땅에서 일어났는데도 우리(요)가 소유하고 있는 고구려 땅을 침식하고 있으니 고려가 차지한 고구려의 옛 땅을 내놓아라. 또한, 고려는 우리나라(요)와 땅을 연접하고 있으면서도 바다를 건너 송을 섬기고 있으니 송과 단교한 뒤 요와 통교하라."
- "우리나라는 고구려를 계승하여 고려라 하고 평양에 도읍하였으니, 만일 영토의 경계로 따진다면 그대 나라의 동경이 모두 우리 경내(境內)에 있거늘 어찌 침식했다고 할 수 있느냐? 또한, 압록강의 내외도 우리의 경내인데, 지금 여진족이 할거하여 그대 나라와 조빙을 통하지 못하고 있으니, 만약에 내쫓고 우리의 옛 땅을 되찾아 성보를 쌓고 도로가 통하면 조빙을 닦겠다." – 『고려사』 –

2. 윤관의 별무반 편성

윤관(尹瓘)이 아뢰기를, …… "신의 패한 바는 적은 기병이고 우리는 보병이어서 가히 대적할 수 없었던 까닭입니다."라고 하였다. 이에 건의하여 처음으로 별무반 세우고 …… 무릇 말을 가진 자는 다 신기(神騎)를 삼고 말이 없는 자는 신보(神步)·군(軍)을 삼아 나이 20세 이상인 남자는 과거 보는 자가 아니면 다 신보(神步)에 속하고, …… 또 승도(僧徒)를 뽑아 항마군(降魔軍)을 삼고 드디어 군사를 훈련하며 곡식을 저축하여서 다시 치기를 꾀하였다.

3. 김윤후의 충주성 전투

김윤후가 충주산성 방호별감으로 있을 때 몽골이 쳐들어와 충주성을 70여 일 동안 포위하자 비축해 둔 군량이 바닥나버렸다. 김윤후가 군사들에게 "만약 힘을 다해 싸워 준다면 귀천을 불문하고 모두 관작을 줄 것이니 너희들은 나를 믿으라."라고 설득한 뒤 관노(官奴)문서를 가져다 불살라 버리고 노획한 마소를 나누어 주었다. 이에 사람들이 모두 죽음을 무릅쓰고 적에게로 돌진하니 몽골은 조금씩 기세가 꺾여 더 이상 남쪽으로 나아가지 못했다.

4. 삼별초

처음 최우가 나라 안에 도적이 많은 것을 염려하여 용사를 모아 매일 밤 순행하여 폭행을 막게 하였다. 그 까닭으로 야별초라 불렀다. 도적이 여러 도에서 일어났으므로 별초를 나누어 파견하여 잡게 하였다. 그 군대의 수가 많아져 드디어 좌별초와 우별초로 나누었다. 또, 몽골에 갔다가 도망해 온 고려인으로 한 부대를 만들어 신의군이라 불렀다.

5. 홍건적의 격퇴

왕이 복주에 이르렀다. 정세운은 성품이 충성스럽고 청렴하였는데, 왕의 파천(播遷) 이래 밤낮으로 근심하고 분하게 여겨서 홍건적을 물리치고 개경을 회복하는 것을 자신의 임무로 여겼다. …… 마침내 정세운을 총병관으로 임명하였다.

6. 왜구의 격퇴(진포해전, 황산대첩)

- 진포해전
  우왕 6년(1380) 8월 추수가 거의 끝나 갈 무렵, 왜구는 500여 척의 함선을 이끌고 진포로 쳐들어와 충청·전라·경상도의 3도 연해의 주군(州郡)을 돌며 약탈과 살육을 일삼았다. 고려 조정에서는 나세, 최무선, 심덕부 등이 나서서 최무선이 만든 화포로 왜선을 모두 불태워 버렸다. …
- 황산대첩
  운봉을 넘어온 이성계는 적장 가운데 나이가 어리고 용맹한 아지발도를 사살하는 등 선두에 나서서 전투를 독려하여 아군보다 10배나 많은 적군을 섬멸했다. 이 싸움에서 아군은 1,600여 필의 군마와 여러 병기를 노획하였고, 살아 도망간 왜구는 70여 명밖에 없었다고 한다. – 『고려사』 –

18 원 간섭기와 공민왕의 개혁

왕실·관제 명칭 격하

구분	원 간섭기 전	원 간섭기 후
중앙 기구	중서문하성 + 상서성	첨의부
	중추원	밀직사
	어사대	감찰사
왕실 칭호	조·종	왕 (충·공 포함)
	태자	세자
	짐	고
	폐하	전하

정동행성

1280년 충렬왕 때 원나라가 일본 정벌을 목적으로 설치한 기구이다. 두 차례의 걸친 원정이 실패로 끝난 이후에도 그대로 존속하며 고려의 내정을 간섭하는 기구의 역할을 하였다.

도평의사사(도당)

고려 시대 도병마사가 충렬왕 때 개칭된 기구로 원 간섭기 최고 의정기관이었다.

01 / 원 간섭기

1 원의 내정 간섭

(1) 내정 간섭

① **관제 격하**: 왕 칭호 사용, 관제 개편(도병마사 확대, 1부 4사 체제 등)

② **영토 상실**: 쌍성총관부 설치, 동녕부 설치, 탐라총관부 설치

③ **일본 정벌에 동원**: 인적·물적 수탈, 2차례에 걸친 원정 실패

④ **내정 간섭**: 정동행성·순마소·다루가치 설치, 독로화 실시, 심양왕 제도 등

⑤ **수탈 강화**: 환관과 공녀의 공출, 응방(매) 설치

(2) **권문세족의 등장**: 친원적 성향, 주로 음서로 관직 진출, 도평의사사 장악, 대농장 차지

(3) 교류

① 고려에 몽골풍 유행, 원의 지배층에 고려양 전래

② 이암이 『농상집요』 전래, 목화의 도입(문익점), 이슬람 과학 및 수시력 전래 등

2 충렬왕

(1) **토지 반환**: 동녕부와 탐라총관부 반환

(2) **관제 격하**: 1부 4사 체제(2성 → 첨의부, 6부 → 4사)

(3) **성리학 수용**: 안향에 의하여 성리학 전파

3 충선왕

(1) **정방 폐지, 사림원 설치**: 인사권 장악 목적

(2) **만권당 설치**: 원의 수도인 연경에 설치한 학술 교류 기관

(3) **전매 사업**: 소금과 철의 전매 사업을 실시하여 재정 개혁 단행

(4) **근친혼 금지**: 복위교서에서 발표

02 / 공민왕의 반원 개혁

1 반원 정책

(1) 관제 복구: 몽골 풍속 금지 및 관제복구, 정동행성 이문소 폐지, 명의 연호 사용

(2) 친원파 숙청: 기철을 비롯한 친원파 숙청

(3) 영토 회복: 쌍성총관부 탈환(1356, 철령 이북 수복), 요동 지방 공격(일시 점령)

▼ 공민왕의 쌍성총관부 수복

2 왕권 강화 정책

(1) 정방 폐지: 인사권 장악, 신진 사대부 등용

(2) 전민변정도감 설치: 신돈을 중심으로 권문세족의 경제적 기반 공격(신돈, 토지 반환과 노비 해방)

(3) 성균관 개편: 유학 교육 강화

3 개혁 실패

(1) 권문세족의 반발: 신돈 제거, 공민왕 시해, 신진 사대부 세력 미약

(2) 잦은 외침: 홍건적, 왜구의 침입으로 개혁의 어려움

충숙왕과 충목왕의 개혁

충숙왕	찰리변위도감 설치 (권문세족들의 토지 반환)
충목왕	정치도감 설치 (수취체제 정비)

김용의 난(흥왕사의 변)

공민왕이 왕자 신분으로 원나라에 입조해 있을 때 시종하였던 덕으로 고속 승진을 했던 김용은 자신의 권력을 지키기 위하여 홍건적을 물리친 정세운, 이방실 등의 신하들을 조작하여 죽이게 하였다. 절대 권력을 가지려던 김용은 결국 흥왕사에 거처하던 공민왕을 시해하려다가 실패하였다.

목호의 난(제주)

삼별초 진압 이후 제주도에는 탐라총관부가 설치되고 군마를 기를 목장이 조성되었다. 충렬왕 때 탐라총관부가 고려에 반환된 이후에도 목호들은 남아 목장을 운영하였다. 이들은 각종 면세혜택을 받으며 제주도 내에서 강력한 세력을 형성하고 있었는데 공민왕 즉위 이후 반원정책을 실시하자 이에 앙심을 품고 반란을 일으켰다.

고려의 영토 상실과 회복

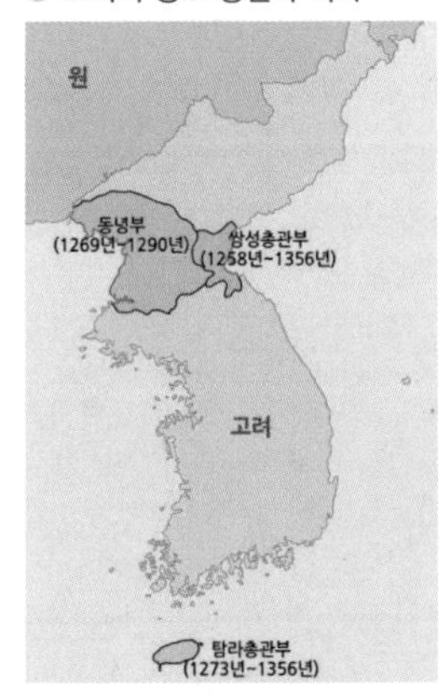

- 동녕부: 1269년 원종 때 최탄이 원에 바치고 투항, 1290년 충렬왕 때 고려의 요청으로 반환
- 탐라총관부: 1273년 원이 직할지로 설정, 1284년 충렬왕 때 고려의 영역으로 반환
- 쌍성총관부: 1258년 고종 때 조휘와 탁청이 몽골에 바치고 투항, 1356년 공민왕 때 무력으로 탈환

자료 더하기

노국공주와 공민왕의 초상화

대표 사료 확인하기

1. 원의 수탈

들리는 말에 의하면 고려에서는 딸을 낳으면 곧 비밀로 하고, 오로지 소문이 날까 우려하여 비록 이웃이라도 볼 수 없다 합니다. 매번 중국에서 사신이 올 때마다 서로 돌아보면서 얼굴빛을 바꾸고는 "왜 왔을까? 동녀를 구하는 것인가? 처첩으로 데려가려 하는가?"라 합니다. 이어 군리(軍吏)가 사방으로 집집마다 수색을 하다가 혹 숨기거나 하면 곧 관련 이웃들을 잡아 두고 그 친족을 밧줄로 매어 채찍질과 몽둥이질을 하여 숨긴 딸을 찾고서야 그만둡니다. 한 번 사신이 올 때마다 나라 안이 소란해지니 닭과 개 같은 짐승도 편안할 수 없습니다. – 『가정집』 –

2. 충선왕의 근친혼 금지(복위교서)

이제부터 만약 종친으로서 같은 성씨에 장가드는 자는 황제의 명령을 위반한 것으로 논죄할 것이니, 금후는 마땅히 여러 대에 걸쳐 재상을 지낸 집안의 딸을 취하여 부인으로 삼을 것이며, 재상들의 자손은 왕족의 딸과 혼인함을 허락할 것이다. …… 경주 김씨, 경원 이씨, 철원 최씨, 해주 최씨, 공암 허씨, …… 파평 윤씨, 평양 조씨는 여러 대의 공신이요 재상의 종족이니 가히 대대로 혼인할 만하다. 아들은 종실의 여자에게 장가를 들고 딸은 왕실의 비로 삼을 것이다.

3. 공민왕의 몽골 풍속 금지

감찰대부(監察大夫) 이연종(李衍宗)이 왕이 변발(辮髮)을 하고 호복(胡服)을 입었다는 말을 듣고 궐에 이르러서 간하여 말하기를, "변발과 호복은 선왕의 제도가 아닙니다. 원하건대 전하께서는 본받지 마십시오."라고 하였다. 왕이 기뻐하며 곧 변발을 풀고, 이연종에게 옷과 요를 하사하였다. – 『고려사절요』 –

4. 공민왕의 유학 교육 강화

성균관을 다시 짓고 이색을 판개성부사 겸 성균관 대사성으로 삼았다. … (중략) … 이색이 다시 학칙을 정하고 매일 명륜당에 앉아서 경전을 나누어 수업하였는데, 강의를 마치면 함께 논쟁하느라 지루함을 잊었다. 이에 학자들이 모여들기 시작하였고 서로 함께 눈으로 보고 느끼게 되니, 정주성리학이 비로소 흥기하게 되었다.

5. 전민변정도감

신돈이 …… 전국에 방을 붙여 알리길, "…… (백성이) 대대로 지어 내려오는 땅을 힘 있는 집이 빼앗고, 또는 이미 토지 주인에게 주라고 판결을 내린 것도 그대로 가지며, 또는 백성을 노비로 삼았다. …… 이제 전민변정도감을 두어 이를 바로잡으려 하니, 서울은 15일, 각 도는 40일 이내로 그 잘못을 알고 스스로 고치는 자는 죄를 묻지 않을 것이며, 기한을 지나 일이 발각되는 자는 조사하여 다스리되, 거짓말로 호소하는 사람은 도리어 벌을 줄 것이다."라고 하였다. – 『고려사』 –

19 고려의 멸망과 조선의 건국

01 / 신진 사대부와 신흥 무인 세력의 성장

1 신진 사대부

(1) 형성: 지방 향리, 중소 지주 중심으로 과거를 통하여 중앙에 진출

(2) 성격: 권문세족의 비리와 불법 비판, 성리학 수용, 친명적 성향

(3) 분화: 조선 건국 문제를 두고 온건파(고려 유지)와 혁명파(조선 건국)로 분화

2 신흥 무인 세력

(1) 성장: 고려 말 홍건적과 왜구의 침입을 막아내는 과정에서 무인들의 성장

(2) 분화: 우왕 때 권문세족인 이인임 일파를 제거하고 난 뒤 최영과 이성계를 중심으로 분화

02 / 조선 건국 과정

1 명의 철령위 요구

(1) 권문세족 제압: 우왕 즉위 이후 정국을 주도하던 이인임 일파 축출 → 최영을 중심으로 정국 개편

(2) 명의 철령위 요구: 원으로부터 무력으로 회복한 쌍성총관부 지역의 반환 요구

2 위화도 회군(1388)

(1) 최영의 요동 정벌: 우왕과 최영을 중심으로 요동 정벌 결정, 이성계는 4불가론으로 반대

(2) 위화도 회군: 요동 정벌군을 이끌고 있던 이성계가 압록강 위화도에서 군대를 돌림

(3) 이성계의 정국 장악: 위화도 회군으로 최영 세력을 제거한 이성계는 실권 장악

3 우왕 · 창왕의 폐위와 공양왕의 즉위

(1) 우왕의 폐위: 최영과 함께 요동 정벌을 시도했다는 이유로 폐위, 온건파 신진 사대부들의 주장으로 아들인 창왕 즉위

(2) 창왕의 폐위: 우왕이 공민왕의 아들이 아니라는 명분으로 창왕 폐위 → 공양왕 즉위

자료 더하기

최영

▲ 최영(1316~1388)
- 홍건적 및 왜구의 침입에서 활약
- 김용의 난 평정
- 덕흥군을 옹립한 최유의 난 진압
- 신돈의 참소로 좌천
- 홍산에서 왜구 격퇴(홍산대첩)
- 철원 천도에 반대
- 임견미, 염흥방 등 권문세족 제거
- 명의 철령위 요구에 요동 정벌 주장
- 위화도 회군 이후 유배, 참수로 사망

삼은(三隱)

고려 후기 절의를 지킨 세 학자의 총칭으로 목은(牧隱) 이색, 포은(圃隱) 정몽주, 야은(冶隱) 길재를 일컫는 말이다.

정몽주

▲ 정몽주(1337~1392)
- 성균관 대사성
- 친원배금 외교에 반대하여 귀양
- 일본에 파견되어 고려인 송환
- 이성계 휘하에서 왜구토벌에 참가
- 위화도 회군 이후 이성계를 견제
- 이성계 문병 후 귀가하던 도중 살해
- 동방이학이라는 별칭, 숭양서원 배향

자료 더하기

이색

▲ 이색(1328~1396)
- 이제현의 문인
- 원나라 제시에 급제
- 귀국 후 공민왕의 개혁 정책에 참여
- 성균관 대사성
- 위화도 회군 이후 창왕 옹립
- 조선 건국 후 이성계의 출사를 거부

공양왕릉

4 과전법 실시(1391)

(1) 전제 개혁 단행: 조준 등 혁명파 사대부들의 건의로 토지 개혁 단행

(2) 백성들을 위한 개혁이면서 동시에 신진 사대부의 경제적 기반 확보

5 정몽주의 피살(1391)

(1) 이성계 제거 시도: 이성계의 왕위찬탈을 우려한 정몽주가 이성계를 제거하려 시도 → 실패

(2) 정몽주 피살: 정몽주의 계획을 눈치 챈 이방원이 이성계를 피신시키고 정몽주를 피살

6 조선 건국(1392)

(1) 공양왕의 양위: 공양왕이 이성계에게 왕위를 양위하면서 고려 멸망

(2) 이성계의 즉위: 개경에서 즉위한 이성계는 국호를 조선으로 정하고, 수도를 한양으로 천도

대표 사료 확인하기

1. 이성계의 4불가론

여름 4월 을사 초하루. 우왕(禑王)이 봉주(鳳州)에 머물면서 최영(崔瑩) 및 우리 태조(太祖)를 불러 말하기를, "요양(遼陽)을 공격하고자 하니, 경들은 마땅히 힘을 다하라."라고 하였다. 태조가 말하기를, "지금 군사를 출동시키는 데에는 네 가지 불가한 점이 있습니다. 작은 나라로서 큰 나라를 거스르는 것이 첫 번째 불가한 점이고, 여름철에 군사를 내는 것이 두 번째 불가한 점이며, 온 나라를 들어 멀리 정벌하면 왜구가 그 빈틈을 타고 들어올 것임이 세 번째 불가한 점이고, 시기가 마침 덥고 비가 와서 활에 아교가 녹아 풀어지고 대군이 전염병에 걸릴 것임이 네 번째 불가한 점입니다."라고 하였다. 우왕이 자못 그럴싸하게 여겼다.

-『고려사절요』-

2. 창왕의 폐위와 공양왕의 즉위

우리 태조로부터 공민왕에 이르기까지 자손이 서로 이어져 종묘와 사직(社稷)을 받들어왔는데, 불행히 공민왕은 후사도 없이 훙서하셨다. 당시 종척(宗戚)과 여러 신하들이 종실 가운데 어진 이를 세우자고 논의하였는데, 마침 권신(權臣) 이인임(李仁任)이 …… 자기의 죄를 면하기 위하여 역적 신돈(辛旽)의 아들 우(禑)를 공민왕의 후예라고 속이고서는 생모를 죽여 입을 막고, 조카딸을 시집보내 그 총애를 굳게 하였으니, 신과 사람의 분노가 쌓인 것이 15년이나 되었다. …… 조민수(曹敏修)가 이인임의 친척으로서 상상(上相)이 되어 이인임의 사악한 모의를 이어받아 우의 아들 창(昌)을 세웠으니, 악으로써 악을 이은 것이었으나 권세가 한번 돌아가니 형세상 갑자기 제거하기 어려웠다. …… 이에 여러 국론(國論)과 종척, 대소 신료들에게 물으니 모두 말하기를, '정창부원군 왕요(王瑤)가 태조의 정파인 신왕(神王, 신종)의 7대손으로 족속이 가장 가까우니 마땅히 공민왕의 후사가 되어야 한다.'라고 하였다. 〈이에〉 왕요에게 명하여 왕위에 올라 종묘와 사직을 받들게 한다. 우와 창은 폐하여 서인(庶人)으로 삼는다.

3. 이성계와 정몽주의 갈등

• 우리 태조(太祖)가 해주(海州)로부터 벽란도(碧瀾渡)에 이르러 장차 그곳에 유숙하려고 하니, 태종(太宗)이 달려와서 고하기를, "정몽주(鄭夢周)가 분명히 우리 집안을 해할 것입니다."라고 하였다. 태조가 대답하지 않자 또다시 고하기를, "여기서 유숙하시면 안 됩니다."라고 하였다. 태조는 허락하지 않다가 (태종이) 강하게 청한 연후에야 병든 몸을 억지로 참으며 마침내 견여(肩輿)를 타고 밤에 사저로 돌아왔다.
• 태종은 태조의 동생 이화(李和), 사위 이제(李濟) 등과 더불어 …… 정몽주를 제거할 것을 모의하였다. …… 정몽주가 태조의 잠저로 가서 사태를 살펴보고자 하였는데, 태조는 그를 대우하기를 처음과 같이 하였다. 태종은 말하기를, "때를 놓쳐서는 안 된다."라고 한 뒤, 정몽주가 돌아갈 때에 이르러 조영규(趙英珪) 등 4~5인을 보내어 길에서 기다리고 있다가 그를 공격하여 살해하였다. – 『고려사절요』 –

권문세족과 신진 사대부의 성격

구분	권문세족	신진 사대부
출신 배경	주요 관직 독점, 친원 세력	지방 향리 출신, 친명 세력
정치 기반	음서와 정방	과거
경제 기반	대농장과 노비	지방의 중소 지주
사상 성향	친 불교적	유교적(성리학)

20 조선 초기

이성계 어진과 경기전

▲ 경기전
전주 경기전은 이성계의 어진을 모시고 있는 곳이다. 또한 이곳은 조선 전기 전주사고가 있던 곳이다.

정도전

▲ 정도전(1342~1398)
- 성균관 박사로 정몽주와 함께 강의
- 북원 사신 접대 문제로 나주로 귀양
- 유랑생활 도중 함주의 이성계를 찾아감
- 정몽주 세력에 의해 다시 유배
- 이성계를 국왕으로 추대, 개국공신
- 표전문제로 요동 정벌 추진
- 이방원의 공격(왕자의 난)으로 사망
- 『고려국사』, 『조선경국전』, 『불씨잡변』, 『경제문감』, 『심기리편』, 『삼봉집』 등 저술

01 / 주요 국왕의 업적

태조	• 체제 정비: 국호 제정(고조선 계승)과 한양 천도(남경 길지설) • 국정 기조: 3대 국시(숭유억불 · 농본억상 · 사대교린) • 한양 천도: 경복궁 건립, 한양 도성 조성(좌묘우사 · 전조후시) • 정도전: 재상 중심 정치 주장, 요동 정벌 추진, 『조선경국전』, 『경제문감』, 『고려국사』, 『불씨잡변』 • 1차 왕자의 난: 이방원이 이복형제들과 정도전 일파 살해 • 도첩제 실시
정종	• 개경 천도: 왕자의 난 이후 즉위, 개경으로 재천도 • 2차 왕자의 난(박포의 난) 발생, 이방원을 왕세제로 책봉 • 도평의사사를 의정부로 개편
태종	• 왕권 강화: 한양 재천도, 의금부 설치, 사간원의 독립, 6조 직계제 실시, 사병 혁파, 외척과 종친의 영향력 배제, 신문고 설치, 서얼금고법, 삼가금지법 • 국가 경제 기반 안정: 호패법 실시, 양전 사업 실시 • 불교 정책: 사원의 토지 및 노비 몰수
세종	• 모범적 유교 정치 실현: 집현전 설치, 의정부 서사제, 청백리 재상 등용 • 민생 안정: 공법 시행(전분 6등법 · 연분 9등법), 훈민정음 창제 • 외교 정책: 쓰시마섬 정벌, 4군 6진 개척, 사민 정책 실시 • 불교 정책: 선교 양종 통합, 내불당 설치, 불경 간행(『월인천강지곡』, 『석보상절』 등) • 편찬 사업: 『농사직설』, 『삼강행실도』, 『향약집성방』, 『의방유취』, 『칠정산』, 『용비어천가』 등
문종	• 『고려사』, 『고려사절요』, 『동국병감』 등 편찬
세조	• 단종 때 계유정난(1453)으로 정권 장악 → 이후 선위 방식으로 즉위 • 왕권 강화 정책: 사육신 제거, 이징옥의 난과 이시애의 난 진압, 종친 세력 등용, 집현전 폐지, 경연 폐지, 6조 직계제, 직전법 실시, 『경국대전』 편찬 시작, 오가작통법 실시, 간경도감 설치 『월인석보』 간행 • 부국강병책: 보법 시행, 중앙군 정비(5위), 진관 체제 실시
성종	• 『경국대전』 반포, 사림파 등용, 유향소 부활, 홍문관 설치, 경연의 활성화, 도첩제 폐지 • 편찬사업: 『동국여지승람』, 『동문선』, 『동국통감』, 『악학궤범』, 『국조오례의』 등

한양 도성

한양 도성은 풍수지리를 고려하여 궁궐(경복궁)을 백악산, 낙타산(좌청룡), 인왕산(우백호), 목멱산(남주작)으로 배치하고, 이 산을 연결하는 둘레 18Km의 둥근 도성을 쌓고 4대문과 4소문을 건설하였다. 또한 경복궁을 기준으로 좌측에 왕실 조상의 신주를 모신 종묘(宗廟)를, 우측에 땅과 곡식신을 모신 사직(社稷)을 건설하였다. 궁궐의 전당(殿堂)과 도성의 성문의 이름을 유교적 덕목과 오행사상을 담아 지었다.

대표 사료 확인하기

1. 정도전의 재상 중심 정치 체제

임금의 직책은 재상 하나를 잘 뽑는 데 있다. 재상은 위로는 임금을 받들고 아래로는 백관을 통솔하여 만인을 다스리는 것이니 그 직책이 매우 크다. 또한 임금의 자질에는 어리석은 자질도 있고 현명한 자질도 있으며 강력한 자질도 있고 유약한 자질도 있어서 한결같지 않으니 재상은 임금의 아름다운 점은 순종하고 나쁜 점은 바로잡아 임금으로 하여금 대중(大中)의 경지에 이르도록 하는 것이 재상의 역할이다.

– 『조선경국전』 –

2. 6조 직계제(태종, 세조)

- 의정부의 서사(署事)를 나누어 6조에 귀속시켰다. … 처음에 왕(태종)은 의정부의 권한이 막중함을 염려하여 이를 혁파할 생각이 있었지만, 신중하게 여겨 서두르지 않다가 이때에 이르러 단행하였다. 의정부가 관장한 것은 사대문서와 중죄수 심의뿐이었다.
- 상왕이 어려서 무릇 조치하는 바는 모두 대신에게 맡겨 논의, 시행하였다. 지금 내가 명을 받아 왕통을 계승하여 군국 서무를 아울러 모두 처리하며, 조종의 옛 제도를 모두 복구한다. 지금부터 형조의 사형수를 제외한 모든 서무는 6조가 각각 그 직무를 담당하여 직계한다.

3. 의정부 서사제(세종)

6조 직계제를 시행한 이후 일의 크고 작음이나 가볍고 무거움이 없이 모두 6조에 붙여져 의정부와 관련을 맺지 않고, 의정부의 관여 사항은 오직 사형수를 논결하는 일뿐이었다. 그러므로 옛날에 재상에게 위임하던 뜻과 어긋남이 있고, … 6조는 각기 모든 직무를 먼저 의정부에 품의하고, 의정부는 가부를 헤아린 뒤에 왕에게 아뢰어 (왕의) 전지를 받아 6조에 내려 보내어 시행한다. 다만, 이조·병조의 제수, 병조의 군사업무, 형조의 사형수를 제외한 판결 등은 종래와 같이 각 조에서 직접 아뢰어 시행하고 곧바로 의정부에 보고한다. 만약 타당하지 않으면, 의정부가 맡아 심의, 논박하고 다시 아뢰어 시행토록 한다.

4. 『경국대전』 반포

삼가 생각하건대, 세조께서는 천명을 받아 임금이 되어 국가를 중흥하였으니, 그 공적이 창업과 수성을 모두 이룬 것과 같았다. …… 일찍이 신하들에게 말씀하시기를, "우리 선대왕께서는 깊은 인자함과 두터운 은혜로 넓고도 빼어난 규범(規範)이 법 조문 곳곳에 펴져 있으니, 바로 『경제육전(經濟六典)』의 「원전(元典)」·「속전(續典)」·「등록(謄錄)」이다. 또한 여러 차례 내리신 교지(敎旨)들이 아름다운 법이지만, 관리들이 용렬하고 어리석어 제대로 받들어 행하지 못하였다. 이렇게 된 것은 진실로 법의 과(科)와 조(條)가 너무 번잡하고 앞뒤가 서로 맞지 않고 하나로 정해지지 않았기 때문이다. 이제 남고 모자람을 짐작하고 서로 통하도록 갈고 다듬어 자손만대의 성법(成法)을 만들고자 한다."라고 하셨다. …… 여러 조목을 한데 모아 상세히 살펴 선택한 뒤에 편찬해서 책을 만들되, 번잡한 것을 버리고 되도록 정밀하고 간략하게 하며, 모든 조치는 임금의 결재를 받도록 하였다. …… 책이 완성되어 여섯 권으로 만들어 바치니, 『경국대전(經國大典)』이라는 이름을 내리셨다. 「형전(刑典)」과 「호전(戶典)」은 이미 반포되어 시행하고 있으나 나머지 네 법전은 미처 교정을 마치지 못했는데, 세조께서 갑자기 승하하시니 지금 임금께서 선대왕의 뜻을 받들어 마침내 하던 일을 끝마치게 하시어 나라 안에 반포하셨다.

자료 더하기

6조 직계제

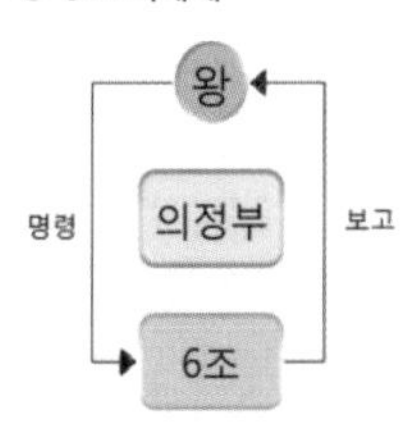

의정부 서사제

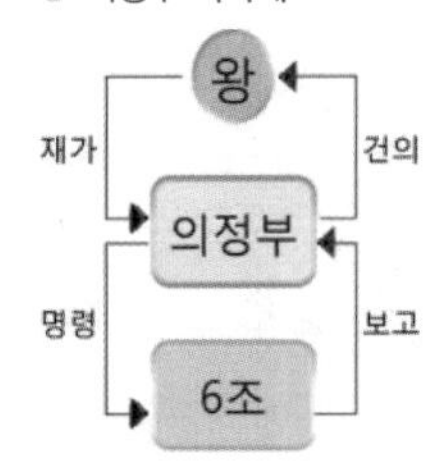

집현전

집현전은 세종 때 궁 안에 설치한 정책 연구 기관으로, 중국 및 우리나라의 전통 문화를 깊이 연구하여 이를 책으로 편찬하고, 국왕의 정책에 자문하였다. 이후 세조에 의해 폐지되었으나, 성종 때 홍문관으로 계승되었다.

서얼금고법

서얼금고법은 첩의 소생의 관직 등용에 제한을 두는 제도이다. 태종 때 이 법이 만들어지면서 제한이 시작되었고, 이후 『경국대전』이 완성되면서 제한이 구체화되었다.

이징옥의 난

이징옥의 난은 1453년 계유정난 이후 함길도 도절제사 이징옥이 일으킨 사건이다. 이징옥은 세종 때 6진 개척의 공을 인정받아 20여 년 북방의 방어를 담당하였다. 계유정난 이후 세조는 김종서의 최측근인 이징옥을 제거하려는 인사발령을 냈고, 이를 의심한 이징옥은 여진족 세력을 모아 대금황제를 자처하고 반란을 일으켰다.

이시애의 난

이시애의 난은 중앙 집권화 강화를 꾀하며 함길도 지역의 토관제 대신 서울 지역의 관리 파견에 불만을 느낀 토반들의 반란이다. 이 사건을 진압한 세조는 함길도를 둘로 나누고 유향소를 폐지하는 정책을 시행하였다.

21 조선의 통치 체제

자료 더하기

육조 거리

조선의 정궁인 경복궁 남쪽 광화문 앞 대로는 중앙 정부의 주요 관청이 도열해 있던 육조 거리이다. 오늘날 광화문 광장 일대이다.

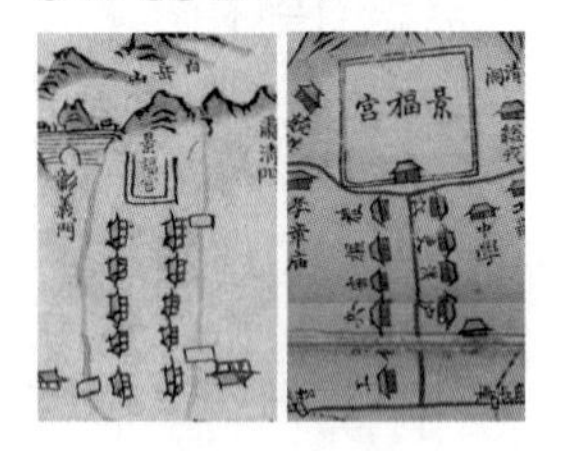

조선의 통치 체제

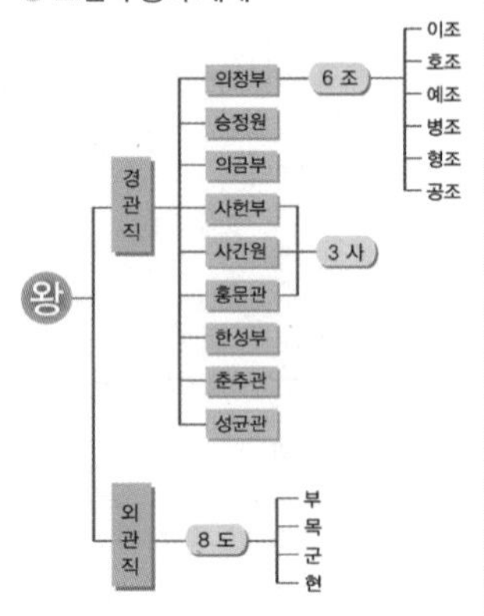

유수부

유수부는 수도의 방어와 옛 도읍지의 행정 담당을 목적으로 설치된 관서를 말한다.

- 개성 유수부: 세종
- 강화 유수부: 인조(정묘호란 이후)
- 화성 유수부: 정조(장용영 설치)
- 광주 유수부: 정조(남한산성 담당)

01 / 중앙 행정 조직

중앙행정 기구	의정부	• 국정 총괄(합의제), 주요 관청의 최고 책임, 경연과 서연 주관
	6조	집행 기구: 업무 분담(행정의 전문성과 효율성) • 이조: 문관 인사 • 호조: 호구, 조세 • 예조: 의례, 교육 • 병조: 무관 인사 • 형조: 법률, 형벌 • 공조: 산림, 건축
	승정원	• 국왕의 비서 기관 (국가 기밀, 왕명 출납)
	의금부	• 국가의 대역 죄인을 다스리는 특별 사법기관
	3사(청요직)	권력의 독점과 부정 방지 • 사헌부: 감찰 기관 • 사간원: 간쟁 기관 • 홍문관: 경연 담당 · 자문 기관
	한성부	• 한성의 행정과 치안 담당
	춘추관	• 역사서 편찬과 보관

02 / 지방 행정 조직

특징	• 전국을 8도로 나누고 고을의 크기에 따라 지방관의 등급을 조정함 • 모든 군현에 수령을 파견하여 국가가 직접 다스림(향 · 부곡 · 소 소멸) • 지방관의 권한 강화, 향리의 지위 격하(세습적인 아전으로 전락), 상피 제도와 임기제 실시	
행정기구	관찰사	• 8도의 책임자, 수령의 지휘 · 감찰 · 평가, 민정 순찰 업무 담당
	유수부	• 행정 · 군사 요충지 설치(국왕 직속) – 개성, 강화, 수원, 광주
	수령	• 부 · 목 · 군 · 현에 파견(임기 5년, 상피제 적용), 수령 7사의 임무 수행
	향리	• 6방: 조세 수취와 역 징발에 관한 행정 실무 보좌 역할
	유향소(향청)	• 향안에 등재된 인물로 조직한 자치 기구 • 역할: 수령 보좌 · 견제, 풍속 교정 및 향리 규찰 등
	경재소	• 유향소와 정부의 연락 담당(유향소 통제)

03 / 군사 · 교통 · 교육 · 관리 등용 제도

구분		내용
군사 제도	원칙	• 양인개병제(16~60세 양인 장정) • 군역 면제: 현직 관료(양반)와 학생, 향리
	중앙	• 5위(궁궐과 서울 수비) 설치
	지방	• 병영과 수영 설치, 진관 체제 실시 • 진관 체제 → 제승방략 체제
교통 제도	역원제	• 역: 공문서의 전달과 물자의 운송, 곡물의 수송 목적 • 원: 국가에서 설치한 공공 여관의 성격
	봉수제	• 국가 비상사태 전달(연기, 횃불) → 이후 파발제로 전환
	조운제	• 조세 운반 체제(조창 → 경창) • 잉류 지역 설정(평안도 – 사신 접대비, 함경도 – 군사비)
교육 제도	중앙	• 성균관: 국립 중앙 최고 학부, 소과 초시 합격생 입학이 원칙 • 4학: 중앙의 국립 중등 교육 기관
	지방	• 향교: 지방의 국립 중등 교육 기관 • 서당: 사립 초등 교육 기관 • 서원: 선현 봉사 및 사립 교육 기관
관리 등용 제도	과거	• 문과: 양인 이상 응시 가능, 소과와 대과를 거쳐 관직 진출 • 무과: 서얼과 중간 계층 응시, 문과와 동일한 절차 • 잡과: 서자 및 중인의 자제 응시, 해당 관청 주관 • 시험 종류: 정기 시험(식년시), 부정기 시험(증광시, 별시, 알성시 등)
	음서	• 공신이나 2품 이상 고위 관리의 자손에게 관직 수여, 승진 제한
	기타	• 취재(하급 실무직), 천거, 현량과, 기로과 등

▼ 지방 행정 조직

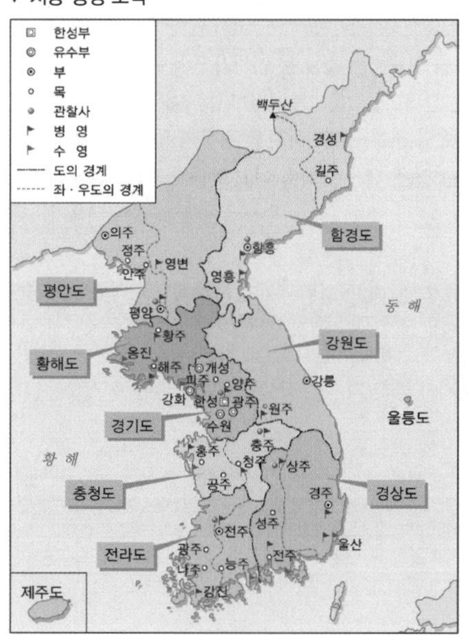

▼ 조운제도

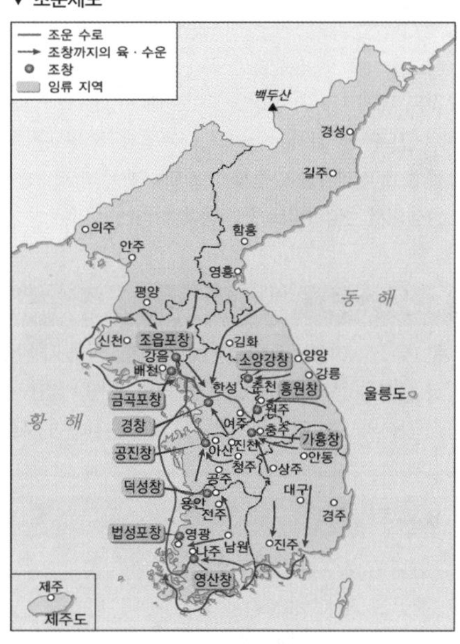

자료 더하기

성균관

봉수제

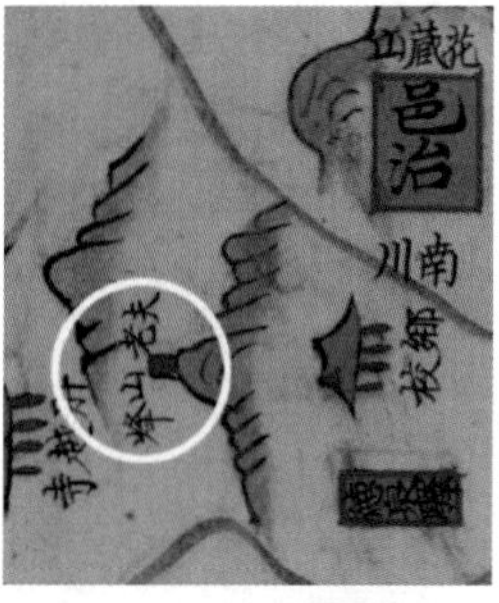

1. 대간의 역할

대간은 마땅히 위엄과 명망이 우선되어야 하고 탄핵은 뒤에 해야 한다. 왜냐하면, 위엄과 명망이 있는 자는 비록 종일토록 말하지 않더라도 사람들이 스스로 두려워 복종할 것이요, 이것이 없는 자는 날마다 수많은 글을 올린다 하더라도 사람들은 더욱 두려워하진 않기 때문이다. …… 천하의 득실과 백성을 이해하고 사직의 모든 일을 간섭하고 일정한 직책에 매이지 않는 것은 홀로 재상만이 행할 수 있으며, 간관만이 말할 수 있을 뿐이니, 간관의 지위는 비록 낮지만, 직무는 재상과 대등하다. – 『삼봉집(三峰集)』 –

2. 유향소와 경재소

여러 군읍의 경재소(京在所)로 하여금, 향리(鄕里)에 거주하는 자로서 일찍이 현직(顯職)을 지냈고 사리(事理)를 잘 아는 사람으로, 부(府) 이상은 4명, 군(郡) 이하는 3명을 뽑아서 유향소의 좌수(座首)와 색장(色掌)을 삼아 향풍(鄕風)을 규찰(糾察)하게 하도록 하며, 만일 유향소 품관들이 사사로움을 끼고 폐단을 일으키는 자가 있다면 관찰사 및 경재소에서 탄핵하여 철저히 징계하게 하소서. – 『성종실록』 –

3. 과거 응시 제한과 상피제

- 죄를 범하여 영구히 임용할 수 없게 된 자, 탐관오리의 아들, 재가하거나 실행(失行)한 부녀의 아들 및 손자, 서얼 자손은 문과, 생원·진사시에 응시하지 못한다. …… 응시자가 시관(試官)과 상피(相避)의 입장에 해당되는 자는 다른 시장에서 응시해야 하고, 아버지가 복시(覆試)에 응시하면 아들은 피한다. 무과도 같다.
- "상피해야 한다는 것은 지친에만 해당하는 것이다." 하므로 도승지 신정이 아뢰기를 "부자, 형제, 사위, 조카, 처남, 매부는 마땅히 모두 상피해야 합니다."라고 하였다.

4. 향교

문묘를 세워 선성(先聖)에게 제사하고 학교를 세워 자제들을 교육하는 것을 온 천하가 만세토록 폐하지 않은 것은, 대개 사람이 천성을 지녔으매 진실로 배우지 않으면 안 되고, 학문하는 길은 더욱 성인의 글을 강론하지 않으면 안 되기 때문이다. 국가에서 주·부·군·현에 문묘와 향교를 설치하지 않은 데가 없도록 하여 수령을 보내어 제사를 받들게 하고 교수를 두어 교도를 맡게 한 것은, 대개 교화를 펴고 예의를 강론하여 인재를 양성해서 문명한 다스림을 돕게 하려는 것이다. – 권근, 『영흥향교부흥가』 –

5. 한품서용제

문·무 2품 이상의 양첩 자손은 정3품, 천첩 자손은 정5품에 한하고, 6품 이상의 양첩 자손은 정4품, 천첩 자손은 정6품에 한하며, 7품 이하의 관직이 없는 사람까지의 양첩 자손은 정5품, 천첩 자손은 정7품에, 양첩 자손의 천첩 자손은 정8품에 각각 한정하여 서용한다.

6. 수령 7사

- 농상성: 농상을 성하게 함
- 호구증: 호구를 늘림
- 학교흥: 학교를 일으킴
- 군정수: 군정을 닦음
- 부역균: 역의 부과를 균등하게 함
- 사송간: 소송을 간명하게 함
- 간활식: 교활하고 간사한 버릇을 그치게 함

22 사화

01 / 사림의 등장

1 사림의 성장과 사화의 발생

(1) 사림의 형성
① 고려 말 온건파 사대부인 정몽주·길재의 학통 계승
② 지방에서 학문 연구와 교육에 힘쓴 사대부, 중소 지주 출신
③ 도덕과 의리를 바탕으로 한 도학 정치·왕도 정치 추구, 향촌 자치 주장

(2) 사림의 성장
① 성종이 훈구 세력을 견제하기 위해 김종직을 비롯한 사림 등용
② 주로 3사에 진출, 사림이 훈구 세력의 비리를 비판 → 두 세력 간 갈등 심화

02 / 4대 사화

무오사화 (1498, 연산군)	• 김종직의 '조의제문'을 김일손이 사초에 올린 것이 발단이 되어 발생 • 김종직 부관참시, 영남 사림 세력 타격
갑자사화 (1504, 연산군)	• 폐비 윤씨 사사 사건 • 한명회 부관참시, 영남 사림 몰락 – 중종반정(1506)
중종반정 (1506, 중종)	• 연산군의 폭정 → 박원종, 유순정, 유자광 등의 신하들을 중심으로 반정 시도 • 연산군의 이복동생인 진성대군을 왕으로 옹립(중종의 즉위)
기묘사화 (1519, 중종)	• 조광조의 급진 개혁 정치: 경연 강화, 향약의 시행, 『소학』 장려, 소격서 폐지, 현량과 실시, 위훈 삭제 등 • '주초위왕' 사건 → 조광조 사사
을사사화 (1545, 명종)	• 중종의 외척인 두 윤씨 집안, 대윤파(윤임)와 소윤파(윤원형) 간의 권력 다툼

03 / 성리학적 사회 질서의 확대

1 성리학적 사회 질서의 보급

(1) 성리학적 사회 질서 확립: 성리학이 일상생활과 윤리적 측면까지 확대(16세기)

(2) 성리학적 사회 질서의 보급 노력
① 윤리서 간행, 향촌 사회 교화 노력
② 유교적 예절과 의례 확산(가묘 건립, 족보 편찬, 향사례·향음주례 실시 등)

자료 더하기

사림의 계보

김종직

▲ 김종직(1431~1492)
• 호는 점필재, 김숙자의 아들
• 세조 때 관직 진출
• 성종 때 예문관 수찬, 이조참판
• 김굉필, 정여창 등의 후학 양성

조광조

▲ 조광조(1482~1519)
• 호는 정암
• 무오사화로 유배 중인 김굉필에게 수학
• 과거 급제 후 고속 승진
• 왕도 정치 실현 역설
• 현실 정치에서 급진적 개혁 추구
• 기묘사화로 능주 유배, 사사

자료 더하기

경기 고양 연산군 금표비

연산군은 도성 주변의 민가를 헐어 버리고 자신의 사냥터를 만들었다. 이렇게 만들어진 사냥터에는 일반인의 출입을 엄금한다는 금표비를 세워 경고하였다.

병산 서원(경북 안동)

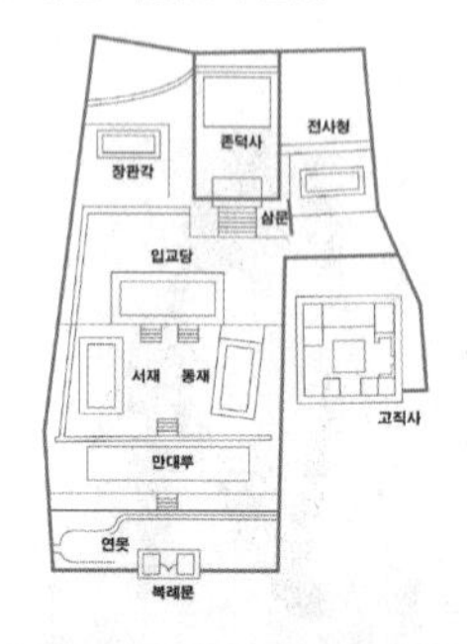

2 서원과 향약

서원	• 기능: 선현을 제향하고 향촌민에 대한 교화, 학문 연구 목적으로 설치 • 시작: 주세붕이 설립한 백운동 서원(중종) → 이황의 건의로 사액된 소수 서원(최초의 사액서원) • 성리학 연구 심화의 기여, 조선 후기 붕당정치의 기반 제공
향약	• 전통적 향촌 규약(향도, 두레, 계) + 삼강오륜의 유교적 윤리 → 향촌의 유교적 자치 규약 • 중종 때 조광조가 주자의 여씨향약을 보급 • 선조 때 이황(예안향약)과 이이(서원 · 해주향약) • 조직: 약정, 부약정, 직월, 집강 – 향촌민 전원 강제 편성 • 덕목: 덕업상권, 과실상규, 환난상휼, 예속상교 • 영향: 사림의 지위 강화, 『주자가례』의 대중화, 지방 유력자 수탈 강화 수단

대표 사료 확인하기

1. 김종직의 조의제문과 무오사화

정축년(세조 3년) 10월 어느 날에 나는 밀성에서 경산으로 향하여 답계역(踏溪驛)에서 자는데, 꿈에 신(神)이 칠장(七章)의 의복을 입고 훤칠한 모양으로 와서 말하기를 '나는 초(楚)나라 회왕(懷王) 손심(孫心)인데, 서초 패왕에게 살해되어 빈강(郴江)에 잠겨있다.' 하고 문득 보이지 아니하였다. …… 나는 꿈을 깨어 놀라며 생각하기를 "회왕(懷王)은 남초(南楚) 사람이요, 또 역사를 상고해 보아도 강에 잠겼다는 말은 없으니, 정녕 항우가 사람을 시켜서 비밀리에 쳐 죽이고 그 시체를 물에 던진 것일까? 이는 알 수 없는 일이다." 하고, 드디어 문(文)을 지어 조문한다.

– 『연려실기술』 –

2. 조광조의 개혁

• 상하가 진실로 어진 이 구하기를 목마른 것처럼 한다면 어찌 훌륭한 인물이 없겠습니까? 비록 출신(出身)한 사람이 아니더라도 반드시 시종(侍從)에 적합한 자가 있을 것입니다. 국가가 사람을 등용함에 있어 대개 출신(出身)을 중하게 여깁니다. 그러나 대현(大賢)이 있다면 어찌 꼭 과거에 얽매여야 되겠습니까?

• 이제 소격서(昭格署)를 설치한 것은 …… 도교를 신봉하는 것이 민간에서 성행한다 하더라도 임금된 이로서는 진실로 예를 밝히고 의리를 보여 대도(大道)를 천명하여 바른 방향으로 나아가 끝까지 정도를 보전해야 하는데, 도리어 사도를 존숭하여 관사(官司)를 두어 받들고 초제를 거행하여 섬기며, …… 이는 곧 임금의 계책에 법이 없어서이니 하민(下民)들이 어디에서 본받겠습니까?

– 『중종실록』 –

3. 기묘사화

조광조, 김정, 김식, 김구, 윤자임, 기준, 박세희, 박훈 등이 자기에게 붙는 자는 천거하고 자기와 뜻이 다른 자는 배척하여, 성세로 서로 의지하고 권세 있고 중요한 자리를 차지하고서 후진을 이끌어 국론이 전도되고 조정을 그르치게 하였으니 그 죄가 크다.

– 『중종실록』 –

4. 을사사화

- 윤임은 화심(禍心)을 품고 오래도록 흉계를 쌓아 왔다. 처음에는 동궁(東宮)이 외롭다는 말을 주창하여 사림들 사이에 의심을 일으켰고, 중간에는 정유삼흉의 무리와 결탁하여 국모를 해치려고 꾀하였고, 동궁에 불이 난 뒤에는 부도(不道)한 말을 많이 발설하여 사람들을 현란시켜 걱정과 의심을 만들었다.
- 이덕응이 자백하기를, "평소 대윤(大尹), 소윤(小尹)에 휘말리지 않으려고 조심하였는데, 그들과 함께 모반을 꾸민다는 것은 말도 안 됩니다."라고 하였다. 계속 추궁하자 그는 "윤임이 제게 이르되, 경원 대군이 왕위에 올라 윤원로가 권력을 잡게 되면 자신의 집안은 멸족될 것이니 봉성군을 옹립하자고 하였습니다."라고 실토하였다.

–『명종실록』–

5. 조광조 적려 유허비 내용

아, 이곳은 정암 조선생이 귀양와서 별세한 곳이다. 아, 이제 정암선생께서 돌아가신지 149년이 되었는데도 기묘학사와 그 대부들은 그 학문을 사모하고 백성들과 하급관리들은 그 은혜를 생각함이 오래될수록 더욱 잊지 아니하고 모두 말하기를 우리나라로 하여금 삼강오륜의 윤리를 알게 하여 이적(되놈)과 금수(짐승)가 되는 것을 면하게 하는 것은 오직 정암선생의 덕택이라 하여 이곳을 지나는 사람들은 누구나 다 엄숙하게 머리 숙여 공경치 아니한 이 없느니라.

–『송자대전』–

자료 더하기

전남 화순 정암선생 적려 유허비

조선 후기 현종 때 능주 목사 민여로는 우암 송시열의 문장과 동춘당 송준길의 글씨를 받아 조광조 선생의 유배지를 추모하는 비석을 세웠다. 조광조는 조선 후기 서인에게 사림의 표본으로 추앙받았다.

23 조선 전기의 외교와 임진왜란

01 / 조선 전기의 대외 관계

1 명과의 관계(사대 외교)

(1) 건국 초기 갈등: 표전 문제로 정도전 소환(요동 정벌 준비), 종계변무 문제 등

(2) 친명 정책: 태종 이후 명과 친선 관계 유지, 정기·비정기 사신 파견(경제·문화적 실리 획득)

2 일본 · 여진과의 관계(교린 외교)

(1) 회유책

① 일본: 교역 허가, 동평관(사신 숙소) 설치 등

② 여진: 교역 허가, 북평관(사신 숙소) 설치 등

(2) 강경책

① 일본: 고려 말부터 왜구 침략 지속 → 세종 때 대마도 토벌(이종무)

② 여진: 세종 때 4군(최윤덕), 6진(김종서) 설치, 국경지대에 군사시설 설치, 사민 정책 실시

▼ 세종의 4군 6진 개척

02 / 임진왜란

1 임진왜란 전 일본과의 관계

(1) 세종: 대마도 정벌 → 삼포 개항(부산포, 제포, 염포) → 계해약조 체결

(2) 중종: 삼포왜란 발생(1510, 비변사 설치) → 임신약조(1512) → 사량진 왜변(1544)

(3) 명종: 정미약조(1547) → 을묘왜변(1555, 비변사 상설화, 국교 단절)

2 왜란의 전개와 극복

정세	• 조선의 국방력 약화(제승방략 체제)와 국론의 분열(붕당) • 일본: 도요토미 히데요시의 전국 통일
과정	• 임진왜란의 발발(1592): 동래성 전투 → 탄금대 전투(신립) → 선조의 의주 피난과 명에 구원 요청 → 수군의 승리(이순신 – 옥포 해전, 한산도 대첩 등), 의병의 활약 → 진주 대첩(김시민), 평양성 탈환(조·명 연합군), 행주 대첩(권율) → 휴전 협상과 조선의 재정비(훈련도감 · 속오군 설치, 진관 체제 복구) • 정유재란 발발(1597): 직산 전투 → 명량 해전 → 노량 해전(이순신) → 일본의 퇴각
의병	• 정인홍: 경남 합천에서 봉기 • 곽재우(홍의장군): 경남 의령에서 봉기, 정암진 전투 승리, 진주 대첩 참전 • 김천일: 전남 나주에서 봉기, 수원에서 왜군 격퇴, 진주 전투에서 사망 • 고경명: 전남 담양에서 봉기, 금산 전투에서 사망 • 김덕령: 전남 담양에서 봉기, 이몽학의 난에 연루되어 옥사 • 조헌: 충북 옥천에서 승리, 청주성 회복, 금산 전투에서 사망(700의총) • 이정암: 황해도 연안에서 봉기, 이몽학의 난 진압 • 정문부: 함경도 경성에서 봉기, 포로가 된 왕자들 구출(북관 대첩) • 휴정(서산대사): 묘향산에서 봉기, 평양성 탈환 전투 참여 • 유정(사명대사): 금강산에서 봉기, 평양성 탈환 전투 참여, 왜란 후 일본에 파견, 포로 송환
영향	• 국내적 – 비변사 기능 강화, 훈련도감을 비롯한 5군영 체제 확립 – 국토 황폐화: 인명 상실, 경지 면적 감소와 토지 대장 · 호적 대장 소실 – 신분제 동요와 사회 혼란: 납속책과 공명첩의 실시, 이몽학의 난 – 문화재 소실: 경복궁, 불국사, 『조선왕조실록』 소실(전주사고본 제외) – 외래 작물 전래(고추, 담배, 호박 등) • 국제적 – 중국: 명의 쇠퇴와 후금의 성장 – 일본: 도자기, 성리학(이황) 등의 전래로 학문 · 문화 · 예술의 발전

▼ 임진왜란 시기 주요 전투

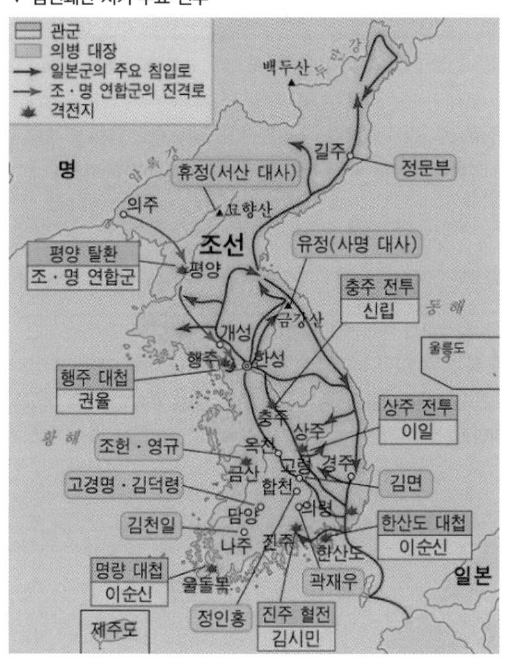

자료 더하기

『징비록』과 유성룡

『징비록』은 임진왜란이 끝난 뒤 유성룡이 뒷날을 경계하고자 하는 뜻에서 1592년에서 1598년까지 자신이 직접 겪은 일을 기록한 것이다. 이 책에는 조선과 일본의 관계, 전쟁 발발과 진행 상황 등이 구체적으로 담겨 있다.

『난중일기』

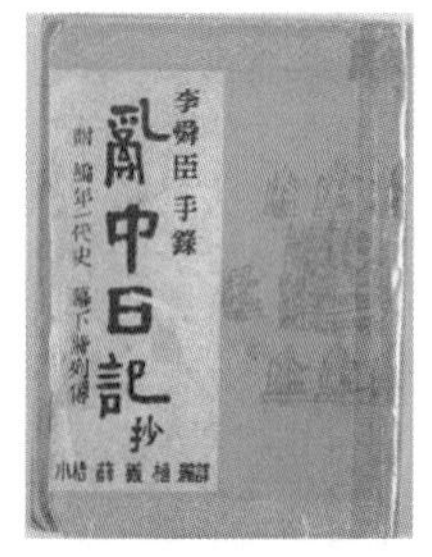

『난중일기』는 임진왜란이 일어난 다음 달인 5월 1일부터 전사하기 전 달인 1598년 10월 7일까지의 기록으로, 엄격한 진중 생활과 국정에 관한 솔직한 감회, 전투 후의 비망록과 수군 통제에 관한 비책, 이순신의 일상생활 등이 실려 있다.

북관대첩비

 자료 더하기

도공 이삼평

일본의 대표적인 도자기 아리타자기의 도조(陶祖)로 추앙받는 한국 출신 도공으로, 임진왜란 때 끌려간 도공의 한 사람이다.

강항과 「간양록」

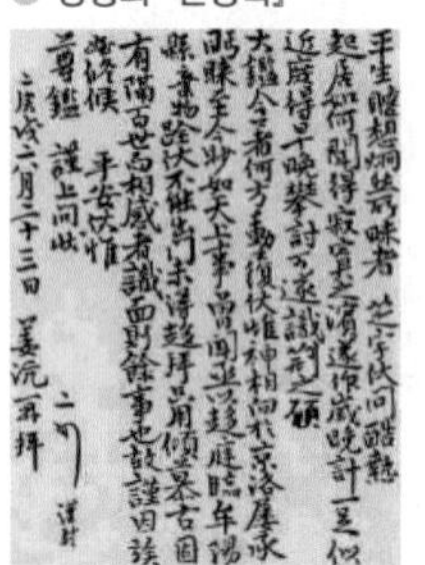

강항은 1597년 고향에 내려와 있던 도중 정유재란이 발발하자 의병을 규합해 항전하다 일본에 포로로 끌려갔다. 오사카에서 일본의 승려 후지와라 세이카에게 이황의 성리학을 전수하여 일본 에도막부에 이황의 성리학이 영향을 미치게 되는 결과를 가져왔다. 저서로는 귀국 후 일본에서의 생활을 기록한 「간양록」이 있다.

대표 사료 확인하기

1. 3포 개항

대마도의 글월에 답서를 보내기를 "상선이 정박하는 장소는 과거에 지정되었던 내이포(진해)와 부산포 이외에 울산의 염포에서도 무역을 허가하기로 하였으니 그리 알라." 하였다. – 「세종실록」 –

2. 계해약조

- 세견선은 1년에 50척으로 한다.
- 부산포·제포·염포 등 3포에 머무르는 날짜는 20일로 한정한다. 단지 상경한 자의 배를 지키는 간수인은 50일로 하고 이들에게 식량을 지급한다.
- 조선에서 제공하는 세사미두(歲賜米豆)는 쌀과 콩을 합하여 200섬으로 제한한다.

3. 임진왜란의 시작(부산진 전투, 동래성 전투)

적선이 바다를 덮어오니 부산 첨사 정발은 마침 절영도에서 사냥을 하다가, 조공하러 오는 왜라 여기고 대비하지 않았는데 미처 진(鎭)에 돌아오기도 전에 적이 이미 성에 올랐다. 이튿날 동래부가 함락되고 부사 송상현이 죽었다.

4. 임진왜란의 참상

- 한편 마산 가는 길에 죽은 어머니의 젖을 빨고 있는 아기를 본 사 총병은 아기를 데려다 기르기 시작했다. "아직 왜적이 물러가지도 않았는데 이 지경이니 어찌하면 좋겠소?" 사 총병이 한숨을 쉬며 말했다. "하늘도 한탄하고 땅도 슬퍼할 일입니다." 나 또한 눈물이 주르륵 흘러내렸다.
- 당시 한양 백성들은 굶주림에 허덕이고 있었다. 나는 용산 창고에서 명나라 좁쌀 100석을 꺼내 날마다 병사 1인에게 두 되씩 나누어 주었다. 그러자 사방에서 병사가 되겠다고 사람들이 몰려들었다. 교감당상 조경이 이 사람들을 다 받을 수 없으므로 선발 기준을 세우자고 했다. – 「징비록」 –

5. 훈련도감의 창설

왕의 행차가 서울로 돌아왔으나 성 안은 타다 남은 건물 잔해와 시체로 가득하였다. …… 이때 왕께서 도감 설치와 군사 훈련을 명하시고 나를 도제조로 삼으셨다. 나는 "당속미 1,000석을 군량으로 하되 한 사람당 2되씩 준다고 군인을 모집하면 사방에서 몰려들 것입니다."라고 하였다. …… 얼마 안 되어 수천 명을 얻어 조총 쏘는 법과 창칼 쓰는 기술을 가르치고 당번을 정하여 궁궐을 숙직하게 하고, 국왕의 행차가 있을 때 이들로써 호위하게 하니 민심이 안정되었다. – 「서애집」 –

6. 정문부와 북관대첩비

임진왜란 시기 함경도로 피신한 선조의 두 아들인 임해군과 순화군이 일본 장수에게 포로가 되자 정문부는 의병을 일으켜 두 왕자를 구출해냈다. 이 전투를 북관대첩이라 부르고 조선 후기 숙종이 이를 기념하여 비석을 건립하였다. 이 비석을 1905년 러·일 전쟁 때 일본군이 일본으로 가져가 일본 황실에서 보관하다가 야스쿠니 신사에 방치해 왔다. 방치된 비석을 우리나라가 반환을 받아 원래 비석이 있던 자리인 길주에 다시 세웠다.

24 병자호란과 조선 후기의 외교

01 / 조선 후기 통치 구조의 변화

1 비변사의 권한 강화

(1) 설치: 중종 때 삼포왜란을 계기로 설치 → 명종 때 을묘왜변으로 상설기구화

(2) 기능 강화: 임진왜란을 계기로 국정 최고 합의 기관으로 발전(모든 정무 총괄)

(3) 참여 인원: 전·현직 정승을 비롯하여 5조 판서와 참판, 각 군영대장, 대제학, 강화 유수 등

(4) 영향: 비변사 기능 강화로 의정부와 6조 기능 약화, 세도 가문의 장악으로 권력 독점

2 군사제도의 개편

(1) 중앙군(5군영): 훈련도감 창설 이후로 어영청, 총융청, 수어청, 금위영 창설

(2) 지방군: 진관 체제로 복귀, 속오군 체제(양반부터 노비까지 편제)

02 / 광해군의 중립 외교

1 광해군

(1) 왜란 후 복구 정책: 토지 대장과 호적 재정비, 대동법 실시, 『동의보감』 완성 등

(2) 광해군의 중립 외교: 명과 후금 사이에서 중립 추구 → 강홍립 부대의 파견과 항복

03 / 정묘호란과 병자호란

1 인조반정과 친명 배금 정책

(1) 인조반정(1623): 광해군의 중립 외교, 인목대비 폐위, 영창대군 살해 → 서인이 인조를 옹립

(2) 친명 배금 정책: 인조 즉위 이후 서인은 강력한 친명 배금 정책 추진

2 정묘호란(1627)

(1) 이괄의 난: 반정 공신 이괄이 좌천에 불만, 일부 세력이 후금에 인조반정의 부당성 호소

자료 더하기

자료 더하기

이괄의 난
인조반정에 참여하였던 이괄이 자신의 공로가 낮게 평가되었다고 불만을 품은 데서 발생한 반란사건으로, 한양까지 점령한 유일한 반란사건이다. 이후 진압과정에서 일부 잔당들이 후금으로 망명하여 조선의 정세에 대해 알리게 되고 후금은 광해군을 위하여 보복한다는 명분으로 조선을 침략하여 정묘호란이 일어났다.

남한산성

삼전도비

기유약조(1609)

- 대마도주의 세사미두(歲賜米豆)는 100석으로 한다.
- 대마도주의 세견선은 20척으로 한다.
- 수직자는 연 1회 내조(來朝)하되 타인을 파견할 수 없다.
- 왜관의 체류시일은 대마도주 특송 110일, 기타 세견선 85일, 표류인(漂流人)의 송환 등 기타 55일로 제한한다.

조선통신사 행렬도

(2) 전개: 후금 침략 → 인조 강화도 피난, 관군과 의병(정봉수·이립 등)의 활약

(3) 결과: 후금과 형제의 맹약 체결

3 병자호란(1636)

(1) 배경: 후금이 국호를 청으로 바꾸고 조선에 군신 관계 요구 → 조선에서 주화론과 주전론 대립 → 청의 요구 거부

(2) 전개: 청의 조선 공격 → 인조의 남한산성 피난 → 삼전도에서 항복(삼전도의 굴욕)

(3) 결과

① 소현세자와 봉림대군, 그리고 신하들이 청에 인질로 보내짐

② 북벌 운동 전개: 효종 때 서인을 중심으로 북벌 운동 전개 → 군대 양성, 성곽 수리 등

▼ 정묘호란과 병자호란

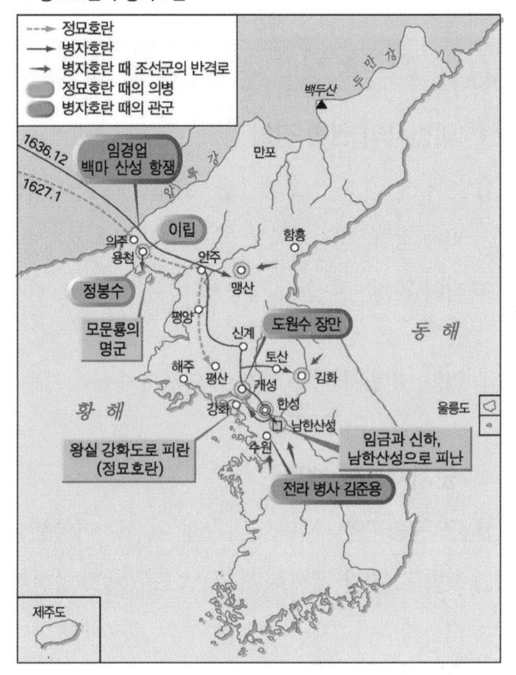

04 조선 후기의 외교

청	• 17세기: 이중 외교 – 사대 관계 유지(표면적), 북벌 운동 전개(내면적) • 18세기: 사신에 의한 문물 소개(천리경, 자명종, 화포, 만국지도 등) – 북학론의 대두 • 백두산정계비(1712, 숙종): 압록강 · 토문강으로 국경 확정 – 토문강 해석 문제 발생
일본	• 국교 재개: 일본의 요청으로 사명대사 파견, 포로 송환 – 기유약조(1609) 체결 • 통신사 파견 – 막부의 권위를 국제적으로 인정받기 위해 요청 – 국교 재개 이후 총 12회에 걸쳐 파견 → 조선의 선진 문화 전파 • 안용복(숙종): 에도 막부로부터 울릉도와 독도가 조선의 영토임을 확인

대표 사료 확인하기

1. 광해군의 중립 외교

전교하기를, "…… 더구나 지금 노추는 실로 천하의 강적이니 결코 건주위(建州衛)의 이만주(李滿住) 따위에 비할 바가 아니다. …… 지금 만약 깊이 들어가 섣불리 행동하며 진격한다면 만전을 기하는 계책이 되지 못할 뿐이니 한 번 더 깊이 생각하여야 한다. 또한 생각건대 우리나라의 군대가 잔약하다는 것을 돌아보지 않은 채 하루아침에 (적진) 깊이 들여보낸다면 필시 싸움에 임하여서는 먼저 동요된 나머지 천조에게 방해만 되지 않을까 걱정이 된다. 그러므로 나의 생각은 급히 군병 수천 명을 뽑아 의주(義州) 등 천조의 국경에 가까운 곳에 정비시켜 대기하게 한 뒤 앞뒤에서 적을 몰아치는 것이 지금의 상황에 적합할 듯하다. …

– 『광해군일기』 –

2. 인조반정

왕대비가 교서를 내려 중외에 선유하였는데 내용은 다음과 같다. "…… 광해는 배은망덕하여 천명을 두려워하지 않고 속으로 다른 뜻을 품고 오랑캐에게 성의를 베풀었으며, 기미년 오랑캐를 정벌할 때는 은밀히 수신을 시켜 동태를 보아 행동하게 하여 끝내 전군이 오랑캐에게 투항함으로써 추한 소문이 사해에 펼쳐지게 하였다. …… 황제가 자주 칙서를 내려도 구원병을 파견할 생각을 하지 않아 예의의 나라인 삼한(三韓)으로 하여금 오랑캐와 금수가 됨을 면치 못하게 하였으니, 그 통분함을 어찌 이루 다 말할 수 있겠는가. 천리를 거역하고 인륜을 무너뜨려 위로는 종묘사직에 죄를 얻고 아래로는 만백성에게 원한을 맺었다. 죄악이 이에 이르렀으니 그 어떻게 나라를 통치하고 백성에게 군림하면서 조종조의 천위(天位)를 누리고 종묘사직의 신령을 받들겠는가. 그러므로 이에 폐위하고 적당한 데 살게 한다."

– 『인조실록』 –

3. 주화론과 주전론

- 주화(主和) 두 글자가 신의 일평생에 허물이 될 줄 압니다. …… 자기의 힘을 헤아리지 아니하고 경망하게 큰소리를 쳐서 오랑캐의 노여움을 사고, 끝내 백성을 도탄에 빠트리며, 종묘와 사직에 제사를 지내지 못하게 된다면, 그 허물이 이보다 클 수 있겠습니까? …… 정묘년(1627)의 맹약을 아직 지켜서 몇 년이라도 화를 늦추시고, 그동안을 이용하여 인정을 베풀어서 민심을 수습하고 성을 쌓으며, 군량을 저축하여 방어를 더욱 튼튼하게 하되, 군사를 집합시켜 일사불란하게 하여 적의 허점을 노리는 것이 우리로서는 최상의 계책일 것입니다.

  – 『지천집』 –
- 화의(和議)가 나라를 망친 것은 어제 오늘의 일이 아닙니다. 옛날부터 그러하였으나, 오늘날처럼 심한 적은 없었습니다. 명은 우리나라에는 부모의 나라입니다. (신하된 자로서) 부모의 원수와 형제의 의를 맺고 부모의 은혜를 저버릴 수 있겠습니까? …… 차라리 나라가 없어질지라도 의리는 저버릴 수 없습니다. …… 어찌 이런 시기에 다시 화의를 주장할 수 있겠습니까?

  – 『인조실록』 –

4. 백두산정계비

군려대성에 이르길, "숙종 38년(1712)에 오라총관 목극등(穆克登)이 국경을 정하기 위해 백두산 아래에 이르렀다. …… 목극등이 김경문 등을 데리고 백두산에 올라가 산등성이를 따라 내려가다 비로소 압록강의 수원(水源)을 찾았는데, …… 목극등이 가운데의 샘이 갈라지는(中泉了) 위치에 앉아 말하기를, '이곳이 분수령(分水嶺)이라 할 수 있다.' 하고, 여기에 경계를 정하고 돌을 깎아 비를 세웠다. 그 비문(碑文)에, '오라총관 목극등이 황제의 명을 받들어 국경을 조사하기 위해 여기에 이르러 살펴보니, 서쪽은 압록강이며, 동쪽은 토문강(土門江)이므로 분수령 위에다 돌에 새겨 표를 삼는다.' 하였다" 한다. …

– 『만기요람』 –

자료 더하기

백두산정계비

울릉도 쟁계(돗토리번 답변서)

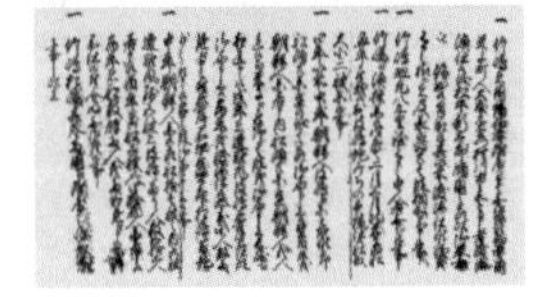

안용복의 방일로 울릉도·독도 문제가 나타나자 일본 에도 막부는 울릉도와 독도가 돗토리번의 일부가 아님을 '돗토리번 답변서'를 통해 밝혔다. 이후 1696년 1월 28일, 에도 막부는 일본인의 울릉도 도해금지령을 내렸다.

Chapter

25 붕당 정치의 전개

01 / 붕당의 형성기

1 붕당의 형성

(1) 사림의 정권 장악: 16세기 후반 선조 때 중앙 정치의 주도권 장악

(2) 붕당의 형성: 선조 때 척신 정치의 잔재 청산과 이조전랑직을 둘러싸고 기성 사림과 신진 사림으로 나뉘어 대립

동인	서인
• 김효원 후원 세력(신진 사림) • 이황 · 조식 · 서경덕의 학문 계승 • 수기 강조, 치자의 도덕적 자기 절제 강조 • 척신 정치의 요소 배격	• 심의겸 지지 세력(기성 사림) • 이이 · 성혼의 학문 계승 • 치인 강조, 제도의 개혁을 통한 문제 해결 강조 • 척신 정치 배격에 소극적 태도

2 동인의 분화

(1) 정여립 모반 사건: 정여립과 교류하던 동인이 대거 축출(기축옥사, 1589), 서인 주도

(2) 건저의 문제: 서인 정철의 세자책봉 건의 → 서인 축출, 동인의 분화(북인·남인)

북인	남인
• 조식과 서경덕의 문인 • 서인에 대해 강경한 입장 • 임진왜란 당시 의병 주도, 전란 이후 정권 주도 • 광해군이 집권하면서 대북파가 정권 장악	• 이황의 문인 • 서인에 대해 온건한 입장

3 인조반정

(1) 광해군과 북인 축출: 서인 중심에 남인이 참여하는 정국 형성, 친명 배금의 외교적 입장

(2) 정묘·병자호란 이후: 서인 중심으로 적극적인 북벌 운동 전개

자료 더하기

전랑

전랑은 이조와 병조의 정랑과 좌랑을 통칭하는 말로, 하급 관리 천거의 권한을 가지고 있었다. 이 천거의 권한은 의정부 3정승이나 이조 판서도 개입할 수 없었다. 특히 홍문관·사헌부·사간원 3사의 관리들은 전랑에 의해 임명이 좌우되었기 때문에 그 영향력이 막강하였다.

정여립

▲ 정여립(1546~1589)

• 이이와 성혼의 문하로 수학(서인)
• 이이 사망 후 동인에 가담
• 진안군 죽도에서 대동계 조직(왜구 토벌)
• 대동계의 전국 확대
• 역모 혐의로 포위되자 자결
• 천하공물설(천하의 주인은 따로 없다), 하사비군론(누구든 임금으로 섬길 수 있다) 주장

정철

▲ 정철(1536~1593)

• 김인후와 기대승의 문하생
• 강원도 관찰사 시절 「관동별곡」 지음
• 우의정으로 정여립 모반 사건을 처리
• 건저의 문제로 유배
• 임진왜란으로 풀려나 의주까지 선조 호송

02 / 예송과 환국

1 예송 논쟁

구분	주장	효종	1차 기해예송	2차 갑인예송	특징
서인	왕실 = 사대부 (왕사동례)	차남	1년설 (기년복)	9개월설 (대공복)	서인의 1년설 수용 남인이 정계에서 대거 축출
남인	왕실 ≠ 사대부 (왕사부동례)	국왕	3년설 (참최복)	1년설 (기년복)	남인의 1년설 수용 남인이 정국을 주도

2 환국

경신환국(1680)	• 허적(남인)의 서자 허견의 역모사건 • 허적 · 윤휴 등이 사형 → 남인 축출, 서인이 정국 주도 • 서인이 노론(송시열)과 소론(윤증)으로 분화
기사환국(1689)	• 경종의 세자 책봉에 노론의 반대 • 서인의 송시열 등 제거 → 남인이 정국 주도
갑술환국(1694)	• 서인의 인현왕후 복위 운동 → 남인의 탄압 • 남인 대거 축출 → 서인이 정국 주도
결과	• 여러 차례 환국으로 일당 전제화 현상 대두, 붕당의 공존 상실

대표 사료 확인하기

1. 이조전랑의 권한

"무릇 내외의 관원을 선발하는 것은 3공에게 있지 않고 오로지 이조에 속하였다. 또한 이조의 권한이 무거워질 것을 염려하여 3사 관원의 선발은 판서에게 돌리지 않고 낭관에게 오로지 맡겼다. 따라서 이조의 정랑과 좌랑이 또한 3사의 언론권을 주관하게 되었다. 3공과 6경의 벼슬이 비록 높고 크나, 조금이라도 마음에 차지 않는 일이 있으면 전랑이 3사의 신하들로 하여금 논박하게 하였다. …… 이 때문에 전랑의 권한은 3공과 견줄만하였다."

– 『택리지』 –

2. 동 · 서 붕당의 분화

전랑(銓郎)으로 있던 오건이 김효원을 추천하여 이조전랑 자리를 맡기려 했으나 심의겸이 이를 막았다. …… "김효원은 윤원형의 문객(門客)일 뿐인데 그런 사람을 천거하다니."라고 배척하였던 것이다. …… 후에 김효원이 마침내 전랑이 되어 많은 명망 있는 사림들을 끌어들여 자기편으로 하면서 명성이 대단해졌다. 그때 심의겸의 동생 심충겸이 전랑의 후임으로 적합하다면서 추천하는 사람이 있었다. 그러자 김효원이 말하기를 "이조(吏曹)의 관원 자리가 어찌 외척들의 집안 물건이냐?"라며 저지하였다. …… 그러자 사람들이 이를 가리켜 "김효원이 전날의 앙갚음을 한 것이다."라고 말하였다. …… 이로부터 당론이 나뉘게 되었다.

– 『당의통략』 –

자료 더하기

허적

▲ 허적(1610~1680)
- 남인의 영수
- 효종 승하 후 3년복을 주장하였으나 실패
- 효종 비 사망으로 예송이 발생하자 1년설 주장
- 갑인예송으로 영의정 복귀, 남인 집권
- 송시열 처벌을 반대하는 탁남의 입장 주장
- 서자 허견의 역모 사건으로 사사(경신환국)

송시열

▲ 송시열(1607~1689)
- 호는 우암, 김장생 밑에서 수학
- 인조 때 장원급제, 효종의 사부로 임명
- 병자호란의 치욕으로 낙향
- 효종 즉위 후 관직 재진출, 「기축봉사」
- 숙종 즉위 후 기해예송으로 유배
- 경신환국으로 복귀
- 윤증과의 갈등으로 노론, 소론의 분화
- 경종의 세자 책봉 반대로 유배, 사사(기사환국)

자료 더하기

소론과 노론의 분화(회니시비 논쟁)

병자호란 때 강화성을 지켰던 윤선거(尹宣擧)가 사망하자 그의 아들인 윤증(尹拯)이 스승 송시열(宋時烈)을 찾아 묘갈명을 부탁하였는데 이때 송시열이 무성의하고 윤선거에 대한 비판적인 내용을 적어 보내자 사제 지간이었던 두 사람의 관계가 적대적인 관계로 바뀌면서 급기야 당시 집권세력이었던 서인(西人)이 노론(老論)과 소론(少論)으로 갈라서게 되는 한 사건으로 확대되었다.

전남 완도군 보길도 윤선도 유적

▲ 윤선도(1587~1671)

- 호는 고산(孤山)·해옹(海翁)
- 성균관 유생 시절 이이첨을 규탄하다 함경도 경원으로 유배
- 1년 뒤 경남 기장(부산광역시)으로 유배
- 병자호란 이후 전남 완도군 보길도에 은거
- 서울에 와서 임금에게 인사를 하지 않았다고 경북 영덕으로 유배
- 이후 10여 년간 보길도에서 유유자적함 삶을 누림. 「어부사시사」 등 저술
- 효종 때 예조참의로 임명되었으나 서인의 모략으로 사직. 경기 양주 고산에 은거
- 효종 사후 예송논쟁에서 서인에게 맞서다 함경도 삼수로 유배
- 현종 때 풀려나 보길도에서 지내다 85세로 사망

3. 정여립의 난

적신(賊臣) 정여립은 널리 배우고 많이 기억하여 경전(經傳)을 통달하였으며 의논이 과격하며 드높아 바람처럼 발하였다. 이이(李珥)가 그 재간을 기특하게 여겨 맞이하고 소개하여 드디어 청현직에 올려서 이름이 높아졌더니, 이이가 죽은 뒤에 정여립은 도리어 그를 비방하니 임금이 미워하였다. 정여립은 벼슬을 버리고 전주에 돌아가 나라에서 여러 번 불러도 나가지 않고, 향곡(鄕曲)에서 세력을 키워 가만히 역적을 도모하다가 일이 발각되자 자살하였다.

– 『부계기문』 –

4. 기해예송

장령 허목이 상소하였다. "신이 좌참찬 송준길이 올린 차자를 보았는데, 상복(喪服) 절차에 대하여 논한 것이 신이 논한 것과는 크게 거리가 있었습니다. …… 신이 말한 것은 '적통은 장자로 세운다(立嫡以長).' 하는 그 뜻입니다. 그리고 장자를 위하여 3년을 입는 까닭은 위로 쳐서 정체(正體)이기 때문이고 또 전중(傳重)이 되기 때문입니다. 따라서 첫째 아들이 죽으면 적처 소생인 둘째를 후사로 정하고 역시 장자라고 명명하며 그의 복이 참최 삼년(斬衰三年) 조항에 있지만, 그가 말한 '첫째 아들을 위하여 참최복을 이미 입었으면 둘째 장자를 위해서는 3년을 입지 않는다.' 한 기록은 경전(經傳)에 나와 있지 않습니다."

– 『현종실록』 –

5. 기사환국

"송시열이 비록 망발(妄發)하였더라도 나이가 노쇠하고 삼대 조정에서 예우하던 신하입니다. 갑자기 삭출(削黜)하는 벌을 받으면, 우용(優容)하는 도리가 아닌 줄로 아오니, 바라건대 성명(聖明)께서는 너그럽게 용서하소서." …… "아! 내 나이 30에 비로소 한 아들을 두었으니, 이것은 종사(宗社)와 생민(生民)의 의탁할 바가 끊어지려다가 다시 이어진 것이다. 그러니 인신(人臣)이 된 자로서 진실로 우국지심이 있다면, 황명(皇明)의 고사(故事)를 이끌어대어 곧바로 국본을 일찍이 세우기를 청했어야 마땅한데, 송시열의 소(疏)에는 불만과 부족한 뜻이 나타나 있다. 삭출(削黜)하는 법은 또한 가장 가벼운 벌에 따른 것인데도, 윤빈은 분의(分義)를 생각하지 아니하고 앞장서서 영구(營救)하려 하니, 잡아다 엄중히 국문(鞫問)하여 정죄(定罪)하라."

– 『숙종실록』 –

26 탕평 정치와 세도 정치

01 / 숙종: 탕평의 등장

1 탕평의 등장

(1) 등장: 박세채가 붕당 간의 갈등을 완화하고자 임금을 통한 정국 조율 요청

(2) 결과: 잦은 환국으로 오히려 붕당의 갈등 악화

02 / 영조의 탕평 정책

1 완론 탕평

(1) 탕평파 육성: 이인좌의 난을 계기로 각 붕당의 온건론자들을 중심으로 구성

(2) 탕평 정책: 탕평교서 발표, 탕평비 건립, 이조전랑의 3사 관리 선발권 혁파, 서원 철폐, 산림의 존재 부정

2 개혁 정책

(1) 민생 안정책: 노비종모법, 균역법 시행, 악법 폐지, 신문고 설치, 청계천 준설, 기로과 실시

(2) 편찬 사업: 『속대전』, 『속오례의』, 『속병장도설』, 『동국문헌비고』, 『동국여지도』, 『일성록』 등

03 / 정조의 탕평 정책

1 준론 탕평

(1) 준론 탕평: 각 붕당의 옳고 그름을 명백히 가림, 외척과 환관 세력 제거, 노론·소론·남인 등을 고르게 등용

(2) 왕권 강화책

① 학자적 군주 지향: 규장각 설치, 관리 재교육을 위해 초계문신제 실시, 문체반정 등

② 친위 부대인 장용영 설치, 수원 화성 건설, 수령의 권한 강화

자료 더하기

탕평비

수문상친림관역도

이 그림은 1760년 청계천 준설공사가 진행되던 도중 영조가 친히 방문한 것을 기념하여 그려졌다.

규장각

규장각은 창덕궁 후원에 있는 주합루의 1층 공간에 설치된 왕실 도서관이다. 이후 정조는 여기에 비서실의 기능을 부여하고 과거 시험을 주관하고 문신을 교육하는 임무까지 부여하였다.

자료 더하기

초계문신제

초계문신제는 37세 이하의 참상·참하의 당하관 중 젊고 재능 있는 문신들을 의정부에서 초선하여 규장각에 위탁 교육을 시키고, 40세가 되면 졸업시키는 인재 양성의 장치이다.

장용영 설치

정조는 왕권 강화를 위해 반대 세력을 무력으로 제압할 수 있는 친위부대의 필요성을 절감하여 장용영을 설치하였다.

수원 화성

『무예도보통지』

『일성록』

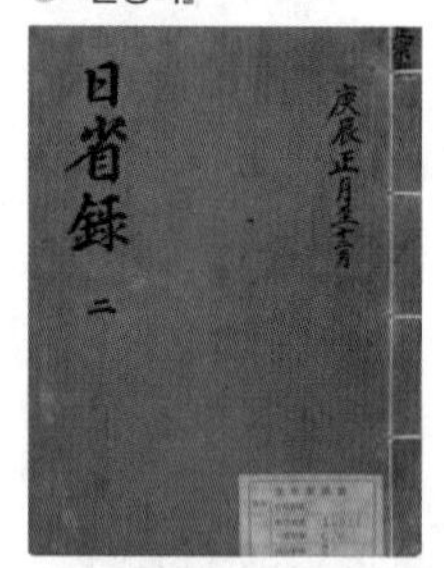

『일성록』은 '하루의 일을 반성한다'는 의미로 임금이 직접 쓴 일기형식의 글이다. 1760년 영조 재위기 세손이었던 정조가 쓰기 시작한 이 기록은 1910년 8월 순종 때까지 작성되어 조선 후기 사회모습을 보여주는 중요한 역사기록으로 평가받는다.

2 개혁 정책

(1) 민생 안정책: 시전 상인의 특권 폐지(신해통공, 1791), 서얼 등용, 자휼전칙 발표 등

(2) 편찬 사업: 『고금도서집성』, 『대전통편』, 『동문휘고』, 『무예도보통지』, 『규장전운』, 『홍재전서』 등

04 / 세도 정치의 전개

1 세도 정치

(1) 배경: 정조 사후 나이 어린 순조 즉위 → 왕실과 혼인 관계를 맺은 몇몇 가문이 권력 독점

(2) 전개: 순조(안동 김씨), 헌종(풍양 조씨), 철종(안동 김씨)의 3대 60여 년간 세도 가문이 비변사를 비롯한 주요 관직 독점, 군영의 지휘권 장악

(3) 결과

① 정치 기강 해이: 의정부와 6조·3사의 유명무실화, 왕권 약화, 대부분의 양반이 향반·잔반으로 몰락하여 권력에서 소외됨

② 부정부패 만연: 과거제 부정, 매관매직 성행 → 탐관오리 수탈 → 삼정의 문란으로 백성들의 고통 증가

대표 사료 확인하기

1. 이인좌의 난

적이 청주성을 함락시키니, 절도사 이봉상과 토포사 남연년이 죽었다. 처음에 적 권서봉 등이 양성(陽城)에서 군사를 모아 청주의 적괴(賊魁) 이인좌와 더불어 군사 합치기를 약속하고는 청주 경내로 몰래 들어와 거짓으로 행상(行喪)하여 장례를 지낸다고 하면서 상여에다 병기(兵器)를 실어다 고을 성 앞 숲속에다 몰래 숨겨 놓았다. …… 이인좌가 자칭 대원수(大元帥)라 위서(僞署)하여 적당(賊黨) 권서봉을 목사로, 신천영을 병사로, 박종원을 영장으로 삼고, 열읍(列邑)에 흉격(凶檄)을 전해 병마(兵馬)를 불러 모았다. 영부(營府)의 재물과 곡식을 흩어 호궤(犒饋)하고 그의 도당 및 병민(兵民)으로 협종(脅從)한 자에게 상을 주었다.

-『영조실록』-

2. 『속대전』 편찬

임금이 교서관에 명하여 '원대전'과 이 법전을 일체로 간행하라 하였다. 임금이 말하기를 경국대전이 시행된 뒤 수교집록이 있게 되었고, 수교집록이 시행된 뒤로 또 승전이 있어 더욱더 어수선해졌으므로, 이 법전의 제작이 이에 말미암아 되었다.

-『영조실록』-

3. 영조의 탕평 정책

붕당의 폐해가 요즈음보다 심각한 적이 없었다. 처음에는 예절 문제로 분쟁이 일어나더니, 이제는 한쪽이 다른 쪽을 역적으로 몰아붙이고 있다. …… 이제 유배된 사람들의 잘잘못을 다시 살피도록 하고, 관리의 임용을 담당하는 관리는 탕평의 정신을 잘 받들어 직무를 수행하도록 하라. －『영조실록』－

4. 초계문신제

규장각에서 문신의 강제에 관한 추가 절목을 써서 올렸다. …… 강경(講經)과 제술(製述)에는 각각 잘하는 것이 있게 마련이라서 강경을 잘하는 사람이 반드시 제술도 잘하는 것은 아니며, 제술을 잘하는 사람이 반드시 강경도 잘하는 것은 아닌 것이다. 그러니 이제부터는 강제(講製) 인원(人員)을 초계(抄啓)한 뒤 응강(應講) 및 응제(應製)를 모두 자원(自願)에 따라 나누어 속하게 한다. －『정조실록』－

5. 정조의 탕평 정책(만천명월주인옹)

- 국왕은 행차 때면 길에 나온 백성들을 불러 직접 의견을 들었다. 또한 척신 세력을 제거하여 정치의 기강을 바로잡았고, 당색을 가리지 않고 어진 이들을 모아 학문을 장려하였다. 침전에는 '탕탕평평실'이라는 편액을 달았으며, "하나의 달빛이 땅 위의 모든 강물에 비치니 강물은 세상 사람들이요, 달은 태극이며 그 태극은 바로 나다."라고 하였다.
- 오호라 영조 대왕같이 성인의 자질을 갖춘 분으로서도 짧은 순간에 붕당을 소멸시키지 못하고 오랜 기간의 작업이 소요되었거늘, 내 어찌 쉬이 말하며 또 힘쓰지 않겠는가? 오직 영조 대왕의 도모하신 공적을 잃지 않고, 우리 신하들이 보합하고 크게 화평하여 밝은 빛을 쫓도록 하는 것이 나의 뜻이다. －『홍재전서』－

6.『고금도서집성』

국왕께서 왕위에 즉위한 첫 해에 맨 먼저 도서집성 5천여 권을 연경의 시장에서 사오고, 또 옛날 홍문관에 간직했던 책과 명에서 보내온 책들을 모았다. …… 창덕궁 안 규장각 서남쪽에 열고관을 건립하여 중국본을 저장하고, 북쪽에는 국내본을 저장하니, 총 3만권 이상이 되었다.

자료 더하기

효명세자와 춘앵무

순조는 효명세자의 대리청정을 통해 왕권 강화를 시도하였으나 효명세자는 대리청정을 수행한 지 4년 만에 사망하였다. 이후 효명세자의 아들인 헌종이 즉위하면서 효명세자의 부인인 조대비의 세력이 강해져 풍양 조씨의 세도 정치가 시작되었다. 효명세자는 헌종에 의해 익종(翼宗)으로 추증되었다. 춘앵무는 효명세자가 화창한 봄날 아침 버드나뭇가지 사이를 날아다니며 지저귀는 꾀꼬리 소리에 감동을 받아 이를 무용화한 것으로 지금까지도 전승되어오는 춤이다.

27 고대의 경제

자료 더하기

남산 신성비

01 / 삼국 시대의 경제

구분		내용
수취 체제 (조세제도)	고구려	• 조(租, 호세): 노동력의 크기를 기준으로 상 · 중 · 하호로 구분하여 징수 • 세(稅, 인두세): 정남에게 베, 곡식 징수
	백제	• 조(租)는 쌀로 징수, 세(稅)는 쌀 · 명주 · 베 등 징수 → 풍흉에 따라 차등
	신라	• 공납, 부역 징발 → 농민 부역 동원 증거(영천 청제비, 남산 신성비 등)
농민 안정책		• 철제 농기구 보급, 우경 장려, 저수지 축조 등
수공업		• 노비를 이용한 수공업 → 관청 수공업(수공업자와 노비를 통해 무기, 비단 등 생산)
상업		• 신라: 소지마립간 때 경주에 시장 설치, 지증왕 때 동시 개설, 동시전 설치
대외 무역		• 공무역 중심 → 4세기 이후 크게 발달 • 고구려: 중국 남 · 북조 및 북방 유목 민족과 교역 • 백제: 남중국 및 왜와 활발한 교류 • 신라: 한강 유역 점령 이후 당항성을 통해 중국과 직접 교역 • 교역품: 수출품 – 금 · 은 세공품, 모피류, 인삼 수입품 – 비단, 서적, 약재

민정문서

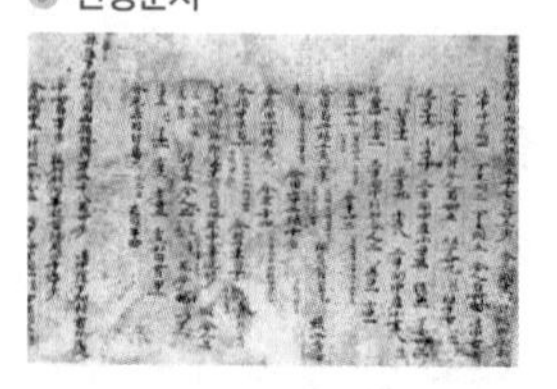

완도 청해진 유적

장보고의 해상활동

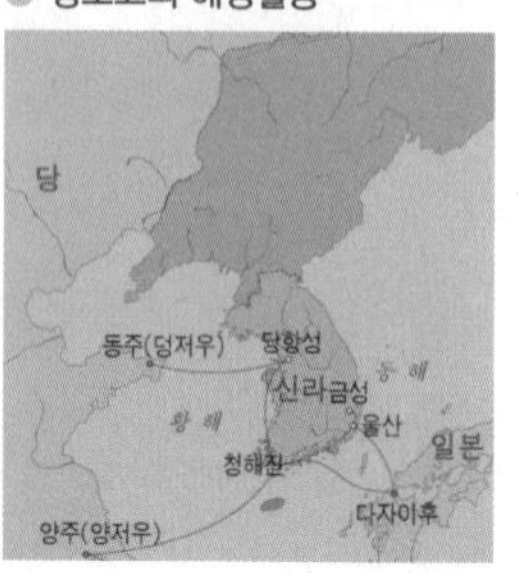

02 / 통일신라의 경제

구분		내용
수취 체제		• 조세: 생산량의 1/10 징수 • 공물: 촌락 단위로 특산물 부과 • 역: 군역, 요역(16세~60세 남자)
촌락 지배		• 촌주를 통해 백성을 간접적 지배 – 민정문서 작성
민정문서 (신라장적)	발견	• 1933년 일본 동대사 정창원에서 발견
	작성 시기	• 경덕왕 때(8세기), 서원경(청주) 지방의 4개 촌락을 조사
	작성자	• 촌주가 3년마다 매년 변동 사항을 조사하여 작성
	기록 내용	• 호의 구분: 인정(人丁)의 다과 기준 → 9등급으로 구분 • 인구 조사: 남녀, 연령별 기준 → 6등급으로 구분 • 토지 면적: 촌주위답, 연수유답, 내시령답, 관모답 등 • 생산 자원: 소, 말, 뽕나무, 잣나무 등
	목적	• 노동력과 자원의 철저한 관리 → 조세 징수와 노동력 동원의 기준 마련
상업		• 인구 증가, 상품 수요 증가 → 경주에 동시 외에 추가로 서시 · 남시 설치(효소왕)
수공업		• 왕실과 귀족 수요의 물품 공급 목적 → 관청 소속 장인과 노비에게 물품 제작 · 공급
무역		• 대당 무역: 양쯔강 하류와 산둥 반도에 신라방, 신라소, 신라관, 신라원 설치 • 대당 무역품: 수출품 – 마직물 · 금 · 은 세공품 · 인삼 등 수입품 – 비단 · 서적 · 약재 등 • 대일 무역 활발(8세기 이후), 울산항(국제 무역항) → 이슬람 상인 왕래 • 청해진 설치(장보고): 중국 – 한국 – 일본을 잇는 해상 무역 장악

03 / 발해의 경제

수취 제도	• 조세: 조 · 보리 · 콩 • 공물: 베 · 명주 · 가죽 • 부역: 궁궐 · 관청 건축에 동원
농업	• 밭농사 중심, 철제 농기구 확산, 일부 지방 벼농사 실시
목축업 · 수렵	• 돼지 · 말(솔빈부) · 소 등 사육, 모피 · 녹용 · 사향 등 생산
수공업	• 금속 가공업, 제철 및 제련업, 직물업, 도자기업 등
무역	• 당: 산둥 반도에 발해관 설치 → 귀족 수요품 수입 – 수출품: 모피 · 인삼 · 불상 · 우황 · 말 · 구리 · 자기 등 – 수입품: 비단 · 서적 · 약재 등 • 일본: 신라를 견제하기 위해 외교 관계 중시 → 무역 활발

자료 더하기

신라의 시전

• 동시전은 지증왕 9년(508)에 설치하였다. 감(監)은 2명이었는데, 관등(官等)이 나마(奈麻)에서 대나마(大奈麻)까지인 자로 임용하였다.
• 서시전(西市典)은 효소왕 4년(695)에 설치하였다. 감(監)은 2명이었다.
• 남시전(南市典)은 역시 효소왕 4년에 설치하였다. 감은 2명이었다.

– 『삼국사기』 –

대표 사료 확인하기

1. 민정문서

이 고을 사해점촌을 조사하니, 마을 크기가 5,725보이다. 공연수(호수)는 합하여 11호가 된다. 마을의 모든 사람의 숫자를 합하면 147명이고, 그 가운데 전부터 계속 살아온 사람과 3년 사이에 태어난 자를 합하면 145명이 된다. 정이 29명(노비 1명 포함), 조자가 7명(노비 1명 포함), 추자가 12명, 소자가 10명, 3년간 태어난 소자가 5인, 제공은 1명이다. 여자의 경우 정녀 42명(노비 5명 포함), 조녀자 9인, 소녀자 8인, 3년간 태어난 소녀자 8명(노비 1명 포함), 제모 2명, 노모 1명이다. 3년간 다른 마을에서 이사온 사람은 2명이다. 가축으로는 말이 25마리가 있고 그 가운데 전부터 있던 것이 22마리, 3년 사이에 보충된 말이 3마리이다. 소는 22마리가 있고 그 가운데 전부터 있던 것이 17마리, 3년 동안 늘어난 소는 5마리이다. 논은 102결 2부 4속이며 관모전이 4결, 내시령답이 4결, 연수유답이 94결 2부 4속이며 이 가운데 촌주가 그 직위로써 받은 논 19결 70부가 포함되어 있다. 밭은 62결 10부 5속이 있다. 뽕나무는 모두 1,004그루였으며 3년간 심은 것이 90그루, 그 전부터 있던 것이 914그루이다. 잣나무는 모두 120그루였으며 3년간 심은 것이 34그루, 그 전부터 있던 것이 86그루이다. 호두나무는 모두 112그루였으며, 3년간 심은 것이 38그루, 그 전부터 있던 것이 74그루이다.

2. 통일신라 시대 토지 제도의 변화

• 신문왕 7년(687) 5월에 문무 관료전을 지급하되 차등을 두었다.
• 신문왕 9년(689) 1월에 내외관의 녹읍을 혁파하고 매년 조(組)를 내리되 차등이 있게 하여 이로써 영원한 법식을 삼았다.
• 성덕왕 21년(722) 8월에 처음으로 백성에게 정전을 지급하였다.
• 경덕왕 16년(757) 3월에 여러 내외관의 월봉을 없애고 다시 녹읍을 나누어 주었다.
• 소성왕 원년(799) 3월에 청주 거노현으로 국학생의 녹읍을 삼았다.

– 『삼국사기』 –

3. 발해의 특산물

이 나라에서 귀하게 여기는 것에는 남해부의 다시마, 책성부의 된장, 부여부의 사슴, 막힐부의 돼지, 솔빈부의 말, 현주의 삼베, 옥주의 풀솜, 용주의 명주, 위성의 철, 노성의 벼, 미타호의 붕어가 있고, 과일로는 환도의 오얏과 낙유의 배가 있다.

– 『신당서』 –

28 고려의 경제

자료 더하기

01 / 토지 제도

역분전	• 후삼국 통일 과정에서 공을 세운 신하에게 충성도, 인품을 기준으로 지급
전시과	• 문무백관, 군인, 한인을 18등급으로 나누어 전지, 시지(임야)를 지급, 전국의 토지 지급 • 토지를 받은 자가 죽거나 관직에서 물러날 때에는 토지 반납(세습 금지) • 전시과의 변천 – 시정 전시과(경종): 전 · 현직 관리 대상, 관직 + 인품 반영 – 개정 전시과(목종): 전 · 현직 관리 대상, 관직만 기준으로 함, 문관 위주의 토지 지급 – 경정 전시과(문종): 토지 액수의 감소, 현직자에게만 지급, 무관 대우 상승, 공음전 지급 • 전시과의 붕괴: 귀족들의 독점 세습 – 무신 정권기 붕괴
녹과전	• 원종 때 경기 8현의 토지를 관료에게 분급

02 / 수취 제도

조세	• 논밭의 비옥한 정도에 따라 3등급으로 나누어 부과 • 조운 제도: 육상 교통이 발달하지 못해 조세를 운반하기 위해 이용됨
공납	• 집집마다 토산물이나 수공업품을 현물로 징수 • 상공(정기적), 별공(비정기적) → 조세보다 더 큰 부담
역	• 정남(16~60세 양인 장정)의 노동력을 무상으로 징발 – 군역, 요역(가호 기준)
기타	• 어민에게 어염세를 거두거나 상인에게 상세를 거둠

03 / 농업 · 상업 · 수공업

중농 정책	• 진전, 황무지 개간 시 세금 감면 • 간척 사업: 12세기 이후 저습지와 간척지 개간(강화도 등)
농사 기술의 발달	• 우경에 의한 심경법: 휴경 기간 단축 • 시비법 발달: 분전법, 분종법, 녹비법 • 논농사: 고려 말 이앙법 보급(일부 남부 지방) • 밭농사: 2년 3작의 윤작법 보급 • 목화 재배: 문익점의 목화 재배 성공(공민왕)
상업	• 시전: 관허 상점(개경, 서경, 동경), 경시서(시전의 상행위 감독) • 관영 상점: 서적점, 약점, 주점, 다점 등(대도시) • 지방: 주요 교통로를 중심으로 비정기적 시장, 행상 활동
수공업	• 고려 전기: 관청 수공업과 소 수공업 중심 • 고려 후기: 사원 수공업과 민간 수공업 발달

문익점과 목화

▲ 문익점(1329~1398)
• 호는 삼우당
• 공민왕 때 서장관으로 원에 방문
• 귀국할 때 몰래 목화씨를 가지고 옴
• 경남 산청에서 장인 정천익과 재배에 성공
• 우왕 때 이성계 일파의 전제개혁에 반대
• 목화보급의 공을 인정받아 조선 세종 때 영의정으로 추증

04 / 무역과 금융

무역	• 벽란도가 국제 무역항으로 성장 • 송과의 무역 – 종이 · 먹 · 인삼 등 수출, 비단 · 서적 · 약재 등 수입 – 무역로: 벽란도에서 산둥 반도의 덩저우(북송)와 절강성의 밍저우(남송)를 연결 • 거란, 여진: 농기구, 식량 등을 교환 • 일본: 수은, 황 등을 교환 • 아라비아(대식국): 수은 · 향료 · 산호 교역
금융	• 화폐: 건원중보(성종), 주전도감(숙종)을 설치하여 화폐 제작 • 고리대: 왕실, 귀족, 사원 세력들의 주도, 고리대 이자율 제한 조치(성종) • 보: 특정 사업을 목적으로 기금 조성, 학보(학교) · 경보(경전 간행), 제위보(빈민 구제) 등

▼ 고려의 무역

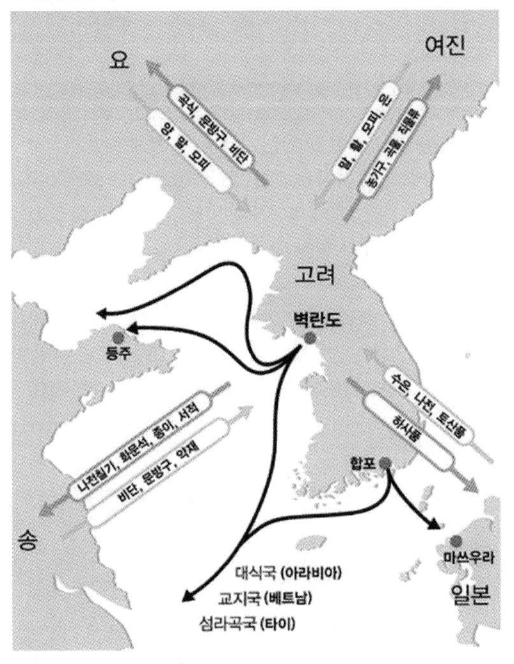

대표 사료 확인하기

1. 전시과

• 개간된 토지의 수효를 총괄하고 기름지거나 메마른 토지를 구분하여 문무백관에서 부병(군인), 한인(閑人)에 이르기까지 일정한 과(科)에 따라 모두 토지를 주고, 또 등급에 따라 땔나무를 베어 낼 땅을 주었다.

• 경종 원년 11월에 비로소 직관(職官), 산관(散官)의 각 품(品) 전시과를 제정하였는바 관품(官品)의 높고 낮은 것은 논하지 않고 다만 인품(人品)만 가지고 전시과의 등급을 결정하였다. 자삼(紫衫) 이상은 18품(品)으로 나눈다. … 문반(文班) 단삼(丹衫) 이상은 10품으로 나눈다. …… 무반(武班)의 단삼(丹衫) 이상은 5품으로 나눈다. … 이하(以下) 잡직관리(雜吏)들에게도 각각 인품에 따라서 차이를 두고 나누어 주었다. 그리고 이 해 전시과 등급 사정에 미처 들지 못한 자(서리, 군인)는 모두 전지 15결을 준다. –『고려사』–

자료 더하기

강화도에서 바라본 벽란도

건원중보

▲ 건원중보
고려 성종 때 주조된 화폐로 철전이다. 고려 전기 화폐를 주조하여 유통시키려고 시도하였으나 제대로 성공하지 못하였다.

은병

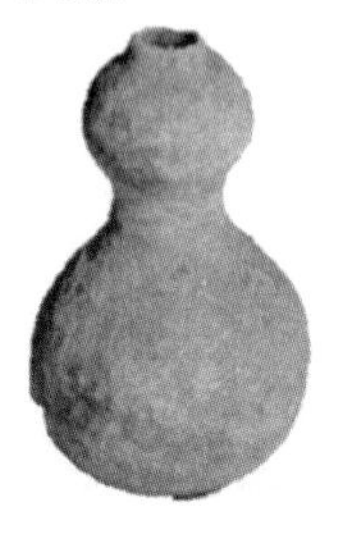

자료 더하기

2. 고려 말 수취체제의 문란

조종(祖宗)의 땅 주고 거두는 법이 이미 무너지고 토지를 겸병하는 문이 일단 열리자, 재상으로서 마땅히 300결의 토지를 받아야 할 자가 송곳을 세울 만한 땅도 받지 못하게 되었으며 …… 근년에 이르러서는 겸병이 더욱 심하여 간흉의 무리들이 주와 군의 경계 안에 있는 토지 전부를 차지하거나 여러 주와 군에 걸쳐 토지를 차지하면서, 산과 강으로 땅의 경계 표식을 삼고 모두들 그 토지가 자기의 (조업전)이라고 핑계하고 있다. 이렇게 땅들을 강탈하는 까닭에 1묘(畝)의 주인이 5, 6명을 넘으며 1년에 조를 8, 9차례나 걷고 있다.

–『고려사』–

3. 사원 수공업의 발달

지금 부역을 피하려는 무리들이 부처의 이름을 걸고 돈놀이를 하거나 농사, 축산을 업으로 삼고 장사를 하는 것이 보통이 되었다. … 어깨를 걸치는 가사는 술 항아리 덮개가 되고, 범패를 부르는 장소는 파, 마늘의 밭이 되었다. 장사꾼과 통하여 팔고 사기도 하며, 손님과 어울려 술 마시고 노래를 불러 절간이 떠들썩하였다.

–『고려사』–

4. 고려 숙종의 화폐 주조

- 주전도감에서 아뢰기를, "나라 사람들이 비로소 전폐(錢幣) 사용의 이로움을 알아 편리하게 되었으니 바라건대 종묘에 고하소서."라고 하였다. 왕이 이르기를, "백성들을 부유하게 하고, 나라를 이롭게 하는 것은 돈보다 더 중요한 것이 없다. 서북 두 나라에서는 화폐를 사용한 지가 이미 오래인데, 우리나라만 아직 사용하지 않고 있다. …… 주조한 화폐 1만 5천 꿰미를 재추와 문무 양반 및 군인들에게 나누어 주어 돈을 통용하게 하라."라고 하였다.
- 국왕이 조서를 내리기를, "금·은은 천지의 정기이며 국가의 보배이다. 근래에는 간특한 백성이 몰래 구리를 섞어 주조하는바 이제부터는 유통하는 은병에 모두 표인하는 것을 영구한 격식으로 하고 어기는 자는 중한 죄로 처단하라."고 하였다. 이때부터 은병을 화폐로 사용하였는데, 은 1근으로써 본국의 지형을 본떠서 만들었다.

–『고려사』–

충선왕의 소금 전매제

전매제도는 국가가 행정상의 목적으로 특정 물품의 생산이나 판매를 독점하는 제도를 말한다. 고려 충선왕은 국가의 재정 확보 및 백성들의 생활 안정을 목적으로 소금의 전매제를 시행하였다.

5. 충선왕의 소금 전매제

충선왕(忠宣王) 원년(元年) 2월에 왕이 명하기를, "옛날에 소금을 전매하던 법은 국가 재정에 대비하려는 것이었다. 본국의 여러 궁원(宮院)·사사(寺社)와 권세가들이 사사로이 염분(鹽盆)을 설치하여 그 이익을 독점하고 있으니 국가 재정을 무엇으로써 넉넉하게 할 수 있을 것인가? 이제 장차 내고(內庫)·상적창(常積倉)·도염원(都鹽院)·안국사(安國社) 및 여러 궁원과 사사(社)가 소유한 염분을 모두 관(官)에 납입(納入)시키도록 하라.

–『고려사』–

29 조선 전기의 경제

01 / 토지제도의 변천

과전법 (공양왕, 1391)	• 목적: 국가의 재정 확보, 신진 사대부의 경제적 기반 확보 • 지급 대상: 전 · 현직 관리(18등급)에게 수조권 지급, 경기 지방 한정 • 세습 가능 토지: 수신전(미망인), 휼양전(어린 자녀), 공신전
직전법 (세조, 1466)	• 토지 세습으로 인한 지급 토지 부족 • 현직 관리 지급, 수신전 · 휼양전 폐지, 지급 결수 축소
관수관급제 (성종, 1470)	• 수조권자의 과다 징수를 막기 위해 국가가 대신 수조권 행사 • 관료들의 토지 소유욕 강화로 인한 농장 확대
직전법 폐지 (명종, 1556)	• 수조권(전주전객제) 소멸, 녹봉 지급 • 대농장 확산, 지주전호제 일반화, 농민의 소작농 전락

02 / 수취 체제

조세	• 건국 초기: 수확의 1/10(1결당 최대 30두) 징수, 답험손실법 실시 • 공법(세종, 1444): 전분 6등법, 연분 9등법(풍흉에 따라 1결당 20~4두 수취)
공납	• 납부 방식: 상공, 별공, 진상 • 방납의 폐단: 농민 부담 증가(인징, 족징) → 개혁안 대두(조광조, 이이, 유성룡 – 수미법 주장)
역	• 군역: 양인개병제와 보법, 요역 기피 → 군역의 요역화 → 대립제, 방군수포제 성행 → 군적수포제 실시 → 농민의 유망 증가 → 양역변통론 대두 • 요역: 국가 공사 동원, 16세~60세의 정남 대상(가호 기준)

03 / 조선 전기의 경제

농업	• 논농사: 직파법 중심, 이앙법은 남부지역 일부에서만 시행 • 밭농사: 조 · 콩 · 보리의 2년 3작 일반화 • 시비법의 발달: 휴경지 소멸, 매년 농사 가능 • 특수 작물: 목화, 삼, 모시, 약초, 과수, 양잠
수공업	• 관영 수공업 중심 – 관장(공장안 등록 장인)에 의한 관수품 제작 · 공급 • 16세기 이후 부역제의 해이로 인해 민영 수공업 발달 시작
상업	• 시전: 도성에 설치된 시장, 관수품 조달 대가로 금난전권 부여 • 경시서: 시전 감독, 도량형 검사, 화폐 유통, 물가 조절 관할 • 장시: 15세기 후반 전라도 지역에서 시작, 보부상의 활약으로 하나의 유통망으로 연계 → 16세기 중엽 전국적 확대 • 화폐 유통: 저화(지폐), 조선통보(철전), 팔방통보(유엽전) – 유통 부진 → 쌀, 무명 사용

자료 더하기

답험손실법

고려 말 과전법하에서는 조세율을 1/10로 정하고 그에 따라 결당(結當) 30두(斗)의 세액을 규정하였으나 흉년이 들어 작황에 손실이 생기면 조를 감해주기 위해 답험자(전주)가 직접 살펴보고 세율을 경감해 주는 답험손실법이 규정되었다. 하지만 실제로는 그 답험자(전주)가 세액을 증대하기 위해 손해보다는 이익 쪽으로 기울어질 것은 필연적이었고 따라서 농민에 대한 수탈이 과중해져 세종 때 폐지되었다.

시비법

농사를 지을 때 토양에 비료를 주는 농법을 말한다. 시비법은 고려 시대에 들어와 발전되면서 점차 휴경 농법이 감소하였고, 이후 조선 시대에 이르러 더욱 발전하면서 휴경지가 사라지게 되었다.

보법

보법은 세조 때 만들어진 군역제도로 군역에 복무하는 정군을 경제적으로 지원하기 위하여 정군으로 뽑히지 않은 장정은 봉족으로 삼아 정군의 군사활동에 필요한 비용을 부담하게 한 제도이다.

종로의 시전

조선은 개경에서 한양으로 천도하면서 종로 거리에 관설 상점가인 행랑을 조성하여 개경에 있던 시전상인을 이주시켜 장사하게 하는 대신에 점포세와 상세(商稅)를 거두었다.

자료 더하기

관영 수공업
국가에서는 전문적인 기술자를 공장안(工匠案)에 등록시켜 서울과 지방의 각급 관청에 속하게 하고, 관청에서 필요한 물품을 제작, 공급하게 하였다. 경공장(京工匠)은 129종 2,800여 명이, 지방 외공장(外工匠)에는 27종 3,500여 명이 등록되었다.

연은분리법(회취법)
연은분리법은 은광석에서 납을 녹여내고 순수 은을 만드는 기술로 조선 전기 연산군 시절 공노비 김감불과 김검동에 의해 개발되었다. 하지만 조선에서는 제대로 활용되지 못하고 일본으로 전해져 일본에서의 은 생산량을 비약적으로 늘리는 계기가 된다.

조선통보

팔방통보

광업	• 15세기: 국가의 직접 경영 – 농민의 강제 부역 • 16세기: 사채 허용, 은의 생산 급증(연은분리법)
무역	• 명 – 정기적, 부정기적으로 왕래하는 사신들을 통해 공무역 전개 – 수출품: 종이 · 마필 · 인삼 · 화문석 등 – 수입품: 견직물 · 서적 · 약재 · 도자기 등 • 여진: 국경지역에 무역소를 설치 • 일본: 동래에 설치한 왜관(倭館)을 중심으로 무역
화폐	• 저화(지폐), 조선통보(철전), 팔방통보(유엽전) 등을 주조하여 유통 시도

대표 사료 확인하기

1. 과전법

공양왕 3년(1391) 5월, 도평의사사가 글을 올려 과전을 지급하는 법을 정할 것을 요청하니 왕이 따랐다. … 경기는 전국의 근본이 되는 땅이다. 마땅히 여기에다 과전을 설치하여 사대부를 우대한다. 대체로 서울에 살면서 왕실을 호위하는 자는 현직과 산직을 막론하고 등급에 따라 토지를 받는다. … 땅을 받은 자가 죽은 뒤 아내에게 자식이 있고 절개를 지키면 남편의 과전 전부를 물려받는다(수신전). … 부모가 다 죽고 자식이 어리면 가엾게 여겨 마땅히 부양해 주어야 한다. 아버지의 과전(휼양전) 전부를 물려받는다. – 『고려사』 –

2. 관수관급제

(대왕대비가) 전지하기를, "사람들이 직전(職田)이 폐단이 있다고 많이 말하기에 대신에게 의논하니, 모두 말하기를, '우리나라 사대부의 봉록(俸祿)이 박하여 직전을 갑자기 고칠 수 없다' 하므로, 나도 또한 그렇게 여겼는데, 지금 들으니 조정 관원이 그 세(稅)를 지나치게 거두어 백성들이 심히 괴롭게 여긴다 한다." …… 한명회 등이 아뢰기를, "직전의 세(稅)는 관(官)에서 거두어 관에서 주면 이런 폐단이 없을 것입니다." …… 전지하기를, "직전의 세는 소재지의 관리로 하여금 감독하여 거두어 주게 하고, 나쁜 쌀은 금하지 말며, 제향아문(祭享衙門)의 관리는 금후로는 가려서 정하라." 하였다. – 『성종실록』 –

3. 공법

하등전(下等田) 1결의 면적은 57무(畝)로 기준을 삼고 먼저 그 소출(所出)의 수량을 정하는데, 대체로 상상년(上上年)의 1등 수전(水田)의 소출을 80석으로 정하고, 6등 수전의 소출을 20석으로 정하고, 그 사이의 4등급을 고르게 나누어 2등 수전의 소출을 68석, 3등 수전의 소출을 56석, 4등 수전의 소출을 44석, 5등 수전의 소출을 32석으로 정하며, 가뭄에 의한 소출은 수전의 수량에 준하여 전례에 따라 절반으로 정할 것이니, 가령 상상년의 수전의 세납이 쌀 20말이면, 하전의 세납은 콩으로는 20말, 쌀로는 10말로 정하는 방식입니다. – 『세종실록』 –

4. 방납의 폐단

지방에서 토산물을 공물로 바칠 때, (중앙관청의 서리가) 공납을 일체 막고 본래 값의 백배가 되지 않으면 받지도 않습니다. 백성이 견디지 못하여 세금을 못 내고 도망하는 자가 줄을 이었습니다. – 『선조실록』 –

30 조선 후기의 경제

01 / 조세 제도의 개편

구분	내용
배경	• 임진왜란과 병자호란을 거치면서 경작지가 황폐해지고 인구가 줄어듦
전세	• 영정법(인조, 1635) 실시: 풍흉에 관계없이 토지 1결당 미곡 4두 고정 • 양척동일법(효종, 1653) 실시 • 결과: 지주의 부담 감소, 농민 부담 증가(부가세 징수)
공납	• 대동법(광해군, 1608) 실시 • 배경: 방납의 폐단, 공납 개혁론 제기(조광조, 이이, 유성룡 – 수미법) • 내용: 토지 결수에 따라 쌀(12두), 삼베나 무명(2필), 동전(2전) 납부 – 선혜청 설치 • 과정: 양반 지주, 방납인, 수령의 반대 – 전국 확대 실시까지 100여 년 소요(숙종 때 전국 확대) • 결과: 농민 부담 감소, 공인(어용상인)의 등장 → 상품 화폐 경제 발달
군역	• 균역법(영조, 1750)의 시행: 1년에 군포 1필로 경감 • 군포 수입 보충: 선무군관포, 결작(토지 1결당 미곡 2두), 어세 · 염세 · 선세 등으로 보충

02 / 농업의 변화

구분	내용
밭농사	• 농종법 – 견종법(밭고랑 파종)
논농사	• 이앙법의 확대: 노동력 감소, 소출 증대(이모작) – 광작의 출현
상업적 농업	• 상품 작물 재배 확대: 시장에 팔기 위한 작물을 재배(쌀, 목화, 채소, 담배)
외래 작물 유입	• 고추 · 호박 · 토마토 · 고구마 · 감자 등
지대의 변화	• 타조법(정률 지대) → 도조법(정액 지대): 지주와 전호가 경제적 계약 관계로 변모

03 / 상업의 변화

구분	내용
공인	• 대동법이 시행되면서 새로 등장한 관허 상인 • 특정 물품을 대량 취급하면서 도고로 성장 → 지방 장시 활성화, 상품 유통 경제 발전
시전 상인	• 조선 후기 난전의 성행(서울 종루, 동대문 부근의 이현, 남대문의 칠패 등) • 시전 상인이 금난전권을 이용하여 난전 상인을 탄압하고 물건을 매점매석하여 물가가 폭등함 • 정조는 육의전을 제외한 시전 상인의 금난전권을 철폐함(신해통공)
사상	• 개성 송상: 인삼 재배 및 판매, 전국에 송방 설치 • 서울 경강상인: 주로 한강을 중심으로 운송업에 종사하여 거상으로 성장 • 의주 만상: 청과의 사무역에 종사 • 동래 내상: 왜와의 사무역에 종사 • 객주와 여각: 포구에서 상품의 매매를 중개하고 운송, 보관, 숙박, 금융 등의 영업을 함
장시	• 정기시장(5일장) 및 상설 시장 확대: 송파장, 강경장, 원산장 등 → 보부상에 의한 유통망 형성
무역	• 청과의 무역: 개시와 후시 무역 전개, 은 · 종이 · 인삼 수출, 비단 · 약재 · 문방구 수입 • 일본과의 무역: 동래(부산)의 왜관을 통한 무역, 인삼 · 쌀 · 무명 수출, 은 · 구리 · 황 · 후추 수입

자료 더하기

양척동일법
양척동일법은 하나의 자를 이용하여 토지의 면적을 측량하는 방식을 말한다. 이 제도는 조선 전기 토지의 등급에 따라 측량하던 자의 길이를 다르게 설정한 수등이척법을 대신하여 실시한 것으로 여러 개의 기준을 하나로 통합한 데에 편리성을 추구한 방식이다.

이앙법(모내기법)

타조법
지주와 소작농이 토지이용료(지대)를 계산할 때 소작료의 액수를 미리 정하지 않고 분배율을 정해 생산물을 비율에 따라 나누던 방식을 말한다.

도조법
지주가 토지이용료(지대)를 생산량과 관계없이 일정한 액수를 정하여 소작인에게 징수하던 방식을 말한다. 소작농은 일정한 액수만 납부하면 되었기에 지주의 직접적인 간섭에서 벗어날 수 있었다.

공인
대동법 실시 이후 국가로부터 자금을 받아 관청 수요품을 조달한 상인으로 특정 물품의 산지 정보와 대량거래를 통해 조선 후기 상품 화폐 경제의 발전에 영향을 미쳤다. 또한 이들은 특산품의 거래를 독점하며 독점적 도매상인 도고로 성장하기도 하였다.

자료 더하기

선대제
상인이 이윤을 극대화하기 위하여 독립된 수공업자들에게 원료나 도구, 임금 등을 미리 지불하여 필요한 물품을 생산시키는 체계로 상품 화폐 경제의 발달 과정에서 나타나는 생산 방법이다.

보부상

짚신에 감발치고 패랭이 쓰고
꽁무니에 짚신 차고 이고 지고
이 장 저 장 뛰어가서
장돌뱅이들 동무들 만나 반기며
이 소식 저 소식 묻고 듣고
목소리 높여 고래고래 지르며
비가 오나 눈이 오나 외쳐 가며
돌도부 장사하고 해질 무렵
손잡고 인사하고 돌아서네
다음 날 저 장에서 다시 보세

04 / 수공업과 광업의 변화

수공업	• 관영 수공업 쇠퇴 • 민영 수공업의 발달: 세금을 납부하고 자유로운 생산활동 종사(선대제의 등장, 점촌의 형성)
광업	• 설점수세제(효종) 실시, 민간인에 의한 은광 개발 활성화 • 광산 경영: 전문 경영가 덕대 출현

▼ 조선 후기의 상업과 무역 활동

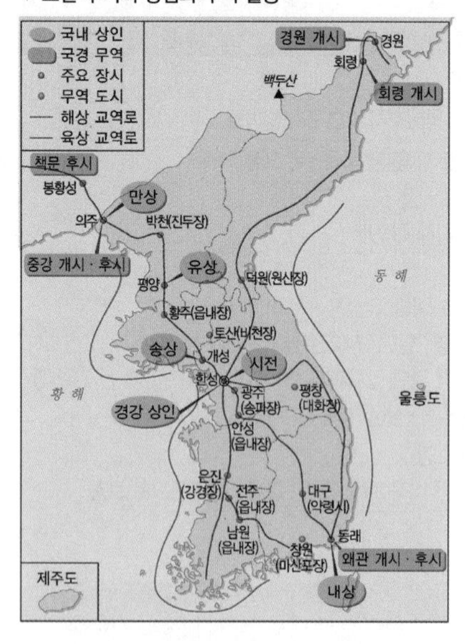

대표 사료 확인하기

1. 영정법

인조 갑술에 마침내 시년상하의 법을 혁파하였다. 삼남 지방은 처음에 각 등급으로 결수를 정하고 조안에 기록하였다. 영남은 상지하(上之下)까지만 있게 하고, 호남과 호서 지방은 중지중(中之中)까지만 있게 하며, 나머지 5도는 모두 하지하(下之下)로 정하여 전례에 의하여 징수한다. 경기·삼남·해서·관동은 모두 1결에 전세 4두를 징수한다.
–『만기요람』–

2. 대동법

중종 때 조광조가 공안을 개정하자고 주장하였고, 선조 때 이이가 수미법을 시행하기를 청하였으며, 임진왜란 이후에는 우의정 유성룡(柳成龍)이 역시 미곡을 거두는 것이 편리하다고 주장하였으나, 일이 모두 성취되지 못하였다. 선조 41년에 이르러 좌의정 이원익의 건의로 대동법을 비로소 시행하여, 민결에서 미곡을 거두어 서울로 옮기게 했는데, 먼저 경기에서 시작하고 드디어 선혜청을 설치하였다. 인조 때 이원익이 다시 건의하여 강원도에도 시행하게 되었으며, 효종 때 우의정 김육의 건의로 충청도에도 시행하게 되었으며, 김육이 또다시 청하여 전라도 연읍(沿邑)에도 시행하였으며, 현종 때는 형조판서 김좌명이 청하여 산군(山郡)까지도 아울러 시행하였으며, 숙종 때는 도승지 이원정이 청하여 경상도에도 시행하였으며, 이어 황해도 관찰사 이언경(李彦經)의 상소로 황해도에도 시행하게 되었다. 그 방법은 경기·삼남(三南)에는 밭과 논을 통틀어 1결에 쌀 12말을 거두고, 관동도 이와 같게 하되 토지조사가 되지 않은 읍에는 4말을 더하며, 영동에는 2말을 더하고, 해서에는 상정법(詳定法)을 시행하여 15말을 거두니, 통틀어 명칭하기를 대동법이라 하였다.
–『만기요람』–

3. 균역법

양역의 절반을 감하라고 명령하였다. 임금이 명정전(明政殿)에 나아가 전직·현직 대신과 비국 당상 및 육조 당상, 양사 제신을 불러 두루 양역의 변통에 대한 대책을 물었다. …… "이제 1필은 감하는 정사로 온전히 돌아가야 할 것이니, 1필을 감한 대체를 경 등은 잘 강구하라." 하였다. – 『영조실록』 –

4. 이앙법(모내기법)

- 이 법은 제초(除草)에는 편하나 만일 한 번만 큰 가뭄을 만나면 실수하니 농가로서는 위험한 일이다.
- 부종(付種)은 양곡의 소출이 적고, 이 법은 양곡의 소출이 배(培)이며 공력은 반(半)뿐인데, 부종은 공력이 배가 든다.
- 이앙의 이로운 점은 봄보리를 갈아먹고 물을 몰아 모내기를 하여 벼를 수확하니 1년에 두 번 농사지음이 그것이다.

5. 견종법

지금 관서와 해서 지방에서는 조를 심는데 자주 농종법을 버리고 견종을 취한다. 평양 외성(外城)의 밭도 견종법을 쓴다. 농종하는 것이 견종에 비하여 노력이 배가 들고 수익은 반밖에 안 된다. 그 수확은 밭두둑에 심는 것보다 2~3배가 크다. – 『과농소초』 –

6. 신해통공

정조 15년(1791)에 채제공이 계품하기를, "근래에 놀고먹는 무리가 스스로 전호를 만들어 가지고 민생의 일용 물종을 모두 도고하였습니다. 무릇 모든 물가가 전보다 5배나 귀합니다. 청컨대 자질구레하게 새로 설치한 전호는 하나같이 모두 혁파하고, 육의전 이외의 금난전권은 허락하지 마십시오."라고 하였다.

– 『만기요람』 –

31 고대의 사회

골품제

등급	관등명	진골	6두품	5두품	4두품	공복
1	이벌찬					자색
2	이 찬					
3	잡 찬					
4	파진찬					
5	대아찬					
6	아 찬					비색
7	일길찬					
8	사 찬					
9	급벌찬					
10	대나마					청색
11	나 마					
12	대 사					황색
13	사 지					
14	길 사					
15	대 오					
16	소 오					
17	조 위					
		골품				

골품제는 관등 승진의 상한선을 엄격히 제한하였다. 또한 가옥의 규모와 장식물은 물론, 복색이나 수레 등 일상생활까지 규제하였다.

화랑도

화랑도는 청소년 수련단체로 국선도(國仙徒)·풍월도(風月徒)·원화도(源花徒)·풍류도(風流徒)라고도 한다. 화랑의 기원은 원화(源花)라는 미녀를 중심으로 한 무리에서 시작하였고, 진흥왕 때 이르러 국가조직화되었다. 화랑도의 구성은 진골 출신의 화랑과 그 밑에 6두품에서 평민에 이르는 낭도로 구성되었다.

흥덕왕의 사치금지령

흥덕왕(興德王) 즉위 9년, 태화(太和) 8년(834)에 다음과 같은 교서를 내렸다. "사람은 상하가 있고, (그에 따라) 호칭이 같지 않고 의복도 다르다. 그런데 풍속이 점점 경박해지고 백성이 사치와 호화를 다투게 되어 오직 외래 물건의 진기함을 숭상하고 도리어 토산품의 비루함을 혐오하니, 예절이 거의 무시되는 지경에 빠지고 풍속이 쇠퇴하여 없어지는 데까지 이르렀다. 이에 감히 옛 법에 따라 밝은 명령을 펴는 바이니, 혹시 고의로 범하는 자가 있으면 진실로 일정한 형벌이 있을 것이다."

– 『삼국사기』 –

01 / 삼국의 사회 모습

구분	내용
고구려	• 서옥제, 형사취수제의 결혼 모습 • 귀족 회의: 제가회의
백제	• 왕족(부여씨), 8성 귀족, 정사암회의 • 절도자는 귀양과 2배 보상, 뇌물 받은 관리는 3배 배상 및 종신 금고형
신라	• 화백회의: 만장일치제의 귀족 합의체, 상대등 중심 • 골품제도: 혈연에 따라 사회생활 제약, 관등의 상한선이 골품에 따라 정해짐 • 화랑도: 원시 사회의 청소년 집단, 국가적 조직으로 확대(진흥왕), 세속오계(원광)

02 / 통일 후 신라 사회의 변화

구분	내용
민족 통합 노력	• 백제 · 고구려 지배층에게 신라 관등 부여, 백제 · 고구려 유민을 9서당에 편성
진골 귀족	• 중앙 장관직 독점, 합의를 통한 국가 중대사 결정
6두품의 성장	• 국왕을 보좌하면서 정치적 진출, 중앙 고위 관직 · 지방 장관직 진출에 한계
골품제의 변화	• 3두품~1두품의 구분 모호, 평민과 동등하게 간주

03 / 발해의 사회 구조

구분	내용
지배층	• 고구려계 유민, 왕족 대씨, 귀족 고씨, 주요 관직 독점, 수도와 큰 고을 거주
피지배층	• 대부분 말갈인, 일부는 지배층으로 편입, 국가행정보조(촌락의 우두머리)
이중적 사회구조	• 지배층: 당 제도와 문화 도입 • 하층 촌락민: 고구려 · 말갈 사회의 전통 유지

04 / 통일신라 하대의 모순

구분	내용
진골 귀족	• 혜공왕 피살 이후 진골 귀족들의 왕위 경쟁 본격화, 혼란한 정국 전개
6두품	• 권력에서 배제, 도당 유학 활발, 호족과의 연계로 새로운 사회 모색
민생 파탄	• 귀족들의 대토지 소유 확대 → 자영농 몰락, 초적 증가 • 흥덕왕의 사치금지령 발표
호족 등장	• 지방의 토착세력과 사원들은 대토지를 소유하면서 유력한 신흥세력으로 성장
농민 반란	• 원종 · 애노의 난, 적고적의 난

대표 사료 확인하기

1. 골품제

4두품에서 백성에 이르기까지는 방의 길이와 너비가 15척을 넘지 못한다. 느릅나무를 쓰지 못하고, 우물 천장을 만들지 못하며, 당기와를 덮지 못하고, 짐승 머리 모양의 지붕 장식이나 높은 처마 … 등을 두지 못하며, 금은이나 구리 … 등으로 장식하지 못한다. 섬돌로는 산의 돌을 쓰지 못한다. 담장은 6척을 넘지 못하고, 또 보를 가설하지 않으며 석회를 칠하지 못한다. 대문과 사방문을 만들지 못하고 마구간에는 말 2마리를 둘 수 있다. – 『삼국사기』 –

2. 화랑도와 세속오계

- 우리나라에 현묘(玄妙)한 도(道)가 있으니 이를 풍류(風流)라고 한다. 그 교(敎)를 베푼 근원은 『선사(仙史)』에 자세히 실려 있거니와 실로 삼교(三敎)를 포함한 것으로 중생을 접촉하여 교화를 한다. 이를테면 집에 들어가 부모에게 효도하고 밖에 나와서 나라에 충성하는 것은 공자의 취지이며, 무위(無爲)의 일에 처하고 불언(不言)의 교를 행하는 것은 노자의 종지(宗旨)이며, 모든 악한 일을 하지 않고 선을 받들어 행하는 것은 석가모니의 교화이다. – 「난랑비서문」 –
- 원광 법사가 수나라에 가서 유학하고 돌아와 가실사에 머물며 사람들의 존경을 받고 있었다. 귀산 등이 그 문하에 가서 단정한 태도로 "저희 세속의 선비들이 어리석어 아는 바가 없으니 원컨대 한 말씀을 내려 주셔서 종신토록 계명을 삼았으면 합니다."라고 말하였다. 원광 법사는 "불교의 계율에는 보살계가 있는데, 그 종목이 10가지라서 너희처럼 남의 신하된 자로서는 아마 감당하기 어려울 것이다. 여기 세속5계가 있으니, 하나는 충으로써 임금을 섬기고, 둘은 효로써 부모를 섬기며, 셋은 믿음으로써 친구를 사귀고, 넷은 전장에 나아가 물러서지 않으며, 다섯은 생명 있는 것을 가려서 죽인다는 것이다. 너희는 실행에 옮기되 소홀히 하지 말라."라고 하였다. – 『삼국사기』 –

3. 6두품

- 김운경이 빈공과에 처음으로 합격하였다. 소위 빈공과는 매월 특별 시험으로 보아 그 이름을 발표하는 것이다. 김운경 이후 당 말까지 과거에 합격한 사람은 58인이었고, 중국 5대에는 32인이나 되었다. 그중 대표적인 사람은 최리정, 박수업, 김윤부 …… 최치원, 최신지, 박인범, 최승우 등이다. – 『동사강목』 –
- 최승우는 당 소종(昭宗) 2년(서기 890)에 당에 들어가서 경복(景福) 2년(서기 893)에 시랑 양섭(楊涉)의 아래에서 급제하였다. 『사륙집(四六集)』 5권이 있는데 자신이 쓴 서문에서 『호본집(餬本集)』이라 하였다. 그 뒤에 견훤(甄萱)을 위하여 격문을 지어 우리 태조에게 보냈다. – 『삼국사기』 –
- (낭혜는) 속성(俗姓)이 김씨(金氏)이며 태종무열왕(太宗武烈王)이 그 8대조가 된다. 조부 주천(周川)은 품(品)이 진골(眞骨)이고 위(位)가 한찬(韓粲: 5관등 대아찬)이었으며, 고조와 증조가 모두 나가서는 장군이 되고 들어와서는 재상을 지냈음은 집마다 아는 바이다. 아버지 범청(範淸)은 족(族)이 진골에서 한 등급 떨어져 득난이 되었다. – 「낭혜화상비문」 –

자료 더하기

최치원

▲ 최치원(857~?)
- 호는 고운(孤雲), 해운(海雲)
- 6두품 출신, 12세의 나이로 당에 유학
- 빈공과 합격, 황소의 난 진압에 참여
- 헌강왕 때 귀국, 시독 겸 한림학사로 외교문서 담당
- 헌강왕 사후 전북 태인, 경남 함양, 충남 서산 등에서 지방관 생활
- 진성여왕에게 시무 10조 올림, 아찬에 임명
- 효공왕 즉위 후 관직에서 물러나 각지를 유랑
- 『계원필경』, 『제왕연대력』, 『사륙집』, 『석이정전』, 사산비문 등 남김
- 고려 현종 때 문창후로 추증되어 문묘에 배향
- 정읍 무성서원에 배향

통일신라의 민족 통합 노력

- 문무왕 13년(673) 백제 사람에게 관직을 주었으며, 그 관등은 본국에서 재직하였던 관직에 버금가게 대우하였다. 신문왕 6년(686) 고구려인들에게 경관(중앙 관직)을 주었는데 그 본국의 관품을 헤아려 주었다. – 『삼국사기』 –
- 문무왕 10년(670) 안승을 고구려 왕으로 봉하였다. …… 문무왕 20년(680) 보덕왕 안승에게 예물을 주고 왕의 여동생의 딸을 아내로 삼게 하였다. – 『삼국사기』 –

중위제(重位制)

골품제의 한계로 승진이 제한된 6두품과 5두품을 위한 특진제도로 아찬에 4등급, 대나마에 9등급, 나마에 7등급의 중위를 설치하여 특진의 기회를 열어주었다.

32 고려의 사회

자료 더하기

남반
남반은 궁중에서 근무하는 하급 관리로 국왕의 시종이나 호위, 왕명의 전달, 의장 등의 사무를 맡아 보던 관리를 말한다.

신량역천인
신량역천인이란 양인의 신분을 가지고는 있지만 천한 일에 종사하는 계층을 일컫는 말이다. 대부분 이들의 호칭이 간이나 척으로 끝난다 해서 같은 의미로 칭간칭척자라는 표현을 사용하기도 한다.

일천즉천
일천즉천이란 노비의 신분을 정하는 원칙으로 부모 중 한쪽이 천인 신분을 가지고 있다면 자식도 천인 신분을 갖는다는 원칙이다.

천자수모법
노비 신분의 부모가 주인이 다른 경우 그들의 자식에 대한 소유권은 어머니 쪽 주인이 가진다는 제도를 말한다.

사천매향비

01 / 신분제도

구분		문벌귀족	권문세족	신진 사대부
귀족	시기	고려 전기	원 간섭기	고려 후기
	형성과정	과거, 음서, 중첩된 혼인	음서, 원과의 혼인 관계	향리 출신, 과거
	정치기반	중서문하성, 중추원	도평의사사	실무직
	경제적 기반	과전, 공음전	대농장(재경 부재지주)	중소 지주, 자영농
	성향	보수적, 합리적, 귀족적	수구적, 관료적	개혁적, 관료적
	사상	유교(훈고학)	불교	성리학
	외교	친송	친원	친명
중류층	• 성립: 지배 기구의 하부 행정직 – 직역의 세습, 토지 지급 • 유형: 잡류(중앙 관청의 말단 서리), 향리(지방 행정의 실무, 향촌의 실질적인 지배층), 남반(궁중 실무), 군반(하급 장교), 기술관, 역리(지방의 역 관리) 등			
양민	• 백정: 주로 농업에 종사, 법제적으로 과거 응시 자격 소유, 조세 · 공물 · 역 부담 • 상인 · 수공업자: 농민보다 천대, 공역의 의무 • 향 · 부곡 · 소민: 과중한 공납 부담, 거주 이전 제한 • 신량역천인: 어간(어부), 염간(제염업), 목자간(목축업), 철간(광부), 봉화간(봉화 관리) 등 • 역민, 진민: 육로 교통과 수로 교통 종사			
천민	• 노비: 재산으로 간주, 매매 · 상속 · 증여의 대상, 일천즉천의 원칙과 천자수모법이 적용 – 공노비: 입역 노비(관청 소속, 급료 지급)와 외거 노비(지방 거주, 신공 납부) – 사노비: 솔거 노비(주인의 집 거주, 가장 열악), 외거 노비(독립된 경제생활, 신공 납부) • 기타 천민: 화척(도살업), 진척(뱃사공), 재인(광대), 기생 등			

02 / 사회 시책

농민 보호책	• 농번기에는 잡역 동원을 금지, 재해 시 조세와 부역을 감면 • 개간한 땅에 대해서는 일정 기간 면세 혜택을 줌 • 고리대를 막기 위해 이자가 원곡과 같아지면 이자를 받지 못하게 함
사회 시책	• 의창: 평시에 곡물을 비치하여 흉년에 빈민을 구제하는 제도 • 상평창: 물가 조절 기구 • 동 · 서 대비원: 환자의 진료 및 빈민의 구휼 • 혜민국: 약국 • 구제도감, 구급도감: 재해 발생 시 구제 기구(임시 기관)

03 / 법률과 풍속

법률	• 대체로 관습법 적용, 반역죄와 불효죄를 중죄로 다스림(유교 윤리 강화) • 형벌: 태형, 장형, 도형, 유형, 사형
풍속	• 장례: 토착 신앙과 융합된 불교와 도교의 풍속 따름 • 제례: 윤회봉사에 따라 비용 부담 • 연등회: 불교 행사(음력 정월 보름) • 팔관회: 불교, 도교, 민간 신앙이 어우러진 행사 • 향도: 불교 신앙 활동(매향), 농민 공동 조직으로 발전(혼례와 상장례, 마을 제사 주관 등)
혼인	• 왕실에서는 근친혼 성행, 일부일처제 원칙, 원 간섭기 공녀 징발로 인해 조혼 풍습 발생
여성의 지위	• 가정 내에서는 남성과 대등: 자녀 균분 상속, 태어난 순으로 호적 기재, 여성의 호주 가능 • 사위와 외손에게도 음서의 혜택 제공, 아들이 없는 경우 양자를 들이지 않음 • 자유로운 여성의 재혼, 재혼여성 및 첩의 자식에 대한 차별 적음

대표 사료 확인하기

1. 문벌귀족의 생활

김돈중 등은 또한 절 북쪽 초목이 거의 없는 산에다 인근 백성을 모아 소나무·측백나무·삼나무·회나무와 기이한 화초를 심고 단을 쌓아 어실(御室)을 삼았는데 금벽(金碧)으로 꾸미고 섬돌은 모두 기이하게 생긴 돌을 썼다. 어느 날 왕이 절에 행차하자 김돈중 등은 절의 서대(西臺)에서 잔치를 베풀었는데 장막과 그릇 등이 매우 사치스러웠으며 음식도 극히 진기한 것으로 차렸다. -『고려사』-

2. 상평창

(성종) 12년 2월에 양경(兩京)과 12목(牧)에 상평창(常平倉)을 설치하였다. 그리고 왕께서 말씀하시기를 "『한서(漢書)』「식화지(食貨志)」에 '천승(千乘)의 나라는 반드시 천금(千金)의 값이 있어 해마다 풍흉에 따라서 조적(糶糴)을 행하되 백성에게 남음이 있으면 적게 거두고 백성이 부족하면 이를 많이 나누어 주었다.'라고 하였다." -『고려사』-

3. 원에서 유행한 고려의 풍속

원(元)나라 사람 양윤부(楊允孚)의 시에, 고려 생채 중 맛 좋은 생채를 다시 이야기하니 향기로운 새박 나물과 줄 나물을 모두 수입해 들여온다 하고, 스스로 주석하기를, '고려 사람은 생채 밥을 쌈에 싸서 먹는다.'고 하였다. 우리나라 풍속은 지금까지도 오히려 그러해서 채소 중에 잎이 큰 것은 모두 쌈을 싸서 먹는다. 그중 상추쌈을 제일로 여기고 집집마다 심으니, 이는 쌈을 싸 먹기 위해서이다. -『성호사설』-

4. 원 간섭기 신분 상승

박구(朴球)는 울주(蔚州) 소속의 부곡인이다. 조상은 부자 상인이었다. 그 역시 큰 요재(饒財)로 알려졌다. 원종(元宗) 때 상장군이 되었다. … 원나라 세조가 일본을 정벌할 때 고려군 부사령관으로, 사령관 김방경과 함께 참전하여 공을 세웠다. 그 후 재상인 동지밀직사사(同知密直司事)가 되어 합포를 지켰다. 찬성사(贊成事)의 관직에 있다가 죽었다. 박구는 다른 기능은 없고 전쟁에서 공을 세워 귀하게 되었다. -『고려사』-

자료 더하기

형벌의 종류

- 태형: 회초리를 이용해 형벌을 가함
- 장형: 곤장을 이용해 형벌을 가함
- 도형: 감옥에 들어가 복역
- 유형: 먼 지역으로 귀양
- 사형: 목숨을 박탈

연등회

연등회는 연등을 밝혀 부처에게 복을 비는 불교행사로, 신라에서 시작되어 고려 시대에 국가적 행사로 자리 잡았다.

팔관회

팔관회는 고려 시대 최고의 국가 행사로서 불교의례와 우리 민족 고유의 전통습속의례가 결합된 종교 제전이자 축제였다. 개최일은 수도인 개경에서는 11월 15일, 서경에서는 10월 15일 전후로 개최되었다. 팔관회는 본래 불교신도가 하루 동안 엄숙히 팔관재계(八關齋戒)를 지키기 위해 열었던 불교법회에서 기인한다. 이러한 팔관회는 국제교류의 장의 역할도 하였다. 송나라 상인과 여진, 탐라, 왜에서 파견된 사신들이 축하 표문과 특산물들을 바쳤고, 국왕은 이에 대한 답례로 음악공연과 가무백희를 관람할 수 있는 좌석을 배정하고 함께 즐길 수 있도록 하였다. 이때 각국 상인들도 몰려 들어 국가 간의 무역 거래가 이루어지기도 하였다.

고려시대의 재산 상속

"우리는 같은 부모의 자식인데, 왜 누나가 유산을 독차지합니까?"
"아버지가 돌아가실 때 재산을 전부 나에게 물려주셨고, 너에게는 검정 옷 한 벌, 검정 갓 하나, 미투리 한 켤레, 종이 한 권만 남기셨을 뿐이다. 여기 증거 서류가 있으니 어떻게 어길 수 있겠느냐?" -『고려사』-

33 조선 전기의 사회

01 / 신분제도

양반	• 문반 + 무반(성취 신분) → 관료와 가족, 가문 포함(세습 신분), 국역 면제의 특권 행사
중인	• 의미: 넓은 의미로는 양반과 상민 중간 계층을 의미하며, 좁은 의미로는 기술관만을 의미함 • 중인: 관청의 서리, 향리, 기술관, 군교, 역리 등 • 서얼: 중인과 같은 신분 대우(문과 응시 금지)
상민	• 농민, 수공업자(공장), 상인, 신량역천인 • 농민: 과거에 응시할 수 있으며 상인이나 수공업자보다 우대됨, 조세 · 공납 · 역의 의무 • 수공업자: 국가에 소속되어 국가가 요구하는 물품을 제조, 장인세를 납부하고 활동 • 상인: 국가의 통제하에 상거래에 종사(시전 상인, 보부상 등)
천민	• 노비: 매매 · 상속 · 증여의 대상, 공노비(선상 노비, 납공 노비) + 사노비(솔거 노비, 외거 노비) • 백정, 광대, 무당, 창기 등은 사회적으로 천대받음

02 / 법률제도

성문법	• 『경국대전』과 『대명률』을 기준으로 처리
형법	• 반역죄와 강상죄는 중죄로 처리, 연좌제 시행, 태 · 장 · 도 · 유 · 사형
민법	• 주로 관습법 적용, 노비에 관한 소송(초기), 산송 문제 등 발생
사법권 행사	• 중앙: 의금부, 사헌부, 형조, 한성부, 장례원(노비), 포도청 • 지방: 관찰사와 수령이 사법권 행사

03 / 사회 시책과 향촌의 모습

사회 시책	• 환곡제도: 춘대추납 제도 • 사창제도: 향촌 자체의 민간 빈민구호 기관 • 의료시설: 내의원, 전의감, 혜민국(서민), 동 · 서 활인서(도성 내), 제생원(지방)
향촌의 모습	• 두레: 공동 노동 작업 공동체 • 향도: 불교와 민간 신앙 등의 신앙적 기반과 공동체 조직의 성격을 모두 지님 • 동계 · 동약: 마을단위의 규약, 양반들의 지배 목적으로 활용

04 / 성리학적 사회 질서의 형성

질서 강화	• 『소학』, 『주자가례』, 『이륜행실도』 등을 보급하며 성리학적 향촌의 질서를 정비
예학	• 16세기 사림의 등장과 함께 성리학적 도덕 윤리를 강조, 신분 질서의 안정 추구 • 사림은 향약을 시행하고 도덕과 예학의 기본서인 『소학』을 보급함
보학	• 족보: 가문의 내력과 관계를 확인하는 문서, 내부 결속 및 우월 의식 목적으로 제작 • 문화 류씨 영락보(세종), 안동 권씨 성화보(성종)

조선의 신분제

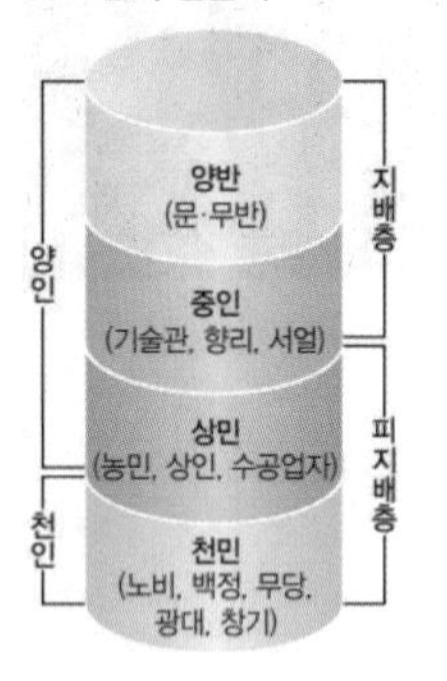

분재기

재산의 상속과 분배에 관한 문서로 주로 재산의 주인이 자녀를 비롯한 가족에게 재산을 상속하거나 분배하여 주는 내용을 담고 있다.

『주자가례』

사대부가 집안에서 지켜야 할 규범을 담은 책으로 관례, 혼례, 상례, 제례의 규범을 정리하였다.

- 관례: 상투를 틀고 자를 정한다.
- 혼례: 결혼에 관한 예법
- 상례: 장례에 관한 예법
- 제례: 조상에 대한 제사의 예법

05 / 가족 제도

가족 제도	• 15세기: 고려 시대의 풍속 유지(남귀여가혼, 자녀 균분 상속, 자녀 윤회 봉사 등) • 16세기: 종법적 가족 제도 확립(성리학적 질서의 확산 영향)
여성의 지위	• 과부의 재가 금지(삼가금지법), 엄격한 적서 차별 • 효와 정절 강조: 삼종지도(三從之道) · 칠거지악 · 삼불거(三不去) 등 강조

대표 사료 확인하기

1. 족보(안동 권씨 성화보)

아, 예부터 이름난 집안의 빛나는 후손이 많지 않은 것은 아니나, 고관대작이 대대로 이어져 문벌이 찬란하게 된다면 어느 누군들 흠모할 만하고 존경할 만한 자가 아니겠는가. 그런데 몇 대도 전하지 못하여 가문이 기울고 엎어져 멸절되는 것은 어째서인가? 선세(先世)의 봉식(封植)이 견고하지 못한데 자손이 이내 교만과 사치를 부려 유업(遺業)을 잃고 말기 때문이다. 권씨는 대대로 청렴하고 깨끗함으로 가풍을 전하고 충성과 효도로 마음을 삼아 왔으니, 자손들은 조종(祖宗)이 쌓아 온 근면함을 염두에 두어 계속 이어 갈 방도를 생각하지 않을 수 있겠는가. …… 『시경』에 이르기를, "너의 할아버지를 욕되게 하지 말아서 그 덕을 닦을지어다." 하였다. 나는 다시 권씨의 자손을 위하여 면한다. – 『사가문집』 –

2. 중인

성종 13년 4월 신해 사헌부 대사헌이 채수가 아뢰었다. "어제 전지를 보니 역관(譯官), 의관(醫官)을 권장하고 장려하고자 능통하고 재주가 있는 자는 동서 양반에 발탁하여 쓰라고 특별히 명령하셨다니 듣고 놀랐습니다. 무릇 벼슬에는 높고 낮은 것이 있고, 직책에는 가볍고 무거운 것이 있습니다. 통역관, 약사는 사대부의 반열에 낄 수 없습니다. … 의관, 역관 무리는 모두 미천한 계급 출신으로서 사족이 아닙니다."
– 『성종실록』 –

3. 신문고

고(告)할 데가 없는 백성으로 원통하고 억울한 일을 품은 자는 나와서 등문고(登聞鼓)를 치라고 명령하였다. 의정부에서 상소하기를, "서울과 외방의 고할 데 없는 백성이 원통하고 억울한 일을 소재지의 관사(官司)에 고하였으나, 소재지의 관사에서 이를 처리해 주지 않는 자는 나와서 등문고를 치도록 허락하고, 등문(登聞)한 일은 헌사(憲司)로 하여금 추궁해 밝혀서 아뢰어 처결하여 원통하고 억울한 것을 펴게 하소서. 그리고 그 중에 사사로움을 끼고 원망을 품어서 감히 무고(誣告)를 행하는 자는 반좌율(反坐律)을 적용하여 참소하고 간사한 것을 막으소서." 하여, 그대로 따르고, 등문고를 고쳐 신문고(申聞鼓)라 하였다. – 『태종실록』 –

4. 친가와 외가의 차별이 없던 조선 전기

• 우리나라 풍속은 남자가 여자의 집으로 가니 이성친(異姓親)의 은혜와 의리의 분별이 동성친(同姓親)에 비하여 차이가 없다. (외가의) 할아버지가 살아계시면 종형제가 한집에서 자라나고 증조부가 살아계시면 재종형제가 같은 집에서 자라납니다. 대저 한 집에서 양육하므로 어려서부터 장성할 때까지 서로 형제라 하고, 숙질이나 조손이라 하니 그 은혜와 사랑이 어찌 동성친과 다름이 있겠습니까?
• 우리나라 풍속은 처가에서 처가살이를 하게 되면 아내의 부모 보기를 자기의 부모처럼 하고 아내의 부모도 역시 그 사위를 자기의 자식과 같이 봅니다.
• 우리나라는 중국의 친영(親迎)의 예가 없어 모두 처가를 집으로 삼아 처부를 아버지라 칭하고 처모를 어머니라 부르며 항상 부모처럼 섬기는데, 이 또한 강상(綱常)이다. – 『성종실록』 –

자료 더하기

삼종지도
결혼하기 전에는 아버지를, 결혼해서는 남편을, 남편이 죽으면 자식을 따라야 한다는 것

칠거지악
아내를 내쫓는 이유가 되는 일곱 가지 사항으로 조선 시대 유교사상에서 나온 제도
① 시부모를 잘 섬기지 못하는 것
② 아들을 낳지 못하는 것
③ 부정한 행위
④ 질투
⑤ 나병·간질 등의 유전병
⑥ 말이 많은 것
⑦ 훔치는 것

삼불거
혼인관계가 쉽게 깨어지는 것을 예방하는 제도적인 규범
① 시부모를 위해 삼년상을 치른 경우
② 혼인 당시 가난하고 천한 지위에 있었으나 후에 부귀를 얻은 경우
③ 이혼한 뒤에 돌아갈 만한 친정이 없는 경우

돌팔매 놀이(석전)

조선 초기 일종의 군사훈련이던 석전(石戰)은 직업군인인 갑사(甲士)와 척석꾼 간에 돌팔매질을 하는 훈련이었다. 이 훈련은 민간으로도 확산되어 마을 단위의 전투훈련과 나아가서 마을 간의 경쟁과 공동체 의식을 함양하는 민속놀이가 되었다.

34 조선 후기 사회의 변동

자료 더하기

공명첩

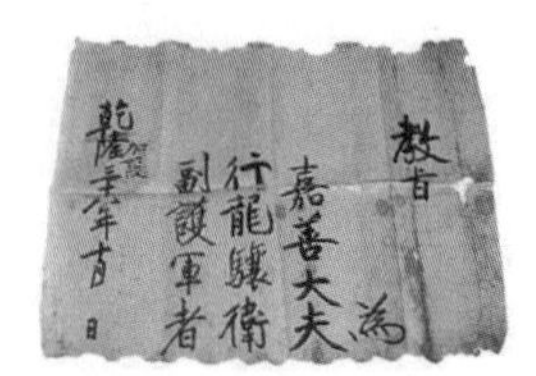

▲ 공명첩
공명첩은 이름 없이 발급된 관직 임명 및 면역을 허가한 문서로 국가의 재정을 충당할 목적으로 판매된 문서이다.

노비종모법
노비의 신분을 결정하는 방법에 있어 어머니의 신분이 세습되게 하는 방법을 말한다. 즉 아버지가 노비여도 어머니가 양민이면 그 자녀를 양민으로 삼는 제도로 양인과 천인의 결혼으로 노비의 숫자가 증가하는 것을 방지하는 효과가 있다.

이승훈의 영세

▲ 이승훈(1756~1801)
- 정약용의 누이와 혼인
- 서장관인 아버지를 따라 북경 방문
- 필담으로 교리를 배우고 그라몽 신부에게 세례를 받음
- 명례동 김범우의 집에서 종교모임을 가지다 추조적발사건으로 처벌
- 1801년 순조 즉위 후 신유박해로 사망

01 / 신분제의 동요

양반층의 분화	• 권반(벌열 양반), 향반(향촌 기반), 잔반(몰락 양반, 민란 주도)
중인 계층의 신분 상승 운동	• 서얼의 허통 운동: 규장각 검서관 진출(정조), 청요직의 허통(철종) • 중인의 통청 운동: 전문적 지식 + 경제력 바탕, 소청 운동(철종) → 실패
상민의 신분상승	• 군역 회피 목적 • 군공, 납속책 · 공명첩, 족보 위조 등
노비 정책의 변화	• 군역 대상자와 재정의 보충 목적 • 노비종모법 실시(영조), 노비추쇄법 폐지(정조), 공노비 해방(순조, 1801)

02 / 관권의 강화와 양반의 향촌 지배력 약화

관권 강화	• 수령을 중심으로 관권이 강화되고, 향리의 역할이 강화됨 • 세도 정치기에 정치 기강이 무너지면서 수령과 향리의 자의적인 농민 수탈이 심화됨
향회 기능 변질	• 전통적 양반(구향)과 새로 성장한 부농층(신향)이 향촌 주도권을 놓고 향전을 벌임 • 향회는 수령이 세금을 부과할 때 의견을 물어보는 자문 기구로 변질됨 • 관권이 강화되면서 향임직이 수령에 의해서 매매됨

03 / 사회 변혁의 움직임

서학	• 전래: 17세기 학문적 동기로 소개 → 18세기 신앙 운동으로 발전(남인 계열) • 교세 확장: 이승훈(최초의 세례자) → 명례방(최초의 교회) → 교세 확장(평등, 내세 신앙) • 박해: 제사 의식 거부, 평등 사상 – 신해박해(정조, 1791): 윤지충 처형(최초의 순교자) – 신유박해(순조, 1801): 이승훈 · 정약종 처형, 정약전 · 정약용 유배, 황사영 백서 사건 – 기해박해(헌종, 1839): 정하상의 '상재상서' – 오가작통법 이용하여 탄압 – 병오박해(헌종, 1846): 김대건(최초의 신부) 처형
동학	• 창시: 경주 출신 몰락 양반 최제우 창시(1860) – 반외세 · 반봉건적 성격 • 교리: 인내천(평등주의), 시천주, 후천개벽(조선 왕조 부정) • 탄압: 최제우 처형(1864, 혹세무민의 죄 적용) • 교세 확장: 2대 교주 최시형이 『동경대전』, 『용담유사』 간행, 포접제 이용
민간신앙	• 비기와 도참, 정감록, 미륵 신앙, 무격신앙 유행 – 농민 의식의 성장

04 / 농민의 항거

배경	• 삼정의 문란 – 전정: 진결(황무지) · 도결(초과징세) 등의 방법으로 징세 – 군정: 백골징포(사망자) · 인징(이웃) · 황구첨정(어린아이) · 족징(친척) 등 – 환곡: 반작(허위 보고) · 늑대(강제 대여) · 분백(겨를 섞음) 등의 방법으로 수취
항거	• 소청, 벽서, 괘서(소극적 방법), 항조, 거세(적극적 방법)
홍경래의 난 (1811)	• 원인: 서북인에 대한 차별과 중앙 정부의 지나친 수탈 • 주체: 몰락 양반 홍경래의 지휘, 영세 농민 · 중소 상인 · 광산 노동자 등 합세 • 경과: 청천강 이북 지역 장악 → 5개월 만에 평정
임술 농민 봉기 (1862)	• 원인: 세도 정치로 인한 삼정의 문란과 관리들의 부정과 탐학 • 전개: 진주 민란(유계춘 주도 – 안핵사 박규수 파견) 전국 확대 • 결과: 암행어사 파견, 삼정이정청 설치(1862) – 실효성 없음

대표 사료 확인하기

1. 공명첩

진휼청에서 아뢰기를 "노인직을 두고, 관직을 더 마련하고, 벼슬을 높여 주는 일 등의 문서를 올봄에 각 도로 나눠 보내서 1만여 석의 곡식을 모아 흉년이 든 백성들을 도와주는 데 보탰습니다. 금년 충청, 경상, 전라의 삼남 지방의 흉년은 작년보다도 심하니 벼슬을 임명하는 값[職帖]을 낮추지 않으면 응모(應募)할 사람이 반드시 줄어들 것이므로 신 등이 여러 번 상의하여 각 항목별로 공명첩의 가격을 줄였으며, 5도(道) 향교의 유생들에게 면강 가격도 본 도의 풍흉에 따라 차등을 두고 마련하였습니다. 아울러 별단을 작성하여 올립니다. 감히 아룁니다." 하니, 윤허한다고 답하였다.

– 『비변사등록』 –

2. 서얼의 통청 운동

영조 45년 이수득이 상소를 올려 서얼의 허통을 청하였다. "옛날에는 융숭한 예와 폐백으로 이웃나라 선비를 대우하였습니다. 그러고도 그들이 오지 않을까 걱정하였습니다. 지금은 법으로 나라 안 인재를 묶었습니다. …… 시골 천인의 자식은 때때로 훌륭한 벼슬을 하는데 세족, 명가의 서얼은 자자손손 영원히 묶여 있습니다. 인재를 버리고 등용하는 것이 너무나 앞뒤가 맞지 않습니다."

3. 공노비 해방

하교하기를, "선조(先朝)께서 내노비(內奴婢)와 시노비(寺奴婢)를 일찍이 혁파하고자 하셨으니, 내가 마땅히 이 뜻을 이어받아 지금부터 일체 혁파하려 한다. 그리고 그 급대(給代)는 장용영으로 하여금 거행하게 하겠다." 하고, 인하여 문임으로 하여금 윤음(綸音)을 대신 지어 효유케 하였다. 그리고 승지에게 명하여 내사(內司)와 각 궁방(宮房) 및 각 관사(官司)의 노비안을 돈화문(敦化門) 밖에서 불태우고 아뢰도록 하였다.

– 『순조실록』 –

자료 더하기

명례방 교회

▲ 명례방 교회

명례방 교회는 서울 명례방(현재 서울 명동)에 있던 김범우 교도의 집으로 미사를 집전하였던 곳이다. 이 장소를 기념하기 위하여 명동성당을 만들었다.

충북 제천 배론 성지

▲ 배론 성지

배론 성지는 1801년 신유박해가 발생하자 황사영이 숨어 지내던 곳으로 이곳에서 황사영은 중국 북경 교구장 구베아 주교에게 편지를 썼다. 명주천 위에 쓰인 편지는 조선을 공격하여 신앙의 자유를 요청하는 내용으로 전달 과정 중 발각되게 되어 황사영 일가가 처형당하게 된다.

「상재상서」와 정하상

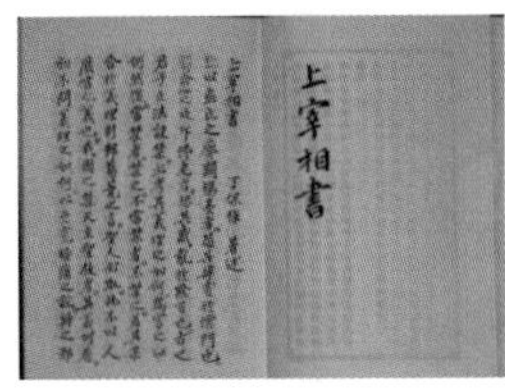

上宰相書

▲ 정하상(1795~1839)
- 정약종의 둘째 아들
- 어려서 신유박해로 아버지와 형 정철상 순교
- 성인이 된 후 조선교회 재건 운동 전개
- 외국인 선교사들을 국내로 잠입시킴
- 체포된 이후 미리 써둔 「상재상서」를 제출
- 기해박해로 순교
- 「상재상서」: 천주교 교리의 정당성을 알리고자 지은 글

4. 기유박해(정하상의 상소)

죽은 사람 앞에 술과 음식을 차려 놓은 것은 천주교에서 금하는 바입니다. 살아 있을 동안에도 영혼은 술과 밥을 받아먹을 수 없거늘, 하물며 죽은 뒤에 영혼이 어떻게 하겠습니까? 먹고 마시는 것은 육신의 입에 공급하는 것이요, 도리와 덕행은 영혼의 양식입니다. … 사람의 자식이 되어 어찌 허위와 가식의 예로써 이미 돌아간 부모를 섬기겠습니까?

– 『상재상서』 –

5. 홍경래의 난

평서대원수는 급히 격문을 띄우노니 관서의 부로(父老)와 자제와 공·사 천민들은 모두 이 격문을 들으라. 무릇 관서는 성인 기자의 옛터요, 단군 시조의 옛 근거지로서 의관(衣冠)이 뚜렷하고 문물이 아울러 발달한 곳이다. …… 그러나 조정에서는 관서를 버림이 분토(糞土)와 다름없다. 심지어 권세 있는 집의 노비들도 서토의 사람을 보면 반드시 "평안도 놈"이라 말한다. 어찌 억울하고 원통하지 않은 자 있겠는가. …… 이제 격문을 띄워 먼저 열부군후에게 알리노니, 절대로 동요하지 말고 성문을 활짝 열어 우리 군대를 맞으라.

– 『순조실록』 –

6. 진주 농민 봉기(삼정이정청 설립)

진주 안핵사 박규수가 상소했는데, 대략 이르기를, "난민(亂民)들이 스스로 죄에 빠진 것은 반드시 이유가 있을 것입니다. 그것은 곧 삼정(三政)이 모두 문란해진 것에 불과한데, 살을 베어 내고 뼈를 깎는 것 같은 고통은 환곡(還穀)과 향곡(餉穀)이 으뜸입니다. …… 특별히 하나의 국(局)을 설치하고, 적임자를 잘 선발하여 위임시켜 조리를 상세히 갖추게 하되, …… 이를 먼저 한 도(道)에다가 시험하여 보고 차례로 통행하게 하소서. ……"

– 『철종실록』 –

35 유교(1)

01 / 고대의 유교

1 유학 교육과 역사 편찬

구분	유학 교육	역사 편찬
고구려	태학 설립(소수림왕)	『유기』, 이문진의 『신집』 5권 편찬(영양왕)
백제	5경 박사 파견	고흥의 『서기』(근초고왕)
신라	임신서기석, 국학 설립(신문왕), 독서삼품과(원성왕)	거칠부의 『국사』(진흥왕)
발해	주자감 설립	

2 통일신라의 주요 유학자

강수(6두품)	• 외교 문서 작성에 능통, '답설인귀서', '청방인문표'
설총(6두품)	• 경서에 조예, 이두 정리, 「화왕계(花王戒)」 저술 → 국왕의 도덕성 강조(신문왕)
김대문(진골)	• 『화랑세기』, 『한산기』, 『고승전』, 『계림잡전』
최치원(6두품)	• 도당 유학생, '토황소격문' 작성, 시무 10조 건의(진성여왕) → 귀족의 반대로 실패 • 『계원필경』, 『제왕연대력』, 「사산비명」 저술(불교와 도교에 조예)

02 / 고려의 유학

초기	• 훈고학: 자주적, 주체적 • 최승로, 김심언
중기	• 귀족적 취향(시문 중시) + 보수화 • 최충(해동공자): 유학의 이해 심화, 문헌공도 • 김부식: 현실적이고 합리적인 성격
무신 집권기	• 침체
원 간섭기	• 성리학의 전래: 인간의 심성과 우주의 원리를 철학적으로 탐구하는 신유학 • 안향 → 백이정 → 이제현(만권당) → 이색 → 정몽주, 정도전 • 일상생활과 관계되는 실천적 기능 강조, 『소학』과 『주자가례』 중시
말기	• 신진 사대부의 성장, 권문세족과 불교 비판 • 정도전의 『불씨잡변』

자료 더하기

임신서기석

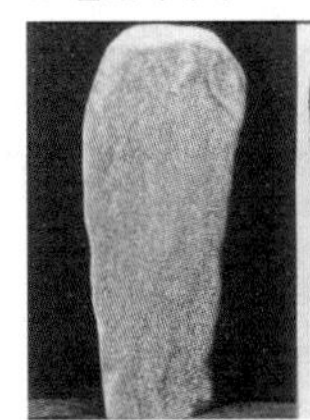
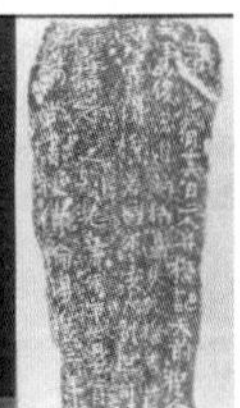

최충

▲ 최충(984~1068)
• 시호 문헌(文憲), 별칭 해동공자
• 현종 때 『7대 실록』 편찬에 참여
• 문하시중 역임
• 은퇴 이후 문헌공도 개창

9재 학당(문헌공도)

9재 학당은 최충이 설립한 사학으로 문헌공도라고도 한다. 최충이 관직을 떠난 후 후진 양성을 위해 사립학교를 세웠는데, 생도들이 많이 몰리게 되자 전문 강좌 9개로 나누어 교육을 실시하였다. 이후 문종 때 개경에는 12개의 사학이 형성되었다.

고려 정부의 관학진흥책

• 숙종: 서적포 설치
• 예종: 7재 설치, 양현고, 청연각 설치
• 인종: 경사 6학 설치

자료 더하기

안향

▲ 안향(1243~1306)
- 호는 회헌, 주자학 연구
- 원의 연경에서 『주자전서』를 필사
- 충렬왕에게 섬학전 설치 건의
- 국학의 대성전 낙성
- 백운동 서원에 배향(후에 소수서원으로 편액)

일연

▲ 일연(1206~1289)
- 경주 김씨, 설악산 진전사에서 출가
- 남해 분사대장도감에서 대장경 편찬 참여
- 지눌을 계승, 강화 선월사에서 설법
- 청도 운문사에서 『삼국유사』 집필 시작
- 군위 인각사에서 입적

03 / 고려의 역사 편찬

초기	• 자주적: 고구려 계승 의식 • 『구삼국사』, 『고려왕조실록』, 『7대 실록』 등
중기	• 보수적: 신라 계승 의식 • 『삼국사기』(1145, 김부식): 유교적 합리주의 사관, 기전체 서술, 현전 최고(最古)
무신 집권기	• 대몽 항쟁을 통한 민족적 자주의식 대두: 고구려 계승 의식 • 『동명왕편』(1193, 이규보): 고구려 동명왕의 업적을 칭송한 영웅서사시 • 『해동고승전』(1215, 각훈): 우리 역사의 고승 30여 명의 전기
원 간섭기	• 자주성의 회복과 민족적 정체성 강조: 고조선 계승 의식 • 『삼국유사』(1281, 일연): 불교사 중심, 단군 신화의 최초 수록 • 『제왕운기』(1287, 이승휴): 우리 역사의 시작을 단군시대부터 기록, 우리 역사를 중국사와 대등하게 인식
말기	• 성리학적 유교 사관: 정통의식과 대의명분 강조 • 이제현, 『사략』

대표 사료 확인하기

1. 임신서기석

"임신년 6월 16일에 두 사람이 함께 맹세하여 기록한다. 하늘 앞에 맹세한다. 지금으로부터 3년 이후에 충도(忠道)를 지키고 허물이 없기를 맹세한다. …… 크게 맹세하였다. 곧 『시경(詩經)』·『상서(尙書)』·『예기(禮記)』·『춘추전(春秋傳)』을 차례로 3년 동안 습득하기로 맹세하였다."

2. 최충의 문헌공도

최충이 졸하였다. …… 현종이 중흥한 뒤로 전쟁이 겨우 멈추어 문교(文敎)에 겨를이 없었는데, 최충이 후진들을 불러 모아서 가르치기를 부지런히 하니, 여러 학생들이 많이 모여 들었다. 드디어 낙성, 대중, 성명, 경업, 조도, 솔성, 진덕, 대화, 대빙이라는 9재로 나누었는데, 시중 최공도라고 일렀으며, 무릇 과거를 보려는 자는 반드시 먼저 그 도(徒)에 들어가서 배웠다. 해마다 더운 철이면 귀법사의 승방을 빌려서 여름 공부를 하며, 도 가운데에서 급제한 자로 학문은 우수하면서 벼슬하지 않은 자를 골라 교도로 삼아 구경(九經)과 삼사(三史)를 가르치게 하였다. –『고려사절요』–

3. 『삼국사기』를 바치는 글

신라·고구려·백제가 나라를 세우고 솥발처럼 대립하면서 예를 갖추어 중국과 교통하였으므로, 범엽(范曄)의 『한서(漢書)』나 송기(宋祁)의 『당서(唐書)』에 모두 열전(列傳)을 두었는데, 중국의 일만을 자세히 기록하고 외국의 일은 간략히 하여 갖추어 싣지 않았습니다. 또한 그 고기(古記)라는 것은 글이 거칠고 졸렬하며 사적(事跡)이 누락되어 있어서, 임금된 이의 선함과 악함, 신하된 이의 충성과 사특함, 나라의 평안과 위기, 백성들의 다스려짐과 혼란스러움 등을 모두 드러내어 경계로 삼도록 하지 못하였습니다.

4. 『동명왕편』

지난 계축년 『구삼국사(舊三國史)』를 얻어 동명왕본기(東明王本紀)를 보니 그 신이한 사적이 세상에 전하는 것보다 더하였다. 그러나 처음에는 믿지 못해 귀신이나 환상으로만 여겼는데, 세 번 반복하여 읽어서 점점 그 근원에 들어가니, 환상이 아니고 성스러움이며, 귀신이 아니고 신(神)이었다. …… 동명왕의 일은 변화의 신이(神異)한 것으로 여러 사람의 눈을 현혹한 것이 아니고 실로 나라를 창시한 신기한 사적이니 이것을 기술하지 않으면 후인들이 장차 어떻게 볼 것인가? 따라서 시를 지어 기록하여 우리나라가 본래 성인(聖人)의 나라라는 것을 천하에 알리고자 하는 것이다.

5. 『삼국유사』

대체로 옛 성인들은 예악으로 나라를 일으키고, 인의로 가르침을 베풀어, 괴력난신을 말하지 않았다. 그러나 제왕이 장차 일어날 때는 하늘의 명령과 상서로운 기운을 받아서 반드시 보통 사람과는 다른 점이 있으니, 그런 뒤에야 능히 큰 변화를 타서 제왕의 지위를 얻고 대업을 이루었다. …… 그러므로 삼국의 시조들이 모두 신기한 일로 탄생했음이 어찌 괴이하겠는가. 이것이 책 첫머리에 기이편(紀異篇)이 실린 까닭이며, 그 의도도 여기에 있는 것이다.

6. 『제왕운기』

처음에 누가 나라를 열고 풍운을 아뢰었나. 석제(釋帝)의 손자 단군일세. 본기에 이르길, "상제 환인은 서자가 있었는데 이름이 웅이라 했다. 일러 말하길, '아래 세상에 내려가 삼위태백(三危太白)에 이르러 크게 인간을 이롭게 하라' 하였다. …… 1380년을 다스렸으며 아사달 산에 들어가 신이 되었으니 죽지 않은 때문이다." 요제(堯帝)와 같은 무진년에 나라 세우고 우순(虞舜)을 지나 하(夏)나라 때까지 왕위에 있었다. 은나라 무정(武丁) 8년 을미년 아사달산에 들어가 신이 되었다.

이제현

▲ 이제현(1287~1367)

- 호는 익재, 역옹
- 충선왕의 부름을 받아 만권당에서 학문연구
- 충선왕을 시종하고 중국 곳곳을 여행
- 충숙왕 때 입성책동 반대 상소
- 공민왕의 개혁 정책 총괄
- 홍건적의 난 때 공민왕을 호종해 피난
- 『사략』, 『역옹패설』, 『익재난고』 등 저술

36 유교(2)

자료 더하기

이황

▲ 이황(1501~1570)
- 호는 퇴계
- 단양군수 시절 형이 충청감사가 되자 풍기군수로 전임
- 전임 군수 주세붕이 세운 백운동 서원에 사액 요청
- 고향에 도산서당을 만들고 제자교육
- 선조 즉위 후 「무진육조소」, 『성학십도』를 지어 올림

이언적

▲ 이언적(1491~1553)
- 호는 회재
- 주리론의 선구자
- 중종에게 「일강십목소」를 올림
- 을사사화로 피해
- 광해군 때 문묘에 배향, 옥산서원에 제향

조식

▲ 조식(1501~1572)
- 호는 남명
- 관직 출사 거부, 문정왕후 비판 상소
- 선조 즉위 후 무진봉사에서 서리 망국론 주장
- 곽재우, 정인홍 등 북인의 스승
- 노장 사상에 개방적, 실천 강조
- 경(敬)과 아울러 의(義)를 강조

01 / 조선 전기의 유학

주리론	• 이언적: 주리론의 선구자 • 이황(동방의 주자): 일본 성리학에 영향, 『주자서절요』, 『성학십도』, 『이학통록』, 『전습록논변』 등 • 조식: 학문의 실천과 절의 중시, 의병 활동, 북인에 영향
주기론	• 서경덕: 기일원론(주기론의 선구적인 역할) • 이이(동방의 공자): 제도의 개혁 중시, 수미법 주장, 『동호문답』, 『만언봉사』, 『성학집요』 등

02 / 조선 후기의 유학

1 성리학의 교조화

성리학의 교조화	• 병자호란 이후 서인은 북벌 운동을 전개하며 주자의 성리학을 절대화 시도 • 송시열 중심 – 성리학적 명분론 강조 – 사문난적 배척
성리학의 상대화 (탈성리학)	• 윤휴: 유교 경전에 대한 독자적인 해석, 사문난적으로 지목 • 박세당: 주자의 해석을 비판, 사문난적으로 지목
호락논쟁	• 노론 내부에서 일어난 인성과 물성에 관한 철학적 논쟁 – 호론(충청): 인물성이론(인성 ≠ 물성), 화이론 계승, 위정척사 사상으로 계승 – 낙론(서울): 인물성동론(인성 = 물성), 화이론 극복, 개화 사상으로 계승
양명학	• 명의 왕수인이 일으킨 실천적 유학으로 심즉리설, 치양지설, 지행합일설 강조 • 이황이 정통 주자학에 어긋난다고 비판한 것을 계기로 이단으로 간주 • 17세기 후반 소론 학자들에 의해 본격적으로 수용 • 정제두(하곡): 강화학파 형성, 소론과 종친, 서얼 사이에서 계승(박은식, 정인보)

2 실학

배경	• 17~18세기 사회 · 경제적 변동에 따른 사회 모순을 해결하기 위한 사회 개혁론 • 이수광 『지봉유설』 · 한백겸 『동국지리지』에서부터 시작
중농학파	• 농촌 사회의 안정을 위해 토지 제도를 비롯한 각종 제도의 개혁을 추구 • 유형원(반계): 균전론, 농병일치제 등 주장, 『반계수록』 • 이익(성호): 한전론, 폐전론, 6좀론 등 주장, 『성호사설』, 『곽우록』 • 정약용(다산, 여유당) – 실학의 집대성, 여전론, 정전론, 기예론 등 주장 – 『여유당전서』, 『경세유표』, 『목민심서』, 『흠흠심서』, 『마과회통』, 『아방강역고』 등 저술
중상학파	• 청의 문물을 적극적으로 수용하여 부국강병과 이용후생에 힘쓰자고 주장 • 유수원(농암): 사농공상의 직업적 평등화와 전문화, 경영 규모의 확대 주장, 『우서』 • 홍대용(담헌): 균전론, 지전설, 무한우주론 주장, 『담헌서』, 『임하경륜』, 『의산문답』 • 박지원(연암) – 수레와 선박의 이용, 화폐 유통, 영농 방법의 혁신, 상업적 농업의 장려 – 한전론, 양반제도의 부조리 비판, 『열하일기』, 『과농소초』, 『양반전』, 『호질』, 『허생전』 • 박제가(초정): 청과의 통상 강화, 수레 · 선박 · 벽돌의 이용 주장, 소비 권장, 『북학의』 • 최한기(명남루): 서양의 과학 기술 소개, 상업 국가의 건설 주장, 『명남루총서』, 『지구전요』

대표 사료 확인하기

1. 이황의 『성학십도』

이제 이 도(圖)와 해설을 만들어 겨우 열 폭밖에 되지 않는 종이에 풀어 놓았습니다만, 이것을 생각하고 익혀서 평소에 조용히 혼자 계실 때에 공부하소서. 도(道)가 이룩되고 성인이 되는 요체와 근본을 바로잡아 나라를 다스리는 근원이 모두 여기에 갖추어져 있사오니, 오직 전하께서는 이에 유의하시어 여러 번 반복하여 공부하소서.

2. 박세당과 윤휴

- 경에 실린 말이 그 근본은 비록 하나이지만 그 실마리는 천 갈래 만 갈래이니, 이것이 하나로 모이는데 생각은 백이나 되고 같이 돌아가는데 길은 다르다. – 박세당, 『사변록』 –
- 천하의 많은 이치를 어찌하여 주자만 알고 나는 모른단 말인가. 주자는 다시 태어난다 하여도 내 학설을 인정하지 않겠지만, 공자나 맹자가 다시 태어나면 내 학설이 승리하게 될 것이다. – 윤휴, 『백호문집』 –

3. 유형원의 균전론

농부 한 명 당 1경을 주고 법에 따라 세금을 거둔다. 매 4경마다 군인 1명을 내게 한다. 선비 중에 처음으로 지방의 학교에 공부하러 들어간 자는 2경을 주며, 기숙사에 들어간 자는 4경을 주고, 병역을 면세한다. 관리로써 9품~7품까지는 6경씩 주고, 2품에 이르면 12경에 이르고, 아울러 병역을 면제한다. 벼슬하는 자는 관직에 있을 때는 녹봉을 받고 벼슬을 그만두고 집에 돌아가 있을 때에는 또한 그 농토를 가지고 생계를 쓴다.

– 『반계수록』 –

4. 이익의 한전론

국가는 마땅히 한 집안의 경제력을 헤아려 토지 몇 부(負)를 한정하여 한 집의 영업전을 삼고, 당나라의 조세제도처럼 한다. 많은 집은 빼지 않고 모자라는 자에게는 주지 않는다. 돈이 있어서 사고자 하는 자는 비록 천 백결이라도 허락하고, 토지가 많아서 팔고자 하는 자는 다만 영업전 몇 부 외에는 역시 허락한다. 많지만 팔기를 원하지 않는 사람은 강제로 팔기를 강요하지 않고, 영업전에 미치지 못해 살 수 없는 자도 재촉하지 않는다. – 『곽우록』 –

5. 정약용의 여전론

"농사짓는 사람은 토지를 가지게 하고(耕者有田), 농사짓지 않는 사람은 토지를 가지지 못하게 하려면, 여전제를 실시해야 한다. 산골짜기와 시냇물의 지세를 기준으로 구역을 획정하여 경계를 삼고, 그 경계선 안에 포괄되어 있는 지역을 1여(閭 = 대략 30戶)로 한다. …… 1여마다 여장(閭長)을 두며, 무릇 1여의 인민이 공동으로 경작하도록 한다. …… 여민이 농경하는 경우, 여장은 매일 개개인의 노동량을 장부에 기록(日役簿)하여 두었다가 가을이 되면 오곡의 수확물을 모두 여장의 집에 가져온 다음에 분배한다. 이때, 국가에 바칠 세와 여장의 봉급을 제하며, 그 나머지를 가지고 노동 일수에 따라 여민(閭民)에게 분배한다." – 『전론』 –

6. 박제가의 소비 권장

비유하건대, 재물은 대체로 샘(泉)과 같다. 퍼내면 차고, 버려두면 말라 버린다. 그러므로 비단옷을 입지 않아서 나라에 비단 짜는 사람이 없게 되면 여공이 쇠퇴하고, 쭈그러진 그릇을 싫어하지 않고 기교를 숭상하지 않아서 공장(工匠)이 도야(陶冶)하는 일이 없게 되면 기예가 망하게 되며, 농사가 황폐해져서 그 법을 잃게 되므로, 사농공상의 사민이 모두 곤궁하여 서로 구제할 수 없게 된다. – 『북학의』 –

자료 더하기

이이

▲ 이이(1536~1584)
- 호는 율곡
- 13세에 진사시 합격
- 금강산 마하연에서 불교 공부
- 9차례 과거에서 장원 급제(구도장원공)
- 정철과 사회개혁에 대해 논한 『동호문답』 저술
- 『기자실기』, 『성학집요』 등 저술
- 자운서원(파주), 송담서원(강릉) 등에 제향

홍대용의 무한우주론

지구가 9만 리를 한 바퀴 도는데 그 회전 속도가 매우 빠르다. 그런데 저 별들과 지구와의 거리가 겨우 절반이라도 몇 천만, 몇 억 리나 될지 알 수 없다. 하물며 별 밖에 또 별이 있음에랴. 우주 공간에 한계가 없다면, 별이 분포하는 영역에도 한계가 없다. 그 별들이 한 바퀴 돈다고 말한다 해도 그 궤도의 둘레가 얼마나 길지 헤아릴 수조차 없다.

– 『의산문답』 –

박지원의 수레와 선박 이용 주장

중국의 풍부한 재물이 한 곳에 지체되지 않고 고루고루 유통되는 것은 모두 수레를 사용한 덕분이다. … 영남 어린이들은 새우젓을 모르고, … 사방이 겨울 몇 천 리밖에 안 되는 나라에 백성의 살림살이가 이렇게 가난한 것은 국내에 수레가 다니지 못한 까닭이다. – 『열하일기』 –

37 조선의 통치 기록 및 역사서

✐ 『승정원일기』

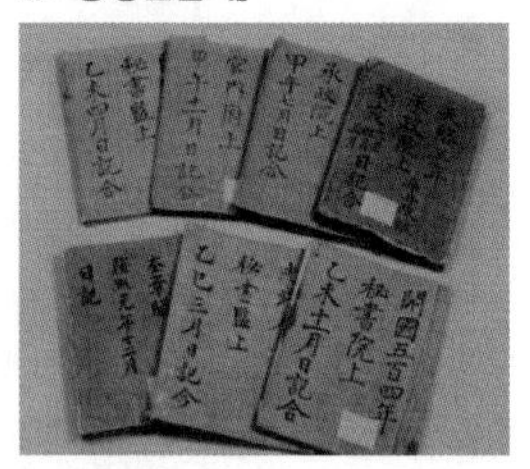

▲ 『승정원일기』
『승정원일기』는 조선 시대 왕명 출납을 담당하던 승정원의 업무일지이다. 조선 초기부터 작성되었으나 임진왜란 등의 전란으로 현재는 인조시기부터 고종 때까지의 기록만 남아있다. 남아있는 서적은 총 3243권 2억4250만자에 이르는 세계에서 가장 방대한 역사기록이기도 하다.

✐ 전주사고

▲ 전주사고
전주사고는 조선 초기 조선왕조실록을 보관하던 곳으로 임진왜란으로 춘추관, 성주, 충주사고가 소실되자 경기전 참봉 오희길과 선비 손홍록, 안의의 노력으로 전주사고본을 보존할 수 있었다.

01 / 통치 기록

업무일지	• 『등록』: 중앙과 지방관청의 업무일지 및 공식 문서 • 『승정원일기』: 국왕과 신하 간에 오고간 문서와 국왕의 일과 기록 • 사초(史草): 사관이 임금과 신하의 대화를 기록 • 조보(朝報): 정부의 방침을 알리는 문서, 관리의 인사이동 및 정책 기록
왕조실록	• 자료: 사초, 시정기, 『일성록』, 『승정원일기』, 『의정부등록』, 『비변사등록』 참고 • 편찬 단계: 초초(초고) → 중초(1차 수정) → 정초(확정) • 4대 사고(춘추관, 충주, 성주, 전주) → 5대 사고(춘추관, 오대산, 마니산, 태백산, 적상산) • 일기: 폐위된 임금 시기의 기록(『연산군일기』, 『광해군일기』) • 수정실록: 『선조수정실록』, 『경종수정실록』
의궤	• 왕실의 혼사, 장례, 궁중 잔치, 국왕의 행차 등 주요 사건을 기록 • 선조 때 제작된 의인왕후의 『빈전혼전도감의궤』와 『산릉도감의궤』가 가장 오래됨
『국조보감』	• 세조 때부터 역대 국왕의 훌륭한 언행을 후대 왕들이 본보기로 삼기 위해 제작

02 / 역사서

15세기	• 조선 건국의 정당성 강조: 성리학적 사관 + 민족적 자주 사관 • 『응제시주』(권람): 권근의 시에 대한 주석, 단군 신화 수록 • 『고려국사』(정도전, 편년체): 고려왕조의 역사 정리, 이방원에 의해 부정 • 『동국사략』(권근, 편년체): 단군조선부터 삼국 시대까지 기록 • 『고려사』(김종서 · 정인지, 기전체), 『고려사절요』(김종서, 편년체): 조선 건국의 정당성 기록 • 『삼국사절요』(서거정 · 신숙주, 편년체), 『동국통감』(서거정, 편년체): 우리나라 통사
16세기	• 존화주의, 기자 조선 중시 – 사림의 역사의식 반영 • 『동국사략』(박상), 『기자실기』(이이)
조선 후기	• 『동사강목』(안정복): 삼한정통론 완성, 고증 사학의 토대 • 『연려실기술』(이긍익): 기사본말체로 구성, 조선 시대 정치사 • 『해동역사』(한치윤): 중국과 일본의 역사서를 고증하여 우리 역사를 재구성 • 『동사』(이종휘): 부여와 고구려 역사를 강조 • 『발해고』(유득공): 남북국 시대 설정 – 한반도 중심의 협소한 사관 극복

03 / 윤리서

윤리서	• 『삼강행실도』: 효자 · 충신 · 열녀의 행적을 소개 • 『이륜행실도』: 연장자와 연소자, 친구 간의 윤리를 소개
의례서	• 『주자가례』: 사대부의 예법을 정리한 책, 관례 · 혼례 · 상례 · 제례 • 『국조오례의』: 왕실의 행사와 의식을 규정한 예법서, 길례 · 흉례 · 군례 · 빈례 · 가례

대표 사료 확인하기

1. 『고려사』

이 역사를 편찬하면서 범례는 다 사마천(司馬遷)의 『사기(史記)』에 준하고, 기본 방향들은 다 직접 왕에게 물어서 결정했습니다. 본기(本紀)라는 이름을 피하고 세가(世家)라고 한 것은 대의명분의 중요성을 나타내기 위함이며, 신우와 신창을 세가에 넣지 않고 열전으로 내린 것은 그들이 참람하게 왕위를 도둑질한 사실을 엄히 논죄하려는 것입니다. 충신과 간신, 부정한 자와 공정한 사람들은 다 열전을 달리하여 서술했으며, 제도 문물은 각각 그 종류에 따라 분류해 놓았습니다. 왕들의 계통은 문란하지 않게 하였으며 사건들의 연대를 참고할 수 있게 하였습니다. 사적들은 될 수 있는 대로 상세하고 명확하게 하고, 누락된 것과 잘못된 것은 반드시 보충하고 바로잡도록 하였습니다.

2. 『동국통감』 서문

우리 동방은 단군으로부터 기자를 지나 삼한에 이르기까지 고증할 만한 문적이 없었으며, 아래로 삼국에 이르러 겨우 역사책이 있었지만 대강 간략함이 매우 심하였고, 게다가 근거도 없고 경전에도 나오지 않는 말들을 더하였습니다. …… 우리 주상 전하께서는 대통을 이어받고 선왕의 계책을 뒤따라서 달성군 신 서거정, 행호군 신 정효항, 참의 신 손비장 등에게 『동국통감』을 찬수해 올리라고 명하였습니다. …… 삼가 삼국 이하 여러 사책에서 뽑아내고, 중국 역사에서 가려낸 것을 더하여서 편년체를 취하여 사실을 기록하였습니다. …… 삼국이 함께 대치하였을 때는 삼국기(三國紀)라 칭하였고, 신라가 통합하였을 때는 신라기(新羅紀)라 칭하였으며, 고려 시대는 고려기(高麗紀)라 칭하였고, 삼한 이상은 외기(外紀)라 칭하였습니다.

3. 『동사강목』

삼국사에서 신라를 으뜸으로 한 것은 신라가 가장 먼저 건국되었고, 뒤에 고구려와 백제를 통합하였으며, 고려는 신라를 계승하였으므로 편찬한 것이 모두 신라의 남은 문적(文籍)을 근거로 하였기 때문이다. 그러므로 편찬한 내용이 신라에 대하여는 약간 자세히 갖추어져 있고, 백제에 대하여는 겨우 세대만을 기록했을 뿐 없는 것이 많다. …… 고구려의 강대하고 현저함은 백제에 비할 바가 아니며, 신라가 자처한 땅의 일부는 남쪽에 불과할 뿐이다. 그러므로 김씨(김부식)는 신라사에 쓰여진 고구려 땅을 근거로 했을 뿐이다.

4. 『발해고』

부여씨가 망하고 고씨(고구려)가 망한 다음, 김씨(신라)가 남방을 차지하고 대씨(발해)가 북방을 차지하고는 발해라 하였으니, 이것을 남북국이라 한다. 당연히 남북국을 다룬 역사책이 있어야 하는데, 고려가 편찬하지 않은 것은 잘못이다. 저 대씨가 어떤 사람인가? 바로 고구려 사람이다. 그들이 차지하고 있던 땅은 어떤 땅인가? 바로 고구려의 땅이다.

5. 『국조오례의』

갑오년 여름이 지나 비로소 능히 책이 완성되어 본뜨고 인쇄하여 장차 발행하였다. 신이 가만히 살펴보건대, 예를 기술한 것이 3,300가지의 글이 있기는 하나 그 요점은 길·흉·군·빈·가(吉凶軍賓嘉)라고 말하는 5가지에 불과할 뿐이다. 제사로 말미암아 길례가 있고, 사상(死喪)으로 말미암아 흉례가 있으며, 대비와 방어로 말미암아 군례가 있고, 교제와 관혼의 중요함으로 말미암아 빈례와 가례가 있다. 예는 5가지에 갖춰져서 사람 도리의 처음과 끝이 구비되었으니, 천하 국가를 다스리고자 하는 자는 이를 버리면 할 수가 없다.

– 『사숙재집』 –

자료 더하기

의궤

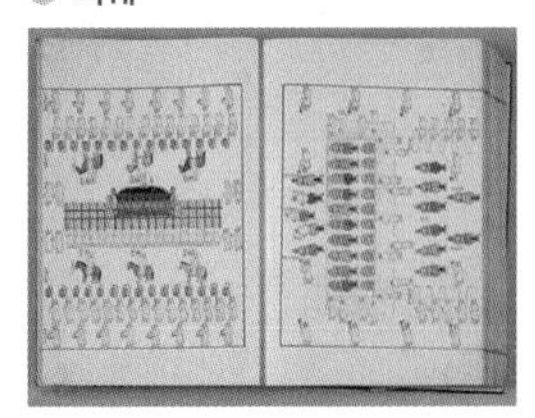

▲ 효종국장도감의궤

의궤는 조선 시대에 왕실이나 국가에 큰 행사가 있을 때 후세에 참고할 수 있도록 일체의 관련 사실을 그림과 문자로 정리한 책을 말한다. 현재 남아있는 가장 오래된 의궤는 1601년(선조 34)에 제작한 『의인왕후빈전혼전도감의궤』이다.

『기자실기』

『기자실기』는 1580년 율곡 이이가 기자에 관한 내용을 정리한 책이다. 이이는 윤두수가 집필한 『기자지』가 잡다한 자료를 일정한 체계 없이 늘어놓았음을 지적하며 기자에 관한 행적을 정리하였다. 주요 내용은 중국의 신하인 기자가 한반도로 와서 동이족을 교화시키고 고조선을 건국했다는 중화사상을 강조하는 내용으로, 단군과 단군조선의 존재 자체를 부정하는 내용이다.

안정복의 주요 저서

- 『동사강목』: 고조선~고려
- 『열조통기』: 조선 시대 역사
- 『천학문답』: 천주교 비판

『연려실기술』

조선 후기 이긍익이 저술한 조선 시대 역사서로 이긍익은 아버지 이광사의 유배지인 전남 완도군 신지도에서 30여 년에 걸쳐 저술하였다. 책의 내용은 태조 이래 현종까지의 283년간(1392~1674) 각 왕대의 주요한 사건을 400여 가지에 달하는 야사에서 자료를 수집·분류하고 원문을 그대로 기록하였다.

38 불교(1)

자료 더하기

백률사 석당(이차돈 공양비)

연가 7년명 금동 여래 입상

부여 정림사지 5층 석탑

01 / 삼국의 불교 수용과 발전

구분	전래 시기		전래자	발전
고구려	소수림왕(372)		순도(전진)	• 보덕(열반종 창시), 혜자(쇼토쿠 태자의 스승) • 담징: 일본에 유교, 불경, 종이, 먹 제조법 전파
백제	침류왕(384)		마라난타(동진)	• 율종 발달: 계율 중시 • 겸익(인도에 유학), 노리사치계(일본에 불상, 불경 전파)
신라	전래	눌지왕	묵호자(고구려)	• 왕권과 밀착되어 성행 → 불교식 왕명 사용 • 왕즉불 사상 → 왕권 정당화, 귀족의 특권 인정 • 자장: 계율종 창시, 황룡사 9층 목탑 건립 • 원광: 진평왕 때 세속 5계, 걸사표 지음
	공인	법흥왕	이차돈의 순교	

02 / 원효와 의상

원효	• 불교의 사상적 이해 기준 마련: 『금강삼매경론』, 『대승기신론소』 저술 • 일심(一心)사상: 종파들의 사상적 갈등 통합 시도, 『십문화쟁론』(十門和爭論)』 저술 • 불교의 대중화: 아미타 신앙(나무아미타불), 무애 사상 강조 • 경주 분황사를 중심으로 법성종 창시
의상	• 당나라 유학 후 화엄종 창시, 『화엄일승법계도』 저술, 일즉다 다즉일(一卽多多卽一) • 부석사를 비롯 여러 사찰 건립(화엄 십찰), 많은 제자 양성(화엄 십철), 아미타 · 관음 신앙 • 문무왕에게 새로운 도성 축성 공사를 반대하는 조언을 올림

03 / 교종과 선종

교종	종파	• 5교: 열반종(보덕), 화엄종(의상), 법상종(진표), 법성종(원효), 계율종(자장)
	특징	• 불경과 의식 중시, 왕실 · 귀족 사회 중심으로 발달(세속적)
	영향	• 전제 왕권 강화에 기여, 조형 미술 발달
선종	시기	• 통일 전후 전래 → 신라 말(하대)에 교종의 권위에 대항하여 크게 유행
	성격	• 구체적인 실천 수행(참선)을 통하여 깨달음을 얻는 것 중시(불립문자, 견성오도)
	9산 선문	• 호족과 결합하여 각 지방에 근거지를 둠
	영향	• 호족과 연결 → 호족의 이념적 기반 제공, 지방 문화 역량의 증대 • 6두품 지식인과 연결 → 고려 사회 건설의 사상적 바탕 마련 • 조형 미술의 쇠퇴 초래 → 승탑(부도)과 탑비 유행

04 / 탑과 불상

삼국 시대	고구려	• 주로 목탑 건립(현존하지 않음) • 불상: 연가 7년명 금동 여래 입상
	백제	• 익산 미륵사지 석탑: 목조탑 양식 모방, 현존 최고(最古)의 석탑 • 부여 정림사지 5층 석탑: 백제의 대표적 석탑, 평제탑 • 불상: 서산 마애 삼존불상
	신라	• 황룡사 9층 목탑: 선덕여왕 때 자장의 건의로 건축, 몽골 침입으로 소실 • 경주 분황사 모전석탑: 선덕여왕 때 축조, 석재를 벽돌 모양으로 쌓은 석탑 • 불상: 경주 배동 삼존불상
통일신라	• 석굴암 · 불국사: 경덕왕 때 김대성이 창건, 유네스코 세계 문화유산 • 이중기단의 3층 석탑: 감은사지 3층 석탑, 불국사 3층 석탑, 양양 진전사지 3층 석탑 • 불상: 석굴암 본존불상	
발해	• 이불병좌상: 고구려 양식 계승	

대표 사료 확인하기

1. 불교의 수용

• (소수림왕) 2년(372) 여름 6월에 진왕(秦王) 부견이 사신과 승려 순도(順道)를 보내 불상과 경전을 전하였다. 5년(375) 봄 2월에 처음으로 초문사(肖門寺)를 창건하고 순도(順道)를 두었으며, 또한 이불란사(伊弗蘭寺)를 창건하고 아도(阿道)를 두니, 이것이 해동(海東) 불법(佛法)의 시초였다.

• (침류왕) 1년(384) 9월 호승(胡僧) 마라난타가 진(晋)나라에서 오자, 왕이 궁중으로 맞아들여 우대하고 공경하였다. 불교가 이때부터 시작되었다.

2. 원효

• 그는 그 모양대로 도구를 만들어 화엄경의 "일체 무애인은 한 길로 생사를 벗어난다."라는 문구에서 그 이름을 따와서 무애라 하며 이내 노래를 지어 세상에 퍼뜨렸다. 일찍이 이것을 가지고 많은 촌락에서 노래하고 춤추며 교화하고 음영하여 돌아왔으므로 가난하고 무지몽매한 무리들까지도 모두 부처의 호를 알게 되었고, 다 나무아미타불을 부르게 되었으니 그의 법화는 컸던 것이다.

• 그는 우연히 광대가 춤출 때 쓰는 커다란 박을 얻었는데, …… 이 박을 무애라 이름 붙이고 노래를 지어 세상에 퍼뜨렸다. 이로 말미암아 가난하고 무지몽매한 무리들까지도 모두 부처의 이름을 알게 되었고…

3. 의상

• 일(一) 안에 일체(一切)요, 다(多) 안에 일(一)이다. 일(一)이 곧 일체(一切)요, 다(多)가 곧 일(一)이다. 한 작은 티끌 속에 시방(十方)을 머금고, 일체(一切)의 티끌 속에 또한 이와 같다.

• 왕이 수도(금성)에 성곽을 쌓으려고 문의하니 그가 말하기를, "비록 초야에 살더라도 정도(正道)만 행하면 복업(福業)이 오래 갈 것이요, 만일 그렇지 못하면 여러 사람을 수고롭게 하여 성을 쌓을지라도 아무 이익이 없을 것입니다."라고 하였다. 왕은 이에 성 쌓는 일을 그만두었다.

자료 더하기

익산 미륵사지 석탑

서산 마애 삼존불상

경주 분황사 모전석탑

경주 불국사 3층 석탑과 다보탑

경주 석굴암 본존 불상

발해 이불병좌상

쌍봉사 철감선사 탑

4. 혜초, 『왕오천축국전』

한 달 뒤에 구시나국에 도착하였다. 석가가 열반에 드신 곳이다. 부처님이 열반하신 곳에 탑을 세웠는데 한 스님이 그 곳을 깨끗이 청소하고 있었다. …… 그때 여행하면서 느낀 감정을 오언시로 읊었다.
내 나라는 하늘 끝 북쪽에 있고 다른 나라는 땅끝 서쪽에 있네.
해가 뜬 남쪽에 기러기가 없으니 누가 계림(鷄林)으로 나를 위해 소식을 전할까.

5. 통일신라 5교 9산

종파	교종(5교)	선종(9산)
특징	불교 교리, 경전 연구 중심	수양을 통한 해탈 강조
후원 세력	왕실, 귀족	호족, 백성
유행 시기	신라 중대(통일 이후)	신라 하대(혼란기)

- 5교: 열반종(보덕, 경복사), 계율종(자장, 통도사), 법성종(원효, 부석사), 화엄종(의상, 부석사), 법상종(진표, 금산사)
- 9산: 가지산문(보림사), 실상산문(실상사), 동리산문(태안사), 사자산문(법흥사), 사굴산문(굴산사), 희양산문(봉암사), 성주산문(성주사), 수미산문(광조사), 봉림산문(봉림사)

39 불교(2)

01 / 고려의 불교

전기	• 태조: 비보사찰 건립, 훈요 10조에 불교 숭상 조항을 남김 • 광종: 승과 제도를 실시하고 왕사 · 국사 제도 실시, 불교 종파 정리(균여) • 성종: 유교 정치 이념에 따라 불교의 폐단이 지적되어 연등회 · 팔관회 중단 • 현종: 연등회 · 팔관회 부활, 초조대장경 조판
무신 정권	• 교종 승려의 난 진압: 왕실과 긴밀한 관계를 가진 교종 승려들의 반란 • 선종 후원: 최충헌의 지눌의 수선결사 후원, 최우의 주도하에 재조대장경 조판
대장경	• 불교의 경전 집대성: 경(부처의 설법) + 율(계율) + 논(이론과 해석) • 초조대장경(1011~87): 거란 침입 격퇴 • 교장(속장경, 1085~96): 의천의 주도하에 초조대장경 보완 • 재조대장경(팔만대장경, 1236~51): 몽골의 침입 극복, 합천 해인사 보관

02 / 고려 시대의 승려

균여	• 광종 때 귀법사의 주지, 『보현십원가』 편찬 • 교종 통합: 남악과 북악으로 분열된 화엄종을 중심으로 통합, 성상융회(통합 사상)
의천(대각국사)	• 문종의 넷째 아들, 교장(속장경, 1085~96) 간행 • 교종 통합: 화엄종을 중심으로 교종 통합(흥왕사) • 천태종 창시: 교종을 중심으로 선종 통합(국청사) – 원효의 일심사상 계승, 교관겸수
지눌(보조국사)	• 최충헌의 후원, 송광사 창건(3보 사찰), 선종 중심의 교종 통합: 정혜쌍수, 돈오점수 • 수선사의 신앙 결사 운동: 불교계의 타락상 비판, 독경과 선 수행, 노동 주장
혜심(진각국사)	• 수선사의 2세 사주, 유 · 불 일치설, 심성의 도야 강조 – 성리학 수용의 토대 마련
요세(원묘국사)	• 최우의 후원, 백련 결사 운동(만덕사), 법화 신앙 강조(묘종)
보우(원증국사)	• 공민왕의 왕사 – 임제종 전래

03 / 고려의 석탑 · 승탑 · 불상

석탑	• 전기 – 삼국 양식 계승: 개성 불일사 5층 석탑(고구려 영향), 개성 현화사 7층 석탑(신라 영향), 부여 무량사 5층 석탑(백제 영향), 익산 왕궁리 5층 석탑(백제 영향) – 다각 다층탑: 평창 월정사 8각 9층 석탑, 영변 보현사 8각 13층 석탑 • 후기: 경천사 10층 석탑(원의 영향)
승탑	• 팔각원당형: 원주 흥법사지 진공대사 승탑, 여주 고달사지 원종대사 혜진탑, 구례 연곡사 북부도 • 특이한 형태의 승탑: 충주 정토사 홍법국사 실상탑(공 모양의 탑신), 원주 법천사 지광국사 현묘탑(사각형), 원주 거돈사 원공국사 승묘탑(규모축소), 여주 신륵사 보제존자 승탑(석종형)
불상	• 안동 이천동 석불 · 광주 춘궁리 철불(고려 초기), 논산 관촉사 석조 미륵보살 입상(광종) • 부석사 소조 아미타여래 좌상(신라 양식)

자료 더하기

팔만대장경

개성 불일사 5층 석탑

평창 월정사 8각 9층 석탑

개성 경천사 10층 석탑

자료 더하기

영주 부석사 소조 아미타여래 좌상

논산 관촉사 석조 미륵보살 입상

충주 정토사 홍법국사 실상탑

여주 신륵사 보제존자 승탑

수월관음도

04 / 조선 시대의 불교

전기	• 불교 억제책: 도첩제(태조), 사원전 및 노비 몰수(태종), 선 · 교 양종 통합(세종), 도첩제 폐지(성종) • 숭불정책: 여전히 왕실과 민간을 중심으로 신앙으로 신봉, 간경도감에서 불경 간행(세조), 승과 부활(명종)
후기	• 임진왜란 시 의병 참여: 서산대사 · 사명대사의 활약

대표 사료 확인하기

1. 의천

• 나는 도를 구하는 데 뜻을 두어 덕이 높은 스승을 두루 찾아 다녔다. 그러다가 진수대법사 문하에서 교관을 대강 배웠다. 진수대법사는 강의하다가 쉬는 시간에도 늘 "관을 배우지 않고 경만 배우면 비록 오주의 인과를 들었더라도 삼중의 덕을 통하지 못한다. 경을 배우지 않고 관만 배우면 비록 삼중의 덕을 깨우쳤으나 오주의 인과를 분별하지 못한다. 따라서 관도 배우지 않을 수 없고 경도 배우지 않을 수 없다."라고 제자들에게 훈시하였다. 내가 교관에 마음을 다 쏟는 까닭은 이 말에 감복하였기 때문이다.

• 진리는 말이나 형상이 없지만 말과 형상을 떠나 있는 것도 아니다. 말과 형상을 떠나면 미혹에 빠지고 말과 형상에 집착하며 진실을 미혹케 된다. 교리를 배우는 이는 내적(마음)인 것을 버리고 외적인 것을 구하는 일이 많고, 참선하는 사람은 밖의 인연을 잊고 내적으로 밝히기를 좋아한다. 둘 다 편벽된 집착이고 양 극단에 치우친 것이다. – 『대각국사문집』 –

2. 지눌

• 한마음[一心]을 깨닫지 못하고 한없는 번뇌를 일으키는 것이 중생인데, 부처는 이 한마음을 깨달았다. 깨닫고 아니 깨달음은 오직 한마음에 달려 있는 것이니 이 마음을 떠나서 따로 부처를 찾을 곳은 없다. …… 먼저 깨치고 나서 후에 수행한다는 뜻은, 못의 얼음이 전부 물인 줄 알지만 그것이 태양의 열을 받아 녹게 되는 것처럼, 범부가 곧 부처임을 깨달았으나 불법의 힘으로 부처의 길을 닦게 되는 것과 같다는 것이다.

• 지금의 승려들을 보면, 아침저녁으로 행하는 일들이 비록 부처의 법에 의지하였다고 하나, 자신을 내세우고 이익을 구하는 데만 사소하고 용렬하며 세속의 일에 골몰한다. 도덕을 닦지 않고 옷과 밥만 허비하니, 비록 출가하였다고 하나, 무슨 덕이 있겠는가? …… 하루는 같이 공부하는 사람 10여 인과 약속하였다. 마땅히 명예와 이익을 버리고 산림(山林)에 은둔하여 같은 모임을 맺자. 항상 선정(禪定)을 익히고 지혜를 고르는 데 힘쓰고, 예불하고 경전을 읽으며 온 힘을 다해서 각자 맡은 바 임무에 따라 경영한다.

3. 혜심

• 부처님이 말씀하시기를, "나는 두 성인을 중국에 보내어 교화를 펴리라. 한 사람은 노자로 그는 가섭보살이요, 또 한 사람은 공자로 그는 유동보살(儒童菩薩)이다." 하였다. 이 말에 의하면 유(儒)와 도(道)의 종(宗)은 부처님의 법에서 흘러나온 것이다.

• 나는 옛날 공(公)의 문하에 있었고 공은 지금 우리 수선사에 들어왔으니, 공은 불교의 유생이요 나는 유교의 불자입니다. 서로 손과 주인이 되고 스승과 제자가 됨은 옛날부터 그러하였고 지금에야 비롯된 것은 아닙니다. – 『조계진각국사어록』 –

4. 요세

대사는 묘종을 설법하기 좋아하여 언변과 지혜가 막힘이 없었고 대중에게 참회 수행을 권하였다. 왕공대인과 지방 수령, 높고 낮은 사부 대중 가운데 결사에 들어온 자들이 300여 명이나 되었고, 가르침을 전도하여 좋은 인연을 맺은 자들이 헤아릴 수 없이 많았다. – 만덕산 백련사 원묘국사 비명 –

40 도교와 풍수지리

01 / 삼국 시대

도교	특징	• 노장 사상 + 산천숭배 + 음양오행 + 신선 사상 결합 → 불로장생과 현세 이익 추구
	삼국 시대	• 고구려 · 백제 귀족 사회를 중심으로 전래 • 고구려: 연개소문 장려(귀족 억압 목적) → 보덕의 백제 망명(열반종 개창) • 백제: 백제 금동 대향로, 산수무늬 벽돌, 무령왕릉 지석, 사택지적 비문 • 신라: 화랑도의 명칭 → 국선도, 풍류도(도교 사상)
	신라 말	• 귀족의 퇴폐풍조에 반발하여 은둔사상 대두 → 도교 · 노장 사상 유행(반신라적 경향)
	관련 유물	• 고구려 강서대묘 사신도, 통일 신라의 12지신상과 최치원의 4산비명, 발해의 정효공주 묘지 등
풍수지리설	전래	• 신라 말 도선에 의해 전래
	성격	• 산세와 수세를 살펴 도읍 · 주택 · 묘지 선정 등에 이용 → 국토의 효율적 이용과 관련
	신라 말	• 도참 신앙과 결합, 지방 중심의 국토 재편성 주장 → 지방의 중요성 자각 계기, 신라 정부의 권위 약화

02 / 고려 시대

도교	• 불로장생과 현세 구복 추구 • 왕실에서 국가적인 행사로 초제와 팔관회를 거행, 민간 신앙과도 결합 • 예종: 도교 진흥 정책(복원궁 건설)
풍수지리 사상	• 고려 시대에는 풍수지리 사상에 미래의 길흉화복을 예언하는 도참 사상이 더해져 크게 유행 • 국초: 개경과 서경 명당설 → 북진 정책 추진 • 중기: 한양 명당설(문종의 남경 건설, 숙종의 남경개창도감 건설), 묘청의 서경 천도 운동 • 말기: 한양 명당설의 재등장

03 / 조선 시대

도교	• 도관이 정리되고 도교 행사 축소 • 국가의 권위를 높이기 위해 소격서를 두고 첨성단에서 초제를 주관 • 세조는 왕권 강화를 위해 원구단을 설치하고 제천 행사를 자주 거행 • 16세기 사림의 등장으로 소격서가 폐지(조광조의 건의)되고 제천 행사도 중단
풍수지리 사상	• 한양 천도에 영향 • 산송 발생: 명당 터에 묘지를 만들기 위해 사대부 간의 갈등 발생
민간 신앙	• 백성들 사이에서 무격 신앙이 유행하였으나 미신으로 간주됨 • 국가에서도 민간 신앙을 흡수하여 단군 사당(숭령전, 평양)을 짓고, 삼신을 숭배하기도 함

자료 더하기

고구려 강서대묘의 현무도

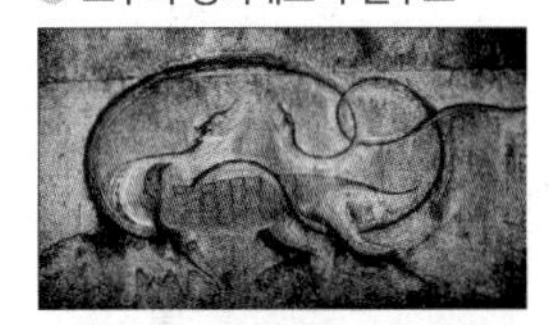

현무는 도교에서 방위를 담당하는 네 신 중 하나로 북쪽을 지키는 방위 신이다. 현무 외에도 청룡(동), 백호(서), 주작(남)을 합쳐 사신이라 부른다.

백제의 산수무늬 벽돌

백제의 금동 대향로

사택지적비

자료 더하기

강화도 마니산 참성단

평양 숭령전(단군 사당)

칠성각

칠성각은 자식과 수명을 관장하는 북두칠성(北斗七星)을 신격화하여 봉안하는 전각으로 중국의 도교신앙과 관련이 깊은 상태에서 형성되어 우리나라에 유입된 신이다. 초기에는 단순히 수호신으로 불교에 수용되었다가 수명신 본래의 모습이 강조됨에 따라 불교화되었다.

대표 사료 확인하기

1. 고구려의 도교 수용

고구려 말기인 무덕, 정관 연간에 나라 사람들이 다투어 오두미교를 신봉하였다. 당나라 고조가 이 소식을 듣고서 도사로 하여금 천존상을 가지고 가서 도덕경을 강연하게 하였다. 영류왕과 나라 사람들이 함께 강의를 들었다. –『삼국사기』–

2. 을지문덕이 우중문에게 보낸 시

신묘한 계책은 천문을 꿰뚫어 볼 만하고,
오묘한 전술은 땅의 이치를 모조리 알았도다.
전쟁에 이겨서 공이 이미 높아졌으니
만족을 알거든 그만두기를 바라노라. –『삼국사기』–

3. 고려 태조의 풍수지리

태조 13년 천안부를 설치하였다. 전해지는 이야기로는 예방이라는 술사가 "이곳은 삼국의 중심으로 다섯 용이 구슬을 다투는 지세이므로 이곳에 큰 관청를 설치하면 후백제가 스스로 항복해 올 것입니다."라고 태조에게 아뢰니 태조가 산에 올라 주위를 살펴보고는 부를 두었다고 한다. –『고려사』–

4. 고려 예종의 복원궁 건설과 도교 장려 정책

대관(大觀) 경인년에 천자께서 저 먼 변방에서 신묘한 도(道)를 듣고자 함을 돌보시어 신사(信使)를 보내시고 우류(羽流) 2인을 딸려 보내어 교법에 통달한 자를 골라 훈도하게 하였다. 왕은 신앙이 돈독하여 정화(政和) 연간에 비로소 복원관(福源觀)을 세워 도가 높은 참된 도사 10여 인을 받들었다. 그러나 그 도사들은 낮에는 재궁(齋宮)에 있다가 밤에는 집으로 돌아가고는 하였다. 그래서 후에 간관이 지적, 비판하여 다소간 법으로 금하는 조치를 취하게 되었다. 간혹 듣기로는, 왕이 나라를 다스렸을 때는 늘 도가의 도록을 보급하는 데 뜻을 두어 기어코 도교로 호교(胡敎)를 바꿔 버릴 생각을 하고 있었으나 그 뜻을 이루지 못해 무엇인가를 기다리는 것이 있는 듯하였다고 한다. –『고려도경』–

5. 조광조의 소격서 혁파 상소

저 소격서(昭格署)의 도교(道敎)와 같은 일도 좌도(左道)이니, 하나라도 남아 있게 해서는 안 되며, 이것도 아울러 혁파하면 성치(聖治)가 더욱 융성해질 것입니다. 예전부터 부처를 숭상하기로는 양 무제(梁武帝) 같은 이가 없으나 마침내 굶어 죽었고, 도교를 숭상하기로는 송(宋)나라 휘종(徽宗)·흠종(欽宗) 같은 이가 없었으나 마침내 남의 나라의 수인(囚人)이 되었습니다. 이제 불교를 없애는 때에 도교도 아울러 없애면 오도(吾道)가 더욱 밝아질 것입니다. –『중종실록』–

41 과학 기술의 발달

01 / 삼국 시대

천문학	• 발달 배경: 농경과 밀접한 관련, 왕의 권위를 하늘과 연결 • 고구려: 천문도 작성, 고분 벽화에 별자리 그림 흔적 • 신라: 첨성대(7세기 선덕여왕) → 세계 최고(最古)의 천문대 • 통일신라: 누각전(성덕왕, 물시계 설치)
목판 인쇄술	• 무구정광대다라니경: 현존 세계 최고(最古)의 목판 인쇄물(불국사 3층 석탑에서 발견) • 제지술 발달: 닥나무 종이 사용
금속 기술	• 고구려: 제철 기술 발달 → 철제 무기와 도구 • 백제: 금속 공예 기술 발달 → 칠지도, 백제 금동 대향로 • 신라: 세공 기술 발달 → 금관 제작

02 / 고려 시대

천문학	• 사천대(서운관)를 설치하여 천문대에서 관측 업무 수행
역법	• 당의 선명력을 사용하였으나 충선왕 때 원의 수시력을 채용함
의학	• 태의감에서 의학 교육을 실시하고, 의원을 뽑는 의과 시행 • 『향약구급방』: 현존하는 최고의 의서
화약	• 최무선이 화통도감(1377) 설치 → 진포해전 대승
조선술	• 대형 범선 제조(해상 무역 발달), 대형 조운선 등장
농학	• 『농상집요』: 이암이 원나라의 농업서를 고려에 소개
인쇄술	• 『직지심체요절』(현전하는 가장 오래된 금속 활자본), 『상정고금예문』

03 / 조선 전기

천문과 역법	• 천체 관측: 천상열차분야지도(태조), 대간의 · 혼천의(세종) • 강우량 측정: 수표 설치, 측우기 • 시간 측정: 앙부일구, 현주일구, 천평일구, 자격루, 옥루기륜(물시계) • 토지 측량: 인지의(거리의 원근) · 규형(지형의 높낮이)
활자 인쇄술	• 계미자(癸未字): 태종 때 제작, 밀랍(蜜蠟)으로 활자를 고정시키는 방법 • 갑인자(甲寅字): 세종 때 구리로 주조, 식자판을 조립하는 방법
무기 제조	• 최해산(崔海山): 최무선의 아들 • 화포, 신기전(神機箭), 거북선, 비거도선(鼻居刀船)
농학	• 『농사직설』(세종), 『금양잡록』(강희맹), 『양화소록』(강희안), 『구황촬요』(명종) 등
의학	• 『향약채취월령』 · 『향약집성방』 · 『의방유취』(세종)

자료 더하기

첨성대

무구정광대다라니경

고려 천문대(개성)

천상열차분야지도

자료 더하기

혼일강리역대국도지도

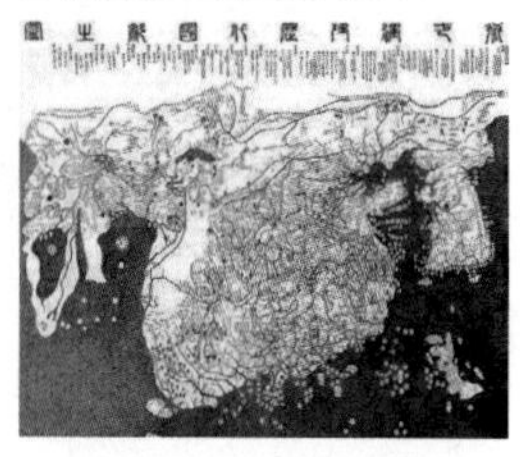

갑인자와 식자판 조립법

측우기

「동국문헌비고」
영조 때 홍봉한 등이 왕명을 받아 조선의 정치·경제·문화 등 각종 제도와 문물을 분류하여 정리한 책으로 국가에서 편찬한 최초의 백과사전식 서술이다.

04 / 조선 후기

지전설	• 김석문: 지전설 최초 주장 • 이익: 지전설 계승, 중국 중심의 성리학적 세계관 비판 • 홍대용: 지전설, 무한우주론(근대적 우주관 접근)
역법	• 김육과 김상범의 주장으로 시헌력 채용(효종)
의학	• 『동의보감』(허준): 전통 한의학의 체계적 정리 – 유네스코 세계 기록문화유산 등재 • 『침구경험방』(허임): 침구술 집대성 • 『마과회통』(정약용): 종두법 소개 • 『동의수세보원』(이제마): 체질 의학 이론인 사상의학 확립(태양인 · 태음인 · 소양인 · 소음인)
수학	• 『기하원본』 전래, 『주해수용』(홍대용)
농학	• 『농가집성』(신속), 『색경』(박세당), 『산림경제』(홍만선), 『해동농서』(서호수), 『임원경제지』(서유구)
어학(魚學)	• 『자산어보』(정약전)
지리학	• 역사지리서: 『동국지리지』(한백겸), 『강계고』(신경준), 『아방강역고』(정약용) • 인문지리서: 『택리지』(이중환) – 지리 · 생리 · 인심 · 산수를 기반으로 가거지 설정
지도	• 「동국지도」(정상기): 100리척을 사용한 최초의 실측도 • 「대동여지도」(김정호): 10리마다 눈금 표시, 총 22첩의 분첩절첩식 지도(휴대용)
백과사전	• 『지봉유설』(이수광), 『성호사설』(이익), 『동국문헌비고』(홍봉한), 『청장관전서』(이덕무), 『오주연문장전산고』(이규경)
금석학	• 『금석과안록』(김정희) – 북한산비가 진흥왕 순수비임을 증명, 황초령비문 판독

대표 사료 확인하기

1. 『향약구급방』

향약구급방은 효과가 좋고 신기한 효험이 있어 오늘날 백성에게 이로움이 크다. 수록한 약은 모두 우리나라 백성들이 쉽게 알고 얻을 수 있는 것이다. 약을 먹는 방법도 이미 잘 알려져 있다. 만약 서울 같은 도시라면 의사라도 있지만 궁핍한 시골에서는 매우 급한 병이 나더라도 의사를 부르기 힘들다. 이때 이 책이 있다면 편작이나 의완을 가리지 않아도 치료할 수 있을 것이다. 이는 일은 쉽고 공은 배가 되는 것이니 그 혜택이 이것보다 큰 것이 없다.

2. 『상정고금예문』

인종(仁宗) 대에 와서 비로소 평장사(平章事) 최윤의(崔允儀) 등 17명의 신하에게 명하여 옛날과 지금의 서로 다른 예문을 모아 참작하고 절충하여 50권의 책으로 만들고, 이것을 『상정예문(詳定禮文)』이라고 명명하였다. …… 이 책이 여러 해를 지났으므로 책장이 떼어지고 글자가 없어져서 살펴보기가 어려웠다. …… 천도(遷都)할 때 예관이 다급한 상황에서 미처 그것을 싸 가지고 오지 못했으니, 그 책이 거의 없어지게 되었는데, 가장본 한 책이 보존되어 있었다. …… 결국 주자(鑄字)를 사용하여, 28본을 인출한 후 여러 관청에 나누어 보내 간수하게 하니, 모든 유사(有司)들은 잃어버리지 않게 삼가 전하여 나의 통절한 뜻을 저버리지 말지어다. 월일에 아무개가 발문을 쓴다.
– 『동국이상국집』 –

자료 더하기

3. 천상열차분야지도

위의 천문도 석본(石本)은 옛날 평양성에 있었는데, 병난으로 말미암아 강에 잠겨 없어졌다. 세월이 이미 오래되어 인본(印本) 또한 남아 있는 것이 없다. 오직 우리 전하(즉 태조)께서 천명을 받은 처음에, 어떤 이가 한 권을 올리는 자가 있거늘, 전하께서 보배로 귀중하게 여겨서, 서운관(書雲觀)에 명하여 분명하게 돌에 새기에 하니, 서운관이 아뢰기를, "이 그림은 세월이 오래되어, 별의 도수(度數)가 차이가 나니, 마땅히 다시 도수를 측량하여 사시 중월의 초저녁과 새벽 적당한 시간을 정하여서, 새 그림을 만들어 후인에게 보이게 하소서." 하거늘, 임금께서 그렇게 여기었으므로, 지난 을해년(1395) 6월에 서운관에서 새로 중성기(中星記) 한 편을 만들어 올렸다. -『동문선』-

4.『농사직설』

오방의 풍토가 같지 않아 곡식을 심고 가꾸는 법이 각기 적성(適性)이 있어, 옛 글과 다 같을 수 없다 하여, 여러 도의 감사에게 명하여 주현의 노농(老農)들을 방문토록 하여, 농토의 이미 시험한 증험에 따라 갖추어 아뢰게 하시고, 또 신(臣) 변효문(卞孝文)과 더불어 교열하고 참고하여 그 중복된 것을 버리고 그 절실하고 중요한 것만 뽑아서 찬집하여 한 편(編)을 만들고 제목을 농사직설이라고 하였다. …

5. 해시계와 물시계

제왕(帝王)이 정책을 베풀어 모든 사무가 완성되게 한 것을 상고해 보면, 반드시 역일(曆日)을 밝혀 백성에게 먼저 일할 때를 가르쳐 주었는데, 그때를 가르쳐 주는 요결은 실로 하늘과 기후를 관찰하는 데 있으므로, 이 기형(璣衡)과 의표(儀表)가 마련된 것이다. … 우리 주상 전하께서 담당관에게 명하여 모든 의상(儀象)을 제정하였다. 이를테면 대소의 간의(簡儀)·혼의(渾儀)·혼상(渾象)·앙부일구(仰釜日晷)·일성정시(日星定時)·규표(圭表)·금루(禁漏) 등의 기구가 모두 지극히 정세하고 공교하여, 예전의 것보다 월등히 나으나 오히려 제도가 미진함을 염려하시고, 또 이상의 모든 기구가 다 후원(後苑)에 마련되어 수시로 관찰하기 어려우므로, 드디어 천추전(千秋殿) 서쪽 뜰에 한 칸의 작은 누각을 짓고, … 그 누각 가운데 두고, 안에다 옥루기륜(玉漏機輪)을 설치하여 물로 부딪치게 하며 … -『동문선』-

6.『택리지』

대저 살 곳을 잡는 데는 지리를 첫째로 들 수 있으며, 생리가 다음이다. 그다음은 인심이며, 또 다음은 아름다운 산수가 있어야 한다. 이 네 가지에 하나라도 모자라면 살기 좋은 땅이 아니다. 그런데 지리가 비록 좋아도 생리가 모자라면 오래 살 곳이 못되고, 생리가 비록 좋아도 지리가 나쁘면 또한 오래 살 곳이 못된다. 지리와 생리가 함께 좋아도 인심이 착하지 않으면 반드시 후회할 일이 있게 되고, 가까운 곳에 볼 만한 산수가 없으면 성품을 닦을 수 없다.

7. 김정희의 진흥왕 순수비 발견

이 비는 아무도 아는 사람이 없어 요승 무학이 잘못 찾아 여기에 이르렀다는 비[妖僧無學枉尋到此之碑]라고 잘못 칭해 왔다. 그런데 가경 병자년 가을 내가 김군 경연(金君敬淵)과 함께 승가사(僧伽寺)에서 노닐다가 이 비를 보게 되었다. 비면(碑面)에는 이끼가 두껍게 끼어 마치 글자가 없는 것 같았는데, 손으로 문지르자 자형(字形)이 있는 듯하여 본디 절로 이지러진 흔적만은 아니었다. … 어렴풋이 이를 찾아서 시험 삼아 종이를 대고 탁본을 해 내었다. 탁본을 한 결과 비신은 황초령비와 서로 흡사하였고, 제1행 진흥(眞興)의 진(眞)자는 약간 마멸되었으나 여러 차례 탁본을 해서 보니, 진(眞) 자임에 의심할 여지가 없었다. 그래서 마침내 이를 진흥왕의 고비(古碑)로 단정하고 보니, … 금석학(金石學)이 세상에 도움이 되는 것이 바로 이와 같은 것이다. … 그다음 해인 정축년 여름에 또 조군 인영(趙君寅永)과 함께 올라가 68자를 살펴 정하여 돌아왔고, 그 후에 또 두 자를 더 얻어 도합 70자가 되었다. -『완당집』-

『동의보감』

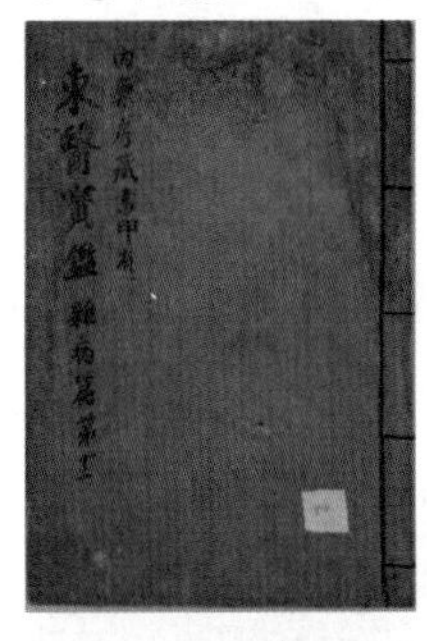

『자산어보』

42 건축

돌무지무덤(장군총)

계단식 돌무지무덤

굴식 돌방무덤

돌무지 덧널무덤

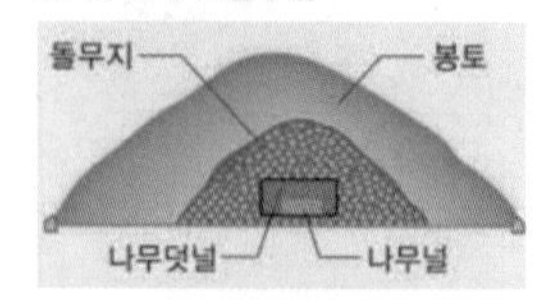

벽돌무덤(무령왕릉)

01 / 고대의 건축

삼국 시대	고구려	• 안학궁
	백제	• 한성: 풍납 토성, 몽촌 토성 • 웅진: 공산성 • 사비: 부소산성
통일신라	월지(안압지)	• 문무왕 때 조성된 인공 정원
발해	• 당의 장안성 모방하여 상경에 주작대로 건설 • 궁궐의 온돌 장치(고구려의 영향)	

02 / 고대의 고분

고구려	• 돌무지무덤(적석총): 장군총(집안) • 굴식 돌방무덤: 벽화 있음, 도굴 쉬움, 강서대묘, 쌍영총, 무용총 등 • 고분 벽화: 초기(무덤 주인의 생활 표현) → 후기(사신도, 별과 달 등 추상적)
백제	• 한성 시대: 계단식 돌무지무덤(석촌동 고분군) • 웅진 시대: 굴식 돌방무덤(송산리 고분군), 벽돌무덤(무령왕릉) • 사비 시대: 굴식 돌방무덤(능산리 고분군)
신라	• 통일 이전: 돌무지 덧널무덤(벽화 없음, 도굴 어려움, 천마총, 호우총, 황남대총) • 통일 이후: 굴식 돌방무덤(김유신 묘, 12지신상의 둘레돌 설치), 화장 유행(문무대왕릉)
발해	• 정혜공주 묘(육정산 고분군): 굴식 돌방무덤, 모줄임천장, 고구려의 영향, 묘지 발견 • 정효공주 묘(용두산 고분군): 벽돌무덤, 당의 영향, 모줄임천장, 묘지와 벽화 발견

03 / 고려의 건축

궁궐	• 만월대(개성, 경사면에 계단식 배치), 강화 고려 궁터
주심포 양식	• 지붕의 무게를 분산하는 공포를 기둥 위에만 두는 방식 • 안동 봉정사 극락전, 영주 부석사 무량수전, 예산 수덕사 대웅전, 강릉 객사문 등
다포 양식	• 지붕의 무게를 분산하는 공포를 기둥 위와 그 사이에도 두어 꾸민 방식 • 사리원 성불사 응진전, 황주 심원사 보광전, 안남 석왕사 응진전 등

04 / 조선의 건축

15세기	• 궁궐, 관아, 성문, 학교 등이 주로 축조됨, 신분에 따라 크기와 장식에 제한을 둠 • 궁궐과 성문: 경복궁 · 창덕궁 · 창경궁 · 숭례문 · 보통문(평양) • 불교 건축: 합천 해인사 장경판전(세조~성종, 팔만대장경 보관)

16세기	• 사림의 진출로 서원 건축이 활발해짐 • 구조: 가람배치 양식과 주택 양식이 결합, 강당(교육 공간)과 사당(제례), 동재와 서재(기숙사) • 소수 서원, 옥산 서원, 도산 서원 등
17세기	• 불교 건축: 금산사 미륵전, 화엄사 각황전, 법주사 팔상전 등
18세기	• 수원 화성(華城): 동양과 서양의 축성술 집대성
19세기	• 경복궁의 근정전과 경회루(흥선대원군의 중건)

대표 사료 확인하기

1. 가람배치 양식

가람배치란 사찰을 구성하는 다양한 건축물 중 중심부를 형성하는 탑·금당(金堂)·강당(講堂) 등 사찰의 중심부를 형성하는 건물의 배치를 가리키며, 그 배치는 시대와 종파에 따라 다르다. 가장 대표적인 방식은 백제의 가람배치 양식으로 절이 남향으로 중문·방형목탑·금당·강당이 남북 일직선상에 배치되고, 중문에서 강당까지 회랑이 둘러져 있다.

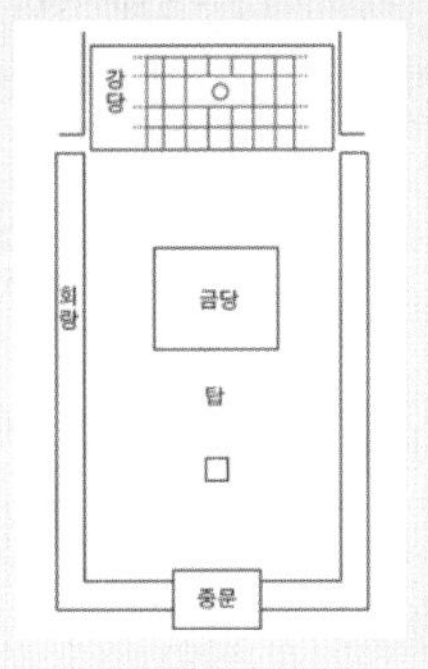

부여 정림사지 배치도

2. 주심포 양식과 다포 양식

공포(包)란 앞으로 내민 처마를 받치며 그 무게를 기둥과 벽으로 전달시켜 주는 조립 부분을 말한다. 전통 건축은 공포의 배치에 따라 크게 주심포 양식과 다포 양식으로 구분된다. 공포가 기둥 위에만 있으면 주심포, 기둥과 기둥 사이에도 있으면 다포 양식이다. 다포 양식은 화려하게 장식을 더한 건축 양식이기에 아무 건축물에나 할 수 없었다. 건물의 등급 중 가장 높은 건물인 전(展) 등급의 건물(왕궁, 사찰 등)에만 사용할 수 있었다.

주심포 양식

다포 양식

3. 고구려 무덤의 벽화

고구려에서 제작된 굴식 돌방무덤에는 다양한 벽화가 남아있다. 대개 초기 무덤에서는 무덤 주인의 일상생활 모습이 그려졌고, 점차 시간이 지나면서 추상적인 무늬가 그려졌다. 또한 후기에는 사신도가 그려지기도 하였다.

무용도

씨름도

행렬도

자료 더하기

정효공주 묘의 벽화

정혜공주 묘의 모줄임 천장

도산 서원

금산사 미륵전

수원 화성

경복궁 경회루

43 예술과 문학(1)

자료 더하기

미륵보살 반가 사유상

다카마쓰 고분 벽화

의자왕의 바둑판(목하자단기국)

01 / 고대의 예술과 문학

그림	• 삼국 시대: 신라의 천마도, 황룡사 소나무 그림(솔거) 등 • 통일신라: 김충의 유명, 불화와 초상화 유행
음악, 무용	• 고구려: 고분 벽화의 무용도, 왕산악(거문고 제작) • 신라: 백결 선생 → 방아 타령 • 가야: 우륵 → 가야금, 12악곡
향가 (삼국 시대)	• 한시: 황조가(고구려 유리왕), 오언시(고구려 을지문덕 – 여수장우중문시) • 민중 노래: 구지가(가야 – 무속 신앙과 관련), 정읍사(백제 – 민중들의 소망 표현) • 회소곡(신라 – 한가위에 여자들이 길쌈을 하면서 부르던 노동요), 혜성가(신라의 향가)
향가 (통일신라)	• 작가: 월명사(도솔가 · 제망매가), 충담사(안민가 · 찬기파랑가), 득오곡(모죽지랑가) •『삼대목』: 진성여왕 때 대구 화상과 각간 위홍이 역대 향가를 수집하여 편찬 → 현전하지 않음 • 설화 문학: 에밀레종 설화, 설씨녀 이야기, 효녀 지은 이야기 등
발해	• 정혜공주와 정효공주의 묘지: 4 · 6 변려체의 한문 기록 • 한시에 능통한 사신과 승려 다수: 양태사(다듬이 소리), 왕효렴

02 / 일본으로 전해진 우리 문화

<table>
<tr><td rowspan="2">고구려</td><td>영양왕</td><td>• 담징: 종이 · 먹 제조 방법, 호류사(법륭사) 금당벽화
• 혜자: 쇼토쿠 태자의 스승</td></tr>
<tr><td colspan="2">• 다카마쓰 고분 벽화에 영향(수산리 고분 벽화와 유사)</td></tr>
<tr><td rowspan="4">백제</td><td>근초고왕</td><td>• 아직기: 일본 태자에게 한자를 가르침
• 왕인: 아직기의 추천으로 일본 파견, 천자문 · 논어 전수</td></tr>
<tr><td>무령왕</td><td>• 단양이 · 고안무: 유교 경전 전파</td></tr>
<tr><td>성왕</td><td>• 노리사치계: 불경과 불상 전달 → 일본에 최초로 불교 전파</td></tr>
<tr><td colspan="2">• 고류사 미륵보살 반가사유상, 호류사 백제 관음상 → 목탑 건립, 백제 가람 양식</td></tr>
<tr><td>가야</td><td colspan="2">• 스에키 토기 성립에 영향</td></tr>
<tr><td>신라</td><td colspan="2">• 조선술과 축제술 전파(한인의 연못)</td></tr>
<tr><td>통일신라</td><td colspan="2">• 의상의 화엄 사상 전파(심상)
• 하쿠호 문화 성립에 기여</td></tr>
</table>

대표 사료 확인하기

1. 유리왕의 황조가

3년 겨울 10월에 왕비 송씨(松氏)가 죽었다. 왕이 다시 두 여인에게 장가들어 후실로 삼았다. 하나는 화희(禾姬)라고 하는데 골천(鶻川) 사람의 딸이었고, 또 하나는 치희(稚姬)라 하는데 한인(漢人)의 딸이었다. 두 여인이 총애를 다투어 서로 화목하지 않으므로 왕은 양곡(涼谷)에 동·서 2궁을 지어 그들을 각기 두었다. 이후 왕이 기산(箕山)으로 사냥을 나가 7일 동안 돌아오지 않았는데 두 여자가 다투었다. …… 왕이 일찍이 나무 밑에서 휴식을 취하다가 꾀꼬리[黃鳥]가 날아와 모여드는 것을 보고, 이에 감상에 젖어 노래하였다. "훨훨 나는 꾀꼬리는 암수가 서로 의지하는데, 외로운 이 내몸은 누구와 함께 돌아갈 것인가?"

– 『삼국사기』 –

2. 쇼토쿠 태자의 스승 혜자

여름 4월 경오삭(庚午朔) 기묘(己卯)일, 구호풍총이(廐戶豐聰耳, 우마야도노 도요토미미) 황자(皇子)를 세워 황태자(皇太子)로 삼았고, 이에 더하여 섭정(攝政)을 맡겨 각종 정무를 모두 위임하였다. …… 또한 고구려의 승려 혜자(慧慈)로부터 불교[內敎]를 익히고, 박사(博士) 각가(覺哿)로부터 불교 이외의 학문을 공부하였는데, 아울러 모두 통달하였다.

– 『일본서기』 –

3. 일본에 문화를 전파한 담징

18년(610) 봄 3월, 고구려 왕이 승려 담징(曇徵)과 법정(法定)을 바쳤다. 담징(曇徵)은 5경(五經)을 알고 또한 채색 및 종이와 먹을 만들 수 있었으며, 아울러 연자방아를 만들었다. 대개 연자방아를 만드는 일은 이때에 시작된 듯하다.

– 『일본서기』 –

4. 아직기와 왕인

15년(284) 가을 8월 임술삭(壬戌朔) 정묘(丁卯)에 백제 왕이 아직기(阿直伎)를 보내 좋은 말 2필을 바쳤다. 곧 경(輕)의 산비탈 부근에 있는 마구간에서 길렀는데, 아직기에게 사육을 맡겼다. 이 때문에 말 기르는 곳을 이름하여 구판(廐坂)이라고 한다. 아직기는 또 경전을 잘 읽었으므로 태자인 토도치랑자(菟道稚郎子)의 스승으로 삼았다. 천황이 아직기에게 "혹 너보다 뛰어난 박사가 또 있느냐?"라고 물으니, "왕인(王仁)이라는 분이 있는데 훌륭합니다."라고 대답하였다. 이에 상모야군(上毛野君)의 조상인 황전별(荒田別)과 무별(巫別)을 백제에 보내어 왕인을 불렀다. 아직기는 아직기사(阿直岐史)의 시조(始祖)다.

– 『일본서기』 –

자료 더하기

제망매가

생사(生死)의 길은
여기에 있으매 머뭇거리고
나는 간다는 말도
못 다 이르고 가는가.
어느 가을 이른 바람에
이에 저에 떨어질 잎같이
한 가지에 나고
가는 곳 모르는구나.
아아 미타찰(彌陀刹)에서 만날 나
도(道) 닦아 기다리겠다.

찬기파랑가

헤치고 나타난 달이
흰 구름 쫓아 떠가는 것 아닌가.
새파란 시내에
기파랑의 모습 잠겼어라.
일오천(逸烏川) 조약돌에서
낭(郎)이 지니신 마음 좇으려 하네.
아아! 잣나무 가지 드높아
서리 모를 그 씩씩한 모습이여

모죽지랑가

간 봄 그리워함에
모든 것이 서러워 시름하는데
아름다움을 나타내신 얼굴이
주름살을 지으려 하옵내다.
눈 돌이킬 사이에나마
만나뵙도록 하리이다.
낭이여 그리운 마음의 가는 길이
다북쑥 우거진 마을에
잘 밤이 있으리이까.

44 예술과 문학(2)

자료 더하기

상감청자

청동은입사

「천산대렵도」

아악

01 / 고려의 예술과 문학

자기	• 순수청자(12세기 전반) • 상감청자(12세기 중엽 ~ 13세기 중엽)
공예	• 청동은입사, 나전칠기 • 범종: 화성 용주사 범종, 해남 대흥사 범종
서예	• 구양순체: 신품사현(김생 · 탄연 · 유신 · 최우) • 왕희지체: 탄연 • 송설체(조맹부체): 이암 · 이제현
회화	• 고려 전기: 「예성강도」(이령), 「삼한도」(이광필) • 고려 후기: 원대 북화의 영향 → 「천산대렵도」(공민왕), 불화 → 관음보살도(혜허)
음악	• 아악: 송에서 수입된 대성악이 궁중음악으로 발전, 고려와 조선 시대의 문묘제례악 • 향악: 우리 민족 고유 음악, 「동동」 · 「대동강」 · 「한림별곡」 등
문학	• 균여의 『보현십원가』(향가): 불교의 대중화 • 수필 문학: 낭만적이고 현실도피적인 경향이 나타남, 『국순전』(임춘), 『파한집』(이인로) • 패관 문학: 민간에 구전되는 이야기를 고쳐 한문으로 기록, 『백운소설』(이규보), 『역옹패설』(이제현) • 경기체가: 신진 사대부에 의해 발달, 「한림별곡」, 「관동별곡」, 「죽계별곡」 • 장가(속요): 서민 문학, 「청산별곡」, 「가시리」, 「쌍화점」 등

02 / 조선 전기의 예술과 문학

<table>
<tr><td>15세기</td><td colspan="2">• 사장 문학 중심
• 악장: 「용비어천가」, 「월인천강지곡」
• 시조: 김종서, 남이(진취적인 기상)
• 한문학: 「동문선」(서거정, 우리의 시문), 「금오신화」(김시습, 최초의 한문 소설)</td></tr>
<tr><td>16세기</td><td colspan="2">• 경학 중시, 한문학 침체
• 시조: 순수한 인간 본연의 감정을 표현함(황진이, 윤선도의 「오우가」 · 「어부사시사」)
• 가사: 정철의 「관동별곡」, 「사미인곡」, 「속미인곡」
• 체제비판: 어숙권의 「패관잡기」, 임제 「원생몽유록」
• 여류 문인: 신사임당, 허난설헌</td></tr>
<tr><td rowspan="2">회화</td><td>15세기</td><td>• 안견: 도화서 소속 화원으로 무로마치 시대 수묵산수화 발전에 기여함(몽유도원도)
• 강희안: 문인 화가로 '고사관수도'를 그림</td></tr>
<tr><td>16세기</td><td>• 선비의 정신세계를 사군자로 표현
• 이상좌의 '송하보월도', 신사임당의 '초충도', 황집중의 '포도', 이정의 '대나무', 어몽룡의 '매화' 등</td></tr>
<tr><td>서예</td><td colspan="2">• 안평대군(조맹부체), 양사언(초서), 한호(왕희지체), 김구(인수체)</td></tr>
<tr><td>공예</td><td colspan="2">• 15세기: 분청사기(청자에 백토의 분을 칠함)
• 16세기: 백자는 청자보다 깨끗하고 담백하여 사림의 취향에 맞아 널리 이용됨</td></tr>
<tr><td>음악</td><td colspan="2">• 세종 때 아악을 정리하고 정간보를 창안함 → 아악을 체계화하여 궁중음악을 발전함
• 성종 때 「악학궤보」를 편찬하여 전통 음악을 유지하고 발전시키는 데 도움이 됨</td></tr>
</table>

대표 사료 확인하기

1. 고려청자의 아름다움

도기의 빛깔이 푸른 것을 고려인은 비색(翡色)이라고 하는데, 근래에 들어 제작 기술이 정교해져 빛깔이 더욱 좋아졌다. 술병의 모양은 참외와 같은데, 위에는 연꽃 위에 오리가 엎드린 모양의 작은 뚜껑이 있다. 또 주발·접시·술잔·사발·꽃병·탕기·옥잔도 잘 만들었는데 이는 모두 중국의 그릇 만드는 법식을 모방한 것들이기 때문에 그림을 그리지 않고 생략한다. 다만 술병은 다른 그릇과 다르기 때문에 특별히 기록한다.

– 『선화봉사고려도경』 –

2. 「가시리」

가시려 가시렵니까 버리고 가시렵니까 위 증즐가 태평성대
나더러 어찌 살라 하고 버리고 가시렵니까 위 증즐가 태평성대
님 잡아 둘 것이지만 서운하면 아니 올까 봐 위 증즐가 태평성대
서러운 님 보내옵나니 가시는 듯 돌아오소서 위 증즐가 태평성대

3. 「청산별곡」

살으리 살으리라. 청산에 살으리라
머루와 다래를 먹으며 청산에 살으리라
얄리 얄리 얄랑셩 얄라리 얄라
울어라 울어라 새야! 자고 일어나 울어라 새야!
너보다 근심이 많은 나도 자고 일어나 울며 지내노라
얄리 얄리셩 얄라리 얄라

4. 『악학궤범』

음악은 하늘에서 나와서 사람에게 붙인 것이요, 공허한 데서 출발하여 자연에서 이루어지는 것이니, 사람의 마음으로 하여금 감동하여 움직이게 하고 혈맥이 통하고 정신을 기쁘게 하는 것이다. 느낀 바가 같지 않기 때문에 소리도 같지 않아 기쁜 마음을 느끼면 그 소리가 날려 흩어지고, 노한 마음을 느끼면 그 소리가 거칠어서 매서우며, 슬픈 마음을 느끼면 그 소리가 급하여서 날카로우며, 즐거운 마음을 느끼면 그 소리가 느긋하여 태연하게 되는 것이다. 그 같지 않은 소리를 합해서 하나로 만드는 것은 임금의 인도 여하에 달렸다. 인도함에는 정(正)과 사(邪)의 다름이 있으니 풍속의 성쇠 또한 여기에 달렸다. 이것이 음악의 도(道)가 백성을 다스리는 데 크게 관계되는 이유이다.

– 『악학궤범』 서문 –

5. 『동문선』

우리는 상감(上監)의 분부를 우러러 받아서 삼국 시대부터 뽑기 시작하여 당대의 사부(辭賦)·시문에 이르기까지 약간의 글을 수집하여서, 글의 이치가 순정하여 백성을 다스리고 가르치는 데 도움이 되는 것을 취하고 부문으로 나누고 종류대로 모아 130권으로 정리하여 올린 바, 동문선이라고 이름을 내리셨습니다. …… 우리 동방의 문은 삼국 시대에서 비롯하여 고려에서 성하였고, 우리 조선에 와서 극(極)에 이르렀으니, 천지 기운의 성쇠에 관계된 것을 역시 상고할 수 있습니다. 하물며 문이란 것은 도(道)를 통하는 기제이므로, 육경(六經)의 문은 문장을 지으려 뜻을 둔 것이 아닌데도 자연히 도에 합한 것입니다. 그러나 후세의 문은 먼저 문장을 지으려고 뜻을 두기 때문에 때로는 도에 순수하지 못하기도 한 것입니다.

– 『동문선』 서문 –

자료 더하기

「몽유도원도」

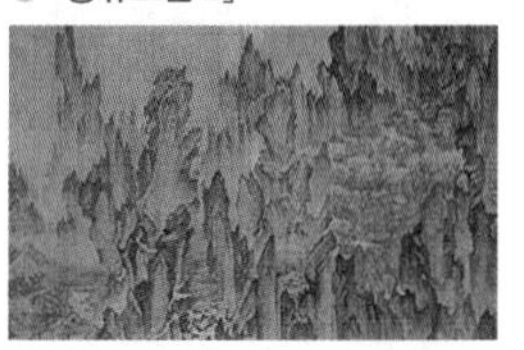

「고사관수도」와 「송하보월도」

분청사기

「원생몽유록」

조선 중기에 임제(林悌)가 지은 한문소설로 원자허(元子虛)라는 인물이 꿈속에서 단종과 사육신을 만나 비분한 마음으로 흥망의 도를 토론하였다는 내용으로 세조의 왕위 찬탈을 소재로 정치권력의 모순을 폭로한 작품이다.

신사임당의 「초충도」

Chapter

45 조선 후기의 문화

자료 더하기

김명국 「달마도」

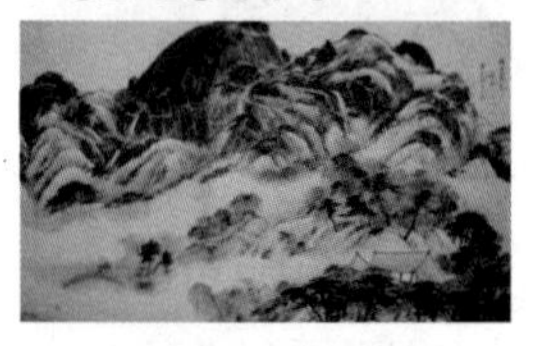

정선 「인왕제색도」

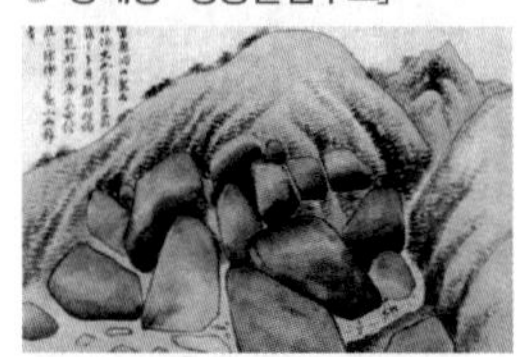

강세황 「영통골입구도」

01 / 회화와 서예

<table>
<tr><td>17세기</td><td colspan="2">• 김명국의 「달마도」</td></tr>
<tr><td rowspan="4">18세기</td><td colspan="2">• 진경산수화: 우리의 자연을 사실적으로 그려 회화의 토착화를 이룸, 정선의 「금강전도」, 「인왕제색도」 등
• 풍속화</td></tr>
<tr><td>김홍도</td><td>– 농촌과 서민의 모습을 소탈하고 익살스러운 필치로 묘사
– 18세기 후반의 풍속과 활기찬 사회의 모습
– 「밭갈이」, 「추수」, 「씨름」, 「서당」 등</td></tr>
<tr><td>신윤복</td><td>– 섬세하고 유려한 필선과 아름다운 채색
– 부녀자의 생활과 유흥, 남녀 사이의 애정 등을 감각적이고 해학적으로 묘사
– 「주막」, 「미인도」, 「월하정인」, 「단오풍정」 등</td></tr>
<tr><td colspan="2">• 서양 화풍 도입: 강세황 「영통골입구도」 – 서양의 원근법 적용</td></tr>
<tr><td>19세기</td><td colspan="2">• 김정희 「세한도」
• 장승업 「군마도」</td></tr>
<tr><td>민화</td><td colspan="2">• 민중의 미적 감각과 소박한 정서 표현, 기복적 성격, 화조도 · 영모도 · 십장생도 등</td></tr>
<tr><td>서예</td><td colspan="2">• 이광사의 동국진체
• 김정희의 추사체, 『금석과안록』</td></tr>
<tr><td>자기</td><td colspan="2">• 백자: 민간에까지 널리 사용, 청화백자 · 철화백자 · 진사백자 등
• 옹기: 서민들의 생활용기로 주로 사용</td></tr>
<tr><td rowspan="2">음악</td><td>양반</td><td>• 가곡(歌曲), 시조</td></tr>
<tr><td>서민</td><td>• 민요, 판소리, 산조와 잡가 등</td></tr>
</table>

02 / 서민 문화의 발달

배경	• 서민들의 사회 · 경제적 지위 향상, 서당 교육 확대
경향	• 사회의 부정과 비리 풍자, 인간의 감정을 적나라하게 묘사
판소리	• 신재효의 판소리 창작, 정리
탈놀이	• 탈춤, 산대놀이
한글 소설	• 「홍길동전」(허균): 서얼 차별 철폐, 탐관오리 응징 – 이상 사회의 건설 묘사 • 「춘향전」: 신분 차별의 비합리성 • 기타: 「사씨남정기」, 「구운몽」(김만중), 「장화홍련전」, 「콩쥐팥쥐」 등
사설시조	• 남녀 간의 사랑이나 현실에 대한 비판을 거리낌 없이 표현 • 『청구영언』(김천택), 『해동가요』(김수장), 『가곡원류』(박효관, 안민영)
위항 문학	• 위항: 중인 · 서얼 · 서리 등 중인들의 문학 활동 • 활동: 시사의 조직, 공동 시집이나 공동 전기 발간 – 신분 상승 운동 전개 • 작품: 「영간」(김천택), 「해동유주」(홍세태), 「규사」(이진택), 「연조귀감」(이진흥) • 시사: 낙하시사(임준원), 옥계시사(천수경) 조직

대표 사료 확인하기

1. 단원 김홍도와 혜원 신윤복

2. 김정희의 추사체와 세한도

3. 산대놀이

산대놀이는 원래 중국에서 잡귀를 쫓아내던 의식에서 시작된 가면극이다. 이것이 고려 초기에 한반도에 전해져 궁중 연극이 되었다. 조선 시대에는 궁중에 산대도감을 두고 나라의 행사나 중국 사신을 맞이하는 연회에서 산대놀이를 행하였다. 하지만 조선 인조 때 산대도감이 폐지되자, 여기에 속해 있던 연기자들이 녹번리와 애오개, 노량진, 퇴계원, 사직골 등 한양 주변에 흩어져 오늘날의 극단과 같은 조직인 산대패를 만들고 공연을 하였다. 이들을 '본산대'라고 하는데, 안타깝게도 지금은 본산대 놀이가 전해지지 않는다. 다만 이들에게 배운 사람들이 지방에서 공연한 양주 별산대, 송파 산대놀이, 봉산 탈춤, 통영 오광대놀이 등만이 전해지고 있다.

자료 더하기

청화백자

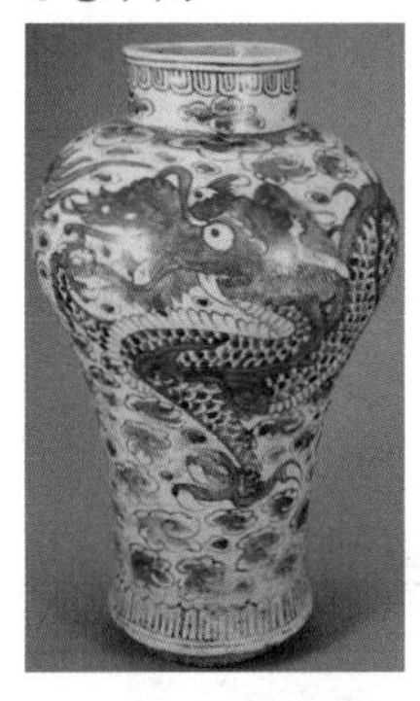

민화

이광사의 동국진체

송파 별산대

46 흥선대원군

자료 더하기

흥선대원군

당백전

어재연 장군의 수(帥)자기

척화비

01 / 흥선대원군의 집권과 통치 체제의 정비

1 왕권 강화

(1) 비변사 축소·폐지: 의정부와 삼군부의 기능 부활

(2) 세도 정치 일소: 당파 가리지 않은 인재 등용

(3) 법전 정비: 『대전회통』, 『육전조례』

(4) 경복궁 중건: 원납전(기부금), 당백전(물가 상승), 결두전, 4대문 통행세, 청전 유통, 백성 부역 동원, 양반 묘지림 벌목

(5) 서원 정리: 국가 재정 확충, 민생 안정, 붕당의 근거지 일소

(6) 군제 개혁: 훈련도감의 군사력 증강, 수군 강화

2 삼정의 문란 개혁

(1) 전정의 개혁: 양전 사업 실시 → 은결을 적발하여 세금 징수, 불법적 토지 겸병 금지

(2) 군정의 개혁: 호포제 실시 → 양반에게도 군포 징수

(3) 환곡의 개혁: 사창제 시행 → 리(里) 단위로 사창 설치, 향촌의 덕망 있는 인사가 운영

02 / 통상 수교 거부 정책과 양요

연도	사건	내용
1866	병인박해	러시아 견제를 위한 프랑스와의 교섭 실패 → 청 정부의 천주교 탄압과 천주교 반대 여론 조성 → 프랑스 선교사와 다수의 천주교 신자 처형
	제너럴 셔먼호 사건	미국 상선 제너럴 셔먼호가 대동강에서 통상 요구 → 평양 군민의 공격으로 침몰(평양 감사 박규수)
	병인양요	프랑스의 강화도 침략(병인박해 구실) → 양헌수(정족산성)·한성근(문수산성)이 격퇴 → 외규장각 문화재 약탈(의궤)
1868	오페르트 도굴 사건	독일 상인 오페르트의 통상 요구 거부 → 남연군 묘 도굴 시도(충남 덕산)
1871	신미양요	제너럴 셔먼호 사건 구실 → 미국 함대 콜로라도호 강화도 침략(초지진·덕진진) → 어재연의 항전(광성보, 수[帥]자기 약탈)
	척화비 건립	통상 수교 거부 정책 강화

대표 사료 확인하기

1. 흥선대원군의 인재 등용

대원군이 여러 대신을 향해 말하기를, "나는 천 리를 끌어다 지척으로 삼겠으며 태산을 깎아 내려 평지로 만들고, 또한 남대문을 3층으로 높이려 하는데 여러 공들은 어떻게 생각하오?"라고 말하였다. 대개 천리지척이라는 말은 종친을 높인다는 뜻이요, 남대문 3층이라는 말은 남인을 천거하겠다는 뜻이요, 태산을 평지로 만들겠다는 말은 노론을 억압하겠다는 의사였다. – 황현, 「매천야록」 –

2. 호포제(동포제)

근래에 와서 무릇 사족이란 자는 모두 신포를 바치지 않고 있고, 그 모자라는 액수를 평민에게 부과하여 보충하고 있었다. 대원군은 액수를 수정하고자 동포(洞布)라는 법을 만들었다. 가령 한 동리에 200호가 있으면 매호에 더부살이 호가 약간씩 있는 것을 정밀하게 밝혀내 계산하고, 신포를 부과하여 고르게 징수하였다. 이 때문에 예전에는 면제되던 자라도 신포를 바치지 않을 수 없게 되었다. 조정의 관리들이 이 법의 시행을 반대하였으나 대원군은 이를 듣지 않고 시행하였다. – 박재형, 「근세조선정감」 –

3. 원납전 징수

경복궁을 지을 비용과 백성들의 노역에 대한 절차를 의논하는데, 백성의 노역 문제는 신중을 기하고 안으로 재상 이하, 밖으로는 지방 수령 이하가 역량에 따라 보조하며, 선비와 서민층은 중외를 막론하고 자진 납부하는 자는 상을 주기로 하고 이를 팔도에 알리게 하였다. 이미 지금까지 원납(願納)이 십만 냥이 되었다.

4. 오페르트 도굴 미수 사건

너희 나라와 우리나라의 사이에는 애당초 소통이 없었고, 또 서로 은혜를 입거나 원수진 일도 없었다. 그런데 이번 덕산 묘소에서 저지른 변고야말로 어찌 인간의 도리상 차마 할 수 있는 일이겠는가? 또 방비가 없는 것을 엿보고서 몰래 침입하여, 소동을 일으키고 무기를 약탈하며 백성들의 재물을 강탈한 것도 어찌 사리상 할 수 있는 일이겠는가? 이런 지경에 이르렀기 때문에 우리나라 신하와 백성들은 단지 힘을 합하여 한마음으로 너희 나라와는 한 하늘을 이고 살 수 없다는 것을 다짐할 따름이다.

– 「고종실록」(1868.4.) –

5. 병인양요

양헌수라는 사람이 순무중군으로 있었다. 광성보에서 몰래 전등사로 가서 주둔하였다. 전등사는 높은 산 위라 매복하였다가 한꺼번에 북과 나발을 불며 좌우에서 총을 쏘았다. 장수가 총에 맞아 말에서 떨어지고 양인(洋人) 십여 명이 죽었다. … 강화도 재물을 모두 빼앗아 쌓아 놓았다가 시월 초에 제 배에 싣고 다 도망갔다. – 『병인양난록』 –

자료 더하기

외규장각(外奎章閣)

▲ 외규장각은 1782년 2월 정조가 왕실 관련 서적을 보관할 목적으로 강화도에 설치한 규장각이다.

외규장각 의궤

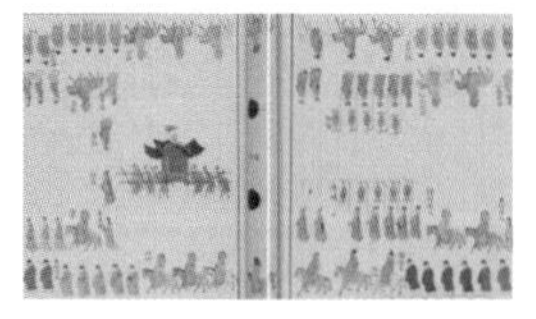

▲ 의궤는 '의식(儀式)의 궤범(軌範)'을 줄여서 한 단어로 만든 것으로, 의식의 모범이 되는 책이라는 뜻이다. 왕실과 국가에서 의식과 행사를 개최한 후 준비, 실행 및 마무리까지 전 과정을 보고서 형식으로 기록하였다.

자료 더하기

6. 신미양요

손돌목 돈대로부터 맹렬한 포화가 작렬하더니 일분 만에 누그러졌다. 이때를 놓치지 않고 우리는 전방 구릉을 점령하기 위한 돌격전에 돌입했다. 돌격전이 개시되자 한동안 잠잠하던 조선군 진지에서 다시 맹렬한 포화가 작렬하였다. 우리 포병이 포격하여 손돌목 돈대 안에 있던 조선 수비병 40 내지 50명의 사상자를 내었다. 그들의 임전 태세는 대단히 용감하였고, 조선 수비병은 아무런 두려움 없이 항전하였다. 미군 부대가 가파른 계곡을 내려가면서 광성보로 전진해 갔다. … 광성보 위에는 대형 황색 무명 깃발이 펄럭이고 있었는데, 깃발 중앙에 한자로 '수(帥)'라는 검은 글자가 쓰여 있었다. 광성보를 점령하자 해병대 장병이 이 거대한 수자기(帥字旗)를 탈취했던 것이다. – 틸턴 대위의 참전 보고서 –

▼ 병인양요와 신미양요

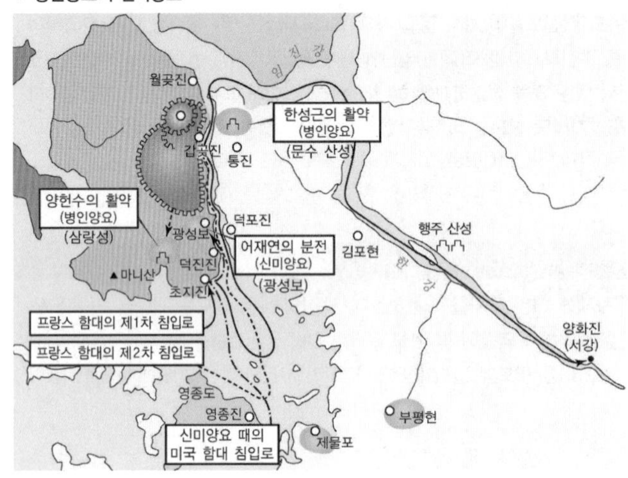

47 개항과 개화 정책의 추진

01 / 개항과 불평등 조약의 체결

1 강화도 조약(병자 수호 조규, 조 · 일 수호 조규, 1876)

(1) 배경: 흥선대원군 하야, 통상 개화론 대두, 일본의 정한론 대두와 운요호 사건(1875)

(2) 주요 내용과 의미: 최초의 근대적 조약, 불평등 조약

조항	주요 내용	의미
제1관	조선의 자주국 규정	청의 종주권 부인, 일본의 영향력 강화
제5관	부산 외에 2개의 항구 개항	부산 · 인천 · 원산 개항, 정치 · 경제 · 군사적 거점 마련
제7관	해안 측량권	군사적 침략 의도
제10관	치외 법권 인정	조선의 주권 침해, 불평등 조약

(3) 부속 조약

① 조·일 수호 조규 부록: 개항장에서 일본 화폐 사용, 일본인의 간행이정 10리 규정

② 조·일 무역 규칙: 일본 수출입 상품에 대한 무관세 적용, 양곡의 무제한 유출 허용

2 서구 열강과의 수교

(1) 조·미 수호 통상 조약(1882): 청의 알선, 수신사 김홍집에 의한 『조선책략』 전래

① 내용: 치외 법권과 최혜국 대우 인정, 수출입 상품에 대한 관세 부과, 거중 조정

② 영향: 서양과 맺은 최초의 조약 → 서양 열강과의 조약 추진, 미국에 보빙사 파견

(2) 서양 각국과의 수교: 영국(1882), 독일(1882), 러시아(1884), 프랑스(1886)

02 / 개화 정책의 추진

1 개화파의 형성과 분화

(1) 형성: 북학파의 실학사상을 계승한 초기 개화파의 영향을 받아 개화파 등장

① 초기 개화파(통상개화론): 박규수, 오경석, 유홍기 등 → 문호 개방과 서양과의 교류 주장

② 개화파: 김옥균, 박영효, 김윤식, 김홍집 등 → 정부의 개화 정책에 주도적으로 참여

자료 더하기

강화도 조약

조·미 수호 통상 조약

박규수

▲ 박규수(1807~1876)
- 박지원의 손자로 실학적 학문경향 습득
- 철종 시기 진주 농민 봉기의 안핵사로 파견
- 삼정이정청 건립 건의
- 평안도 관찰사로 재직 중 제너럴 셔먼호 공격

(2) 분화: 임오군란 이후 온건 개화파와 급진 개화파로 분화

구분	온건 개화파	급진 개화파
중심인물	김홍집, 어윤중, 김윤식	김옥균, 박영효, 홍영식, 서광범
외교 정책	청과의 전통적 관계 유지	청의 내정 간섭과 정부의 친청 정책 반대
개혁 방안	동도서기론에 입각한 점진적 개혁 추진	문명개화론에 입각한 제도 개혁 추진
개혁 모델	청의 양무운동	일본의 메이지 유신

2 정부의 개화 정책

(1) 외교 사절단 파견

구분	인물	목적	비고
수신사	김기수(1차, 1876), 김홍집(2차, 1880)	일본의 근대 문물 시찰	『조선책략』 소개(김홍집)
조사시찰단	박정양 등 60여 명(1881)	개화 정책에 대한 정보 수집	암행어사 형태로 비밀 출국
영선사	김윤식(1881)	청의 근대 무기 제조술 습득	기기창 설치 계기
보빙사	민영익(1883)	수교(1882) 이후 미국 시찰	미국 공사 부임에 대한 답례

(2) 제도 개편

관제 개편	• 통리기무아문: 개화정책 총괄 • 12사: 통리기무아문 아래 설치된 실무기구, 외교 · 군사 · 산업 등의 업무 담당
군제 개편	• 2영 설치: 기존의 5군영을 무위영과 장어영의 2영으로 개편 • 별기군 창설: 신식 군대 육성을 위하여 근대식 군사훈련 실시, 양반 자제를 대상으로 선발, 일본인 교관 채용

대표 사료 확인하기

1. 조 · 일 수호 조규 부록

제4관 이후 부산항에서 일본국 인민이 통행할 수 있는 도로의 거리는 부두로부터 기산하여 동서남북 각 직경 10리(조선 거리)로 하여 정하며, 동래부 가운데 한 곳에 이르러서는 특별히 왕래할 수 있다. 이 거리 내에서 일본국 인민은 뜻에 따라 통행하면서 토산물 및 일본국 물산을 매매할 수 있다.

제7관 일본국 인민은 본국의 현행 여러 화폐를 사용하여 조선국 인민이 가진 물건과 교환할 수 있다. 조선국 인민은 교환한 일본국의 여러 화폐를 사용해 일본국에서 생산한 여러 화물을 구매할 수 있다. 이로써 조선국이 지정한 여러 항구에서 인민들은 서로 통용할 수 있다.

2. 조 · 일 무역 규칙

제6칙 이후 조선국 항구에 주류(駐留)하는 일본 인민은 양미 및 잡곡을 수출입할 수 있다.

제7칙 일본국 정부에 속한 모든 선박은 항세를 납부하지 않는다.

제11칙 양국에서 현재 정한 규칙은 이후 양국 상민이 무역하는 형편 여하에 따라 각 위원이 수시로 사정을 헤아려 상의하고 개정할 수 있다. 이를 위하여 양국 위원이 각기 날인하고 즉시 준행한다.

자료 더하기

『조선책략』

보빙사

조사시찰단

"동래부 암행어사 이헌영은 뜯어 보아라. 일인(日人)의 조정 의론(朝廷議論) · 국세 형편(局勢形便) · 풍속 인물(風俗人物) · 교빙 통상(交聘通商) 등의 대략을 다시 한번 염탐하는 것이 좋겠다. 그런 그대는 반드시 이 점을 염두에 두고 일본 배를 빌려 타고 그 나라로 건너가 해관(海關)이 관장하는 사무를 비롯한 그 밖의 크고 작은 일들을 보고 듣되, 이에 필요한 날짜의 길고 짧음에 구애받지 말고 낱낱이 탐지해서 뒤에 이를 별도의 문서로 조용하게 보고하라. 급히 성 밖으로 나갈 필요는 없고 집에서 출발 준비를 하도록 하여라."

별기군

3. 조 · 미 수호 통상 조약

제1조 조선과 미합중국 및 그 인민은 영원히 평화 우호를 지키되, 만약 어느 한 나라가 제3국으로부터 어려움을 겪을 경우 원만한 타결을 가져오도록 주선을 다함으로써 그 우의를 표한다.
제2조 미합중국 국민이 조선에서 조선 인민을 때리거나 재산을 훼손하면 미합중국 영사나 그 권한을 가진 관리만이 미합중국 법률에 따라 처벌한다.
제5조 무역을 목적으로 조선에 오는 미합중국 상인 및 상선은 모두 수출·입 상품에 대하여 관세를 지불해야 한다.
제14조 조약을 체결한 뒤 본 조약에 부여되지 않은 어떠한 권리나 특혜를 다른 나라에 허가할 때에는 자동적으로 미합중국 관민에게도 똑같이 주어진다.

4. 온건 개화파와 급진 개화파의 사상

• 온건 개화파
서양에서 유행하고 있는 천주교가 우리나라에 유포되는 것은 금지해야 합니다. 우리가 부족한 것은 기술뿐이기 때문에 그 기술만을 받아들이면 됩니다. 과학 기술 문명은 인간의 도리에 해롭지 않고 백성들이 살아가는 데 도움이 되기 때문에 이를 배워야 합니다. 서양에서 들여온 과학 기술 문명에 대한 설명이 나와 있는데 이것을 오늘날 우리가 구하여 활용해야 합니다. – 김윤식의 상소문 –
• 급진 개화파
오늘날의 급선무는 반드시 인재를 등용하며 국가 재정을 절약하고 사치를 억제하며, 문호를 개방하고 이웃 국들과 친선을 도모하는 데 있다고 한다. 그러나 나의 생각에는 실사구시하는 것이 제일이라고 생각한다. …… 일본은 법을 변경한 이후로 모든 것을 경장했다고 들었다. – 김옥균, 『치도약론(1883)』 –

5. 수신사

의정부(議政府)에서 고조(高祖)에게 아뢰기를 "지난번에 일본 사신의 배가 온 것은 전적으로 우호를 맺기 위한 것이었으니 선린(善隣)하려는 우리의 뜻에서도 마땅히 이제 전권사신(全權使臣)을 파견하여 신의를 강조해야 하겠습니다. 사신의 칭호는 수신사(修信使)라고 할 것이며 응교(應敎) 김기수(金綺秀)를 특별히 가자(加資)하여 차하(差下)하되 따라가는 인원은 일에 밝은 사람으로 적당히 선택하여 보낼 것입니다. 그런데 이것은 우호를 맺은 뒤 처음 있는 일이니 이번에는 특별히 당상(堂上)이 서계(書契)를 가지고 들어가도록 하고, 이후부터는 서계를 종전대로 동래부(東萊府)에 내려 보내어 동경(東京)인 강호(江戶)에 전달하게 하는 것이 어떻겠습니까?" 하니 윤허하였다.

자료 더하기

김윤식

▲ 김윤식(1835~1922)
• 박규수의 문하에서 개화사상 습득
• 영선사로 청나라에 파견, 학생과 기술자 인솔 및 외교 교섭 담당
• 임오군란 당시 청의 군대 파견 요청
• 예조판서로 갑신정변 및 거문도 사건 수습
• 군국기무처 회의원
• 아관파천으로 해임, 제주도 유배(제자 나인영이 동행)
• 유배 이후 흥사단 단장, 기호학회 회장 역임
• 한일 병합 이후 자작 작위 수여
• 중추원부의장직, 경학원(성균관) 대제학 거부
• 3·1 운동 때 일본에 독립청원서 발송, 헌병대 체포
• 『음청사』, 『속음청사』, 『운양집』 등 저술

김기수

48 개화 정책에 대한 반발

자료 더하기

이항로

▲ 이항로(1792~1868)
- 호는 화서
- 병인양요가 발생하자 흥선대원군에게 주전론 건의
- 흥선대원군에게 만동묘 재건을 요구하였다가 배척당함
- 『화서집』, 『화서아언』 저술

임오군란 관련 유적 장충단

장충단은 서울 중구 남산자락에 위치한 제단으로 1900년 고종의 명으로 제작되었다. 처음에는 을미사변으로 순국한 홍계훈과 병사들을 제사지내기 위한 목적이었으나 이후 임오군란과 갑신정변, 그리고 을미사변으로 희생된 관료들을 함께 배향하는 제단으로 확대되었다.

경술국치 전후 시기 불려진 한양가(漢陽歌)에 등장하는 장충단
"남산 밑에 지은 장충단 저 집 나라 위해 몸바친 신령 뫼시네/태산 같은 의리에 목숨 보기를 터럭같이 하도다/장한 그분네."

01 / 위정척사사상

1 위정척사 운동의 전개

(1) 개념: 사악한 학문인 서양 문물을 배척하고 성리학을 지키려는 유생 중심의 보수적 운동

(2) 전개

시기	계기	주장	중심인물
1860년대	서양의 통상 요구	통상 반대	이항로(척화주전론), 기정진
1870년대	일본의 문호 개방 요구	개항 반대	최익현(왜양일체론)
1880년대	정부의 개화 정책 추진, 『조선책략』 유포	개화 반대	이만손(영남 만인소), 홍재학

(3) 성격: 반외세·반침략의 자주 운동, 성리학적 질서 수호 → 항일 의병 운동으로 계승

02 / 임오군란(1882)

1 배경

(1) 개화 정책에 대한 반발: 외국 상품 범람, 일본으로의 곡물 대량 유출로 곡가 폭등

(2) 구식 군인에 대한 차별 대우: 구식 군인 감축, 별기군(신식 군대)에 비해 구식 군인 차별 대우

2 전개

(1) 구식 군인들의 봉기, 도시 빈민 가세 → 구식 군인들이 정부 고관 습격, 일본인 별기군 교관 살해, 일본 공사관 습격 → 궁궐 습격(명성황후 피신) → 흥선대원군 재집권

(2) 민씨 정권의 파병 요청으로 청군 파견 → 청군이 흥선대원군을 청으로 납치 → 민씨 정권 재집권

3 결과

(1) 청의 내정 간섭과 경제적 침략

① 고문 파견: 마젠창(내정)과 묄렌도르프(외교)를 고문으로 파견하여 내정 간섭

② 군대 주둔: 위안스카이의 군대가 주둔하여 조선 군대 훈련

③ 조·청 상민 수륙 무역 장정 체결(1882): 청의 종주권 인정, 청 상인의 내지 통상권 인정

(2) 제물포 조약(1882, 조선·일본) 체결: 일본에 배상금 지불, 공사관 호위를 위해 서울에 일본군 주둔 허용

대표 사료 확인하기

1. 위정척사 운동

- 서양 오랑캐의 화(禍)가 오늘날에 이르러서는 홍수나 맹수의 해(害)보다 더 심합니다. 전하께서는 부지런히 힘쓰시고 경계하시어 안으로는 관리들로 하여금 사학(邪學)의 무리를 잡아 베게 하시고, 밖으로는 장병으로 하여금 바다를 건너오는 적을 정벌케 하소서. 사람 노릇을 하느냐 짐승이 되느냐 하는 고비와 존속하느냐 멸망하느냐 하는 기틀이 잠깐 사이에 결정되오니 조금이라도 지체해서는 아니 되옵니다. 몸을 닦아 집안이 잘 다스려지고 나라가 바로잡힌다면 양품(洋品)이 쓰일 곳이 없어져 교역하는 일도 없어질 것이옵니다. – 이항로의 상소문, 『화서집』 –
- 첫째, 우리가 약점이 있어서 강화를 서두르는 것이라면 주도권이 그들에게 있는 것이므로 그들이 도리어 우리를 제어할 것입니다. 둘째, 일단 강화를 맺고 나면 저들의 욕심은 물화를 교역하는 데 있습니다. 저들의 물화는 모두 지나치게 사치하고 기이한 노리개로 공산품이며 그 양이 무궁합니다. 우리의 물화는 모두 백성들의 생명이 달린 것이고 땅에서 나는 것입니다. … 그렇게 되면 몇 년 안 지나 땅과 집이 모두 황폐하여 다시 보존하지 못하게 될 것이고 나라 또한 망하게 될 것입니다. 셋째, 저들이 비록 왜인이라고 하나 실은 양적(洋賊)입니다. 강화가 한 번 이루어지면 사학(邪學) 서적과 천주의 초상화가 교역하는 속에 들어올 것입니다. 넷째, 강화가 이루어지면 그들은 우리 땅에서 거주하려고 할 것이며, 그럴 경우 그들은 재물이나 비단을 마음대로 빼앗고 부녀자들을 겁탈할 것입니다. 다섯째, 그들은 한갓 재화와 색만 알고 조금도 사람의 도리를 모르는 금수들일 뿐입니다. – 최익현, 『면암집』 –
- 수신사 김홍집이 가져와 유포한 황준헌의 사사로운 책자를 보노라면, 어느새 털끝이 일어서고 쓸개가 떨리며 울음이 복받치고 눈물이 흐릅니다. 러시아는 본래 우리와 혐의가 없는 나라입니다. …… 러시아, 미국, 일본은 같은 오랑캐입니다. 그들 사이에 누구는 후하게 대하고 누구는 박하게 대하기는 어려운 일입니다. – 영남 만인소, 『일성록』 –

자료 더하기

묄렌도르프

▲ 묄렌도르프(Paul G. von Möllendorff, 1848~1901)

- 프로이센 왕국의 외교관
- 청나라의 외교 고문으로 조선에 입국
- 목인덕(穆麟德)이란 이름으로 통리아문 참의로 활동
- 1883년 당오전 주조 건의 및 전환국 설립 주도
- 조·러 비밀조약 추진으로 청에 소환 해임

위안스카이

제물포 조약 문서

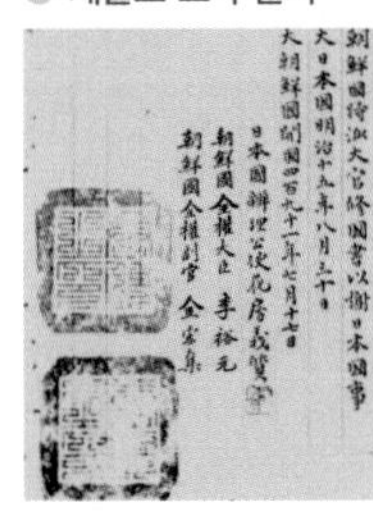

朝鮮國特派大官修國書以謝日本國事
大日本國明治十五年八月三十日
大朝鮮國開國四百九十一年七月十七日
日本國辨理公使花房義質
朝鮮國全權大臣 李裕元
朝鮮國全權副官 金宏集

임오군란

경영군(京營軍)에 큰 소란이 벌어졌다. 1874년 이래 대궐에서 쓰이는 비용은 끝이 없었다. 호조나 선혜청에 저축해 온 것은 모두 비어서 경관의 월급도 주지 못했으며, 5영 군사들도 왕왕 급식을 결하였다. 5영을 파하고 2영을 세우니 또한 노약자는 쫓겨나게 되어 갈 곳이 없었다. 그래서 완력으로 난을 일으킬 것을 생각하게 되었다.

– 「매천야록」 –

2. 조 · 청 상민 수륙 무역 장정(1882)

이 수륙 장정은 청이 속방을 우대하는 뜻에서 상정한 것이고, 각 대등 국가 간의 일체 동등한 혜택을 받는 예와는 다르다. ……

제1조 청의 상무위원을 서울에 파견하고 조선 대관을 톈진에 파견한다. 청의 북양대신과 조선 국왕은 대등한 지위를 가진다.

제2조 조선의 개항장에서 청의 상무위원이 청 상인에 대한 재판권을 행사한다.

제4조 베이징과 한성, 양화진에서 상점을 열어 무역을 허락하되, 양국 상민의 내지 행상을 금한다. 다만 내지 행상이 필요할 경우 지방관의 허가서를 받아야 한다.

제7조 선박의 항로 개설권, 청 병선의 조선 연해 내왕권 및 조선 국방 담당권을 허용한다.

3.『조선책략』

조선의 땅은 실로 아시아의 요충을 차지하고 있어 형세가 반드시 다투게 마련이며, 조선이 위태로우면 청도 위급해질 것이다. 러시아가 영토를 넓히려고 한다면 반드시 조선으로부터 시작할 것이다. …… 그렇다면 오늘날 조선의 책략은 러시아를 막는 일보다 더 급한 것이 없다. 러시아를 막는 책략은 무엇인가? 청과 친하고, 일본과 맺고, 미국과 이어짐으로써 자강을 도모해야 한다. …… 미국을 끌어들여 우방으로 삼으면 도움을 얻고 화를 풀 수 있을 것이다. 이것이 바로 미국과 이어져야 하는 까닭이다.

4. 제물포 조약

제1조 조선국에서는 국서(國書)를 일본에 보내어 사의를 표명한다.

제2조 이번에 살해당한 일본국 인민의 유가족과 부상자를 구제하며, 상인들의 화물을 훼손·약탈한 것을 보상하기 위하여 조선국에서 11만 원(圓)을 지불한다.

제3조 이소바야시[磯林] 대위(大尉)를 살해한 흉악한 무리를 조사·체포하여 종중정형(從重正刑)한다.

제4조 일본 공관(公館)을 새로운 자리로 옮겨서 지으려고 하는데, 조선국에서는 택지와 건물을 공관 및 영사관(領事館)으로 넉넉히 쓸 수 있게 주어야 하며, 그것을 수리하고 증축하는 데에 다시 조선국에서 2만 원을 지불하여 공사 비용으로 충당하게 한다.

제5조 일본 호위병의 병영은 공관 부근에 택하여 정하고 임오 속약(壬午續約) 제5관에 의하여 시행한다.

49 갑신정변

01 / 갑신정변

1 배경

(1) 청의 내정 간섭 강화: 청나라의 내정 간섭과 민씨 정권의 소극적인 개화 정책에 대한 불만

(2) 급진 개화파의 입지 축소: 일본과의 차관 교섭실패로 인한 급진 개화파의 입지 축소

(3) 청·프 전쟁 발발: 조선에 주둔하고 있던 청군의 일부가 철수

2 전개

(1) 정변 발발: 우정총국 개국 축하연에서 정변 발발 → 민씨 정권 요인 살해 → 개화당 정부 수립

(2) 14개조 개혁 정강 발표

정치	청에 대한 사대 관계 청산, 내각 중심의 정치, 불필요한 관청 혁파 → 입헌 군주제 지향
경제	모든 재정의 호조 관할(재정의 일원화), 지조법 개정, 혜상공국 혁파, 환곡제 개혁
사회	문벌 폐지, 인민 평등권 확립, 능력에 따른 인재 등용 → 신분제 타파

(3) 3일천하: 청군의 개입으로 창덕궁 포위 → 김옥균·박영효 등의 망명으로 종식

3 결과

(1) 한성 조약(1884, 조선·일본): 일본에 배상금 지불, 일본 공사관 신축 비용 부담

(2) 톈진 조약(1884, 청·일본): 청·일 양군 동시 철병, 조선에 군대 파병 시 상호 통보

(3) 친청 내각 구성으로 개화 정책의 둔화

02 / 갑신정변 이후의 국내외 정세

1 러시아의 세력 확대

(1) 청 견제 목적으로 조·러 통상 조약(1884), 조·러 비밀 협약(1885)을 체결

(2) 청은 고종 폐위를 목적으로 흥선대원군 송환, 외교고문 교체(묄렌도르프 → 데니)

2 거문도 사건(1885~1887)

(1) 배경: 갑신정변 후 청의 내정 간섭 심화, 청 견제를 위한 조·러 비밀 협약 추진

(2) 경과: 영국이 러시아 견제를 위해 거문도 점령, 포대를 설치하고 영국군 주둔

(3) 결과: 청의 중재에 따라 러시아가 조선을 침략하지 않는다는 조건으로 영국군 철수

자료 더하기

우정총국

김옥균

▲ 김옥균(1851~1894)
- 박규수의 수하에서 개화사상 습득
- 2차 수신사로 일본 방문
- 일본에 국채 모집 시도 → 실패
- 갑신정변 이후 일본 망명
- 상해에서 홍종우에게 암살
- 『기화근사』, 『치도약론』, 『갑신일록』 저술

거문도 사건

3 한반도 중립화론

(1) 조선을 둘러싼 열강의 대립 격화(갑신정변, 거문도 사건)

(2) 독일 부영사 부들러(Butler)가 '스위스식 영세 중립화론'을 조선 정부에 건의

(3) 유길준은 벨기에식 중립화론을 참고로 중립화론을 주장

대표 사료 확인하기

1. 혁신정강 14개조

1. 청에 잡혀간 흥선대원군을 곧 돌아오게 하고, 청에 대한 조공의 허례를 폐지한다.
2. 문벌을 폐지하여 인민 평등의 권리를 세워, 능력에 따라 관리를 임명한다.
3. 지조법(地租法)을 개혁하여 관리의 부정을 막고 백성을 보호하며, 국가재정을 넉넉하게 한다.
4. 내시부를 없애고, 그중에 우수한 인재를 등용한다.
5. 부정한 관리 중 그 죄가 심한 자는 처벌한다.
6. 각 도의 환상미를 영구히 받지 않는다.
7. 규장각을 폐지한다.
8. 급히 순사를 두어 도둑을 방지한다.
9. 혜상공국을 혁파한다.
10. 귀양살이를 하고 있는 자와 옥에 갇혀 있는 자는 그 정상을 참작하여 적당히 형을 감한다.
11. 4영을 합하여 1영으로 하되, 영 중에서 장정을 선발하여 근위대를 급히 설치한다.
12. 모든 재정은 호조에서 통할한다.
13. 대신과 참찬은 의정부에 모여 정령을 의결하고 반포한다.
14. 의정부, 6조 외의 모든 불필요한 기관을 없앤다.

2. 갑신정변에 대한 평가

그 당시 일본은 계속 청의 위세에 눌려 이를 배격, 능가하려고 온갖 계획을 세우고 있었는데, 우리의 청년 수재들이 일본의 신풍조에 물들어 청의 예속으로부터 벗어나고자 한다는 것을 알게 되었다. 일본이 이를 이용하여 청으로부터의 독립을 권하고 원조까지 약속했지만, 사실은 조선과 청의 악감정을 도발하여 그 속에서 이익을 얻으려는 속셈이었다. - 박은식, 『한국통사』 -

3. 톈진 조약

1. 청은 조선에 주둔시키고 있는 군대를 철수하고, 일본은 공사관 호위를 위해 조선에 주둔시킨 군대를 철수한다.
3. 장래 조선에 변란이나 중대한 사건이 있어 청·일본의 두 나라 또는 한 나라가 파병하고자 할 때에는 사전에 상호 문서를 보내 알게 할 것이요, 그 사건이 진정되면 즉시 철병하여 다시 주둔하지 않는다.

4. 유길준의 중립화론

우리나라의 형세는 벨기에와 불가리아 두 나라의 전례를 겸한 것이라 할 수 있다. 그런데 불가리아가 중립 조약을 체결한 것은 유럽의 여러 대국들이 러시아를 막으려는 계책에서 나온 것이었다. 벨기에가 중립 조약을 체결한 것은 유럽 여러 대국들이 자국을 보전하려는 계책에서 나온 것이었다. 대저 우리나라가 아시아의 중립국이 된다면 러시아를 방어하는 큰 기틀이 될 것이고 또한 아시아의 여러 대국들이 서로 보전하는 정략도 될 것이다.

자료 더하기

홍영식

▲ 홍영식(1855~1884)
- 조사시찰단으로 일본 방문
- 보빙사로 미국 방문
- 우정국 총판에 임명
- 갑신정변 시기 국왕을 호위하다 청군에게 살해

유길준

▲ 유길준(1856~1914)
- 박규수의 문하에서 개화사상 습득
- 조사시찰단으로 일본 방문 및 최초 유학
- 보빙사 단원으로 미국 방문 및 최초 유학
- 유럽 각국을 순방하고 돌아와 체포
- 가택연금생활 도중 『서유견문』 저술
- 1차 갑오개혁에 가담
- 아관파천 이후 일본으로 망명
- 고종 사망 후 귀국하여 애국계몽 운동 전개
- 『대한문전』 저술

데니 태극기

데니 태극기는 1880년대에서 1890년 이전 사이에 제작된 것으로 추정되는 태극기로, 현재 우리나라에 남아있는 태극기 가운데 가장 오래된 것으로 추정된다. 묄렌도르프 해임 이후 1886년 고종의 외교 고문으로 활동한 미국인 오웬 데니(Owen. N. Denny, 1838~1900)가 1890년 미국으로 귀환할 때 고종으로부터 선물로 받은 태극기로 1981년 데니의 후손이 우리나라에 기증하였다.

50 동학 농민 운동

01 / 교조 신원 운동

1 농촌 사회의 동요와 동학의 확산

(1) 농촌 사회의 동요: 정치 기강 문란 및 개화 정책 이후 세금 인상 및 경제적 침탈 발생

(2) 동학의 교세 확장: 교조 최제우 처형 이후 제2대 교주 최시형의 노력

① 교리 정비: 『동경대전』, 『용담유사』 편찬

② 교단 조직: 포접제 실시 → 삼남 지방을 중심으로 교세 확장

2 교조 신원 운동

(1) 성격: 교조 최제우의 억울한 누명을 풀고 동학의 합법화를 위한 운동

(2) 전개 과정

분야	연도	주장
삼례 집회	1892	교조 최제우의 신원(伸冤), 동학에 대한 탄압 중지 호소
복합 상소	1893	동학 지도자들 상경, 궁궐 문 앞에서 상소 → 교조 신원, 동학에 대한 탄압 중지
보은 집회	1893	외세 배척(일본 및 서양 세력 축출), 내정 개혁(탐관오리 숙청)

02 / 동학 농민 운동

1 고부 농민 봉기

발단	• 고부 군수 조병갑의 탐학(만석보 수축에 부역 동원, 수세 징수 등)
전개	• 전봉준이 사발통문을 돌려 봉기 준비 • 전봉준과 농민들이 고부군 관아 점령 → 관아 양곡 방출, 만석보 파괴
결과	• 정부가 조병갑 파면, 박원명을 새 군수로 파견 → 농민 자진 해산, 안핵사 이용태 파견

2 제1차 봉기

발단	• 안핵사 이용태의 동학교도 탄압 → 농민 봉기 참가자와 주모자를 가혹하게 처벌
전개	• 무장 봉기: 전봉준, 손화중, 김개남 등 주도로 동학 농민 봉기 → 백산 이동 • 백산 집결: 지도부 구성, 보국안민 · 제폭구민이 담긴 격문 발표, 호남 창의소 설치 • 관군 격파: 황토현 전투, 장성 황룡촌 전투 승리 → 전주성 점령 • 전주 화약: 청 · 일 양군 출병 → 농민군이 폐정 개혁 12조 제시 → 정부와 화의 체결
결과	• 농민군이 자진 해산하여 전라도 각지에 집강소 설치 → 폐정 개혁 실천

자료 더하기

사발통문

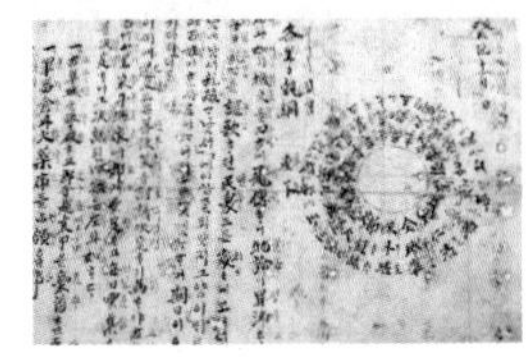

전봉준

자료 더하기

3 제2차 봉기

발단	• 일본의 철병 거부 및 내정 개혁 요구 → 일본군의 경복궁 점령 → 청 · 일 전쟁 발발
전개	• 동학 농민군 재봉기: 일본군 축출을 위해 전라도 삼례에서 농민군 재봉기 • 남 · 북접 합세: 논산에서 전봉준의 남접군과 손병희의 북접군이 합세 • 공주 우금치 전투: 정부군 · 일본군의 화력에 밀려 패배
결과	• 전봉준을 비롯한 동학 농민군 지도부 체포 및 처형

▼ 동학 농민 운동의 전개

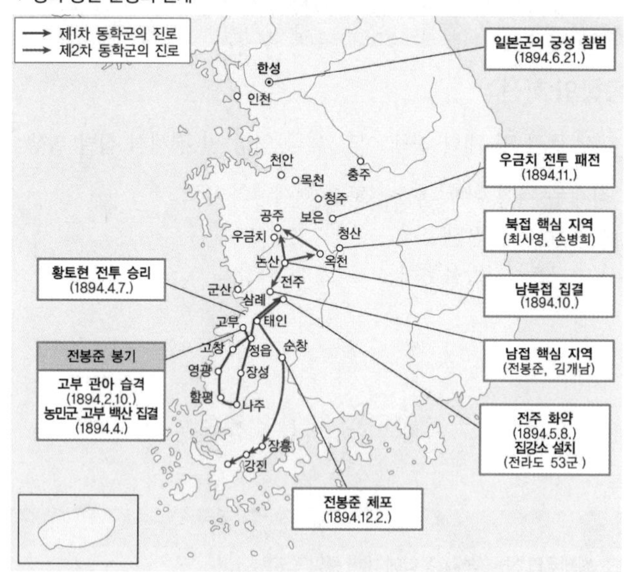

대표 사료 확인하기

1. 폐정 개혁안 12개조

1. 동학도와 정부는 원한을 씻고 모든 행정에 협력한다.
2. 탐관오리는 그 죄상을 조사하여 엄징한다.
3. 횡포한 부호를 엄징한다.
4. 불량한 유림과 양반을 징벌한다.
5. 노비 문서를 소각한다.
6. 7종의 천인 차별을 개선하고 백정이 쓰는 평량갓을 없앤다.
7. 청상과부의 개가를 허용한다.
8. 무명의 잡세는 모두 폐지한다.
9. 관리 채용에는 지벌을 타파하고 인재를 등용한다.
10. 왜와 내통하는 자는 엄징한다.
11. 공사채를 물론하고 기왕의 것을 무효로 한다.
12. 토지는 평균으로 나누어 경작한다.

집강소

▲ 집강소
동학 농민 운동 때 농민군이 전라도 각 고을의 관아에 설치한 민정기관으로 전라도 53개 주·읍의 관아 안에 설치되어 치안유지, 행정업무에 사용되었다.

자료 더하기

2. 동학 농민군 4대 강령

1. 사람을 죽이지 말고 가축을 잡아먹지 말라.
2. 충효를 다하여 세상을 구하고 백성을 평안하게 하라.
3. 일본 오랑캐를 몰아내고 나라의 정치를 깨끗이 한다.
4. 군대를 몰고 서울로 들어가 권세가와 귀족을 모두 없앤다.

3. 호남 창의문

우리는 비록 초야에 묻힌 백성이지만, 임금의 땅에서 나는 곡식을 먹고, 임금의 옷을 입고 사는 사람이라, 어찌 국가의 위망을 앉아서 보겠는가. 팔로(八路)가 마음을 합하고 억조창생(億兆蒼生)이 뜻을 모아 이제 의로운 깃발을 들어, 나라를 보존하고 백성을 편안히 하는 것이다.
우리가 지금 의(義)를 내세워 주장하는 것은 그 본의가 다른 데 있지 아니하고 창생(蒼生)을 도탄에서 건지고 국가를 반석 위에 두려는 것이다. 안으로는 탐학한 관리의 머리를 베고 밖으로 횡포한 강적(强賊) 무리를 구축(驅逐)하고자 함이다. 양반과 호강(豪强)에게서 고통 받는 민중들과 방백(方伯)과 수령 밑에서 굴욕을 받는 하급 관리들은 우리처럼 원한이 깊은 자이다. 조금도 주저하지 말고 이 시각에 일어서라. 만일 기회를 잃으면 후회해도 소용없으리라.

4. 동학 농민군에 대한 양반의 시각

적당은 모두 천민 노예이므로 양반, 사족을 가장 증오하였다. 그래서 양반을 나타내는 뾰족관을 쓴 자를 만나면 관을 벗기어 빼앗아 버리거나 자기가 쓰고 거리를 돌아다니면서 양반에게 모욕을 주었다. 무릇 집안 노비로서 농민군을 따르는 자는 물론이요, 비록 농민군을 따르지 않는 자라 할지라도 모두 주인을 협박하여 노비 문서를 불사르고 양인으로 인정해 줄 것을 강요하였다. 이들 중 일부는 그 주인을 결박하여 주리를 틀고 곤장과 매를 치기도 하였다. 이에 노비를 가진 자들은 스스로 노비 문서를 불살라서 그 화를 면하였다. 노비 중 착실한 자들은 노비 문서를 불사르지 말아 달라고 하였으나, 전체의 기세가 워낙 강하여 주인이 더욱 이들을 두려워하였다.

– 황현, 『오하기문』 –

51 갑오 · 을미개혁

✎ 김홍집

▲ 김홍집(1842~1896)
• 2차 수신사로 일본에 가 『조선책략』을 가져옴
• 내각 총리로 갑오·을미개혁 주도
• 아관파천 이후 광화문에서 살해

✎ 군국기무처

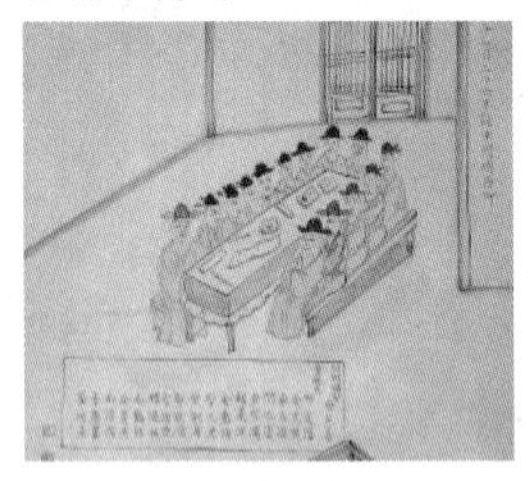

01 / 갑오 · 을미개혁

1 배경

(1) 내정 개혁의 필요성 대두: 동학 농민군과의 전주화약 체결 이후

(2) 정부의 개혁 추진: 교정청을 설치하여 자주적 개혁 시도

2 제1차 갑오개혁

(1) 추진 과정
① 일본군의 경복궁 점령: 일본이 무력으로 경복궁 점령
② 제1차 김홍집 내각 성립: 민씨 정권 붕괴, 흥선대원군 섭정, 친일적 성격
③ 군국기무처 설립: 입법권을 가진 초정부적 최고 기구 → 개혁 추진
④ 청·일 전쟁 발발: 청이 친일 내각 성립에 항의 → 일본의 기습 공격으로 전쟁 발발

(2) 개혁 내용

분야	주요 개혁 내용
정치	개국 기원 사용, 왕실 사무(궁내부)와 국정 사무(의정부) 분리, 6조를 8아문으로 개편, 과거제 폐지(근대적 관리 임명제도 실시), 경무청 설치
경제	재정의 일원화(탁지아문), 은본위 화폐제 채택, 조세의 금납화, 도량형 통일
사회	신분제 폐지(공 · 사노비 제도 혁파), 봉건적 폐습 타파(조혼 금지, 과부 재가 허용), 고문 및 연좌제 폐지

3 제2차 갑오개혁

(1) 추진 과정
① 일본의 내정 간섭 강화: 청·일 전쟁에서 일본이 승세 확립 → 내정 간섭 강화
② 제2차 김홍집·박영효 연립 내각 수립: 박영효의 영향력 강화
③ 홍범 14조 반포: 국정 개혁의 기본 강령으로 고종이 독립 서고문과 함께 반포

(2) 개혁 내용

분야	주요 개혁 내용
정치	의정부를 내각, 8아문을 7부로 개편, 지방 행정 구역을 8도에서 23부로 개편, 지방관의 권한 축소, 사법권을 행정권에서 분리(재판소 설치)
군사	훈련대와 시위대 설치
교육	교육입국조서 반포, 신학제(한성 사범 학교 관제, 소학교 관제, 외국어 학교 관제) 반포

(3) 특징: 삼국간섭(1895)으로 일본의 세력 약화 → 박영효의 망명으로 중단

4 을미개혁

(1) 추진 과정: 을미사변 후 제4차 김홍집 내각 수립(친일 내각)

(2) 개혁 내용

분야	주요 개혁 내용
정치	'건양' 연호 사용(1896년 원년)
군사	시위대(왕실 호위), 친위대(중앙), 진위대(지방) 설치
사회	태양력 사용, 소학교 설치, 우편 제도 실시(우체사), 단발령 실시

(3) 개혁 중단: 아관파천(1896) 직후 개혁 중단 → 김홍집 체포 및 군중에 피살

대표 사료 확인하기

1. 군국기무처

- 이 기구는 국내의 크고 작은 일을 전적으로 의논한다. 총재 1인은 총리대신이 겸임하고, 부총재 1인은 의원 중에서 품계가 높은 사람이 겸임하며, 회의원은 10인 이상 20인 이하이고, 서기관은 3인인데 1인은 총리대신의 비서관을 겸임한다.
- 총재 1명, 부총재 1명, 그리고 16명에서 20명 사이의 회의원으로 구성되었다. 이밖에 2명 정도의 서기관이 있어서 활동을 도왔고, 또 회의원 중 3명이 기초 위원으로 선정되어 의안의 작성을 책임졌다. 총재는 영의정 김홍집이 겸임하고, 부총재는 내아문독판으로 회의원인 박정양이 겸임하였다.

2. 홍범 14조

1. 청에 의존하는 생각을 버리고 자주 독립의 기초를 세운다.
2. 왕실 전범을 제정하여 왕위 계승의 법칙과 종친과 외척의 구별을 명확히 한다.
3. 대군주는 대신과 의논하여 정사를 행하고, 종실·외척의 내정 간섭을 금지한다.
4. 왕실 사무와 국정 사무를 나누어 서로 섞이지 않도록 한다.

6. 납세는 법으로 정해 함부로 거두지 않는다.
7. 조세의 부과와 징수, 경비 지출은 모두 탁지아문에서 관할한다.

10. 지방 제도를 개정하여 지방 관리의 직권을 제한한다.
11. 총명한 젊은이를 파견하여 외국의 학술과 기예를 보고 익히게 한다.
12. 장교를 교육하고 징병제를 실시하여 군제의 기초를 확립한다.
13. 민법과 형법을 제정하여 인민의 생명과 재산을 보전한다.
14. 문벌과 지연에 구애받지 않고 인재 등용의 길을 넓힌다. – 관보(1894.12.12.) –

3. 교육입국조서

세계의 형세를 보면, 부강하고 독립하여 잘사는 모든 나라는 다 국민의 지식이 밝기 때문이다. 이 지식을 밝히는 것은 교육을 잘하였기에 이룩된 것이니 교육은 실로 국가를 보존하는 근본이 된다. …… 이에 짐은 정부에 명하여 널리 학교를 세우고 인재를 길러 새로운 신민의 학식으로 국가 중흥의 큰 공을 세우고자 하니, 신민들은 나라를 위하는 마음으로 덕과 체와 지를 기를지어다. 왕실의 안전이 신민들의 교육에 있고 국가의 부강 또한 신민들의 교육에 있도다.

4. 시모노세키 조약

제1조 청은 조선이 완전무결한 독립국임을 확인한다. 따라서 청에 대한 조선의 공납, 전례 등은 장래 완전히 폐지한다.

제2조 청은 랴오둥 반도, 타이완, 펑후 열도 등을 일본에 할양한다.

제3조 청은 전쟁 배상금으로 은 2억 냥(일화로 약 3억 1천만 엔)을 지불한다.

자료 더하기

프랑스 주간지에 실린 을미사변 모습

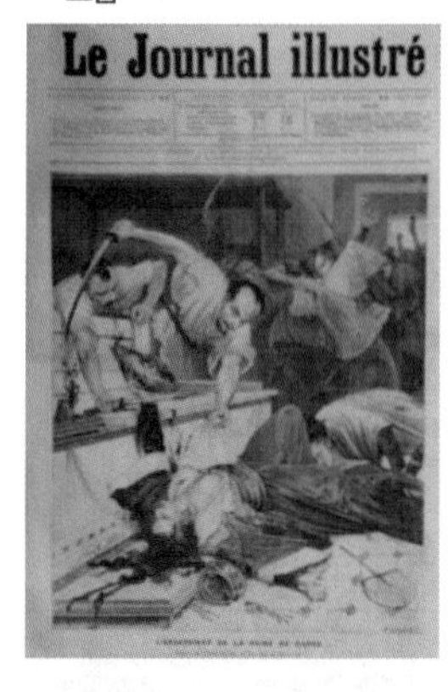

조선의 처지를 나타낸 풍자화

박영효

▲ 박영효(1861~1939)
- 박규수의 문인
- 철종의 딸 영혜옹주와 결혼
- 3차 수신사로 일본에 파견(태극기 제작)
- 박문국 신설과 한성순보 간행 주도
- 갑신정변 실패 후 일본에 망명
- 1894년 일본의 주선으로 입국, 2차 갑오개혁 주도
- 독립협회를 통해 정계복귀 시도 실패
- 1900년 의화군 이강을 국왕으로 추대하는 쿠데타를 지시하였으나 실패
- 1907년 궁내부 고문 가토 마쓰오에게 특별 사면, 이후 친일 행각 자행

52 독립협회와 대한제국

01 / 독립협회

1 아관파천

(1) 춘생문 사건: 을미사변 이후 고종을 미국 공사관으로 옮기려다 실패

(2) 반일 정서 확산: 을미사변과 단발령 이후 전국에서 의병 항쟁 전개

(3) 러시아의 세력 만회: 을미사변 이후 약화된 영향력 증진 목적

(4) 아관파천 이후 변화: 친러 내각 수립, 단발령 폐지, 13도제의 지방 관제 개편 등

(구)러시아 공사관

2 독립협회의 활동

(1) 주요 활동: 민중 계몽을 통한 민권 의식 보급과 자주 독립 국가 건설 목표

민중 계몽 운동	독립문 · 독립관 건립, 토론회 · 강연회 개최, 독립신문 발간
자주 국권 운동	구국 선언 상소, 열강의 이권 침탈 저지(만민 공동회 개최)
자유 민권 운동	언론 · 출판 · 집회 · 결사의 자유, 의회 설립 운동(중추원 관제 개편)

(2) 만민 공동회

① 반러 운동을 목적으로 개최(1898.3.): 러시아 재정 고문 철수와 한·러 은행 폐쇄 주장

② 관민 공동회 개최: 만민 공동회에 진보적인 박정양 내각의 대신들 참석 → 헌의 6조 건의

독립문

▲ 독립문
독립협회는 청에 대한 사대의 상징이었던 영은문을 헐고 그 자리에 자주 독립을 상징하는 독립문을 건립하였다.

3 독립협회의 해산

(1) 배경: 독립협회의 활동에 대한 보수 세력의 반발

(2) 과정: 보수 세력이 공화정을 도모한다고 모함(익명서 사건) → 고종의 해산 명령 → 만민 공동회를 개최하여 항의 → 황국협회와 군대를 동원하여 강제 해산

(3) 의의와 한계: 민중 계몽을 통한 국권 수호와 민권 신장, 외세 배척이 러시아에 한정

독립협회

02 / 대한제국

1 대한제국의 수립

(1) 수립 과정

① 배경: 아관파천으로 국가 위신 손상 → 고종의 환궁을 요구하는 여론 고조(독립협회)

② 고종의 환궁: 아관파천 1년 만에 경운궁으로 환궁 → 칭제 건원 주장 대두

③ 대한제국 선포(1897): 연호 '광무' → 환구단에서 황제 즉위식 거행 → 국호 '대한제국'

(2) 광무개혁

① 기본 방향: 구본신참(舊本新參)의 원칙에 의거하여 점진적 개혁 추구

② 내용

분야	주요 개혁 내용
정치	대한국국제 제정(1899) → 자주 독립 제국 선포, 황제에게 모든 권한 집중(전제 군주제)
군사	원수부 설치(황제가 직접 군대 장악), 무관 학교 설립, 친위대 · 진위대 증강
경제	양전 사업 실시(지계 발급), 상공업 진흥(근대적 공장과 회사 설립), 금본위 화폐제
사회	교통 · 통신 · 의료 분야에서 근대 시설 확충(우편 제도, 전화, 전차 등)
교육	실업 학교 설립(상공 학교, 광무 학교), 기술 교육 기관 설립, 유학생 파견

자료 더하기

환구단

▲ 환구단

환구단은 천자가 하늘에 제를 드리는 둥근 단을 말한다. 고종이 1897년 대한제국의 황제로 즉위하면서 제천 의식을 행하기 위해 오늘날 소공동에 건립하였다. 고종은 이곳에서 천지에 제를 드리고 황제로 즉위하였다.

대표 사료 확인하기

1. 독립협회

신(臣) 등은 생각건대 나라의 나라됨이 둘이 있으니, 가로되 자립하여 타국에 의뢰하지 않는 것이요, 가로되 자수(自修)하여 한 나라에 정치를 행하는 것입니다. 이 두 가지는 하느님께서 우리 폐하에게 주신 바의 하나의 대권입니다. 이 대권이 없은즉, 그 나라가 없습니다. 때문에 신 등은 독립문을 세우고 독립협회를 설립하여 위로는 황상(皇上)의 지위를 높이고, 아래로는 인민의 뜻을 굳게 하여 억만 년 무강의 기초를 확립하려 합니다. …

– 독립신문, 1898년 3월 21일 –

2. 독립신문 창간사

우리는 첫째 편벽되지 아니한 고로 무슨 당에도 상관이 없고 상하 귀천을 달리 대접 아니하고 모두 조선 사람으로만 알고 조선만 위하여 공평히 인민에게 말할 터인데, … 우리가 모두 언문으로 쓰기는 알아보기 쉽도록 함이라. 남녀 상하 귀천이 모두 보게 함이오. 또 한쪽에 영문으로 기록하기는 외국 인민이 조선 사정을 자세히 모르기 때문에 혹 편벽된 말만 듣고 조선을 잘못 생각할까 보아 실상 사정을 알게 하고자 하여 영문으로 조금 기록한다.

자료 더하기

지계

▲ 지계
대한제국에서 발행한 근대적 토지 소유권을 말한다.

서재필

▲ 서재필(1864~1951)
- 1883년 일본 도야마 육군학교에 유학
- 갑신정변에 참여 후 일본 망명
- 이후 미국으로 망명, 컬럼비아 의대 졸업
- 1895년 박정양 내각의 외무협판으로 임명
- 정부의 후원을 받아 「독립신문」 창간
- 미국으로 추방된 뒤 임시 정부 구미 위원부 활동
- 광복 이후 미군정청의 최고 정무관으로 귀국
- 미군정 종식 후 미국으로 이주하여 사망

광무호

▲ 광무호
광무호는 대한제국 해군에서 도입한 근대식 함선이다. 이 밖에도 광제호, 양무호 등의 함선을 도입했다.

3. 헌의 6조

제1조 외국인에게 기대하지 아니하고 관민이 동심 협력하여 전제 황권을 공고히 할 것
제2조 외국과 이권에 관한 계약과 조약은 각 대신과 중추원 의장이 합동 날인하여 시행할 것
제3조 국가 재정은 탁지부에서 모두 관리하고 예산, 결산을 국민에게 공포할 것
제4조 중대 범죄를 공판하되, 피고의 인권을 존중할 것
제5조 칙임관은 정부에 그 뜻을 물어 과반수가 동의하면 임명할 것
제6조 정해진 규정을 실천할 것

4. 대한국국제

제1조 대한국은 세계 만국이 공인한 자주 독립 제국이다.
제2조 대한국의 정치는 만세 불변의 전제 정치이다.
제3조 대한국의 대황제는 무한한 군주권을 누린다.
제4조 대한국의 신민은 대황제의 군권을 침해할 수 없다.
제5조 대한국 대황제는 육·해군을 통솔하고 군대의 편제를 정하고 계엄을 명한다.
제6조 대한국 대황제는 법률을 제정하여 그 반포와 집행을 명하고, 대사, 특사, 감형, 복권을 명한다.
제7조 대한국 대황제는 행정 각 부서의 관제를 정하고 행정에 필요한 칙령을 공포한다.
제8조 대한국 대황제는 문무 관리의 출척 및 임면권을 가진다.
제9조 대한국 대황제는 각 조약의 체결 국가에 사신을 파견하고, 선전, 강화 및 제반 조약을 체결한다.

5. 지계 발급

지계 업무를 소관 지방으로 가서 실시하되 전답·산림·천택·가옥을 모두 조사, 측량하여 결부와 사표의 분명함과 칸 수 및 척량의 적확함과 시주의 구권(舊券)의 증거를 반드시 확인한 후 발급하되, 혹여 해당 전답·산림·천택·가옥으로 인하여 소송이 발생하거나 시주 및 구권이 근거가 없는 경우에는 현재의 소유자를 본군 공적에 기재한 후에야 관계를 발급할 것

53 일본의 국권 침탈

01 / 러 · 일 전쟁

1 일본과 러시아의 대립 격화

(1) 제1차 영·일 동맹(1902): 일본이 러시아의 동진(東進)을 막기 위해 영국과 동맹 체결

(2) 용암포 조차 사건(1903): 러시아가 압록강 상류 삼림 벌채권 확보를 위해 용암포 점령·조차

(3) 러·일 전쟁(1904.2.): 대한제국의 국외 중립 선언 → 일본의 기습 공격으로 전쟁 시작

02 / 일본의 국권 침탈

조약	연도	내용
한 · 일 의정서	1904.2.	• 군사 전략상 필요한 지역을 일본이 임의로 사용
제1차 한 · 일 협약	1904.8.	• 재정 고문(메가타), 외교 고문(스티븐스) 파견
가쓰라 · 태프트 밀약	1905.7.	• 미국의 필리핀 지배와 일본의 한국 지배를 상호 인정
제2차 영 · 일 동맹	1905.8.	• 인도에서 영국의 권익과 한반도에서 일본의 권익 상호 인정
포츠머스 조약	1905.9.	• 일본의 한반도와 남만주 지배 인정
제2차 한 · 일 협약(을사늑약)	1905.11.	• 외교권 박탈(일본의 보호국화), 통감부 설치(초대 통감으로 이토 히로부미 파견)
한 · 일 신협약(정미 7조약)	1907	• 고종 황제의 헤이그 특사 파견 → 고종 강제 퇴위, 순종 즉위 • 정부 각 부처에 일본인 차관 임명, 이후 대한제국 군대 해산
기유각서	1909	• 대한제국의 사법권 및 감옥 사무권 박탈
한 · 일 병합협약	1910.8.	• 일진회 등 친일 단체들의 합방 청원 → 이완용 내각과 병합 조약 체결(1910.8.29.)

03 / 민족의 저항

구분	내용
고종 황제의 활약	• 조약에 서명 거부: 국제법상 조약 무효(대한매일신보를 통해 발표) • 미국에 헐버트 파견: 조 · 미 수호 통상 조약의 거중 조정 규정에 근거 • 국제 사회에 지원 요청: 독일, 프랑스, 러시아에 조약 무효 통보 • 헤이그 특사 파견: 이준, 이상설, 이위종을 만국 평화 회의에 파견
자결	• 민영환(글을 남기고 자결, 1905), 황현(절명시 남기고 자결, 1910)
상소 운동	• 조병세, 이상설, 안병찬 등: 조약 서명 대신 처벌 및 조약 폐기 상소
언론 활동	• 장지연이 황성신문에 논설 '시일야방성대곡' 게재
오적 암살단	• 나철, 오기호: 을사조약에 찬성한 5명의 대신 암살 시도
의열 활동	• 장인환 · 전명운(1908): 미국 샌프란시스코에서 스티븐스 사살 • 안중근(1909): 하얼빈에서 이토 히로부미 사살 • 이재명(1910): 이완용 습격
기타	• 시전 상인들은 철시, 학생들은 동맹 휴학

자료 더하기

러·일 전쟁 시기 인천에 상륙한 일본군

영·일 동맹

한·일 병합조약

헤이그 특사

자료 더하기

안중근의 동양평화론

러·일 전쟁을 일으킬 때 일본 황제의 선전 포고문에 "동양 평화를 유지하고 대한 독립을 공고히 한다." 운운했으니, 이와 같은 대의가 청천백일의 빛보다 더 환하였기 때문에 한·청 인사들은 지혜로운 사람이나 어리석은 사람을 물론하고 한몸과 한마음으로 오직 감화하고 복종했음이 그 하나이다. 오늘날 서양 세력이 동양으로 점차 밀려오는 환난을 동양 인종이 일치 단결해서 온 힘을 다하여 방어해야 하는 것이 제일 상책임은 어린 아이일지라도 익히 하는 바인데, 무슨 까닭으로 일본은 이러한 순리의 형세를 돌아보지 않고 같은 인종인 이웃 나라를 약탈하고 우의를 끊어, 스스로 도요새가 조개를 쪼으려다 부리를 물리는 형세를 만들어 둘 다 잡혀 어부를 기다리는 듯하는가. …

헐버트

▲ 헐버트(Homer B. Hulbert, 1863~1949)

- 1886년 육영공원 교사로 조선에 입국
- 1889년 조선어 지리교과서 『사민필지』 저술
- 1896년 「독립신문」 창간에 참여
- 1905년 을사조약 이후 고종의 특사로 미국에 파견
- 1949년 국빈으로 한국 방문, 이후 사망
- 양화진 외국인선교사묘원에 안장

대표 사료 확인하기

1. 한 · 일 의정서

제1조 한·일 두 제국은 영구불변의 친교를 유지하고 동양 평화를 확립하기 위하여 대한 제국 정부는 대일본 제국 정부를 확신하여 제도 개선에 관한 충고를 받아들인다.

제3조 대일본 제국 정부는 대한 제국의 독립과 영토 보전을 보증한다.

제4조 제3국의 침해 또는 내란으로 대한 제국 황실의 안녕과 영토의 보전에 위험이 있을 경우에 대일본 제국 정부는 곧 필요한 조치를 취하고, 대한 제국 정부는 대일본 제국이 용이하게 행동할 수 있도록 충분히 편의를 제공할 것. 대일본 제국 정부는 전 항의 목적을 달성하기 위하여 전략상 필요한 지점을 수시로 사용할 수 있다.

제5조 한국 정부는 일본의 동의 없이는 제3국과 자유로이 조약을 맺을 수 없다.

2. 제1차 한 · 일 협약

1. 대한 정부는 대일본 정부가 추천하는 외국인 1명을 재정 고문으로 해외부에 용빙하고 재무에 관한 요무(要務)는 일체 그 의견을 물어 시행할 것
2. 대한 정부는 대일본 정부가 추천하는 외국인 1명을 외교 고문으로 해외부에 용빙하고 외교에 관한 요무(要務)는 일체 그 의견을 물어 시행할 것

3. 제2차 한 · 일 협약(을사늑약)

제2조 일본국 정부는 한국과 다른 나라 사이에 현존하는 조약의 실행을 완전히 책임지며, 한국 정부는 이후 일본국 정부의 중개를 거치지 않고는 국제적 성격을 띤 어떠한 조약이나 약속도 하지 않을 것을 약속한다.

제3조 일본국 정부는 그 대표자로 하여금 한국 황제 폐하의 아래에 1명의 통감을 두되, 통감은 전적으로 외교에 관한 사항을 관리하기 위해 서울에 주재하며 직접 한국 황제 폐하를 만나볼 수 있는 권리를 갖는다.

4. 한 · 일 신협약(정미 7조약)

제1조 한국 정부는 시정 개선에 관해 통감의 지도를 받을 것

제2조 한국 정부의 법령 제정 및 중요한 행정상의 처분은 미리 통감의 승인을 거칠 것

제4조 한국 고등 관리의 임면은 통감의 동의에 의해 이를 집행할 것

제5조 한국 정부는 통감이 추천하는 일본인을 한국 관리에 임명할 것

제6조 한국 정부는 통감의 동의 없이 외국인을 용빙하지 말 것

5. 시일야방성대곡

천만 뜻밖에도 5조약을 어떤 연유로 제출하였는고. 이 조약은 비단 우리나라만이 아니라 동양 3국이 분열하는 조짐을 나타낸 것인즉, 이토의 본래 뜻이 어디에 있느냐? 그러나 우리 대황제 폐하께서 강경하신 거룩한 뜻으로 거절하고 말았으니, 이 조약이 성립하지 못한다는 것은 상상컨대, 이토 후작이 스스로 알 수 있을 바이거늘. 오호라! 저 개, 돼지만도 못한 소위 우리 정부 대신이란 자들이 영달과 이득을 바라고 거짓된 위협에 겁을 먹고서 머뭇거리고 벌벌 떨면서 달갑게 나라를 파는 도적이 되어, 4천년 강토와 5백년 종사를 남에게 바치고 2천만 목숨을 다른 사람의 노예로 만들었으니, … 아! 원통하고 분하도다. 우리 남의 노예가 된 2천만 동포여! 살았느냐, 죽었느냐? 단군 기자 이래 4천년 국민 정신이 하룻밤 사이에 별안간 망하고 끝났도다! 아, 원통하고 원통하도다! 동포여 동포여!

– 황성신문, 1905년 11월 20일 –

54 의병운동과 애국계몽운동

01 의병운동

1 을미의병(1895)

(1) 계기: 을미사변과 단발령 강제 시행

(2) 의병장: 유인석, 이소응 등 유생 의병장이 주도

(3) 해산: 아관파천 이후 단발령 철회와 고종의 해산 권고 조칙 발표로 자진 해산

(4) 영향: 해산된 의병 일부가 활빈당 조직 → 반봉건·반침략 활동 전개

2 을사의병(1905)

(1) 계기: 을사조약 체결, 러·일 전쟁 이후 일본의 침략 노골화

(2) 의병장: 최익현(태인)·민종식(홍성) 등 유생 의병장, 평민 출신 의병장인 신돌석(울진) 활약

(3) 활동: 을사조약 폐기 및 친일 내각 타도 주장

(4) 특징: 활빈당 잔여 세력의 의병 가담, 평민 의병장 등장

3 정미의병(1907)

(1) 계기: 고종의 강제 퇴위, 군대 해산

(2) 특징: 해산된 군인 합류로 전투력 향상, 다양한 계층이 의병에 참여 → 의병 전쟁으로 발전

(3) 활동: 전국적인 의병 연합 부대인 13도 창의군 결성(총대장 이인영, 군사장 허위)
  ① 서울 주재 각국 영사관에 서신 발송: 의병을 국제법상 교전 단체로 인정해 줄 것을 요구
  ② 서울 진공 작전(1908.1.): 경기도 양주에 허위가 이끄는 선발대 집결 → 동대문 밖 30리 지점까지 진격 → 일본군의 우세한 화력에 밀려 패퇴

4 일제의 탄압

(1) 남한 대토벌 작전(1909.9.): 일제가 호남 지방을 해안과 육지에서 봉쇄 → 의병 탄압

(2) 의병의 이동: 의병의 일부가 간도와 연해주 등지로 이동 → 독립군 형성

자료 더하기

유인석

▲ 유인석(1842~1915)
- 호는 의암, 이항로의 문인
- 을미사변과 단발령을 계기로 의병 항전 개시
- 만주로 이동하여 한인들을 규합, 일시적 국내 귀국
- 고종의 퇴위 이후 연해주로 이동, 1910년 13도의군 결성

최익현

▲ 최익현(1833~1906)
- 이항로의 문인(화서학파)
- 당백전 발행, 경복궁 중건 반대로 파직
- 서원 철폐 비판 및 고종의 친정 요구
- 일본과의 통상을 반대하는 상소
- 을사조약 체결 이후 의병운동 전개
- 대마도에 유배되어 단식을 전개하다 사망

정미의병

자료 더하기

대한 자강회 월보

양기탁

▲ 양기탁(1871~1938)
- 선교사 게일의 『한영자전』 편찬에 참여
- 베델과 「대한매일신보」 창간
- 안창호와 신민회 조직
- 1920년 동아일보 창간 시 편집고문 역임
- 만주로 망명, 통의부·정의부에 참여
- 1934년 임시 정부의 국무위원 및 주석 역임

평양 대성학교

▼ 의병운동의 전개

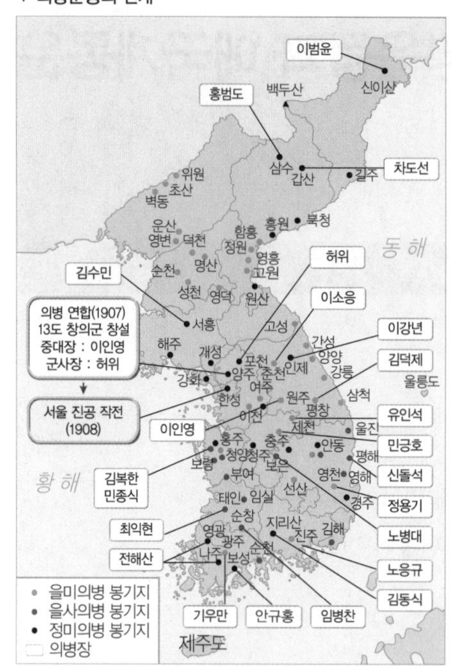

02 / 애국계몽운동

1 개념

(1) 을사조약(1905) 체결을 전후하여 국권 상실의 위기의식이 고조되는 상황에서 전개

(2) 의미: 교육과 산업 진흥을 통해 민족의 실력을 양성하여 국권을 회복·수호하려는 운동

2 애국계몽단체의 활동

(1) 보안회(1904): 일제의 황무지 개간 요구 반대 운동 → 일본의 요구 무산

(2) 헌정 연구회(1905): 입헌 군주제 실시를 통한 민권 확대 주장 → 일진회 규탄으로 해체

(3) 대한 자강회(1906): 헌정 연구회 계승, 교육·산업 활동 → 고종 강제 퇴위 반대 운동 전개

(4) 대한 협회(1907): 대한 자강회 계승, 교육 보급과 산업 개발에 노력 → 친일적 성격

(5) 신민회(1907)

조직	안창호, 양기탁 등이 국권 회복과 공화정에 입각한 근대 국가 건설을 목표로 결성, 비밀 결사
활동	• 교육: 대성 학교(평양), 오산 학교(정주) 설립, 평양과 서울에 태극 서관 운영 • 경제: 평양에 자기 회사 운영 • 독립운동: 남만주의 삼원보에 독립운동 기지 건설, 신흥 강습소 설립(→ 신흥 무관 학교로 개편)
해체	일제가 조작한 105인 사건으로 와해(1911)

(6) 교육 단체: 서북 학회·기호 흥학회 등의 학회 및 사립학교, 야학, 강습소 등을 설립

대표 사료 확인하기

1. 단발령

1895년 11월 국왕이 비로소 머리를 깎고 내외 신민에게 모두 머리를 깎도록 하였다. … 머리를 깎으라는 명령이 내려지니 곡성이 하늘을 진동하고 사람들은 분노하여 목숨을 끊으려 하였다. 형세가 바야흐로 격변하여 일본인들은 군대를 엄히 하여 대기시켰다. 경무사 허진은 순검들을 인솔하고 칼을 들고 길을 막으며 만나는 사람마다 머리를 깎았다. … 무릇 머리를 깎인 자는 빡빡 깎지 아니하고 상투만 자르고 머리털은 그대로 남겨 놓아 장발승 같았다. 학부대신 이도재는 연호의 개정과 단발령에 반대하는 상소를 올리고 벼슬을 버리고 돌아갔다. - 『매천야록』 -

2. 최익현의 격문

오호라, 작년 10월에 저들이 한 행위(을사조약)는 만고에 일찍이 없던 일로서, 억압으로 한 조각의 종이에 조인하여 5백년 전해 오던 종묘사직이 드디어 하룻밤 사이에 망했으니, 천지신명도 놀라고 조종의 영혼도 슬퍼하였다. 우리 의병 군사의 올바름을 믿고 적의 강대함을 두려워하지 말자. 이에 격문을 돌리니 의연히 일어나라. - 최익현, '포고팔도사민(1906)' -

3. 남한 대토벌 작전

일본군이 길을 나누어 호남 지방의 의병을 수색하였다. 위로는 금산, 진산, 김제, 만경으로부터 동쪽으로는 진주, 하동 남쪽은 목포로부터 사방을 그물 치듯 포위하여 마을을 수색하고 집집마다 뒤져서 조금이라도 의심이 나면 모두 죽였다. 이 때문에 행인이 끊어지고 이웃의 왕래도 끊겼다. 의병들은 삼삼오오 도망하여 흩어졌으나 숨을 곳이 없었다. 굳센 자는 나와 싸우다 죽어 갔고, 약한 자는 도망가다가 칼을 맞았다. - 『매천야록』 -

4. 보안회

- 이에 민심이 시끄러워 많은 생원, 진사와 관리들이 상소를 올려 허락하지 말라고 진언하였다. 유생들도 정부에 글을 올려 허락해서는 안 되는 것을 권하였다. 백성들도 종로에 모여 황무지 개간권 요구의 부당성에 대하여 연설하는 사람이 수천이나 되었다. - 정교, 『대한계년사』 -
- 서울 시민들이 보안회를 설치하여 윤시병을 회장으로 추대하였다. 정기조 등이 통문을 올린 후 재신 이건하, 박기양 등이 앞을 다투어 상소를 하였다. 전 의관 유병, 전 주사 이근 등이 소청과 회의소를 설치하므로 경향에서 모인 사람들이 수만 명이나 되었다. - 『매천야록』 -

5. 대한 자강회 취지문

무릇 우리나라의 독립은 오직 자강(自强)의 여하에 있을 따름이다. 우리 대한이 종전에 자강의 방도를 구하지 아니하여 인민이 스스로 우매함에 갇히고 국력이 스스로 쇠퇴하게 되었고, 나아가서 금일의 험난한 지경에 이르렀고, 외국인의 보호까지 받게 되었다. 이것은 모두 자강의 방도에 뜻을 두지 않았기 때문이었다. … 오늘날 우리 한국은 삼천리 강토와 2천만 동포가 있으니, 자강에 분발하여 힘써 단체를 만들고 모두 단결하면 앞으로 부강한 전도를 바랄 수 있고 국권을 능히 회복할 수 있을 것이다. 자강의 방법으로는 교육을 진작하고 산업을 일으켜 흥하게 하면 되는 것이다. 무릇 교육이 일지 못하면 백성의 지혜가 열리지 못하고, 산업이 늘지 못하면 국가가 부강할 수 없다. 그런즉 민지(民智)를 개발하고 국력을 기르는 길은 무엇보다도 교육과 산업을 발달시키는 데 있지 않겠는가? … 청컨대 주저하지 말고 이 혈성(血誠)을 같이하여 더욱 자강의 술(術)에 분발하여 국권 회복의 길에 매진하면 곧 대한 독립의 기초가 반드시 여기 세워지리니, 이것이 어찌 전국의 행복이 아닐 수 있겠는가.

6. 신민회

무릇 우리 대한인은 내외를 막론하고 통일 연합으로써 그 진로를 정하고 독립 자유로써 그 목적을 세움이니, 이것이 신민회가 원하는 바이며, 신민회가 품어 생각하는 소이이니, 간단히 말하면 오직 신정신을 불러 깨우쳐서 신단체를 조직한 후에 신국을 건설할 뿐이다. - 주한 일본 공사관 기록 -

자료 더하기

55 간도와 독도

자료 더하기

백두산정계비

▲ 백두산정계비
서쪽의 압록과 동쪽의 토문을 분수령으로 삼는다.

조선전도에 그려진 독도

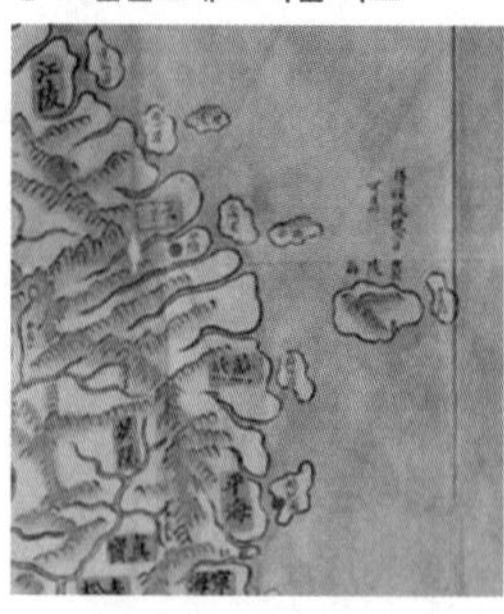

01 / 간도

1 조선 시대

(1) 백두산정계비 건립(1712)

① 숙종 때 청과 조선의 국경 갈등으로 국경 설정 → 압록강과 토문강을 경계로 한다는 내용의 백두산정계비 건립

② 분쟁 발생: 19세기에 토문강에 대한 청과 조선의 해석 차이로 분쟁 발생 → 청은 두만강, 조선은 송화강의 지류로 해석하여 간도에 대한 영토 분쟁 발생

③ 서북경략사 파견(1883): 어윤중을 서북경략사로 파견

④ 토문감계사 파견(1885): 이중하를 토문감계사로 파견

2 대한제국

(1) 대한제국의 정책

① 간도관리사 파견: 1902년 이범윤을 간도관리사로 파견

② 행정 구역 편입: 간도를 함경도의 행정 구역에 포함하고 이를 청에 통고

(2) 을사늑약 이후

① 대한제국의 외교권을 일제가 박탈

② 간도 협약(1909): 일제가 남만주 철도 부설권을 얻는 대가로 간도를 청의 영토로 인정

02 / 독도

1 대한제국 이전의 역사

(1) 삼국 시대: 지증왕 때 이사부가 우산국(울릉도와 독도) 복속 → 우리 영토로 인식

(2) 조선 시대

① 『세종실록』 지리지, 『신증동국여지승람』 등에 우리 영토로 기록

② 숙종 때 안용복이 일본으로부터 독도가 우리 영토임을 확인받음

2 대한제국의 독도 인식

(1) 대한제국 칙령 제41호(1900): 울릉도를 울도로 개칭, 울도 군수가 독도와 석도(독도) 관할

3 일본의 독도 인식

(1) 19세기 이전 일본의 독도 인식: 태정관 문서에서 독도와 울릉도를 조선 영토로 인정

(2) 일제의 독도 강탈: 러·일 전쟁 중에 독도를 불법적으로 일본 영토로 편입(1905)

4 광복 이후

(1) 광복과 함께 한국 영토에 귀속

(2) 1952년 '인접 해양 주권에 대한 대통령 선언'에서 독도에 대한 확고한 주권 선언

자료 더하기

대표 사료 확인하기

1. 이범윤 파견

고종 40년(1903) 8월 11일, 내부대신 임시 대리 의정부 참정 김규홍이 제의하였다. "북간도는 우리나라와 청나라 사이에 끼인 지역입니다. 지금까지 수백 년 동안 그대로 비어 있었습니다. 수십 년 전부터 북쪽 변경의 고을 백성들이 이주하여 농사를 지으면서 살고 있는 사람이 이제 수만 호에 수십만 명이나 됩니다. 그런데 청국인들에게 매우 심한 침해를 받고 있습니다. … 간도 백성들이 바라는 대로 사찰관 이범윤을 그대로 관리로 임명하여 간도에 머물며 사무를 맡아보게 하십시오." 이 안건에 대해 고종이 승인하였다.

– 『고종실록』 –

2. 간도 협약

제1조 일·청 두 나라 정부는 토문강을 청국과 한국의 국경으로 하고 강 원천지에 있는 정계비를 기점으로 하여 석을수(石乙水)를 두 나라의 경계로 한다.

제3조 청 정부는 이전과 같이 토문강 이북의 개간지에 한국 국민이 거주하는 것을 승인한다. 그 지역의 경계는 별도로 표시한다.

제5조 토문강 이북의 한국인과 청나라 사람들이 함께 살고 있는 구역 안에 있는 한국 국민 소유의 토지와 가옥은 청 정부가 청 국민들의 재산과 똑같이 보호하여야 한다.

제6조 청 정부는 앞으로 길장 철도를 연길 이남으로 연장하여 한국의 회령에서 한국의 철도와 연결할 수 있다.

– 『순종실록』, 1909년 9월 4일 –

3. 대한제국 칙령 제41호

울릉도(鬱陵島)를 울도(鬱島)로 개칭하고 도감(島監)을 군수(郡守)로 개정한 건

제1조 울릉도(鬱陵島)를 울도(鬱島)라 개칭하여 강원도에 부속하고 도감을 군수로 개정하여 관제 중에 편입하고 군등(郡等)은 오등(五等)으로 할 사(事)

제2조 군청 위치는 태하동으로 정하고 구역(區域)은 울릉(鬱陵) 전도(全島)와 죽도(竹島), 석도(石島)를 관할할 사(事)

56 근대의 경제

개항기 제물포 부두

주요 열강의 이권 침탈

러시아	•압록강 유역 산림 채벌권 •경원·종성 광산 채굴권
미국	•경인선 철도 부설권 •평안도 운산 금광 채굴권 •서울 시내 전차 부설권
일본	•경인선 철도 부설권(매입) •경부선 철도 부설권 •충남 직산 금광 채굴권
영국	•평안도 은산 금광 채굴권
프랑스	•경의선 철도 부설권
독일	•강원도 당현 금광 채굴권

동양 척식 주식회사

백동화

01 / 열강의 경제적 침탈

1 개항장 무역: 청과 일본 상인의 상권 침탈

(1) 개항 초기 일본 상인의 무역 독점

① 거류지 무역: 개항장 거류지를 중심으로 전개 → 조선의 중개 상인 활약(객주, 여각 등)

② 약탈 무역: 일본 상인은 강화도 조약과 부속 조약의 특권을 이용하여 약탈적 무역 전개

(2) 임오군란 이후 청과 일본 상인의 내륙 진출

① 조·청 상민 수륙 무역 장정(1882): 청 상인의 내지 통상권 허용 → 한성 진출

② 조·일 통상 장정(1883): 관세권 설정, 방곡령 선포 규정, 최혜국 대우 인정

2 제국주의 열강의 이권 침탈

(1) 열강의 이권 침탈

① 배경: 아관파천 이후 러시아 이권 획득 → 최혜국 대우 조항을 이용하여 이권 침탈 가속화

② 내용: 광산 채굴권, 삼림 벌채권, 철도 부설권, 근대시설 설치에 관한 이권 침탈

(2) 일본의 토지 약탈

① 계기: 러·일 전쟁을 빌미로 군용지 및 철도부지 확보를 명분으로 토지 대량 약탈

② 동양 척식 주식회사(1908): 약탈 토지 운용 담당 → 토지 약탈 본격화

3 일본의 금융 지배와 재정 장악

(1) 재정 장악: 일본의 차관 정책(화폐 정리, 시설 개선 등) → 대한제국의 재정 예속화

(2) 화폐 정리 사업(1905)

① 내용: 일본인 재정 고문 메가타 주도로 대한제국의 화폐를 일본 제일은행권으로 교환 → 백동화를 갑·을·병종으로 구분하여 가치를 차등하여 교환

② 결과: 국내 상공업자 타격, 유통 화폐의 부족 현상, 한국인 설립 은행 파산

02 / 경제적 구국 운동

1 방곡령

(1) 배경: 일본으로의 곡물 유출 증가 → 조선의 식량 사정 악화 및 곡물 가격 폭등

(2) 내용: 조·일 통상 장정(1883)의 규정에 근거하여 지방관이 곡물 유출 금지를 선포

(3) 방곡령 사건(1889): 함경도와 황해도에서 관찰사가 방곡령 선포 → 일본이 1개월 전 통보 규정을 빌미로 철회 및 손해 배상 요구 → 방곡령 철회, 손해 배상

2 이권 수호 운동

(1) 독립협회의 활동: 만민 공동회를 개최하여 이권 수호 운동 전개

(2) 황무지 개간권 요구 반대 운동(1904)
① 배경: 일제가 일본인에게도 황무지 개간권을 부여하도록 압력
② 경과: 농광 회사 설립(우리 손으로 황무지 개간 주장), 보안회 설립(반대 운동 전개)
③ 결과: 일제가 황무지 개간권 요구를 철회

3 국채 보상 운동(1907)

배경	일제의 차관 제공에 의한 경제 예속화 → 대구에서 시작(김광제 · 서상돈 주도)
전개	국채보상기성회(서울) 설립 → 대한매일신보(양기탁) 등의 후원 → 금연 · 금주 운동 등
결과	통감부의 방해로 실패(양기탁을 공금 횡령이라는 누명을 씌워 구속)

대표 사료 확인하기

1. 조 · 일 통상 장정 내 방곡령 조항

만약 조선국에 가뭄·수해·병란(兵亂) 등의 일이 있어 국내 식량 결핍을 우려하여 조선 정부가 잠정적으로 양미(糧米)의 수출을 금지하고자 할 때에는 반드시 먼저 1개월 전에 지방관이 일본 영사관에 통고해야 한다. 또한, 그러한 때에는 그 시기를 미리 항구의 일본 상민(商民)에게 예고하여 그대로 준수해야 한다.

– 조·일 통상 장정 제37조 –

2. 방곡령 실시

우리 고을에 흉년이 든 것은 귀하도 잘 알고 있을 것이다. 궁지에 몰리고 먹을 것이 없어 비참하다. 곡물이 이출되는 것은 당분간 방지하지 않을 수 없다. 이에 조·일 통상 장정 제37조에 근거하여 기일에 앞서 통지하니, 바라건대 귀국의 상민들에게 통지하여 음력 을유년(1885) 12월 20일부터 만 한 달 이후부터는 곡물을 출하지 못하도록 할 것이다.

– 동래 부백 김학진이 총영사 마에다에게, 방곡 관계 서류철, 제1권 –

자료 더하기

국채보상운동 기념비

자료 더하기

3. 황국 중앙 총상회의 상권 수호 운동

근일 외국인이 내지의 각부 각군 요지에 점포 가옥을 사서 장사를 하고 또 전답을 구입한다고 하니 이는 외국과 통상에도 없는 것이요 외국인들이 내지에 와서 점포를 열어 장사를 하고 전답을 사들이면 대한 인민의 상권이 외국인에게 모두 돌아가고 … 우리나라 각부 각군 지방에 잡거하는 외국 상인을 모두 철거하게 하고 가옥과 전답구매를 일제 엄금하여 대한 인민의 상업을 흥왕케 하여 달라.

– 독립신문, 1898년 10월 18일 –

4. 일본의 한국 이주 장려

이 항구(군산항)는 실로 금강, 동진강, 만경강 삼대 유역에 걸쳐 있는 30만 정보에 이르는 대평원의 문전에 해당하기 때문이다. 뿐만 아니라 이 드넓은 농지 가운데 이미 10분의 1은 일본인이 소유하고 있다. … 망망한 전주 평야에 한눈에 봐도 5만 석이 나올 수 있는 곳이 1단보에 4, 5원(圓)이니 더 말하여 무엇하랴. 한국에 이주하라, 한국에 이주하라!

5. 국채보상운동

지금 우리들은 정신을 새로이 하고 충의를 떨칠 때이니, 국채 1천 3백만 원은 우리 한 제국의 존망에 직결된 것입니다. 이것을 갚으면 나라가 보존되고 이것을 갚지 못하면 나라가 망할 것은 필연적인 사실이나, 지금 국고에서는 도저히 갚을 능력이 없으며, 만일 나라에서 못 갚는다면 그때는 이미 3천리 강토는 내 나라 내 민족의 소유가 못 될 것입니다. 국토가 한 번 없어진다면 다시는 찾을 길이 없을 뿐만 아니라, 어찌 베트남 등의 나라와 같이 되지 않을 수 있겠습니까? 일반 인민들은 의무라는 점에서 보더라도 이 국채를 모르겠다고는 할 수 없을 것입니다. 그런데 이를 갚을 길이 있으니 수고롭지 않고 손해보지 않고 재물 모으는 방법이 있습니다. 2천만 인민들이 3개월 동안 흡연을 금지하고, 그 대금으로 한 사람에게 매달 20전씩 거둔다면 1천 3백만 원을 모을 수 있습니다. 만일 그 액수가 다 차지 못하는 일이 있더라도, 응당 자원해서 일원·십원·백원·천원을 특별 출연하는 사람도 있을 것입니다.

– 대한매일신보, 1907년 2월 21일 –

6. 근대 자본의 형성 독려

무릇 회사란 것은 여러 사람의 자본을 합하여 몇 사람에게 맡겨서 농·공·상의 사무를 변리시키는 것이다. 농·공·상의 사무는 한 가지가 아니다. 그러므로 회사의 종류 역시 적지 않다. 회사 중에는 철도 회사가 있어서 국내의 운수를 편리하게 하고, 선박 회사가 있어서 외국과의 왕래를 통하게 하며, 제조 회사가 있어서 물품을 전적으로 주관하고, 개간 회사를 만들어 의논한다. 또한 정부에서도 그 사업을 장려하여 회사로 하여금 날로 성대하게 발전하도록 한다. 그러므로 각국 정부는 회사가 참으로 유익함을 인정하여 장려하는 방법이 매우 많다.

– 한성순보 제3호 –

7. 외국 상인의 침탈적 접근

최근 각국 상인들이 가져온 물건이라도 목면의 경우는 특별히 구분하여 장사하지 못하도록 했었습니다. 그런데 일본인이 호남에서 목면을 운반해 와서 자기들 마음대로 매매하는 고로 저희들이 일본 영사관에 항의했습니다. 그런데 일본 영사관의 대답은 “한국 사람들이 비록 마음대로 판매하지 못하도록 하더라도 일본인은 장애 없이 판매할 수 있다.”라는 것입니다. … 원통한 저희 형상을 알아주시고, 자세하게 일본 영사관에 조회하여 절대 금지하게 하여 만민을 구해 주신다면 천만 다행이겠습니다.

– 백목전 상인들의 청원서, 1888.9 –

57 근대의 문화

01 / 근대 문물의 수용

1 근대 시설의 도입

통신	[우편] 우정총국 설치(1884), [전신] 인천~한성~의주(청, 1885), 전보총국 설립(1885), [전화] 경운궁에 처음 가설(1898), 이후 서울 시내 확대
교통	[전차] 서대문~청량리 간 가설(1899), [철도] 경인선(1899), 경부선(1905), 경의선(1906)
전기	경복궁에 전등 가설(1887), 한성 전기회사(1898) 설립 → 한성에 전등 가설, 발전소 운영
의료	광혜원(1885, 제중원으로 개칭, 최초의 근대적 병원), 세브란스 병원(1904, 개신교에서 운영)

2 언론 활동

한성순보	1883, 순한문, 박문국에서 발행, 최초의 신문, 관보의 성격(정부 정책 홍보)
독립신문	1896, 한글 · 영문, 최초의 민간 신문, 민권 의식 향상에 기여, 1899년 폐간
제국신문	1898, 순한글, 서민층과 부녀자 대상, 민중 계몽, 교육과 실업 발달 강조
황성신문	1898, 국한문 혼용(정부 방침), 양반 지식인 대상, 장지연의 '시일야방성대곡' 게재
대한매일신보	1904, 순한글, 영국인 베델이 사장 → 일제 국권 침탈 비판, 의병에 호의적

3 근대 교육 기관

(1) 근대 교육의 시작

원산학사	1883, 함경도 덕원 주민들이 설립, 최초의 근대적 학교, 외국어 등 근대 학문 교육
동문학	1883, 외국어 통역관 양성을 위해 정부에서 설립, 1886년 육영공원 설립으로 폐지
육영공원	1886, 정부가 설립한 근대 학교, 미국인 교사 초빙(알렌), 고관자제 및 하급관료 대상

(2) 관립 교육 기관의 설립

갑오개혁기	교육입국조서 반포(1895), 한성 사범 학교, 소학교, 외국어 학교 설립
대한제국기	관립 중학교, 실업 학교, 기술 교육 기관 설립

(3) 사립 학교의 설립

개신교 계열	배재 학당, 이화 학당, 숭실 학교, 정신 여학교 등
민족 지사 계열	대성 학교, 오산 학교, 보성 학교, 진명 여학교 등 → 애국계몽운동

자료 더하기

전차

한성 전기회사

광혜원

육영공원

명동성당

자료 더하기

한성순보

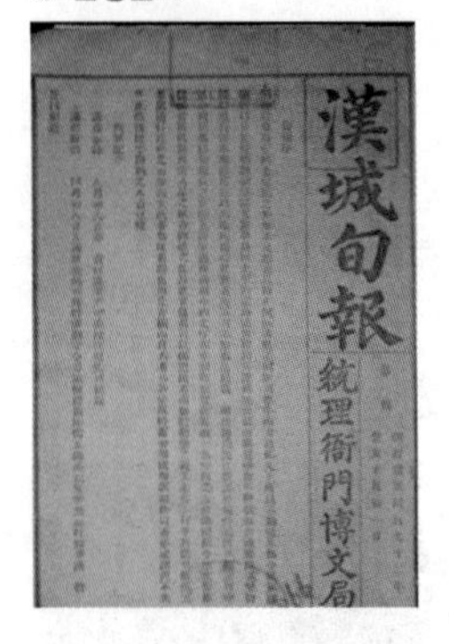
漢城旬報
統理衙門博文局

독립신문

독닙신문

02 / 문화와 종교의 새 경향

1 문학과 예술의 새로운 경향

(1) 대중 문학: 신소설(혈의 누, 자유종, 금수회의록 등), 신체시(해에게서 소년에게), 번역 문학 유행

(2) 예술: 창가(애국가, 독립가, 권학가) 유행, 판소리 정리(신재효), 원각사(공연장, 1908)

2 국학 연구

(1) 국어: 국문 연구소 설립(1907), 조선 광문회 조직(1910)

(2) 한국사: 계몽적인 성격과 국권 수호적인 성격의 근대 계몽 사학 발달

박은식	최남선과 함께 조선 광문회 설립 → 민족의 고전 정리 및 연구
신채호	『독사신론』 저술 → 민족주의 사학의 연구 방향 제시

3 종교계의 변화

유교	박은식의 『유교구신론』 저술(1909) → 유교의 개혁과 양명학 부흥 주장
불교	한용운의 『조선 불교 유신론』 저술 → 조선 불교의 개혁, 자주적 근대화 주장
천주교	조 · 프 수호 통상 조약(1886) 체결로 선교의 자유 획득 → 양로원, 고아원 설립
개신교	세브란스 병원 설립, 배재 학당 등 교육 기관 설립
천도교	손병희가 동학을 천도교로 개칭(1905) → 만세보 발간, 학교 설립, 계몽 운동 참여
대종교	나철, 오기호 등이 창시(단군 신앙 바탕), 국권 피탈 후 만주로 교단 이동, 무장 투쟁 전개

대표 사료 확인하기

1. 원산학사

의정부에서 아뢰기를, "방금 덕원부사 정현석(鄭顯奭)의 장계를 보니, '덕원부는 해안의 요충지에 위치하고 아울러 개항지입니다. 이를 빈틈없이 잘 운영해 나가는 방도는 인재를 선발하여 쓰는 데 달려 있으며, 선발하여 쓰는 요령은 그들을 가르치고 기르는 데 달려 있습니다. … 북쪽 해안은 중요한 지방으로 항구 사무도 또한 복잡합니다. 지금 가장 급한 문제는 오직 인재를 선발하여 쓰는 데 달려 있으니, 만일 인재를 선발하여 쓴다면 가르쳐 길러 내지 않을 수 없으며, 가르쳐 기르려면 또한 상을 주어 장려하지 않을 수 없습니다. 아울러 친기위에 이속시키는 문제를 장계에서 청한 대로 시행하는 것이 어떻겠습니까?" 하니, 윤허하였다.

– 『고종실록』 –

2. 한성순보

그러므로 우리 조정에서도 박문국을 설치하고 관리를 두어 외국 소식을 폭넓게 번역하고 아울러 국내 일까지 실어, 나라 안에 알리는 동시에 여러 나라에 반포하기로 하였다. 이름을 한성순보라 하여 견문을 넓히고 여러 가지 의문점을 풀어 주며 상리(商利)에도 도움을 주고자 하였다. 중국과 서양의 관보(官報), 신보(申報)를 우편으로 교신하는 것도 이런 뜻이다.

3. 신채호의 역사인식

국가의 역사는 민족의 소장 성쇠의 상태를 서술할지라. 민족을 빼면 역사가 없을지며 역사를 빼어 버리면 민족의 그 국가에 대한 관념이 크지 않을지니 오호라 역사가의 책임이 그 역시 무거울진저. … (중략) … 내가 현금 각 학교의 교과용 역사를 보건대 가치 있는 역사가 거의 없도다. 제1장을 보면 우리 민족이 지나족(중국족)의 일부인 듯하며, 제2장을 보면 우리 민족이 선비족의 일부인 듯하며, 마침내 전편을 다 읽으면 어떤 때는 말갈족의 일부인 듯하다가 어떤 때는 일본족의 일부인 듯하니, 오호라. 과연 이와 같을진댄 우리 몇 만 평 방리의 토지가 모두 남만북적의 수라장이며 우리 사천년의 산업이 모두 열국의 경매물이라 할지니 과연 그러한가. 어찌 그러하리요.

– 『독사신론』 –

4. 박은식의 『유교구신론』

우리 조상과 또 나의 평생이 공자의 은혜를 받은 것이 컸는데, 현재 공자의 교가 날로 암담해지고 날로 더욱 쇠해 가는 정경을 보니 비단 늠연히 두려울 뿐만 아니라 실로 척연(慽然)히 땀이 날 정도이다. 그런 때문에 그 원인을 거슬러 연구하고, 잘못된 일을 추측해보니 유교계에 세 가지 큰 문제가 있는 것을 알 수 있다. 감히 외람됨을 무릅쓰고 3대 문제를 들어서 개량 구신의 의견을 바치노라. 이른바 3대 문제는 무엇인고. 첫째는, 유교파의 정신이 전적으로 제왕의 편에 있고 인민 사회에 보급할 정신이 부족한 것이다. 둘째는 여러 나라를 돌아다니면서 천하의 주의를 바꾸려는 생각을 강구하지 않고, 내가 어린아이를 구하는 것이 아니고 어린아이가 나를 구한다는 주의만을 지키는 것이다. 셋째는 우리 대한의 유가에서는 쉽고 정확한 법문(양명학)을 구하지 아니하고 질질 끌고 되어가는 대로 내버려 두는 공부를 전적으로 숭상하는 것이다.

– 박은식, 『서북학회 월보』 제1권 (1909) –

5. 해(海)에게서 소년에게(최남선)

처얼썩 처얼썩 척 쏴아아.
때린다 부순다 무너 버린다.
태산 같은 높은 뫼, 집채 같은 바윗돌이나,
요것이 무어야, 요게 무어야.
나의 큰 힘 아느냐 모르느냐, 호통까지 하면서,
때린다 부순다 무너 버린다.
처얼썩 처얼썩 척 쏴아아, 튜르릉 꽉 …

6. 금수회의록

지금 세상 사람들은 하느님의 위엄을 빌려야 할 터인데, 외국 세력에 의뢰하여 몸을 보전하고 벼슬을 얻으려 하며, 타국 사람에게 빌붙어 제 나라를 망하게 하고 제 동포를 압박하니, 그것이 우리 여우보다 나은 일이오? … (중략) … 각 국은 하느님의 위엄을 빌려서 도덕으로 평화를 유지해야 할 터인데, 오로지 병장기의 위엄으로 평화를 보전하려 하니, 우리 여우가 호랑이의 위엄을 빌려서 제 몸 죽을 것을 피한 것과 비교할 때 어떤 것이 옳은 일이오?

– 안국선, 『금수회의록』 –

자료 더하기

황성신문

皇城新聞

대한매일신보

大韓每日申報
대한매일신보

제국신문

뎨국신문

금수회의록

58 일본의 통치 정책

01 / 1910년대 무단 통치

1 일제의 식민 통치 기구 설치

(1) 조선 총독부: 식민지 통치의 최고 기구, 행정·입법·사법·군 통수권 보유

(2) 중추원: 조선 총독부 자문 기구, 친일파로 구성

(3) 지방 행정 조직 개편: 전국을 13도 12부 220군으로 편성

조선 총독부의 위치 및 용도 변화

▲ 조선 총독부
- 1910~1926: 남산 통감부 건물 이용
- 1926~1945: 경복궁 근정전 앞
- 1945년 이후: 미군정의 중앙청
- 1995년: 광복 50주년 기념으로 철거

2 무단 통치의 실시

(1) 헌병 경찰제: 헌병이 경찰 업무 지휘, 즉결 처분권 행사, 태형 부활(조선 태형령 제정)

(2) 공포 분위기 조성: 일반 관리·교원들에게 제복을 입히고 칼을 차게 함

(3) 언론, 정치 억압: 출판·언론·결사의 자유 박탈, 한국인 정치 단체·학회 해산

(4) 교육 정책: 한국인에 대한 고등 교육 부재, 보통 교육과 실업 교육 위주로 편성, 사립 학교와 서당 탄압

헌병 경찰

02 / 1920년대 문화 통치

1 민족 분열 통치의 실시

(1) 배경: 3·1 운동 이후 국제 여론의 악화, 무단 통치의 한계 절감

(2) 명분과 목적: 이른바 문화 통치 실시 → 우리 민족을 분열시키는 것이 목적

(3) 내용과 실상

내용	실상
문관 총독 임명 가능	실제로는 문관 총독이 임명되지 않음
보통 경찰제 전환	경찰서와 경찰관 수 증가, 고등 경찰제 실시, 치안유지법 제정
언론 · 출판 · 집회 · 결사의 자유 부분 허용	실제로는 신문 기사의 검열 · 삭제, 압수 · 정간 등 탄압 강화
보통 학교 교육연한 연장, 학교 수 증설	3면 1교, 고등 교육 기회 부재, 한국인 취학률 저조
도 · 부 · 면에 평의회, 협의회 설치	일본인, 친일 인사만 참여 → 의결권이 없는 자문 기구에 불과

(4) 영향: 일부 지식인들이 민족 개조론, 자치론, 참정론 등 주장

검열로 삭제된 신문 기사

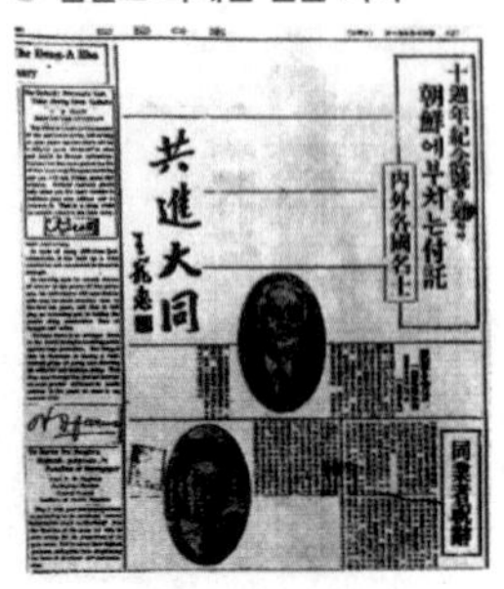
共進大同

03 / 1930년대의 민족 말살 통치

1 민족 말살 통치

(1) 배경: 대공황 이후 일제의 침략 전쟁 확대(만주사변, 중·일 전쟁, 태평양 전쟁)

(2) 목적: 한국인의 민족의식 말살, 천황 숭배 사상 주입, 한국인을 일본 천황에 충성하는 백성으로 동화 → 한국인을 침략 전쟁에 쉽게 동원하고자 함

(3) 황국 신민화 정책

① 민족의식 말살: 내선일체, 황국신민서사 암송, 신사 참배·궁성 요배 강요

② 조선 교육령 개정: 조선어 과목 사실상 폐지, 수업도 일본어로만 진행

③ 일본식 성명 강요(창씨개명): 거부할 경우 자녀를 학교에 보낼 수 없었고, 식량 배급도 받지 못함

④ 한글 신문과 잡지 폐간 등: 조선일보·동아일보 폐간(1940)

⑤ 조선어 학회 사건(1942): 회원 구속, 『우리말 큰사전』 편찬 저지(치안유지법 적용)

내선일체

신사 참배 강요

황국신민서사 암송 강요

대표 사료 확인하기

1. 조선 태형령

제1조 3월 이하의 징역 또는 구류에 처하여야 할 자는 그 정상에 따라 태형에 처할 수 있다.

제2조 100원 이하의 벌금 또는 과료에 처할 자 중 다음 각 호에 해당할 때는 그 정상에 따라 태형에 처할 수 있다.

1. 조선 내에 일정한 주소를 가지고 있지 않을 때
2. 무산 자산이라고 인정할 때

제4조 본령에 의하여 태형에 처하거나 또는 벌금이나 과료를 태형으로 바꾸는 경우에는 1일 또는 1원을 태 하나로 친다.

제11조 태형은 감옥 또는 즉결 관서에서 비밀리에 집행한다.

제13조 본령은 조선인에 한하여 적용한다.

– 조선 총독부 관보, 1912년 3월 –

2. 문화 통치

총독은 문무관 어느 쪽이라도 임용될 수 있는 길을 열고, 나아가 헌병에 의한 경찰 제도를 바꿔 보통 경찰에 의한 경찰 제도를 채택할 것이다. 그리고 복제를 개정하여 일반 관리·교원의 금테 제복과 대검을 폐지하고, 조선인의 임용·대우에 더 많은 고려를 하고자 한다. … 먼저 조선 사람들로 하여금 자신의 역사와 전통을 알지 못하게 만듦으로써 민족혼, 민족문화를 잃게 하고, 조선인의 조상과 선인의 무위, 무능, 악행을 들쳐내어 가르침으로써 조선 청소년들이 부조(父祖)를 멸시하도록 만들고, 결과로 조선 청소년들이 자국의 인물과 사적에 대하여 부정적인 생각을 갖게 하여 실망과 허무감에 빠지게 한 후, 그때에 일본 사적, 일본 인물, 일본 문화를 교육하면 동화의 효과가 클 것이다. 이것이 조선인을 반(半) 일본인으로 만드는 요결이다.

– 사이토 마코토 –

3. 치안유지법

제1조 국체를 변혁하는 것을 목적으로 결사를 조직하는 자 또는 결사의 임원, 그 외 지도자로서의 임무에 종사하는 자는 사형, 무기 또는 5년 이상의 징역 또는 금고에 처한다. 사정을 알고서 결사에 가입하는 자 또는 결사의 목적 수행을 위한 행위를 돕는 자는 2년 이상의 유기징역 또는 금고에 처한다. 사유재산 제도를 부인하는 것을 목적으로 결사를 조직하는 자, 결사에 가입하는 자, 또는 결사의 목적 수행을 위한 행위를 돕는 자는 10년 이하의 징역 또는 금고에 처한다.

제7조 본 법은 누구를 막론하고 본법 시행 구역 밖에서 죄를 범한 자에게도 통용된다.

4. 황국신민서사

• 아동용
1. 나는 대일본 제국의 신민(臣民)이다.
2. 나는 마음을 합해 천황 폐하께 충의를 다한다.
3. 나는 인고단련(忍苦鍛鍊)하여 훌륭하고 강한 국민이 된다.

• 학생·일반용
1. 우리는 황국 신민이며 충성으로써 군국(君國)에 보답하자.
2. 우리 황국 신민은 서로 신애협력(信愛協力)하여 단결을 굳게 하자.
3. 우리 황국 신민은 인고단련의 힘을 키워 황도(皇道)를 선양하자.

5. 내선일체론

내선일체는 반도 통치의 최고 지도 목표이다. 내가 항상 역설하는 것은 내선일체는 서로 손을 잡는다든가, 형태가 융합한다든가 하는 그런 미적지근한 것이 아니다. 손을 잡은 것은 떨어지면 또한 별개가 된다. 물과 기름도 무리하게 혼합하면 융합된 형태로 되지만 그것으로는 안 된다. 형태도, 마음도, 피도, 육체도 모두 일체가 되지 않으면 안 된다. 내선일체의 강화 구현이야말로 동아 신건설의 핵심을 이루는 것이고, 이것이 아니고서는 만주국을 형제국으로 하고 중국과 제휴하는 어떠한 것도 말할 수 없다. 내선은 융합이 아니라 악수가 아니라 심신 모두 참으로 일체가 되지 아니하면 아니 된다. – 미나미 총독, 「내선일체론」 (1939) –

59 일본의 경제 정책

01 / 1910년대 일제의 경제 수탈 정책

1 토지 조사 사업

(1) 명분: 근대적 토지 소유권 확립, 공정한 지세 부과

(2) 목적: 식민 통치의 기초 자료 확보, 지세의 안정적 확보, 한국의 토지 약탈 등

(3) 과정: 임시 토지 조사국 설치(1910), 토지 조사령 공포(1912), 기한부 신고제로 진행

(4) 결과: 역둔토·공유지 등을 조선 총독부로 편입(동양 척식 주식회사와 일본인에게 헐값에 넘김), 농민의 관습적인 경작권 부정(대다수 농민이 기한부 계약 소작농으로 전락)

2 자원 침탈

(1) 회사령(1910)
   ① 목적: 한국인의 회사 설립 억제 → 민족 자본의 성장 억제
   ② 내용: 회사 설립 때 총독의 허가를 받게 함, 총독에게 회사 해산권 부여

(2) 자원 침탈: 삼림령, 어업령, 광업령, 임업령, 임야 조사령 등

02 / 1920년대 일제의 경제 수탈 정책

1 산미 증식 계획(1920~1934)

(1) 배경: 일본의 공업화로 쌀 수요 급증 → 부족한 쌀을 한국에서 확보하고자 함

(2) 내용: 농토 개간, 수리 시설 확충, 품종 개량 등을 통하여 증산 추진

(3) 결과: 증산량보다 훨씬 많은 양의 쌀이 일본으로 유출 → 한국인의 1인당 쌀 소비량 감소, 만주 잡곡 유입 증가, 농민 처지 악화, 논의 비중 증가, 농민의 소작농·화전민화, 국외 이주 등

2 회사령 폐지(1920)

(1) 목적 및 내용: 회사 설립을 신고제로 변경 → 일본 기업의 한국 진출에 용이함을 목적으로 시행

(2) 결과: 일본의 대자본 회사들의 한국 진출 본격 시작

3 일본 상품에 대한 관세 철폐(1923) → 한국인 기업에 큰 타격

자료 더하기!

토지 조사 사업

군산항에 쌓여있는 쌀

산미 증식 계획

일본 내 쌀 소비는 연간 약 6,500만 석인데 생산고는 약 5,800만 석을 넘지 못해 해마다 그 부족분을 제국 반도 및 외국의 공급에 의지하는 형편이다. 게다가 일본의 인구는 해마다 약 70만 명씩 증가하고 있을 뿐만 아니라 국민 생활의 향상과 함께 1인당 소비량도 역시 점차 증가하게 될 것은 필연적인 대세이다. 장래 쌀의 공급은 계속 부족해질 것이고, 따라서 지금 미곡의 증수 계획을 수립하여 일본 제국의 식량 문제를 해결하는 데 도움을 주는 것은 진실로 국책상 급무라고 믿는다.

– 총독부 농림국 –

자료 더하기

03 / 1930년대 이후 일제의 경제 침탈

1 농촌 진흥 운동

농촌 사회 안정 목적 → 소작쟁의 중재, 고율의 소작료 제한 → 효과 미흡

2 병참 기지화 정책

(1) 배경: 일제의 침략 전쟁 확대(중·일 전쟁) → 군수 공업 육성

(2) 내용

① 남면북양 정책: 공업 원료 부족에 대비하여 한반도의 남부 지방에 면화 재배, 북부 지방에 양 사육 강요

② 조선 공업화 정책: 군수품 생산을 위해 한반도를 기초적 중화학 공업 지대로 설정 → 중화학 공업과 광업 부문에 집중 투자하여 지역 불균형 초래(북부 지역에 편중)

3 인적 · 물적 자원의 수탈: 국가 총동원법 제정(1938)

(1) 인적 수탈: 강제 징병 및 징용

① 지원병제(1938), 학도 지원병제(1943), 징병제(1944): 청년들을 전쟁에 강제 동원

② 국민 징용령(1939), 여자 정신 근로령(1944)

(2) 물적 자원 수탈: 지하자원 약탈, 새로운 세금 징수, 위문 금품 모금·국방 헌금 강요, 공출 제도 실시, 식량 수탈(산미 증식 계획 재개, 식량 배급 실시 등)

남면북양 정책

소년병 모집 포스터

정신근로령에 따라 징집된 여성들

미곡공출 홍보 포스터

대표 사료 확인하기

1. 토지 조사 사업

제1조 토지 소유권은 조선 총독 또는 그 권한을 위촉받은 자가 결재, 확정한다.

제2조 소유권의 주장은 신고주의를 원칙으로 한다.

제3조 불복자에 대해서는 증거주의를 채택한다.

제4조 토지 소유자는 조선 총독이 정하는 기간 내에 주소, 성명 및 소유지의 소재, 지목, 등급, 결수를 임시 토지 조사 국장에게 신고해야 한다. 단, 국유지는 보관 관청이 임시 토지 조사 국장에게 통지해야 한다.

제11조 임시 토지 조사국은 토지대장 및 지도를 작성하고 토지의 조사 및 측량에 대해 사정으로 확정한 사항 또는 재결을 거친 사항을 이에 등록한다. - 조선 총독부 관보, 1912년 -

2. 회사령

제1조 회사의 설립은 조선 총독의 허가를 받아야 한다.

제2조 조선 외에서 설립한 회사가 조선에 본점이나 또는 지점을 설립해야 할 때에는 조선 총독의 허가를 받아야 한다.

제3조 조선 외에서 설립하여 조선에서 사업을 경영하고자 할 때에는 조선에 본점 또는 지점을 두어야 한다. …

제5조 회사가 본령이나 혹 본령에 의거하여 발하는 명령과 허가 조건에 위반하거나 또는 공공질서와 선량한 풍속에 반하는 행위를 할 때 조선 총독은 사업의 정지, 지점의 폐쇄 또는 회사의 해산을 명한다.

3. 농촌 진흥 운동

우리가 농촌에서 보고 들은 것은 아무리 말해도 상상할 수 없는 사실이 많다. … 가난한 농민의 식량을 참고로 봐도 잡곡이 한 홉 정도에 풀뿌리나 나무껍질을 섞어 끓여 먹는다. 봄에는 풀의 새싹을, 겨울에는 뿌리를 채굴한다. 나무껍질은 소나무 속껍질, 아카시아, 기타 모든 껍질을 잘게 하거나 가루를 낸 후 물을 넣어 단자(團子)를 만들고 소금을 쳐서 먹는다. 어떤 지방에서는 고령토를 먹는 예도 있다. 그 상태는 일본에서는 전혀 보이지 않는 비참하고 진기한 현상이다.

– 내외사정 –

4. 국가 총동원령

제1조 국가 총동원이란 전시에 국방 목적을 달성하기 위하여 국가의 전력을 가장 유효하게 발휘하도록 인적 및 물적 자원을 운영하는 것이다.

제4조 정부는 전시에 국가 총동원상 필요한 때에는 칙령이 정하는 바에 따라 제국 신민을 징용하여 총동원 업무에 종사하게 할 수 있다.

제7조 정부는 전시에 국가 총동원상 필요한 때에는 칙령이 정하는 바에 따라 노동쟁의의 예방 혹은 해결에 관하여 필요한 명령을 내리거나 작업소의 폐쇄, 작업 혹은 노무의 중지, 기타의 노동쟁의에 관한 행위의 제한 혹은 금지를 행할 수 있다.

제14조 정부는 전시에 국가 총동원상 필요한 때에는 칙령이 정하는 바에 따라 물자의 생산·수리·배급·양도 기타의 처분, 사용·소비·소지 및 이동에 관하여 필요한 명령을 내릴 수 있다.

5. 병참 기지화 정책

첫째는 제국의 대륙 기지로서 조선의 사명을 명확히 파악해야 하겠다. 이번 사변에 우리 조선은 대중국 작전군에 대해 식량, 잡화 등 상당량의 군수 물자를 공출하여 어느 정도의 효과를 올렸다. 그러나 이 정도를 가지고는 아직도 불충분하며 장래 어떤 큰 사태에 직면했을 때는, 가령 어느 기간 동안 중국 대륙 작전군에 대해 일본 내지로부터의 해상 수송이 차단당하는 경우가 있더라도 조선의 힘만으로 이를 보충할 수 있을 정도로 조선 상업 분야를 다각화하며, 특히 군수 공업의 육성에 역점을 두어 만전을 기할 필요가 있는 것이다.

– 미나미 총독 훈시 –

6. 부인 근로대(노천명)와 신고산타령

- 부인 근로대(노천명)

부인 근로대 작업장으로 / 군복을 지으러 나온 여인들 / 머리엔 흰 수건 아미 숙이고
바쁘게 나르는 흰 손길은 나비인가 / 총알에 맞아 뚫어진 자리 / 손으로 만지며 기우려 하니
탄환에 맞던 광경이 머리에 떠올라 / 뜨거운 눈물이 피잉 도네 …

- 신고산타령

신고산이 우루루 화물차 가는 소리에 / 지원병 보낸 어머니 가슴만 쥐어 뜯고요 / 어라어랑 어허야
양곡 배급 적어서 콩깻묵만 먹고서 사누나 / 신고산이 우루루 화물차 가는 소리에
정신대 보낸 아버지 딸이 가엾어 울고요 / 어랑어랑 어허야

60 1910년대의 민족 운동

채응언

박상진

임병찬

01 / 1910년대 국내 민족 운동

1 일제의 탄압 강화

(1) 남한 대토벌 작전 이후
① 대부분의 의병활동 종식, 채응언의 활동(1915, 마지막 의병장)
② 만주·연해주로 이동, 국내에서는 비밀 결사 조직

2 비밀 결사

(1) 독립의군부(1912): 고종의 밀명을 받아 의병장 임병찬이 비밀리에 조직, 복벽주의 표방
(2) 대한광복회(1915): 박상진 중심, 공화정 수립 목표, 군자금 마련·친일파 처단 등의 활동
(3) 기타: 조선 국권 회복단(1915~1919), 조선 국민회(1915~1918), 송죽회(1913) 등

02 / 1910년대 국외 독립운동

지역		내용
만주 지역	서간도	삼원보(신민회 회원들이 이주하여 개척), 경학사(부민단, 한족회로 발전) 등의 한인 자치 단체, 신흥 강습소(→ 신흥 무관 학교)에서 독립군 양성에 기여
	북간도	용정촌 · 명동촌 등 중심, 서전서숙 · 명동 학교 등 설립, 중광단(북로군정서) 형성
연해주		성명회, 13도 의군(1910), 권업회 조직(1911) → 대한 광복군 정부 조직(1914, 이상설 · 이동휘를 정 · 부통령으로 선출), 3 · 1 운동 이후 대한 국민 의회(1919) 성립
중국 관내		동제사, 신한청년당: 김규식을 파리 강화 회의에 파견
미주 지역		대한인 국민회, 대조선 국민군단(하와이, 박용만) 조직

03 / 3 · 1 운동(1919)

1 배경

(1) 국제 사회: 레닌의 식민지 민족 해방 운동 지원 선언, 윌슨의 민족 자결주의 제창
(2) 국외 각 지역의 독립운동 움직임: 파리 강화 회의에 김규식 파견(상하이, 신한청년당), 대동단결선언(1917), 무오독립선언(1918, 만주), 2·8 독립선언(1919, 일본) 등

2 전개

(1) 준비: 고종 황제 독살설 확산, 종교계 지도자들과 학생들이 모여 만세 운동 준비

(2) 전개: 민족 대표가 독립 선언서 발표 계획, 민족 대표 구성 → 태화관에서 독립 선언서 낭독하고 자진 체포 → 탑골 공원에서 학생·시민의 독립 선언서 낭독 후 서울 시내로 확산 → 전국 10여 개 도시에서 독립 선언식 개최 → 주요 도시로 확산(상인, 노동자 동참)

(3) 확산과 무력 투쟁으로의 발전
 ① 도시에서 농촌으로 확산: 장날 장터 중심으로 진행(농민 주도) → 헌병 경찰의 무차별 탄압(제암리 학살 사건 등) → 경찰 관서·헌병대·면사무소 등 식민 통치 기관 습격·파괴 등
 ② 국외 확산: 만주와 연해주 지역에서 대규모 시위 전개, 미국 필라델피아에서의 시가행진, 일본 유학생들의 독립 만세 시위 운동 전개

3 3·1 운동의 영향

(1) 우리 역사상 최대 규모의 민족 운동: 독립운동의 참여 세력 확대 → 민족 운동의 분수령

(2) 일제 식민 통치 방식의 변화: 무단 통치 → '문화 통치'

(3) 대한민국 임시 정부의 수립: 통합된 단체의 필요에 따라 임시 정부 수립

(4) 아시아 민족 운동에 영향: 중국의 5·4 운동, 인도의 비폭력·불복종 운동 등에 영향

대표 사료 확인하기

1. 대한광복회

1. 부호의 의연금 및 일인(日人)이 불법 징수하는 세금을 압수하여 무장을 준비한다.
2. 남·북만주에 군관 학교를 세워 독립 전사를 양성한다.
3. 종래의 의병 및 해산 군인과 만주 이주민을 소집하여 훈련시킨다.
4. 중국, 아라사 등의 여러 나라에 의뢰하여 무기를 구입한다.
5. 본회의 군사 행동, 집회, 왕래 등 모든 연락 기관의 본부를 상덕태 상회에 두고, 한만 각 요지와 북경, 상해 등지에 그 지점 또는 여관, 광무소 등을 두어 연락 기관으로 한다.
6. 일인 고관 및 한일 반역자를 수시 수처에서 처단하는 행형부(行刑部)를 둔다.
7. 무력이 완비되는 대로 일인 섬멸전을 단행하여 최후 목적의 달성을 기한다.

2. 대동단결선언(1917)

융희 황제가 삼보(토지·인민·정치)를 포기한 8월 29일은, 즉 우리 동지가 삼보를 계승한 8월 29일이니, 그 동안에 한순간도 숨을 멈춘 적이 없음이라. 우리 동지는 완전한 상속자니 저 황제권 소멸의 때가 곧 민권 발생의 때요, 구한국 최후의 날은 곧 신한국 최후의 날이니, 무슨 까닭이오. 우리 한(韓)은 무시(無始) 이래로 한인의 한(韓)이오, 비한인의 한이 아니라. 한인 간의 주권 수수는 역사상 불문법의 국헌(國憲)이오, 비한인에게 주권을 양여하는 것은 근본적으로 무효요, 한국의 국민성이 절대 불허하는 바이라.

자료 더하기

안창호

▲ 안창호(1878~1938)
- 호는 도산
- 선교사 언더우드가 운영하는 구세학당 입학, 기독교 입교
- 독립협회 활동, 만민공동회 개최, 점진학교 설립
- 신민회 조직, 대성학교(평양) 설립, 태극서관(대구) 건립
- 안중근의 의거로 3개월간 수감
- 1911년 미국으로 망명, 흥사단 조직, 대한인국민회 중앙총회장 역임
- 1919년 상해 임시 정부 내무총장 겸 국무총리 대리직
- 1923년 국민 대표 회의에서 개조론의 입장 주장
- 윤봉길의 의거, 동우회 사건으로 연달아 복역

박용만

▲ 박용만(1881~1928)
- 호는 우성
- 1904년 미국으로 이민, 1909년 한인소년병 학교 설립
- 대한인국민회 기관지 「신한민보」 주필
- 1914년 대조선국민군단 설립
- 1917년 상하이에서 대동단결선언 발표 참여
- 1919년 대한민국 임시 정부 외무총장
- 1923년 국민 대표 회의의 창조파 주장
- 1927년 하와이에 우성학교 설립

자료 더하기

신규식

▲ 신규식(1879~1922)
- 대한제국 육군무관학교 졸업, 육군보병 참위
- 을사조약 체결 이후 음독자결 시도
- 군대 해산에 반발, 면직
- 대한 자강회, 대한 협회 활동
- 병합조약 체결 후 다시 음독자결 시도
- 중국 신해혁명 가담, 동제사 설립
- 1919년 임시 정부 의정원 부의장
- 1921년 임시 정부 국무총리 겸 외무총장
- 1922년 임시 정부의 내분을 걱정, 25일간 단식으로 사망

이상설

▲ 이상설(1870~1917)
- 을사조약 체결에 자결 시도
- 1906년 서전서숙 건립
- 1907년 헤이그 특사로 만국 평화회의 파견
- 1910년 연해주에서 성명회, 13도 의군 결성
- 1911년 권업회 가담
- 1914년 대한 광복군 정부 수립
- 1915년 상하이에서 신한혁명당 창립

3. 기미 독립선언서(1919)

오등(吾等)은 이에 아(我) 조선의 독립국임과 조선인의 자주민임을 선언하노라. 이로써 세계 만방에 고하여 인류 평등의 대의(大義)를 극명(克明)하며, 이로써 자손만대에 고하여 민족자존의 정권을 영유(永有)케 하노라. 반만년 역사의 권위를 장(仗)하여 이를 선언함이며, 이천만 민중의 성충(誠忠)을 합하여 이를 포명함이며, 민족의 항구여일(恒久如一)한 자유발전을 위하여 이를 주장함이며, 인류적 양심의 발로(發露)에 기인한 세계개조의 대 기운에 순응병진(順應并進)하기 위하여 이를 제기함이니, 이는 하늘의 명명(明命)이며, 시대의 대세이며, 전 인류 공존동생권의 정당한 발동이라, 천하하물이던지 이를 저지 억제치 못할지니라. …
- 금일 오인의 차거(此擧)는 정의, 인도, 생존, 존영을 위하는 민족적 요구이니, 오직 자유적 정신을 발휘할 것이요, 결코 배타적 감정으로 일주하지 말라.
- 최후의 일인까지, 최후의 일각까지 민족의 정당한 요구를 쾌히 발표하라.
- 일체의 행동은 가장 질서를 존중하여, 오인의 주장과 태도로 하여금 어디까지든지 광명정대하게 하라.

4. 1910년대 국외 독립운동 기지

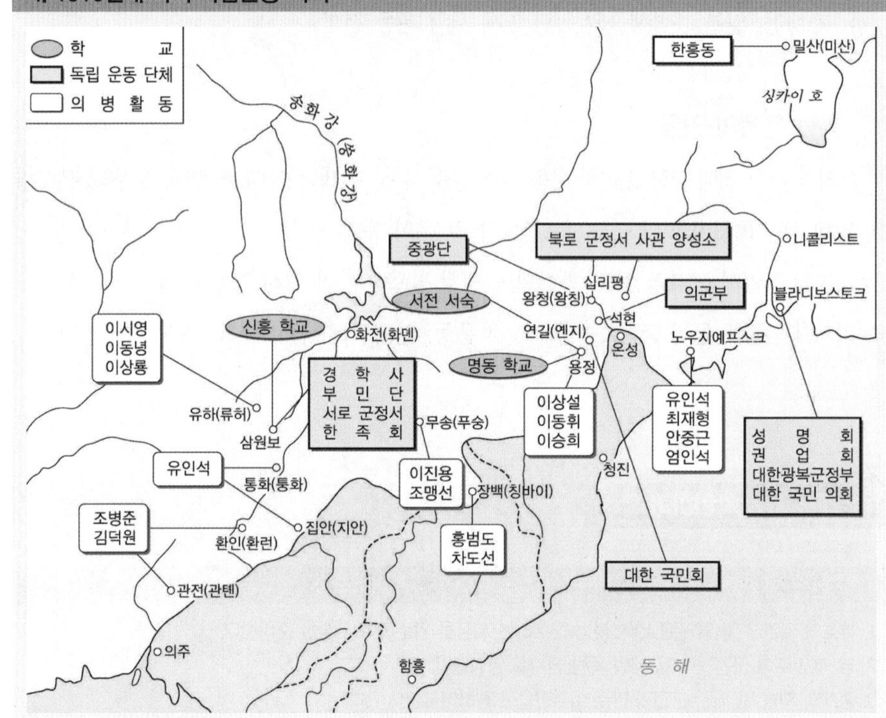

61 대한민국 임시 정부

01 / 대한민국 임시 정부의 수립과 통합

1 배경

(1) 3·1 운동 이후 독립운동을 조직적으로 이끌 지도부의 필요성 대두

(2) 여러 임시 정부의 수립

① 대한 국민 의회(1919.3.): 연해주 블라디보스토크에서 대통령 손병희 선출

② 한성 정부(1919.4.): 서울에서 13도 대표 명의로 집정관 총재 이승만 선출

③ 상하이 임시 정부(1919.4.): 상하이에서 국무총리 이승만 선출

▼ 여러 지역의 임시 정부

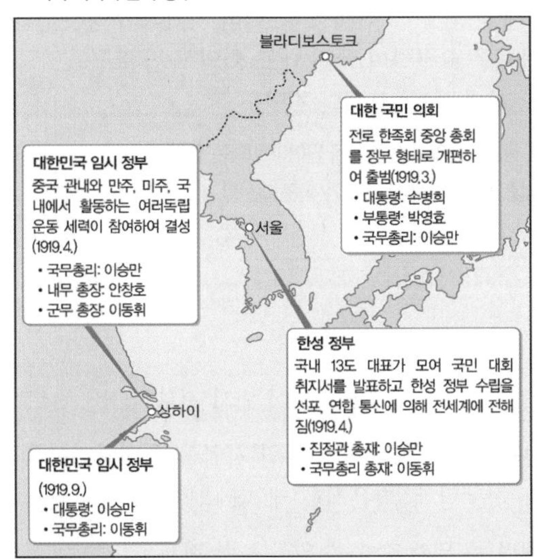

(3) 임시 정부의 통합과 조직

① 통합: 한성 정부의 정통성 계승, 외교 활동에 유리한 상하이에서 여러 임시 정부가 통합된 대한민국 임시 정부 출범(1919.9.) → 대통령에 이승만, 국무총리에 이동휘(연해주 세력 합류) 선출

② 임시 정부의 조직: 삼권 분립에 기초한 민주 공화제

• 중앙 조직: 임시 의정원(입법), 국무원(행정), 법원(사법) → 삼권 분립

• 지방 조직: 연통제(국내에 설치된 비밀 행정 조직, 정부 문서와 명령 전달, 군자금 조달, 정보 보고 등 업무)와 교통국(정보의 수집과 분석, 연락 업무 → 만주의 이륭양행)

임시 의정원

▲ 임시 의정원
국민들의 투표로 선출할 수 없기에 중등교육을 받은 만 23세 이상의 남녀를 각 도에 비례하여 선발하였다.

독립신문

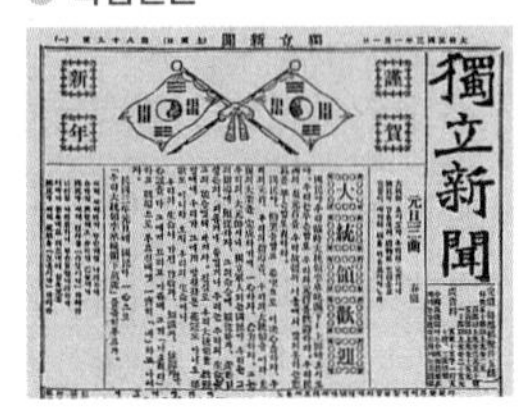

애국 공채

자료 더하기

임시 정부 개헌 순서

구분	체제
1차(1919)	대통령 중심제
2차(1925)	국무령제(내각책임제)
3차(1927)	국무위원제
4차(1940)	주석 중심 체제
5차(1944)	주석·부주석 지도 체제

조지 루이스 쇼

▲ 조지 쇼(George L. Shaw 1880~1943)
- 아일랜드 출신의 영국인
- 무역회사 이륭양행(怡隆洋行)을 운영
- 대한민국 임시 정부 교통사무국 설치, 지원

2 대한민국 임시 정부의 활동

(1) 외교 활동: 파리 강화 회의에 독립 청원서 제출(김규식), 구미 위원부 설치(이승만)

(2) 군사 활동: 광복군 사령부·광복군 총영 마련, 서로 군정서·북로 군정서 등 여러 독립군을 군무부 산하로 편제

(3) 문화 활동: 독립신문 간행, 사료 편찬소 설치(『한·일 관계 사료집』 간행)

(4) 독립운동 자금 모금: 독립 공채(애국 공채) 발행, 의연금 모금 등

02 / 임시 정부의 위기

1 국민 대표 회의

(1) 임시 정부의 위축: 연통제·교통국 해체 후 자금 조달 어려움, 외교 활동의 성과 미흡(강대국의 외면), 독립운동 방법론을 둘러싼 갈등 발생 등

(2) 국민 대표 회의(1923)

① 배경: 이승만의 위임 통치 청원서 제출 문제 → 신채호 등 여러 지역의 무장투쟁을 주장하는 세력들은 임시 정부의 개편을 요구하며 국민 대표 회의 소집 요구

② 국민 대표 회의 개최: 개조파와 창조파의 분열 → 회의 결렬

개조파	현재의 임시 정부를 개선, 독립운동의 중심 역할을 맡아야 한다는 입장
창조파	임시 정부의 역할과 위치를 부정, 연해주로 옮겨가 이를 대신할 새로운 조직을 만들어야 한다는 입장

2 임시 정부의 개편

(1) 임시 정부의 위기: 국민 대표 회의 결렬 이후 민족 운동가들이 임시 정부 이탈

(2) 임시 정부의 재편: 1925년 임시 의정원에서 미주 지역의 독립 자금을 독점하면서 대통령의 직무를 다하지 않은 대통령 이승만 탄핵, 박은식을 제2대 대통령으로 추대

(3) 개헌: 국무령 중심의 내각책임제로 개편 등 위기 수습을 위한 노력 전개

대표 사료 확인하기

1. 대한민국 임시 정부 임시헌장

신인일치로 중외 협응하여 한성에서 기의한 지 30유여일(有餘日)에 평화적 독립을 300여 주에 광복하고, 국민의 신임으로 완전히 다시 조직한 임시 정부는 항구 완전한 자주독립의 복리로 아 자손 여민(黎民)에게 세전(世傳)키 위하여 임시 의정원의 결의로 임시헌장을 선포하노라.

제1조 대한민국은 민주 공화제로 한다.
제2조 대한민국은 임시 정부가 임시 의정원의 결의에 의하여 이를 통치한다.
제3조 대한민국의 인민은 남녀 귀천 및 빈부의 계급이 없고 일체 평등하다.
제4조 대한민국의 인민은 종교, 언론, 저작, 출판, 결사, 집회, 통신, 주소 이전, 신체 및 소유의 자유를 향유한다.
제5조 대한민국의 인민으로 공민 자격이 있는 자는 선거권 및 피선거권을 가진다.
제6조 대한민국의 인민은 교육 납세 및 병역의 의무가 있다.
제7조 대한민국은 신의 의사에 의하여 건국한 정신을 세계에 발휘하며, 나아가 인류 문화 및 평화에 공헌하기 위하여 국제연맹에 가입한다.
제8조 대한민국은 구(舊) 황실을 우대한다.
제9조 생명형(刑), 신체형 및 공창제(公娼制)를 모두 폐지한다.
제10조 임시 정부는 국토 회복 후 만 1개년 내에 국회를 소집한다.

2. 이승만의 위임 통치 청원

미국 대통령 각하 … 우리는 자유를 사랑하는 2천만의 이름으로 각하에게 청원합니다. 각하도 평화 회의에서 우리의 자유를 주창하여 참석한 열강이 먼저 한국을 일본의 학정으로부터 벗어나게 하여 주십시오. 장래 완전한 독립을 보증하고 당분간은 한국을 국제 연맹 위임 통치 밑에 두게 할 것을 바랍니다. 이렇게 될 경우 대한 반도는 만국의 통상지가 될 것이며, 그리하여 한국을 극동의 완충국이나 또는 1개 국가로 인정하게 하면 동아시아 대륙에서의 침략 정책이 없게 될 것이며, 그렇게 되면 동양 평화는 영원히 보장될 것입니다.

3. 국민 대표 회의 개최

우리들은 오직 과거 수년간의 경험에 의하여 '국민의 대단결'이라는 절실한 각오 아래 장래를 준비하고, 운동상 일대 기운을 소집함에 이르렀음은 앞날을 위해 크나큰 행운이라고 생각한다. 국민의 대단결, 이것은 오늘날 독립운동 성패의 갈림길이며, 우리 운동의 절실한 문제는 오직 여기에서 해결할 것이다. 이에 본 주비회는 시세의 움직임과 민중의 요구에 따라 과거의 모든 착잡한 문제를 해결하고 미래의 완전하고 확실한 방침을 세워서, 우리들의 독립운동이 다시 통일되어 조직적으로 진행하도록 하고자 한다. 이에 국민 대표 회의 소집 사항도 주비하여 책임을 지고 성립시킨 것이다.

4. 임시 정부의 위기

임시 정부에는 사람도 돈도 들어오지 아니하여 대통령 이승만이 물러나고 박은식이 대신 대통령이 되었으나, 대통령제를 국무령제로 고쳐만 놓고 나가고, 제1대 국무령으로 뽑힌 이상룡은 서간도로부터 상하이로 취임하러 왔으나 각원을 고르다가 지원자가 없어 서간도로 물러가고, 다음에 홍면희가 선거되어 진강으로부터 와서 취임하였으나 역시 내각 조직에 실패하였다. – 『백범일지』 –

자료 더하기

이상룡

▲ 이상룡(1858~1932)
- 호는 석주
- 청·일 전쟁 이후 의병활동 전개
- 의병운동에 한계를 느끼고 애국계몽운동 전개
- 대한 협회 안동지회 회장
- 1911년 경학사 사장으로 추대
- 1919년 군정부를 서로 군정서로 개칭, 임시 정부 지지
- 1925년 임시 정부 국무령에 취임

석주 이상룡의 생가 안동 임천각

임천각은 고성 이씨의 종가집으로 석주 이상룡 선생의 생가이다. 이상룡 선생은 독립운동에 헌신하기 위하여 집안 노비들을 모두 해방시키고 재산을 처분하여 독립운동 기지 건설에 나섰던 인물이다. 일제는 이상룡 선생에 대한 저주인지 임천각 건물의 한 가운데로 중앙선 철로를 만들어 버려 현재는 99칸 가옥의 일부만 남아있다. 현재 정부 주도하에 임천각 복원을 위하여 중앙선 철로를 없애고 정비작업을 하고 있다. 임천각 바로 옆에는 신라 시대 만들어진 안동 법흥사지 7층 전탑이 남아있다.

62 1920년대 국외의 민족 운동

자료 더하기

김좌진

▲ 김좌진(1889~1930)
- 1905년 육군무관학교 입학
- 대한협회, 기호학회, 서북학회 등 활동
- 1918년 만주로 이주, 대종교 입교
- 무오독립선언서 발표 참여
- 북로 군정서군 총사령관, 청산리 대첩
- 대한독립군단 부총재
- 신민부 창설

홍범도

▲ 홍범도(1868~1943)
- 1907년 의병활동
- 1910년 만주에서 포수단 결성
- 1920년 봉오동 전투에서 대승
- 대한독립군단 부총재
- 1937년 중앙아시아로 강제 이주
- 2021년 유해 국내로 봉환

01 / 1920년대 만주의 독립운동

1 봉오동 전투와 청산리 대첩

(1) 봉오동 전투(1920.6.): 홍범도(대한 독립군), 최진동(군무도독부군), 안무(국민회군) 등의 연합 부대가 봉오동에서 일본군에 승리

(2) 청산리 대첩(1920.10.)
① 일본군의 만주 진출(훈춘 사건 조작), 독립군 압박 → 대한 독립군과 북로 군정서 등 연합 부대가 청산리 일대에서 일본군 대파
② 주요 전투 지역: 백운평·완루구·어랑촌·고동하 전투 등지에서 6일간 10여 차례의 전투

▼ 1920년대 만주의 독립운동

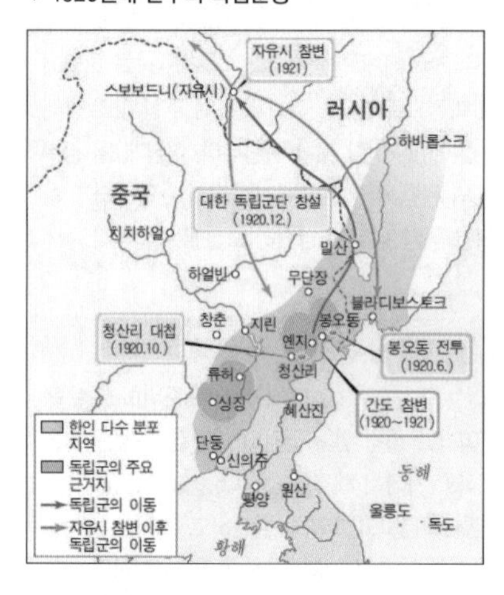

2 독립군의 시련

(1) 간도 참변(1920.10.): 봉오동 전투와 청산리 전투 패배에 대한 일본군의 보복 → 간도 지역 한인 학살

(2) 대한독립군단 결성: 독립군들이 밀산부에서 대한독립군단으로 통합(총재 서일)

(3) 자유시 참변(1921): 밀산부에서 독립군 집결, 통합 세력으로 대한독립군단 조직 → 소련령 자유시로 이동한 일부 독립군 내부에서 분쟁 발생 → 러시아군(적군)의 공격으로 독립군 희생

3 독립군의 재정비

(1) 3부 성립: 자유시 참변 이후 돌아온 독립군 재정비 → 참의부, 정의부, 신민부 결성

(2) 3부의 성격: 행정·입법·사법 조직 구성, 세금을 걷어 조직과 군대 운영

4 국외 민족 유일당 운동

(1) 배경: 미쓰야 협정(1925)으로 독립군의 활동 곤란, 국민 대표 회의의 결렬로 독립운동 침체

(2) 전개: 한국 독립 유일당 북경 촉성회 조직(베이징), 정의부 중심의 3부 통합 운동 전개

(3) 결과: 국민부(남만주 중심)와 혁신의회(북만주 중심)로 통합

자료 더하기

간도 참변

3부 통합 운동

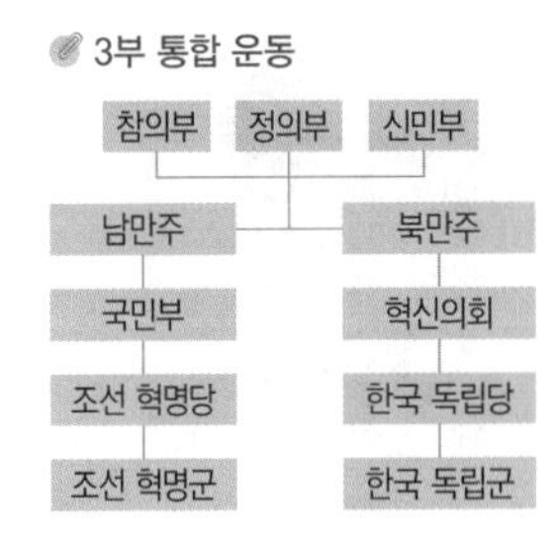

대표 사료 확인하기

1. 봉오동 전투

6월 7일 상오 7시, 북간도에 주둔한 아군 7백은 북로 사령부 소재지인 왕청현 봉오동을 향하여 행군하다가 뜻하지 않게 같은 곳을 향하는 적군 3백을 발견하였다. 아군을 지휘하던 홍범도, 최명록(최진동) 두 장군은 즉시 적을 공격하였다. 급사격으로 적 1백 20여 명의 사상자를 내게 하고 도주하는 적을 즉시 추격하여 현재 전투 중에 있다. – 독립신문(1920.6.) –

2. 청산리 전투

• 청산리 대첩 당시의 군가
하늘을 미워한다. 배달족의 자유를 억탈하는 왜적들을 삼천리강산에 열혈이 끓어 분연히 일어나는 우리 독립군.
백두의 찬바람은 불어 거칠고 압록강 얼음 위엔 은월이 밝아 고국에서 불어오는 피비린 바람 갚고야 말 것이다.
골수에 맺힌 한을 …

• 교전은 아침부터 저녁까지 계속되었다. 굶주림! 그러나 이를 의식할 시간도 없었다. 마을 아낙네들이 치마폭에 밥을 싸서 가지고 빗발치는 총알 사이로 산에 올라와 한 덩이 두 덩이 동지들의 입에 넣어 주었다. … 얼마나 성스러운 사랑이며, 고귀한 선물이랴! 그 사랑 갚으리. 우리의 뜨거운 피로! 기어코 보답하리. 이 목숨 다하도록! 우리는 이 산과 저 산으로 모든 것을 잊은 채 뛰고 달렸다.

– 『우등불』 이범석 –

3. 간도 참변

10월 31일 … 사흘 전 새벽에 무장한 일개 대대가 이 기독교 마을을 포위하고 남자라면 늙은이, 어린이를 막론하고 끌어내어 때려죽이고 … 3일을 태워도 다 타지 못한 잿더미 속에서 한 노인의 시체가 나왔는데 몸에 총구멍이 세 군데나 있고 몸은 이미 그슬러져 목이 새 모가지만큼 붙어 있었다. 또 반만 탄 19채의 집 주위를 차례로 돌아보니 할머니와 며느리 둘이 잿더미 속에서 타다 남은 살덩어리와 부서진 뼈를 줍고 있었다. 이것을 보고 나는 신에게 기도를 드렸다. 나는 잿더미 속에서 시체를 하나 끌어내어 뿔뿔이 흩어진 팔 다리를 제자리에 주워 모은 다음 사진을 찍었다. 어찌나 분했던지 사진기를 고정시킬 수 없어 네 번이나 다시 찍었다. – 선교사 마틴의 기록 –

4. 미쓰야 협정

1. 한국인의 무기 휴대와 한국 내 침입을 엄금하며, 위반자는 검거하여 일본 경찰에 인도한다.
2. 재만 한인 단체를 해산시키고 무장을 해제하며, 무기와 탄약을 몰수한다.
3. 일제가 지명하는 독립운동 지도자를 체포하여 일본 경찰에 인도한다.
4. 한국인 취체의 실황을 상호 통보한다.

63 1930년대 이후 국외의 민족 운동

지청천

▲ 지청천(1888~1957)
- 1908년 정부 유학생으로 일본 유학
- 1913년 일본육군사관학교 졸업
- 1919년 신흥무관학교 교관
- 1920년 서로 군정서군
- 1925년 양기탁과 정의부 설립
- 1930년 한국 독립군 총사령
- 1935년 민족 혁명당 가입
- 1940년 한국 광복군 총사령관
- 1948년 제헌국회의원

보천보 전투 관련 기사

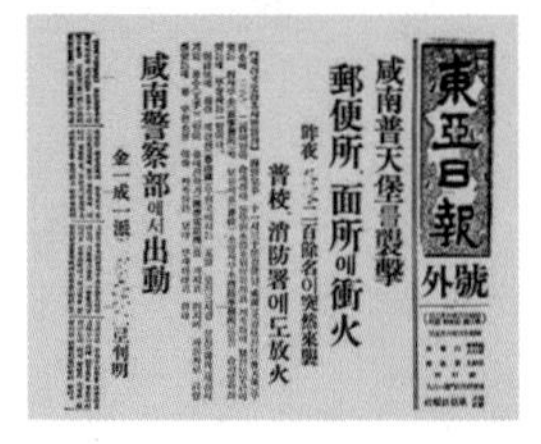

東亞日報 外號

咸南普天堡를襲擊

郵便所, 面所에衝火

昨夜 二百餘名이突然來襲

普校, 消防署에도放火

咸南警察部에서出動

조선의용대

01 / 1930년대 만주의 독립운동

1 한 · 중 연합 작전(1930년대)

(1) 배경: 만주사변(1931) 이후 일제가 만주국 수립(1932) → 중국 내 항일 감정 고조

(2) 한·중 연합군 결성

조선 혁명군	남만주, 조선 혁명당의 군사 조직, 양세봉 지휘, 중국 의용군과 함께 영릉가 · 흥경성 전투에서 승리(1934년 양세봉 전사 후 세력 약화)
한국 독립군	북만주, 한국 독립당의 군사 조직, 지청천 지휘, 중국 호로군과 함께 쌍성보 · 사도하자 · 대전자령 전투에서 승리, 임시 정부의 요청으로 중국 관내로 이동

2 만주에서의 항일 유격 투쟁

(1) 1930년대부터 조선인 사회주의자들의 항일 운동 활발, 중국 공산당과 연합하여 동북 항일 연군 조직(1936)

(2) 동북 항일 연군 내 한인 유격대 활동: 동북 항일 연군의 항일 유격대 일부가 국내 진입, 일제의 통치 기구 파괴(보천보 전투, 1937)

02 / 중국 관내의 민족 운동

1 민족 혁명당

(1) 조직(1935): 독립운동의 단일 정당 목표 → 한국 독립당·조선 혁명당·의열단 등의 단체 참가, 중국 관내 최대 통일 전선 정당 창당

(2) 개편: 의열단 계통의 인사(김원봉 등)가 주도하자 조소앙, 지청천 탈퇴 → 조선 민족 혁명당으로 개편 → 조선 민족 전선 연맹 결성(1937) → 조선 의용대 결성(1938, 한커우)

2 조선 의용대

(1) 조직(1938): 김원봉을 중심으로 조직(중국 관내에서 결성된 최초의 한인 무장 부대), 중국 국민당군과 함께 항일 투쟁 전개

(2) 분화: 일부 세력이 화북 지방으로 이동하여 조선 의용대 화북 지대 결성(1941) → 김원봉 등 나머지 대원들은 1942년 한국 광복군에 합류

3 대한민국 임시 정부의 재정비

(1) 1930년대: 김구가 한국 국민당 창당(1935.11.) → 한국 광복 운동 단체 연합회 결성 (한국 국민당, 한국 독립당, 조선 혁명당 통합)

(2) 1940년대

① 충칭 임시 정부(1940): 중국의 임시수도 충칭으로 이동하여 임시 정부 개편

- 한국 독립당 결성: 주석 중심제로 헌법 개정 → 김구 중심으로 민족주의 3개 정당 합당, 한국 독립당 결성 → 대한민국 건국 강령 발표(1941, 조소앙의 삼균주의 바탕)
- 좌·우 통합 정부 성립(1942): 조선 민족 혁명당(김원봉)의 임시 정부 참여 → 항일 투쟁 역량 강화, 중국·미국 등 연합국으로부터 임시 정부를 승인받기 위해 노력

② 한국 광복군(1940)

- 결성: 대한민국 임시 정부의 정규군으로 중국 정부의 지원을 받아 충칭에서 창설(총사령관 지청천) → 조선 의용대 일부 흡수(1942)
- 활동: 대일 선전 포고(1941), 인도·미얀마에 공작대 파견, 국내 진공 작전 준비

4 조선 의용군

(1) 조직(1942): 화북지역 사회주의자들과 조선 의용대를 중심으로 결성(김두봉, 윤세주 등)

(2) 활동: 중국 공산당과 함께 항일전 참여 → 호가장 전투, 태항산 전투 등 활약

자료 더하기

한국 광복군 휘장

미군 조종사를 구출한 조선 의용군

한국 광복군의 국내 진공 작전

자료 더하기

박차정

▲ 박차정(1910~1944)
- 조선소년동맹, 조선청년동맹 활동
- 근우회 동래지부 회원, 광주학생 운동 확대시위를 전개하다 체포
- 병보석으로 출소한 뒤 베이징으로 이동, 김원봉과 혼인
- 의열단, 조선혁명간부학교 여자부 교관, 민족 혁명당 부녀부 활동
- 1939년 조선 의용대 부녀복무단 단장으로 곤륜산 전투 도중 부상

김무정

▲ 김무정(1905~1951)
- 서울중앙고등학교 중퇴 후 중국 망명
- 중국 바오딩군관학교 포병과 졸업, 중국공산당 가입
- 중국 공산당의 대장정 참여, 팔로군 포병단 단장으로 항일전쟁 참여
- 화북조선청년연합회 조직, 조선 의용군 총사령 역임
- 광복 후 북한으로 입국, 북한노동당 비서 등 역임
- 6·25 전쟁 초기 2군단장, 후퇴시 평양방위사령관 수행
- 1950년 12월 노동당 중앙위원회 회의에서 명령불복종죄로 강등
- 모란봉 극장 건설 노역에 종사하다 중국의 요구로 중국으로 인도, 바로 병으로 사망

대표 사료 확인하기

1. 한국 독립군의 활동

- 대전자령의 공격은 이천만 대한 인민을 위하여 원수를 갚는 것이다.
  총알 한 개 한 개가 우리 조상 수천 수만의 영혼이 보우하여 주는 피의 사자이니
  제군은 단군의 아들로 굳세게 용감히 모든 것을 희생하고 만대 자손을 위하여 최후까지 싸우라.
  – 지청천, 1933년 중국 대전자령 전투에 앞서서 –
- 아군은 사도하자에 주둔 병력을 증강시키면서 훈련에 여념이 없었다. 새벽에 적군은 황가둔에서 이도하 방면을 거쳐 사도하로 진격하여 왔다. 그런데 적군은 아군이 세운 작전대로 함정에 들어왔고, 이에 일제히 포문을 열어 급습함으로써 적군은 응전할 사이도 없이 격파되었다.

2. 조선 혁명군의 활동

때는 해동 무렵이어서 얼음이 풀린 소자강은 수심이 깊었다. 게다가 성애장이 뗏목처럼 흘러내렸다. 하지만 이 강을 건너지 못하면 영릉가로 쳐들어갈 수 없었다. 밤 12시 정각까지 영릉가에 들어가 공격을 알리는 신호탄을 올려야만 했다. 양 사령은 전사들에게 소자강을 건너라고 명령하고 나서 자기부터 먼저 강물에 뛰어들었다. 강을 무사히 건넌 양 사령은 강행군에 거추장스런 바지를 벗어던지고 잠방이 차림으로 나섰다. 전사들은 사령을 본받아 다 잠방이만 입고 행군했으나 찬바람이 살을 에었는데…

3. 민족 혁명당 창당과 한국 국민당 창당

5당 통일론이 형성될 당시부터 여러 동지들은 한 단체를 조직할 것을 주장했으나, 나는 차마 또 한 단체를 만들어 파생이 늘 생기는 것을 원하지 않는다는 이유로 줄곧 반대해 왔었다. 그러나 임시 정부를 유지하려면 배경이 될 단체가 필요했고, 또 조소앙이 한국 독립당을 재건한다고 하니 내가 새 단체를 조직하더라도 통일을 파괴하지는 않겠다고 하여 대한 국민당을 조직했다.

4. 대일 선전 포고

우리는 3천만 한국 인민과 정부를 대표하여 삼가 중·영·미·소·캐나다 기타 제국의 대일 선전이 일본을 격패(擊敗)케 하고 동아를 재건하는 가장 유효한 수단이 됨을 축하하며, 이에 특히 다음과 같이 성명한다.
1. 한국 전 인민은 현재 이미 반침략 전선에 참가하였으니 한 개의 전투 단위로서 추축국에 선전한다.
2. 1910년의 병합 조약과 일체의 불평등 조약의 무효를 거듭 선포하며 아울러 반(反)침략 국가인 한국에 있어서의 기득권을 존중한다.
3. 한국·중국 및 서태평양으로부터 왜구를 완전히 구축하기 위하여 최후 승리를 거둘 때까지 혈전한다.

– 대한민국 임시 정부 주석 김구, 외무부장 조소앙 –

5. 한국 광복군의 국내 진공 작전

왜적이 항복한다 하였다. 아! 왜적이 항복한! 이것은 내게 기쁜 소식이라기보다는 하늘이 무너지는 듯한 일이었다. 천신만고 끝에 수년 동안 애를 써서 참전할 준비를 한 것도 다 허사이다. 시안과 푸양에서 훈련을 받은 우리 청년들에게 여러 가지 비밀 무기를 주어 산둥에서 미국 잠수함에 태워 본국으로 들여보내어 국내의 중요한 곳을 파괴하거나 점령한 뒤에 미국 비행기로 무기를 운반할 계획까지도 미국 육군성과 다 약속이 되었던 것을 한 번 해 보지도 못하고 왜적이 항복하였으니…

64 의열 활동

01 주요 의열 활동 단체

1 의열단(1919)

(1) 결성: 김원봉을 중심으로 만주 지린성에서 조직(1919)

(2) 활동 목표: 민중의 직접 혁명을 통한 독립 쟁취(신채호의 '조선 혁명 선언'을 강령으로 채택)

(3) 활동: 조선 총독부의 고위 관리·친일파 처단, 일제 수탈 기구 파괴 등(김익상, 김상옥, 나석주 등)

(4) 노선 변화: 1920년대 후반부터 체계적인 군사 훈련을 통한 군사조직화 추진

의열단 의사들의 주요 활동

박재혁	1920	부산 경찰서에 폭탄 투척
최수봉	1920	밀양 경찰서에 폭탄 투척
김익상	1921	조선 총독부 청사에 폭탄 투척
김상옥	1923	종로 경찰서에 폭탄 투척
김지섭	1924	일본 황제의 궁성에 폭탄 투척 → 실패
나석주	1926	동양 척식 주식회사와 조선 식산 은행에 폭탄 투척

2 한인 애국단(1931)

(1) 조직: 침체된 임시 정부의 활로를 모색하기 위하여 김구가 상하이에서 조직

(2) 주요 의거 활동

① 이봉창: 도쿄에서 일왕의 마차에 폭탄 투척(1932) → 중국의 관심 집중, 이후 중국의 반일적 태도를 구실로 일본이 군대를 동원하여 상하이 침략(상하이 사변)

② 윤봉길: 상하이 훙커우 공원에서 열린 상하이 사변 전승 기념 축하식에 폭탄 투척(1932) → 중국인의 반한 감정 완화

(3) 의의: 한반도 문제에 대한 국제적 관심 고조, 한국 독립운동의 의기 고양, 중국 국민당 정부의 대한민국 임시 정부 지원 → 한국 광복군 창설(1940)

3 다물단(1923)

(1) 조직: 베이징에서 김창숙이 조직한 무정부주의자 단체

(2) 의거 활동: 1925년 일제의 밀정인 김달하를 처단

자료 더하기

김원봉

▲ 김원봉(1898~1958)
- 1919년 의열단 창설
- 1925년 황푸군관학교 졸업
- 1932년 조선혁명간부학교 창설
- 1935년 민족 혁명당 주도
- 1938년 조선 의용대 창설
- 1942년 한국 광복군 부사령관
- 1948년 남북협상 이후 월북
- 1948년 북한 초대 내각 검열상
- 1958년 숙청

의열단의 파괴·암살 대상

- 5파괴: 총독부, 동양 척식 주식회사, 매일신보사, 경찰서, 왜적 중요 기관
- 7가살(可殺): 조선 총독 이하 고위 관리, 일본 군부 수뇌, 타이완 총독, 매국노, 친일파 거두, 적탐(밀정), 반민족 토호열신(土豪劣紳)

자료 더하기

윤봉길

이봉창

김창숙

▲ 김창숙(1879~1962)
- 1905년 을사오적을 성토하는 상소
- 1909년 성명학교 설립
- 1919년 3·1 운동 이후 망명, 임시 정부 활동
- 1923년 다물단 결성
- 1945년 광복 이후 성균관대학교 창립

강우규 의사의 의거 기사

4 대한노인단(1919)

(1) 조직: 만주에서 47세 이상의 독립운동가들이 참여(박은식, 강우규 등)

(2) 의거 활동: 1920년 강우규가 서울역에서 3대 총독 사이토 마코토에게 폭탄 투척

5 기타 의거

(1) 조명하(1928): 대만에서 일본 왕족인 구니노미야에게 폭탄 투척

(2) 부민관 폭파 사건(1945): 대한애국청년단 강윤국, 조문기 등이 친일 단체 행사에 폭탄 투척

대표 사료 확인하기

1. 조선 혁명 선언

강도 일본을 쫓아내려면 오직 혁명으로만 가능하며, 혁명이 아니고는 강도 일본을 쫓아낼 방법이 없는 바이다. …… 민중은 우리 혁명의 대본영(大本營)이다. 폭력은 우리 혁명의 유일한 무기이다. 우리는 민중 속으로 가서 민중과 손을 맞잡아 끊임없는 폭력, 암살, 파괴, 폭동으로써 강도 일본의 통치를 타도하고, 우리 생활에 불합리한 일체의 제도를 개조하여, 인류로써 인류를 압박하지 못하며, 사회로써 사회를 박탈하지 못하는 이상적 조선을 건설할지니라. – 신채호 –

2. 한인 애국단의 선서문

"나는 적성(赤誠. 참된 정성)으로써 조국의 독립과 자유를 회복하기 위하여, 한인 애국단의 일원이 되어 중국을 침략하는 적의 장교를 도륙하기로 맹세하나이다."

3. 만보산 사건(1931)

1931년 중국 길림성 장춘현 만보산 지역에서 벌어진 한국 농민과 중국 농민 사이의 유혈 사태로서, 한국인과 중국인이 이 지역 농지 개척을 둘러싸고 충돌하자 일본 경찰이 고의적으로 한국인 편을 들어 한국인과 중국인을 이간시켰다.

4. 상하이 사변(1932)

상하이의 중국 신문들이 이봉창의 의거에 대하여 '일본 국왕이 불행히도 암살되지 못하였다.'라고 보도하자, 일제는 이를 빌미로 상하이를 공격하여 점령하였다.

65 실력 양성 운동

01 / 물산 장려 운동

1 민족 기업 성장

(1) 민족 기업의 성장: 회사령 철폐 이후 다양한 민족 기업 등장(경성 방직, 백산 상회 등)

2 물산 장려 운동

(1) 배경: 회사령 철폐(1920), 일본 상품에 대한 관세 철폐(1923) → 일본 자본의 조선 진출 → 민족 기업 육성 도모

(2) 경과: 평양에서 조만식을 중심으로 시작(1920) → 조선 물산 장려회(1923) 조직, 전국으로 확산

(3) 활동: '내 살림 내 것으로' 등의 구호 아래 토산품 애용 및 소비 절약, 금주·단연 운동 전개

(4) 결과: 일제의 탄압과 자본 열세, 경제 불황, 사회주의 계열 인사들의 비판 등으로 좌절

02 / 민립대학 설립 운동

1 민립대학 설립 운동

(1) 배경: 일제의 식민지 우민화 교육 → 고등 교육의 필요성 인식(2차 조선 교육령에 실망)

(2) 경과: 조선 민립대학 기성회 조직(1922, 이상재 중심) → '한민족 1천만이 한 사람이 1원씩' 등의 구호 아래 모금 운동 전개

(3) 결과: 일제의 탄압, 경성 제국 대학 설립(1924)으로 실패

03 / 문맹 퇴치 운동

1 문맹 퇴치 운동

(1) 1920년대: 야학 중심의 문맹 퇴치 운동이 전국적으로 전개 → 일제의 탄압으로 어려움

(2) 1930년대: 언론사와 교육학회를 중심으로 한글 보급 운동 전개

① 문자보급 운동(1929): 조선일보를 중심으로 전개(아는 것이 힘, 배워야 산다)

② 브나로드 운동(1931): 동아일보를 중심으로 문자 보급, 미신 타파, 구습 제거 운동 전개

자료 더하기

물산 장려 운동

민립대학 설립 운동

브나로드 운동

 자료 더하기

조만식

▲ 조만식(1883~1950)
- 1908년 숭실 학교 졸업
- 1915년 오산 학교 교장
- 1920년 조산 물산 장려회 조직
- 1923년 민립대학 기성회 참여
- 1927년 신간회 참여
- 1945년 평남건국준비위원회 위원장
- 1950년 반공운동을 전개하다 전쟁 중 사망

이상재

▲ 이상재(1850~1927)
- 1881년 박정양을 따라 조사시찰단 파견
- 1887년 박정양을 따라 미국 공사관 근무
- 1896년 서재필과 독립협회 결성
- 1921년 조선교육협회 회장
- 1924년 조선일보사 사장 취임
- 1927년 신간회 초대 회장

대표 사료 확인하기

1. 물산 장려 운동

- 우리에게 먹을 것이 없고 입을 것이 없고 의지하여 살 것이 없으면 우리의 생활은 파괴가 될 것이다. … 부자와 빈자를 막론하고 우리가 우리의 손에 산업 권리 생활의 제일 조건을 장악하지 아니하면 우리는 도저히 우리의 생명·인격·사회의 발전을 기대하지 못할지니 우리는 이와 같은 견지에서 우리 조선 사람의 물산을 장려하기 위하여 조선 사람은 조선 사람이 지은 것을 사 쓰고, 조선 사람은 단결하여 그 쓰는 물건을 스스로 제작하여 공급하기를 목적하노라. 이와 같은 각오와 노력 없이 어찌 조선 사람이 그 생활을 유지하고 그 사회가 발전할 수 있으리오.
- 입어라, 조선 사람이 짠 것을. 먹어라, 조선 사람이 만든 것을. 써라, 조선 사람이 지은 것을. 조선 사람, 조선 것.
- 의복은 우선 남자는 두루마기, 여자는 치마를 음력 계해 정월 1월부터 조선인 산품 또는 가공품을 염색하여 착용할 것이며, 일용품은 조선인 제품으로 대응하기 가능한 것은 이를 사용할 것
- 조선 사람은 조선 사람이 만든 물건만 쓰고 살자고 하는 운동이 일어나고 있다. 그렇게 하면 조선인 자본가의 공업이 일어난다고 한다. … 이 운동이 잘 되면 조선인 공업이 발전해야 하지만 아직 그렇지 않다. … (중략)… 이 운동을 위해 곧 발행된다는 잡지에 회사를 만들라고 호소하지만 말고 기업을 하는 방법 같은 것을 소개해야 한다.

2. 물산 장려 운동에 대한 비판

물산 장려 운동의 사상적 도화수(導火手: 불을 붙인 사람)가 된 것이 누구인가? 저들의 사회적 지위로 보나 계급적 의식으로 보나 결국 중산 계급임을 벗어나지 못하였으며, 적어도 중산 계급의 이익에 충실한 대변인인 지식 계급이 아닌가. … 그네는 자본가 중산 계급이 양복이나 비단 옷을 입는 대신 무명과 베옷을 입었고, 저들 자본가가 위스키나 브랜디나 정종을 마시는 대신 소주나 막걸리를 먹지 않았는가? … 저들은 민족적, 애국적 하는 감상적 미사(美辭)로써 눈물을 흘리면서 저들과 이해가 전연 상반한 노동 계급의 후원을 갈구하는 것이다. 그러나 진실로 계급적으로 자각한 노동자에게 있어서는 저들도 외래 자본가와 조금도 다를 것이 없는 것을 알면, 따라서 저들도 신시랑류(新豺狼類: 새로운 승냥이와 이리의 무리)의 침략에 빠져 계급 전선을 몽롱케는 못할 것이다. – 동아일보(1923.3.20.) –

3. 민립대학 설립 운동

우리들의 운명을 어떻게 개척할까? 정치냐? 외교냐? 산업이냐? 물론 이러한 사업들이 모두 다 필요하도다. 그러나 그 기초가 되고 요건이 되며 가장 급무가 되고 가장 선결의 필요가 있으며 가장 힘 있고 가장 필요한 수단은 교육이 아니면 불능하도다. … 민중의 보편적 지식은 보통 교육으로도 가능하지만 심오한 지식과 학문은 고등 교육이 아니면 불가하며, … 오늘날 조선인이 세계 문화 민족의 일원으로 남과 어깨를 견주고 우리의 생존을 유지하며 문화의 창조와 향상을 기도하려면, 대학의 설립이 아니고는 다른 방도가 없도다.

4. 브나로드 운동

금주를 기하여 도시의 학생들은 각각 여름 방학을 맞아 고향으로 돌아가려고 한다. … 여러분들의 고향에는 조선 문자도 모르고 숫자도 모르는 이가 얼마쯤 있는가. 그리고 여러분들의 고향 사람들은 얼마나 비위생적·비보건적 상태에 있는가. 아마도 한 고을의 7할 인민들은 문맹의 상태에 있고 9할 이상은 비위생적·비보건적 상태에 있을 것이다. 여러분들은 이 상황을 그대로 보려는가. 한 글자라도 가르치고 한 가지라도 개량시키려는가. … 여러분들은 이것이 그들의 허물이라고 생각하는가. … 참으로 민중을 생각하는 마음으로 민중을 대하라. 그리하여 민중의 계몽자가 되고, 민중의 지도자가 되라. – 동아일보, 1931.7.5. –

66 사회적 민족 운동

01 / 만세 운동

1 6 · 10 만세 운동(1926)

(1) 배경: 일제 식민지 교육에 반발, 사회주의 운동 확대, 청년·학생 운동 활성화, 순종 서거

(2) 경과: 학생과 사회주의 계열 준비 → 거족적 시위 준비, 사전 발각됨 → 순종 인산일 계기, 학생 단체 주도로 만세 시위 전개, 시민 가담, 확산

(3) 결과: 학생들이 독립운동의 주체로 성장, 민족 유일당 운동의 공감대 형성

6·10 만세 운동

2 광주 학생 항일 운동(1929)

(1) 배경: 민족 차별, 식민지 교육 → 학생 항일 운동의 조직화(동맹 휴학 투쟁 활성화)

(2) 경과: 한·일 학생 간의 충돌 → 대규모 가두시위 전개 → 신간회 광주 지부 지원, 전국적 확대, 시민 가세

(3) 의의: 3·1 운동 이후 최대 규모의 항일 민족 운동

02 / 농민 · 노동 운동

구분	농민 운동	노동 운동
배경	토지 조사 사업, 산미 증식 계획 → 농민 몰락	식민지 공업화 과정에서 노동 수탈 심화
1920년대	소작료 인하 요구, 암태도 소작 쟁의(1923) → 사회주의 영향, 조선 노농총동맹(1924), 조선 농민 총동맹(1927)	임금 인상, 열악한 노동 조건 개선 요구 → 조선 노농총동맹(1924), 조선 노동총동맹(1927), 원산 총파업(1929)
1930년대	사회주의자들과 연대, 비합법적 혁명적 농민조합 설립, 항일 민족 운동 성격, 토지 개혁 · 계급 해방까지 주장	사회주의자들과 연대, 비합법적 혁명적 노동조합 건설, 항일 민족 운동 성격

원산 총파업

자료 더하기

잡지 「근우」

잡지 「어린이」

형평 운동

03 / 다양한 사회적 민족 운동

1 청년 운동

(1) 3·1 운동 이후 다양한 청년 단체 결성(조선 청년연합회, 1920)

(2) 강연회 개최, 토론회 개최, 야학 설립 등의 활동 전개

2 여성 운동

(1) 일제강점기 여성의 지위 하락 → 여성 계몽 활동 전개(조선 여자청년회, 조선 여자교육회 등)

(2) 근우회(1927)

① 신간회 출범과 함께 민족주의·사회주의 계열 여성 단체를 통합한 민족 유일당으로 조직

② 잡지 「근우」 발간, 여성 노동자의 권익 옹호와 남녀평등 주장, 여성 교육의 확대, 생활개선운동 전개

3 소년 운동

(1) 천도교 소년회(1921): 방정환을 중심으로 '어린이날(1922)'을 제정, 잡지 「어린이」를 발간

(2) 조선 소년 연합회(1927): 전국적 조직체로서 설립되어 소년 운동을 체계적으로 전개

4 형평 운동

(1) 백정에 대한 사회적 편견과 차별에 항거, 평등한 대우 요구

(2) 조선형평사 설립(1923): 진주에서 이학찬을 중심으로 신분 해방 운동 전개

대표 사료 확인하기

1. 6·10 만세 운동

- 조선 민중아! / 우리의 철천지 원수는 자본 제국주의 일본이다.
  이천만 동포야! 죽음을 각오하고 싸우자! / 만세 만세 조선 독립 만세.

  – 단기 4259년 6월 10일 –

- 대한 독립 만세! / 대한 독립 운동가여 단결하라!
  군대와 헌병을 철수하라! / 동양 척식 주식회사를 철폐하라!
  일본 이민제도를 철폐하라! / 일체의 납세를 거부하자! 일본 물화를 배척하자!
  일본인 공장의 직공은 총파업하라! / 일본인 지주에게 소작료를 바치지 말자!
  언론·집회·출판의 자유를! / 조선인 교육은 조선인 본위로!
  보통 학교 용어를 조선어로!

2. 광주 학생 항일 운동 격문

학생, 대중이여 궐기하라! / 검거된 학생은 우리 손으로 탈환하자.
언론·결사·집회·출판의 자유를 획득하라. / 식민지적 노예 교육 제도를 철폐하라.
조선인 본위의 교육 제도를 확립하라. / 사회 과학 연구의 자유를 획득하라.
용감한 학생, 대중이여! / 그리고 궐기하라. 전사여 힘차게 싸워라.

3. 근우회 설립 취지문과 강령

인류 사회는 많은 불합리를 생산하는 동시에, 그 해결을 우리에게 요구해 마지않는다. 여성 문제는 그중의 하나이다. 세계는 이 요구에 응하여 분연하게 활동하고 있다. 세계 자매는 수천 년래의 악몽에서 깨어나 우리 앞에 가로막고 있는 모든 질곡을 분쇄하기 위하여 싸워 온 지 이미 오래이다. … 우리는 운동상 실천에서 배운 것이 있으니, 우리가 실지로 우리 자체를 위하여 우리 사회를 위하여 분투하려면, 우선 조선 자매 전체의 역량을 공고히 단결하여 운동을 전반적으로 전개하지 아니하면 아니 된다. 일어나라! 오너라! 단결하자! 분투하자! 조선 자매들아! 미래는 우리의 것이다.

1. 여성에 대한 사회적·법률적 일체 차별 철폐
2. 일체 봉건적인 인습과 미신 타파
3. 조혼 방지 및 결혼의 자유
4. 인신 매매 및 공창 폐지
5. 농촌 부인의 경제적 이익 옹호
6. 부인 노동의 임금 차별 및 산전 산후 임금 지불
7. 부인 및 소년공의 위험 노동 및 야업 폐지

4. 조선 형평사 설립 취지문

공평은 사회의 근본이고 애정은 인류의 본령이다. 그러한 까닭으로 우리는 계급을 타파하고 모욕적인 칭호를 폐지하여, 교육을 장려하고 우리도 참다운 인간이 되는 것을 기하자는 것이 우리의 주장이다. 지금까지 조선의 백정은 어떠한 지위와 압박을 받아왔던가? 과거를 회상하자면 종일 통곡하고도 피눈물을 금할 수 없다. … 천하고 가난하고 연약해서 비천하게 굴종하였던 자는 누구였는가? 아아, 그것은 우리 백정이 아니었던가? 그러나 이러한 비극에 대한 사회의 태도는 어떠했던가? 소위 지식 계층에 의한 압박과 멸시만이 있지 않았던가? 직업의 구별이 있다고 한다면 금수(禽獸)의 생명을 빼앗는 자는 우리들만이 아니다.

자료 더하기

방정환

▲ 방정환(1899~1931)

- 천도교에 입교, 손병희의 딸과 혼인
- 천도교 청년회 도쿄지회장
- 세계 명작 동화집 번역 출간
- 1922년 5월 1일을 어린이날로 처음 기념
- 1923년 색동회 창립, 잡지 「어린이」 출간

67 민족 유일당 운동

01 / 사회주의 사상의 확산

1 1920년대 사회주의 사상의 확산

(1) 3·1 운동 이후 청년·지식인층 중심으로 확산 → 농민·노동자 단결을 통한 일제 타도 추구, 자본주의 체제 부정

(2) 지주·자본가 중심의 민족주의 운동과 갈등 심화 및 일제의 치안유지법(1925)에 따른 탄압

02 / 민족주의 계열의 위축

1 타협적 민족주의(자치론)의 등장

(1) 일제의 문화통치: 일제의 친일파 양성 정책 전개로 일제의 통치하에서 실력을 기르자는 타협적 민족주의 등장 → 민족주의계의 분열

(2) 자치 운동의 대두: 타협적 민족주의자들은 민족 개조론을 바탕으로 일제의 식민지 지배를 인정하고 일제가 허용하는 범위 내에서 자치권을 획득하자는 운동을 전개

✐ 신간회의 창립 과정

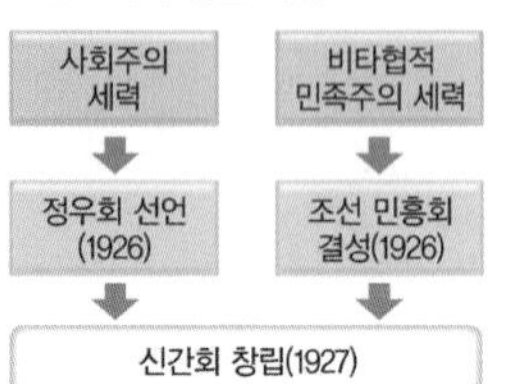

03 / 신간회(1927)

1 민족 유일당 운동

(1) 배경: 일제의 사회주의 탄압, 제1차 국·공 합작, 자치 운동으로 인한 민족주의 진영의 분열 등

(2) 국외: 한국 독립 유일당 북경 촉성회 결성(1926, 베이징), 3부 통합 운동 전개(만주에서 국민부·혁신의회 결성)

(3) 국내: 비타협적 민족주의 세력과 사회주의 세력의 연합 움직임, 조선 민흥회 조직(1926) → '정우회 선언' 발표

✐ 신간회 결성 축하 삽화

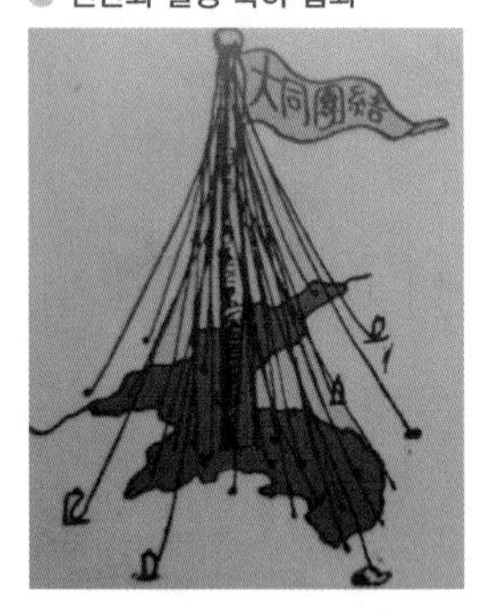

2 신간회

(1) 결성: 국내 민족 유일당 운동 → 비타협적 민족주의자들과 사회주의자들 통합, 결성(1927) → 합법적 단체, 전국에 지회 조직(일제강점기 최대 규모), 대중적 민족 단체로 성장, 근우회 조직(여성)

(2) 강령: 정치적·경제적 각성 촉구, 민족 단결, 기회주의 배격 등

✐ 신간회 강령

1. 우리는 정치적·경제적 각성을 촉진함.
2. 우리는 단결을 공고히 함.
3. 우리는 기회주의를 일체 부인함.

(3) 활동: 강연회·연설회 개최, 농민·노동 운동 등 대중운동 지원, 광주 학생 항일 운동 지원 등

(4) 해소: 광주 학생 항일 운동 지원 이후 지도부의 우경화, 사회주의 계열 이탈, 전체 회의에서 해소 결정(1931)

자료 더하기

신간회

대표 사료 확인하기

1. 이광수의 자치론

조선 민족은 지금 정치적 생활이 없다. 왜 지금의 조선 민족에게는 정치적 생활이 없나? 그 대답은 가장 단순하다. 일본이 한국을 병합한 이래로 조선인에게는 모든 정치적 활동을 금지한 것이 제1의 원인이요, 병합 이래로 조선인은 일본의 통치권을 승인하는 조건 밑에서 하는 모든 정치적 활동, 즉 참정권, 자치권 운동 같은 것을 원치 아니하는 강렬한 절개 의식이 있었던 것이 제2의 원인이다. 이 두 가지 원인으로 지금까지 하여 온 정치적 운동은 일본을 적국시하는 운동뿐이었다. … 그러나 우리는 무슨 방법으로나 조선 내에서 전 민족적인 정치 운동을 하도록 신생면(新生面)을 타개할 필요가 있다. 우리는 무슨 방법으로나 조선 내에서 허(許)하는 범위 내에서 일대 정치적 결사를 조직하여야 한다는 것이 우리의 주장이다.

– 이광수, 「민족적 경륜」, 『동아일보』(1924) –

2. 한국 독립 유일당 북경 촉성회 선언서

동일한 목적과 동일한 성공을 위하여 운동하고 투쟁하는 혁명자들은 반드시 하나의 기치 아래 모여 하나의 호령 아래 단결해야만 비로소 상당한 효과를 거둘 수 있다는 것은 말할 필요도 없다. …
바란다! 일반 동지는 깊이 양해하라! / 일본 제국주의를 타도하라!
한국의 절대 독립을 주장하라! / 민족 혁명의 유일한 전선을 만들라!
전 세계 피압박 민중은 단결하라!

– 〈건국 기원 4259년 10월 28일, 대독립당 조직 북경 촉성회〉 –

3. 정우회 선언

… 우리가 승리를 향해 나아가기 위해서는 현실적으로 가능한 모든 조건을 충분히 이용하지 않으면 안 될 것이며, … 민족주의적·부르주아적 성격을 분명히 인식함과 동시에 과정상의 동맹자적 성질도 충분하게 인정하여, 그것이 타락되지 않는 한 적극적으로 제휴하여 대중의 개량적 이익을 위해서도 종래의 소극적인 태도를 버리고 싸워야 한다.

– 『조선일보』(1926년 11월 17일) –

4. 신간회 해소를 둘러싼 논쟁

- 신간회 해소론

소시민(봉급생활자, 자영업자 등)의 개량주의적 정치 집단으로 변질한 현재의 신간회는 무산 계급의 투쟁욕 성장에 장애가 되고 있다. 노동자 투쟁과 농민 투쟁을 강력하게 펼치기 위해서는 신간회를 해소하고 노동자는 노동조합으로, 농민은 농민조합으로 돌아가야 한다.

– 『삼천리』(1931년 4월호) –

- 신간회 해소론 비판

조선인의 대중적 운동의 목표는 정면의 일정한 세력(일본 제국주의)을 향해 집중되어야 할 것이니, 민족 운동과 계급 운동은 동지적 협동으로 함께 나아가야 할 것이요, 그 내부의 영도권에 다른 세력이 섞여 있으니 전체적으로 협동하여 일을 진행하기는 어려우므로, 역량을 분산시키거나 제 살 깎아 먹는 식의 과오를 범하지 않도록 하는 데 주력해야 한다. … 신간회 해소의 기본 목표가 노동자·농민 영도하에서 협동 전선 파악에 있다고 하면 민족진영으로서 신간회의 존속 및 그 발전은 당연히 필요한 것이다.

– 『비판』(1931년 7·8월호, 안재홍) –

68 일제의 식민지 문화 정책

01 / 일제의 식민지 교육 정책

1 1910년대의 교육 정책(제1차 조선교육령, 1911)

(1) 보통 학교 수업 연한을 4년으로 단축 및 실업 교육 위주의 제도

(2) 사립학교 규칙(1911), 서당 규칙(1918) 등으로 민족 운동 통제

2 3 · 1 운동 이후의 교육 정책(제2차 조선교육령, 1922)

(1) 보통 학교 수업 연한을 6년, 고등 보통 학교 5년으로 확대

(2) 일본어 수업시수 증가, 대학 설치 규정

3 중 · 일 전쟁 이후의 교육 정책(제3차 조선교육령, 1938)

(1) 내선일체, 일선동조론 등을 표방하면서 한국인의 전시 동원을 위해 동화 정책 강화

(2) 조선어를 선택 과목에 해당하는 수의(隨意)과목으로 바꾸고 황국 신민화 교육을 강화

(3) 1941년 교육령 개정: 소학교를 국민학교로 바꾸는 국민학교령을 공포

4 제4차 조선교육령(1943)

(1) 침략 전쟁의 확대에 따라 학교 교육을 전쟁 동원을 위한 군사 체제로 개편

(2) 중학교와 고등 여학교의 수업 연한을 4년으로 축소, 우리말 교육과 역사 교육은 일체 금지

02 / 한국사의 왜곡

1 식민사관

(1) 한국사의 부정적 측면을 강조하고 한국사를 왜곡하여 일제의 식민 통치를 정당화

(2) 조선사편수회(1925), 청구학회(1930) 등의 단체들을 결성하여 우리 역사를 왜곡

2 주요 식민사관

(1) 타율성론: 한국사는 외세의 간섭에 의해 타율적으로 전개되었다는 논리

(2) 정체성론: 한국 사회는 사회·경제 구조에서 내적 발전 없이 전근대 단계에 정체되었다는 논리(봉건 사회 결여론)

(3) 당파성론: 한국 사회의 오랜 당파 싸움은 분열성이 강한 민족성에서 유래되었다는 논리

(4) 반도성론(침략의 당위성 강조), 만선사관(한반도는 만주사의 일부), 임나일본부설(고대사 왜곡) 등 등장

03 / 종교와 언론의 탄압

1 종교계의 활동과 탄압

(1) 개신교: 교육과 계몽 운동 전개, 신사 참배 거부

(2) 천주교: 사회 사업 확대, 의민단 조직(항일 무장 투쟁 전개)

(3) 대종교: 중광단 결성 → 이후 북로 군정서로 확대·개편 → 항일 무장 투쟁 전개

(4) 불교: 한용운 중심, 조선 불교 유신회 조직 → 일제의 불교 탄압에 저항

(5) 천도교: 동학 계승, 잡지 『개벽』 등 발행, 청년·여성·소년·농민 운동 전개

(6) 원불교: 박중빈 창시, 미신 타파, 금주, 단연 등 새 생활 운동 전개

2 언론의 탄압

(1) 1910년대: 언론과 출판의 자유 박탈, 총독부 기관지인 매일신보만 발행

(2) 1920년대: 동아·조선일보 및 잡지 발행 허가 → 엄격한 언론 통제 정책 실시

(3) 전쟁 확대 이후: 민족 말살 정책을 강화하면서 조선일보와 동아일보 폐간

자료 더하기

일본의 역사 왜곡: 임나일본부설

일본의 고대 정권인 야마토 정권이 4세기 후반에 한반도 남부 지역에 진출하여 신라와 백제로부터 조공을 받았으며, 가야 지역에 일본부(日本府)를 설치하고 지배하였다는 주장이다.

한용운

▲ 한용운(1879~1944)
- 호는 만해, 동학 실패 후 출가
- 3·1 운동 때 민족대표로 참여
- 1927년 신간회 참여
- 불교의 개혁과 항일정신 고취에 노력
- 시집 『님의 침묵』, 「불교 유신론」 등 발표

박중빈

자료 더하기

서울 남산 신사

신사참배 거부 기념비(충남 논산)

손기정 선수의 일장기 말소 사건(1936)

대표 사료 확인하기

1. 제1차 조선 교육령(1911)

제1조 조선에 있는 조선인의 교육은 본령에 따른다.
제2조 교육은 충량한 국민을 육성하는 것을 본위로 한다.
제5조 보통 교육은 보통의 지식·기능을 부여하고, 특히 국민된 성격을 함양하며, 국어(일본어)를 보급함을 목적으로 한다.
제6조 실업 교육은 농업·상업·공업 등에 관한 지식과 기능을 가르치는 것을 목적으로 한다.
제28조 공립 또는 사립의 보통 학교, 고등 보통 학교, 여자 고등 보통 학교, 실업 학교 및 전문 학교의 설치 또는 폐지는 조선 총독의 허가를 받아야 한다.

2. 제2차 조선 교육령(1922)

제1조 보통 학교의 수업 연한을 4년에서 6년으로, 고등 보통 학교는 4년에서 5년으로 연장한다.
제2조 조선인과 일본인의 공학을 원칙으로 한다.
제4조 일본인 학교에서는 조선어를 가르칠 수 있으며, 조선인 학교에서는 조선어를 필수 과목으로 한다.

3. 제3차 조선 교육령(1938)

제1조 소학교는 국민 도덕의 함양과 국민 생활에 필수적인 보통의 지능을 갖게 함으로써 충량한 황국 신민을 육성하는 데 있다.
제13조 심상소학교 교과목은 수신, 국어(일어), 산술, 국사, 지리, 이과, 직업, 도화이다. 조선어는 수의(隨意) 과목으로 한다.

4. 조선사편수회의 『조선사』 편찬 요지

조선인은 다른 식민지의 야만적이고 반개화적인 민족과 달라서 문자 문화에 있어서는 문명인에게 떨어지지 않는다. 따라서 예로부터 전해 오는 역사책도 많고, 또 새로운 저술도 적지 않다. 그러나 전자는 헛되이 독립국의 옛 꿈을 떠올리게 하는 폐단이 있다. 『한국통사』라고 하는 재외 조선인의 저서는 진상을 깊이 밝히지 않고 함부로 망령된 주장을 펴고 있다. 이들 역사책이 인심을 어지럽히는 해독은 헤아릴 수 없다.

69 민족문화 수호 운동

01 / 국어

1 조선어 연구회(1921)

(1) 이윤재, 최현배 등이 국문 연구소의 전통을 계승하여 창립

(2) 가갸날 제정, 기관지 「한글」 발간, 강연회 개최 등 한글 대중화 노력

2 조선어 학회(1931~1942)

(1) 조선어 연구회를 개편하여 조직 → 한글 맞춤법 통일안, 표준어 제정, 외래어 표기법 제정

(2) 『우리말 큰 사전』의 편찬 시도 → 치안유지법 위반으로 강제 해산(조선어 학회 사건, 1942)

02 / 한국사의 연구

1 민족주의 사관

(1) 일제의 식민 사관에 대응하여 우리 민족의 자주성과 한국사의 주체적 발전을 강조

(2) 박은식
① 애국 명장들의 위인전 저술, 실천적 유교 정신 회복 주장(유교구신론), 조선 광문회 활동
② 국혼 강조, 『한국통사』, 『한국독립운동지혈사』 등 저술

(3) 신채호
① 위인전 저술, 근대 민족주의 역사학의 토대 마련, 우리 고대문화의 우수성과 독자성을 강조
② 낭가사상 강조, 『독사신론』, 『조선사연구초』, 『조선상고사』 등 저술

(4) 정인보
① 신채호의 민족주의 사관을 계승, 광개토 대왕릉비문 연구 및 정약용의 역사이론 정리
② 얼 강조, 『5천 년간 조선의 얼』을 동아일보에 연재

(5) 문일평
① 세종과 실학자들의 민족 지향·민중 지향·실용 지향을 높이 평가 → 조선 심 강조
② 조선과 미국과의 관계를 다룬 외교사인 『한미 50년사』 저술

자료 더하기

조선어 연구회 「한글」

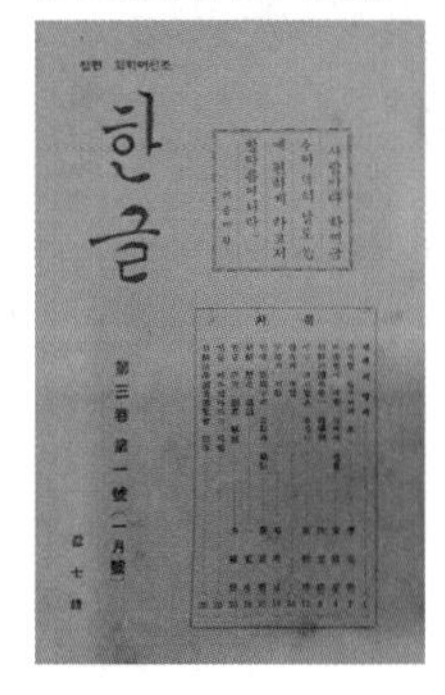

조선어 학회

자료 더하기

2 실증주의 사학

(1) 문헌 고증에 바탕으로 개별적인 역사적 사실을 객관적·실증적으로 연구

(2) 진단학회 조직(1934): 이병도, 손진태 등이 청구학회의 역사왜곡에 대항하여 조직, 「진단학보」 발간

3 사회 경제 사학

(1) 유물사관에 입각, 한국사의 발전 과정을 세계사의 보편적 발전 법칙과 동일하게 파악

(2) 백남운: 『조선 사회 경제사』, 『조선봉건 사회 경제사』 저술

4 신민족주의 사학

(1) 민족주의 사학을 계승, 1940년대 이후 등장, 실증사학의 토대 위에서 민족주의 사학을 재평가

(2) 민족 중심의 단결 강조 및 민족적 자유와 평등 실현 주장

(3) 안재홍: '신민족주의와 신민주주의'를 제시, 『조선상고사감』 저술

(4) 손진태: 민속학 연구에 주력, 『조선민족사개론』 저술

5 조선학 운동(1934)

(1) 안재홍, 정인보, 문일평 등이 다산 정약용 서거 99주기를 맞이하여 추진

(2) 『여유당전서』 간행

백남운

▲ 백남운(1894~1979)
- 일본에서 경제학 공부
- 최초로 한국사회경제사 연구
- 광복 이후 조선학술원 설립
- 1946년 조선신민당 위원장
- 월북 이후 북한 정부 초대 교육상 역임

『여유당전서』

『여유당전서』는 조선 후기 실학자 정약용의 저술 154권 76책을 모은 문집이다.

안재홍

▲ 안재홍(1891~1965)
- 상하이에서 이회영·신채호와 함께 동제사 활동
- 「조선일보」 주필, 신간회 활동
- 『여유당전서』 간행에 참여
- 조선 건국 준비 위원회 부위원장
- 과도입법의회 의원, 과도입법정부 민정장관
- 1950년 2대 국회의원 당선, 6·25 전쟁 중 납북

대표 사료 확인하기

1. 조선어 학회 잡지 『한글』 창간사

우리 조선 민족에게는 좋은 말, 좋은 글이 있다. 더욱이 우리 글 – 한글은 말과 소리가 같고, 모양이 곱고, 배우기 쉽고, 쓰기 편한 훌륭한 글이다. 그러나 우리는 여태까지 도리어 이것을 푸대접하고 짓밟아 버렸으므로, 매우 좋았어야 할 한글이 지금에 와서는 이토록 지저분하며 모양 없이 된 것이다. 40여 년 전에 주시경 선생이 바른 길을 열어 준 뒤부터 그 뒤를 따르는 이가 적지 않았고, 또 이를 위하여 꾸준히 일하려는 이가 많이 일어난 것은 우리 한글의 앞길을 위해 크게 기뻐할 일이다. …… 우리는 이제 시대의 요구에 맞춰 본회의 사명을 다 하고자 『한글』 잡지를 내게 되었다. 이로써 우리 한글의 정리와 통일을 완성하게 되리라 믿는다. 무릇 조선 말을 하고 조선 글을 쓰는 이로써 이에 공감하지 아니할 사람이 누가 있으랴. 오직 뜻을 같이하고 힘을 합쳐 우리의 말과 글이 더욱 환한 빛을 내도록 하자. 이로써 『한글』을 내기에 앞서 한마디 하는 바이다.

– 『한글』, 1932년 5월 1일 –

2. 박은식의 역사 인식

옛 사람들이 말하기를 나라는 가히 멸할 수 있으나, 역사는 가히 멸할 수 없으니, 대개 나라는 형(形)이나 역사는 신(神)이기 때문이다. 지금 한국의 형은 허물어졌으나 신은 가히 홀로 존재하지 못하겠는가. … 신이 존재하여 불멸하면 형은 때맞춰 부활한다. … 대개 국교(國敎)·국학·국어·국문·국사는 혼(魂)에 속하는 것이요, 전곡·군대·성지·함선·기계 등은 백(魄)에 속하는 것이므로 혼의 됨됨은 백에 따라 죽고 사는 것이 아니다. 그러므로 국교와 국사가 망하지 않으면 그 나라도 망하지 않는 것이다. -『한국통사』-

3. 신채호의 역사 인식

역사란 무엇이뇨. 인류 사회의 아(我)와 비아(非我)의 투쟁의 시간부터 발전하며 공간부터 확대되는 심적 활동의 상태 기록이니, 세계사라 하면 세계 인류의 그리 되어 온 상태의 기록이며, 조선사라 하면 조선 민족의 그리되어 온 상태의 기록이니라. 무엇을 아라 하며 무엇을 비아라 하는가? 깊게 팔 것 없이 간단히 말하면, 무릇 주체적 위치에 선 자를 아라 하고, 그 밖에는 비아라 하는데, 이를테면 조선 사람은 조선을 아라 하고, 영국, 미국, 프랑스 등은 각기 제 나라를 아라 하고 조선을 비아라 하며, 무산 계급은 무산 계급을 아라 하고 지주나 자본가 등을 비아라 하지만, 지주나 자본가 등은 각기 저의 무리를 아라 하고, 무산 계급을 비아라 하며 … 그리하여 이에 대한 비아의 접촉이 잦을수록 비아에 대한 아의 투쟁이 더욱 맹렬하여, 인류 사회의 활동이 그칠 사이가 없으며 역사의 앞길이 완성될 날이 없으니, 그러므로 역사는 아(我)와 비아(非我)의 투쟁의 기록인 것이다. -『조선상고사』-

4. 사회 · 경제 사학

우리 조선 역사 발전의 전 과정은, 예를 들어 지리적인 조건, 인류학적 골상, 문화 형태의 외형적 특징 등에서 다소의 차이를 인정하더라도, 외관적인 이른바 특수성은 다른 문화 민족의 역사적 발전 법칙과 구별될 만큼 독자적인 것은 아니다. 세계사의 일원론적 역사 법칙에 따라 다른 여러 민족과 거의 같은 발전 과정을 거쳐 왔다. 발전 과정에서 완만한 템포, 문화에서 보이는 특별한 농담(濃淡)은 결코 본질적인 특수성이 아니다. … 조선사 연구는 과거 역사적·사회적 발전의 변동 과정을 구체적·현실적으로 구명함과 동시에 그 실천적 동향을 이론 지우는 것을 임무로 삼아야 한다. 그것은 인류 사회의 일반적 운동 법칙인 사적 변증법으로 그 민족 생활의 계급적 관계 및 사회 체제의 역사적 변동을 구체적으로 분석하고 다시 그 법칙성을 일반적으로 추상화함으로써 가능하다. - 백남운, 『조선 사회·경제사』 -

5. 조선어 학회 사건(1942)

함흥영생고등여학교 학생 박영옥이 기차 안에서 친구들과 한국말로 대화하다가 조선인 경찰관인 야스다에게 발각되어 취조를 하던 도중 일본어를 사용했다고 혼낸 선생을 알게 된다. 그 선생은 서울에서 사전 편찬을 하고 있는 정태진임을 파악하고 정태진을 연행, 취조해 조선어 학회가 민족주의단체로서 독립운동을 목적으로 하고 있다는 자백을 받아냈다. 이후 이중화·장지영·최현배 등 33명이 치안유지법 위반으로 기소되고 조선어 학회는 해산당하였다.

자료 더하기

박은식

▲ 박은식(1859~1925)
- 호는 겸곡·백암·태백광노
- 정약용의 문인들에게 유학과 실학 체득
- 양명학을 바탕으로 사회개혁 추구
- 「황성신문」 주필, 독립협회 가입
- 서우학회·신민회 활동, 유교구신론 주장
- 대동교 창설, 신한혁명당 가담
- 임시정부 2대 대통령

신채호

▲ 신채호(1880~1936)
- 호는 단재·일편단생·단생
- 「황성신문」, 「대한매일신보」 주필
- 신민회 활동, 연해주에서 「권업신문」 간행
- 임시 정부 의정원 의원, 창조파
- 신간회 발기인, 무정부주의 동맹 가입
- 대만에서 체포, 옥사

70 일제강점기의 사회 모습과 문화

강주룡 지사의 고공농성

강주룡 지사는 평양 소재 평원고무 공장의 여공으로 1931년 동맹파업을 벌였다. 을밀대 고공투쟁으로 여론을 환기하려다가 일본 경찰에 체포되어 단식 투쟁 끝에 30세에 요절하였다.

모던걸·모던보이

영단 주택

01 / 사회

1 산업구조의 변화와 노동자 증가

(1) 산업구조의 변화: 식료품, 방직 공업 중심(1930년대 이전) → 만주사변 이후 군수산업 비중 증가

(2) 노동자 수의 증가: 일제의 공업화 정책과 병참 기지화 정책으로 공장 노동자의 비율 급증

(3) 도시화: 개항장 및 철도·항만 건설로 신흥 도시 성장

(4) 노동자의 삶: 장시간 노동·저임금·차별 대우 등 열악한 환경, 강주룡 지사의 고공농성

2 의식주의 변화

의생활	한복에 고무신이 일반적 → 양복 · 스커트 등 점차 확대, 국민복 · '몸뻬' 강요
식생활	도시 상류층을 중심으로 일본과 서양 식품 소비
주생활	문화 주택(상류층), 개량 한옥, 영단 주택(서민 주택)

02 / 문화

1 문학 활동

1910년대	계몽적 성격의 문학, 최초의 장편 연재 소설 『무정』(이광수)
1920년대	• 『창조』, 『폐허』 등의 동인지를 간행하고 순수 문학 추구 • 사회 현실을 사실적으로 묘사하는 신경향파 문학 등장(사회주의 사상의 영향)
1930년대 이후	• 저항 문학: 독립에 대한 민족 의지 표현(이육사 · 윤동주 등) • 예술 지상주의를 내세운 순수 문학(김영랑, 정지용 등) • 친일 문학: 문인, 예술가들을 전쟁 협력에 동원(노천명, 서정주 등)

2 음악 · 미술 · 연극 · 영화 · 체육 활동

음악	• 1920년대: 홍난파('봉선화'), 현제명('고향 생각') 등 • 1930년대: 안익태('애국가', '코리아 환상곡') 등
미술	• 전통 회화 계승: 안중식(한국 전통 회화를 발전) • 서양 회화 창작: 고희동(최초의 서양 화가), 나혜석, 이중섭 등
연극	• 신파극 유행 • 서구 근대극 형식 도입(극예술 협회 · 토월회 · 극예술 연구회 등)
영화	• 조선 키네마 사 설립(1926) • 나운규 제작의 '아리랑'(1926) → 민족의 비애 표현
체육	• 축구: 경평 축구대회 개최(1929) • 자전거: 엄복동의 전조선 자전차 경기대회 우승(1913) • 마라톤: 1936 베를린 올림픽에서 손기정 선수의 금메달 획득

3 대중문화의 형성과 유행

(1) 형성 배경: 1920~1930년대 서양 문화의 유입 → 새로운 대중문화 형성

(2) 대중문화의 유행: 신문·잡지 등을 통한 서양 문화의 보급 소개 → 대중문화의 확대

대표 사료 확인하기

1. 영화 "아리랑" 줄거리

영진은 전문학교를 다닐 때 독립만세를 부르다가 왜경에게 고문을 당해 정신이상이 된 청년이었다. 한편 마을의 악덕 지주 천가의 머슴이며, 왜경의 앞잡이인 오기호는 빚 독촉을 하며 영진의 아버지를 괴롭혔다. 더욱이 딸 영희를 아내로 준다면 빚을 대신 갚아줄 수 있다고 회유하기까지 하였다. … 오기호는 마을 축제의 어수선한 틈을 타 영희를 겁탈하려 하고 이를 지켜보던 영진은 갑자기 환상에 빠져 낫을 휘둘러 오기호를 죽인다. 영진은 살인혐의로 일본 순경에게 끌려가고, 주제곡이 흐른다.

2. 1920년대 서양 문화의 유행

혈색 좋은 흰 피부가 드러날 만큼 반짝거리는 엷은 양말에, 금방 발목이나 삐지 않을까 보기에도 조마조마한 구두 뒤로 몸을 고이고, 스커트 자락이 비칠 듯 말 듯한 정강이를 지나는 외투에 단발 혹은 미미가쿠시(당시 유행하던 머리모양)에다가 모자를 푹 눌러 쓴 모양 … 분길 같은 손에 경복궁 기둥 같은 단장을 휘두르면서 두툼한 각테 안경, 펑퍼짐한 모자, 코 높은 구두를 신고 … — 『별건곤』 모년 12월호 —

자료 더하기

잡지 『개벽』

고희동 "부채를 든 자화상"

이중섭 "소"

경평 축구대회

3. 저항문학

광야(廣野)

– 이육사

까마득한 날에
하늘이 처음 열리고
어데 닭 우는 소리 들렸으랴.
모든 산맥(山脈)들이
바다를 연모(戀慕)해 휘달릴 때도
차마 이곳을 범(犯)하던 못 하였으리라.
끊임없는 광음(光陰)을
부지런한 계절이 피어선 지고
큰 강물이 비로서 길을 열었다.
지금 눈 나리고
매화향기(梅花香氣) 홀로 아득하니
내 여기 가난한 노래의 씨를 뿌려라.
다시 천고(千古)의 뒤에
백마(白馬) 타고 오는 초인(超人)이 있어
이 광야(曠野)에서 목놓아 부르게 하리라

그 날이 오면

– 심훈

그 날이 오면, 그 날이 오면은
삼각산이 일어나 더덩실 춤이라도 추고,
한강(漢江) 물이 뒤집혀 용솟음칠 그 날이
이 목숨이 끊기기 전에 와 주기만 하량이면
나는 밤하늘에 날으는 까마귀와 같이
종로의 인경을 머리로 들이받아 울리오리다.
두개골은 깨어져 산산조각이 나도
기뻐서 죽사오매 오히려 무슨 한이 남으오리까.
그 날이 와서 오오 그날이 와서
육조 앞 넓은 길을 울며 뛰며 뒹굴어도
그래도 넘치는 기쁨에 가슴이 미어질 듯하거든
드는 칼로 이 몸의 가죽이라도 벗겨서
커다란 북을 만들어 들쳐 메고는
여러분의 행렬에 앞장을 서오리다.
우렁찬 그 소리를 한 번이라도 듣기만 하면,
그 자리에 거꾸러져도 눈을 감겠소이다.

빼앗긴 들에도 봄은 오는가

– 이상화

지금은 남의 땅
빼앗긴 들에도 봄은 오는가
나는 온 몸에 햇살을 받고
푸른 하늘 푸른 들이 맞붙은 곳으로
가르마 같은 논길을 따라
……
내 손에 호미를 쥐어다오
살찐 젖가슴 같은 부드운 이 흙은
팔목이 시도록 매고
좋은 땀조차 흘리고 싶다
……
그러나 지금은 들을 빼앗겨 봄조차 빼앗기겠네

서시

– 윤동주

죽는 날까지 하늘을 우러러
한 점 부끄럼이 없기를
잎새에 이는 바람에도
나는 괴로워했다.
별을 노래하는 마음으로
모든 죽어 가는 것을 사랑해야지.
그리고 나한테 주어진 길을
걸어가야겠다.
오늘 밤에도 별이 바람에 스치운다.

이육사

▲ 이육사(본명 이원록, 1904~1944)
- 1925년 의열단 가입, 조선은행 대구지점 폭파사건으로 3년 수형
- 정의부, 군정부, 의열단 등에서 독립운동
- 1943년 북경에서 독립운동을 전개하다 체포, 수감 중 옥사
- 「청포도」, 「교목」, 「파초」, 「광야」, 「절정」 등 발표

심훈

윤동주

71 광복 전후의 모습

01 / 광복을 향한 노력과 건국 준비 활동

1 한국 광복군의 활동

(1) 한국 광복군: 지청천을 총사령관으로 창설(1940), 태평양 전쟁 발발 후 대일 선전 포고(1941)

(2) 연합군으로 참전(1943): 중국·영국군과의 공동 작전(인도·미얀마 전선 등)

(3) 국내 진공 작전(1945): 미국 전략 정보국(OSS)과 합동작전 계획 → 일본의 항복으로 실패

2 국내외 건국 준비 활동

(1) 국외 건국 준비 활동

① 대한민국 임시 정부: 건국 강령 발표(1941, 조소앙의 삼균주의에 기초, 민주 공화정 수립, 보통 선거 실시 등), 민족 혁명당 계열의 참여 → 좌·우 합작에 의한 통일 정부 수립

② 조선 독립 동맹(옌안): 사회주의 계열 주도로 결성(1942), 건국 강령 발표(일제 타도, 민주 공화국 수립, 토지 분배 등), 조선 의용군의 활발한 항일 투쟁 전개(중국 공산당과 연합)

(2) 국내 건국 준비 활동: 여운형을 중심으로 조선 건국 동맹 결성(1944) → 민주주의 국가 건설 목표, 일제의 물자 수송 방해 활동 전개, 국외 독립운동 세력과 연합 작전 모색, 광복 이후 조선 건국 준비 위원회로 발전

▼ 1940년대 국내외 건국 준비 활동 단체

자료 더하기

한반도 독립을 약속한 국제 회담

회담	주요 내용
카이로 회담	최초로 한반도 독립 약속
얄타 회담	소련의 대일전 참전 결정
포츠담 선언	한국의 독립 재확인, 일본의 항복 요구

자료 더하기

광복 축하 전차

여운형

▲ 여운형(1886~1947)
- 호는 몽양
- 최초의 야구팀 YMCA 야구부 주장
- 임시 정부 의정원 의원
- 1933년 조선중앙일보사 사장 취임
- 1936년 일장기 삭제 사건으로 폐간
- 1944년 조선 건국 동맹 결성
- 1945년 조선 건국 준비 위원회, 조선 인민 공화국 수립
- 1946년 좌우 합작 운동 전개
- 1947년 혜화동 로터리에서 암살

미군에게 접수된 중앙청

개인자격으로 귀국한 임시 정부

02 / 광복과 미 · 소 군정

1 광복과 분단

(1) 광복: 연합군의 승리로 일본이 무조건 항복 선언, 우리 민족의 끈질긴 독립운동의 결과

(2) 분단: 소련의 한반도 북부 지역 점령 → 미국이 38도선 분할 점령 제안 → 38도선 이북은 소련이, 이남은 미국이 관리

2 정부 수립 노력

(1) 조선 건국 준비 위원회

① 결성: 조선 건국 동맹의 여운형이 조선 총독부와 행정권 이양 교섭 → 좌·우 연합의 조선 건국 준비 위원회 조직

> **여운형이 조선 총독에게 요구한 5개 조항**
> 1. 전국적으로 정치범과 경제범을 즉시 석방할 것
> 2. 서울의 3개월분 식량을 확보할 것
> 3. 치안 유지와 건국을 위한 정치 운동에 대하여 간섭하지 말 것
> 4. 학생과 청년을 조직 훈련하는 데 대하여 간섭하지 말 것
> 5. 노동자와 농민을 건국 사업에 동원하는 데 대하여 간섭하지 말 것

② 활동: 전국에 지부를 설치, 치안과 행정 담당 → 좌익 중심으로 운영되면서 일부 우익 이탈

(2) 조선 인민 공화국 수립

① 배경: 미군의 남한 진주 결정

② 정부 수립: 조선 건국 준비 위원회 해체 후 수립 선포 → 주석 이승만, 부주석 여운형

(3) 한국 민주당 창당

① 창당: 송진우·김성수 등 보수 세력이 결성

② 특징: 대한민국 임시 정부 지지, 미 군정청과 협력 관계

(4) 독립 촉성 중앙 협의회 조직: 이승만 중심

(5) 임시 정부 요인 귀국: 미 군정의 요구로 개인 자격으로 귀국 → 한국 독립당을 중심으로 활동

대표 사료 확인하기

1. 건국 준비

• 대한민국 임시 정부

2. 삼균 제도를 골자로 한 헌법을 실시하여 정치·경제·교육의 민주적 시설로 실제상 균형을 도모하며, 전국의 토지와 대생산 기관의 국유가 완성되고, 전국의 학령 아동 전체가 고급 교육의 무상 교육이 완성되고, 보통 선거 제도가 구속 없이 완전히 실시되어 …… . – 대한민국 임시 정부 –

• 조선 독립 동맹

1. 전 국민의 보통 선거에 의한 민주 정권을 수립한다.
2. 조선에 있는 일본 제국주의자의 일체 자산 및 토지를 몰수하고, 일본 제국주의와 밀접한 관계에 있는 대기업을 국영으로 귀속하며, 토지 분배를 실행한다.
3. 국민 의무 교육 제도를 실시하고, 필요한 경비는 국가가 부담한다. – 조선 독립 동맹의 건국 강령 –

• 조선 건국 동맹

1. 거국 일치로 일본 제국주의의 제 세력을 구축하고 조선 민족의 자유와 독립을 회복할 것
3. 민주주의적 원칙에 의거하고, 특히 노농 대중의 해방에 치중할 것 – 조선 건국 동맹의 건국 강령 –

2. 카이로 선언

3대 동맹국은 일본국의 침략을 제지하고 이를 벌하기 위하여 현재의 전쟁을 수행하고 있다. 위 동맹국은 자국을 위하여 어떠한 이익을 요구하는 것이 아니며 또한 영토를 확장할 의도도 없다. 위 동맹국의 목적은 일본국이 1914년 제1차 세계 대전 개시 이후에 탈취 또는 점령한 태평양의 도서 일체를 박탈할 것과 만주·타이완·팽호도 등 일본국이 중국으로부터 빼앗은 지역 일체를 중화민국에 반환함에 있다. … 앞의 3대국은 조선 인민의 노예 상태에 유의하여 적당한 시기에(in due course) 조선을 자주 독립시키기로 결의한다.

3. 조선 건국 준비 위원회의 강령

본 준비 위원회는 우리 민족을 진정한 민주주의적 정권에로 재조직하기 위한 새 국가 건설의 준비 기관인 동시에 모든 진보적 민주주의적 제 세력을 집결하기 위하여 각계각층에 완전히 개방된 통일 기관이요, 결코 혼잡한 협동 기관은 아니다.

1. 우리는 완전한 독립 국가의 건설을 기함
2. 우리는 전 민족의 정치적, 경제적, 사회적 기본 요구를 실현할 수 있는 민주주의 정권의 수립을 기함
3. 우리는 일시적 과도기에 있어서 국내 질서를 자주적으로 유지하여 대중 생활의 확보를 기함

4. 미 육군 사령관 맥아더의 포고령 1호

제1조 북위 38도선 이남의 조선 영토와 조선 인민에 대한 통치의 모든 권한은 당분간 본관의 권한하에서 시행한다.

제2조 정부 등 전 공공사업 기관에 종사하는 유급 또는 무급 직원과 고용인 그리고 기타 제반 중요한 사업에 종사하는 자는 별도의 명령이 있을 때까지 종래의 정상 기능과 업무를 수행할 것이며, 모든 기록 및 재산을 보호·보존해야 한다.

5. 김구의 귀국

27년간 꿈에도 잊지 못하던 조국 강산을 다시 밟을 때 나의 흥분되는 정서는 말로 다 표현할 수 없습니다. 나는 먼저 경건한 마음으로, 우리 조국의 독립을 싸워 얻기 위하여 희생되신 유명 무명의 무수한 선열과 아울러 우리 조국의 해방을 위하여 피를 흘린 수많은 동맹국 용사에게 조의를 표합니다. 다음으로는 충성을 다하여, 3천만 부모 형제 자매와 우리나라에 주둔해 있는 미국·소련 등 동맹군에게 위로의 뜻을 보냅니다. 나와 나의 동료들은 과거 2·30년간을 중국의 원조하에서 생명을 부지하고 우리의 공작을 전개해 왔습니다. … 나와 나의 동료는 오직 완전히 통일된 독립 자주의 민주 국가를 완성하기 위하여 여생을 바칠 결심을 가지고 귀국했습니다.

자료 더하기

72 통일 정부 수립을 위한 노력

신탁 통치 반대 집회

좌우 합작 위원회

유엔 한국 임시 위원단 환영 포스터

남북 협상을 위해 방북하는 김구

01 / 통일 정부 수립 운동

1 모스크바 3국 외상 회의(1945.12.)

(1) 결정 사항: 임시 민주 정부 수립, 미·소 공동 위원회 설치, 최대 5년간 신탁 통치 실시

(2) 국내 반응: 우익은 신탁 통치 반대, 좌익은 신탁 통치 반대에서 지지로 입장 바뀜 → 좌·우익의 대립 격화

2 좌우 합작 운동

(1) 배경: 제1차 미·소 공동 위원회 결렬(덕수궁 석조전), 이승만의 정읍 발언(단독 정부 수립 주장)

(2) 좌우 합작 위원회 결성(1946.7.)

① 김규식과 여운형 등 중도 세력 중심으로 통일 정부 수립 노력

② 좌우 합작 7원칙 발표(1946.10.): 좌우 합작의 임시 정부 수립, 토지 개혁(유상 매상, 무상 분배), 반민족 행위자 처벌 등

③ 결과: 좌·우익의 토지 개혁에 대한 입장 차이, 여운형의 암살과 냉전 격화 → 실패

3 남한 단독 선거 결정

(1) 배경: 제2차 미·소 공동 위원회 결렬 → 미국이 한반도 문제를 유엔에 이관

(2) 유엔에서의 논의

① 유엔 총회(1948.1.): 인구 비례에 따른 남북 총선거를 통하여 정부를 수립하자는 결의안 채택 의결 → 유엔 한국 임시 위원단 파견 → 북한과 소련은 위원단의 입북 거부

② 유엔 소총회(1948.2.): 선거가 가능한 지역에서만 총선거 실시 결정 → 김구는 반대, 이승만과 한국 민주당은 적극 참여

4 남북 협상의 추진(1948.4.)

(1) 배경: 유엔 소총회에서 남한만의 단독 선거 결정 → 분단 가능성이 높아짐

(2) 남북 협상: 남측의 김구·김규식이 북측의 김두봉·김일성과 평양에서 제정당 사회 단체 지도자 회의 개최

(3) 남북 협상 공동 성명 발표: 총선거를 통한 통일 정부 수립, 남한 단독 선거 반대, 미·소 양군 철수 요구

(4) 결과: 별다른 성과 없이 끝남, 남북 협상파의 대한민국 수립 과정(5·10 총선거) 불참, 김구 암살(1949.6.) → 통일 정부 수립 노력 실패

대표 사료 확인하기

1. 모스크바 3국 외상 회의 합의문

2. 한국 임시 정부 수립을 실현하며, 이에 대한 방책으로 남조선의 미국군 사령부 대표와 북조선의 소련군 사령부 대표로서 공동 위원회를 설치한다.
3. 위 공동 위원회는 조선민주주의 임시 정부를 기타 각 민주주의 단체와 협력하여 조선을 정치적·사회적 및 경제적으로 발전시키며, 민주주의적 자치 정부를 수립하여 독립 국가로 육성시키는 데 사명이 있다. 공동 위원회의 제안은 조선 임시 정부와 타협한 후 미·영·중·소 정부에 제출하여 최고 5년 기한의 4개국 신탁 통치에 관한 협정을 할 것이다.

2. 신탁 통치 반대 선언

1. 3천만 전 국민이 절대 지지하는 대한민국 임시 정부를 우리의 정부로서 세계에 선포하는 동시에 세계 각국은 우리 정부를 정식으로 승인함을 요구함
2. 우리는 5천 년의 유구한 문화를 가진 민족으로서 도저히 4개국 관리 하에 신탁 통치를 받지 못함을 미·영·중·소국 원수에게 통고함
3. 현하 우리 국토의 남북으로 진주하고 있는 미·소 양군의 즉시 철퇴 요구를 연합군에 통고함
4. 완전한 자유 독립을 획득할 때까지 3천만 전 민족을 들어 탁치 반대 운동을 결사적으로 계속할 것을 4개국에 통고함

3. 이승만의 정읍 발언

이제 무기 휴회된 미·소 공동 위원회가 재개될 기미도 보이지 않으며, 통일 정부를 고대하나 여의치 않게 되었으니, 우리는 남쪽만이라도 임시 정부, 혹은 위원회 같은 것을 조직하여 38도선 이북에서 소련이 철퇴하도록 세계 공론에 호소해야 할 것이니 여러분도 결심하여야 될 것이다.

4. 좌우 합작 7원칙

1. 모스크바 3국 외상 회의 결정에 의하여 좌우 합작으로 임시 정부를 수립할 것
2. 미·소 공동 위원회 속개를 요청하는 공동 성명을 발표할 것
3. 토지 개혁에 있어서 몰수, 유(有)조건 몰수, 체감 매상 등으로 토지를 농민에게 무상으로 분여하며, 시가지의 기지 및 대건물을 적정 처리하며, 중요 산업을 국유화하며, 사회 노동 법령 및 정치적 자유를 기본으로 지방자치제의 확립을 속히 실시하며, 통화 및 민생 문제 등을 급속히 처리하며, 민주주의 건국 과업 완수에 매진할 것
4. 친일파, 민족 반역자를 처리할 조례는 본 합작 위원회에서 입법 기구를 제안하여 입법 기구로 하여금 심의·결정하여 실시하게 할 것
5. 남북을 통하여 현 정권하에서 검거된 정치 운동자의 석방에 노력하며, 아울러 남북 좌우의 테러적 행동을 일체 제지하도록 노력할 것
6. 입법 기구의 구성 방법 및 운영 등은 본 합작 위원회에서 작성하여 적극 실행할 것
7. 전국적으로 언론·집회·결사·출판 등의 자유를 절대 보장되도록 노력할 것

5. 김구의 3천만 동포에게 읍고함

조국이 있어야 한국 사람이 있고, 한국 사람이 있고서야 민주주의도 공산주의도 무슨 단체도 있을 수 있는 것이다. 그러면 우리의 자주 독립적 통일 정부를 수립하려는 이때에 있어서 어찌 개인이나 자기 집단의 사리사욕에 탐하여 국가 민족의 백년대계를 그르칠 자가 있으랴? … 현실에 있어서 나의 유일한 염원은 3천만 동포가 다 손을 잡고 통일된 조국의 달성을 위하여 공동 분투하는 것뿐이다. 이 육신을 조국이 필요로 한다면 당장에라도 제단에 바치겠다. 나는 통일된 조국을 건설하려다 38선을 베고 쓰러질지언정 일신의 구차한 안일을 위하여 단독 정부를 세우는 데 협력하지 않겠다.

자료 더하기

김구

▲ 김구(1876~1949)

- 호는 백범
- 과거시험 탈락 후 동학에 가담
- 남만주 김이언 부대에서 의병 활동
- 을미사변 이후 귀국, 치하포에서 일본군인 사살
- 인천 감옥에서 탈출
- 데라우치 암살사건에 연루되어 구속
- 3·1 운동 직후 상하이로 망명, 임시 정부 초대 경무국장 역임
- 1926년 국무령 취임
- 1931년 한인 애국단 조직
- 1940년 충칭 임시 정부 주석 취임
- 1945년 귀국 이후 신탁 통치 반탁 운동 전개
- 1948년 남한 단독 선거 반대 후 남북 협상 전개
- 1949년 집무실 경교장에서 암살로 사망

김구의 집무실 "경교장"

김규식

▲ 김규식(1876~1950)

- 언더우드의 도움으로 미국 유학
- 1918년 모스크바 약소민족대회에 한국 대표로 참석
- 1919년 파리 강화 회의에 임시 정부 전권대사로 참석
- 1935년 민족 혁명당 가담
- 1944년 임시 정부 부주석
- 1948년 통일 정부 수립 운동, 남북 협상 참여
- 1950년 6·25 전쟁 도중 납북

73 대한민국 정부 수립과 갈등

5·10 총선거

대한민국 정부 수립

제헌 국회

반민 특위에 체포되는 김연수와 최린

01 / 대한민국 정부의 수립과 활동

1 대한민국 정부의 수립

(1) 5·10 총선거 실시: 우리 역사상 최초의 직접·비밀·평등·보통 선거 → 198명의 제헌 국회의원 선출

(2) 제헌 헌법 공포: 대한민국 임시 정부의 법통을 계승한 민주 공화국 규정, '대한민국' 국호 제정

(3) 정부의 수립: 국회에서 대통령에 이승만, 부통령에 이시영 선출 → 8월 15일 정부 수립 선포 → 유엔 총회에서 한반도의 유일한 합법 정부로 승인(1948.12.)

2 대한민국 정부의 활동

(1) 반민족 행위자 처벌을 위한 노력과 좌절

① 반민족 행위 처벌법 제정(1948.9.): 제헌 국회에서 친일파 처벌을 위해 제정

② 반민족 행위 특별 조사 위원회(반민 특위) 구성(1948.10.): 반민족 행위 처벌법에 따라 설치

③ 반민 특위의 활동: 이광수, 최남선을 비롯하여 친일 기업가와 경찰 등 반민족 행위자 체포

④ 반민 특위 해체: 이승만 정부의 비협조(국회 프락치 사건, 경찰의 반민 특위 습격) → 친일파의 범위 축소 및 공소 시효 단축(1950.6. → 1949.8.) → 반민 특위 해체(1949)

(2) 농지 개혁 실시

① 농지 개혁법 제정(1949): 경자유전과 유상 매수·유상 분배 원칙, 한 가구당 3정보를 소유 상한으로 규정

② 실시: 1950년에 실시 → 지주제 소멸(농민 중심의 토지 소유 실현)

③ 문제점: 반민족 행위자 소유 토지 몰수 조항 없음, 농지를 제외한 토지는 개혁 대상에 포함되지 않음, 유상 분배에 따른 농민 부담 가중, 중소 지주층이 산업 자본가로 전환되지 못함

02 / 남한만의 단독 정부 수립을 둘러싼 갈등

1 제주 4 · 3 사건

(1) 배경: 광복 이후 친일경찰 출신의 경찰과 미 군정에 대한 주민들의 반발 고조

(2) 경과: 단독 선거에 반대하는 좌익 세력의 무장 봉기(1948.4.3.) → 진압 과정에서 무고한 양민 학살, 제주 일부 지역에서 5·10 총선거 무산(3개 중 2개 선거구 무효)

2 여수 · 순천 10 · 19 사건

(1) 계기: 제주 4·3 사건 진압을 위해 여수 주둔 군부대에 출동 명령

(2) 경과: 부대 내의 좌익 세력이 제주도 출동 반대와 통일 정부 수립을 내세우며 무장 봉기 → 여수·순천 일대 점령 → 정부군이 미국 군사 고문단의 지원을 받아 진압

자료 더하기

제주 4·3 사건

이승만

▲ 이승만(1875~1965)
- 배재학당에서 기독교 입교
- 독립협회 간부, 협성회보 주필 역임
- 미국 유학(프린스턴 대학 박사 학위)
- 1919년 상하이 임시 정부 초대 대통령, 구미 위원부 활동
- 1925년 임시 정부 대통령직 탄핵
- 1945년 광복 이후 독립 촉성 중앙협의회 총재
- 1946년 남한 단독 정부론 주장
- 1948년 제헌 국회 무투표 당선, 대한민국 초대 대통령 역임
- 1960년 3·15 부정선거로 하야
- 1965년 망명지인 하와이에서 사망

대표 사료 확인하기

1. 제헌 국회의 구성

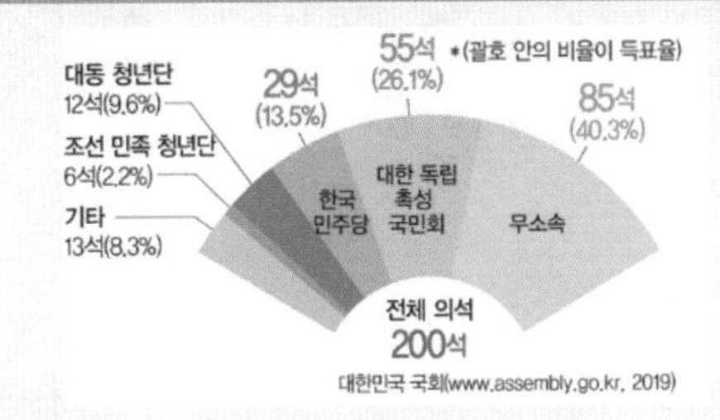

2. 반민족 행위 처벌법

제1조 일본 정부와 통모하여 한·일 병합에 적극 협력한 자, 한국의 주권을 침해하는 조약 또는 문서에 조인한 자와 모의한 자는 사형, 또는 무기징역에 처하고 그 재산과 유산의 전부 혹은 2분의 1 이상을 몰수한다.

제2조 일본 정부로부터 작위를 받은 자나 일본 제국 의회의 의원이 되었던 자는 무기 또는 5년 이상의 징역에 처하고, 그 재산과 유산의 전부 혹은 2분의 1 이상을 몰수한다.

제3조 일본 치하 독립운동가나 그 가족을 악의로 살상, 박해한 자 또는 이를 지휘한 자는 사형, 무기 또는 5년 이상의 징역에 처하고, 그 재산의 전부 혹은 일부를 몰수한다.

제4조 다음 각 호 중 하나에 해당하는 자는 10년 이하의 징역에 처하거나 15년 이하의 공민권을 정지하고, 그 재산의 전부 혹은 일부를 몰수할 수 있다. - 〈대한민국 관보〉(1948.9.22.) -

3. 농지 개혁법

2. 다음 농지는 본 법 규정에 의하여 정부가 매수한다.
(가) 농가가 아닌 자의 농지
(나) 자경하지 않는 자의 농지. 단 질병, 공무, 취학, 기타 부득이한 사유로 인하여 일시 이농한 자의 농지는 소재지 위원회의 동의로서 시장, 군수가 일정 기한까지 보류를 인허한다.
(다) 본 법 규정의 한도를 초과하는 부분의 농지

74 6 · 25 전쟁

자료 더하기

01 / 6 · 25 전쟁

1 남 · 북한의 대립 심화

(1) 정부 수립 후 미·소 양군 철수, 양측 정부의 대립과 경쟁 → 38도선 일대에서 무력 충돌 자주 발생, 좌익 세력의 무장 활동 등

(2) 북한의 상황: 소련의 군사적 지원과 남침 계획 승인, 중국은 미군 개입 시 참전 약속

(3) 남한의 상황: 국군 창설, 좌익 세력 탄압, 한·미 상호 방위 원조 협정(1950.1.)

(4) 전쟁 분위기 고조: 미국의 애치슨 선언 발표(1950.1.) → 미국의 태평양 방어선에서 한반도와 타이완 제외

▼ 애치슨 라인

✐ 북한군의 남침

✐ 더글라스 맥아더

✐ 38도선 돌파

✐ 평양 탈환

2 전쟁의 전개

남침	북한군의 남침 → 낙동강 전선까지 후퇴
반격	인천상륙작전(9.15.) → 서울 수복(9.28.) → 압록강까지 진격 → 중공군의 개입(10.25.) → 흥남 철수 작전(1950.12.) → 1 · 4 후퇴(1951) → 서울 재함락 → 38도선 일대에서 접전 지속
휴전	소련의 휴전 제의(1951.6.) → 휴전 회담 개최(포로 교환, 군사 분계선 설정 쟁점) → 이승만의 거제도 반공 포로 석방(1953.6.) → 미국의 경제 원조 약속 → 휴전 성립(1953.7.27.) → 한 · 미 상호 방위 조약 체결(1953.10.)
휴전 협정	휴전 협정 체결(1953.7.27.): 군사 분계선 설정, 비무장 지대 설치, 중립국 감독 위원회와 군사 정전 위원회 설치, 자유의사에 따른 포로 교환 등을 내용으로 조인

3 전쟁의 피해와 영향

(1) 피해

① 수많은 군인·민간인 사상자 발생, 전쟁고아와 이산가족 발생, 산업 시설·학교·주택·도로·교량 등 파괴

② 민간인 희생 사건: 국민 보도연맹 사건, 거창 양민 학살 사건, 국민 방위군 사건 등

(2) 영향

① 국내: 전통문화 해체, 민족 공동체 의식 약화, 분단의 고착화, 남북 간의 적대감 심화 등

② 미국: 남한에 대한 영향력 강화, 한·미 상호 방위 조약 체결(1953.10.)

대표 사료 확인하기

1. 애치슨 라인

미국의 극동 방위선은 알류산 열도, 일본 본토를 거쳐 류큐(오키나와 섬)로 이어진다. … 방위선은 류큐에서 필리핀으로 연결된다. … 이 방위선 밖에 위치한 나라의 안보에 대해서는 군사적 공격에 대하여 아무도 보장할 수 없다. 만약 공격이 있을 때에는 … 제1차 조치는 공격을 받은 국민이 이에 저항하는 것이다.

2. 휴전 협정

1. 한 개의 군사분계선을 확정하고 쌍방이 이 선으로부터 각기 2km씩 후퇴함으로써 적대 군대 간에 한 개의 비무장지대를 인정한다. 한 개의 비무장지대를 설정하여 완충지대로 함으로써 적대 행위의 재발을 초래할 수 있는 사건의 발생을 방지한다.
4. 적대 쌍방 사령관들은 비무장지대와 각자의 지역 간의 경계선에 따라 적당한 표시물을 세운다. 군사정전 위원회는 군사분계선과 비무장지대의 양 경계선에 따라 설치한 일체 표식의 건립을 감독한다.
6. 쌍방은 모두 비무장지대 내에서 또는 비무장지대로부터 또는 비무장지대에 향하여 어떠한 적대 행위도 감행하지 못한다.
7. 군사 정전 위원회의 특정한 허가 없이는 어떠한 군인이나 민간인이나 군사분계선을 통과함을 허가하지 않는다.

3. 한·미 상호 방위 조약

제2조 당사국 중 어느 일방의 정치적 독립 또는 안정이 외부로부터의 무력 침공에 의하여 위협을 받고 있다고 어느 당사국이든지 인정할 때에는 언제든지 당사국은 서로 협의한다.

제4조 상호 합의에 의하여 결정된 바에 따라 미합중국의 육군, 해군과 공군을 대한민국의 영토 내와 그 주변에 배치하는 권리를 대한민국은 이를 허락하고 미합중국은 이를 수락한다.

자료 더하기

흥남 철수 작전

거제도 포로수용소

휴전 협정

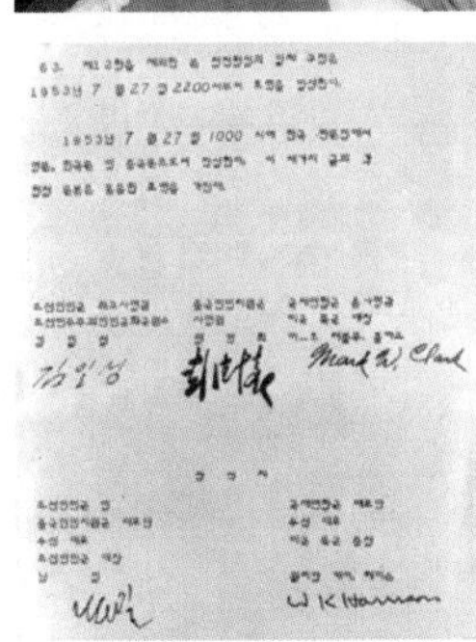

자료 더하기

4. 6 · 25 전쟁의 전환

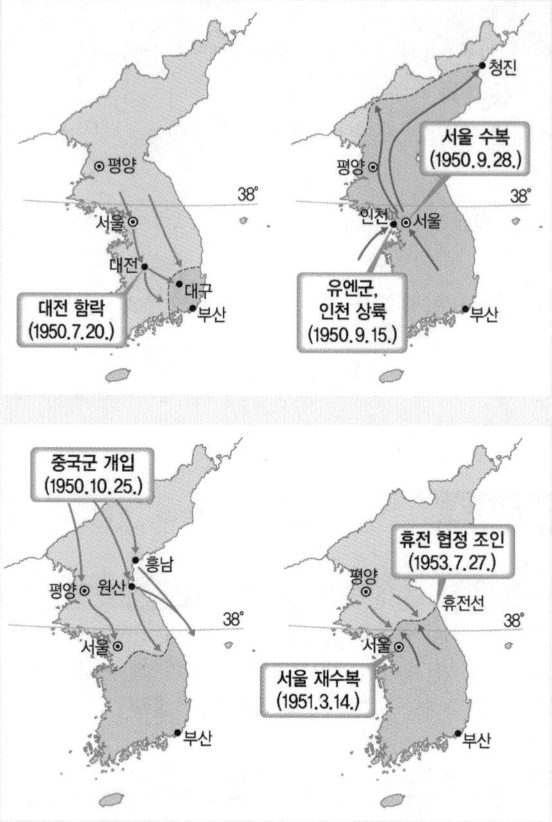

5. 6 · 25 전쟁 관련 노래

이별의 부산 정거장

보슬비가 소리도 없이
이별 슬픈 부산 정거장
잘가세요 잘있어요
눈물의 기적이 운다
한많은 피난살이 설움도 많아
그래도 잊지 못 할 판자집이여
경상도 사투리에 아가씨가 슬피우네
이별의 부산 정거장

굳세어라 금순아

눈보라가 휘날리는 바람찬 흥남부두에
목을 놓아 불러 보았다 찾아를 보았다
금순아 어데로가고 길을 잃고 헤매였드냐
피눈물을 흘리면서 1.4 이후 나홀로 왔다
일가친척 없는 몸이 지금은 무었을 하나
이내 몸은 국제시장 장사치이다
금순아 보고싶구나 고향꿈도 그리워진다
영도다리 난간 위에 초생달만 외로이 떴다

75 이승만 정부(제1공화국, 1948~1960)

01 / 이승만의 장기 집권

1 발췌개헌(1952)

(1) 배경: 1950년 제2대 국회의원 선거에서 반이승만 성향의 무소속 의원 대거 당선

(2) 과정: 자유당 창당(1951), 임시 수도 부산 일대에 계엄령 선포 → 정부 개헌안에 반대하는 야당 의원 연행·협박(부산 정치 파동) → 개헌안 통과

(3) 내용: 대통령 직선제로 개헌, 양원제 국회 규정

(4) 결과: 직선제 선거를 통해 이승만 대통령의 재선 성공

2 사사오입개헌(1954)

(1) 배경: 이승만과 자유당의 장기 집권 추구 → 대통령의 중임 제한 규정 개정 필요

(2) 과정: 개헌안이 1표 차로 부결 → 사사오입 논리로 개헌안 불법 통과 선포

(3) 내용: 초대 대통령에 한해 중임 제한 규정 철폐

(4) 결과: 이승만 대통령의 3선 성공, 야당의 민주당 창당(1955)

3 독재 체제 강화

(1) 진보당 사건(1958): 진보당의 대표 조봉암이 남북한 총선거에 의한 '평화 통일론'을 주장하자, 조봉암을 북한의 간첩과 내통하고, 북한의 방안을 선전하였다는 혐의로 구속 → 진보당 해체, 조봉암 사형

(2) 국가 보안법 개정(1958): 민주당의 지지율이 상승하자 자유당 정권은 경찰을 동원하여 야당 의원을 감금하고, 대공 사찰과 언론 통제를 내용으로 하는 신국가 보안법을 통과(2·4 파동)

(3) 경향신문 폐간(1959): 이승만 정부에 비판적인 입장을 취하였던 경향신문을 폐간시키는 등 야당과 언론을 탄압

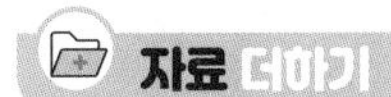

부산 정치 파동

1차 개헌 당시 기립투표

제3대 대통령 선거 포스터 (민주당 후보)

경향신문사 폐간 공고

자료 더하기

조봉암

▲ 조봉암(1898~1959)
- 3·1 운동 참가, 1년간 복역
- 일본 유학 시기 흑도회 가입, 귀국 이후 화요회 창립, 조선 공산당 통합에 역할
- 광복 이후 건국 준비 위원회 활동
- 1946년 과격한 사회주의를 비판하며 우익으로 전향
- 1948년 제헌 국회의원, 농림부 장관
- 1952, 1956년 대선 낙선
- 1956년 진보당 창당
- 1958년 진보당 사건으로 사형

제4대 대통령 선거 벽보(1960)

4·19 혁명 시기 대학교수단의 시위

02 / 4·19 혁명(1960)

1 배경

(1) 경제침체: 미국의 경제원조 감소로 인한 경제침체

(2) 대구 2·28 학생 의거: 민주당 유세현장에 참여하지 못하도록 대구 지역 고등학생들에게 일요일 등교를 강요 → 학생들의 반발 시위

(3) 3·15 부정 선거: 자유당 정권은 부통령 이기붕을 당선시키기 위해 4할 사전 투표, 3인조·5인조 공개 투표, 투표함 바꿔치기 등 다양한 방법을 동원하여 노골적인 부정 선거를 자행

2 전개

(1) 마산에서 부정 선거 규탄 시위 → 경찰 발포로 시위자 사망(3.15.)

(2) 김주열의 시신 발견(4.11.) → 전국으로 시위 확산 → 경찰 발포로 사상자 증가(4.19.)

(3) 대학 교수들의 시국 선언과 시위(4.25.) → 이승만 하야(4.26.)

3 결과 및 의의

(1) 이승만 정권 붕괴: 이승만 정부와 자유당은 붕괴되고 허정 과도 정부 수립

(2) 의의: 학생과 시민이 중심이 되어 독재 정권을 무너뜨린 최초의 민주주의 혁명

대표 사료 확인하기

1. 1차 개헌(발췌개헌)

현행법상 대통령과 부통령의 간접 선거를 주권을 가진 국민이 직접 선거하는 직선제로 개편함과 동시에 단원제 국회를 상·하 양원제로 하여 다수당의 전제를 방지하고 국회에서의 의안 처리에 있어 부당한 의결과 과오를 피하고 정부와 국회 간의 충돌을 완화하며 상원에 직능별로 우수하고 원만한 인물을 선출·활용함으로써 국회 운영을 더욱 강화하여 국가 백년대계를 확립하려는 것이다.

2. 2차 개헌(사사오입개헌)

토요일 국회에서 개헌안에 대하여 135표의 찬성표가 던져졌다. 그런데 민의원 재적수 203석 중 찬성표 135표, 반대표 60표, 기권 7표, 결석 1명이었다. 60표의 반대표 수는 총수의 3분의 1이 훨씬 못한다는 사실을 잘 주의해서 보아야 한다. 민의원의 3분의 2는 정확하게 계산할 때 135.333 … 인 것이다. 한국은 표결에 있어서 단수(端數)를 계산하는 데 전례가 없으나 단수는 계산에 넣지 않아야 할 것이다. 따라서 개헌안이 통과되었다는 것이 정부의 견해이다. … 정부를 전복하려는 적의 침투 계획이 자유 대한의 생존을 위협하고 있다는 점을 잊어서는 아니 된다. 개헌안을 불가피하게 한 것은 즉 이 위협이 있는 까닭이다. …

– 〈개헌안의 통과에 대한 공보처장의 담화〉(1954.11.28.) –

3. 3 · 15 부정 선거

- 4할 사전 투표: 투표 당일 자연 기권표와 인명부에 허위 기재한 유령 유권자표, 금전으로 매수하여 기권하게 만든 기권표 등을 그 지역 유권자의 4할 정도씩 만들어, 투표 시작 전에 자유당 후보에게 기표하여 투표함에 미리 넣도록 할 것
- 3인조 또는 5인조 공개 투표: 자유당 후보에게 투표하도록 미리 공작한 유권자로 하여금 3인조 또는 5인조의 팀을 편성시켜, 그 조장이 조원의 기표 상황을 확인한 후 다시 각 조원이 기표한 투표용지를 자유당 측 선거 운동원에게 제시하고 투표함에 넣도록 할 것
- 완장 부대 활용: 자유당 측 유권자에게 '자유당'이란 완장을 착용시켜 투표소 부근 분위기를 자유당 일색으로 만들어 야당 성향의 유권자에게 심리적 압박을 주어 자유당에게 투표케 할 것
- 야당 참관인 축출: 민주당 측 참관인을 매수하여 참관을 포기시키거나 여의치 않을 때는 적당한 구실을 만들어 투표소 밖으로 축출할 것

4. 대학교수단의 시국 선언문

이번 4월의 참사는 학생 운동 사상 최대 비극이요, 이 나라의 정치적 위기를 극복하기 위한 중대 사태이다. 이에 대한 철저한 반성 없이는 이 민족의 불행한 운명을 도저히 만회할 길이 없다. 우리 전국 대학교 교수들은 이 비상시국에 대처하여 양심의 호소를 하는 바이다.

1. 마산, 서울, 기타 각지의 학생 데모는 주권을 빼앗긴 국민의 울분을 대신하여 궐기한 학생들의 순진한 정의감의 발로이며 부정과 불의에 항거하는 민족정기의 표현이다.

4. 누적된 부패와 부정과 횡포로써 민권을 유린하고 민족적 참극과 국제적 수치를 초래케 한 현 정부와 집권당은 그 책임을 지고 속히 물러가라.

5. 3·15 선거는 불법이다. 공명선거에 의하여 정·부통령 선거를 다시 실시하라.

5. 서울대 4 · 19 선언문

상아의 진리탑을 박차고 거리에 나선 우리는 질풍과 같은 역사의 조류에 자신을 참여시킴으로써, 지성과 진리, 그리고 자유의 대학 정신을 현실의 참담한 박토에 뿌리고자 하는 바이다. … 무릇 모든 민주주의의 정치사는 자유의 투쟁사이다. 그것은 또한 여하한 형태의 전제도 민중 앞에는 군림하는 '종이로 만든 호랑이' 같이 어설픈 것임을 교시한다. … 민주주의와 민중의 공복이며 중립적 권력체인 관료와 경찰은 민주를 위장한 가부장적 전제 권력의 하수인으로 발 벗었다. 민주주의 이념의 최저의 공리인 선거권마저 권력의 마수 앞에 농단되었다. …

76 장면 내각 정부(제2공화국)와 5 · 16 군사정변

장면

▲ 장면(1899~1966)
- 미국 유학, 카톨릭 입교
- 귀국 후 서울 동성 상업학교 교장
- 과도정부 입법의원, 제헌 국회의원 역임
- 1949년 초대 주미대사
- 1951년 국무총리
- 1955년 민주당 창당
- 1956년 부통령 당선
- 1960년 4·19 혁명 이후 국무총리

장면 내각 시기 통일 운동

서울 혜화동 장면 가옥

01 / 장면 내각의 수립

1 내각책임제 개헌

(1) 외무장관 허정을 내각 수반으로 하는 과도 정부가 구성

(2) 내각책임제와 양원제(민의원·참의원)를 핵심으로 하는 헌법을 개정(3차 개헌)

2 장면 내각

(1) 출범: 7·29 총선에서 민주당 압승 → 국회에서 대통령 윤보선 선출, 국무총리 장면 지명

(2) 경제: 경제 제일주의 표방, 경제 개발 5개년 계획 수립

(3) 통일: 유엔 감시하의 남북한 자유선거에 의한 통일 방안 제시

(4) 한계: 민간 차원의 통일 운동 억압(반공 임시 특별법), 부정 선거 책임자·부정 축재자 처벌에 소극적, 민주당 구파(정통 민주당)와 신파(반 이승만)의 대립으로 인한 정치 불안 등

02 / 5 · 16 군사정변(1961)

1 군사 정부의 수립

(1) 배경: 민간 차원의 평화 통일 운동과 장면 내각의 군비 축소 계획 → 일부 군인 불만

(2) 발발: 박정희 주도로 군사정변 발생(1961.5.16.) → 국회와 정당 해산, 지방자치제 중단 → 국가 재건 최고 회의를 구성하여 군정 실시

2 박정희 군사 정부의 정책

(1) 정치: 정치 활동 정화법 제정, 3·15 부정 선거 관련자와 부정 축재자, 폭력배 등을 처벌

(2) 경제: 농어촌 고리채 정리법, 부정 축재 처리법 등 제정, 화폐 개혁 단행, 장면 내각이 수립한 제1차 경제 개발 5개년 계획을 추진

3 민정이양

(1) 4대 의혹 사건 발생: 군부정권에 대한 국민들의 불신 증가 → 민정이양 요구 증가

(2) 공화당 창당 이후 4차 개헌 단행(대통령제, 직선제, 임기 4년 중임제)

(3) 1963년 5대 대선에서 민주당의 윤보선을 이기고 대통령 당선

대표 사료 확인하기

1. 3차 개헌(내각책임제 개헌)

제29조 국민의 모든 자유와 권리는 질서 유지와 공공복리를 위하여 필요한 경우에 한하여 법률로써 제한할 수 있다. 단, 그 제한은 자유와 권리의 본질적인 내용을 훼손하여서는 아니 되며 언론·출판에 대한 허가나 검열과 집회·결사에 대한 허가를 규정할 수 없다.

제32조 민의원 의원의 정수와 선거에 관한 사항은 법률로써 정한다. 참의원 의원은 특별시와 도를 선거구로 하고 법률의 정하는 바에 의하여 선거하며 그 정수가 민의원 의원 정수의 4분의 1을 초과하지 못한다.

제53조 대통령은 양원 합동 회의에서 선거하고 재적 국회의원 3분의 2 이상의 투표를 얻어 당선된다.

2. 장면 내각 정부의 시정 방침

1. 현 정부는 과거보다는 일층 더 견실하고도 확고하게 반공산주의 정책을 전진시킬 것이다.
2. 부정 선거의 처리에 있어서 처벌의 대상은 부정을 강요한 고위책임자와 국민에게 학살행위를 한 사람에게만 국한한다.
3. 현재 오열(五列)의 적발 및 침입 방지와 치안 회복을 위해서 모든 필요한 조치가 진행 중이니 모든 관민은 동요하지 말고 각자의 직책에 전심전력을 해야 할 것이다.
4. 한·미 관계 및 미국의 경제 원조를 국내의 집권자 또는 그가 속한 정당에 유리하도록 왜곡 악용하는 일이 없이 긴밀 성실히 협조하는 토대 위에 올려놓을 것이다.
5. 정부는 한·일 관계의 정상화를 위해 노력하고 일본인 기자의 입국을 허용할 것이다.

3. 박정희 군사 정부의 혁명 공약 6조

첫째, 반공을 국시의 제1의로 삼고 지금까지 형식적이고 구호에만 그친 반공 체제를 재정비 강화할 것입니다.

둘째, 유엔 헌장을 준수하고 국제 협약을 충실히 이행할 것이며 미국을 위시한 자유 우방과의 유대를 더욱 견고히 할 것입니다.

셋째, 이 나라 사회의 모든 부패와 구악을 일소하고 퇴폐한 국민 도의와 민족정기를 바로잡기 위해 기풍을 진작시킬 것입니다.

넷째, 절망과 기아선상에 허덕이는 민생고를 시급히 해결하고 국가 자주 경제 재건에 총력을 경주할 것입니다.

다섯째, 민족적 숙원인 국토 통일을 위하여 공산주의와 대결할 수 있는 실력의 배양에 전력을 집중할 것입니다.

여섯째, 이와 같은 우리의 과업이 성취되면 참신하고도 양심적인 정치인들에게 언제든지 정권을 이양하고 우리들 본연의 임무에 복귀할 준비를 갖추겠습니다.

4. 제5대 박정희 대통령 당선 취임사(1963)

나는 오늘 영예로운 제3공화국의 대통령에 취임하면서, 이 중한 시기에 나를 대통령으로 선출해 주신 국민 여러분에게 감사드리며, 보람 있는 이 날의 조국을 보전하기에 생명을 바치신 순국선열과 공산침략에서 나라를 지켜 온 충용스러운 전몰장병 그리고 독재에 항거하여 민주주의를 수호한 영웅적인 사월혁명의 영령 앞에 나의 이 모든 영광을 돌리고자 합니다. … 그리하여 본인과 새 정부는 정치적 행동 방식에 있어서, 보다 높은 윤리 규범을 정립하여, 극렬한 증오감과 극단적 대립 의식을 불식하고, 여야의 협조를 통해 의정의 질서와 헌정의 상궤를 바로잡을 것이며, 유혈 보복으로 점철된 역사적 악 유산을 청산하고, 평화적 정권 교체를 위한 복수 정당의 발랄한 경쟁과 신사적 정책 대결의 정치 풍토 조성에 선도적 역할을 다할 것입니다.

자료 더하기

5·16 군사정변

4대 의혹 사건

- 새나라 자동차 사건
- 워커힐 사건
- 빠칭코 사건
- 증권 파동

77 박정희 정부(제3공화국, 1963~1972)

✐ 김종필·오히라 회담

✐ 6·3 항쟁

✐ 한·일 수교

✐ 베트남 파병

01 / 박정희 정부 시기의 주요 정책

1 한 · 일 수교(1965)

(1) 배경: 경제 개발에 필요한 자금 확보 목적, 미국의 압력 등

(2) 김종필·오히라 비밀 회담(1962): 식민지에 대한 보상을 경제적 지원 방식으로 합의

(3) 6·3 항쟁(1964): 정치인·학생·지식인들이 중심이 되어 대일 굴욕외교 반대 범국민 투쟁 위원회가 결성 → '굴욕적인 한·일 외교 반대'와 '민족적 민주주의의 장례식'이라는 구호 아래 한·일 협정 반대 시위가 전국적으로 전개 → 계엄령과 위수령을 선포하여 시위를 강제 진압

(4) 주요 협정 내용: 어업에 관한 협정, 재일 교포의 법적 지위와 대우에 관한 협정, 한·일 재산 및 청구권 문제 해결과 경제 협력에 관한 조항, 한·일 문화재 및 문화 협력에 관한 협정 등

2 베트남 파병(1964~1973)

(1) 파병: 미국의 요청을 받아 1964년 9월에 의료 부대와 태권도 교관을 파견 → 이후 1965년부터 전투병력 파견

(2) 브라운 각서(1966): 한국군 추가 파병의 대가로 미국으로부터 군사적·경제적 지원(AID차관)을 받음

(3) 영향

① 한국군의 전력 증강, 건설 업체의 해외 진출과 인력 수출 등으로 경제 성장의 토대 마련

② 현지인 2세(라이따이한), 고엽제 피해, 민간인 학살 등의 심각한 사회 문제 초래

02 / 3선 개헌(1969)

1 3선 개헌

(1) 배경: 6대 대선(1967)에서 압승, 북한의 도발 강화(청와대 습격사건, 푸에블로호 사건 등)

(2) 정권 연장을 위해 중임 제한을 폐지하는 3선 개헌을 추진

(3) 박정희 정부는 야당과 학생, 시민들의 반대를 무릅쓰고 공화당 의원들만 참석한 가운데 3선 개헌안을 통과시키고 국민 투표를 거쳐 이를 확정

(4) 7대 대선(1971): 신민당의 김대중 후보를 이기고 3선 성공

03 / 민주화 운동 탄압

1 제1차 인민혁명당 사건(1964.8.)

(1) 혁신세력, 언론인, 교수, 학생 등이 인민혁명당을 조직, 국가전복을 시도했다는 이유로 41명 구속

(2) 안보위기를 부각시켜 한·일 협정 반대 시위를 무마하려는 시도

2 동백림 사건(1967.7.)

(1) 독일과 프랑스에서 활동하던 예술인과 대학교수, 공무원 등이 동베를린의 북한 대사관을 통해 간첩활동을 했다고 처벌당한 사건

(2) 1967년 6월 8일 총선의 부정 선거를 규탄하는 비판의 분위기가 고조되자 이를 무마하려는 시도

자료 더하기

청와대 기습 미수 사건(1968)

3선 개헌 날치기 통과 기사(1969)

東亞日報
改憲案 共和 전격變則處理
14日새벽 極秘裡에 第三別館서
湖南豪雨 死亡一八五명

제7대 대통령 선거 후보 포스터(1971)

동백림 사건(1967)

北傀 工作團 검거
西歐國內서 間諜활동
北傀에 同調·平壤도 다녀오고 赤化企圖
70餘名구속·7名送庁

1. 김종필 · 오히라 메모(1962)

1. 일제 35년간의 지배에 대한 보상으로 일본은 3억 달러를 10년간에 걸쳐서 지불하되 그 명목은 독립축하금으로 한다.
2. 경제 협력의 명분으로 정부 간의 차관 2억 달러를 3.5%, 7년 거치 20년 상환이라는 조건으로 10년간 제공하며, 민간상업 차관으로 1억 달러를 제공한다.
3. 독도 문제를 국제 사법 재판소에 이관한다.

2. 한 · 일 수교 반대 성명문(민족적 민주주의 장례식 및 성토대회)

민족사는 바야흐로 위대한 결단을 요구하는 전환기에 섰다. 4월 항쟁의 참다운 가치성은 반외세·반매판·반봉건에 있으며 민족 민주의 참된 길로 나가기 위한 도정이었으나 5월 군부 '쿠데타'는 이러한 민족 민주이념에 대한 정면적인 도전이었으며 노골적인 대중탄압의 시작이었다. … 국제협력이라는 미명 아래 우리 민족의 치떨리는 원수 일본제국주의를 수입, 대미 의존적 반신불수인 한국경제를 2중 예속의 철쇄로 속박하는 것이 조국의 근대화로 가는 첩경이라고 기만하는 반민족적 음모를 획책하고 있다.
우리는 외세 의존의 모든 사상과 제도의 근본적 개혁 없이는, 전국민의 희생 위에 홀로 군림하는 매판자본의 타도 없이는, 외세 의존과 그 주구 매판자본을 지지하는 정치질서의 철폐 없이는, 민족자립으로 가는 어떠한 길도 폐색되어 있음을 분명히 인식한다. 굴욕적 한일회담의 즉시 중단을 엄숙히 요구한다.

3. 브라운 각서(1966)

제1조 추가 파병에 따른 부담은 미국이 부담한다.
제2조 한국 육군 17개 사단과 해병대 1개 사단의 장비를 현대화한다.
제3조 베트남 주둔 한국군을 위한 물자와 용역은 가급적 한국에서 조달한다.
제4조 베트남에서 실시되는 각종 건설, 구호 등 제반 사업에 한국인 업자가 참여한다.
제5조 미국은 한국에 추가로 AID차관과 군사 원조를 제공하고, 베트남과 동남아시아로의 수출 증대를 가능케 할 차관을 추가로 대여한다.
제6조 한국에서 탄약 생산을 늘리는 데 필요한 자재를 제공한다.

4. 3선 개헌(1969)

현직 대통령으로서, 임기가 2차로만 제한되어서는, 그 어느 대통령도 소신 있는 국정을 다할 수 없다는 것이 나의 의견이다. … 헌법에 주어진 기회를 다하고 못하고는 차치하고 적어도 3차에 걸친 임기만큼은 그 기회를 주는 것이 대통령 중심제의 헌정에 있어서 절실히 요청되며, 특히 발전 도상에 있는 우리나라 형편으로서는 더욱 절실한 것으로 본다.

5. 3선 개헌 반대 성명(1969)

우리는 이제 3선 개헌을 강행하여 자유 민주에의 반역을 기도하는 어떤 명분이나 위장된 강변에도 현혹됨이 없이 헌정 20년간 모든 호헌 세력들의 공통된 신념과 결단 위에서 전 국민의 힘을 뭉쳐 단호히 이에 대처하려 한다. 집권자에 의해서 자유 민주에의 기대가 끝내 배신당할 때, 조국을 수호하는 결과 진부(眞否)의 결전에서 용솟음치는 결의를 다지고 있다.
자유 국민의 조국은 영원하다. 전 국민이여! 자유 민주의 헌정 수호 대열에 빠짐없이 참여하라.

78 유신 체제(제4공화국, 1972~1981)

01 / 유신 체제의 성립(1972)

1 배경

(1) 닉슨 독트린(1969) 등 냉전 체제 완화로 반공 정책 난관

(2) 3선 개헌으로 인한 국민들의 반감 고조

(3) 성장 위주의 경제정책에 대한 반발(전태일 분신사건, 광주 대단지 사건 등)

(4) 7·4 남북 공동 성명 발표(1972)

2 유신 체제

(1) 과정: 비상계엄령 선포 → 국회 해산, 정당 및 정치 활동 금지 → 유신 헌법 제정(1972.10.27.) → 국민 투표로 확정

(2) 유신 헌법의 주요 내용
  ① 대통령 임기 6년(중임 제한 철폐), 통일 주체 국민 회의에서 대통령 선출
  ② 대통령에게 긴급조치권, 국회의원 1/3 추천권, 국회 해산권, 법관 인사권 부여

3 유신 체제에 대한 반발

(1) 김대중 납치 사건(1973): 일본에서 유신 반대 운동을 벌이던 김대중을 납치한 사건

(2) 개헌 청원 1백만 명 서명운동(1973): 장준하, 백기완 등을 중심으로 헌법 개헌 운동 전개

(3) 천주교 정의 구현 사제단(1974): 함세웅, 오태순 신부 등을 중심으로 사회 운동 전개

(4) 민청학련 사건(1974.4.): 학생들이 전국 민주 청년 학생 연합(민청학련)을 결성, 유신 헌법 철폐와 개헌을 요구

(5) 2차 인혁당 사건(1974.4): 정부가 민청학련이 인혁당 재건위라는 간첩 조직의 지시를 받았다고 조작한 사건

(6) 3·1 민주 구국 선언(1976): 윤보선, 함석헌, 김대중, 문익환 등 재야 민주 인사들이 긴급조치 철폐, 박정희 정권 퇴진, 민족 통일 추구 등을 요구하는 선언을 발표

자료 더하기

유신 체제 홍보 포스터

제9대 대통령 박정희 당선 기사

朴正熙후보 9대大統領 당선

2,578명 참석 2,577표 획득

80년대 번영

김대중 납치 사건

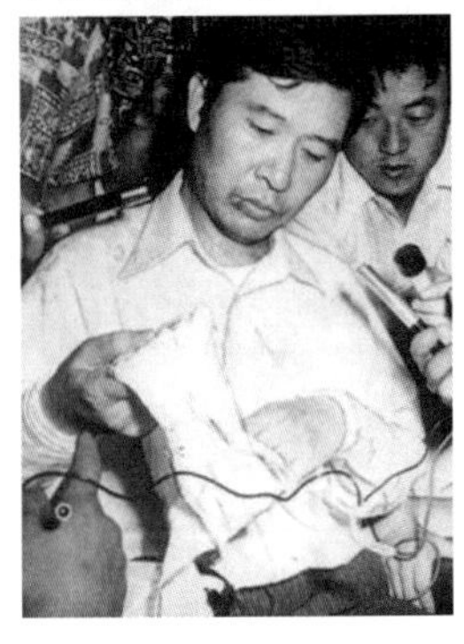

자료 더하기

YH무역 사건(1979)

함석헌

▲ 함석헌(1901~1989)

- 오산 학교 졸업, 일본 유학 중 기독교 입교
- 해방 후 신의주 학생의거 주도로 러시아 압송
- 1947년 월남 이후 「사상계」의 주필로 활동
- 종교 활동 및 민주화 운동 전개
- 「사상계」 폐간 이후 「씨알의 소리」 발행

02 / 유신 체제의 붕괴

1 경제 불황과 YH무역 사건(1979)

(1) 1978년 총선에서 야당인 신민당이 득표율에서 앞섬

(2) 1979년 2차 석유파동으로 인한 경제적 어려움 증가

(3) YH무역 사건(1979): 생존권 보장을 요구하며 농성을 벌이던 YH무역의 여성 노동자가 경찰에 의해 강제로 연행되는 과정에서 사망

2 부 · 마 민주 항쟁(1979)

(1) 유신 체제를 비판하던 신민당 총재 김영삼 의원을 국회에서 제명

(2) 김영삼의 정치적 본거지인 부산과 마산에서 유신 체제에 반대하며 대학생과 시민들의 시위가 지속적으로 전개

3 10 · 26 사태(1979)

(1) 부·마 항쟁에 대한 진압 방법으로 집권 세력 내부에서는 강경파와 온건파 간에 갈등이 고조

(2) 중앙정보부장 김재규가 박정희를 살해

대표 사료 확인하기

1. 10월 유신

1. 1972년 10월 17일 19시를 기하여 국회를 해산하고 정당 및 정치 활동의 중지 등 현행 헌법의 일부 조항의 효력을 정지시킨다.
2. 일부 효력이 정지된 헌법 조항의 기능은 비상 국무회의에 의하여 수행되며, 비상 국무회의의 기능은 현행 헌법의 국무회의가 수행한다.
3. 비상 국무회의는 1972년 10월 27일까지 조국의 평화 통일을 지향하는 헌법 개정안을 공고하며, 이를 공고한 날로부터 1개월 내에 국민 투표로 확정시킨다.

2. 제7차 개헌(유신 헌법)

제39조 대통령은 통일 주체 국민 회의에서 토론 없이 무기명 투표로 선거한다.

제53조 대통령의 권한

1. 대통령은 천재, 지변 또는 중대한 재정, 경제상의 위기에 처하거나, 국가의 안전 보장 또는 공공의 안녕 질서가 중대한 위협을 받거나 받을 우려가 있어 신속한 조치를 할 필요가 있다고 판단할 때에는 내정, 외교, 국방, 경제, 재정, 사법 등 국정 전반에 걸쳐 중요한 긴급조치를 할 수 있다.
2. 대통령은 제1항의 경우에 필요하다고 인정할 때에는 이 헌법에 규정되어 있는 국민의 자유와 권리를 잠정적으로 정지하는 긴급조치를 할 수 있고, 정부나 법원의 권한에 관하여 긴급조치를 할 수 있다.
4. 제1항과 제2항의 긴급조치는 사법적 심사의 대상이 되지 아니한다.

제59조

1. 대통령은 국회를 해산할 수 있다.

3. 긴급조치권

1. 대한민국 헌법을 부정·반대·왜곡 또는 비방하는 일체의 행위를 금한다.
2. 대한민국 헌법의 개정 또는 폐지를 주장·발의·제안 또는 청원하는 일체의 행위를 금한다.
3. 유언비어를 날조, 유포하는 일체의 행위를 금한다.
5. 이 조치를 위반한 자와 이 조치를 비방한 자는 법관의 영장 없이 체포·구속·압수·수색하며 15년 이하의 징역에 처한다.
6. 이 조치를 위반한 자와 이 조치를 비방하는 자는 비상 군법 회의에서 심판·처단한다.

4. 3 · 1 민주 구국 선언

오늘로 3·1절 쉰일곱 돌을 맞으면서 … 우리의 뜻을 모아 '민주 구국 선언'을 국내외에 선포하고자 한다. … 삼권 분립은 허울만 남았다. 국가안보라는 구실 아래 신앙과 양심의 자유는 날로 위축되어 가고 언론의 자유와 학원의 자주성은 암살당하고 말았다. … 우리의 소원인 민족 통일을 향해서 국내외로 민주 세력을 키우고 규합하여 한 걸음 한 걸음 착실히 전진해야 할 마당에 이 나라는 1인 독재 아래 인권은 유린되고 자유는 박탈당하고 있다. 우리는 이를 보고 있을 수 없어 … 이 나라의 먼 앞날을 내다보면서 민주 구국 선언을 선포하는 바이다.

1. 이 나라는 민주주의의 기반 위에 서야 한다.
2. 경제 입국의 구상과 자세가 근본적으로 검토되어야 한다.
3. 민족 통일은 오늘 이 겨레가 짊어진 최대의 과업이다.

자료 더하기

장준하

▲ 장준하(1918~1975)

- 1944년 일본 유학 도중 학도병으로 징집
- 만주에서 탈영 후 충칭 광복군 합류
- 국내 진공 작전에 참여
- 해방 후 「사상계」 창간
- 5·16 군사정변 이후 민정이양을 두고 박정희 비판
- 1975년 포천에서 등산 중 의문사

문익환

▲ 문익환(1918~1994)

- 숭실중학교 재학 중 신사참배 거부로 중퇴
- 1943년 만주 봉천신학교 재학 중 학병 거부
- 서울 한빛교회 목사
- 1976년 '3·1 민주 구국 선언' 사건으로 투옥
- 1989년 방북하여 김일성과 평화 통일 논의
- 민주화 및 통일 운동으로 10여 차례 구속

79 5 · 18 민주화 운동과 전두환 정부

01 / 5 · 18 민주화 운동(1980)

1 배경

(1) 12·12 사태(1979): 전두환 등 신군부 세력의 쿠데타 → 권력 장악

(2) 서울의 봄(1980): 유신 철폐, 신군부 세력 퇴진 요구 등 5월 말까지 민주화 운동 전개

2 5 · 18 민주화 운동(1980)

(1) 원인: 비상계엄 전국 확대에 반대하는 광주의 민주화 시위를 과잉 진압(5.18.)

(2) 전개: 시민들의 시위 가담 → 계엄군의 발포 → 시민군 조직 → 시민 수습 대책 위원회 구성, 평화적 협상 요구(5.22.) → 계엄군의 무력 진압(5.27.)

02 / 전두환 정부

1 신군부 집권

(1) 국가 보위 비상 대책 위원회 구성(정치 활동 규제, 언론 통·폐합, 삼청교육대 설치)

(2) 최규하 대통령의 사임 → 전두환이 통일 주체 국민 회의에서 제11대 대통령에 선출

2 전두환 정부

(1) 8차 개헌(1980): 선거인단에 의한 선출, 7년 단임제로 개헌(제12대 대통령 선출)

(2) 전두환 정부의 정책

① 강압정책: 언론 통제 강화(언론 통·폐합), 민주화 운동 탄압

② 유화정책: 야간 통행금지 폐지, 두발과 교복 자율화, 프로 야구단 창단 등

3 반(反)미 운동 확산

(1) 미국의 전두환 정권 승인: 북한과의 대결 및 동맹이라는 명분

(2) 반미 운동 확산: 부산 미문화원·서울 미문화원 점거 농성 등

자료 더하기

서울의 봄

▲ 서울의 봄
신군부 퇴진을 목적으로 전국 10만 여 명의 대학생들이 서울역에 집결하였다.

5·18 광주 민주화 운동

국가 보위 비상 대책 위원회 구성

미문화원 점거 농성

03 / 6월 민주 항쟁(1987)

1 전개 과정

(1) 야당과 재야인사들의 직선제 개헌 운동 전개, 부천 경찰서 성 고문 사건(1986), 박종철 고문치사 사건(1987) → 국민 불만 고조

(2) 정부의 입장: 4·13 호헌 조치(정부가 국민의 개헌 요구 거부) 발표

(3) 이한열 최루탄 피격 → 6·10 국민 대회 개최(시위의 전국적 확대)

(4) 결과: 정부의 직선제 개헌안 수용(6·29 선언) → 9차 개헌(대통령 직선제, 5년 단임제)

대표 사료 확인하기

1. 5 · 18 광주 민주화 운동

우리는 왜 총을 들 수밖에 없었는가? 그 대답은 너무나 간단합니다. 너무나 무자비한 만행을 더 이상 보고 있을 수만 없어서 너도 나도 총을 들고 나섰던 것입니다. … 너무나 경악스런 또 하나의 사실은 20일 밤부터 계엄 당국은 발포명령을 내려 무차별 발포를 시작했다는 것입니다. … 그런 상황에서 우리가 할 수 있는 일이 무엇이겠습니까? … 그래서 우리는 이 고장을 지키고 우리 부모 형제를 지키고자 손에 손에 총을 들었던 것입니다.

2. 전두환 정부의 직선제 개헌안 거부(4 · 13 호헌 조치)

이제 본인은 임기 중 개헌이 불가능하다고 판단하고 현행 헌법에 따라 내년 2월 25일 본인의 임기 만료와 더불어 후임자에게 정부를 이양할 것을 천명하는 바입니다. 이와 함께 본인은 평화적인 정부 이양과 서울 올림픽이라는 양대 국가 대사를 성공적으로 치르기 위해서 국론을 분열시키고 국력을 낭비하는 소모적인 개헌 논의를 지양할 것을 선언합니다. 본인의 이 결단은 오늘의 난국을 타개하고 국가 목표를 수행하는 데 현실적으로 최선의 길이라는 판단에 따른 것으로 … 두 가지의 국가 대사를 완수한 후에 충분한 시간을 두고 개헌 문제를 다시 생각한다면 나라의 백년대계를 위한 좋은 방안이 될 수 있을 것으로 본인은 확신하는 바입니다.

– 〈헌법 문제와 정국 운영 방안에 관한 대통령 특별 담화〉(1987.4.13.) –

3. 6월 민주 항쟁

국민 합의 배신한 4·13 호헌 조치는 무효임을 전 국민의 이름으로 선언한다. 오늘 우리는 전 세계 이목이 우리를 주시하는 가운데 40년 독재 정치를 청산하고 희망찬 민주 국가를 건설하기 위한 거보를 전국민과 함께 내딛는다. 국가의 미래요 소망인 꽃다운 젊은이를 야만적인 고문으로 죽여 놓고 그것도 모자라서 뻔뻔스럽게 국민을 속이려 했던 정권에게 국민의 분노가 무엇인가를 분명히 보여주고, 국민적 여망인 개헌을 일방적으로 파기한 4·13 폭거를 철회시키기 위한 민주 장정을 시작한다. … 이제 우리 국민은 그 어떠한 이유나 명분으로도 더 이상 민주화의 실현이 지연되어서는 안 된다고 요구하고 있다. 분단을 이유로, 경제 개발을 이유로, 그리고 지금은 올림픽을 이유로 민주화를 유보하자는 역대 독재 정권의 거짓 논리에서 이제는 깨어나고 있다. 오늘 박종철군을 고문 살해하고 은폐 조작한 거짓 정권을 규탄하고 국민의 여망을 배신한 4·13 폭거가 무효임을 선언하는 우리 국민들의 행진은 이제 거스를 수 없는 역사의 대세가 되었다. … 민주·인권 승리의 확신과 필승의 의지를 가지고 오늘 우리 모두에게 맡겨진 민족의 과제 앞에 힘차게 전진하자.

– 6월 민주 항쟁 10주년 기념사업 범국민 추진 위원회, 『6월 항쟁 10주년 기념 자료집』 –

자료 더하기

박종철 열사 사건에 관한 시위

이한열 열사

6월 민주 항쟁

임을 위한 행진곡(5·18 민주화 운동 상징 노래)

사랑도 명예도 이름도 남김없이 / 한 평생 나가자던 뜨거운 맹세 / 동지는 간데없고 깃발만 나부껴 / 새 날이 올 때까지 흔들리지 말자 / 세월은 흘러가도 산천은 안다 / 깨어나서 외치는 뜨거운 함성 / 앞서서 나가니 산자여 따르라 / 앞서서 나가니 산자여 따르라

80 노태우 정부와 김영삼 정부

제13대 대통령 선거

88 서울 올림픽

한·중 수교

3당 합당

01 / 노태우 정부(1988~1993)

1 성립

(1) 1987년 12월 대통령 선거에서 야당의 분열로 민주 정의당의 노태우가 당선

(2) 1988년에 실시된 국회의원 선거에서는 야당의 승리로 정부 수립 최초의 여소야대 국면 형성

2 주요 사건

(1) 5공 청문회 개최: 전두환 정부 시기의 사건들에 대한 청문회 개최

(2) 3당 합당: 여소야대 국면을 탈피하고자 노태우 대통령은 통일 민주당(김영삼), 신민주 공화당(김종필)과 통합하여 민주 자유당을 창당

(3) 북방 외교: 1980년대 후반 소련이 붕괴되자 동구권 국가, 중국과 수교

(4) 남북 관계 개선: 남북 유엔 동시 가입(1991.9.), 남북 기본 합의서와 한반도 비핵화 공동 선언 채택(1991.12.)

(5) 기타 주요 정책: 제24회 서울 올림픽 개최(1988), 지방자치제 부분 실시(1991)

02 / 김영삼 정부(문민정부, 1993~1998)

1 개혁 정책

(1) 금융 실명제(1993), 공직자 윤리법 개정(고위 공직자의 재산 등록 및 공개)

(2) 지방자치제 전면 실시(1995)

2 역사 바로 세우기

(1) 12·12 사태를 쿠데타로 규정, 5·18 민주화 운동에 대한 재평가 실시 → 전두환·노태우 두 전직 대통령을 반란 및 내란죄로 사법 처리

(2) 일제 잔재 청산 작업: 경복궁 내 조선 총독부 건물 철거 및 일본어 용어들을 우리말로 전환

3 세계화 추진

(1) 우루과이 라운드(UR) 협정 타결(1993): 금융·서비스·유통·건설 등 모든 분야에 문호를 개방

(2) 세계무역기구(WTO) 가입(1995)

(3) 경제 협력 개발 기구(OECD) 가입(1996)

4 IMF 외환위기(1997)

(1) 1997년 말 국제 경제 여건의 악화와 외환 보유 부족에 따른 경제 위기 발생

(2) 국제 통화 기금(IMF)에 구제 금융 지원을 요청 → 다수의 기업이 도산하고 실업자가 증가

대표 사료 확인하기

1. 노태우 정부의 외교 방침

대한민국은 세계 모든 나라와 국제 평화 및 협력의 외교적 노력을 더욱 더 하고자 합니다. …… 우리와 교류가 없던 저 대륙 국가에도 국제 협력의 통로를 넓게 하여 북방 외교를 활발히 전개할 것입니다. 이념과 체제가 다른 이들 국가들과의 관계 개선은 동아시아의 안정과 평화, 공동의 번영에 기여하게 될 것입니다. 북방에의 이 외교적 통로는 또한 통일로 가는 길을 열어줄 것입니다.
나는 한반도의 평화와 민족의 재결합을 위한 길이 보인다면 세계 어느 곳이든 개의치 않고 방문해 어느 누구와도 진지하게 대화할 용의가 있음을 밝힙니다.

2. 3당 합당

1. 민주 정의당과 통일 민주당, 신민주 공화당은 민주 발전과 국민 대통합, 그리고 민족 통합이라는 시대적 과제 앞에 오로지 구국 일념으로 아무런 조건 없이 당 대 당 합당하기로 하고, 어느 일반도 불합리한 처우를 받지 않기로 한다.
3. 새로 합당되는 당의 명칭은 가칭 민주 자유당으로 한다.

3. 금융 실명제

친애하는 국민 여러분, 드디어 우리는 금융 실명제를 실시합니다. 이 시간 이후 모든 금융 거래는 실명으로만 이루어집니다. 금융 실명제가 실시되지 않고는 이 땅의 부정부패를 원천적으로 봉쇄할 수가 없습니다. …… 금융 실명제 없이는 건강한 민주주의도, 활력이 넘치는 자본주의도 꽃피울 수가 없습니다. 정치와 경제의 선진화를 이룩할 수가 없습니다. 금융 실명제는 '신한국'의 건설을 위해서, 그 어느 것보다도 중요한 제도 개혁입니다.

4. IMF 구제 금융 지원 요청

정부는 최근 겪고 있는 금융·외환 시장의 어려움을 극복하기 위해 IMF에 유동성 조절 자금을 지원해 줄 것을 요청하기로 결정했습니다. …… 유동성 부족 상태가 조속한 시일 안에 해결될 것으로 기대합니다. 정부는 IMF와 참여국의 지원과 함께 우리 스스로도 원활한 외화 조달을 위한 다각적인 대책을 함께 적극 추진해 나갈 계획입니다.

전두환·노태우의 사법 처리

조선 총독부 건물 철거

OECD 가입 기사

韓國 OECD 가입
만장일치 승인-29번째 회원국

IMF 구제 금융 위기

IMF구제금융 공식 요청
林부총리, 어젯밤 긴급회견
200억 달러 수준 될
이르면 내달중

81 김대중 정부와 노무현 정부

금모으기 운동

남북 정상 회담

2차 남북 정상 회담

01 / 김대중 정부(국민의 정부, 1998~2003)

1 성립

(1) 1998년 12월 대통령 선거에서 민주당의 김대중 후보가 당선

(2) 선거에 의한 최초의 여·야 정권 교체 이룩

2 외환위기 극복

(1) 금모으기 운동: 외환위기 극복을 위한 국민들의 자발적인 노력

(2) 노사정위원회 설치: 노동자와 회사 간의 갈등을 정부가 중재하기 위한 목적으로 설립

(3) 대대적인 기업과 공공 부문의 구조 개혁으로 국제 통화 기금 지원금 조기 상환 달성

3 햇볕 정책 추진

(1) 적극적인 대북 화해·협력 정책 추진

(2) 최초의 남북 정상 회담(2000)을 성사시켜 6·15 남북 공동 선언(2000)을 발표

(3) 금강산 관광사업, 이산가족 상봉, 경의선 철도 복구 사업, 개성공단 설치 등을 추진

(4) 노벨 평화상 수상

02 / 노무현 정부(참여정부, 2003~2008)

1 개혁 정책

(1) 정경 유착의 단절, 권위주의의 청산, 친일·독재 등 과거사 정리를 위한 노력

(2) 국가 균형 발전을 위한 공공기관 이전사업 및 행정수도(세종시) 건설사업 추진

2 탄핵 사태

(1) 헌정 사상 최초로 대통령이 임기 중에 탄핵당하는 초유의 일이 발생

(2) 탄핵은 기각되었고, 그로 인하여 탄핵을 주도했던 야당이 총선에서 크게 패배

3 남북 관계

(1) 김대중 정부의 햇볕 정책 계승 → 개성공단의 본격적 가동

(2) 2차 남북 정상 회담 개최(2007) → '남북 관계 발전과 평화 번영을 위한 선언(10·4 선언)' 발표

82 이명박 · 박근혜 · 문재인 정부

01 / 이명박 정부(2008~2013)

1 성립

(1) '선진화를 통한 세계일류국가'를 국가 비전으로 삼고, '창조적 실용주의'를 규범으로 설정

2 정책

(1) 일자리 창출을 핵심으로 한 경제 살리기, 공교육 질 향상을 위한 교육 개혁 등 추진

(2) 광우병 촛불집회, 신종플루 및 구제역 사태 등의 사회적 혼란 발생

3 남북 관계

(1) 2008년 금강산 관광객 피살사건으로 금강산 관광 중단

(2) 2009년 대청해전, 2010년 천안함 사건, 연평도 포격 사건 발생

(3) 천안함 사건 직후 북한과의 경제 협력을 대거 축소하는 5·24 경제 제재 조치를 시행

자료 더하기

천안함 침몰

02 / 박근혜 정부(2013~2017)

1 성립

(1) 최초의 여성 대통령으로 당선

(2) 한반도 신뢰 프로세스를 통한 행복외교, 상생외교, 경제민주화 등의 정책을 추진

2 탄핵 사태

(1) 메르스 창궐, 세월호 사고, 국가정보원 여론 조작 사건, 한일 위안부 협상 합의 문제, 한국사 교과서 국정화 문제, 박근혜·최순실 게이트 등 국민의 신뢰를 잃어버린 사건들이 발생

(2) 국민들에 의하여 탄핵

박근혜 탄핵 촛불집회

03 / 문재인 정부(2017~2022)

1 정책

(1) 대통령 탄핵 사태로 집권하게 된 정부

(2) 투명하고 유능한 정부, 권력 기관의 민주적 개혁을 크게 강조

(3) 소득 주도 성장이라는 경제 정책을 시행

제3차 남북 정상 회담

2 남북 관계

(1) 남북 간 화해협력과 한반도 비핵화를 추진

(2) 2018년 평창 올림픽을 계기로 남북 간 화해 분위기 조성 → 제3차 남북 정상 회담 개최(2018.4.27.)

83 통일을 위한 노력

01 / 남북 대화의 출발

1 박정희 정부(1970년대): 닉슨 독트린(1969)을 계기로 미 · 소 간의 냉전 체제 완화

(1) 제1차 남·북 적십자 회담 개최(1971): 이산가족 상봉 목적으로 회담 개최

(2) 7·4 남북 공동 성명(1972)
① 자주적 통일, 평화적 통일, 민족 대단결의 통일 원칙을 최초로 합의
② 서울과 평양 사이에 상설 직통 전화 개설, 남북 조절 위원회 설치 합의

2 전두환 정부(1980년대)

(1) 남북 이산가족 고향 방문(1985): 이산가족 고향 방문단 및 예술 공연단의 교환 성사

3 노태우 정부(1990년대)

(1) 7·7 선언(1988): 상호 신뢰, 화해, 협력을 바탕으로 공동 번영을 추구하는 민족공동체로 규정

(2) 남북한 동시 유엔 가입(1991.9.)

(3) 남북 기본 합의서(1991.12.13.)
① 쌍방 사이의 관계를 나라와 나라 사이의 관계가 아닌 통일을 지향하는 과정에서 형성된 특수 관계로 규정
② 상호 체제 인정 및 불가침 선언, 경제 교류와 협력 실시 등을 합의

(4) 한반도 비핵화 공동 선언(1991.12.31.): 한반도에서 핵무기 개발을 포기에 합의

4 김영삼 정부(1990년대)

(1) 남북 정상 회담 추진: 김일성 사망으로 무산

(2) 남북 관계 악화(1994): 북한의 핵개발로 인한 위기 조성, 제네바 협약으로 해결

(3) 한반도 에너지 개발 기구(KEDO) 설치: 북한에 경수로 원자로 건설지원 목적으로 설립

자료 더하기

남북 적십자 회담 기념 우표

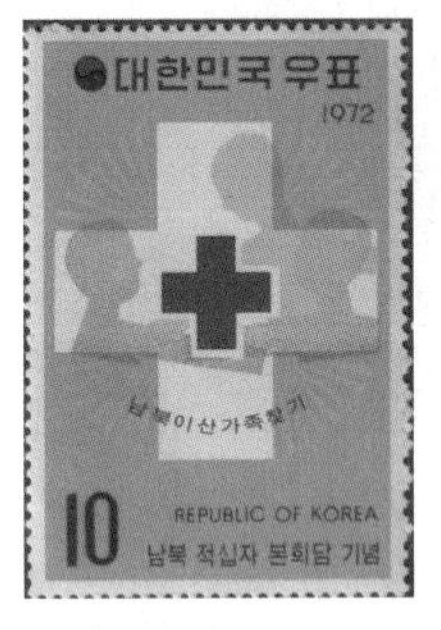

남북 이산가족 상봉

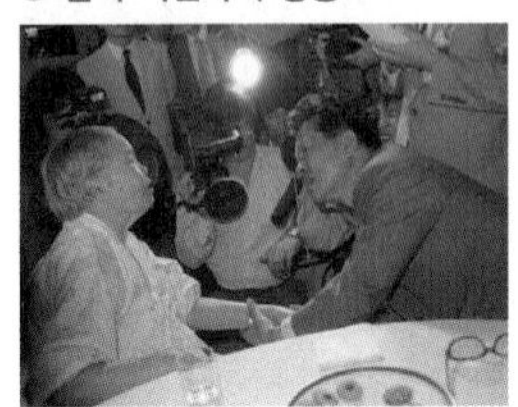

자료 더하기

정주영의 소떼 방북

금강산 육로 관광

남북 아이스하키 단일팀

5 김대중 정부(2000년대)

(1) 대북 화해 협력 정책(햇볕 정책): 적극적인 대북 포용 정책 추진, 민간 차원의 교류 활성화

(2) 금강산 관광 시작(1998.11.): 1998년 정주영의 소떼 방북 이후 남북 관계가 급진전 → 금강산 해로 관광 시작

(3) 남북 정상 회담과 6·15 남북 공동 선언(2000)
  ① 남측의 연합제 안과 북측의 낮은 단계의 연방제 안의 공통성 인정, 이산가족 상봉 등 합의
  ② 이후 경의선 철도 복구, 개성공단 건설 등의 남북 간의 교류와 협력 활성화

6 노무현 정부(2000년대)

(1) 금강산 육로 관광(2003): 속초에서 고성에 이르는 육로를 개설

(2) 2차 남북 정상 회담과 10·4 남북 공동 선언(2007): 6·15 공동 선언을 재확인하고 남북 간의 상호 신뢰의 증진, 군사적 대결 관계의 종식

7 문재인 정부(2000년대)

(1) 2018년 평창올림픽에 남북 단일팀(여자 아이스하키)을 구성

(2) 2018년 제3차 남북 정상 회담을 개최하고 4·27 선언을 발표

대표 사료 확인하기

1. 7·4 남북 공동 성명(1972)

1. 쌍방은 다음과 같은 조국 통일 원칙들에 합의를 보았다.
   첫째, 통일은 외세에 의존하거나 외세의 간섭을 받음이 없이 자주적으로 해결하여야 한다.
   둘째, 통일은 서로 상대방을 반대하는 무력행사에 의거하지 않고 평화적 방법으로 실현하여야 한다.
   셋째, 사상과 이념, 제도의 차이를 초월하여 우선 하나의 민족으로서 민족적 대단결을 도모하여야 한다.
3. 쌍방은 지금 온 민족의 거대한 기대 속에 진행되고 있는 남북 적십자 회담이 하루빨리 성사되도록 적극 협조하는 데 합의하였다.
4. 쌍방은 … 남북 사이에 제기되는 문제들을 직접, 신속 정확히 처리하기 위하여 서울과 평양 사이에 상설 직통 전화를 놓기로 합의하였다.
5. 쌍방은 … 남북 조절 위원회를 구성·운영하기로 합의하였다.

자료 더하기

2. 남 · 북 기본 합의서(1991)

남과 북은 분단된 조국의 평화적 통일을 염원하는 온 겨레의 뜻에 따라 7·4 남북 공동 성명에서 천명된 조국 통일 3대 원칙을 재확인하고, 정치·군사적 대결 상태를 해소하여 민족적 화해를 이룩하고, 무력에 의한 침략과 충돌을 막고 긴장 완화와 평화를 보장하며, 다각적인 교류·협력을 실현하여 민족 공동의 이익과 번영을 도모하며, 쌍방 사이의 관계가 나라와 나라 사이의 관계가 아닌 통일을 지향하는 과정에서 잠정적으로 형성되는 특수 관계라는 것을 인정하고, 평화 통일을 성취하기 위한 공동의 노력을 경주할 것을 다짐하면서, 다음과 같이 합의하였다.

1. 남과 북은 서로 상대방의 체제를 인정하고 존중한다.
2. 남과 북은 상대방의 내부 문제에 간섭하지 아니한다.
7. 남과 북은 … 판문점에 남북 연락 사무소를 설치·운영한다.
9. 남과 북은 상대방에 대하여 무력을 사용하지 않으며, 상대방을 무력으로 침략하지 아니한다.
15. 남과 북은 민족 경제의 통일적이며 균형적인 발전과 민족 전체의 복리 향상을 도모하기 위하여 자원의 공동 개발, 민족 내부 교류로서 물자 교류, 합작 투자 등 경제 교류와 협력을 실시한다.

3. 6 · 15 공동 선언(2000)

1. 남과 북은 나라의 통일 문제를 그 주인인 우리 민족끼리 서로 힘을 합쳐 자주적으로 해결해 나가기로 하였다.
2. 남과 북은 나라의 통일을 위한 남측의 연합제 안과 북측의 낮은 단계의 연방제 안이 서로 공통성이 있다고 인정하고, 앞으로 이 방향에서 통일을 지향시켜 나가기로 하였다.
3. 남과 북은 올해 8·15에 즈음하여 흩어진 가족, 친척 방문단을 교환하며, 비전향 장기수 문제를 해결하는 등 인도적 문제를 조속히 풀어나가기로 하였다.
4. 남과 북은 올해 경제 협력을 통하여 민족 경제를 균형적으로 발전시키고 사회, 문화, 체육, 보건, 환경 등 제반 분야의 협력과 교류를 활성화하여 서로의 신뢰를 다져나가기로 하였다.

4. 10 · 4 공동 선언(2007)

1. 남과 북은 6·15 남북 공동 선언을 고수하고 적극 구현해 나간다.
2. 남과 북은 사상과 제도의 차이를 초월하여 남북 관계를 상호 존중과 신뢰 관계로 확고히 전환시켜 나가기로 하였다.
3. 남과 북은 군사적 적대 관계를 종식시키고 한반도에서 긴장 완화와 평화를 보장하기 위해 긴밀히 협력하기로 하였다.
4. 남과 북은 현 정전 체제를 종식시키고 항구적인 평화 체제를 구축해 나가야 한다는 데 인식을 같이 하고 직접 관련된 3자 또는 4자 정상들이 한반도 지역에서 만나 종전을 선언하는 문제를 추진하기 위해 협력해 나가기로 하였다.
6. 남과 북은 민족의 유구한 역사와 우수한 문화를 빛내기 위해 역사, 언어, 교육, 과학 기술, 문화 예술, 체육 등 사회 문화 분야의 교류와 협력을 발전시켜 나가기로 하였다.

84 대한민국 경제

구호 물품 지원

1950년대 밀가루 광고

1960년대 경제 개발 계획도

01 / 광복 직후~1950년대

1 경제 혼란

(1) 광복과 분단으로 인한 정치적 혼란, 북한 지역에 집중된 공업시설

(2) 해외 동포의 귀국 및 북한 주민의 월남 → 물가 폭등, 식량 사정 악화

(3) 미 군정의 경제 정책 실패: 대규모 화폐 발행, 미곡 자유화 정책 등으로 물가 상승 초래

2 이승만 정부의 경제 정책

(1) 농지 개혁법 제정: 경자유전의 원칙, 1인당 3정보 소유를 상한으로 설정

(2) 귀속 재산 처리법(1949): 정부의 특혜를 바탕으로 독점자본으로 성장

(3) 6·25 전쟁 이후 원조 경제 형성: 유엔과 미국을 중심으로 무상원조 및 구호지원 제공
   ① 미국의 소비재 산업의 집중적인 원조로 면방직·제당·제분 등의 삼백 산업이 발달
   ② 미국의 경제 불황으로 1958년부터 무상원조가 유상차관으로 전환 → 국내 경제 불황

02 / 1960년대~1970년대

1 제1, 2차 경제 개발 5개년 계획

(1) 제1차 경제 개발 5개년 계획(1962~1966): 노동 집약적 산업(의류, 신발, 합판 등) 육성, 수출 주도형 경제 개발 정책 추진, 외자 유치 노력(한·일 국교 정상화 등)

(2) 제2차 경제 개발 5개년 계획(1967~1971): 경공업 및 비료·시멘트·정유 산업 육성, 사회 간접 자본 확충(경부 고속 국도 건설 등) → 베트남 특수에 힘입어 빠른 경제 성장과 수출 증대

2 제3, 4차 경제 개발 5개년 계획

(1) 제3차 경제 개발 5개년 계획(1972~1976): 수출 주도형 중화학 공업화 추진, 포항 제철소 준공 → 해안 지역에 조선·자동차·정유 단지 건설, 원자력 발전소 건설

(2) 제4차 경제 개발 5개년 계획(1977~1981): 제조업 중심, 중화학 공업 비중이 경공업 추월, 수출액 100억 달러 달성(1977)

3 경제 위기와 고도성장의 문제점

(1) 제1, 2차 석유 파동에 따른 위기 발생

(2) 문제점: 소득분배 불균형, 재벌 중심의 경제 구조, 경제의 대외 의존도 심화

03 / 1980년대 이후

1 금융 시장 개방과 외환위기

(1) 전두환 정부: 1980년대 후반 3저 호황(저유가·저금리·저달러)에 힘입어 경제 성장

(2) 김영삼 정부: 경제 협력 개발 기구(OECD) 가입(1996), 재벌의 방만한 기업 운영(한보 사태 등)과 외국 자본 이탈로 외환위기 발생 → 국제 통화 기금(IMF)의 긴급 금융 지원(1997)

(3) 김대중 정부: 국제 통화 기금(IMF) 지원금 조기 상환(2001), 반도체와 자동차 산업 성장

(4) 노무현 정부: 독점 기업에 대한 규제 강화, 빈부 격차 해소 노력

(5) 이명박 정부: 부자 감세, 기업 규제 완화 → 친기업적 경제 성장 정책 추진

대표 사료 확인하기

1. 정부의 중화학 공업 육성 선언

정부는 지금부터 동해안, 남해안, 서해안 지방에 여러 가지 대단위 국제 규모의 공업단지, 또는 기지를 조성해 나갈 생각입니다.
첫째는 포항과 같은 제2의 종합제철 공장 건설을 앞으로 추진해야 하겠고, 또 대단위 기계 종합 공업 단지도 만들어야 되겠습니다. 지금 울산에 있는 석유 화학 공업 단지와 같은 제2의 종합 화학 공업 단지를 또 만들어야 되겠습니다. …… 정부는 앞으로 중화학 공업 정책을 선언하고 이 방면에 중점적인 지원과 시책을 펴나갈 것입니다. 그 밖에 우리 농어촌에도 새마을 운동을 뒷받침하기 위한 중소 공장들이 많이 들어서게 될 것입니다. 그렇게 함으로써 우리 농어민들의 소득 증대에 크게 이바지하여, 우리 농촌도 도시 못지않게 살기 좋은 농촌으로 만들어 보자는 것입니다. – 박정희 대통령 연두 기자 회견, 1973.1.12. –

2. 한미 FTA 체결

대한민국 정부(대한민국)와 미합중국 정부(미합중국)(양 당사국)는, 양국의 오랜 그리고 굳건한 동반자 관계를 인정하고, 양국 간의 긴밀한 경제관계를 강화하기를 희망하며, 자유무역지대가 양국의 영역에서 확장되고 확고한 상품 및 서비스 시장을 창출하고 안정적이고 예측 가능한 투자환경을 창출하여 양국 기업의 세계시장에서의 경쟁력을 증진할 것임을 확신하며, … 양국의 무역 및 투자를 규율하는 명확하고 상호 유익한 규칙의 제정과 양국 영역 간 무역 및 투자에 대한 장벽의 축소 또는 철폐를 추구하면서, … 특히 아시아 태평양 지역에서의 무역 및 투자에 대한 장벽축소를 추구함으로써 이 지역에서의 경제적 지도력을 증진하기를 결의하여, 다음과 같이 합의하였다.

자료 더하기

경부 고속도로 개통

울산 석유 화학 공업 단지

서울 지하철 1호선 완공(1974)

85 대한민국의 사회 모습

01 / 산업화

1 산업화에 따른 변화와 문제점

(1) 산업화와 도시화: 1960~1970년대 농어촌 젊은이들의 대도시와 신흥 공업 도시로의 이주 증가

(2) 문제점: 도시의 환경·교통·주택 문제 발생, 빈민촌 등장, 도시 빈민의 생존권 문제(광주 대단지 사건)

광주 대단지 사건

2 노동 운동

(1) 배경: 성장 위주의 경제 정책 → 노동자의 저임금과 장시간 노동, 열악한 작업 환경

(2) 전태일 분신자살 사건(1970): 노동 문제에 대한 관심 고조 → 노동 운동 본격화

(3) 노동 운동 활성화: 6월 민주 항쟁 이후 → 노동조합 결성 증가, 민주노총(1995)과 전국 교직원 노동 조합 합법화(1999), 노사정 위원회(1998) 구성

청계천 전태일 동상

3 농촌의 변화와 농민 운동

(1) 새마을 운동(1970)

① 목적: 농촌 환경 개선 및 소득 증대

② 전개: 정부 주도로 시작, 농촌 지역 개발 사업 추진(주택 개량, 도로·전기 확충 등)

(2) 농민 운동

① 1970~1980년대: 추곡 수매 운동, 함평 고구마 피해 보상 운동(1976, 가톨릭 농민회의 지원을 받음), 농축산물 시장 개방 반대 운동 전개

② 1990년대 이후: 전국 농민회 총연맹 결성(1990) → 농산물 시장 개방 반대 운동 전개

새마을 운동 로고

02 / 사회적 평등과 복지

1 여성 운동

(1) 1980년대 이전: 남아선호와 가부장제 배격 등 평등 도모, 남녀평등고용법(1987) 제정

(2) 1990년대 이후: 가족법 개정(1991), 여성부(여성가족부) 신설(2001), 호주제 폐지(2005)

2 복지 정책의 확산

(1) 1970년대 이전: 경제 성장에 치중하면서 상대적으로 소홀

(2) 1980년대 이후: 국민 연금 제도(1988), 의료 보험제(1989), 국민 기초 생활 보장법(1999)

03 / 의식주의 변화

1 의생활

(1) 1950년대: 질기고 오래가는 나일론 재질의 옷, 물들인 군복 등

(2) 1960년대: 군사정권이 남성은 재건복, 여성은 신생활복 착용을 권장

(3) 1970년대: 청바지와 장발의 유행 → 통기타와 팝송을 즐기는 청년문화 형성

2 식생활

(1) 광복 이후: 쌀 부족으로 인하여 분식이나 보리 혼식 등을 장려

(2) 1970년대: 쌀의 다수확 품종 개발(통일벼), 밀·옥수수·콩 등의 수입도 증가

(3) 1990년대: 식생활의 서구화 → 밀가루 소비 증가, 쌀 생산의 과잉현상 발생

3 주생활

(1) 1960년대: 도시화로 주택난 심각 → 새로운 주거 형태로 아파트 등장

(2) 1970년대: 강남과 잠실 일대에 대규모 아파트 건설, 서울 변두리에 달동네 형성

(3) 1990년대: 수도권의 인구 집중 → 서울 주변에 대규모 아파트 단지를 가진 신도시 건설

자료 더하기

1960년대 신생활복

1970년대 장발 단속

와우아파트 붕괴 사고

달동네

자료 더하기

1. 노동 조건 개선을 요구하는 전태일의 편지

… 저희들은 근로 기준법의 혜택을 조금도 못 받으며 더구나 2만여 명을 넘는 종업원의 90% 이상이 평균 18세의 여성입니다. 기준법이 없다고 하더라도 인간으로서 어떻게 여자에게 하루 15시간의 작업을 강요합니까? 미싱사의 노동이라면 모든 노동 중에서 제일 힘든 노동으로, 여성들은 견뎌 내지를 못합니다. 또한, 3만여 명 중 40%를 차지하는 시다공들은 평균 연령 15세의 어린이들로서 육체적으로 정신적으로 성장기에 있는 이들은 회복할 수 없는 결정적이고 치명적인 타격을 입습니다. 전부가 다 영세민의 자녀들로서 굶주림과 어려운 현실을 이기려고 하루에 70원 내지 100원의 급료를 받으며 1일 15시간의 작업을 합니다. … 저희들의 요구는 … 1일 15시간의 작업을 1일 10~12시간으로 단축해 주십시오. 1개월 휴식 2일을 늘려서 일요일마다 휴일로 쉬기를 원합니다. … 시다공의 수당을 50% 인상하십시오. 절대로 무리한 요구가 아님을 맹세합니다. 인간으로서 최소한의 요구입니다.

2. YH무역 근로자의 농성

각계각층에서 수고하시는 사회 인사 여러분께 저희들의 애타는 마음을 눈물로 호소합니다. … 수출 실적이 높으면 나라도 더욱 발전할 수 있고 선진국 대열에 서게 된다는 초등학교 시절의 배운 것을 더듬으며 우리는 더욱 더 잘사는 나라를 기대하며 열심히 일해 왔습니다만, 뜻하지 않은 폐업 공고에 놀라지 않을 수 없습니다. … 오갈 데 없는 저희들은 무엇을 먹고 어디서 살란 말입니까? 동생들의 학비와 부모님들 약값은 어떻게 해야 된단 말입니까? 우리 문제가 해결되지 않는다면 저희들은 죽음의 길을 택할 수밖에 없습니다. … 저희 근로자들이 신민당에 올 수밖에 없었던 것은 회사, 노동청, 은행이 모두 문제를 해결할 수 없다기에 오갈 데 없었기 때문입니다. 악덕한 기업주가 기숙사를 철폐하여 밥은 물론 전기, 수돗물마저 먹을 수 없었을 뿐 아니라, 6일 새벽 4시경 여자들만 잠자고 있는 기숙사문을 부수고 우리 근로자들을 끌어내려 하였습니다.

3. 새마을 운동

그 지방을 다니면서 보면 어떤 부락, 어떤 농촌은 몇 년 전에는 기와집이 한 채도 없었던 동네가 최근에 보면 거의 기와로 다 이어졌거나 기와를 이지 못한 집도 작년 가을에 추수한 볏짚을 가지고 깨끗하게 이어서 처마를 하고 담장도 깨끗이 하고 담 위에도 짚으로 담 지붕을 이고 퇴비장도 알맞은 장소에 알뜰히 해 놓았고, 동네 전체를 보면 부락 앞에 있는 논은 대부분이 경지 정리를 해놓았고, 또 농로가 자로 쭉 그어놓은 것처럼 꼿꼿하게 되어 있어 그 정도면 자동차도 충분히 들어갈 수 있게 되어 있습니다. 또, 산에도 산림이 잘 되어 있고 부락 앞을 지나는 하천에도 작년에 홍수가 나고 했지만 특별히 정부가 예산을 주어서 했는지 자체에서 했는지 모르지만 전부 보수를 해서 깨끗이 해놓고, 보리밭에는 잡초가 거의 없도록 잘 되었고, 비닐하우스에서는 고등 소채 등이 자라고 여기 저기 논에 농민들이 나와서 일하고 있는 부락이 있습니다. 이런 농촌은 앞으로 몇 년 안 가서 다른 나라 농촌에 지지 않는 잘 사는 농촌, 희망에 찬 농촌이 되리라고 확신하며 대단히 흐뭇하게 보아 왔습니다.

86 대한민국의 문화

01 / 교육과 언론

1 교육

(1) 미 군정기: 홍익인간의 교육 이념과 미국식 6-3-3 학제 도입

(2) 이승만 정부: 초등학교 의무 교육제 규정(1951), 전쟁 중 피난지에서 천막학교, 연합대학 운영

(3) 박정희 정부: 반공교육 강화, 국민교육헌장 반포(1968), 중학교 무시험 진학 제도(1969)

(4) 전두환 정부: 대학 입학 본고사 폐지, 졸업 정원제 실시, 과외 전면 금지

(5) 김영삼 정부: 대학 수학 능력시험 도입(1994)

(6) 노무현 정부: 중학교 무상 의무교육 전면 실시(2004)

2 언론

(1) 이승만 정부: 신문 발행 허가제, 비판적인 언론에 대한 탄압(경향신문 폐간)

(2) 박정희 정부: 정보기관을 이용한 언론 탄압, 프레스 카드제 실시(1972), 해직된 동아일보 기자들을 중심으로 언론 자유 수호 운동 전개

(3) 전두환 정부: 신문사와 방송사를 통폐합, '보도지침'을 통하여 언론의 보도 내용도 강제로 규정

(4) 6월 민주 항쟁 이후: 언론에 대한 정부의 통제와 간섭은 완화되고 언론의 자유가 확대

자료 더하기

국민교육헌장

동아일보 백지광고와 국민들의 응원 광고

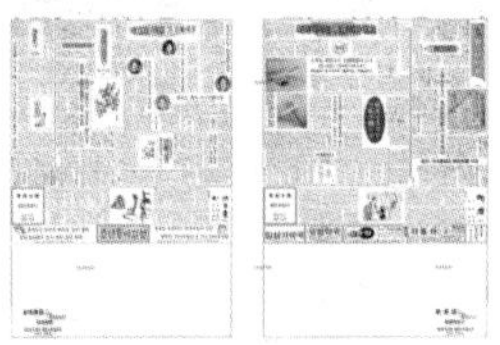

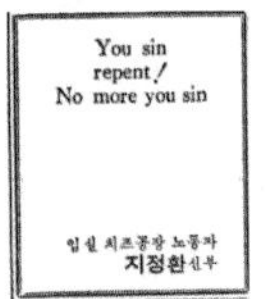

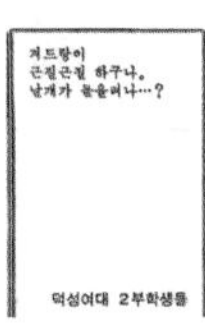

02 / 대중문화와 체육의 발달

1 대중문화

(1) 1960년대: 미국의 대중문화가 급속히 유입, TV 보급과 함께 대중문화의 본격적 성장

(2) 1970년대: 텔레비전으로 방영된 가요, 드라마, 코미디가 대중문화의 중심, 생맥주와 통기타로 대변되는 이른바 '청년 문화'가 유행

(3) 1990년대 이후: 경제적 발전과 함께 영화·음악 등 다양한 문화 사업 확장

자료 더하기

레슬링 양정모 선수 금메달 획득

프로야구 개막

한·일 월드컵

2 체육의 발전

(1) 광복 직후: 1948년 런던 올림픽 참가

(2) 1950년대: 1954년 스위스 월드컵 진출

(3) 1970년대: 1976년 몬트리올 올림픽에서 양정모 선수가 첫 금메달 획득

(4) 1980년대: 프로야구, 프로축구의 시작, 86 서울 아시안게임, 88 서울 올림픽 개최

(5) 1990년대: 남북 단일 탁구팀 결성(1991)

(6) 2000년대: 한·일 월드컵(2002), 부산 아시안게임(2002), 인천 아시안게임(2014), 평창 동계올림픽(2018) 개최

대표 사료 확인하기

1. 언론 자유 수호 선언

우리는 오늘날 우리 사회가 처한 미증유의 난국을 극복할 수 있는 길이 언론의 자유로운 활동에 있음을 선언한다. 민주사회를 유지하고 자유국가를 발전시키기 위한 기본적인 사회기능인 자유언론은 어떠한 구실로도 억압될 수 없으며 어느 누구도 간섭할 수 없는 것임을 선언한다. … 우리는 자유언론에 역행하는 어떠한 압력에도 굴하지 않고 자유민주사회 존립의 기본요건인 자유언론실천에 모든 노력을 다할 것을 선언하며 우리의 뜨거운 심장을 모아 다음과 같이 결의한다.

1. 신문 방송 잡지에 대한 어떠한 외부 간섭도 우리의 일치된 단결로 강력히 배제한다.
1. 기관원의 출입을 엄격히 거부한다.
1. 언론인의 불법연행을 일체 거부한다. 만약 어떠한 명목으로라도 불법연행이 자행되는 경우 그가 귀사할 때까지 퇴근하지 않기로 한다.

2. 전두환 정권의 보도지침

1985년 10월 19일

▲ 최근 연행, 억압사건에 관한 건 →

① 김영삼, 이민우 민추협 사무실에서 기자회견

② 이 회견에 합류하려던 김대중, 문익환, 송건호 씨 등 재야인사, 가택연금

③ 이 회견과 관련한 미국무성 논평

이상 3건은 일체 보도하지 말 것

▲ 국회관계

① 김한수의원(신민) 질문 중 △ 김근태(민주화운동청년연합 전의장), 허인회(고대 총학생회장) 등 고문행위 △ 광주의 홍기일에 이어 경원대의 송광영군 분신자살, 서울대 오정근의 의문의 자살 △ 올들어 농민 연 32회, 15,000명 시위 이는 동학란 이래 최대의 농민저항 △ 국민의 95%가 군부통치 아닌 문민통치 희망 등의 내용은 보도하지 말 것

10월 29일

▲ 검찰이 발표한 민주화추진위원회(민추협이 아닌 민추위) 이적행위 관계 →

① 꼭 1면 톱기사로 써 줄 것(부탁)

② 주모자인 김근태 가족의 월북상황, 출신배경 등 신상에 관한 기사가 연합통신 기사로 자세하게 나올 것이니 꼭 박스기사로 취급할 것

③ 해설기사도 요망

87 유네스코 세계문화유산

1 석굴암 · 불국사(1995)

석굴암과 불국사는 8세기 전후의 통일신라 시대 불교문화를 대표하는 건축과 조각으로, 석굴암은 인공적으로 축조된 석굴과 불상 조각에 나타난 뛰어난 기술과 예술성, 불국사는 석조 기단과 목조건축이 잘 조화된 고대 한국 사찰 건축의 특출한 예로서 그 가치가 두드러진다.

2 해인사 장경판전(1995)

해인사 팔만대장경은 오랜 역사와 내용의 완벽함, 고도로 정교한 인쇄술의 극치를 보여 주는 가장 중요하고 완벽한 경전이며, 장경판전은 대장경의 부식을 방지하고 온전한 보관을 위해 15세기경에 건축된 건축물로 자연환경을 최대한 이용한 보존과학소산물로 높이 평가되고 있다.

3 종묘(1995)

종묘는 제왕을 기리는 유교사당의 표본으로서 16세기 이래로 원형이 보존되고 있으며, 세계적으로 독특한 건축양식을 지닌 의례공간이다. 종묘에서는 의례와 음악, 그리고 무용이 잘 조화된 전통의식과 행사가 이어지고 있다.

4 창덕궁(1997)

동아시아 궁전 건축사에 있어 비정형적 조형미를 간직한 대표적인 궁으로 주변 자연환경과의 완벽한 조화와 배치가 탁월하다.

5 수원 화성(1997)

18세기에 완공된 짧은 역사의 유산이지만 동·서양의 군사시설 이론을 잘 배합시킨 독특한 성으로서 방어적 기능이 뛰어난 특징을 가지고 있다. 약 6킬로미터에 달하는 성 안에는 4개의 성문이 있으며 모든 건조물이 각기 모양과 디자인이 다른 다양성을 지니고 있다.

6 경주 역사 유적 지구(2000)

경주 역사 유적 지구는 한반도를 천년 이상 지배한 신라왕조의 수도로 남산을 포함한 경주 주변에 한국의 건축물과 불교 발달에 있어 중요한 많은 유적과 기념물들을 보유하고 있다.

7 고창 · 화순 · 강화 고인돌유적(2000)

선사유적들은 거대한 석조로 만들어진 2,000~3,000년 전의 무덤과 장례의식 기념물로서 선사시대 문화가 집중적으로 분포되어 있으며 당시의 기술과 사회현상을 생생하게 보여 주는 유적이다.

8 조선 왕릉(2009)

조선 왕릉은 풍수지리 사상을 바탕으로 조영되었으며, 엄격한 질서에 따라 내부공간을 구성하면서도 아름다운 주변 산세와 어우러져 주목할 만한 신성한 공간을 창출하였고, 봉분과 조각, 건축물들이 전체적으로 조화를 이룬 탁월한 사례로 동아시아 묘제의 중요한 발전단계를 보여 준다.

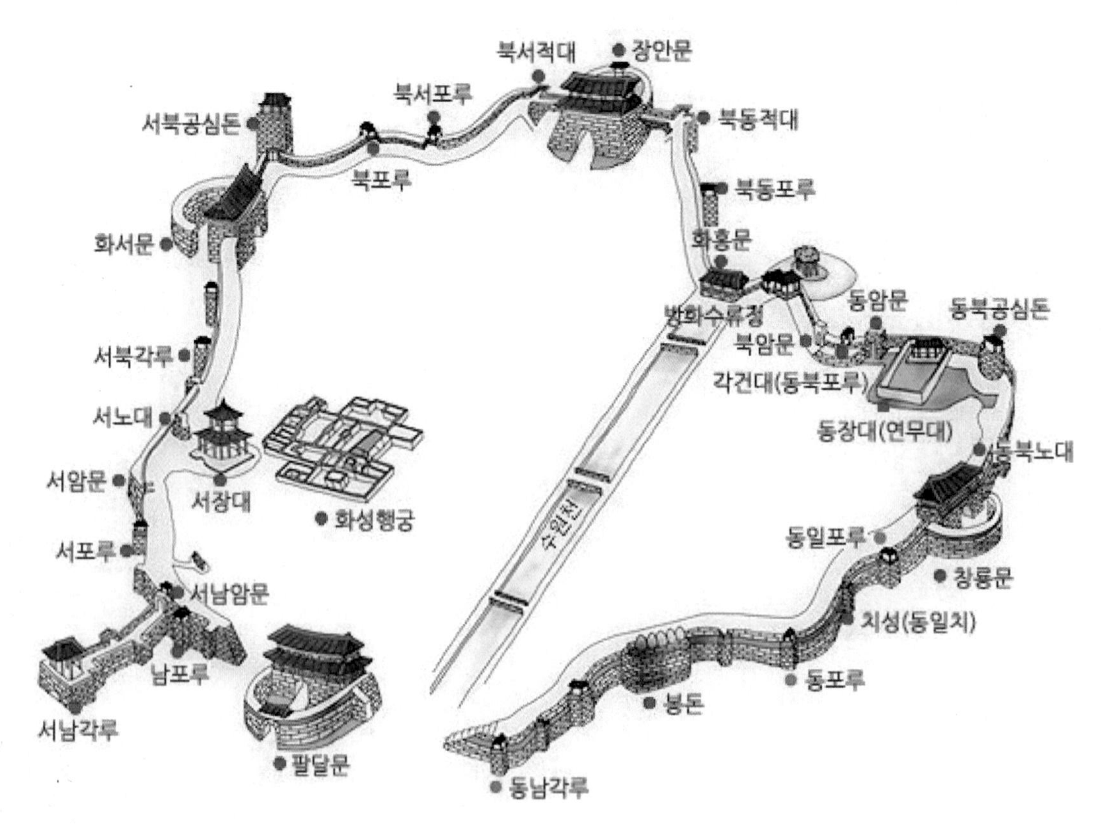

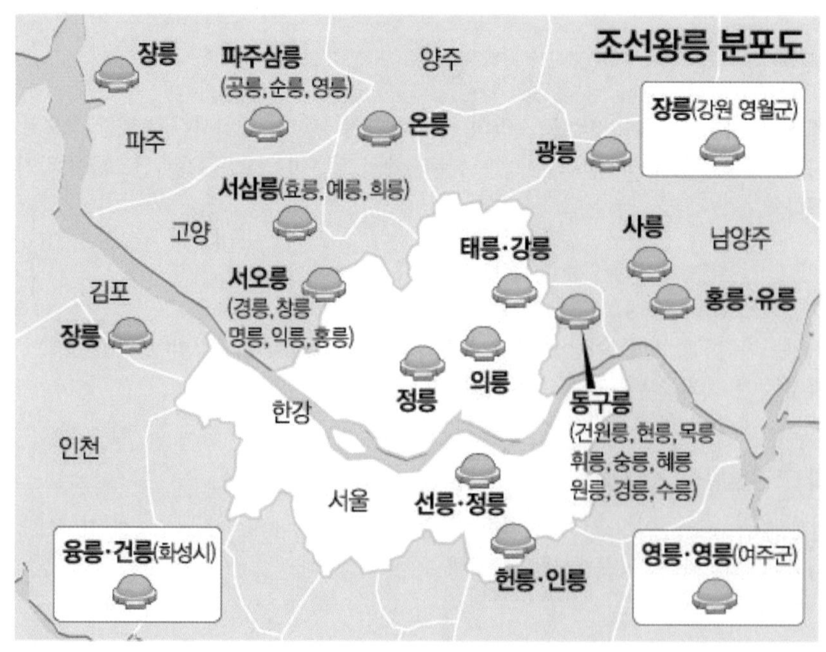

9 한국의 역사 마을(하회와 양동마을, 2010)

하회마을과 양동마을은 가장 잘 보존되어 있고 대표적인 씨족 마을의 예로서, 조선 시대 초기의 특징인 촌락의 형태를 유지하고 있다. 마을의 입지와 배치와 가옥의 전통에서 두 마을은 500여 년 동안 엄격한 유교의 이상을 따라 촌락이 형성되었던 조선 시대의 유교 문화를 가장 잘 보여 주고 있다. 또한 양반과 평민 가옥들의 전체적인 배치와 개별적 배치의 조화는 조선왕조의 힘과 영향력이 문학과 철학적 전통뿐만 아니라 사회 구조와 문화적 전통에도 배어 있음을 의미한다.

10 남한산성(2014)

남한산성의 산성 체계는 17세기에 극동 지역에서 발달한 방어적 군사 공학 기술의 총체를 구현하고 있다. 남한산성은 서구로부터 유입된 새로운 화기의 위협을 방어하기 위해 축성된 산성으로 비상시 임시 수도의 기능을 하도록 계획되고 건설된 요새화된 도시를 보여 주는 탁월한 사례로 인정받았다.

11 백제 역사 유적 지구(2015)

백제의 옛 수도였던 3개 도시에 남아 있는 유적은 이웃한 지역과의 빈번한 교류를 통하여 문화적 전성기를 구가하였던 고대 백제 왕국의 후기 시대를 대표한다. 또한 백제 역사 유적은 중국의 도시계획 원칙, 건축 기술, 예술, 종교를 수용하여 백제화(百濟化)한 증거를 보여 주며, 이러한 발전을 통해 이룩한 세련된 백제의 문화를 일본 및 동아시아로 전파한 사실을 잘 보여 주고 있다.

12 산사, 한국의 산지 승원(2018)

산사는 한국의 산지형 불교 사찰의 유형을 대표하는 7개의 사찰로 구성된 연속 유산이다. 이 사찰들은 공간 조성에서 한국 불교의 개방성을 대표하면서 승가공동체의 신앙·수행·일상생활의 중심지 기능을 담당했기에 등재되었다.

등재 사찰

경남 양산 통도사, 경북 영주 부석사, 경북 안동 봉정사, 충북 보은 법주사, 충남 공주 마곡사, 전남 순천 선암사, 전남 해남 대흥사

13 한국의 서원(2019)

동아시아에 전파되었던 성리학이 지역화되고 변영된 독특한 과정을 통합적으로 보여 준다. 이 유산은 한국에서 서원 건축의 정형화에 의해 완성된 독특한 문화전통을 나타낸다. 9개로 구성된 이 유산은 한국 서원의 특성과 발전을 보여 주며, 서원이 건축적으로 어떠한 과정을 통해 발전하였는지 각각의 과정을 통해 보여 준다.

등재 서원

소수서원(경북 영주), 병산서원(경북 안동), 도산서원(경북 안동), 옥산서원(경북 경주), 도동서원(대구), 남계서원(경남 함양), 필암서원(전남 장성), 무성서원(전북 정읍), 돈암서원(충남 논산)

⑭ 가야 고분군(2023)

'가야고분군'은 1~6세기에 걸쳐 한반도 남부에 존재했던 '가야'의 7개 고분군으로 이루어진 연속유산이다. 7개 고분군은 한반도 남부의 해안과 내륙의 각 정치체의 중심지의 가시성이 뛰어난 구릉지에 오랜 기간 군집 조성된 최상위 지배층의 고분군으로 가야 연맹을 구성했던 각 정치체의 존재를 보여준다. 신청유산은 지리적 분포, 입지, 묘제, 부장품을 통해 다수의 개별 정치체가 동질성을 바탕으로 상호 자율성을 인정하면서 수평적 관계를 형성했던 가야의 독특한 정치 체계를 나타낸다. 또한 외부적으로는 주변국과의 교섭을 통해 고대 동아시아 사회 변화에 유연하게 대응하면서 힘의 균형을 유지하는 데 기여하였다.

등재 고분군

대성동고분군(경남 김해), 말이산고분군(경남 함안), 옥전고분군(경남 합천), 지산동고분군(경남 고령), 송학동고분군(경남 고성), 유곡리와 두락리고분군(전남 남원), 교동과 송현동고분군(경남 창녕)

남원 유곡리 고분

합천 옥전 고분군

유네스코 세계기록유산

1 훈민정음 해례본(1997)

훈민정음 해례본은 성삼문, 박팽년 등 세종을 보필하며 한글을 만들었던 집현전 학사들이 한글의 자음과 모음을 만든 원리와 용법을 상세하게 설명한 글이다. 훈민정음 해례본은 문자의 창제원리가 정리되어 있어 학술사적으로나 문화사적인 면에서도 중요한 가치와 의의를 인정받아 1997년 10월에 유네스코 세계기록유산으로 등재되었다.

2 조선왕조실록(1997)

조선왕조실록은 조선왕조의 시조인 태조로부터 철종까지 25대 472년간(1392~1863)의 역사를 연월일 순서에 따라 편년체로 기록한 책으로 총 1,893권 888책으로 되어 있는 방대한 양의 역사서이다. 이는 세계에서 가장 상세하면서도 포괄적인 역사 기록물로 당시의 사회적인 기록뿐만 아니라 자연현상까지도 기록되어 과거를 이해하는 데 중요한 가치를 인정받아 세계기록유산으로 등재되었다.

3 직지심체요절(2001)

'백운화상초록불조직지심체요절'은 독일의 구텐베르그보다 70여 년이나 앞선 것으로 세계 최고(最古)의 금속 활자본으로 공인되었다. 금속활자는 인쇄술을 보다 편리하고 경제적이며 신속하게 해 주었고 이러한 가치를 인정받아 2001년 9월 유네스코 세계기록유산으로 등재되었다.

4 승정원일기(2001)

조선왕조 최대의 기밀 기록인 동시에 원본 1부밖에 없는 귀중한 자료로 국보 제303호(1999.4.9.)로 지정되어 있다. 또한 세계 최대 및 1차 사료로서의 가치를 인정받아 2001년 9월 유네스코 세계기록유산으로 등재되었다.

5 조선왕조의궤(2007)

의궤는 조선왕조에서 유교적 원리에 입각한 국가 의례를 중심으로 국가의 중요 행사를 행사진행 시점에서 당시 사용된 문서를 정해진 격식에 의해 정리하여 작성한 기록물이다. 조선왕조의궤는 2007년 6월 제8차 유네스코 기록유산 국제자문위원회에서 세계기록유산으로 등재되었다.

6 해인사 대장경판 및 제경판(2007)

고려대장경판은 81,258개의 목판에 새긴 대장경판으로 아시아 전역에서는 유일하게 완벽한 형태로 현존하는 판본자료이다. 이 목판은 동아시아 불교 연구에 있어 표준으로 사용되는 불교 문헌의 집대성이라는 가치와 현전하는 유일한 대장경판이라는 가치 그리고 목판 인쇄술의 진수이며 식자 및 활판술에서의 중요성과 인쇄기술의 발전단계를 보여 준다는 점 등을 인정받아 세계기록유산으로 등재되었다.

7 동의보감(2009)

선조의 어의 허준이 선조의 명을 받아 중국과 우리나라의 의학서적을 하나로 모아 편집에 착수하여 간행한 의학서적이다. 동의보감은 동아시아에서 2,000년 동안 축적해 온 의학 이론을 집대성하여 의학 지식과 임상 경험을 하나의 전집으로 통합하는 데 성공하였다. 의료 제도와 관련해서는 19세기까지 사실상 전례가 없는 개념이었던 '예방 의학'과 '국가에 의한 공공 의료'라는 이상을 만들어 냄으로써 동아시아의 의학 지식과 기술의 발달을 대변하며, 나아가 세계의 의학과 문화에 남긴 발자취로서의 가치를 인정받아 세계기록유산으로 등재되었다.

8 5 · 18 민주화 운동 기록물(2011)

1980년 5월 18일부터 27일까지 광주를 중심으로 전개된 민주화를 요구하는 시민들의 일련의 활동과 이후에 사건의 책임자 처벌, 피해자 보상과 관련하여 기록되고 생산된 문건, 사진, 영상 등의 자료를 총칭하며 이후 한국의 민주화의 중추적인 역할을 하였을 뿐만 아니라 동아시아의 다른 국가들에게도 영향을 끼친 부분을 인정받아 세계기록유산으로 등재되었다.

9 일성록(2011)

1760년에서 1910년까지 151년 동안의 국정 운영내용을 일기체로 정리한 국왕의 일기이다. 일성록은 18세기에서 20세기까지의 동서양 간의 정치와 문화의 교류에 관한 자세한 설명과 세계적인 시대 흐름에 대한 통찰을 담고 있고, 18세기에서 20세기에 걸쳐 서양의 과학기술이 동아시아에 어떻게 전파되었는지를 자세히 설명하고 있으므로 세계의 문화사를 연구하는 데 귀중한 자료이며, 왕과 일반 백성 사이에 구두 상소(격쟁) 제도를 통해 직접 소통한 바를 기록하고 있어 세계적으로 의의가 있음을 인정받아 세계기록유산으로 등재되었다.

10 난중일기(2013)

이순신이 임진왜란 기간 중 군중에서 직접 쓴 친필 일기로 1592년 1월부터 이순신 장군이 마지막으로 치른 노량해전에서 결정적인 승리를 앞두고 전사하기 직전인 1598년 11월까지 거의 날마다 적은 기록으로 총 7책 205장의 필사본으로 엮어져 있다. 난중일기는 아시아 최초의 지역적 세계 대전이라고 평가받는 임진왜란에 관한 전쟁 사료와 해전을 연구하는 자료로 그 가치를 인정받아 세계기록유산으로 등재되었다.

11 새마을운동 기록물(2013)

우리나라 정부와 국민들이 1970년부터 1979년까지 추진한 새마을운동 과정에서 생산된 대통령의 연설문과 결재문서, 행정부처의 새마을 사업공문, 마을단위의 사업서류, 시민들의 편지, 새마을교재, 관련 사진과 영상 등의 자료를 총칭하며, 급속한 경제 성장과 민주화를 이루는 발전 과정에서의 토대로서 그 가치를 인정받아 세계기록유산으로 등재되었다.

12 한국의 유교책판(2015)

유교책판이란 조선시대에 718종의 서책을 간행하기 위해 판각한 책판으로, 305개 문중과 서원에서 기탁한 총 64,226장으로 되어 있는 기록물을 말한다. 유교책판은 책을 통하여 문학과 정치, 경제, 철학, 대인관계 등 실로 다양한 분야를 후학(後學)이 선학(先學)의 사상을 탐구하고 전승하며 소통하여 궁극적으로는 유교의 인륜공동체 실현이라는 주제를 담고 있다는 점과 서책을 원활하게 보급하기 위해 제책(codex) 형태로 인출하도록 제작되었고, 현전하는 모든 책판은 지금도 인출이 가능할 정도로 원래의 상태 그대로 유지되어 있는 점에서 가치를 인정받았다.

13 KBS 특별 생방송 '이산가족을 찾습니다' 기록물(2015)

1983년 6월 30일 밤 10시 15분부터 11월 14일 새벽 4시까지 방송기간 138일, 방송시간 453시간 45분 동안 생방송한 방송의 원본 테이프와 담당프로듀서의 업무수첩, 이산가족이 작성한 신청서, 방송진행표, 큐시트, 기념음반 및 사진 등 20,522건의 기록물을 총칭하며, 남북분단으로 만들어진 1천만 명의 이산가족의 아픔을 치유해 주었고 한반도 긴장 완화에 기여했다. 또한 더 이상 이와 같은 비극이 생겨나서는 안 된다는 평화의 메시지를 전 세계에 전달했기에 세계기록유산으로 등재되었다.

⑭ 조선통신사에 관한 기록 – 17세기~19세기 한일 간 평화구축과 문화교류의 역사(2017)

조선통신사에 관한 기록은 일본 에도막부의 초청으로 12회에 걸쳐 조선국에서 일본국으로 파견되었던 외교사절단에 관한 자료를 총칭하는 것이다. 조선통신사에 관한 기록은 외교기록, 여정기록, 문화교류의 기록으로 구성된 종합자산이며, 조선통신사의 왕래로 두 나라의 국민은 증오와 오해를 풀고 상호이해를 넓혀, 외교뿐만이 아니라 학술, 예술, 산업, 문화 등의 다양한 분야에 있어서 활발한 교류의 성과를 낼 수 있었다는 점에서 가치를 인정받았다.

⑮ 국채보상운동 기록물(2017)

한국의 국채보상운동 기록물은 국가가 진 빚을 국민이 갚기 위해 1907년부터 1910년까지 일어난 국채보상운동의 전 과정을 보여 주는 기록물이다. 한국의 국채보상운동 기록물은 국가적 위기에 자발적으로 대응하는 시민적 책임의 진면목을 보여 주는 역사적 기록물이다. 뿐만 아니라 세계경제가 직면하고 있는 누적적 부채 위기를 극복함에 있어서, 국채보상운동이 국민적 연대와 책임의식에 기초한 경제모델로 주목받고 있는 점에서 가치를 인정받았다.

⑯ 조선왕실 어보와 어책(2017)

어보와 어책은 금·은·옥에 아름다운 명칭을 새긴 어보, 오색 비단에 책임을 다할 것을 훈계하고 깨우쳐주는 글을 쓴 교명, 옥이나 대나무에 책봉하거나 아름다운 명칭을 수여하는 글을 새긴 옥책과 죽책, 금동판에 책봉하는 내용을 새긴 금책 등으로 조선조 건국 초부터 근대까지 570여 년 동안 지속적으로 제작되고 봉헌되었다. 이러한 책보는 그 용도가 의례용으로 제작되었지만 거기에 쓰인 보문과 문구의 내용, 작자, 문장의 형식, 글씨체, 재료와 장식물 등은 매우 다양하여 당대의 정치, 경제, 사회, 문화, 예술 등의 시대적 변천상을 반영하고 있기 때문에 한국의 책보만이 지닐 수 있는 매우 독특한 세계기록유산으로서의 가치와 1392년부터 1966년까지 570여 년이라는 장기간에 걸쳐 지속적으로 책보를 제작하여 봉헌한 사례는 한국이 유일무이하기에 그 가치를 인정받았다.

⑰ 4 · 19 혁명 기록물(2023)

4·19혁명 기록물은 1960년 4월 19일 한국에서 학생이 중심이 되어 일어난 시민혁명 자료를 말한다. 1960년 2·28 대구 학생시위부터 3·15 부정선거에 항의하여 독재정권을 무너뜨린 4·19혁명까지의 전후 과정과 관련된 일체의 기록물이다. 4·19혁명은 독재정권에 발맞춘 경찰의 발포로 무고한 학생과 시민 186명이 사망했고 6,026명이 부상을 당했다. 그러나 고등학생부터 대학생 그리고 시민들은 죽음을 무릅쓰고 끝까지 싸워서 독재정권을 무너뜨리고 민주정부를 수립했다. 4·19혁명 기록물은 민주주의가 불가능하다는 역사적 조건에서 10살 안팎의 아이부터 70대 노인에 이르기까지 자발적으로 독재에 맞서 비폭력으로 민주주의를 이루면서 제3세계에서 최초로 성공한 비폭력 시민혁명인 동시에 유럽의 1968년 혁명, 미국의 반전운동, 일본의 안보투쟁 등 1960년대 세계 학생운동에 영향을 미친 기록유산으로서 세계사적 중요성을 인정받았다.

⑱ 동학 농민 혁명 기록물(2023)

동학농민혁명기록물은 1894년~1895년 조선에서 발발한 동학농민혁명과 관련된 기록물이다. 동학농민혁명은 부패한 지도층과 외세의 침략에 저항하며 평등하고 공정한 사회를 건설하기 위해 민중이 봉기한 사건으로 반제국주의, 민족주의, 근대주의 운동에 영향을 주었다. 또한 그 과정에서 전라도 각 고을 관아에 치안과 행정을 담당하는 민·관 협력(거버넌스) 기구인 '집강소'를 설치하는 성과를 거두었다. 동학농민혁명 기록물에는 동학농민군이 작성한 문서, 정부 보고서, 개인 일기와 문집, 각종 임명장 등 농민운동의 진행과정과 그 의미를 찾아볼 수 있는 자료들로 시간과 장소를 초월하여 인간의 권리와 평등, 식민주의에 대한 반대 등을 다양한 시각에서 종합적으로 보여주는 자료로 조선 백성들이 주체가 되어 자유, 평등, 인권의 보편적 가치를 지향했던 기억의 저장소로서 세계사적 중요성을 인정받았다.

89 유네스코 세계무형유산

1 종묘제례 및 종묘제례악(2001)

종묘제례악과 종묘제례는 국가 중요무형문화재 제1호와 제56호로 지정되어 전승·보존되고 있으며, 2001년 5월 18일 유네스코 세계인류구전 및 무형문화유산걸작으로 선정된 후, 2008년 인류무형문화유산 대표목록에 통합되었다.

2 판소리(2003)

판소리는 그 독창성과 우수성을 세계적으로 인정받아 2003년 11월 7일 유네스코 제2차 '인류구전 및 무형유산걸작'으로 등재되었다.

3 강릉단오제(2005)

중요무형문화재 제13호로 지정되어 보존되고 있는 강릉단오제는 그 문화적 독창성과 뛰어난 예술성을 인정받아 2005년 11월 25일 유네스코 '인류구전 및 무형유산걸작'으로 등재되었다.

4 강강술래(2009)

대한민국의 남서부 지역에서 널리 행해지는 '강강술래'는 풍작과 풍요를 기원하는 풍속의 하나로 우리나라의 대표적인 세기절기인 설·대보름·단오·백중·추석·중구절(重九節) 등 한국의 대표적인 명절에 행해졌으며, 그 가운데 추석에 하는 것이 가장 규모가 컸다. 그래서 강강술래는 주로 추석에 널리 이루어지는 행사로 발전하게 되었다. 추석날 밤, 밝은 달밤에 수십 명의 젊은 농촌 여성들이 손을 맞잡고 원을 그리며 노래를 부르면서 춤을 춘다.

5 남사당놀이(2009)

남사당놀이는 꼭두쇠(우두머리)를 비롯해 최소 40명에 이르는 남자들로 구성된 유랑연예인인 남사당패가 마을을 돌며 연행했던 놀이이다.

6 영산재(2009)

부처가 인도의 영취산에서 법화경(Lotus Sutra)을 설법하던 모습을 재현한 것이다. 영산재는 불교의 철학적이며 영적인 메시지를 표현하고 있으며, 살아있는 사람과 죽은 사람 모두 번뇌와 괴로움에서 벗어날 수 있는 경지에 이르게 하는 장엄한 불교의식으로서 가치가 있다.

7 제주 칠머리당 영등굿(2009)

바다의 평온과 풍작 및 풍어를 기원하기 위해 음력 2월에 제주에서 시행하는 세시풍속으로 제주시 건입동(健入洞)의 칠머리당에서 열리는 것이 제주도 전역에서 이루어지는 유사한 굿 가운데 대표적인 의식으로 평가받아 지정되었다. 제주도 특유의 해녀신앙과 민속신앙이 담겨져 있는 굿이며, 우리나라 유일의 해녀의 굿이라는 점에서 그 특이성과 학술적 가치가 있다.

8 처용무(2009)

궁중 무용의 하나로서 오늘날에는 무대에서 공연하지만, 본디 궁중 연례에서 악귀를 몰아내고 평온을 기원하거나 음력 섣달 그믐날 악귀를 쫓는 의식인 나례에서 복을 구하며 추는 춤이다. 동해 용왕의 아들로 사람 형상을 한 처용이 노래를 부르고 춤을 추어 천연두를 옮기는 역신(疫神)으로부터 인간 아내를 구해냈다는 한국 설화를 바탕으로 처용가면을 쓰고 추는 춤으로 궁중무용 중 유일하게 사람 형상의 가면을 쓰고 추는 춤이다.

9 가곡, 국악 관현반주로 부르는 서정적 노래(2010)

가곡은 시조시에 곡을 붙여서 관현악 반주에 맞추어 부르는 우리나라 전통음악으로 현재 남창 24곡, 여창 15곡 등 39곡이 전승되고 있다.

10 대목장, 한국의 전통 목조 건축(2010)

대한민국 중요무형문화재 제74호로 한국의 전통 목조 건축, 특히 전통 목공 기술을 가지고 있는 목수를 일컬으며 건축물의 기획·설계·시공은 물론 수하 목수들에 대한 관리 감독까지 전체 공정을 책임지는 장인을 말한다. 대목장 기능보유자는 전통 한옥에서부터 국보급 건축물에 이르는 역사적 건축물을 유지보수하고 복원 및 재건축하면서 넓은 범위에서 활동하고 있다. 따라서 대목장은 한국 전통 건축의 수호자·계승자·상징·보호자라고 여겨지고 있다.

11 매사냥, 살아있는 인류 유산(2010)

매를 잡아 길들인 후에 날려서 야생 사냥감을 포획하는 전통으로서, 4,000년 이상 지속되어 왔다. 매사냥은 아시아의 초원 지대에서 발달하여, 무역과 문화 교류를 통해 다른 나라로 확산된 것으로 추정되며, 오늘날에는 60여 개국의 지역 공동체에서 노소(老小)를 가리지 않고 매사냥을 즐기고 있다. 매사냥은 2010년 한국을 포함한 11개국이 참여하여 공동 등재되었고, 2012년 2개국이 추가된 13개국이 참여하여 확대 공동 등재되었다.

12 줄타기(2011)

줄타기는 널리 알려져 있는 놀음의 하나로 대부분의 나라에서는 단지 곡예기술에 중점을 두고 있다. 그러나 줄타기 곡예사와 어릿광대 사이에 대화를 이어 가며 관객과 끊임없이 상호작용을 한다는 점에서 한국 전통의 줄타기는 다른 나라의 유사한 줄타기 예술과는 차별화된다. 즉 한국의 줄타기는 일방적으로 재미와 짜릿함을 주는 것이 아니라, 연행자와 관객들 사이에 양방향으로 소통하는 예능으로서 관객을 포함하여 참여하는 모든 사람들은 공연의 분위기에 스스로를 맞추게 된다. 그래서 줄타기 공연은 연행자와 관객 모두에게 즐거움을 준다. 이러한 점에서 한국의 줄타기는 고유하며 가치가 있다.

13 택견, 한국의 전통 무술(2011)

택견은 유연하고 율동적인 춤과 같은 동작으로 상대를 공격하거나 다리를 걸어 넘어뜨리는 한국 전통 무술이다. 우아한 몸놀림의 노련한 택견 전수자는 직선적이고 뻣뻣하기보다는 부드럽고 곡선을 그리듯이 움직이지만, 엄청난 유연성과 힘을 보여 줄 수 있다. 발동작이 손만큼 중요한 역할을 한다. 부드러운 인상을 풍기지만, 택견은 모든 가능한 전투 방법을 이용하며 다양한 공격과 방어 기술을 강조하는 효과적인 우리나라의 전통무술이다.

14 한산모시짜기(2011)

한산모시는 충청남도 서천군 한산 지역에서 만드는 모시로 우리나라의 전통적인 여름 옷감이다. 모시짜기는 전통적으로 어머니가 딸 또는 며느리에게 기술과 경험을 전수하기에 1967년에 중요무형문화재로 지정되었다.

15 아리랑, 한국의 서정민요(2012)

한국의 대표적인 민요인 아리랑은 역사적으로 여러 세대를 거치면서 한국의 일반 민중이 공동 노력으로 창조한 결과물이다. 전문가들에 따르면 '아리랑'이라는 제목으로 전승되는 민요는 약 60여 종, 3,600여 곡에 이르는 것으로 추정하고 있다. 이러한 아리랑은 지역과 세대를 초월해 광범위하게 전승되고 재창조되고 있다는 점을 인정받아 2012년 12월 5일, 유네스코 인류무형유산에 등재되었다.

16 김장, 김치를 담그고 나누는 문화(2013)

2013년 12월 5일, 아제르바이잔 바쿠에서 열린 제8차 유네스코 인류무형문화유산보호 정부간위원회에서 유네스코 인류무형문화유산 대표목록에 등재되었다. 김장은 한국인의 자연 환경에 대한 이해를 통합한 음식 문화로, 지역 생태계를 잘 반영하고 있다. 김장 준비는 매해 계절에 따라 주기적으로 반복된다. 김장 후에 가정마다 김치를 나누어 먹는 관습을 통해, 혁신적인 기술과 창의적인 생각이 공유되고 축적된다.

17 농악(2014)

농악은 공동체 의식과 농촌 사회의 여흥 활동에서 유래한 대중적인 공연 예술의 하나이다. 타악기 합주와 함께 전통 관악기 연주, 행진, 춤, 연극, 기예 등이 함께 어우러진 공연으로서 대한민국을 대표하는 공연예술로 발전하여 왔다. 각 지역의 농악 공연자들은 화려한 의상을 입고, 마을신과 농사신을 위한 제사, 액을 쫓고 복을 부르는 축원, 봄의 풍농 기원과 추수기의 풍년제, 마을 공동체가 추구하는 사업을 위한 재원 마련 행사 등 실로 다양한 마을 행사에서 연행되며 각 지방의 고유한 음악과 춤을 연주하고 시연한다. 농악은 공동체 내에서 연대성과 협력을 강화하고, 공동체 구성원들이 동일한 정체성을 공유할 수 있도록 도와준다.

18 줄다리기(2015)

줄다리기는 풍농을 기원하고 공동체 구성원 간의 화합과 단결을 위하여 동아시아와 동남아시아 도작(稻作, 벼농사)문화권에서 널리 연행된다. 공동체 구성원들은 줄다리기를 연행함으로써 사회적 결속과 연대감을 도모하고 새로운 농경주기가 시작되었음을 알린다. 두 팀으로 나누어 줄을 반대 방향으로 당기는 놀이인 줄다리기는 승부에 연연하지 않고 공동체의 풍요와 안위를 도모하는 데에 본질이 있다. 줄다리기를 통해 마을의 연장자들은 젊은이들을 참여시킴으로써 연행의 중심적 역할을 하며, 공동체 구성원들은 이를 통해 결속과 단결을 강화한다.

19 제주 해녀문화(2016)

일반적으로 물질을 하는 사람을 해녀라고 부르고, 제주도의 몇몇 마을에서는 잠녀 혹은 잠수라고 부른다. 제주 해녀는 산소공급 장치 없이 10미터 정도 깊이의 바다 속으로 약 1분간 잠수하여 해산물을 채취한다. 물질은 다른 해녀의 물질을 보고, 다른 해녀의 경험을 듣고, 또한 자신의 경험을 통해 배운다. 따라서 물질은 어머니에서 딸로, 시어머니에서 며느리로 가족 내에서 전승된다. 일반적으로 물질기술을 비롯한 제주 해녀문화는 제주 해녀 공동체 안에서 끊임없이 세대 간에 전승되고 있다.

20 씨름, 한국의 전통 레슬링(2018)

씨름은 삼국시대 석실벽화에서도 경기 모습을 담은 그림이 발견될 만큼 오랜 기간 동안 우리 민족이 즐겨온 대중적인 놀이로 공동체 구성원 모두가 화합하고 단결할 수 있는 평화의 스포츠로 한민족 오천 년의 역사와 함께 해온 민속경기이다. 오늘날에도 씨름은 전통 명절, 장이 서는 날, 축제 등 다양한 시기에 진행되고 있다. 특히 남한과 북한이 함께 유네스코 인류무형유산 대표목록에 등재한 최초의 유산이라는 점에서 큰 의의가 있다.

21 연등회, 한국의 등 축제(2020)

매년 음력 4월 8일(부처님 오신 날)이 다가오면, 전국적으로 형형색색의 등불이 밝혀지고 석가모니의 탄생을 축하하는 의식과 함께 등불을 든 사람들의 행렬이 이어진다. 연등은 부처님의 지혜를 통해 개인과 공동체, 사회 전체의 마음을 깨우치는 상징이기도 하다. 연등회의 주요한 행사는 석가모니의 탄생을 기념하는 의식으로 아기 부처의 모습을 목욕시키는 것으로 시작된다. 이 신성한 의식에는 연등을 든 참가자들의 행렬이 뒤따른다. 행렬을 마친 참가자들은 전통놀이 등을 함께 하면서 잠시나마 사회적 경계를 허물고 단결하기도 한다.

22 한국의 탈춤(2022)

한국의 탈춤은 한국인의 삶 속에서 전통적 공연예술 및 무형유산의 상징으로 인식되어 왔으며, 한국인으로서의 소속감·문화적 정체성을 강화시켜왔다. 탈춤은 춤, 노래, 연극을 아우르는 종합예술이다. 탈을 쓴 연행자가 춤과 노래 그리고 행동과 말을 극적으로 조합해 사회 문제를 해학적으로 표현하고, 6~10명의 악사가 이들을 따른다. 탈춤은 일상생활에서 볼 수 있는 인물을 우스꽝스럽게 묘사하며 보편적 평등을 주장하고 계급제의 모순을 비판한다. 한국의 탈춤은 1964년 양주별산대놀이 등 다양한 지역의 탈춤이 국가무형문화재와 시도무형문화재로 지정되어 보존·전승되고 있다.

90 유네스코 세계자연유산

1 제주 화산섬과 용암동굴(2007)

제주도는 수많은 측화산과 세계적인 규모의 용암동굴, 다양한 희귀생물 및 멸종위기종의 서식지가 분포하고 있다. 지구의 화산 생성과정 연구와 생태계 연구의 중요한 학술적 가치가 있다. 한라산 천연보호구역의 아름다운 경관과 생물·지질 등은 세계적인 자연유산으로서 가치를 지니고 있다.

2 한국의 갯벌(2021)

한국의 서해안과 남해안에 있는 서천, 고창, 신안, 보성·순천 갯벌은 지질학적, 해양학적, 기후학적으로 보존해야 할 가치가 크다. 이곳에는 세계적으로 멸종 위기에 처한 22종을 포함해 2,150종의 동식물군 등 높은 생물다양성을 보유하고 있다. 또한 118종의 철새도 서식한다. 한국의 갯벌은 지구 생물다양성의 보존을 위해 세계적으로 가장 중요하고 의미 있는 서식지 중 하나이며, 특히 멸종 위기 철새의 기착지로서 가치가 크다.

한국사 능력검정시험

심화 1·2·3급

부록

24절기
주요 명절과 세시풍속
주요 기출문제

24절기

24절기란 태양의 황도상 위치에 따라 계절적 구분을 하기 위해 만든 것으로, 황도에서 춘분점을 기점으로 15° 간격으로 점을 찍어 총 24개로 나눈 시간적인 구분을 말한다.

절기	일자	내용
입춘(立春)	2월 4(5)일	봄의 시작이다.
우수(雨水)	2월 18(19)일	봄비가 내리고 식물의 싹이 트는 징조가 있다.
경칩(驚蟄)	3월 5(6)일	개구리가 겨울잠에서 깬다.
춘분(春分)	3월 20(21)일	밤과 낮의 길이가 같고 앞으로 낮의 길이가 길어진다.
청명(淸明)	4월 4(5)일	초목이 일제히 싹을 틔운다. 봄농사 준비를 해야 할 시기다.
곡우(穀雨)	4월 20(21)일	농사비가 내리는데 이때의 비가 곡물농사의 기초가 된다.
입하(立夏)	5월 5(6)일	여름의 시작이다.
소만(小滿)	5월 21(22)일	본격적인 농사의 시작 시점이다.
망종(芒種)	6월 5(6)일	보리를 비롯한 봄농사의 수확시기이다.
하지(夏至)	6월 21(22)일	연중 낮이 가장 긴 시기로 태양의 화기(火氣)와 양기(陽氣)는 극에 달한다.
소서(小暑)	7월 7(8)일	여름 더위의 시작이다.
대서(大暑)	7월 22(23)일	더위가 최고로 심한 시기이다.
입추(立秋)	8월 7(8)일	가을의 시작이다.
처서(處暑)	8월 23(24)일	더위가 가고 일교차가 커진다.
백로(白露)	9월 7(8)일	가을이 뚜렷하고 이슬이 내리기 시작한다.
추분(秋分)	9월 23(24)일	천지음양 화합의 중화점으로 밤낮의 길이가 같다.
한로(寒露)	10월 8(9)일	찬이슬이 내리기 시작하고 백곡을 수확한다.
상강(霜降)	10월 23(24)일	서리가 내리기 시작한다.
입동(立冬)	11월 7(8)일	겨울의 시작이다.
소설(小雪)	11월 22(23)일	얼음이 얼기 시작한다.
대설(大雪)	12월 7(8)일	한기는 점차 강해지고 큰 눈이 온다.
동지(冬至)	12월 21(22)일	음기(陰氣)는 극에 달하고 낮이 가장 짧다.
소한(小寒)	1월 5(6)일	겨울 중 가장 추운 때이다.
대한(大寒)	1월 20(21)일	겨울 추위의 매듭을 짓는다.

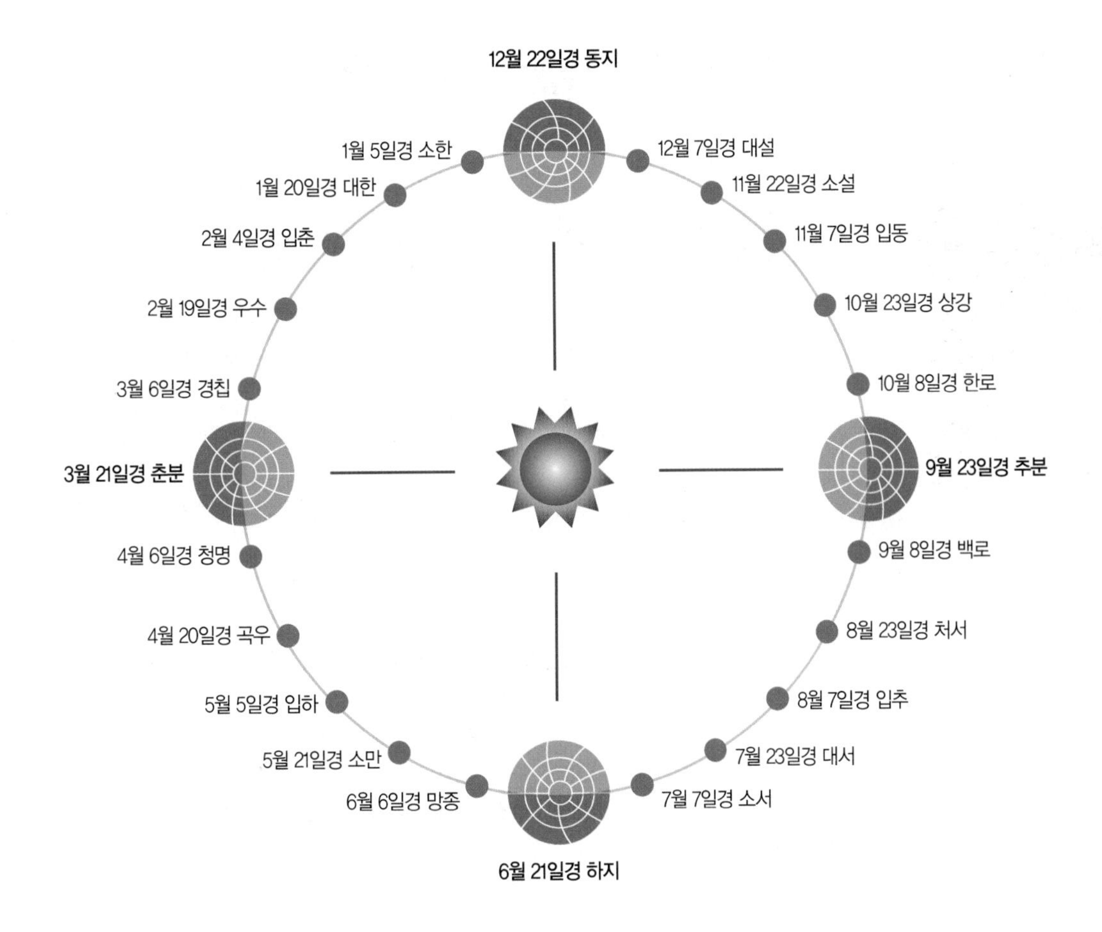
12월 22일경 동지
12월 7일경 대설
11월 22일경 소설
11월 7일경 입동
10월 23일경 상강
10월 8일경 한로
9월 23일경 추분
9월 8일경 백로
8월 23일경 처서
8월 7일경 입추
7월 23일경 대서
7월 7일경 소서
6월 21일경 하지
6월 6일경 망종
5월 21일경 소만
5월 5일경 입하
4월 20일경 곡우
4월 6일경 청명
3월 21일경 춘분
3월 6일경 경칩
2월 19일경 우수
2월 4일경 입춘
1월 20일경 대한
1월 5일경 소한

주요 명절과 세시풍속

이름	일자	내용	세시풍속
설날	음력 1월 1일	새해를 맞이하는 첫날을 기리는 명절	설빔, 차례, 성묘, 세배, 복조리
정월대보름	음력 1월 15일	새해 첫 번째 대보름, 상원절(上元節)	부럼깨물기, 더위팔기, 귀밝이술 마시기, 줄다리기, 다리밟기, 고싸움, 돌싸움, 쥐불놀이 등
영등날	음력 2월 1일	농경과 어로 같은 생업에 큰 영향을 주는 바람을 관장하는 신(神)인 '영등할머니'가 하늘에서 인간세상으로 내려오는 날	장독 위에 정화수나 잡곡밥 올리기, 영등 날리기 등
삼짇날	음력 3월 3일	강남 갔던 제비가 돌아오는 날	쑥떡, 화전 먹기, 활쏘기 등
사월초파일	음력 4월 8일	석가모니가 탄생한 날	연등 켜기, 등띄우기
단오	음력 5월 5일	비가 많이 오는 계절로 접어드는 달로 나쁜 병이 유행하기 쉽고, 액(厄)을 제거해야 하는 달로 보아 예방조치로서의 성격을 가진 명절	청포물에 머리감기, 청포술 마시기, 부채 선물하기, 그네뛰기, 씨름, 널뛰기, 윷놀이, 농악 등
유두	음력 6월 15일	동류수두목욕(東流水頭沐浴)의 약자로 동쪽으로 흐르는 물에 머리를 감고 목욕을 하여 액을 막는 날	햇곡식과 햇과일로 사당에 고사 지내기
칠석	음력 7월 7일	헤어져 있던 견우(牽牛)와 직녀(織女)가 만나는 날	바느질 솜씨 향상을 기원하는 고사 지내기, 우물을 청소하고 우물고사 지내기 등
백중	음력 7월 15일	중원절(中元節), 여름철 휴식을 취하는 날로 농민들의 축제의 날	음식과 술을 나누어 먹으며 백중놀이를 즐기기, 호미씻이 등
추석	음력 8월 15일	한 해 동안 가꾼 곡식과 과일들이 익어 수확을 거두는 계절에 1년 중 가장 큰 만월 날	햇곡식, 햇과일로 차례 지내기, 송편 만들기
중양절(중구절)	음력 9월 9일	양수(陽數)가 겹치고, 구(九)가 겹친 날로 삼짇날에 돌아온 제비가 다시 강남으로 떠나는 날	햅쌀이 나지 않아 추석 때 제사를 못 올리면 이날 제사를 올린다.
시월보름	음력 10월 15일	하원절(下元節)	
동지	양력 12월 22일경	1년 중 낮이 가장 짧고 밤이 가장 긴 날로 해가 길어지기 시작하는 날	팥죽을 쑤어 제사를 올리고, 집주변에 뿌려 액운 막기
섣달그믐	음력 12월 30일경	음력으로 한 해의 마지막 날	
한식	동지 이후 105일 (4월 5~6일경)	불을 피우지 않고 찬 음식을 먹는날	조상 무덤에 떼 입히기, 찬음식 먹기
복날	음력 6~7월경	지로부터 셋째 경일(庚日)을 초복(初伏), 넷째 경일을 중복(中伏), 입추 후 첫째 경일을 말복(末伏)이라 하며 장차 일어나고자 하는 음기가 양기에 눌려 엎드려 있는 날이라는 뜻이다.	개장국, 삼계탕 등 보양음식 먹기(복달임)

부록 주요 기출문제

001 (가) 시대의 생활 모습으로 옳은 것은? [1점]

> ○○신문
>
> 제△△호 2014년 ○○월 ○○일
>
> **공주 석장리 유적 발굴 50주년, 그 성과와 의의**
>
> 올해는 공주 석장리 유적이 발굴된 지 50주년이 되는 해이다. 1964년 처음 발굴된 이래 총 13차례에 걸쳐 조사가 실시되었다. 유적에서는 외날 찍개, 양날 찍개, 주먹도끼, 긁개, 돌날 석기, 새기개, 좀돌날 등의 유물이 발견되었다. 이를 통해 우리나라에서도 [(가)] 시대가 존재했음이 입증되었다.

① 빗살무늬 토기에 식량을 저장하였다.
② 주로 동굴이나 강가의 막집에서 살았다.
③ 지배자의 무덤으로 고인돌을 만들었다.
④ 거푸집을 사용하여 도구를 제작하였다.
⑤ 반달 돌칼을 이용하여 벼를 수확하였다.

002 다음 유물이 제작된 시기의 사회 모습으로 가장 적절한 것은? [2점]

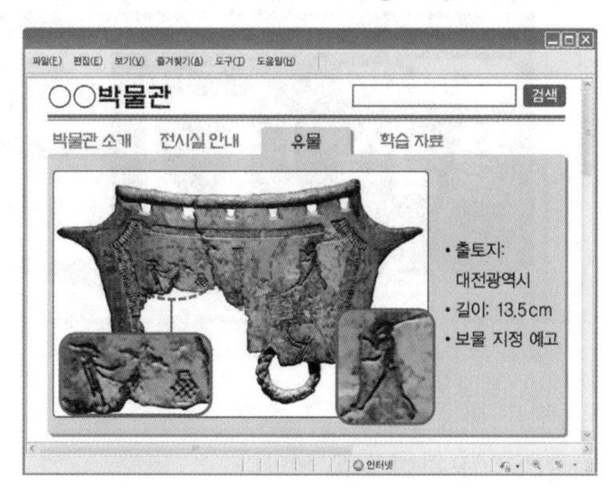

① 계급이 없는 평등사회였다.
② 토기가 처음으로 등장하였다.
③ 잔석기를 사용하기 시작하였다.
④ 거푸집을 이용하여 무기를 제작하였다.
⑤ 정착 생활이 시작되면서 움집이 나타났다.

정답 및 해설

001 정답 ②

해설 공주 석장리 유적은 대표적인 구석기 시대의 유적이다. 또한 나열된 유물인 주먹도끼, 찍개 등으로 구석기 시대임을 알 수 있다.
② 구석기 시대의 주거형태이다.

오답 살펴보기
① 신석기 시대
③④⑤ 청동기 시대

002 정답 ④

해설 제시된 유물은 청동기 시대의 유물인 농경무늬가 들어간 청동기이다.
④ 청동기와 철기 등의 금속제품을 만들기 위하여 거푸집이라는 틀이 사용되었다.

오답 살펴보기
① 구석기, 신석기 시대
② 신석기 시대
③ 후기 구석기(중석기)

정답 및 해설

003 정답 ④

해설 (가)는 신석기 시대의 빗살무늬 토기, (나)는 청동기 시대의 미송리식 토기이다.

오답 살펴보기

①② 철기 시대
③ 최초의 기록은 신라 지증왕 재위 시기에 나타나지만 철기 시대부터 시행된 것으로 추정된다.
⑤ 청동기 시대

004 정답 ②

해설 제시된 유물(빗살무늬 토기, 치레걸이, 갈돌)은 신석기 시대 유물이다.

오답 살펴보기

①③④ 철기 시대
⑤ 청동기 시대

003 (가), (나) 유물이 처음 사용된 시대에 나타난 사회 모습으로 옳은 것은? [2점]

① (가) – 널무덤과 독무덤을 만들었다.
② (가) – 거푸집을 사용해 세형 동검을 만들었다.
③ (나) – 소를 이용하여 밭을 갈았다.
④ (나) – 많은 인력을 동원하여 고인돌을 만들었다.
⑤ (가), (나) – 권력을 가진 군장이 백성을 다스렸다.

004 (가) 시대의 생활 모습으로 옳은 것은? [2점]

① 세형 동검을 제작하였다.
② 가락바퀴를 이용하여 실을 뽑았다.
③ 사람이 죽으면 독에 넣어 매장하였다.
④ 반량전 등의 중국 화폐를 사용하였다.
⑤ 목책과 환호로 외부 침입에 대비하였다.

005 밑줄 그은 ㉠~㉤에 대한 설명으로 옳지 않은 것은? [2점]

> 고조선은 ㉠ 단군왕검에 의해 건국되었다. 단군왕검의 건국 이야기는 오랜 세월을 거치면서 전승되어 기록으로 남겨진 것으로 ㉡ 여러 사서에 수록되어 있다.
> 기원전 3세기경에는 부왕, 준왕과 같은 강력한 왕이 등장하여 왕위를 세습하였으며 왕 아래 ㉢ 여러 관직을 두었다. 진·한 교체기에 중국이 혼란에 휩싸이게 되면서 ㉣ 대규모의 유이민이 몰려오기도 하였다. 고조선에는 ㉤ 8조의 법이 있었다.

① ㉠ – 제사장이면서 정치적 지배자였다.
② ㉡ – 삼국유사, 제왕운기 등이 있다.
③ ㉢ – 국상, 막리지 등이 있었다.
④ ㉣ – 철기 문화를 보유하고 있었다.
⑤ ㉤ – 사유 재산을 중시하는 조항이 있다.

006 밑줄 그은 '이 나라'에 대한 설명으로 옳은 것은? [2점]

> 이 나라에서는 철이 생산되는데 한(韓)·예(濊)·왜인(倭人)들이 모두 와서 사간다. 시장에서의 매매는 철을 이용하는데, 마치 중국에서 돈을 쓰는 것과 같다. 또 두 군(郡)에도 공급하였다.
> –「삼국지」–

① 김해 지역을 중심으로 발전하였다.
② 읍군과 삼로라는 지배자가 있었다.
③ 1책 12법이라는 엄격한 법이 있었다.
④ 단궁, 과하마, 반어피 등을 생산하였다.
⑤ 10월에 무천이라는 제천 행사를 열었다.

007 (가) 국가에 대한 설명으로 옳은 것은? [3점]

> 주나라가 쇠약해지자, 연나라가 스스로 왕(王)이라 칭하고 동쪽으로 침략하려 하였다. (가) 의 후(侯) 역시 스스로 왕을 칭하고 군사를 일으켜 연나라를 공격하려 하였다. 대부 '예'가 간하므로 중지하고 '예'를 파견하여 연나라를 설득하니, 연나라도 침공하지 않았다.
> –「위략」–

① 책화라는 풍습이 있었다.
② 5부가 연합한 연맹 왕국이었다.
③ 지방 통치를 위해 담로를 두었다.
④ 왕 아래 상가, 고추가 등의 대가들이 있었다.
⑤ 부왕, 준왕 등 강력한 왕이 등장하여 왕위를 세습하였다.

정답 및 해설

005 정답 ③
해설 제시문은 고조선에 대한 내용이다.
③ 고구려의 관직명이다.
오답 살펴보기
㉠ 제정일치 사회, ㉡ 『삼국유사』, 『제왕운기』 등, ㉢ 상·대부·장군 등의 관직, ㉣ 위만세력의 이동, ㉤ 보복주의, 사유재산제, 노동력 중시, 생명 중시, 신분제 사회 등

006 정답 ①
해설 밑줄 친 이 나라는 금관가야이다.
① 금관가야는 삼한 중 변한 지역에서 성장한 국가로 김해 지역을 중심으로 발전하였다.
오답 살펴보기
② 옥저와 동예
③ 부여와 고구려
④⑤ 동예

007 정답 ⑤
해설 제시문의 (가) 국가는 고조선이다.
⑤ 기원전 3세기경 고조선에는 부왕과 준왕이 등장해 왕위를 세습하면서 왕권을 강화해 나갔다.
오답 살펴보기
① 동예
②④ 고구려
③ 백제

008 다음 자료에 해당하는 나라에 대한 설명으로 옳은 것은? [2점]

> 해마다 10월이면 하늘에 제사를 지내는데, 밤낮으로 술 마시며 노래 부르고 춤추니 이를 무천이라 한다. 또 호랑이를 신으로 여겨 제사지낸다. 읍락을 함부로 침범하면 노비와 소·말로 변상하는데 이를 책화라 한다. 사람을 죽인 사람은 죽음으로 그 죄를 갚게 한다.
> – 「삼국지」 위서 동이전 –

① 읍군이나 삼로라는 지배자가 있었다.
② 제사장인 천군이 소도를 지배하였다.
③ 8조법을 통해 사회 질서를 유지하였다.
④ 철이 많이 생산되어 낙랑, 왜 등에 수출하였다.
⑤ 마가, 우가, 저가, 구가 등이 사출도를 다스렸다.

009 (가) 나라에 대한 설명으로 옳은 것은? [2점]

> 〈사료와 유적으로 본 (가) 의 주거 생활〉
>
> • 사료(「삼국지」 위서 동이전)
> 사람들이 초가지붕이 있는 토실(土室: 흙방)을 만들어 거주하는데, 그 모양이 무덤과 비슷하다. 출입문은 위에 있으며, 어른과 아이, 남녀 구별 없이 모든 가족이 토실에서 함께 생활하였다.
>
> • 유적(공주 장선리)

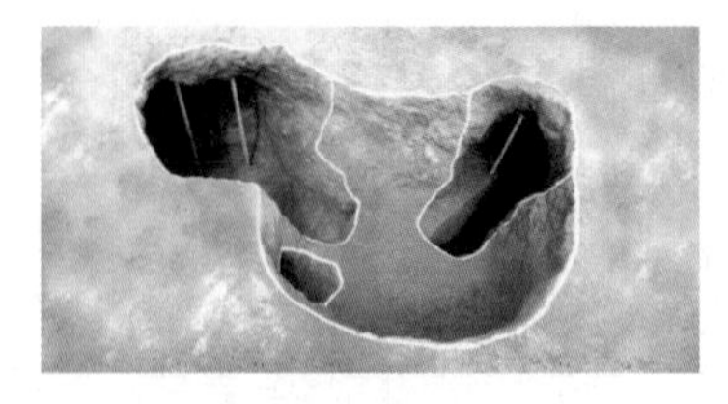

① 신성 지역으로 소도가 있었다.
② 혼인 풍속으로 민며느리제가 있었다.
③ 가(加)들이 다스리는 사출도가 존재하였다.
④ 동맹이라는 제천 행사를 열어 결속을 다졌다.
⑤ 사회 질서를 유지하기 위해 8조법을 만들었다.

정답 및 해설

008 정답 ①

해설 제시문의 무천과 책화는 동예의 풍습이다.
① 동예에는 읍군·삼로라 불리는 군장이 지배하였다.

오답 살펴보기
② 삼한
③ 고조선
④ 변한
⑤ 부여

009 정답 ①

해설 토실과 공주 장선리 유적 등의 내용으로 (가) 나라는 삼한임을 알 수 있다.
① 삼한에는 천군이 통치하는 신성 구역인 소도가 있었다.

오답 살펴보기
② 옥저
③ 부여
④ 고구려
⑤ 고조선

010 (가) 시대의 생활 모습으로 옳은 것은? [2점]

① 계급이 없는 평등한 생활을 영위하였다.
② 반달 돌칼을 이용하여 벼를 수확하였다.
③ 우경이 시작되어 깊이갈이가 가능해졌다.
④ 정착 생활이 시작되면서 움집이 나타났다.
⑤ 빗살무늬 토기에 음식을 저장하기 시작하였다.

011 다음 자료에 해당하는 나라에 대한 설명으로 옳은 것은? [2점]

> 장사를 지낼 적에는 큰 나무 곽을 만드는데, 길이가 10여 장이나 되며 한쪽 머리를 열어 놓아 문을 만든다. 사람이 죽으면 모두 가매장을 해서, …… 뼈만 추려 곽 속에 안치한다. 온 집 식구를 모두 하나의 곽 속에 넣어 두는데, 죽은 사람의 숫자대로 살아 있을 때와 같은 모습으로 나무로써 모양을 새긴다.
>
> -「삼국지」 동이전 -

① 결혼 풍속으로 민며느리제가 있었다.
② 10월에 동맹이라는 제천 행사를 하였다.
③ 단궁, 과하마, 반어피가 특산물로 유명하였다.
④ 남의 물건을 훔쳤을 때에는 12배로 갚게 하였다.
⑤ 다른 부족의 경계를 침범하면 가축이나 노비로 변상하게 하였다.

정답 및 해설

010 정답 ②

해설 (가) 시대는 청동기 시대이다. ② 반달 돌칼은 청동기 시대의 대표적인 유물이다.

오답 살펴보기
① 구석기와 신석기 시대
③ 철기 시대(문헌상 지증왕 때)
④⑤ 신석기 시대

011 정답 ①

해설 자료의 내용은 가족공동묘로 옥저의 풍습이다.
① 민며느리제는 옥저의 결혼제도이다.

오답 살펴보기
② 고구려
③ 동예
④ 부여와 고구려
⑤ 동예

012 밑줄 그은 '왕'의 업적으로 옳은 것은? [2점]

> 진나라 왕 부견이 사신과 승려인 순도를 파견하여 불상과 경문을 보내 왔다. 왕이 사신을 보내 답례로 토산물을 바쳤다. …… 처음으로 초문사를 창건하여 순도에게 절을 맡겼다. 또한 이불란사를 창건하여 아도에게 절을 맡기니, 이것이 해동 불법(佛法)의 시초가 되었다.
> -「삼국사기」-

① 신라에 침입한 왜를 격퇴하였다.
② 서안평을 공격하여 영토를 확장하였다.
③ 율령을 반포하여 국가 체제를 정비하였다.
④ 천리장성을 쌓아 당의 침략에 대비하였다.
⑤ 국자감을 설립하여 유학 교육을 실시하였다.

013 (가), (나)를 수도로 삼았던 시기의 백제에 대한 설명으로 옳은 것을 〈보기〉에서 고른 것은? [2점]

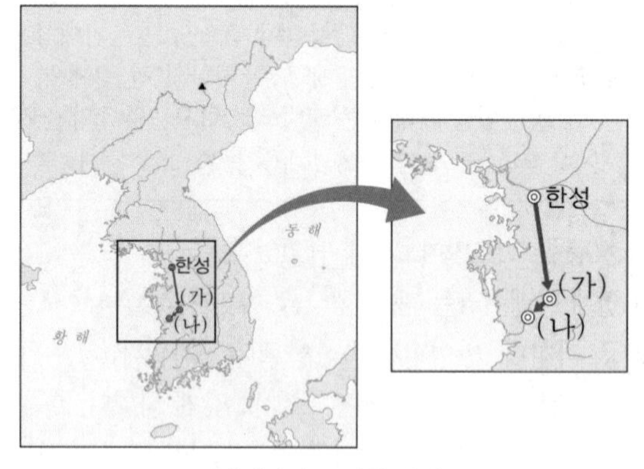

〈백제의 수도 변천 과정〉

보기

ㄱ. (가) – 고구려 평양성을 공격하였다.
ㄴ. (가) – 지방에 22담로를 설치하였다.
ㄷ. (나) – 서기라는 역사서를 편찬하였다.
ㄹ. (나) – 일시적으로 한강 유역을 되찾았다.

① ㄱ, ㄴ　② ㄱ, ㄷ　③ ㄴ, ㄷ　④ ㄴ, ㄹ　⑤ ㄷ, ㄹ

정답 및 해설

012 정답 ③

해설 순도의 불교 전파를 통해 소수림왕임을 알 수 있다.
③ 소수림왕 때 고구려에서 율령이 반포되었다.

오답 살펴보기
① 광개토대왕
② 동천왕
④ 영류왕
⑤ 국자감은 고려의 교육기관이다.

013 정답 ④

해설 제시된 자료는 백제의 수도 이동이다.
(가)는 웅진(공주), (나)는 사비(부여)이다.
ㄴ. 웅진시기 무령왕 때 사실
ㄹ. 사비시기 성왕 때 사실

오답 살펴보기
ㄱ. 한성시기(근초고왕)
ㄷ. 한성시기(근초고왕)

014 (가)~(라)에 대한 설명으로 옳은 것을 〈보기〉에서 고른 것은? [2점]

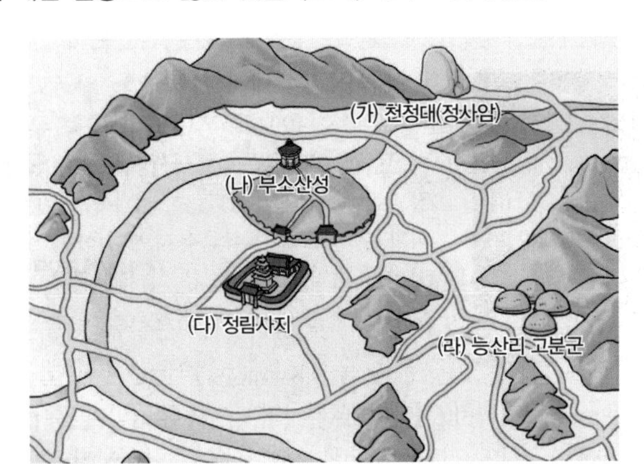

보기

ㄱ. (가) – 백제 귀족들이 회의를 하던 장소였다.
ㄴ. (나) – 백제 성왕이 신라와의 전투에서 전사한 곳이다.
ㄷ. (다) – 백제의 대표적인 5층 석탑이 남아 있다.
ㄹ. (라) – 중국 남조의 영향을 받은 벽돌 무덤이 발견되었다.

① ㄱ, ㄴ ② ㄱ, ㄷ ③ ㄴ, ㄷ ④ ㄴ, ㄹ ⑤ ㄷ, ㄹ

015 밑줄 그은 '세속 5계'를 행동 규범으로 삼았던 단체에 대한 설명으로 옳은 것은? [1점]

> (귀산 등이 이르자) 원광 법사가 말하기를 "지금 세속 5계가 있으니, 첫째는 임금을 충성으로 섬기는 것이요, 둘째는 부모를 효성으로 섬기는 것이요, 셋째는 벗을 신의로 사귀는 것이요, 넷째는 전쟁에 임하여 물러서지 않는 것이요, 다섯째는 살아있는 것을 죽일 때는 가려서 죽여야 한다는 것이니, 그대들은 이를 실행함에 소홀하지 말라."라고 하였다. –「삼국사기」–

① 박사와 조교를 두었다.
② 만장일치제로 운영되었다.
③ 경당에서 한학과 무술을 배웠다.
④ 진흥왕 때 국가적인 조직으로 정비되었다.
⑤ 귀족들로 구성되어 국가 중대사를 결정하였다.

정답 및 해설

014 정답 ②

해설 제시된 지역은 사비(부여)이다. (가)는 백제의 귀족회의 장소, (나)는 수도 사비성의 방어시설이다. (다)는 목탑양식의 5층 석탑이 남아 있는 정림사지, (라) 사비시기 무덤군으로 주로 굴식 돌방무덤이 발견된다.

오답 살펴보기
ㄴ. 관산성에 대한 설명이다.
ㄹ. 웅진(공주) 송산리 고분군에 있는 무령왕릉에 대한 설명이다.

015 정답 ④

해설 제시된 단체는 신라의 화랑도이다.
④ 화랑도는 청소년 수련단체였으나 진흥왕 때 국가조직화되었다.

오답 살펴보기
① 통일신라 시대의 국학
②⑤ 신라의 귀족회의(화백회의)
③ 고구려의 지방교육기구

정답 및 해설

016 정답 ⑤

해설 제시된 내용은 신라의 불교공인으로 밑줄 친 인물은 이차돈이다.
⑤ 이차돈의 노력으로 법흥왕 때 신라에 불교가 공인되었다.

오답 살펴보기
① 혜초
② 노리사치계
③ 원효
④ 의상

017 정답 ⑤

해설 제시문은 북한산 순수비로 이를 통해 진흥왕임을 알 수 있다.
⑤ 진흥왕 때 대가야를 정복하였다.

오답 살펴보기
① 지증왕
② 선덕여왕
③ 법흥왕
④ 지증왕

016 밑줄 그은 '인물'에 대한 설명으로 옳은 것은? [2점]

받침돌과 6면의 몸돌로 구성된 이 유물에는 한 <u>인물</u>의 순교 장면이 조각되어 있다. 하늘에서 꽃비가 내리고, 목에서 흰 피가 솟는 모습이 삼국유사에 전하는 내용과 일치한다. 2014년 2월 11일, 문화재청은 이 유물의 보물 지정을 예고하였다.

① 왕오천축국전을 저술하였다.
② 일본에 불경과 불상을 전하였다.
③ 무애가를 지어 불교 대중화에 노력하였다.
④ 부석사를 건립하고 화엄 사상을 전파하였다.
⑤ 신라에서 불교가 공인되는 계기를 마련하였다.

017 다음 자료의 왕에 대한 설명으로 옳은 것은? [1점]

- 왕 16년, 북한산을 순행하여 국경을 정하였다.
  18년, 신주를 없애고 북한산주를 설치하였다.
  29년, 북한산주를 없애고 남천주(南川州)를 설치하였다.
- 왕이 크게 인민을 얻어 …… 이리하여 관경(管境)을 순수(巡狩)하면서 민심을 ㅁㅁ하고 노고를 위로하고자 한다. …… 남천군주(南川軍主)는 …… 사탁(沙喙) 굴정차(屈丁次) 나(奈)ㅁ이다.

① 수도에 동시전을 설치하였다.
② 첨성대를 세워 천체를 관측하였다.
③ 율령을 반포하여 통치 질서를 확립하였다.
④ 지배자의 칭호를 마립간에서 왕으로 고쳤다.
⑤ 대가야를 정복하여 낙동강 서쪽을 장악하였다.

018 (가), (나)를 수도로 삼았던 시기에 있었던 사실로 옳은 것을 〈보기〉에서 고른 것은? [2점]

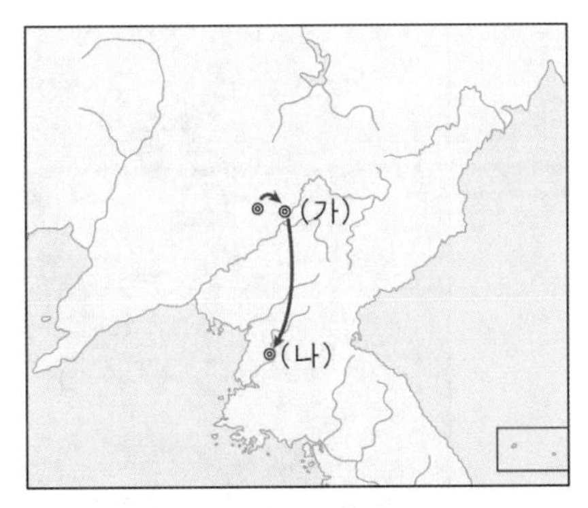

〈고구려의 수도 변천〉

보기

ㄱ. (가) – 충주 고구려비를 건립하였다.
ㄴ. (가) – 전진에서 불교가 전래되었다.
ㄷ. (나) – 위의 관구검에게 침입을 받았다.
ㄹ. (나) – 당의 침입에 대비해 천리장성을 쌓았다.

① ㄱ, ㄴ ② ㄱ, ㄷ ③ ㄴ, ㄷ ④ ㄴ, ㄹ ⑤ ㄷ, ㄹ

019 (가), (나) 사건 사이에 있었던 사실로 옳은 것은? [2점]

> (가) 왕 26년, 고구려왕 평성이 예와 공모하여 한수 이북의 독산성을 공격해왔다. 왕이 신라에 사신을 보내 구원을 요청하였다. 신라왕이 장군 주진을 시켜 갑병 3천 명을 거느리고 떠나게 하였다. 주진은 밤낮으로 행군하여 독산성 아래에 이르렀는데, 그곳에서 고구려 군사들과 일전을 벌여 크게 이겼다.
> (나) 왕 32년, 신라를 습격하기 위해 왕이 직접 보병과 기병 50명을 거느리고 구천에 이르렀는데, 신라 복병을 만나 그들과 싸우다가 신라군에게 살해되었다.
> – 「삼국사기」, 백제본기 –

① 금관가야가 멸망하였다.
② 나·당 연합군이 결성되었다.
③ 백제가 웅진으로 천도하였다.
④ 신라가 한강 하류 지역을 차지하였다.
⑤ 고구려가 신라에 침입한 왜를 물리쳤다.

정답 및 해설

018 정답 ④

해설 제시된 자료는 고구려의 수도 이전을 보여주고 있다. (가)는 국내성, (나)는 평양성이다.
ㄴ. 국내성 시기의 소수림왕 시기
ㄹ. 평양성 시기의 영류왕 시기

오답 살펴보기
ㄱ. 평양으로 천도 이후의 장수왕 시기
ㄷ. 국내성 시기의 동천왕 시기

019 정답 ④

해설 (가)는 성왕 때 나제동맹이 함께 고구려를 상대하는 모습이고, (나)는 성왕이 전사한 관산성 전투이다.
④ 성왕은 진흥왕과 연합하여 한강 유역을 회복하였다. 하지만 진흥왕에게 한강 하류 지역을 빼앗기자 관산성을 공격하던 도중 전사하였다.

오답 살펴보기
① 법흥왕
② 진흥왕 이후 진덕여왕
③ 장수왕
⑤ 광개토대왕

정답 및 해설

020 정답 ⑤

해설 제시된 자료는 가야 연맹의 중심지 이동을 보여준다.
⑤ 신라를 구원한 광개토 대왕의 공격으로 가야 연맹의 중심이 금관가야에서 대가야로 이동하게 된다.

021 정답 ①

해설 (가)는 사비 시기에 대한 내용이다. 백제의 사비 천도는 성왕 때 이루어졌기에 성왕 이후의 모습에 해당한다.
① 한성 시기인 침류왕 때의 사실이다.

오답 살펴보기
②③④ 성왕
⑤ 무왕

020 지도와 같은 변화의 원인으로 옳은 것은? [1점]

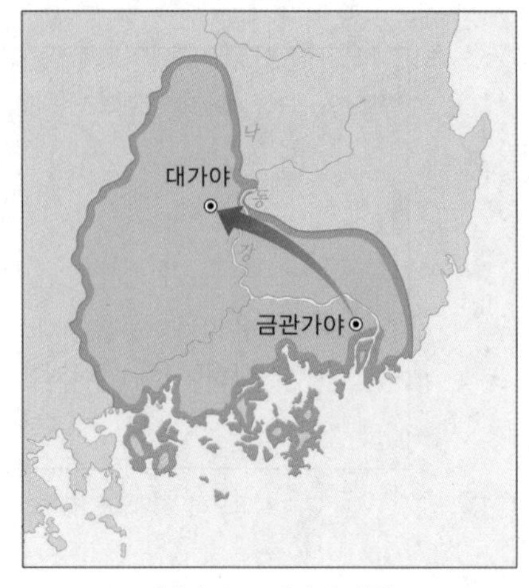

〈가야 주도 세력의 변화〉

① 근초고왕이 마한을 정복하였다.
② 지증왕이 우산국을 복속하였다.
③ 백제와 신라의 동맹이 강화되었다.
④ 장수왕이 한강 유역까지 진출하였다.
⑤ 광개토 대왕이 군대를 보내 신라를 구원하였다.

021 (가)에 들어갈 내용으로 적절하지 않은 것은? [2점]

> 4. 백제의 중흥
> 1) 웅진 시기
> • 중국 양나라와 교류
> • 22 담로에 왕족 파견, 지방 통제 강화
> 2) 사비 시기
> (가)

① 동진에서 불교 전래
② 한강 유역 일시 회복
③ 국호를 남부여로 변경
④ 중앙 관청을 22부로 정비
⑤ 미륵사 등 대규모 사찰 건립

022 (가)에 들어갈 내용으로 적절한 것은? [2점]

> ○○○ 연보
> - 진평왕 26년: 이찬(伊飡) 김용춘의 아들로 태어났다.
> - 선덕왕 11년: 대야성 전투 후 고구려에 동맹을 요청하러 갔다.
> - 진덕왕 2년: 당에 건너가 태종으로부터 군사 원조를 약속받았다.
> - 진덕왕 8년: 상대등 알천 등의 추대로 왕위에 올랐다.
> - △△왕 7년: (가)
> - △△왕 8년: 고구려 공격을 준비하던 중 59세로 죽었다.

① 안승을 보덕국의 왕으로 세웠다.
② 김흠돌의 모역 사건을 진압하였다.
③ 당과 연합하여 백제를 멸망시켰다.
④ 불교를 공인하여 왕권을 강화하였다.
⑤ 기벌포 전투에서 당의 수군을 물리쳤다.

023 (가), (나) 비석을 세운 국왕에 대한 설명으로 옳은 것은? [3점]

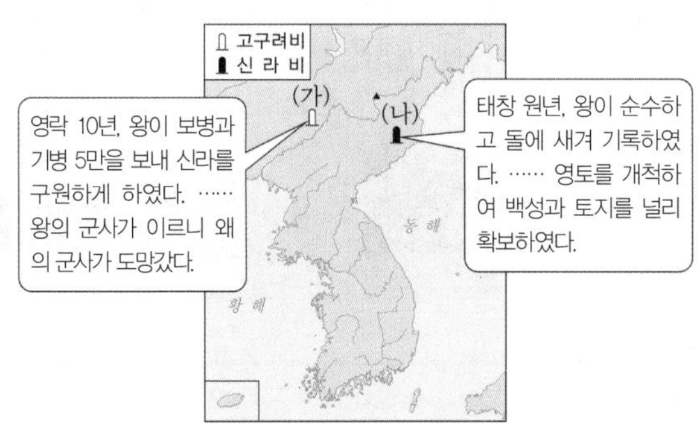

① (가) – 당의 침입을 안시성에서 물리쳤다.
② (가) – 낙랑군을 몰아내고 영토를 확장하였다.
③ (나) – 고령 지역의 대가야를 멸망시켰다.
④ (나) – 이사부를 보내 우산국을 복속하였다.
⑤ (가), (나) – 한강 유역을 놓고 서로 전쟁을 벌였다.

정답 및 해설

022 정답 ③

해설 제시된 지료는 태종 무열왕(김춘추)의 연보이다.
③ 태종 무열왕은 당과 연합하여 백제를 멸망시켰다.

오답 살펴보기
① 문무왕 때 고구려 부흥운동
② 신문왕
④ 법흥왕
⑤ 문무왕 때 나·당 전쟁

023 정답 ③

해설 (가)는 광개토대왕릉비로 아들인 장수왕에 의해 건립되었다. (나)는 마운령순수비로 신라 진흥왕에 의해 세워졌다.
③ 진흥왕은 대가야를 정복하였다.

오답 살펴보기
① 보장왕
② 미천왕
④ 지증왕
⑤ 성왕과 진흥왕

024 (가)에 들어갈 교육 기관에 대한 설명으로 옳은 것은? [3점]

> (가) 의 학생은 제12 관등인 대사(大舍)로부터 관등이 없는 사람까지인데, 그 연령은 15세부터 30세까지였다. 수업 연한은 9년이었지만 능력이 없어서 학문을 성취할 수 없는 자는 연한이 차지 않아도 퇴학을 명했다. 그러나 잠재적 능력이 있으면서도 아직 미숙한 자는 비록 9년을 넘을지라도 재학할 수 있게 하였다. 관등이 제10 관등인 대나마, 제11 관등인 나마에 이르면 학교에서 나갔다.

① 문헌공도로 불리기도 하였다.
② 중앙에서 교수나 훈도가 파견되었다.
③ 지방 관리와 서민의 자제를 교육하였다.
④ 국자학, 태학, 사문학의 유학부가 있었다.
⑤ 박사와 조교를 두고 유교 경전을 가르쳤다.

025 지도에 표시된 유적을 통한 탐구 활동으로 적절한 것을 〈보기〉에서 고른 것은? [2점]

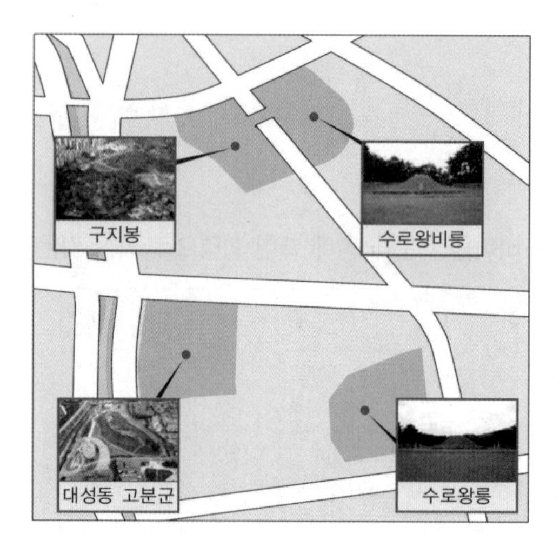

보기

ㄱ. 우산국 정벌 과정을 조사한다.
ㄴ. 거서간 칭호의 유래를 파악한다.
ㄷ. 왜와의 교류 내용에 대해 알아본다.
ㄹ. 삼국유사에 실린 가락국기의 내용을 분석한다.

① ㄱ, ㄴ ② ㄱ, ㄷ ③ ㄴ, ㄷ ④ ㄴ, ㄹ ⑤ ㄷ, ㄹ

정답 및 해설

024 정답 ⑤

해설 (가)는 통일신라 시기 건립된 국학이다.

오답 살펴보기
① 고려의 사학 12도
② 조선의 향교
③ 고려의 향교
④ 고려의 국자감

025 정답 ⑤

해설 제시된 지도의 지역은 금관가야의 유적이 남아있는 김해지역이다.
ㄷ. 가야는 왜에 철을 수출하고 스에키 토기에 영향을 미쳤다.
ㄹ. 가락국은 가야의 다른 이름이다.

오답 살펴보기
ㄱ. 지증왕 때 이사부로 하여금 우산국을 정벌하게 하였다.
ㄴ. 거서간은 신라의 왕호이다.

026 다음 상황이 일어난 시기를 연표에서 옳게 고른 것은? [1점]

> 온달이 아뢰기를 "신라가 한강 이북의 우리 땅을 빼앗아 군현으로 삼았습니다. 그곳 백성들이 안타까워하며 여전히 부모의 나라를 잊지 못하고 있습니다. 원컨대 대왕께서는 저를 어리석다 마시고 군사를 주신다면 반드시 우리 땅을 도로 찾아오겠습니다." 하니 왕이 이를 허락하였다. - 「삼국사기」 -

433		475		554		612		660		675
	(가)		(나)		(다)		(라)		(마)	
나·제 동맹		웅진 천도		관산성 전투		살수 대첩		황산벌 전투		매소성 전투

① (가) ② (나) ③ (다) ④ (라) ⑤ (마)

027 (가), (나) 사건이 일어난 시기의 국왕에 대한 설명으로 옳은 것은? [2점]

> (가) 신령한 사람이 (자장에게) 일러서 "지금 너희 나라는 여자로서 임금을 삼았기 때문에 덕은 있으나 위엄이 없으므로 이웃 나라들이 해치려고 하니 …… 황룡사에 9층탑을 세우면 이웃 나라들이 항복을 하고 9개 나라가 와서 조공할 것이며 왕위가 길이 평안하리라." 하였다. …… 귀국하여 탑을 세우는 일에 대하여 왕에게 아뢰었다.
>
> (나) 백성들이 조세를 바치지 않아 창고가 텅텅 비어 나라의 재정이 궁핍해졌다. 왕이 사자를 보내 독촉하니 이로 인해 사방에서 도둑이 벌떼처럼 일어났다. 원종과 애노 등이 사벌주를 근거지로 반란을 일으켰다.

① (가) - 화랑도를 국가적인 조직으로 정비하였다.
② (가) - 이차돈의 순교를 계기로 불교를 공인하였다.
③ (나) - 각간 위홍으로 하여금 삼대목을 편찬하게 하였다.
④ (나) - 김흠돌의 난을 진압하여 귀족들을 대거 숙청하였다.
⑤ (가), (나) - 진골 출신으로서 왕위를 계승하였다.

정답 및 해설

026 정답 ③

해설 제시문은 영양왕 즉위년 고구려가 온달을 내세워 한강유역 회복전에 나서는 모습이다.
③ 영양왕은 신라의 진평왕과 같은 시기에 재위한 임금이다. 따라서 진흥왕의 관산성 전투 이후여야 하고, 수의 공격을 막아낸 살수대첩 이전이 되어야 한다.

027 정답 ③

해설 (가)는 선덕여왕, (나)는 진성여왕 시기의 모습이다.
③ 『삼대목』은 진성여왕 때 편찬된 향가모음집이다.

오답 살펴보기
① 진흥왕
② 법흥왕
④ 신문왕
⑤ 선덕여왕은 성골 신분으로 왕위를 계승하였다.

028 밑줄 그은 ㉠에 해당하는 제도에 대한 설명으로 옳은 것은? [3점]

(거득공이) 거사의 차림으로 도성을 떠나 …… 무진주를 순행하니, 주의 향리 안길이 그를 정성껏 대접하였다. …… 이튿날 아침 거득공이 떠나면서 말하기를 "…… 도성에 올라오면 찾아오라." 하였고, 서울로 돌아와 재상이 되었다. 나라의 제도에 ㉠ 해마다 외주(外州)의 향리 한 사람을 도성에 있는 여러 관청에 올려 보내 지키게 하였다. 지금의 기인이다. 안길이 올라가 지킬 차례가 되어 도성으로 왔다.

– 「삼국유사」 –

① 좌수와 별감이라는 향임직을 두어 운영되었다.
② 대간으로 불리며 왕의 권력 행사를 비판하였다.
③ 지방 세력을 견제하기 위한 수단으로 활용되었다.
④ 수령을 보좌하고 풍속을 교정하는 기능을 하였다.
⑤ 국가 운영의 주요 사항을 결정하는 역할을 하였다.

029 다음 자료의 무덤에서 발견된 문화유산으로 옳은 것은? [3점]

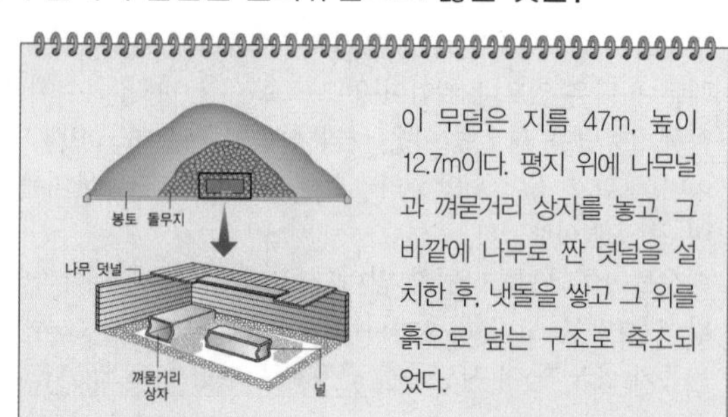

이 무덤은 지름 47m, 높이 12.7m이다. 평지 위에 나무널과 껴묻거리 상자를 놓고, 그 바깥에 나무로 짠 덧널을 설치한 후, 냇돌을 쌓고 그 위를 흙으로 덮는 구조로 축조되었다.

① 

② 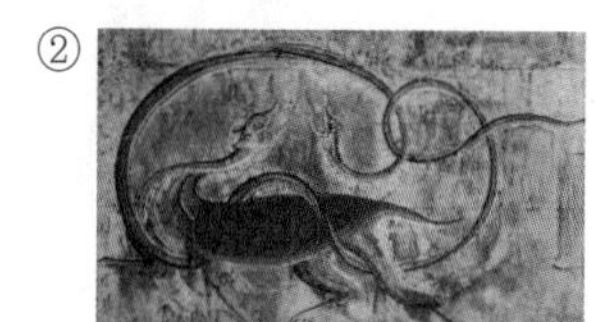

③ 

④ 

⑤ 

정답 및 해설

028 정답 ③

해설 밑줄 친 제도는 통일신라의 상수리제도이다.
③ 상수리제도는 지방 세력을 견제하기 위한 일종의 인질제도이다.

오답 살펴보기
①④ 유향소(조선)
② 고려의 대간
⑤ 귀족회의

029 정답 ①

해설 제시된 자료의 무덤은 신라의 돌무지 덧널무덤이다.
① 돌무지 덧널무덤인 천마총에서는 말의 배가리개에서 천마도가 발견되었다.

오답 살펴보기
② 고구려 강서대묘의 사신도
③ 고구려 무용총의 무용도
④ 고구려 각저총의 씨름도
⑤ 고구려 안악 3호분의 동수(무덤 주인의 이름)

030 다음 문화유산에 대한 설명으로 옳은 것은? [2점]

〈실측도〉

① 중국 남조 문화의 영향을 받았다.
② 나무로 곽을 짜고 그 위에 돌을 쌓았다.
③ 널방의 벽과 천장에 벽화가 그려져 있다.
④ 도굴이 어려운 구조로 많은 껴묻거리가 출토되었다.
⑤ 서울 석촌동에 있는 백제의 돌무지무덤과 양식이 유사하다.

031 (가)에 들어갈 문화유산으로 가장 적절한 것은? [2점]

대가야 유물 특별전

(가)

• 기간: 2014년 ○○월 ○○일 ~ ○○월 ○○일
• 장소: △△ 박물관 기획 전시실
• 관람 시간: 09:00 ~ 17:00

유네스코 '세계 유산 잠정 목록'에 등재된 고령 지산동 고분군 유물 특별 기획전을 개최합니다. 이번 전시회를 통해 대가야 문화의 우수성을 접하게 될 것입니다.

① 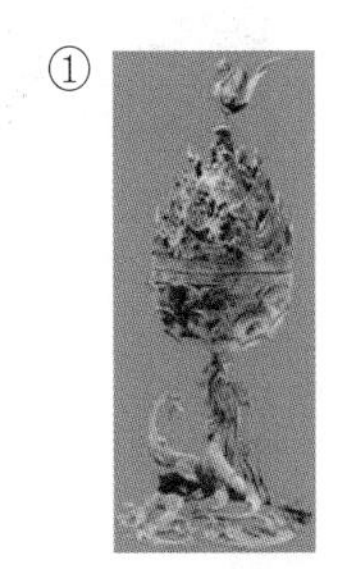

② 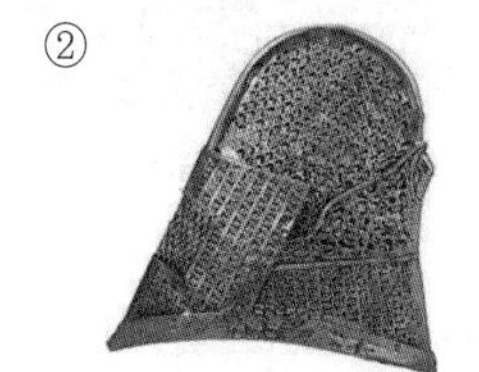

③ 

④ 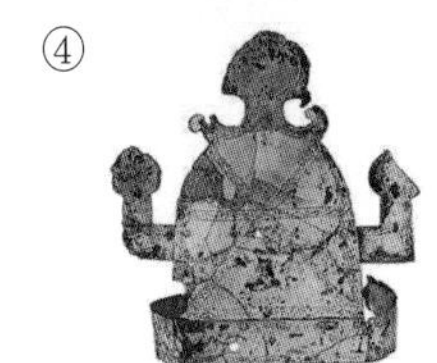

⑤ 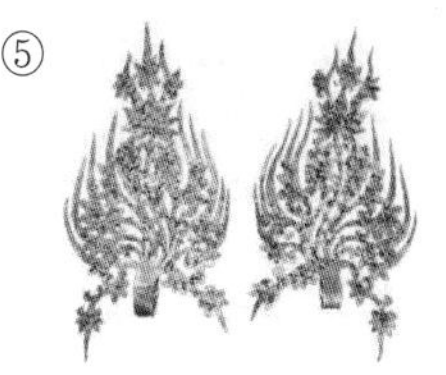

정답 및 해설

030 정답 ⑤

해설 제시된 무덤은 장군총으로 고구려 초기의 무덤양식인 돌무지무덤이다.
⑤ 고구려의 돌무지무덤은 백제 초기의 무덤인 계단식 돌무지무덤에 영향을 주었다.

오답 살펴보기
① 무령왕릉(벽돌무덤)
②④ 신라의 돌무지 덧널무덤
③ 굴식 돌방무덤

031 정답 ④

오답 살펴보기
① 백제의 금동대향로
② 백제의 금동관
③ 신라의 장식
⑤ 백제의 장식

정답 및 해설

032 정답 ④

해설 제시된 강서 대묘는 고구려의 굴식 돌방무덤이다. 천장은 모줄임 구조를 가지고 있고 도교적인 세계관이 반영된 사신도가 그려져 있다.

오답 살펴보기

④ 통일신라 시기 신라에서 제작된 굴식 돌방무덤의 특징이다.

033 정답 ②

해설 (가)는 통일신라 하대에 주로 제작된 승탑, (나)는 백제의 석탑으로 목탑의 구조를 가지고 있다. (다)는 통일신라의 전형적인 양식인 이중기단의 3층으로 제작되었고 탑신부에서 무구정광대다라니경이 발견된 불국사 3층 석탑이다.

오답 살펴보기

ㄴ. 백제 미륵사지 석탑에 대한 설명이다.

ㄹ. 나(백제) → 다(신라 중대) → 가(신라 하대) 순으로 만들어졌다.

032 교사의 질문에 대한 학생의 대답으로 적절하지 <u>않은</u> 것은? [2점]

① 고구려에서 만들어진 고분입니다.
② 모줄임 천장 구조로 되어 있습니다.
③ 벽에 그려진 사신도는 도교의 영향을 받았습니다.
④ 봉분 주위에 12지 신상이 조각된 둘레돌이 둘러져 있습니다.
⑤ 돌로 널방을 짜고 흙으로 봉분을 만든 굴식 돌방무덤입니다.

033 (가)~(다)에 대한 설명으로 옳은 것을 〈보기〉에서 고른 것은? [2점]

(가)

쌍봉사 철감선사 승탑

(나)

정림사지 오층 석탑

(다)

불국사 삼층 석탑

보기

ㄱ. (가)는 선종의 영향을 받아 만들어졌다.
ㄴ. (나)의 복원 과정에서 금제 사리 봉안기가 나왔다.
ㄷ. (다)에서 무구정광대다라니경이 발견되었다.
ㄹ. (가) – (나) – (다)의 순으로 만들어졌다.

① ㄱ, ㄴ ② ㄱ, ㄷ ③ ㄴ, ㄷ ④ ㄴ, ㄹ ⑤ ㄷ, ㄹ

034 (가)~(라)의 문화 전파 내용으로 옳은 것을 〈보기〉에서 고른 것은? [2점]

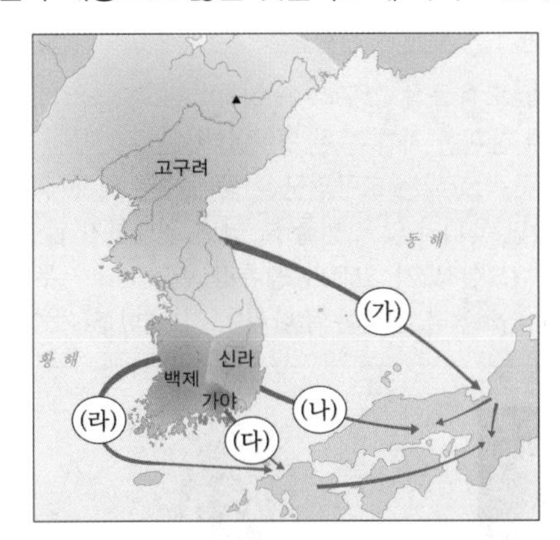

보기

ㄱ. (가) – 노리사치계는 불경과 불상을 전해주었다.
ㄴ. (나) – 혜자는 쇼토쿠 태자의 스승이 되었다.
ㄷ. (다) – 스에키 토기의 제작에 영향을 주었다.
ㄹ. (라) – 왕인은 천자문과 논어를 가르쳤다.

① ㄱ, ㄴ ② ㄱ, ㄷ ③ ㄴ, ㄷ ④ ㄴ, ㄹ ⑤ ㄷ, ㄹ

035 밑줄 그은 ㉠~㉤ 중 옳지 않은 것은? [2점]

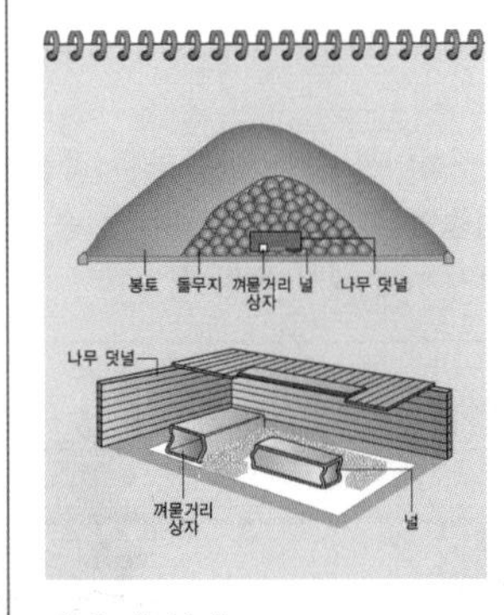

이 무덤 양식은 삼국 가운데 신라, 특히 ㉠ 경주 지역을 중심으로 주로 나타났다. 무덤 주위에 ㉡ 12지신상을 새긴 호석을 둘렀다. 나무널과 덧널을 만든 다음, 돌과 모래, 자갈, 점토 등을 다져 봉토를 만들었기 때문에 ㉢ 도굴이 용이하지 않았다.
무덤의 형태는 대부분 원형으로 다른 지역의 무덤에 비해 봉토가 크다. 대체로 5세기를 전후한 시기에 ㉣ 왕권 강화와 밀접한 연관을 맺고 만들어진 것으로 보인다. ㉤ 대표적인 무덤으로는 황남대총이 있다.

① ㉠ ② ㉡ ③ ㉢ ④ ㉣ ⑤ ㉤

정답 및 해설

034 정답 ⑤

해설 ㄷ. 가야는 일본 스에키 토기에 영향을 주었다.
ㄹ. 백제의 왕인은 천자문과 논어를 가르쳤다.

오답 살펴보기
ㄱ. 노리사치계는 백제인이다.
ㄴ. 혜자는 고구려인이다.

035 정답 ②

해설 제시된 자료의 무덤 양식은 돌무지 덧널무덤이다.
② 12지신상을 두른 무덤은 통일신라 시기 제작된 굴식 돌방무덤에서 발견된다.

036 다음 자료에 공통으로 나타난 사상과 관련된 유물로 가장 적절한 것은? [2점]

> • 천존상과 도사들을 고구려에 보내어 「도덕경」을 강론하니 왕과 도사와 일반 사람들로서 참관한 자가 수천 명이었다.
> • 백제 장군 막고해는 고구려군을 쫓아가는 태자에게, "일찍이 듣건대 무릇 만족할 줄 알면 욕되지 않고 멈출 줄 알면 위태롭지 않습니다."라고 하였다.
> • 나라에 현묘한 도가 있으니 풍류라 한다. …… 무위(無爲)의 일에 처하여 불언(不言)의 가르침을 행함은 주나라 주사(柱史)의 뜻이다.

①
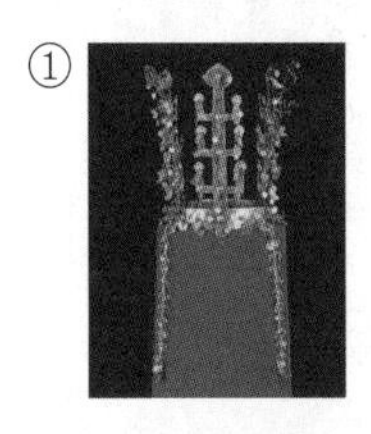

②

③

④

⑤

정답 및 해설

036 정답 ⑤

해설 제시문은 도교에 관한 내용이다.
⑤ 사신도는 동서남북의 방위신으로 도교와 관련되어 있다.

오답 살펴보기
① 신라의 금관
② 불교와 관련된 미륵보살 반가상
③ 발해의 석등
④ 호우명 그릇

037 다음 자료에 해당하는 문화유산으로 옳은 것은? [1점]

> • 종목: 국보 제9호
> • 소재지: 충청남도 부여군
> • 소개: 백제를 대표하는 석탑으로 정제된 조형미를 갖춘 아름다운 작품이다. 탑신부의 몸돌에는 모서리마다 기둥을 세워놓았는데 목조 건물 양식을 이용하였다. 당이 백제를 멸망시킨 후 그 내용을 탑신부에 새겨 놓았다.

①

②

③

④

⑤

037 정답 ①

해설 부여 정림사지 5층 석탑에 대한 내용이다.

오답 살펴보기
② 경주 불국사 다보탑
③ 발해 영광탑
④ 경주 분황사 모전 석탑
⑤ 익산 미륵사지 석탑

038 교사의 질문에 대한 학생의 답변으로 옳지 않은 것은? [2점]

① 불로장생과 현세의 구복을 추구하였습니다.
② 시경, 서경, 역경을 경전으로 삼고 있습니다.
③ 소격서가 주관하는 행사에 반영되어 있습니다.
④ 하늘에 제사를 지내는 초제와 관련이 있습니다.
⑤ 연개소문이 반대 세력을 견제하고자 장려하였습니다.

039 (가), (나)의 부흥 운동에 대한 설명으로 옳은 것을 <보기>에서 고른 것은? [2점]

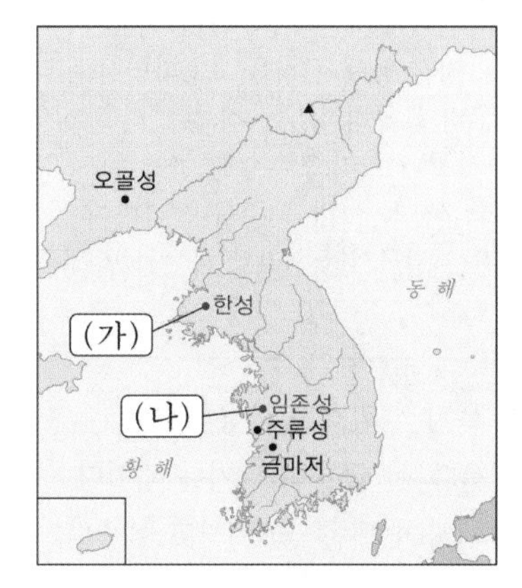

보기

ㄱ. (가) – 검모잠이 고구려를 다시 세우고자 하였다.
ㄴ. (가) – 복신과 도침이 부여풍을 왕으로 추대하였다.
ㄷ. (나) – 흑치상지가 백제 부흥 운동을 이끌었다.
ㄹ. (나) – 안승이 신라에 의해 보덕국왕으로 임명되었다.

① ㄱ, ㄴ ② ㄱ, ㄷ ③ ㄴ, ㄷ ④ ㄴ, ㄹ ⑤ ㄷ, ㄹ

정답 및 해설

038 정답 ②

해설 금동대향로와 사신도에는 도교사상이 반영되어 있다.
② 『시경』, 『서경』, 『역경』은 유교 경전이다.

039 정답 ②

해설 (가)는 고구려 부흥운동(검모잠), (나)는 백제 부흥운동(흑치상지)이다.

오답 살펴보기
ㄴ. 백제 부흥운동
ㄹ. 고구려 부흥운동

040 밑줄 그은 '왕'에 대한 설명으로 옳은 것은? [3점]

역사 신문

제△△호 689년 ○○월 ○○일

왕권 강화를 위한 개혁 단행

재작년 관료전 지급에 이어 이번에 왕이 귀족의 경제 기반인 녹읍을 폐지하겠다고 전격 발표하였다. 왕은 즉위 초 김흠돌의 난을 진압한 이래 9주 5소경의 지방 행정 조직 개편, 중앙군과 지방군의 정비 등 일련의 개혁 정책을 추진해왔는데, 이번 조치를 통해 왕권을 강화하려는 왕의 개혁 정책이 마무리되었다고 평가할 수 있다.

① 백성에게 정전을 지급하였다.
② 불교 수용을 통해 왕권을 강화하였다.
③ 국학을 설립하여 유학 교육을 실시하였다.
④ 관리 채용을 위해 독서삼품과를 시행하였다.
⑤ 나·당 전쟁에서 승리하여 삼국을 통일하였다.

041 다음 자료의 왕이 재위한 시기의 사실로 옳은 것은? [1점]

- 발해의 왕이 말하기를, "흑수말갈이 처음에는 우리에게 길을 빌려 당과 통교하였다. 그런데 지금 당에 관직을 요청하면서 우리에게 알리지 않으니 이는 반드시 당과 함께 우리를 공격하려는 것이다."라고 하였다. 이어 동생 대문예와 외숙부 임아에게 군사를 거느리고 흑수를 공격하도록 명하였다. – 「구당서」 –
- 발해의 왕이 군사를 보내 등주를 습격하여 자사 위준을 죽였다. 이에 당은 (신라인) 김사란을 귀국시켜 신라로 하여금 발해를 공격하도록 요구하였다. – 「삼국사기」 –

① 인안이라는 독자적 연호를 사용하였다.
② 거란의 침입을 받아 국가적 위기를 겪었다.
③ 전성기를 맞이하여 해동성국이라고 불렸다.
④ 5경 15부 62주의 지방 행정 제도를 갖추었다.
⑤ 수도를 상경 용천부로 옮겨 체제를 정비하였다.

정답 및 해설

040 정답 ③

해설 제시된 자료의 왕은 신문왕이다.
③ 신문왕은 국학을 세워 유교 교육을 강화하였다.

오답 살펴보기
① 성덕왕
② 소수림왕(고구려), 침류왕(백제), 법흥왕(신라)
④ 원성왕
⑤ 문무왕

041 정답 ①

해설 제시된 자료의 왕은 발해의 무왕이다.
① 무왕은 인안이라는 연호를 사용하였다.

오답 살펴보기
② 발해 멸망(대인선)
③④ 선왕
⑤ 문왕과 성왕

042 밑줄 그은 '그'가 활동할 당시의 사실로 옳은 것을 〈보기〉에서 고른 것은? [2점]

> 그의 자는 고운으로 신라 왕경(王京) 사량부 사람이다. 어려서부터 명민하였으며 학문을 좋아하였다. 12세 되던 해 부친의 권유로 당에 유학을 떠났다. 18세에 빈공과에 급제하여 당의 관리로 근무하던 중 황소의 난이 일어나자 '토황소격문'을 지었다. 29세 때 고국으로 돌아와 태산군 태수 등을 역임하다가 국왕에게 시무책 10여 조를 건의하였다. 이후 자신의 뜻을 제대로 펼치지 못하게 되자 관직을 그만두고 유랑 생활을 하면서 뛰어난 문장과 저술을 남겼다.

보기

ㄱ. 무열왕의 직계 자손이 왕위를 세습하였다.
ㄴ. 호족들이 반독립적인 세력으로 성장하였다.
ㄷ. 원종과 애노의 난 등 농민 봉기가 일어났다.
ㄹ. 의상이 화엄 사상을 바탕으로 교단을 형성하였다.

① ㄱ, ㄴ ② ㄱ, ㄷ ③ ㄴ, ㄷ ④ ㄴ, ㄹ ⑤ ㄷ, ㄹ

043 밑줄 그은 '황상'에 대한 설명으로 옳은 것은? [3점]

> 공주는 대흥 56년(792) 여름 6월 9일 임진일에 사망하니, 나이는 36세였다. 이에 시호를 정효 공주라 하였다. 이 해 겨울 11월 28일 기묘일에 염곡의 서쪽 언덕에 배장하였으니, 이것은 예의에 맞는 것이다. 황상(皇上)은 조회를 파하고 크게 슬퍼하여, 침소에 들어가지 않고 음악도 중지시켰다. ……

① 당, 신라와 적대 관계를 유지하였다.
② 해동성국이라 불릴 정도로 나라를 발전시켰다.
③ 장문휴로 하여금 산둥 반도를 공격하게 하였다.
④ 수도를 중경 현덕부에서 상경 용천부로 옮겼다.
⑤ 고구려 유민을 이끌고 동모산에서 나라를 세웠다.

정답 및 해설

042 정답 ③

해설 밑줄 친 그는 최치원이다. 최치원은 신라 하대(진성여왕 시기)에 활동하였다.
ㄴ. 신라 하대의 호족
ㄷ. 진성여왕 시기의 농민 봉기

오답 살펴보기
ㄱ. 신라 중대
ㄹ. 신라 중대(문무왕 때)

043 정답 ④

해설 정효 공주는 발해 문왕의 딸로, 황상은 발해 문왕이다.
④ 문왕은 국가체제 정비과정에서 상경 용천부로 수도를 천도하였다.

오답 살펴보기
①③ 무왕
② 선왕
⑤ 고왕(대조영)

044 정답 ②

해설 제시문의 왕은 발해의 무왕이다.
② 발해 무왕은 흑수말갈 편입과정에서 당과 마찰이 발생하자 장문휴를 보내 당의 국제무역항인 등주를 공격하였다.

오답 살펴보기
① 고왕(대조영)
③ 문왕
④⑤ 선왕

045 정답 ④

해설 제시문은 신라 하대의 혼란한 상황을 보여주고 있다.

오답 살펴보기
ㄱ. 신라 중대의 상황이다. 관료전은 신문왕 때 지급되어 경덕왕 때 폐지되었다.
ㄷ. 신라 중대의 상황이다.

044 밑줄 그은 '왕'에 대한 설명으로 옳은 것은? [2점]

왕은 즉위 후 연호를 인안(仁安)으로 하였다. …… 왕이 신하들을 불러 논의하며 말하기를, "흑수(黑水)가 처음에는 우리에게 길을 빌려 당나라와 왕래했고, 일이 있으면 모두 우리에게 알렸다. …… 지금은 당나라에 벼슬을 청하면서 우리에게 알리지 않고 있으니, 이는 반드시 우리를 배반하여 당과 함께 우리를 앞뒤에서 치려는 것이다."라고 하였다. 이어 왕은 그의 아우 대문예와 외숙 아아상을 보내 흑수를 공격하게 하였다. -「발해고」-

① 만주 동모산에서 나라를 세웠다.
② 장문휴를 보내 산둥 지방을 공격하였다.
③ 수도를 중경 현덕부에서 상경 용천부로 옮겼다.
④ 5경 15부 62주의 지방 행정 제도를 정비하였다.
⑤ 요동 지방에 진출하는 등 최대 영토를 확보하였다.

045 다음 상황이 나타난 시기의 사회 모습으로 옳은 것을 〈보기〉에서 고른 것은? [1점]

- 지금 군읍(郡邑)은 모두 도적의 소굴이 되었고, 산천은 모두 전쟁터가 되었으니, 어찌 하늘의 재앙이 우리 해동에만 흘러드는 것입니까! -「동문선」-
- 나라 안의 여러 주군(州郡)에서 공부(貢賦)를 바치지 않으니 창고가 비어 버리고 나라의 쓰임이 궁핍해졌다. 왕이 사신을 보내어 독촉하자, 이로 말미암아 곳곳에서 도적이 벌떼처럼 일어났다. 이때 원종과 애노 등이 사벌주를 근거로 반란을 일으켰다. -「삼국사기」-

보기
ㄱ. 관료전이 지급되고 녹읍이 폐지되었다.
ㄴ. 몰락한 농민들이 유랑하거나 초적이 되었다.
ㄷ. 귀족 세력이 약화되고 왕권이 전제화되었다.
ㄹ. 지방에 대한 중앙 정부의 통제력이 약화되었다.

① ㄱ, ㄴ ② ㄱ, ㄷ ③ ㄴ, ㄷ ④ ㄴ, ㄹ ⑤ ㄷ, ㄹ

046 다음 편지가 작성된 시기에 볼 수 있었던 모습으로 적절하지 않은 것은? [2점]

> 따사로운 봄이 한창입니다. 엎드려 바라옵건대 청해진에 계신 장보고 대사님의 심신에 복이 깃들기를 비옵니다. 덕분에 부족한 이 사람은 대사님께서 세우신 적산 법화원에 무사히 도착하여 잘 머물고 있습니다. 감사하고 즐겁다는 말 이외에 달리 표현할 만한 말이 없습니다.
>
> 일본국 구법승 엔닌 올림

① 귀국길에 문방구를 사가는 요의 관리
② 사신을 따라 일본으로 건너가는 발해 상인
③ 산둥 반도의 발해관에 머무르는 발해 사신
④ 남해안에 출몰하는 해적을 격퇴하는 신라 수군
⑤ 빈공과 응시를 위해 중국으로 가는 신라 유학생

047 밑줄 그은 '이 나라'에 대한 설명으로 옳지 않은 것은? [3점]

> 이 탑은 8세기에서 10세기 사이에 건립된 것으로 추정되는 누각식(樓閣式) 탑이다. 무덤 위에 벽돌로 탑을 쌓는 것은 이 나라의 독특한 양식이다. 이러한 양식은 정효 공주 무덤에서도 그 흔적을 찾아 볼 수 있다.

① 말, 모피, 인삼 등이 주요 수출품이었다.
② 인안, 대흥 등의 독자적 연호를 사용하였다.
③ 정당성의 장관인 대내상이 국정을 총괄하였다.
④ 지방관을 감찰하기 위하여 외사정을 파견하였다.
⑤ 일본에 보낸 국서에서 고구려의 후예임을 내세웠다.

정답 및 해설

046 정답 ①

해설 제시문의 엔닌은 청해진 대사 장보고의 도움으로 당에서 유학한 승려이다. 따라서 장보고가 활동한 신라 하대의 모습을 묻는 문제이다.
① 요나라는 거란족이 세운 국가로 우리나라 고려 시대 초기에 존재하였다.

047 정답 ④

해설 밑줄 친 이 나라는 발해이다.
④ 외사정은 통일신라의 지방 감찰 기구이다.

정답 및 해설

048 정답 ⑤

해설 제시된 (가) 승려는 의상이다.
⑤ 의상은 아미타 신앙과 더불어 관음 신앙을 강조하였다.

오답 살펴보기
① 지눌
② 혜심
③ 의천
④ 혜초

049 정답 ②

해설 ㄱ. 윤관의 건의를 바탕으로 별무반을 창설하였다.
ㄷ. 의천의 건의를 바탕으로 주전도감을 설치하여 해동통보 등의 화폐를 주조하였다.

오답 살펴보기
ㄴ. 무신정권 시기 고종 때 최우에 의해 창설되었다.
ㄹ. 광종의 업적이다.

048 (가) 인물의 활동으로 옳은 것은? [2점]

① 수선사 결사를 통해 불교계를 개혁하려 하였다.
② 심성의 도야를 강조한 유불 일치설을 주장하였다.
③ 불교 경전에 대한 주석서를 모아 교장을 편찬하였다.
④ 인도와 중앙아시아를 여행하고 왕오천축국전을 남겼다.
⑤ 고통받는 백성을 구제하고자 하는 관음 신앙을 강조하였다.

049 (가)에 들어갈 내용으로 옳은 것을 〈보기〉에서 고른 것은? [2점]

역사 신문

제△△호 ○○○○년 ○○월 ○○일

숙종, 친정 체제를 강화하다

조카인 헌종을 몰아내고 즉위한 숙종은 문벌 귀족을 중심으로 운영되던 정국의 변화를 시도하였다. 숙종은 국왕 중심으로 정국을 운영할 것이라는 입장을 분명히 하면서 동생이자 승려인 의천과 핵심 측근인 윤관을 중용하고, (가)

보기

ㄱ. 별무반을 창설하여 군사력을 강화하였다.
ㄴ. 삼별초를 조직하여 정권 유지에 활용하였다.
ㄷ. 해동통보를 발행하여 화폐의 통용을 추진하였다.
ㄹ. 노비안검법을 실시하여 국가 재정을 확충하였다.

① ㄱ, ㄴ ② ㄱ, ㄷ ③ ㄴ, ㄷ ④ ㄴ, ㄹ ⑤ ㄷ, ㄹ

050 (가) 기구에 대한 설명으로 옳은 것은? [2점]

① 도당으로 불리기도 하였다.
② 서경, 간쟁, 봉박을 담당하였다.
③ 충렬왕 때 첨의부로 격하되었다.
④ 공민왕의 정치 개혁 과정에서 폐지되었다.
⑤ 중서문하성의 낭사와 어사대의 관원들로 구성되었다.

051 (가) 인물에 대한 설명으로 옳은 것은? [2점]

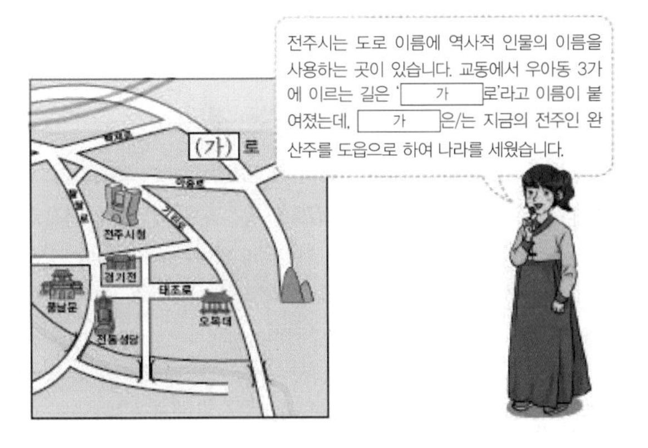

① 양길의 휘하에서 세력을 키웠다.
② 후당, 오월 등과 국제적으로 교류하였다.
③ 광평성을 비롯한 여러 관서를 설치하였다.
④ 송악의 호족 출신으로 나주를 점령하였다.
⑤ 신라에 대해 적극적인 우호 정책을 펼쳤다.

정답 및 해설

050 정답 ④

해설 (가) 기구는 정방이다.
④ 정방은 공민왕의 정치 개혁 과정에서 폐지되기도 하였다.

오답 살펴보기
① 도평의사사
②⑤ 대간
③ 중서문하성과 상서성

051 정답 ②

해설 제시된 자료의 (가) 인물은 견훤이다.
② 견훤이 완산주(전주)에 도읍을 정했던 후백제는 국제적 지위 확보를 목적으로 후당·오월 등의 국가와 교류하였다.

오답 살펴보기
①③ 궁예
④⑤ 왕건

정답 및 해설

052 정답 ③

해설 제시문의 (가)는 서희이다.
③ 서희는 거란과의 외교담판으로 강동 6주를 획득하였다.

오답 살펴보기
① 원간섭기 때 상실하였다가 충렬왕 때 회복한 영토
② 조선 세종 때 확장한 영토
④ 고려 예종 때 확장한 영토
⑤ 공민왕 때 무력으로 탈환한 영토

053 정답 ⑤

해설 밑줄 친 왕은 공민왕이다.
⑤ 공민왕은 반원정책의 일환으로 원의 간섭기구인 정동행성 이문소를 혁파하였다.

오답 살펴보기
① 발해의 교육기관
② 충선왕
③ 조선 중종(조광조)
④ 원성왕

052 (가) 인물에 대한 설명으로 옳은 것은? [1점]

ㅇㅇ 신문

제△△호 2009년 ㅇㅇ월 ㅇㅇ일

우리 외교를 빛낸 인물

외교통상부는 '우리 외교를 빛낸 인물'로 고려 초의 문신 (가) 을/를 첫 번째로 선정하였다. (가) 은/는 993년(성종 12)에 외교로써 군사적 충돌을 막고 영토를 확장한 인물로 뛰어난 외교관이자 협상가였다.

① 동녕부를 회복하였다.
② 4군 6진을 개척하였다.
③ 강동 6주를 획득하였다.
④ 동북 9성을 축조하였다.
⑤ 쌍성총관부를 수복하였다.

053 밑줄 그은 '왕'이 실시한 정책으로 옳은 것은? [3점]

> 왕이 원의 제도를 따라 변발(辮髮)을 하고 호복(胡服)을 입고 전상(殿上)에 앉아 있었다. 이연종이 말하기를, "변발과 호복은 선왕(先王)의 제도가 아니옵니다. 원컨대 전하께서는 본받지 마소서."라고 하니, 왕이 기뻐하며 즉시 변발을 풀어 버렸다.

① 주자감을 세웠다.
② 만권당을 설치하였다.
③ 소격서를 폐지하였다.
④ 독서삼품과를 실시하였다.
⑤ 정동행성 이문소를 폐지하였다.

054 (가) 국왕의 정책으로 옳은 것은? [2점]

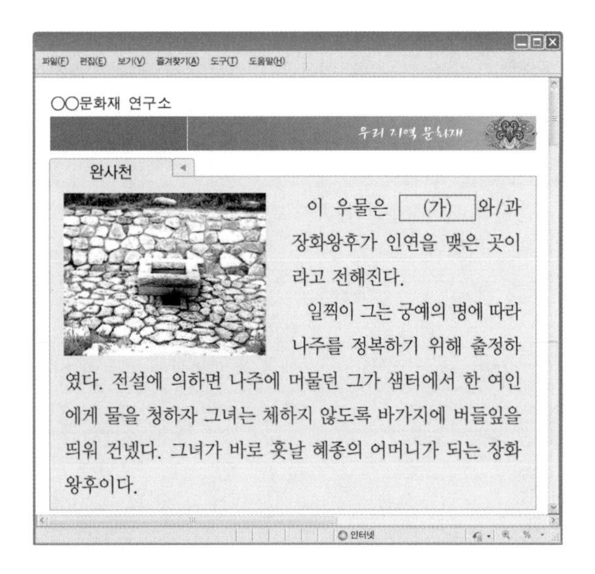

① 5도 양계의 지방 제도를 완비하였다.
② 기인 제도와 사심관 제도를 실시하였다.
③ 과거 제도를 실시하여 인재를 등용하였다.
④ 2성 6부제를 토대로 중앙 통치 조직을 정비하였다.
⑤ 전시과 제도를 마련하여 관리에게 토지를 지급하였다.

정답 및 해설

054 정답 ②

해설 제시문은 후삼국 시기 궁예의 명령으로 나주를 점령한 왕건이 장화왕후와 인연을 맺은 내용이다. 따라서 (가) 국왕은 태조 왕건이다.
② 왕건은 고려 건국 이후 지방 호족의 통제 정책으로 기인 제도와 사심관 제도를 시행하였다.

오답 살펴보기
① 현종
③ 광종
④ 성종
⑤ 경종

055 다음 상소문을 올린 인물에 대한 설명으로 옳은 것은? [2점]

> 엎드려 보건대, 적신 이의민은 성품이 사납고 잔인하여 윗사람을 업신여기고 아랫사람을 능멸하였습니다. 임금 자리를 흔들고자 꾀하니 화의 불길이 커져 백성이 살 수 없으므로 신 등이 폐하의 위령(威靈)에 힘입어 일거에 소탕하였습니다. 원컨대 폐하께서는 옛 정치를 혁신하고 새로운 정치를 도모하시어 태조의 바른 법을 행하여 빛나게 중흥하소서. 삼가 열 가지 일을 조목으로 아룁니다.

① 이자겸과 함께 난을 일으켰다.
② 묘청의 서경 천도 운동을 진압하였다.
③ 성종에게 지방관의 파견을 건의하였다.
④ 외교 담판으로 강동 6주를 획득하였다.
⑤ 교정도감을 설치하여 권력을 행사하였다.

055 정답 ⑤

해설 제시문은 최충헌이 명종에게 올린 봉사 10조의 내용이다.
⑤ 최충헌은 교정도감을 설치하여 권력을 장악하였다.

오답 살펴보기
① 척준경
② 김부식
③ 최승로
④ 서희

정답 및 해설

056 정답 ⑤

해설 제시문은 기철 일파를 제거한다는 내용으로 공민왕의 개혁 정치이다.

⑤ 공민왕의 재위 기간은 원간섭기가 시작된 개경 환도 이후이면서 우왕 때인 위화도회군 사이에 위치한다.

057 정답 ②

해설 제시된 자료의 부대는 윤관의 건의로 창설된 별무반이다.

② 별무반은 여진 토벌을 목적으로 만들어진 특수군이다.

오답 살펴보기

① 고려의 중앙군

③ 고려의 주진군, 조선 후기의 5군영

④⑤ 삼별초

056 다음 사실이 있었던 시기를 연표에서 옳게 고른 것은? [2점]

> 왕이 이르기를, "그들은 임금을 능가하는 위세를 빙자하여 나라의 법도를 흔들고, 관리의 임명을 좌우하며 …… 다른 사람의 토지와 노비를 빼앗았다. 다행히 반역의 무리인 기철 등과 간악하고 부정한 무리인 수경 등은 이미 나라의 법대로 처단되었으니, 협박을 받아 그들에게 따른 자는 죄를 묻지 않겠노라. 이제부터는 법령을 준수하고 기강을 정돈하여 온 나라 사람이 모두 새로이 출발할 것을 기약하노라."라고 하였다.
>
> –「고려사절요」–

918		1019		1170		1232		1270		1388
	(가)		(나)		(다)		(라)		(마)	
고려 건국		귀주 대첩		무신 정변		강화 천도		개경 환도		위화도 회군

① (가) ② (나) ③ (다) ④ (라) ⑤ (마)

057 밑줄 그은 '이 부대'에 대한 설명으로 옳은 것은? [3점]

> '적(賊)에게 패한 까닭이 그들은 기병인데 우리는 보병이라 대적할 수 없었다.'라는 상소에 따라 비로소 이 부대가 설립되었다. …… 무릇 말을 가진 자를 신기군으로 삼았다. 말이 없는 자는 신보·도탕·경궁·정노·발화 등의 군으로 삼았고, 20살 이상 남자들로 거자(擧子)가 아니면 모두 신보군에 속하게 하였다. …… 승려를 뽑아서 항마군으로 삼아 다시 군사를 일으키고자 하였다.
>
> –「고려사」–

① 2군 6위로 편제되었다.
② 여진을 정벌하기 위해 조직되었다.
③ 일정한 급료를 받는 상비군이었다.
④ 무신 정권을 유지하는 사병 역할을 하였다.
⑤ 강화도에서 진도로 근거지를 옮겨 활동하였다.

058 다음 책의 훼손된 부분에 들어있는 사실로 옳은 것은? [3점]

> 삼국사기 신라본기
>
> 청해진의 대사 장보고가 자신의 딸이 왕비가 되지 못한 것을 원망하여 반기를 들었다. ……
>
> – 218 –

> 삼국사기 신라본기
>
> 궁예가 신라의 제도를 따라 백관을 설치하였다. 국호를 마진, 연호를 무태라 하였다. 패강도 10여 주현이 궁예에 투항하였다. ……
>
> – 225 –

① 국학이 설립되었다.
② 김헌창의 난이 일어났다.
③ 관료전이 지급되고 녹읍이 폐지되었다.
④ 왕건이 신하들의 추대로 왕위에 올랐다.
⑤ 견훤이 완산주에 도읍하고 후백제를 세웠다.

059 (가) 군사 조직에 대한 설명으로 옳은 것은? [2점]

> 〈답사 보고서〉
>
> **대몽 항쟁 유적지를 찾아서**
>
> 1. 진도의 용장산성
>
> 용장산성의 궁궐터
>
> 몽골군에 항복한 고려 왕실은 1270년 개경으로 환도하였다. (가) 은/는 해산 명령을 받았으나 굴복하지 않고 끝까지 싸울 것을 주장하며 진도로 근거지를 옮겼다. 이곳에서 배중손의 지도하에 궁궐과 성곽을 쌓고 몽골에 대항하였다.

① 국경 지대인 양계에 처음 설치되었다.
② 유사시에 향토 방위를 맡는 예비군이었다.
③ 포수, 사수, 살수의 삼수병으로 편제되었다.
④ 최씨 무신정권의 군사적 기반 역할을 하였다.
⑤ 병농일치의 부대로 군인전이 지급되지 않았다.

정답 및 해설

058 정답 ⑤

해설 제시문의 앞 사건은 통일 신라 하대 장보고의 난이고, 뒤 사건은 궁예의 후고구려 건국(901)이다.
⑤ 견훤의 후백제는 궁예의 후고구려보다 1년 앞선 900년 건국되었다.

오답 살펴보기
①③ 신문왕
② 헌덕왕(장보고의 난 이전)
④ 고려 건국(918)

059 정답 ④

해설 제시된 자료의 (가) 군사 조직은 삼별초이다.
④ 삼별초는 최우에 의해 창설된 야간 수도 경비 부대였다. 이후 최씨 무신정권의 군사적 기반이 되었다.

오답 살펴보기
① 주진군
② 조선의 잡색군과 속오군
③ 조선의 훈련도감
⑤ 고려의 주현군

060 (가)에 대한 설명으로 옳은 것은? [2점]

> 국가가 (가) 을/를 설치하여 시중·평장사·참지정사·정당문학·지문하성사로 판사를 삼고, 판추밀 이하로 사를 삼아, 큰일이 있을 때마다 회의하였다. 한 해에 한 번 모이기도 하고 여러 해 동안 모이지 않기도 하였다. -「역옹패설」-

① 6부를 통해 행정 실무를 맡아보았다.
② 국방과 군사 문제를 주로 논의하였다.
③ 화폐와 곡식의 출납에 대한 회계를 전담하였다.
④ 관원은 중서문하성의 낭사와 함께 대간으로 불렸다.
⑤ 관리를 임명할 때 심사하여 동의하는 권한이 있었다.

061 (가)에 들어갈 정치 기구에 대한 설명으로 옳은 것은? [2점]

> (가) 을/를 설치하고 2군 6위의 상장군, 대장군이 모두 여기에 모여 회의하게 하였다. 의종, 명종 이래로 (가) 의 권한이 더욱 커졌다. …… 고려가 끝날 때까지 폐지되지 않았다.

① 군사 기밀과 왕명 출납을 담당하였다.
② 무신의 최고 회의 기구 역할을 하였다.
③ 고려 말에 도평의사사로 명칭이 바뀌었다.
④ 6부의 하나로 군사 관련 업무를 담당하였다.
⑤ 최충헌이 집권하면서 권력의 핵심 기구가 되었다.

062 다음 상소문을 수용한 국왕의 정책으로 옳은 것은? [3점]

> 지난 다섯 왕께서 하신 정치와 교화가 잘 되었거나 잘못된 사적을 삼가 기록하여 거울삼을 만한 일, 경계할 만한 일들을 조목별로 아뢰겠습니다. …… 저는 비록 어리석으나 국가 중직에 있으면서 진언할 마음도 있었고, 또 회피할 길도 없으므로 당면한 시국 대책 28개 조항을 첨부하여 올립니다.

① 노비안검법을 실시하여 왕권을 강화하였다.
② 향리제를 마련하여 지방 세력을 통제하였다.
③ 5도와 양계를 설치하여 지방 행정을 정비하였다.
④ 정계와 계백료서를 지어 관리의 규범을 제시하였다.
⑤ 국학을 성균관으로 개칭하여 유교 교육을 강화하였다.

정답 및 해설

060 정답 ②

해설 (가)는 도병마사이다.
② 도병마사는 국방상 중요한 문제를 논의하는 재추회의였다.

오답 살펴보기
① 상서성
③ 삼사
④ 어사대
⑤ 대간

061 정답 ②

해설 (가)는 무신들의 합좌기구인 중방이다.
② 중방은 무신들의 최고 회의 기구 역할을 하였다.

오답 살펴보기
① 중추원
③ 도병마사
④ 병부
⑤ 교정도감

062 정답 ②

해설 제시문은 최승로의 5조정적평과 시무 28조이다. 따라서 국왕은 성종이다.
② 성종 때 지방의 향직제도 정비가 나타났다.

오답 살펴보기
① 광종
③ 현종
④ 태조
⑤ 충렬왕

063 다음 유훈을 남긴 왕의 대외 정책에 대한 설명으로 옳은 것은? [2점]

> 첫째, 불력으로 나라를 세웠으니 불교를 장려하고 사원이 폐단을 엄단하라.
> …
> 다섯째, 서경은 지맥의 근본이니 3년마다 100일 이상 머물도록 하라.
> …
> 열째, 경전과 역사서를 널리 읽고 온고지신의 교훈으로 삼아라.

① 금국 정벌을 천명하였다.
② 발해를 멸망시킨 거란을 적대시하였다.
③ 중국의 남조와 교류하여 문물을 수용하였다.
④ 청해진을 설치하여 동아시아 해상 무역을 장악하였다.
⑤ 일본에 국서를 보내 고구려와 부여 계승을 표방하였다.

064 다음 가상 일기에 나타난 시대의 과거 제도에 대한 설명으로 옳은 것을 〈보기〉에서 고른 것은? [2점]

> ○○○○년 ○○월 ○○일 맑음
> 국자감시에 합격한 지도 벌써 3년이 다 되었다. 예부시 제술업에 응시해야 하는데, 공부가 잘 되지 않아 걱정이다. 크게 기대하시는 부모님을 생각해서라도 더욱 열심히 해야겠다.

보기
ㄱ. 하급 실무직을 뽑는 취재가 운영되었다.
ㄴ. 제술과, 명경과, 잡과, 승과로 구성되었다.
ㄷ. 지공거와 합격자 사이에 좌주와 문생 관계가 형성되었다.
ㄹ. 인재를 천거받아 대책(對策)으로 시험본 현량과가 실시되었다.

① ㄱ, ㄴ ② ㄱ, ㄷ ③ ㄴ, ㄷ ④ ㄴ, ㄹ ⑤ ㄷ, ㄹ

정답 및 해설

063 정답 ②

해설 제시된 국왕은 태조 왕건이다.
② 왕건은 발해 왕자 대광현의 귀부를 받아들이고 훈요십조에 거란을 배척할 것을 명시하였다.

오답 살펴보기
① 인종 때 묘청 등의 서경세력
③ 백제
④ 장보고
⑤ 발해

064 정답 ③

해설 제시된 자료에 나타난 시기는 고려 시대이다.
ㄴ. 고려 시대에는 문과(제술과·명경과) 외에도 잡과와 승과가 실시되었다.
ㄷ. 고려 시대 과거 합격자들은 자신들을 뽑아준 지공거를 스승으로 여기는 좌주–문생 관계를 형성하였다.

오답 살펴보기
ㄱ. 취재는 조선 시대에 실시되었다.
ㄹ. 현량과는 조선 시대(중종)에 조광조의 건의로 시작되었다.

065 밑줄 그은 '왕'의 정책으로 옳지 않은 것은? [3점]

홍건적이 쳐들어오자 왕은 왕비인 노국 공주와 함께 개경을 떠나 안동 지방으로 피난하였다. 그곳의 부녀자들이 모두 나와서 왕비가 강을 건널 때 사람으로 다리를 놓아 건너게 하였다고 전해진다. 그 뒤 안동 지방의 부녀자들이 정월 보름날 이를 재연한 것이 풍속이 되었다.

① 노비안검법을 실시하였다.
② 정동행성 이문소를 폐지하였다.
③ 기철 등 부원 세력을 숙청하였다.
④ 신돈을 기용하여 전민변정도감을 설치하였다.
⑤ 쌍성총관부를 공격하여 철령 이북의 땅을 수복하였다.

066 다음 제도에 대한 설명으로 옳은 것은? [2점]

무릇 경성(京城)에 거주하여 왕실을 시위(侍衛)하는 자는 시산(時散)*을 막론하고 과(科)에 따라 과전(科田)을 받는다. –「고려사」, 공양왕 3년 –

*시산(時散): 현직, 전직 관리

① 춘주위답을 지급하였다.
② 전지와 시지를 나누어 주었다.
③ 인품과 관품을 고려하여 지급하였다.
④ 세금을 거두어 수조권자에게 분급하였다.
⑤ 경기 지방에 한정하여 지급하는 것이 원칙이었다.

정답 및 해설

065 정답 ①

해설 밑줄 친 왕은 공민왕이다.
① 광종의 정책이다.

066 정답 ⑤

해설 제시된 자료의 제도는 과전법이다.
⑤ 과전법은 관리들에게 지급된 수조권으로 경기 지방에 한하여 지급되었다.

오답 살펴보기
① 통일신라
② 전시과
③ 시정전시과
④ 관수관급제

067 지도의 (가)~(다) 국가와 고려의 교역으로 옳은 것은? [2점]

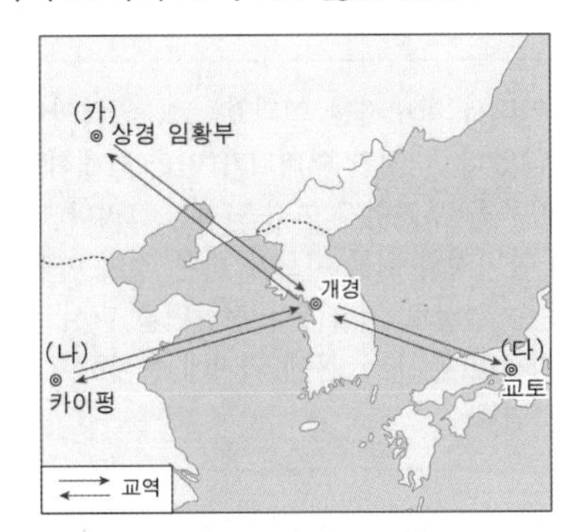

① (가)와 경원 개시를 통해 교역하였다.
② (가)에서 수입한 주요 물품은 수은, 황 등이었다.
③ (나)와의 무역에서 만상이 활동하였다.
④ (나)에 수출한 주요 물품은 금, 은, 인삼 등이었다.
⑤ (다)의 요청으로 3포를 개항하였다.

068 (가) 항구가 국제 무역으로 번영을 누린 시기의 경제 상황으로 옳은 것은? [3점]

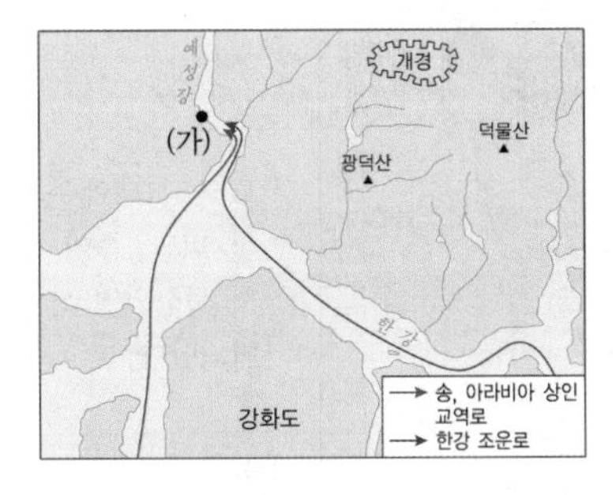

① 상평통보가 전국적으로 유통되었다.
② 경강상인이 포구를 근거지로 활동하였다.
③ 서적점, 다점 등의 관영 상점이 설치되었다.
④ 책문에서 후시가 열려 사무역이 이루어졌다.
⑤ 중국과의 활발한 교류로 신라방이 만들어졌다.

067 정답 ④

해설 (가)는 거란, (나)는 송, (다)는 일본이다.
④ 송은 고려의 중요 무역대상으로 금, 은, 인삼 등을 수출하였다.

오답 살펴보기
①③ 조선 후기
②⑤ 일본과의 무역

068 정답 ③

해설 (가)는 벽란도로 고려 시대 국제 무역항이었다.
③ 고려 시대 국가가 운영하는 관영 상점이 설치되어 운영되었다.

오답 살펴보기
①②④ 조선 후기
⑤ 통일신라

069 다음 상황이 나타난 시기의 사회 모습으로 옳은 것은? [2점]

> 이승장은 어려서 아버지를 여의었는데, 의붓아버지가 집이 가난하다며 공부를 시키려 하지 않았다. 하지만 어머니가 이를 반대하면서 "제가 먹고 사는 것 때문에 수절하지 못했음을 부끄럽게 여겼습니다. 그러나 아이가 다행히 학문에 뜻을 두고 있으니, 아이 아버지의 뒤를 따르게 하는 것이 마땅할 것입니다. 만약 그렇게 못한다면 제가 무슨 얼굴로 지하에서 전남편을 다시 보겠습니까?"라고 말하여, 공을 솔성재에 입학시켰다. …… 봄에 과거에 응시하여 김돈중의 문생으로 진사시에 2등으로 합격하였다.
>
> – 이승장 묘지명 –

① 재산 상속에서 큰아들이 우대받았다.
② 문중을 중심으로 서원과 사우가 세워졌다.
③ 사위와 외손자에게도 음서의 혜택이 주어졌다.
④ 대를 잇기 위해 양자를 들이는 일이 일반화되었다.
⑤ 혼인 후에 곧바로 남자 집에서 생활하는 경우가 보편화되었다.

070 (가)의 주민에 대한 설명으로 옳은 것은? [2점]

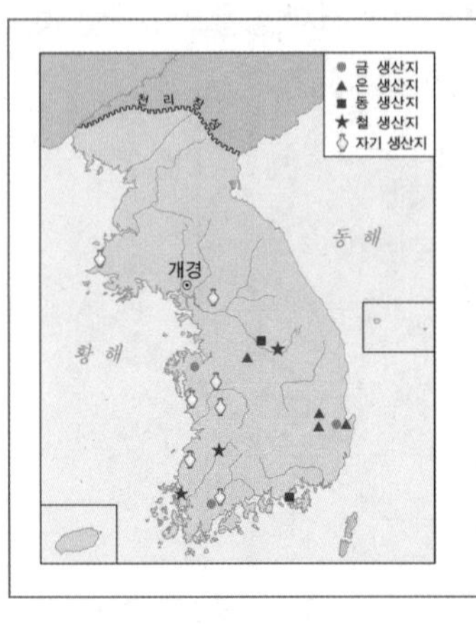

> 고려 시대에는 금·은·동·철·자기를 비롯한 실·비단·종이·기와·소금·먹 등이 (가)에서 생산되었고, 그 이름이 생산 물품에 따라 구별되었다.

① 주인에게 해마다 신공을 바쳤다.
② 중류층에 속하며 남반이라 불렸다.
③ 수공업 활동에 종사하면서 급료를 받고 생활하였다.
④ 다른 지역으로 이주하는 것이 원칙적으로 금지되었다.
⑤ 천민 신분으로 분류되며 지방 관아에서 잡역에 종사하였다.

정답 및 해설

069 정답 ③

해설 제시문은 고려 시대의 사회상이다. 좀 더 세분화하면 김돈중(김부식의 아들)의 이름을 통해 문벌귀족 시기임을 유추할 수 있다.
③ 고려 시대에는 사위와 외손자에게도 음서의 혜택이 주어졌다.

오답 살펴보기
①②④⑤ 조선 후기

070 정답 ④

해설 제시된 자료의 (가)는 고려 시대 특수행정구역인 향·부곡·소이다.
④ 향·부곡·소는 다른 지역에 비해 과중한 세금을 부담하였기에 이탈민을 막기 위한 정책으로 거주이전의 자유가 금지되었다.

오답 살펴보기
① 외거노비
② 하급관리
③ 수공업자
⑤ 공노비

071 다음 자료에 나타난 사상에 대한 설명으로 옳은 것을 〈보기〉에서 고른 것은? [2점]

> 짐은 삼한 산천의 음덕(陰德)을 받아 왕업을 이루었다. 서경은 수덕(水德)이 순조로워 우리나라 지맥의 근본이 되며, 대업을 만대에 전할 땅이므로 마땅히 봄, 여름, 가을, 겨울의 중간 달에 순행하여 1백 일 이상 머물러 왕실의 안녕을 도모하게 하라.

보기

ㄱ. 소학 보급의 명분으로 활용되었다.
ㄴ. 비보사찰 건립의 이론적 근거가 되었다.
ㄷ. 양반 사대부의 산송(山訟)에 영향을 끼쳤다.
ㄹ. 최승로가 올린 시무 28조의 사상적 배경이 되었다.

① ㄱ, ㄴ　② ㄱ, ㄷ　③ ㄴ, ㄷ　④ ㄴ, ㄹ　⑤ ㄷ, ㄹ

072 밑줄 그은 '이 불상'으로 옳은 것은? [3점]

> 경상북도 영주에 있는 부석사는 의상이 창건한 사찰이다. 이 사찰의 무량수전에는 흙으로 빚은 대형 소조상이 있는데, 서방 극락 세계를 주관하는 부처를 항마촉지인의 자세로 구현하였다. <u>이 불상</u>은 통일 신라의 불상 양식을 계승한 것으로 국보 제45호로 지정되었다.

①

②

③

④

⑤

정답 및 해설

071 정답 ③

해설 제시된 자료에 나타난 사상은 풍수지리설이다.
ㄴ. 태조는 명당터에 국가를 보호하는 비보사찰을 건립하였다.
ㄷ. 조선 시대 명당터에 조상의 무덤을 조성하려는 양반들의 갈등이 나타났다.

오답 살펴보기
ㄱ. 성리학
ㄹ. 유학

072 정답 ②

해설 제시된 자료의 불상은 영주 부석사 소조 아미타 여래 좌상에 대한 설명이다.

오답 살펴보기
① 하남 하사창동 철불(고려)
③ 철원 도피안사 철조 비로자나불(고려)
④⑤ 금동 미륵보살 반가사유상

073 다음 자료에 대한 설명으로 옳은 것은? [3점]

> 동명왕의 일은 신이(神異)함으로 나라를 창시한 신성한 사적이다. 이것을 기록하지 않으면 후인들이 장차 어떻게 볼 것인가? 따라서 시로 남겨 우리나라가 본래 성인(聖人)의 나라라는 것을 천하에 알리고자 한다.
> – 동명왕편 –

① 기전체로 서술되었다.
② 고구려 계승 의식이 반영되었다.
③ 현존하는 가장 오래된 역사서이다.
④ 불교사를 중심으로 민간 설화가 기록되었다.
⑤ 중국과 우리나라 역대 왕조의 계보가 수록되었다.

정답 및 해설

073 정답 ②

해설 제시된 역사서는 이규보의 『동명왕편』이다.
② 『동명왕편』은 고려의 고구려 계승의식을 반영하고 있다.

오답 살펴보기
① 『동명왕편』은 시형식을 띠고 있다.
③ 『삼국사기』
④ 『삼국유사』
⑤ 『제왕운기』

074 (가) 양식으로 건축된 문화유산으로 옳은 것은? [1점]

파일(F) 편집(E) 보기(V) 즐겨찾기(A) 도구(T) 도움말(H)

백과사전 | (가) 양식 | 검색

목조 건축에서 공포(栱包)를 배치하는 형식의 하나이다. 목조 건물의 지붕을 얹을 때 지붕의 무게를 기둥에 고르게 전달함과 동시에 건물을 치장하기 위해 사용한 공포가 기둥 위에만 짜여 있는 건축 양식을 말한다. 이 양식은 고려 전기에 유행하였는데, 13세기 이후에 지은 일부 건물이 지금까지 남아 있다.

인터넷

①

부석사 무량수전

②

성불사 응진전

③

개암사 대웅보전

④

창덕궁 인정전

⑤

평양 보통문

074 정답 ①

해설 주심포 양식에 대한 설명으로 ① 부석사 무량수전이 대표적인 고려 말의 주심포 양식이다.

오답 살펴보기
② 고려 말 제작된 다포 양식
③④⑤ 조선 시대 건축물

075 (가) 인물에 대한 설명으로 옳지 않은 것은? [3점]

[역사 인물 소개]

이달의 인물, (가)

문종의 넷째 아들로 태어나 11세에 출가하여 승려가 되었다. 불교 개혁에 앞장서며 교단 통합 운동을 펼치는 등 고려 불교사에 큰 발자취를 남겼다. 훗날 그의 업적을 기리기 위해 기념비를 세웠는데, 김부식이 추모의 글을 썼다.

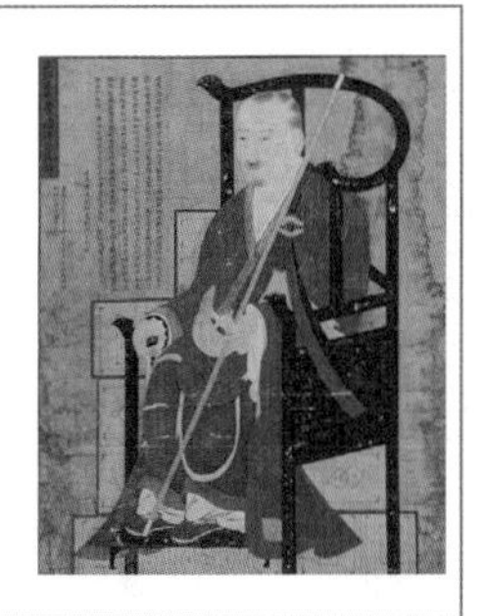

① 화폐 유통의 필요성을 주장하였다.
② 화엄종을 중심으로 교종을 통합하려고 하였다.
③ 수선사 결사를 통한 불교 개혁 운동을 전개하였다.
④ 불교 경전에 대한 주석서를 모아 교장을 편찬하였다.
⑤ 이론 연마와 수행을 함께 강조하는 교관겸수를 제창하였다.

076 (가)에 해당하는 불상으로 옳은 것은? [2점]

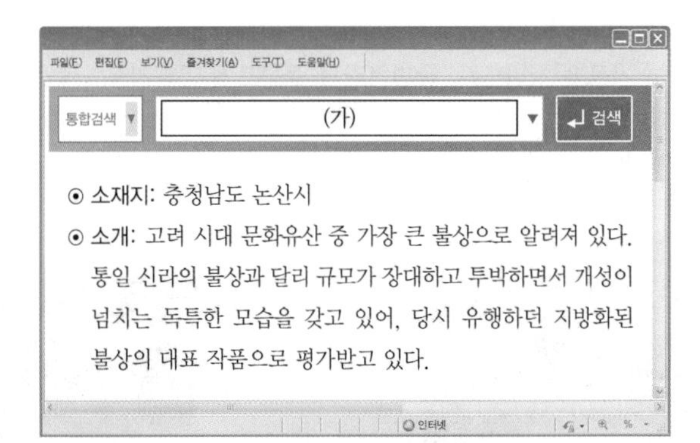

⊙ 소재지: 충청남도 논산시
⊙ 소개: 고려 시대 문화유산 중 가장 큰 불상으로 알려져 있다. 통일 신라의 불상과 달리 규모가 장대하고 투박하면서 개성이 넘치는 독특한 모습을 갖고 있어, 당시 유행하던 지방화된 불상의 대표 작품으로 평가받고 있다.

① 
② 
③ 
④ 
⑤ 

정답 및 해설

075 정답 ③
해설 제시된 자료의 (가)는 대각국사 의천이다.
③ 지눌에 대한 설명이다.

076 정답 ①
해설 ① 논산 관촉사 석조 여래입상에 대한 설명이다.
오답 살펴보기
② 영주 부석사 소조 아미타 여래좌상
③ 하남 하사창동 철불
④ 석굴암 본존불
⑤ 안동 이천동 석불

정답 및 해설

077 정답 ②

해설 제시된 자료의 역사서는 『삼국사기』이다.

② 『삼국사기』는 유학자인 김부식이 유교적 합리주의 사관을 바탕으로 삼국 시대의 역사를 정리한 역사서이다.

오답 살펴보기

① 『삼국유사』, 『제왕운기』
③ 『삼국사기』는 기전체로 서술되었다.
④ 『삼국사기』는 고려 전기에 쓰여졌다.
⑤ 『조선왕조실록』

078 정답 ②

해설 제시된 자료의 건축물은 ② 안동 봉정사 극락전에 대한 설명이다.

오답 살펴보기

① 고려 시대 주심포 양식, 팔작지붕
③④⑤ 조선 후기

077 다음 역사서에 대한 설명으로 옳은 것은? [2점]

① 단군의 건국 이야기를 수록하였다.
② 유교적 합리주의 사관을 반영하였다.
③ 자주적 입장에서 편년체로 서술하였다.
④ 고조선부터 고려 말까지의 역사를 정리하였다.
⑤ 사초, 시정기 등을 바탕으로 실록청에서 편찬하였다.

078 다음 설명에 해당하는 문화유산으로 옳은 것은? [1점]

> 이 건물은 정면 3칸, 측면 4칸의 주심포계 맞배지붕 건물로 기둥은 배흘림 양식이다. 1972년 보수 공사 때 발견된 상량문에 의해 건립 연대가 1200년대 초로 추정되어 우리나라에서 가장 오래된 목조 건물로 보고 있다.

①

영주 부석사 무량수전

②

안동 봉정사 극락전

③

보은 법주사 팔상전

④

김제 금산사 미륵전

⑤

구례 화엄사 각황전

079 다음 글을 쓴 인물의 활동으로 옳은 것은? [3점]

성상께서 이르시기를 "삼국에 관한 옛 기록은 문체가 거칠고 졸렬하여 사건의 기록이 빠진 것이 많으므로, 군왕의 선악과 신하들의 충성스러움과 사특함, 국가의 안위와 백성의 다스려짐과 어지러움을 다 드러내어 후세에 권장하거나 경계할 바를 보이지 못하고 있다." 하셨습니다. …… 신은 정신과 힘을 다 쏟아 부어 겨우 책을 만들었사오나, 별로 보잘것없어 스스로 부끄러울 따름이옵니다.

– 진삼국사기표 –

① 문헌공도를 만들어 사학을 진흥시켰다.
② 만권당에서 원의 유학자들과 교류하였다.
③ 서경에서 묘청이 일으킨 난을 진압하였다.
④ 교정도감을 통하여 정치 권력을 행사하였다.
⑤ 불교 사상을 바탕으로 우리 역사를 정리하였다.

080 밑줄 그은 '왕'의 재위 기간에 있었던 사실로 옳은 것은? [2점]

우리나라 일관(日官)들은 역법과 천문으로 때를 맞추는 방법에 소홀한 지 오래되었다. 이에 왕께서는 역법과 천문의 책을 두루 연구하여서 신하들에게 대명력, 수시력, 회회력 등을 참고하여 칠정산 내편과 외편을 편찬하도록 하였다.

① 세계 지도인 혼일강리역대국도지도가 처음 간행되었다.
② 충신, 효자 등의 행적을 수록한 삼강행실도가 편찬되었다.
③ 우리나라 역대 문물을 정리한 동국문헌비고가 편찬되었다.
④ 각 도의 지리, 풍속 등이 수록된 동국여지승람이 간행되었다.
⑤ 고조선에서 고려까지의 역사를 정리한 동국통감이 저술되었다.

정답 및 해설

079 정답 ③

해설 제시된 자료의 인물은 고려 전기의 문신 김부식이다.
③ 김부식은 묘청의 서경천도운동을 진압하였다.

오답 살펴보기
① 최충
② 이제현
④ 최충헌
⑤ 일연

080 정답 ②

해설 밑줄 친 왕은 조선 세종이다.
② 세종 때 『삼강행실도』가 편찬되었다.

오답 살펴보기
① 태종
③ 영조
④⑤ 성종

081 (가) 교육 기관에 대한 설명으로 옳은 것을 〈보기〉에서 고른 것은? [1점]

> 무릇 교육이란 현인(賢人)을 높이는 것에서 비롯된다. …… 지금의 죽계는 문성공(文成公)*이 살았던 마을이다. 교육을 하려면 반드시 문성공으로부터 시작해야 한다. …… 이에 마음과 힘을 다하여 사묘(祠廟)를 세우고 (가) 을/를 설립하였다.
> -「무릉잡고」-
>
> *문성공(文成公): 안향

보기

ㄱ. 주세붕에 의해 처음 세워졌다.
ㄴ. 사림의 여론 형성을 주도하였다.
ㄷ. 관학 진흥을 목적으로 건립되었다.
ㄹ. 중앙에서 교수와 훈도가 파견되었다.

① ㄱ, ㄴ ② ㄱ, ㄷ ③ ㄴ, ㄷ ④ ㄴ, ㄹ ⑤ ㄷ, ㄹ

082 다음 자료를 통해 알 수 있는 시기의 사실로 옳은 것은? [2점]

> 사신(史臣)은 논(論)한다. …… 백성들이 도적이 된 원인은 정치를 잘못하였기 때문이지, 그들의 죄가 아니다. …… 임꺽정을 비록 잡더라도 종기가 안에서 곪아 혼란이 생길 것인데, 더구나 임꺽정을 꼭 잡는다고 단정할 수도 없지 않은가. …… 나랏일이 날마다 그르게 되어 가는데도 구원하는 자가 없으니, 탄식하며 눈물만 흘릴 뿐이다.

① 임진왜란으로 국토가 황폐화되었다.
② 예송으로 서인과 남인이 대립하였다.
③ 신유박해로 수많은 천주교인들이 처형되었다.
④ 윤원형을 비롯한 외척 세력이 정국을 주도하였다.
⑤ 안동 김씨의 세도 정치로 부정부패가 심화되었다.

정답 및 해설

081 정답 ①

해설 제시된 자료의 (가) 교육 기관은 서원이다.

오답 살펴보기
ㄷ. 서원은 관학이 아니라 사학이다.
ㄹ. 향교에 대한 설명이다.

082 정답 ④

해설 제시문은 명종 때 발생한 임꺽정의 난에 대한 기록이다.
④ 명종 시기 윤원형을 비롯한 외척 세력이 정국을 주도하였다.

오답 살펴보기
① 선조
② 현종
③ 순조
⑤ 순조, 철종

083 (가) 인물에 대한 설명으로 옳은 것은? [1점]

도담 삼봉

도담 삼봉은 단양 팔경의 하나로, 조선 왕조 개창을 주도했던 (가) 의 호가 이곳에서 연유했다고 전해진다. 민본 사상을 강조했던 그는 재상 중심의 정치를 주장하였고, 불교의 폐단을 비판하기 위해 불씨잡변을 저술하였다.

① 북방에 6진을 개척하였다.
② 조선경국전을 저술하였다.
③ 금난전권의 혁파를 건의하였다.
④ 향약을 전국적으로 실시하고자 하였다.
⑤ 계유정난을 계기로 정계에서 축출되었다.

084 밑줄 그은 '그'가 왕이 되어 실시한 정책으로 옳은 것은? [1점]

하륜 등이 청하기를, "정몽주의 난에 만일 그가 없었다면 큰일을 이룰 수 없었을 것이고, 정도전의 난에 만일 그가 없었다면 또한 어찌 오늘이 있었겠습니까? …… 청하건대, 그를 세자(世子)로 삼으소서."라고 하였다. 임금이 말하기를, "경(卿)들의 말이 매우 옳다." 하고, 드디어 도승지에게 명하여 도당(都堂)에 전지(傳旨)하였다.

–「정종실록」–

① 사병을 혁파하였다.
② 칠정산을 간행하였다.
③ 홍문관을 설치하였다.
④ 집현전을 폐지하였다.
⑤ 경국대전을 반포하였다.

정답 및 해설

083 정답 ②

해설 제시된 자료의 (가) 인물은 정도전이다.

오답 살펴보기
① 김종서
③ 채제공
④ 조광조
⑤ 김종서, 황보인 등

084 정답 ①

해설 제시된 자료의 그는 태종(이방원)이다.

오답 살펴보기
② 세종
③⑤ 성종
④ 세조

085 정답 ③

해설 제시문은 조선 명종 때 을사사화에 대한 내용이다.

오답 살펴보기
① 무오사화
② 기묘사화
④ 갑자사화
⑤ 심의겸과 김효원의 갈등

086 정답 ①

해설 제시문의 (가)는 향약이다.
① 흥선 대원군은 비변사를 혁파하고 대다수의 서원을 철폐하였다.

085 다음 사건에 대한 설명으로 옳은 것은? [2점]

> 이덕응이 자백하기를 "평소 대윤(大尹)·소윤(小尹)에 휘말리지 않으려고 조심하였는데, 그들과 함께 모반을 꾸민다는 것은 말도 안 됩니다."라고 하였다. 계속 추궁하자 그는 "윤임이 제게 이르되 경원 대군이 왕위에 올라 윤원로가 권력을 잡게 되면 자신의 집안은 멸족될 것이니 봉성군을 옹립하자고 하였습니다."라고 실토하였다.

① 김일손의 사초가 발단이었다.
② 위훈 삭제에 반발하여 발생하였다.
③ 외척 간의 권력 다툼으로 일어났다.
④ 폐비 윤씨 사건이 갈등의 원인이었다.
⑤ 동인과 서인으로 나뉘는 계기가 되었다.

086 (가)에 대한 설명으로 옳지 않은 것은? [3점]

> 처음 (가) 을/를 정할 때 뜻을 같이하는 사람들에게 약문(約文)을 보여준다. 이후 몸가짐을 바르게 하고, 남에게 모범이 될 만한 사람들을 골라 약계(約契)에 참여시킨다. 이들을 서원(書院)에 모아 놓고 약법(約法)을 정한 다음, 도약정(都約正), 부약정 및 직월(直月), 사화(司貨)를 선출한다. -「율곡전서」-

① 흥선 대원군에 의해 철폐되었다.
② 지방 사족이 주로 직임을 맡았다.
③ 향촌 사림을 결집시키는 역할을 하였다.
④ 4대 덕목을 바탕으로 규약을 제정하였다.
⑤ 주민 통제와 교화의 수단으로 이용되었다.

087 다음과 같은 업무를 담당한 조선 시대 관직에 대한 설명으로 옳은 것은? [1점]

> ○일 단양과 천안 군수에 대한 근무 평가
> ○일 미결된 송사 처리
> – 노비 소송 1건
> – 재산 소송 2건
> ○일 향교에 들러 교수와 훈도 감독
> ○일 충주 지역 순찰

① 수령의 행정 실무를 보좌하였다.
② 삼사에 소속되어 관리의 비리를 감찰하였다.
③ 도에 파견된 지방관으로 수령을 감독하였다.
④ 왕의 대리인으로 현감 또는 현령으로 불렸다.
⑤ 6조 판서 중 하나로 관원의 인사 업무를 담당하였다.

088 (가) 제도에 대한 설명으로 옳지 않은 것은? [2점]

> 간관이 상소하기를 "군주의 학문은 한갓 외우고 설명하는 것만이 아닙니다. 날마다 선비를 맞이하여 강론을 듣는 까닭은 첫째, 어진 사대부를 만나는 시간을 늘려 그 덕성을 배우려는 것이고, 둘째, 환관 및 궁첩과 친하게 지내는 시간을 줄여 게으름에서 떨쳐 일어나려는 것입니다. …… 삼가 원하옵건대, 전하께서는 날마다 (가) 을/를 여시어『대학』을 가져와 강론하게 하소서." 하니, 임금이 이를 윤허하였다.
> –「태조실록」–

① 고려 때 처음 시행되었다.
② 승정원의 주관으로 운영되었다.
③ 연산군 때 일시적으로 중단되기도 하였다.
④ 유교의 경전과 역사서가 교재로 사용되었다.
⑤ 왕과 신하가 함께 학문과 정책을 토론하였다.

정답 및 해설

087 정답 ③

해설 제시문은 조선 시대 지방관에 대한 평가를 내릴 수 있는 관찰사의 활동이다.

오답 살펴보기
① 향리
② 사헌부
④ 수령
⑤ 이조 판서

088 정답 ②

해설 (가)는 경연제도이다.
② 경연은 홍문관이 주관하였고, 이를 집현전이 담당한 적도 있다.

정답 및 해설

089 정답 ⑤

해설 제시문은 측우기 제작을 지시하는 모습으로 밑줄 친 왕은 세종이다.

오답 살펴보기

ㄱ, ㄴ 태종

090 정답 ③

해설 (가) 지역은 의주지역이다.
③ 6진은 두만강 일대에 있다.

089 밑줄 그은 '왕'의 업적으로 옳은 것을 〈보기〉에서 고른 것은? [2점]

> 호조에서 아뢰기를 "각도 감사가 빗물의 양을 보고하는 법은 이미 있으나 토질의 습도가 같지 않고 흙 속으로 스며 든 깊이도 역시 알기 어렵사오니, 청하옵건대 서운관(書雲觀)에 대(臺)를 짓고 쇠를 부어 그릇을 만들되, 길이는 2척이 되게 하고 직경은 8촌이 되게 하여, 대 위에 올려놓고 비를 받아, 본관 관원으로 하여금 수량을 재어 보고하게 하고, …… 또 외방 각 고을에도 자기나 와기를 사용하여 그릇을 만들어 관청 뜰 가운데에 놓고, 수령이 역시 빗물의 수량을 재어서 감사에게 보고하게 하고, 감사가 전하여 알리게 하소서." 하니, <u>왕</u>이 그대로 따랐다.

보기

ㄱ. 사병 혁파
ㄴ. 주자소 설치
ㄷ. 향약집성방 편찬
ㄹ. 의정부 서사제 실시

① ㄱ, ㄴ ② ㄱ, ㄷ ③ ㄴ, ㄷ ④ ㄴ, ㄹ ⑤ ㄷ, ㄹ

090 (가) 지역에 대한 설명으로 옳지 <u>않은</u> 것은? [2점]

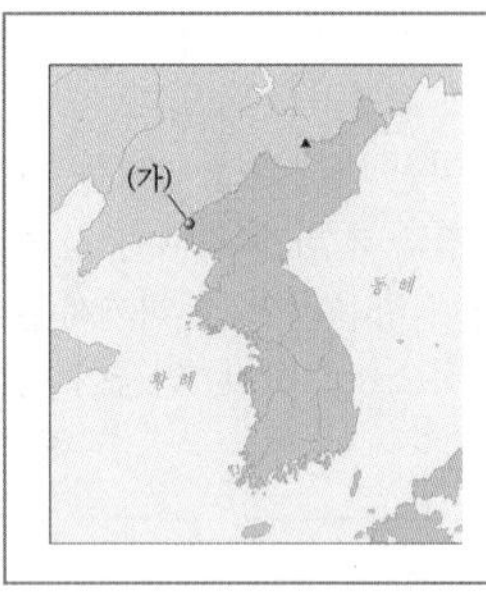

> (가) 은/는 본래 고려의 용만현인데, 화의라고도 불렸다. 처음에는 거란이 압록강 동쪽 기슭에 성을 두고 보주라고 일컬었고, 문종 때에 거란이 또 궁구문을 설치하고 포주, 일명 파주라고 일컬었다.
>
> -「신증동국여지승람」-

① 서희의 활약으로 고려의 영토가 되었다.
② 고려 말 이성계가 명을 공격하기 위해 군대를 주둔시켰다.
③ 세종 때 김종서가 여진을 몰아내고 6진을 개척하였다.
④ 임진왜란 당시 일본군을 피해 선조가 피난한 곳이다.
⑤ 조선 후기에 만상이 청과의 무역을 활발히 펼쳤다.

091 (가)에 대한 설명으로 옳은 것은? [2점]

이번에 (가) 이/가 사림들의 건의로 다시 세워지게 되었다네.

그러면 우리 고을에도 좌수와 별감을 새로 정하겠군.

① 향리의 비리를 감찰하였다.
② 고려 태조 때 처음으로 설치되었다.
③ 빈민 구제를 주요 목적으로 삼았다.
④ 호장, 부호장 등이 행정 실무를 담당하였다.
⑤ 지방의 행정·사법·군사권을 가지고 있었다.

091 정답 ①

해설 (가)는 유향소이다.

오답 살펴보기
② 고려 말에 시작되었다.
③ 빈민 구제는 부가적 기능이다.
④ 고려의 향리
⑤ 수령

092 다음과 같은 기관에 대한 설명으로 옳지 <u>않은</u> 것은? [2점]

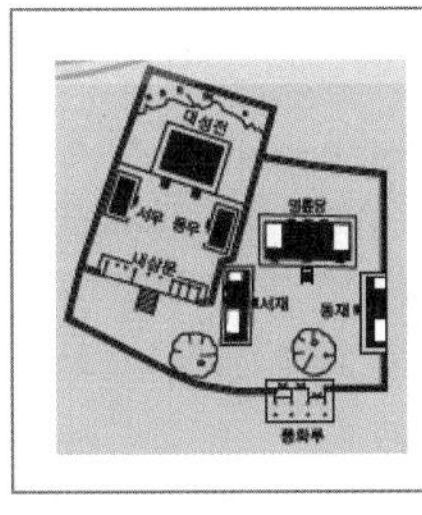

이것은 조선 시대 지방의 교육 기관이며 대성전과 명륜당을 중심으로 두 공간이 나누어졌다. 대성전은 공자를 비롯한 성현의 위패를 봉안하고 제향하는 곳이며, 명륜당은 유교 경전 등을 강의하는 곳이다.

① 평민층의 자제도 입학할 수 있었다.
② 흥선 대원군에 의해 대부분 철폐되었다.
③ 전국의 부·목·군·현에 하나씩 설립되었다.
④ 중앙에서 교수와 훈도를 파견하기도 하였다.
⑤ 고을의 크기에 따라 학생 정원의 차이가 있었다.

092 정답 ④

해설 제시된 기관은 서원이다.
④ 국가가 운영을 주관하는 향교에 대한 설명이다.

정답 및 해설

093 정답 ④

해설 제시된 자료의 (가) 국왕은 이방원(태종)이다.

오답 살펴보기

①⑤ 세종
② 성종
③ 세조

094 정답 ③

해설 제시된 자료는 조광조의 개혁정치에 관한 내용이다. 조광조는 기묘사화로 삶을 마감지었다.

093 (가) 국왕에 대한 설명으로 옳은 것은? [2점]

① 훈민정음을 완성하여 반포하였다.
② 홍문관을 두어 경연을 강화하였다.
③ 계유정난을 통해 권력을 장악하였다.
④ 사병을 없애 군사 지휘권을 장악하였다.
⑤ 4군 6진을 개척하여 영토를 확장하였다.

094 다음 주장이 공통으로 제기된 시기를 연표에서 옳게 고른 것은? [1점]

- 도교는 세상을 속이는 이단이므로 소격서는 혁파되어야 합니다.
- 과거 출신이 아니더라도 유능한 인재가 있다면 천거하여 시종직에 진출시키는 것이 바람직합니다.
- 반정(反正)은 천명에 따라 인심에 순응한 것일뿐이니 정국공신이 무슨 공이 있겠습니까.

	(가)		(나)		(다)		(라)		(마)	
연산군 즉위		무오 사화		중종 즉위		기묘 사화		을사 사화		선조 즉위

① (가) ② (나) ③ (다) ④ (라) ⑤ (마)

095 교사의 질문에 대한 학생의 답변으로 옳은 것은? [2점]

① 업무 관련 내용이 일지 형식으로 작성되었습니다.
② 대전통편을 보완하려는 목적으로 편찬되었습니다.
③ 왕의 역사를 후대에 남기기 위하여 만들어졌습니다.
④ 충신, 효자, 열녀의 행적을 알리기 위하여 간행되었습니다.
⑤ 이·호·예·병·형·공전의 6전 체제로 구성되었습니다.

096 (가)에 해당하는 왕의 정책으로 옳은 것은? [1점]

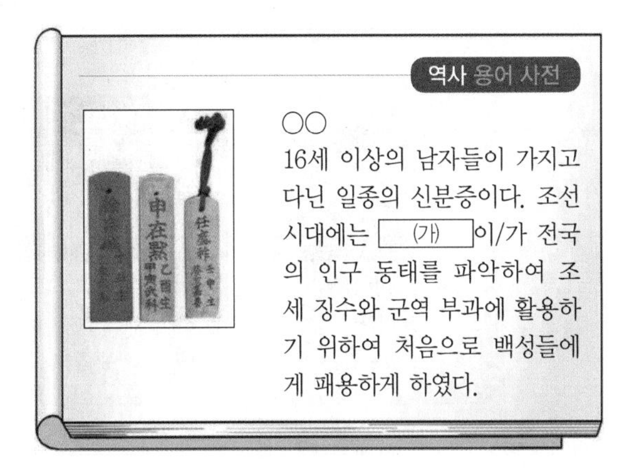

① 학술 연구 기관인 규장각을 설치하였다.
② 부산포, 제포, 염포의 삼포를 개항하였다.
③ 사병을 혁파하고 신문고 제도를 운영하였다.
④ 중국과 우리나라의 의서를 집대성한 동의보감을 간행하였다.
⑤ 고조선부터 고려까지의 역사를 정리한 동국통감을 편찬하였다.

정답 및 해설

095 정답 ⑤

해설 제시된 자료의 (가)는 경국대전이다.

오답 살펴보기
① 승정원일기
② 대전회통
③ 조선왕조실록
④ 삼강행실도

096 정답 ③

해설 제시된 내용은 호패로 (가)는 태종이다.

오답 살펴보기
① 정조
② 세종
④ 광해군
⑤ 성종

정답 및 해설

097 정답 ⑤

해설 (가)는 홍문관이다.
⑤ 홍문관은 경연을 주관하고 왕의 자문에 대비하였다.

오답 살펴보기
① 예조
② 춘추관
③ 의금부
④ 승정원

098 정답 ②

해설 좌측은 정몽주, 우측은 정도전이다. 이들은 모두 신진 사대부로 성리학을 개혁 사상으로 수용하였다.

오답 살펴보기
① 문벌귀족
③ 무신정권
④ 권문세족
⑤ 신흥무인세력

097 (가) 기관에 대한 설명으로 옳은 것은? [2점]

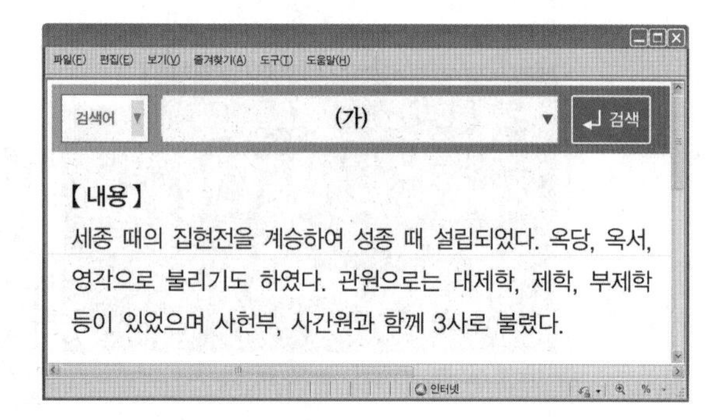

① 외교와 과거 시험을 관장하였다.
② 역사서 편찬과 보관을 담당하였다.
③ 나라의 큰 죄인을 다루는 업무를 맡았다.
④ 왕의 비서 기관으로 왕명의 출납을 맡았다.
⑤ 경연을 주관하고 왕의 자문 역할을 하였다.

098 다음 두 인물의 공통점으로 옳은 것은? [1점]

① 왕실과 중첩된 혼인 관계를 맺었다.
② 성리학을 개혁 사상으로 수용하였다.
③ 중방을 중심으로 권력을 장악하였다.
④ 원 세력을 배경으로 대농장을 차지하였다.
⑤ 홍건적과 왜구의 토벌을 통해 성장하였다.

099 다음 수취 제도에 대한 설명으로 옳은 것은? [2점]

> 각도 감사는 고을마다 연분(年分)을 살펴 정하되, …… 총합하여 10분으로 비율을 삼아서, 전실(全實)을 상상년, 9분실(九分實)을 상중년, …… 3분실(三分實)을 하중년, 2분실(二分實)을 하하년으로 한다. 수전과 한전을 각각 등급을 나누어서 모(某) 고을의 수전 모 등년(等年), 한전 모 등년으로 아뢰게 한다. 1분실(一分實)은 9등분에 포함되지 않으니 조세를 면제한다.

① 고려 말 조준 등의 건의로 실시하였다.
② 수확량의 4분의 1에 해당하는 조세를 거두었다.
③ 조세 액수는 1결당 최고 20두에서 최하 4두였다.
④ 토지의 비옥도는 상, 중, 하의 3등급으로 구분하였다.
⑤ 신진 사대부의 경제적 기반을 마련하기 위해 실시하였다.

100 밑줄 그은 '대장'에 대한 설명으로 옳은 것을 〈보기〉에서 고른 것은? [2점]

> 모든 토지는 6등급으로 나누며 20년마다 한 번씩 토지를 다시 측량한 뒤에 대장을 만들어 호조, 해당 도, 해당 고을에 각각 보관한다. 1등전을 재는 한 자의 길이는 주척 4자 7치 7푼 5리에 해당하고, …… 6등전을 재는 한 자의 길이는 주척 9자 5치 5푼에 해당한다.
> –「경국대전」–

보기

ㄱ. 호적을 기준으로 작성되었다.
ㄴ. 가축 및 유실수의 현황도 기재하였다.
ㄷ. 조선 후기 대동세 징수의 근거 자료가 되었다.
ㄹ. 임진왜란으로 대부분 소실되어 재작성에 어려움을 겪었다.

① ㄱ, ㄴ ② ㄱ, ㄷ ③ ㄴ, ㄷ ④ ㄴ, ㄹ ⑤ ㄷ, ㄹ

정답 및 해설

099 정답 ③

해설 제시문은 세종 때 실시한 전분9등법에 대한 내용이다.

오답 살펴보기
①⑤ 과전법
② 국가소유지인 공전을 빌려 농사를 지을 때
④ 고려 시대의 토지 등급

100 정답 ⑤

해설 제시된 자료는 토지세를 징수하기 위한 기준자료인 양안이다.

오답 살펴보기
ㄱ. 양안은 토지문서이다.
ㄴ. 통일신라 민정문서에 대한 내용이다.

101 밑줄 그은 '이 법'에 대한 설명으로 옳은 것은? [2점]

> 신이 생각하기에 이 법은 국초의 법이 아닙니다. 수신전·휼양전을 폐지하고 이 법을 만드는 바람에 지아비에게 신의를 지키려고 하는 자는 의지할 바를 잃게 되었고, 어버이에게 효도하려는 자는 곤궁해져도 호소할 곳이 없게 되었습니다. 이는 선왕(先王)의 어진 법과 아름다운 뜻을 하루아침에 없앤 것입니다. 원컨대 전하께서는 이 법을 혁파하고 수신전과 휼양전을 회복하도록 하옵소서.

① 생산량의 10분의 1을 조세로 거두었다.
② 풍흉에 상관없이 4두의 조세를 거두었다.
③ 관리가 퇴직하면 토지를 반납하게 하였다.
④ 현직 관리에게만 전지와 시지를 지급하였다.
⑤ 관리에게 녹봉을 지급하고 수조권을 폐지하였다.

102 지도를 통해 알 수 있는 제도에 대한 설명으로 옳은 것은? [2점]

① 현물로 거둔 조세를 운반하기 위한 목적이었다.
② 공문서를 신속하게 전달하기 위하여 설치하였다.
③ 군사적으로 위급한 상황을 알리기 위해 마련되었다.
④ 마패를 소지한 공무 여행자에게 역마를 제공하였다.
⑤ 춘궁기에 곡식을 빌려주고 추수 후에 갚도록 하였다.

정답 및 해설

101 정답 ③

해설 밑줄 친 이 법은 직전법이다.

오답 살펴보기
① 사전
② 영정법
④ 경정전시과
⑤ 녹봉제

102 정답 ①

해설 제시된 지도는 조운제에 관한 내용이다.
① 조운은 각지에서 현물로 걷은 조세를 수도로 옮기는 제도이다.

오답 살펴보기
②④ 역원제
③ 봉수제
⑤ 환곡

103 다음 시기 (가), (나) 신분에 대한 설명으로 옳은 것을 〈보기〉에서 고른 것은? [1점]

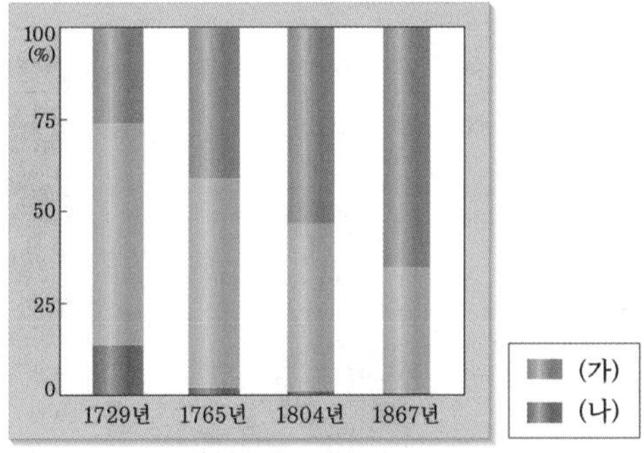

〈울산 지역 신분별 인구 변동〉

정석종, 『조선 후기 사회 변동 연구』, 1983

보기

ㄱ. (가) – 수군, 조례 등 천역에 종사하였다.
ㄴ. (가) – 공명첩, 족보 위조 등으로 그 수가 증가하였다.
ㄷ. (나) – 매매, 상속, 증여의 대상이었다.
ㄹ. (나) – 법적으로 과거에 응시할 수 있었다.

① ㄱ, ㄴ ② ㄱ, ㄷ ③ ㄴ, ㄷ ④ ㄴ, ㄹ ⑤ ㄷ, ㄹ

정답 및 해설

103 정답 ③

해설 (가)는 조선 후기 증가한 양반, (나)는 조선 후기 크게 감소한 노비이다.

오답 살펴보기

ㄱ. 신량역천인
ㄹ. 양인

104 다음 내용에 해당하는 그림으로 옳은 것은? [1점]

이 그림은 현실 세계와 이상 세계를 조화롭게 구현한 걸작으로 평가받고 있다. 또한 안평 대군의 발문(跋文)과 시문 이외에 당시 문사들의 찬시가 실려 있는 것으로 유명하다. 원본은 일본 덴리 대학에 소장되어 있다.

①

②
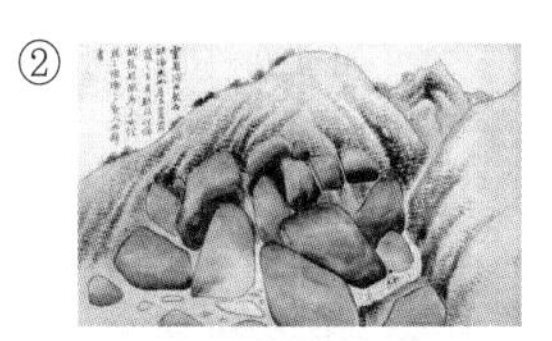

③

④

⑤

104 정답 ⑤

해설 제시된 내용에 해당하는 그림은 조선 전기 안견이 그린 "몽유도원도"이다.

오답 살펴보기

① 인왕제색도
② 영통골입구도
③ 매화초옥도
④ 옥순봉도(김홍도)

105 밑줄 그은 '이 자료'에 대한 설명으로 옳지 않은 것은? [2점]

① 인조 때부터의 기록이 남아 있다.
② 국왕과 신료들이 열람할 수 있었다.
③ 시정기나 사초 등을 토대로 기술되었다.
④ 유네스코 세계 기록 유산으로 등재되었다.
⑤ 업무 관련 내용이 일지 형식으로 작성되었다.

106 다음 역사서에 대한 설명으로 옳은 것은? [2점]

> 삼가 삼국 이하의 여러 역사를 뽑고 중국사를 채집하였으며, 편년체를 취하여 사실을 기록하였습니다. 또한 범례는 모두 「자치통감」에 의거하고 「자치통감강목」의 첨삭한 취지에 따라 중요한 것을 보존하는 데 힘썼습니다. 삼국이 병립하였을 때는 삼국기(三國紀), 신라가 통일하였을 때는 신라기, 고려 때는 고려기, 삼한(三韓) 이전은 외기(外紀)라 하였습니다. 1400년 동안 국가의 흥망과 임금의 잘잘못을 비롯하여 정치의 성쇠를 모두 거짓 없이 기록하였습니다.

① 세가, 지, 열전 등으로 구성되었다.
② 서거정에 의해 통사 형식으로 편찬되었다.
③ 서사시 형태로 고구려 계승 의식이 반영되었다.
④ 고려사절요의 편찬 체제를 정하는 데 영향을 주었다.
⑤ 불교사를 중심으로 고대의 민간 설화 등을 수록하였다.

정답 및 해설

105 정답 ③
해설 제시된 자료는 「승정원일기」이다.
③ 「조선왕조실록」이다.

106 정답 ②
해설 제시된 자료의 역사서는 「동국통감」이다.
오답 살펴보기
① 「동국통감」은 편년체 사서이다.
③ 「동명왕편」
④ 「동국통감」이 더 나중에 편찬되었다.
⑤ 「삼국유사」

107 지도에 ● 표시된 지역을 답사하고자 한다. 답사 계획서에 들어갈 내용으로 적절한 것을 〈보기〉에서 고른 것은? [3점]

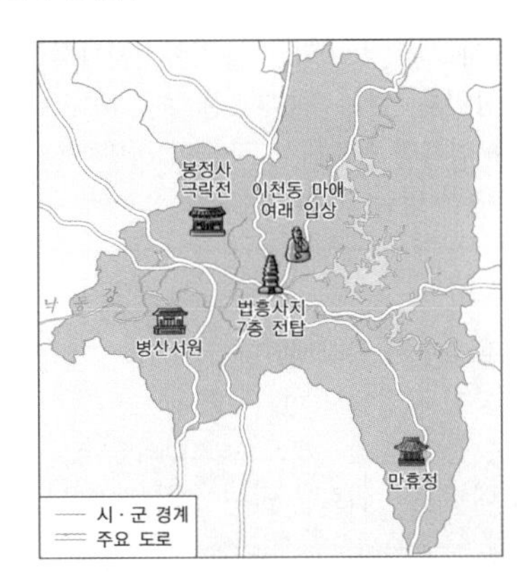

보기

ㄱ. 백제의 돌무지무덤, 석촌동 고분을 찾아서
ㄴ. 조선 성리학의 중심지, 도산서원을 찾아서
ㄷ. 유네스코 세계 문화유산, 하회 마을을 찾아서
ㄹ. 조선 후기 실학 사상의 산실, 다산 초당을 찾아서

① ㄱ, ㄴ ② ㄱ, ㄷ ③ ㄴ, ㄷ ④ ㄴ, ㄹ ⑤ ㄷ, ㄹ

108 다음 농서가 편찬된 시기의 문화 동향으로 옳은 것을 〈보기〉에서 고른 것은? [1점]

하삼도의 관찰사가 자신의 지역에서 활용되고 있는 농사 관행을 조사하여 보고서를 올렸으며 이를 바탕으로 정초와 변효문이 체제를 갖추고 순서를 정리하여 만들어낸 농서였다. 이는 농사에 경험이 많은 농민의 실제 경험을 바탕으로 우리 풍토에 맞는 농법을 보급하기 위해 편찬되어 지방 권농관의 지침서가 되었다. 종자의 선택과 저장, 논밭갈이뿐 아니라 벼·기장·조·수수 등의 재배법이 서술되어 있다.

보기

ㄱ. 국산 약재를 소개한 향약구급방이 편찬되었다.
ㄴ. 조선의 고유한 자연을 표현한 진경 산수화가 유행하였다.
ㄷ. 서울을 기준으로 천체 운동을 계산한 칠정산이 만들어졌다.
ㄹ. 충신, 효자, 열녀의 행적을 정리한 삼강행실도가 편찬되었다.

① ㄱ, ㄴ ② ㄱ, ㄷ ③ ㄴ, ㄷ ④ ㄴ, ㄹ ⑤ ㄷ, ㄹ

정답 및 해설

107 정답 ③

해설 제시된 지도의 지역은 경북 안동이다.

오답 살펴보기

ㄱ. 서울
ㄹ. 전남 강진

108 정답 ⑤

해설 제시된 자료의 농서는 조선 전기 세종 때 간행된 『농사직설』이다.

오답 살펴보기

ㄱ. 고려 후기
ㄴ. 조선 후기

정답 및 해설

109 정답 ⑤

해설 (가)는 훈련도감이다.

오답 살펴보기

ㄱ. 장용영
ㄴ. 임진왜란 도중에 창설

110 정답 ①

해설 앞의 사건은 숙종 때 남인이 몰락한 경신환국이고, 뒤의 사건은 숙종 때 송시열이 사사를 당한 기사환국이다.
① 경신환국으로 남인이 몰락하고 서인이 정국을 주도하였다.

오답 살펴보기

②④ 인조
③ 중종(기묘사화)
⑤ 선조

109 (가)에 대한 설명으로 옳은 것을 〈보기〉에서 고른 것은? [2점]

> 왕께서 환도하신 후, (가) 을/를 설치하여 군사를 훈련시키라 명하시고, 나를 도제조로 삼았다. 나는 "곡식 1천 석을 꺼내 하루 한 사람에게 두 되씩 준다고 하여 군인을 모집하면 응모하는 자들이 사방에서 모여들 것입니다."라고 아뢰었다. 얼마 안 되어 수천 명을 모집하여 조총 쏘는 법과 창, 칼 쓰는 기술을 가르쳤다.

보기

ㄱ. 순조가 즉위하면서 혁파되었다.
ㄴ. 후금과의 항쟁 과정에서 설치되었다.
ㄷ. 포수, 살수, 사수의 삼수병으로 조직되었다.
ㄹ. 구성원의 대부분이 급료를 받는 상비군이었다.

① ㄱ, ㄴ ② ㄱ, ㄷ ③ ㄴ, ㄷ ④ ㄴ, ㄹ ⑤ ㄷ, ㄹ

110 (가) 시기에 있었던 역사적 사실로 옳은 것은? [3점]

> 허적(許積)의 공초를 보면 모반에 참여했지만 아는 것이 별로 없으니, 관직을 몰수하고 고향으로 내쳐 돌아가게 하라.

⇩

(가)

⇩

> 송시열은 산림의 영수로서 나라가 어렵고 인심이 좋지 않을 때에 감히 원자(元子)의 명호(名號)를 정한 것이 너무 이르다고 하였으니, 관직을 몰수하고 성문 밖으로 내쫓도록 하라.

① 서인이 정국을 주도하였다.
② 반정을 통해 인조가 즉위하였다.
③ 위훈 삭제 문제로 사화가 일어났다.
④ 이괄의 반란군이 도성을 점령하였다.
⑤ 동인이 남인과 북인으로 분화되었다.

111 밑줄 그은 '이 왕'에 대한 설명으로 옳은 것은? [2점]

① 전·현직 관리에게 과전을 지급하였다.
② 초계문신제를 실시하여 문신을 재교육하였다.
③ 호구 파악을 위해 호패법을 처음 도입하였다.
④ 편당적인 인사 조치로 환국의 빌미를 제공하였다.
⑤ 훈구 세력의 전횡을 막기 위해 사림을 등용하였다.

정답 및 해설

111 정답 ②

해설 제시된 자료의 왕은 정조이다.

오답 살펴보기
① 공양왕
③ 태종
④ 숙종
⑤ 성종

112 다음 상황 이후 전개된 사실로 옳은 것은? [2점]

> 명의 사신이 배에 오르자 우리 사신 일행도 배에 올랐다. 이에 앞서 사카이(界)에 도착했을 때, 우리나라에서 잡혀 온 사람들이 다투어 찾아왔다. …… 왜장들도 말하기를 화친이 이루어지면 사신과 함께 포로들을 돌려보내겠다고 하더니 …… 이때에 이르러 화친이 성사되지 못해 다시 죽이려 한다는 말을 듣게 되자, 목 놓아 우는 포로들이 얼마인지 알 수 없었다.
>
> –「일본왕환일기」–

① 이종무가 대마도를 정벌하였다.
② 삼별초가 강화도에서 항전하였다.
③ 삼포에서 왜인들이 난을 일으켰다.
④ 국경 일대에 천리 장성이 축조되었다.
⑤ 명량 해전에서 이순신이 승리를 거두었다.

112 정답 ⑤

해설 제시문은 임진왜란 도중 휴전협상에 관한 내용이다. 휴전협상 결렬 이후 정유재란이 발발하였다.
⑤ 정유재란 때 이순신이 명량해전에서 승리를 거두었다.

오답 살펴보기
① 세종
② 고려 시대
③ 중종
④ 고구려와 고려

정답 및 해설

113 정답 ③

해설 제시된 자료의 사건은 숙종 때 허적이 유악(기름 먹인 천막)을 유용한 사건으로 이는 경신환국의 빌미가 되었다.

114 정답 ③

해설 제시된 지도의 사건은 홍경래의 난이다.

오답 살펴보기

ㄱ, ㄹ. 묘청의 서경천도운동

113 다음 사건이 일어난 시기를 연표에서 옳게 고른 것은? [1점]

> 궐내에 보관하던 기름 먹인 장막을 허적이 다 가져갔음을 듣고, 임금이 노하여 "궐내에서 쓰는 장막을 마음대로 가져가는 것은 한명회도 못하던 짓이다."라고 말하였다. 시종에게 알아보게 하니, 잔치에 참석한 서인(西人)은 몇 사람뿐이었고, 허적의 당파가 많아 기세가 등등하였다고 아뢰었다. 이에 임금이 남인(南人)을 제거할 결심을 하였다. …… 허적이 잡혀오자 임금이 모든 관직을 삭탈하였다.
>
> -「연려실기술」-

1623		1636		1674		1724		1776		1801
	(가)		(나)		(다)		(라)		(마)	
인조 반정		병자 호란		숙종 즉위		영조 즉위		정조 즉위		신유 박해

① (가) ② (나) ③ (다) ④ (라) ⑤ (마)

114 지도의 사건에 대한 설명으로 옳은 것을 〈보기〉에서 고른 것은? [3점]

보기

ㄱ. 금국 정벌론을 내세웠다.
ㄴ. 광산 노동자들이 참여하였다.
ㄷ. 서북인 차별이 원인이 되었다.
ㄹ. 개경파와 서경파의 대립으로 일어났다.

① ㄱ, ㄴ ② ㄱ, ㄷ ③ ㄴ, ㄷ ④ ㄴ, ㄹ ⑤ ㄷ, ㄹ

115 다음 자료에 대한 탐구 활동으로 가장 적절한 것은? [2점]

> 이시언이 아뢰기를, "오랑캐의 실정을 듣자니 누르하치가 홀적(忽賊)을 크게 이긴 뒤로부터 형세가 나날이 강성해져 우리의 서북 지역에 좋지 않을 듯합니다."라고 하였다. …… 왕이 "명이 만일 토벌을 나간다면 누르하치를 정벌할 수 있겠는가?"라고 물으니, 이시언이 다음과 같이 아뢰었다. "신이 일찍이 여진이 행군하는 것을 보았는데, 호령이 엄숙하고 기계가 날카로웠습니다. 지금 만일 명이 그들의 소굴로 깊이 들어간다면 주객의 형세가 아주 다를 것이니, 신은 크게 염려됩니다."

① 임진왜란의 발발 원인을 분석한다.
② 기유약조가 체결된 계기를 찾아본다.
③ 조선 통신사의 활동 내용을 살펴본다.
④ 광해군이 중립 외교를 추진한 배경을 알아본다.
⑤ 정도전이 요동 정벌을 주장한 근거를 조사한다.

116 (가) 국왕에 대한 설명으로 옳은 것은? [3점]

> 이 성(城)은 서쪽으로는 팔달산을 끼고 동쪽으로는 낮은 구릉의 평지를 따라 쌓은 평산성으로, 성곽의 둘레는 약 5.7km, 성벽의 높이는 4~6m 정도이다. (가) 의 지시로 1794년에 성을 쌓기 시작하여 2년여 만에 완성하였다. 정약용이 만든 거중기 등 당시의 발달된 과학 기기를 사용하여 공사 기간을 단축하고 공사비를 줄일 수 있었다.

① 어영청을 중심으로 북벌을 추진하였다.
② 왕권 강화를 위해 6조 직계제를 실시하였다.
③ 청과의 국경선을 정하여 백두산 정계비를 세웠다.
④ 군역의 부담을 줄이기 위해 균역법을 제정하였다.
⑤ 유능한 인재를 양성하기 위해 초계문신제를 시행하였다.

정답 및 해설

115 정답 ④

해설 제시문은 명과 후금 사이에서 중립적인 외교를 시행한 광해군 때의 사실이다.

116 정답 ⑤

해설 제시문의 성은 수원 화성으로 (가)는 정조이다.

오답 살펴보기
① 효종
② 태종과 세조
③ 숙종
④ 영조

정답 및 해설

117 정답 ①

해설 제시된 자료의 시기는 조선 후기 세도정치의 폐단의 모습을 보여준다.
① 사화는 조선 전기 사림과 훈구의 정치적 갈등을 말한다.

118 정답 ②

해설 제시된 자료는 갑인예송으로 (가)는 9개월을 주장한 서인이다.

오답 살펴보기
① 남인
③ 북인
④ 훈구
⑤ 동인이 북인과 남인으로 분화

117 다음 자료에 나타난 정치 상황의 영향으로 옳지 않은 것은? [3점]

> 세력을 휘두르는 대여섯 집안
> 재상자리 대감자리 모두 다 차지하고
> 관찰사 절제사도 완전히 차지하네
> 도승지 부승지는 모두가 이들이며
> 사헌부 사간원도 전부가 이들이라
> 이들이 모두 다 벼슬아치 노릇하며
> 이들이 오로지 소송 판결하네
>
> -「여유당전서」-

① 사화가 발생하였다.
② 왕권이 약화되었다.
③ 농민 봉기가 빈발하였다.
④ 삼정의 문란이 심화되었다.
⑤ 매관매직 등의 비리가 만연하였다.

118 (가)와 같이 주장한 붕당에 대한 설명으로 옳은 것은? [1점]

(가)

① 경신환국으로 몰락하였다.
② 인조반정을 통해 집권하였다.
③ 조식의 학문을 사상적 기반으로 삼았다.
④ 위훈삭제를 주장한 조광조 일파를 축출하였다.
⑤ 정여립 모반 사건을 계기로 두 세력으로 나뉘었다.

119 지도의 전쟁에 대한 탐구 활동으로 적절한 것은? [2점]

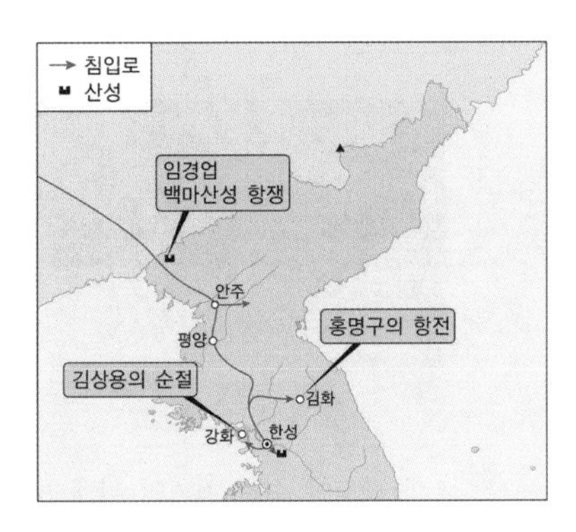

① 삼전도비의 건립 배경을 알아본다.
② 개경의 나성 축조 과정을 조사한다.
③ 요동 정벌의 추진 배경을 파악한다.
④ 팔만대장경이 간행된 목적을 찾아본다.
⑤ 경복궁의 소실과 중건 과정을 살펴본다.

120 (가), (나)에 대한 설명으로 옳은 것은? [3점]

① (가) – 경종의 즉위를 적극 후원하였다.
② (가) – 광해군 시기에 국정을 주도하였다.
③ (나) – 이이와 성혼의 학문을 계승하였다.
④ (나) – 경신환국으로 정치적 주도권을 장악하였다.
⑤ (가), (나) – 2차에 걸쳐 예송 논쟁을 벌였다.

정답 및 해설

119 정답 ①

해설 제시된 지도의 전쟁은 병자호란이다.
① 병자호란에서 청에게 항복한 조선은 굴욕적인 화친조약과 그 내용을 기록한 삼전도비를 제작하였다.

120 정답 ②

해설 정여립 모반 사건 이후 동인은 서인에 대한 강경파인 북인과 온건파인 남인으로 분화되었다. (가)는 북인, (나)는 남인이다.
② 북인은 광해군 집권 시기 국정을 주도하였다.

오답 살펴보기
① 남인
③④ 서인
⑤ 서인과 남인이 예송 논쟁 전개

121 (가) 국왕의 정책으로 옳은 것은? [2점]

이곳에는 (가) 의 생모인 숙빈 최씨의 위패가 모셔져 있다. (가) 은/는 어머니의 사당을 세우고 시호를 올리는 등 추숭 작업을 추진하였다. 이는 어머니에 대한 효심에서 비롯된 것이지만, 그 이면에는 자신의 출신이 갖는 약점을 극복하고 강력한 왕권에 기초한 탕평 정치를 추구하겠다는 의도가 내포되어 있었다.

① 민생 안정을 위해 균역법을 실시하였다.
② 왕의 친위 부대인 장용영을 설치하였다.
③ 왕권 강화를 위해 6조 직계제를 시행하였다.
④ 국방력을 강화하고 북벌 운동을 추진하였다.
⑤ 국정의 주도권을 잡기 위해 경신환국을 일으켰다.

122 (가)에 들어갈 정치 기구에 대한 설명으로 옳은 것을 〈보기〉에서 고른 것은? [2점]

(가) 은/는 중외의 군국 기무를 모두 관장한다. …… 도제조는 현임과 전임 의정이 겸하고, 제조는 정수가 없으며 전임으로 뽑아 임명한다. 이·호·예·병·형조 판서, 양국 대장, 양도 유수, 대제학은 직위에 따라 당연히 겸직한다. 4명은 유사 당상이라 부르고 8명은 팔도 구관당상을 겸임한다. -「속대전」-

보기

ㄱ. 상피제가 엄격하게 적용되었다.
ㄴ. 고종 즉위 후 축소·폐지되었다.
ㄷ. 임진왜란을 계기로 처음 설치되었다.
ㄹ. 세도 정치기 소수의 가문에서 고위직을 독점하였다.

① ㄱ, ㄴ ② ㄱ, ㄷ ③ ㄴ, ㄷ ④ ㄴ, ㄹ ⑤ ㄷ, ㄹ

정답 및 해설

121 정답 ①

해설 (가) 국왕은 영조이다.

오답 살펴보기
② 정조
③ 태종과 세조
④ 효종
⑤ 숙종

122 정답 ④

해설 (가)는 비변사이다.

오답 살펴보기
ㄱ. 상피제의 대상이 아님
ㄷ. 임진왜란 이전 삼포왜란을 계기로 처음 설치되었다.

123 다음 대화에 나타난 사건의 설명으로 옳은 것은? [2점]

① 정여립 모반 사건으로 촉발되었다.
② 사초에 조의제문을 실은 것이 발단이 되어 일어났다.
③ 서인은 기년복을, 남인은 3년복을 주장하여 일어났다.
④ 남인이 축출되고 노론과 소론이 정국을 주도하게 되었다.
⑤ 왕실의 외척인 안동 김씨 가문이 권력을 장악하게 되었다.

124 다음 가상 기행문의 사절단에 대한 설명으로 옳은 것은? [3점]

우리 사절단은 정사(正使)를 대표로 하여 모두 500여 명이었다. 통역관, 필담과 창화를 담당한 제술관, 마상재 기예를 보여주는 마상재인 등 구성도 다양했다. 우리가 바다를 건너 항구에 도착하자 그곳 사람들이 축포를 쏘며 환영해 주었다. 무엇보다 우리를 놀라게 한 것은 3탕 15찬의 환영 요리였다.

사절단의 행로

① 동지사, 성절사 등의 명목으로 파견되었다.
② 무기 제조 기술과 군사 훈련법을 배우고 돌아왔다.
③ 막부의 요청으로 파견되어 선진 문물을 전해주었다.
④ 강화도 조약 이후 일본에 파견된 공식 외교 사절이었다.
⑤ 일본의 정세를 파악하고 개화 정책에 대한 정보를 수집하였다.

정답 및 해설

123 정답 ④
해설 제시된 사건은 숙종 때 발생한 갑술환국이다.
오답 살펴보기
① 동인의 분화(선조)
② 연산군(무오사화)
③ 현종(기해예송)
⑤ 순조와 철종(세도정치)

124 정답 ③
해설 조선 후기 일본에 간 통신사에 대한 내용이다.
오답 살펴보기
① 명·청에 파견된 사신
② 영선사(청)
④ 수신사
⑤ 조사시찰단

125 다음 시나리오의 소재가 된 '왕'의 정책으로 옳은 것은? [3점]

S# 25.
신하들이 목소리를 높여 논쟁하고 있다. 심각하게 쳐다보고 있던 왕이 갑자기 벌떡 일어난다.

왕	그만 하시오. 그만! 뭐라? 이 나라가 망해도 명을 도와야 한다고? 명나라가 그리 좋으면 다들 명에 가서 사시오!
이조판서	전하!
왕	부끄러운 줄 아시오!
신하들	……
왕	좋소! 경들의 뜻대로 명에 군사를 지원하겠소. 그러나 나는 후금에 서신을 보낼 것이오. 도승지는 받아쓰시오! "명이 요청하여 1만 3천의 군사를 파병하였으나 그대들과 싸우고 싶지 않다. 부디 우리 군사들을 조선으로 무사히 돌려보내 달라."

① 군포를 2필에서 1필로 줄였다.
② 현직 관리에게만 과전을 지급하였다.
③ 어장세, 염세, 선박세를 군사비로 충당하였다.
④ 공납을 쌀로 거두는 제도를 경기도에 처음 실시하였다.
⑤ 전세를 풍흉에 관계없이 토지 1결당 4~6두로 확정하였다.

정답 및 해설

125 정답 ④

해설 제시된 자료의 왕은 광해군이다.
④ 광해군 때 경기도에서 대동법이 처음 실시되었다.

오답 살펴보기
①③ 영조
② 세조
⑤ 인조

126 다음 서적을 편찬한 왕의 재위 시기에 있었던 사실로 옳은 것은? [2점]

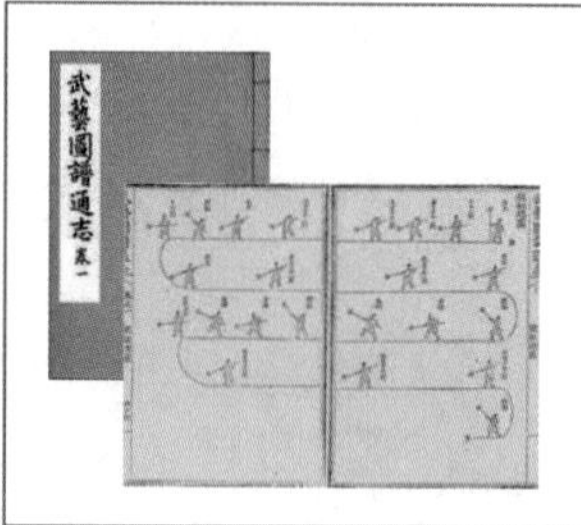

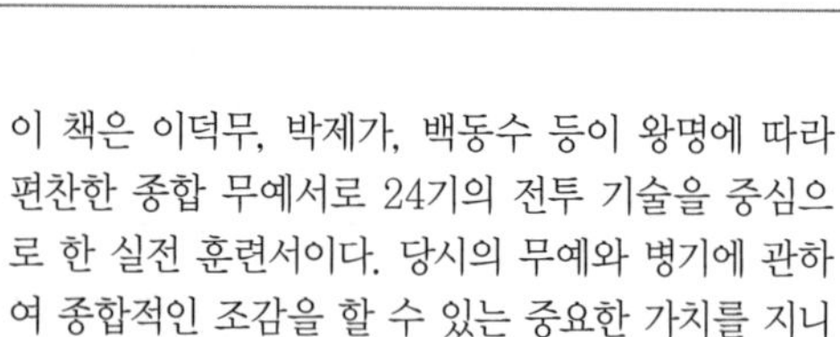
이 책은 이덕무, 박제가, 백동수 등이 왕명에 따라 편찬한 종합 무예서로 24기의 전투 기술을 중심으로 한 실전 훈련서이다. 당시의 무예와 병기에 관하여 종합적인 조감을 할 수 있는 중요한 가치를 지니고 있다.

① 북방에 4군과 6진을 개척하였다.
② 명과의 갈등으로 요동 정벌을 단행하였다.
③ 왕권을 강화하기 위하여 장용영을 설치하였다.
④ 청을 도와 두 차례에 걸쳐 러시아군과 교전하였다.
⑤ 포수, 살수, 사수로 구성된 훈련도감을 신설하였다.

126 정답 ③

해설 제시된 자료의 책은 정조 때 간행된 『무예도보통지』이다.

오답 살펴보기
① 세종
② 태조
④ 효종
⑤ 선조

127 (가), (나)에 해당하는 군사 조직에 대한 설명으로 옳은 것을 〈보기〉에서 고른 것은? [1점]

(가) 좌우위·신호위·흥위위·금오위·천우위·감문위를 일컫는 군사 편제로 고려 군사력의 핵심을 이루었다.
(나) 어영청은 인조반정으로 집권한 서인에 의해 정권을 안정시키고 외적의 침입에 대비하기 위해서 설치되었다.

보기

ㄱ. (가) – 기병, 보병, 승병으로 구성된 특수 부대였다.
ㄴ. (가) – 수도 경비와 국경 방어를 담당하는 중앙군이었다.
ㄷ. (나) – 응양군과 용호군으로 편제되었다.
ㄹ. (나) – 5군영의 하나로 수도인 한성을 수비하는 역할을 맡았다.

① ㄱ, ㄴ ② ㄱ, ㄷ ③ ㄴ, ㄷ ④ ㄴ, ㄹ ⑤ ㄷ, ㄹ

128 다음 자료를 활용한 탐구 활동으로 가장 적절한 것은? [2점]

- 서울의 재력 있는 관청과 지방의 영진(營鎭) 등은 돈을 많이 저축하고 있다. 돈이 국가 창고에 쌓인 채 아래로 유통되지 못하여 귀해지고 있는 것이다.
 –「우서」–
- 종전에 주조한 돈을 결코 작년과 금년에 다 써버렸을 리가 없습니다. 신의 생각에는 아마도 부유한 상인들이 이때를 틈타 쌓아두고 이익을 취하려는 것으로 보이는데, 그 폐단을 바로잡을 방책이 없습니다. –「비변사등록」–

① 영정법의 시행 배경을 조사한다.
② 원납전의 징수 과정을 살펴본다.
③ 직전법의 시행 경과를 알아본다.
④ 건원중보의 발행 목적을 파악한다.
⑤ 전황(錢荒)의 발생 원인을 분석한다.

정답 및 해설

127 정답 ④
해설 (가)는 고려의 6위 (나)는 조선 후기 5군영에 대한 설명이다.
오답 살펴보기
ㄱ. 별무반
ㄷ. 고려의 중앙군(2군)

128 정답 ⑤
해설 제시된 자료의 상황은 조선 후기 화폐 부족현상(전황)에 대한 내용이다.

정답 및 해설

129 정답 ③

해설 제시된 내용은 고구마에 대한 소개로 조선 후기 감자와 더불어 유입되어 구황 작물로 활용되었다.

130 정답 ③

해설 (가)는 대동법이다.
③ 대동법은 가호별로 징수된 공납을 토지에 부과하는 방식으로 전환한 세제이다.

오답 살펴보기
①② 균역법
④⑤ 공법

129 교사의 질문에 대한 학생의 대답으로 옳은 것은? [1점]

① 명에 수출된 대표적 특산물이었어요.
② 문익점에 의해 우리나라에 전래되었어요.
③ 조선 정부가 구황 작물로 재배를 권장했어요.
④ 시험 재배 결과가 농사직설에 소개되었어요.
⑤ 밭을 논으로 바꾸는 현상을 가속화시켰어요.

130 (가) 제도에 대한 설명으로 옳은 것은? [3점]

(가) 실시

1. 배경: 방납으로 인한 농민 부담 증가
   전쟁과 기근으로 국가 재정 악화
2. 과정: 광해군 - 경기도에서 시작
   인 조 - 재생청 설치
   효 종 - 호서와 호남에 시행
   숙 종 - 전국에 시행(잉류 지역 제외)
3. 영향: 상품 화폐 경제의 발달

① 군포를 1년에 1필로 줄여 주었다.
② 토지 소유자에게 결작을 부과하였다.
③ 공납의 기준을 토지 결수로 바꾸었다.
④ 비옥도에 따라 토지를 6등급으로 나누었다.
⑤ 풍흉에 따라 전세를 9등급으로 부과하였다.

131 다음 자료에 나타난 폐단을 시정하기 위해 실시한 정책으로 옳은 것은? [2점]

> 요즈음 빈둥거리며 노는 무뢰배들이 삼삼오오 떼를 지어 스스로 가게 이름을 붙여 놓고 사람들의 일용품에 관계되는 것들을 멋대로 전부 주관합니다. 크게는 말이나 배에 실은 물건부터 작게는 머리에 이고 손에 든 물건까지 길목에서 사람을 기다렸다가 싼값으로 억지로 사는데, 물건 주인이 듣지 않으면 곧 난전(亂廛)이라 부르면서 결박하여 형조와 한성부에 잡아넣습니다. 이 때문에 물건을 가진 사람들이 간혹 본전도 되지 않는 값에 어쩔 수 없이 눈물을 흘리며 팔아버리게 됩니다.

① 상평창을 설치하였다.
② 당백전을 발행하였다.
③ 혜상공국을 혁파하였다.
④ 통공 정책을 실시하였다.
⑤ 시전에 국역을 부과하였다.

132 다음 자료를 통해 알 수 있는 시기의 경제 상황으로 옳지 않은 것은? [3점]

> 놀부는 부모께서 물려주신 그 많은 논과 밭을 저 혼자 차지하고 농사짓기 일삼는다. 물 좋은 논에 모를 심고, 살진 밭에 면화하기, 자갈밭에 서숙(조) 갈고, 황토밭에 참외 심고, 비탈 밭에 담배하기……
> 흥부는 이월 동풍에 가래질하기, 삼사월에 부침질하기, 일등 전답 무논 갈기, 이집 저집 돌아가며 이엉 엮기, 궂은 날에 멍석 말기…….
> –「흥부전」–

① 전국적으로 장시가 널리 확산되었다.
② 광작과 상품 작물의 재배가 확대되었다.
③ 상업 장려를 위해 관영 상점이 개설되었다.
④ 전문적으로 광산을 경영하는 덕대가 출현하였다.
⑤ 정률 지대에서 정액 지대로 바뀌는 현상이 나타났다.

정답 및 해설

131 정답 ④

해설 제시문은 도성 내 독점적 상행위를 보장받은 시전의 횡포에 대한 내용으로, 정조는 시전상인의 횡포를 방지하기 위하여 신해통공을 시행하였다.

132 정답 ③

해설 제시문의 시기는 조선 후기이다.
③ 고려 시대

정답 및 해설

133 정답 ④

해설 밑줄 친 이 법은 대동법이다.
④ 균역법에 대한 내용이다.

134 정답 ③

해설 자료의 빗금 친 지역은 도성 내 설치된 시전이다.
③ 개성을 중심으로 전국적으로 활동한 송상이다.

133 밑줄 그은 '이 법'에 대한 설명으로 옳지 않은 것은? [2점]

> 선조 때에 문성공 이이가 수미법을 시행하기를 청하였으며, 이후에는 우의정 유성룡이 역시 미곡으로 거두기를 청하였으나 모두 성취되지 못하였다. 무신년(1608)에 이르러 좌의정 이원익의 건의로 이 법을 비로소 시행하여 토지에서 미곡을 거두었다. 먼저 경기에서 시작하였다. – 「만기요람」 –

① 공인이 나타나는 배경이 되었다.
② 선혜청에서 관련 업무를 담당하였다.
③ 방납의 폐단을 해소하기 위해 실시하였다.
④ 세금의 부족분을 결작 등으로 충당하게 하였다.
⑤ 토지를 소유하지 않은 농민을 수취 대상에서 제외하였다.

134 교사의 질문에 대한 학생의 답변으로 옳지 않은 것은? [2점]

① 경시서의 통제를 받았습니다.
② 통공 정책으로 활동이 위축되었습니다.
③ 전국 주요 상업 지역에 송방을 설치하였습니다.
④ 특정 상품에 대한 독점 판매권을 부여받았습니다.
⑤ 상권 수호를 위해 황국 중앙 총상회를 조직하였습니다.

135 다음 자료에 나타난 시기의 경제 상황에 대한 설명으로 옳은 것은? [2점]

> 서울 근교와 각 지방 대도시 주변의 파·마늘·배추·오이 밭에서는 10무(4두락)의 땅으로 수만 전(수백 냥)의 수입을 올린다. 서북 지방의 담배, 관북 지방의 삼, 한산의 모시, 전주의 생강 …… 황주의 지황 밭은 논농사가 가장 잘 되었을 때의 수입과 비교하더라도 이익이 열 배나 된다.
> –「경세유표」–

① 목화가 처음 전래되었다.
② 장시가 나타나기 시작하였다.
③ 시전이 한양의 종로 거리에 처음 조성되었다.
④ 고구마, 감자와 같은 구황 작물이 재배되었다.
⑤ 건원중보가 만들어졌으나 유통은 부진하였다.

136 (가) 계층에 대한 설명으로 옳은 것을 〈보기〉에서 고른 것은? [2점]

> 아! (가) 은/는 본시 모두 사대부였는데, 의(醫)에 들어가고 또는 역(譯)에 들어가 7·8대나 10여 대를 대대로 전하니 사람들이 중촌고족(中村古族)이라 일컫게 되었다. 문장과 덕은 비록 사대부에 비길 수 없으나, 명공·거실 외에 우리보다 나은 자는 없다. 비록 나라의 법으로 금한 바 없으나 청요직에 진출하지 못하여 수백 년 원한이 쌓여 있고, 이를 호소할 기약조차 없으니 이는 무슨 죄악이며 무슨 업보인가?
> –「상원과방」–

보기

ㄱ. 종모법에 따라 신분이 결정되었다.
ㄴ. 유향소를 통해 향촌 자치를 주도하였다.
ㄷ. 신분 상승을 위해 소청 운동을 전개하였다.
ㄹ. 시사(詩社)를 결성하여 문학 활동을 전개하였다.

① ㄱ, ㄴ ② ㄱ, ㄷ ③ ㄴ, ㄷ ④ ㄴ, ㄹ ⑤ ㄷ, ㄹ

정답 및 해설

135 정답 ④

해설 제시된 상황은 조선 후기의 경제이다.

오답 살펴보기
① 고려 말
②③ 조선 전기
⑤ 고려 전기

136 정답 ⑤

해설 (가) 계층은 중인이다.

오답 살펴보기
ㄱ. 노비
ㄴ. 양반

137 정답 ④

해설 (가) 인물은 박제가이다.

오답 살펴보기

① 김정희
② 안정복
③ 정약용
⑤ 정선

137 (가) 인물에 대한 설명으로 옳은 것은? [1점]

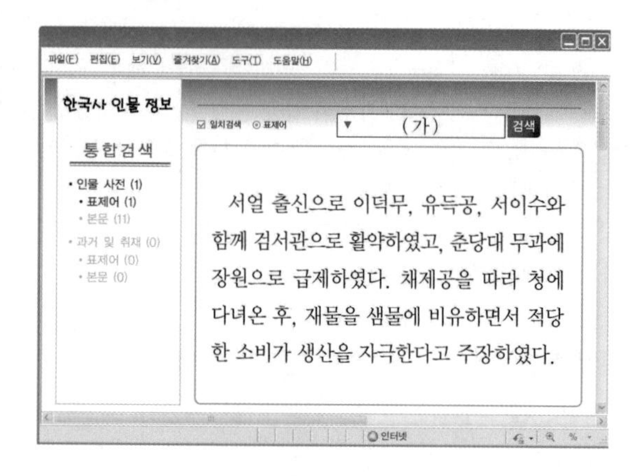

① 북한산비가 진흥왕 순수비임을 밝혔다.
② 삼한 정통론을 내세운 역사서를 저술하였다.
③ 거중기를 만들어 수원 화성 축조에 이용하였다.
④ 북학의를 저술하여 서양 과학 기술의 수용을 주장하였다.
⑤ 우리의 산천을 소재로 한 진경 산수화라는 화풍을 개척하였다.

138 정답 ⑤

해설 제시된 자료의 사건은 정조 때 신해박해로 ㉠은 천주교이다.

오답 살펴보기

① 천하공물설
② 양명학
③ 성리학
④ 동학

138 밑줄 그은 ㉠에 대한 설명으로 옳은 것은? [2점]

> ㉠ 서양의 사설(邪說)이 언제부터 나왔으며 누구를 통해 전해진 것인지 모르겠으나, 윤리와 강상을 어지럽히는 것이 어찌 진산의 권상연, 윤지충보다 더한 자가 있겠습니까? 제사를 폐지하고 위패를 불태웠으며, 조문을 거절하고 그 부모의 시신을 내버려 두었습니다. 그 죄악을 따져보자면 어찌 하루라도 살려둘 수 있겠습니까?
>
> -「정조실록」-

① 정여립의 모반 사건에 이용되었다.
② 정제두에 의해 하나의 학파를 이루었다.
③ 인간의 본성을 이기론을 통해 파악하였다.
④ 인내천 사상을 내세워 인간 평등을 주장하였다.
⑤ 남인 계열의 일부 학자가 신앙으로 받아들였다.

139 밑줄 그은 '선생'에 대한 설명으로 옳지 않은 것은? [2점]

> 무오년(戊午年) 2월 청명일에 방외(方外)의 친구 초의는 한 잔의 술을 올리고서 선생의 영전에 고하나이다. 슬프다! 선생은 천도(天道)와 인도(人道)를 닦아 여러 학문을 체득하시고, 글씨 또한 조화를 이루어 왕희지·왕헌지의 필법을 능가하고, 시문에 뛰어나 세월의 영화를 휩쓸고, 금석에서는 작은 것과 큰 것을 모두 규명하여 중국에까지 이름을 떨치셨나이다.
> – 「초의선집」 –

① 흑산도 유배 중에 자산어보를 저술하였다.
② 역대의 명필을 연구하여 추사체를 완성하였다.
③ 조선 후기의 대표적 문인화인 세한도를 그렸다.
④ 옹방강, 완원 등의 청나라 학자들과 교유하였다.
⑤ 북한산비가 신라 진흥왕 순수비임을 고증하였다.

140 다음 글을 쓴 인물의 활동으로 옳은 것은? [2점]

> 하늘이 금수(禽獸)에게는 발톱을 주고, 뿔과 단단한 발굽을 주고, 날카로운 이를 주고, 독을 주어서 …… 환난을 방어하도록 하였다. 그런데 사람에게는 벌거숭이로 태어나서 연약하여 살아나갈 수 없을 것처럼 만들었다. …… 사람에게는 지려(智慮)와 교사(巧思)가 있음으로써 그들로 하여금 기예(技藝)를 습득하여 스스로 자기의 생활을 영위하도록 한 것이다.
> – 기예론 –

① 반계수록을 지어 균전론을 주장하였다.
② 거중기를 제작하여 화성 축조에 기여하였다.
③ 동의수세보원으로 사상 의학을 체계화하였다.
④ 북학의를 저술하여 상공업 육성을 강조하였다.
⑤ 최초로 100리척을 사용하여 지도를 제작하였다.

정답 및 해설

139 정답 ①
해설 밑줄 친 선생은 추사 김정희이다.
① 정약전

140 정답 ②
해설 제시문의 저자는 정약용이다.
오답 살펴보기
① 유형원
③ 이제마
④ 박제가
⑤ 정상기

정답 및 해설

141 정답 ③

해설 제시문은 이익의 6좀론이다.

오답 살펴보기

① 안정복
② 박제가, 이덕무, 유득공 등
④⑤ 박지원

142 정답 ⑤

해설 제시된 그림은 김홍도와 신윤복의 그림으로 조선 후기 작품들이다.
⑤ 조선 전기인 성종 때 편찬되었다.

141 다음 주장을 펼친 인물에 대한 설명으로 옳은 것은? [2점]

> 사람 중에 간사하고 함부로 하는 자가 없다면 천하가 왜 다스려지지 않겠는가? 간사하고 함부로 하는 것은 재물이 모자라는 데에서 생기고 재물이 모자라는 것은 농사에 힘쓰지 않는 데에서 생긴다. 농사에 힘쓰지 않는 자 중에 그 좀이 여섯 종류가 있는데, 장사꾼은 그중에 들어 있지 않다. 첫째가 노비(奴婢)요, 둘째가 과업(科業)이요, 셋째가 벌열(閥閱)이요, 넷째가 기교(技巧)요, 다섯째가 승니(僧尼)요, 여섯째가 게으름뱅이이다.
> -「성호사설」-

① 역사서인 동사강목을 저술하였다.
② 서얼의 신분으로 규장각 검서관에 기용되었다.
③ 자영농을 육성하기 위해 한전론을 제시하였다.
④ 상공업의 발달과 화폐 유통의 확대를 강조하였다.
⑤ 양반전을 통해 양반의 무능과 허례를 비판하였다.

142 다음 그림이 그려진 시기의 문화에 대한 설명으로 옳지 <u>않은</u> 것은? [3점]

① 흥보가 등의 판소리가 성행하였다.
② 홍길동전과 같은 한글 소설이 읽혀졌다.
③ 회회청 안료를 사용한 청화백자가 만들어졌다.
④ 권선징악, 기복 등을 기원하는 민화가 유행하였다.
⑤ 성현이 음악의 역사를 정리하여 악학궤범을 편찬하였다.

143 밑줄 그은 '요즘'에 볼 수 있는 모습으로 적절하지 <u>않은</u> 것은? [2점]

역사 신문

제△△호 ○○○○년 ○○월 ○○일

급격하게 늘어나는 서당

한 점의 풍속화가 사람들의 눈길을 끌고 있다. 이 작품은 <u>요즘</u> 급속도로 늘어나고 있는 서당을 묘사한 것이다. 다산 정약용의 말에 따르면 네댓 마을에 반드시 하나의 서당이 있을 정도라고 한다. 이제는 평범한 농민의 아들까지도 간단한 글자를 쓸 수 있게 되었다.

① 포구에서 영업하는 객주
② 한글 소설을 읽고 있는 부인
③ 법주사 팔상전 앞을 거닐고 있는 승려
④ 수조권자인 관리에게 전조를 바치는 농민
⑤ 호랑이를 소재로 하여 민화를 그리는 화가

143 정답 ④

해설 서당이 확대된 조선 후기의 모습이다.
④ 수조권은 조선 전기 직전법이 폐지되면서 사라졌다.

144 (가), (나) 주장에 대한 설명으로 옳은 것은? [3점]

(가)

사람과 동물은 각각의 일정한 이기배합(理氣配合)이 있는데 만물 중 사람이 가장 훌륭한 배합입니다. 따라서 인성과 물성은 같을 수 없습니다.

(나)

기질의 변화에 따라 인성과 물성이 구별되지만 일체 만물의 하늘이 준 본성은 같습니다.

① (가) – 북학파의 사상으로 계승되었다.
② (가) – 사문난적으로 몰린 인물들이 제기하였다.
③ (나) – 소론의 사상적 연원이 되었다.
④ (나) – 이황에게 정통 주자학을 벗어난다는 비판을 받았다.
⑤ (가), (나) – 호론과 낙론 사이의 논쟁이다.

144 정답 ⑤

해설 (가)는 인물성이론(호론), (나)는 인물성동론(낙론)이다.

오답 살펴보기
① 낙론(나)
② 윤휴나 박세당
③ 소론과 관련 없는 노론 내부의 논쟁이다.
④ 양명학

145 다음에서 설명하는 문화유산으로 옳은 것은? [1점]

> 이 도자기는 회회청 또는 토청이라 불리는 코발트 안료를 사용하여 만들었다. 조선 전기에는 사치품으로 일반인의 사용이 제한되었으나, 조선 후기 광주 분원에서 대량 생산되면서 널리 유행하였다.

①

②

③

④

⑤

정답 및 해설

145 정답 ①

해설 코발트(청색) 안료, 조선 후기를 통해 청화백자임을 알 수 있다.

오답 살펴보기
②⑤ 청자
③ 순백자
④ 분청사기

146 다음 글을 쓴 인물에 대한 설명으로 옳은 것은? [2점]

> 허생이 안성에서 밤, 대추, 감, 배, 귤 등의 과일을 모두 사들였다. 그가 과일을 매점하자, 온 나라가 잔치나 제사를 치르지 못할 지경에 이르렀다. 그는 과일값이 폭등하자 열 배의 값으로 되팔았다.
> –「허생전」–

① 북학의에서 상공업 육성을 강조하였다.
② 열하일기에서 수레와 선박, 화폐의 필요성을 강조하였다.
③ 마을 단위로 토지를 공동 경작하는 여전론을 주장하였다.
④ 우서에서 사농공상의 직업 평등과 전문화를 주장하였다.
⑤ 매매를 금지하는 영업전을 통해 자영농을 육성하려 하였다.

146 정답 ②

해설 「허생전」은 박지원의 소설이다

오답 살펴보기
① 박제가
③ 정약용
④ 유수원
⑤ 이익

147 (가)에 들어갈 내용으로 적절하지 않은 것은? [2점]

[강화도 안내]

고려궁지
광성보
초지진
마니산

역사의 섬! 강화

[목 차]

1. 세계 유산에 등재된 고인돌
2. 고려궁지를 통해 본 고려 궁궐의 구조
3. (가)

① 신미양요와 어재연의 분전
② 조·일 수호 조규의 체결 과정
③ 단군과 참성단의 제천 의례
④ 영국의 불법 점령과 포대 설치
⑤ 조선왕조실록의 보존과 사고(史庫)

148 밑줄 그은 '이 단체'에 대한 설명으로 옳은 것은? [2점]

> <u>이 단체</u>는 박정양 내각과 협상하여 새로운 중추원 관제를 발표하게 하였다. 이 관제에서는 의장 1인, 부의장 1인, 의관 50인, 참서관 2인, 주사 4인을 두도록 하였는데, 의장은 황제가 임명권을 가졌다. 의관의 절반은 국가에 공로가 있는 사람으로 정부가 추천하고, 나머지 절반은 당분간 <u>이 단체</u>의 회원들이 정치, 법률, 학식에 통달한 자를 투표해서 추천하도록 하였다.

① 관민 공동회를 개최하였다.
② 대한국 국제 선포를 지지하였다.
③ 홍범 14조의 반포를 건의하였다.
④ 대성 학교와 오산 학교를 설립하였다.
⑤ 고종 강제 퇴위 반대 운동을 전개하였다.

147 정답 ④

해설 제시된 지역은 강화도이다. ④ 거문도에 대한 설명이다.

148 정답 ①

해설 밑줄 친 이 단체는 독립협회이다.

오답 살펴보기

② 대한제국
③ 2차 갑오개혁
④ 신민회
⑤ 대한자강회

149 밑줄 그은 '이 사건'에 대한 설명으로 옳은 것은? [2점]

> 이 사건에 대한 책임 문제를 가지고 조선과 일본이 진행한 교섭은 배상 등 몇 가지 조건으로 타결되었고, 일본과 청은 한반도에서 서로 충돌하는 것을 막기 위해 어느 한 나라가 조선에 파병할 때 상대국에게 그 사실을 통보하도록 하는 협정을 맺었다. …… 우리 개화당 세력과 개혁의 뜻을 품은 인사들은 대부분 죽거나 망명하였다.

① 우정총국 개국 축하연 장소에서 일어났다.
② 구식 군인에 대한 차별 때문에 발생하였다.
③ 흥선 대원군이 재집권하는 결과를 가져왔다.
④ 부산, 원산, 인천이 개항되는 계기가 되었다.
⑤ 러시아가 주도하는 삼국 간섭을 초래하였다.

150 밑줄 그은 '이 운동'에서 제기된 주장으로 옳은 것은? [2점]

> 학술 대회 안내
>
> 우리 연구회에서는 올해로 120주년을 맞은 이 운동의 성격과 의의를 조명하기 위해 학술 대회를 개최하고자 합니다.
>
> ■ 발표 주제
> • 백산 격문에 나타난 반봉건적 성격
> • 집강소의 폐정 개혁 활동 분석
> • 공주 우금치 전투의 전개 과정
>
> ■ 날짜: 2014년 ○○월 ○○일
> ■ 장소: ○○대학교 대강당

① 국가 재정은 탁지부에서 전담해야 한다.
② 원수부를 설치하여 국방을 강화해야 한다.
③ 러시아의 절영도 조차 요구를 거부해야 한다.
④ 관민이 협력하여 전제 황권을 공고히 해야 한다.
⑤ 노비 문서를 소각하고 백정의 평량갓을 없애야 한다.

정답 및 해설

149 정답 ①

해설 제시문의 밑줄 친 이 사건은 갑신정변이다.

오답 살펴보기
②③ 임오군란
④ 강화도 조약
⑤ 청·일전쟁 이후

150 정답 ⑤

해설 밑줄 친 이 운동은 동학농민운동이다.

오답 살펴보기
① 독립협회(헌의 6조)
② 대한제국
③④ 독립협회

151 밑줄 그은 '조약'에 대한 설명으로 옳은 것은? [3점]

> 일본 공사에게
> 지금 귀국이 군대를 인솔하여 궁궐을 에워싸고서 참정을 붙잡아 가두었으며, 외상을 협박하여 격식을 갖추지 않은 채 강제로 조약을 체결하여 우리나라의 외교권을 강탈하고자 하니, 이는 스스로 공법(公法)을 위배하는 것이요, 전날 했던 말을 뒤집는 것이 아닌가? …… 귀 공사는 지난날의 잘못을 뉘우치고 일본 정부에 의견을 아뢰어 조약을 철회하도록 해야 할 것이다.

① 러·일 전쟁 중에 강제로 체결되었다.
② 대한 제국 군대의 해산을 규정하였다.
③ 최익현이 의병을 일으키는 계기가 되었다.
④ 재정 고문을 두도록 하는 조항을 포함하고 있다.
⑤ 외국 상인의 내지 통상이 허용되는 결과를 가져왔다.

152 다음 사건 이후에 나타난 상황으로 옳지 않은 것은? [2점]

> 난병들이 대궐을 침범하니 왕비는 밖으로 피신하고 이최응, 민겸호, 김보현은 모두 살해되었다. …… 고종은 난이 일어났다는 소식을 듣고 급히 대원군을 불렀으며, 대원군은 난병을 따라 들어갔다. …… 대원군은 명령을 내려 통리기무아문과 무위영, 장어영을 폐지하고 5영의 군제를 복구하였다. －「매천야록」－

① 제물포 조약이 체결되었다.
② 청 상인이 내지 통상권을 얻었다.
③ 흥선 대원군이 톈진으로 납치되었다.
④ 이만손이 주도하여 만인소를 올렸다.
⑤ 묄렌도르프가 외교 고문으로 파견되었다.

정답 및 해설

151 정답 ③

해설 밑줄 친 조약은 외교권을 강탈한 을사늑약이다.

오답 살펴보기
① 한일 의정서
② 한일신협약
④ 제1차 한일협약
⑤ 조·청 상민 수륙 무역 장정

152 정답 ④

해설 제시된 자료의 사건은 임오군란이다.
④ 이만손의 영남만인소 운동은 임오군란 이전 조선책략 유포를 계기로 일어났다.

153 정답 ⑤

해설 (가)는 강화도 조약, (나)는 조·미 수호 통상 조약이다.

오답 살펴보기

① 조·미 수호 통상 조약
② 제물포 조약
③④ 강화도 조약

154 정답 ③

해설 제시된 문서는 대한제국에서 제작된 지계이다.

오답 살펴보기

① 1880년 개화 정책
②④⑤ 제1·2차 갑오개혁

153 (가), (나) 조약에 대한 설명으로 옳은 것은? [3점]

> (가) **제1조** 조선은 자주국이며 일본과 평등한 권리를 갖는다.
> **제10조** 일본국 인민이 조선국에서 지정한 각 항구에 머무르는 동안에 죄를 범한 것이 조선국 인민과 관계되더라도 모두 일본국 관원이 심의하여 처리한다.
> (나) **제4조** 미국 인민이 상선이나 해안에서 조선국 인민의 생명과 재산에 손해를 주는 등의 일이 있을 때에는 미국의 영사관 혹은 미국에서 파견한 관원에게 넘겨 미국 법률로 체포하고 처벌한다.
> **제5조** 무역을 목적으로 조선국에 오는 미국 상인 및 상선은 모든 수출입 상품에 대하여 관세를 지불해야 한다.

① (가) – 거중 조정 조항이 있었다.
② (가) – 일본 공사관 경비병 주둔을 허용하였다.
③ (나) – 무력시위의 결과로 체결되었다.
④ (나) – 조선이 맺은 최초의 근대적 조약이다.
⑤ (가), (나) – 조약 체결 이후 사절단을 파견하였다.

154 다음 문서를 발행한 정부에 대한 설명으로 옳은 것은? [2점]

> 고종은 국호를 고치고 새로운 연호를 선포한 후, 개혁을 추진하였다. 경제 부분에서는 재정 확보를 위해 양지 아문과 지계 아문을 설치하여, 양전 사업을 실시하고 지계를 발급하였다. 이 새로운 증명서에는 토지 소유권과 관련된 내용이 기록되어 있다.

① 별기군을 창설하였다.
② 군국기무처를 설치하였다.
③ 대한국 국제를 반포하였다.
④ 한성 사범 학교를 설립하였다.
⑤ 공·사 노비 제도를 폐지하였다.

155 (가)에 들어갈 사실로 옳은 것은? [2점]

황룡촌에서 농민들이 관군을 물리쳤대.
이제 전주성에 입성하는 일만 남았군.

⇩

(가)

⇩

① 집강소가 설치되었다.
② 을미개혁이 실시되었다.
③ 시모노세키 조약이 체결되었다.
④ 고부에서 농민들이 만석보를 헐었다.
⑤ 삼례에서 교조 신원 운동이 일어났다.

정답 및 해설

155 정답 ①

해설 제시된 자료의 사건은 동학농민운동에 대한 내용이다. 앞의 글은 전주성 입성 직전, 뒤의 글은 우금치 전투 패배이다.
① 전주성 입성 후 정부와 체결된 전주화약에 따라 집강소가 설치되었다.

오답 살펴보기
②③ 우금치 전투 이후
④⑤ 황룡촌 전투 이전

156 다음 상황이 원인이 되어 일어난 의병에 대한 설명으로 옳은 것은? [1점]

> 짐이 머리카락을 이미 깎았으니 너희 백성들도 어찌 받들어 시행하지 않겠는가? 짐의 뜻을 잘 새겨서 서로 알리고 서로 권하여 너희들의 머리카락과 구습을 한꺼번에 끊으며, 모든 일에서 오직 실질만을 추구하여 짐의 부국 강병하는 사업을 도울 것이다.
> – 「고종실록」 –

① 유인석, 이소응 등 유생들이 주도하였다.
② 해산 군인의 합류로 전투력이 향상되었다.
③ 국제법상 교전 단체로 인정받고자 하였다.
④ 임병찬의 주도로 독립 의군부를 조직하였다.
⑤ 13도 창의군을 결성하고 서울 진공 작전을 펼쳤다.

156 정답 ①

해설 제시문은 을미개혁 때 단발령에 대한 내용으로 을미의병의 원인이 되었다.

오답 살펴보기
②③⑤ 정미의병
④ 1910년대 독립운동

정답 및 해설

157 정답 ④

해설 밑줄 친 이 섬은 독도이다. ④ 1905년 일본은 러·일 전쟁 도중 독도를 자국의 영토로 불법 편입하였다.

오답 살펴보기

①③ 강화도

② 거문도

⑤ 절영도(부산 영도)

158 정답 ⑤

해설 제시문의 (가)는 미국이다.

오답 살펴보기

① 영국

② 러시아

③ 프랑스

④ 일본

157 밑줄 그은 '이 섬'에 대한 설명으로 옳은 것은? [2점]

이 엽서는 안용복 동상 건립을 기념하여 만들어진 것이다. 안용복은 숙종 때 울릉도와 이 섬이 우리 영토임을 일본 막부가 인정하도록 활약한 인물이다.

① 몽골과의 전쟁 때 임시 수도였다.
② 영국군이 점령하였다가 철수하였다.
③ 프랑스가 병인박해를 구실로 침입하였다.
④ 일본이 러·일 전쟁 중에 불법 편입하였다.
⑤ 러시아가 저탄소 설치를 위해 조차를 요구하였다.

158 (가) 국가에 대한 설명으로 옳은 것은? [2점]

황준헌의 조선책략을 보니 머리털이 쭈뼛쭈뼛해지고 쓸개가 떨리며 울음이 북받치고 눈물이 흐릅니다. …… (가) 은/는 우리가 평소 잘 모르던 나라입니다. 저들의 권유를 받아 공연히 끌어들였다가 우리의 약함을 업신여겨 따르기 어려운 청을 강요하고, 과도한 비용을 떠맡긴다면 장차 어떻게 응할 수 있겠습니까.

－「승정원일기」－

① 거문도를 불법 점령하여 러시아를 견제하였다.
② 저탄소 설치를 위해 절영도 조차를 요구하였다.
③ 강화읍을 점령하고 외규장각 도서를 약탈하였다.
④ 운요호 사건을 빌미로 불평등 조약을 강요하였다.
⑤ 제너럴 셔먼호 사건을 구실로 통상을 요구하였다.

159 다음 자료의 인물이 주도한 의병에 대한 설명으로 옳은 것은? [2점]

이 비는 쓰시마 섬 수선사에 있는 항일 의병장의 순국비이다. 그는 제자들과 함께 전라북도 태인에서 의병을 일으켜 정읍·순창 일대를 장악하기도 하였으나, 체포되어 쓰시마 섬으로 끌려왔다. 그는 적(敵)이 주는 음식을 거절하고 단식을 계속하다가 순국하였다고 전해진다.

① 고종의 해산 권고 조칙으로 해산되었다.
② 외교권을 박탈한 조약에 항의하여 일어났다.
③ 해산 군인이 가담하면서 전투력이 강화되었다.
④ 국제법상의 교전 단체로 승인해 줄 것을 요구하였다.
⑤ 13도 창의군을 결성하여 서울 진공 작전을 전개하였다.

160 (가)~(마)와 관련된 각 시기별 농민군의 활동으로 옳지 않은 것은? [1점]

[답사 계획서]

동학 농민 운동의 전개 과정을 따라서

ㅇ 기간: 2014. ○○. ○○~○○. ○○
ㅇ 답사 순서

만석보 혁파비 (가) → 백산 창의비 (나) → 황토현 전적비 (다) → 전주 입성비 (라) → 우금치 전적비 (마)

① (가) – 자치 조직인 집강소를 설치하였다.
② (나) – 4대 행동 강령을 선포하였다.
③ (다) – 전봉준의 지휘 아래 관군과 싸워 승리하였다.
④ (라) – 탐관오리의 처단 등 폐정 개혁을 요구하였다.
⑤ (마) – 일본군과 관군에 맞서 격렬한 전투를 전개하였다.

정답 및 해설

159 정답 ②

해설 제시된 자료의 인물은 최익현이다.
② 최익현은 외교권을 박탈한 을사조약에 항의하여 일어난 을사의병에 참여하였다.

오답 살펴보기
① 을미의병
③④⑤ 정미의병

160 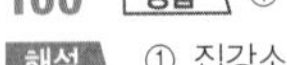 정답 ①

해설 ① 집강소는 전주화약에 따라 설치된 자치 기관이다. 따라서 전주성 입성 이후에 들어가야 한다.

161 (가), (나) 조약에 대한 설명으로 옳은 것은? [2점]

> (가) • 대한 제국 정부는 일본 제국 정부가 추천한 일본인 1명을 재정 고문에 초빙하여 재무에 관한 사항은 모두 그의 의견을 들어 시행할 것
> • 대한 제국 정부는 외국과의 조약 체결, 기타 중요한 안건의 처리에 관하여는 미리 일본 정부와 협의할 것
>
> (나) • 대한 제국 정부는 시정 개선에 관하여 통감의 지도를 받을 것
> • 대한 제국 정부는 통감이 추천하는 일본인을 대한 제국의 관리로 임명할 것

① (가) – 일본인이 정부의 차관으로 부임하는 배경이 되었다.
② (가) – 화폐 정리 사업을 추진한 메가다가 고용되는 근거가 되었다.
③ (나) – 이토 히로부미가 통감으로 부임하는 계기가 되었다.
④ (나) – 일본이 군사상 필요한 지역을 사용할 수 있도록 하였다.
⑤ (가), (나) – 러·일 전쟁 기간 중에 체결되었다.

162 (가), (나) 시기 사이에 있었던 일을 〈보기〉에서 고른 것은? [2점]

> (가) 시모노세키 조약을 통해 일본이 요동 반도와 타이완을 차지하자 러시아가 독일, 프랑스를 끌어들여 일본을 압박하였고, 일본은 이에 굴복하여 요동 반도를 청에 반환하였다.
>
> (나) 일본의 통제하에 있던 중앙군 일부가 의병 진압을 위해 지방으로 출동하자, 고종은 이를 틈타 경복궁에서 러시아 공사관으로 처소를 옮겼다.

보기

ㄱ. 군국기무처가 설치되었다.
ㄴ. 일본이 명성황후를 시해하였다.
ㄷ. 친위대와 진위대가 설치되었다.
ㄹ. 고종이 국외 중립을 선언하였다.

① ㄱ, ㄴ ② ㄱ, ㄷ ③ ㄴ, ㄷ ④ ㄴ, ㄹ ⑤ ㄷ, ㄹ

정답 및 해설

161 정답 ②

해설 (가)는 제1차 한일협약, (나)는 한일신협약이다.
② 메가타는 제1차 한일협약에 따라 고문으로 파견되어 화폐 정리 사업을 추진하였다.

오답 살펴보기
① (나) 한일신협약
③ 제2차 한일협약(을사늑약)
④ 한일의정서
⑤ (나)는 러·일 전쟁 이후 체결되었다.

162 정답 ③

해설 (가)는 삼국간섭에 따른 요동반도 반환이고 (나)는 아관파천이다.

오답 살펴보기
ㄱ. 제1차 갑오개혁으로 (가) 이전
ㄹ. 러·일 전쟁 직전으로 (나) 이후

163 (가)~(다)의 주장들을 제기된 순서대로 옳게 나열한 것은? [3점]

(가) 미국은 본래 우리가 모르던 나라입니다. 잘 알지 못하는데 공연히 남의 권유로 불러들였다가 그들이 재물을 요구하고 우리의 약점을 알아차려 어려운 청을 하거나 과도한 부담을 떠맡긴다면 장차 이에 어떻게 대응할 것입니까?
(나) 양이의 화가 오늘에 이르러 홍수나 맹수의 해로움보다도 더 심합니다. 전하께서는 …… 안으로 관리들로 하여금 사학(邪學)의 무리를 잡아 베게 하시고 밖으로 장병들로 하여금 바다를 건너오는 적을 정벌하게 하소서.
(다) 저들이 비록 왜인이라고 하나 실은 양적이옵니다. 강화가 한번 이루어지면 사학의 서적과 천주의 초상화가 교역하는 속에 들어올 것입니다. 그렇게 되면 얼마 안 가서 사학이 온 나라 안에 퍼지게 될 것입니다.

① (가) – (나) – (다)
② (가) – (다) – (나)
③ (나) – (가) – (다)
④ (나) – (다) – (가)
⑤ (다) – (나) – (가)

164 다음과 같은 대외 인식을 지닌 세력에 대한 설명으로 옳은 것은? [1점]

양적(洋賊)의 침입을 당하여 국론이 교(交)와 전(戰)으로 양분되어 있다. 그런데 양적을 공격해야 한다는 주장은 내 나라 사람의 것이고, 양적과 화친해야 한다는 주장은 적국 사람의 것이다. 전자를 따르면 조선 문화의 전통을 보전할 수 있지만, 후자를 따른다면 조선인은 금수의 지경으로 빠지고 말 것이다. –「화서집」–

① 문명개화론에 사상적 바탕을 두었다.
② 흥선 대원군의 대외 정책을 지지하였다.
③ 박규수의 영향을 받은 양반 자제들이 많았다.
④ 일본에 조사 시찰단으로 가서 선진 문물을 견학하였다.
⑤ 개화 정책을 담당하는 통리기무아문의 설치를 주장하였다.

정답 및 해설

163 정답 ④
해설 (나) 척화주전론(1860년대) → (다) 왜양일체론(1870년대) → (가) 이만손의 영남만인소(1880년대)

164 정답 ②
해설 제시문의 세력은 위정척사파이다.
② 위정척사세력은 통상수교 거부 정책을 실시한 흥선 대원군의 외교 정책을 지지하였다.
오답 살펴보기
①③④⑤ 개화사상

정답 및 해설

165 정답 ③

해설 제시된 자료의 사건은 동학농민운동 시기 전주화약 체결 이후 해산을 권고하는 조치이다.
③ 농민군들은 해산 이후 경복궁을 침범한 일본군을 물리치기 위하여 재봉기하였다.

오답 살펴보기
①②④⑤ 전주화약 이전

166 정답 ⑤

해설 제시된 자료의 (가) 단체는 대한자강회이다.

오답 살펴보기
① 국채 보상 운동 기성회
②③ 독립협회
④ 을미의병

165 다음 자료가 발표된 이후에 나타난 농민군의 활동으로 옳은 것은? [1점]

> 본 감사는 …… 지금 너희들이 병기를 반납하는 것을 보고, 또한 못된 사람들이 소요하는 것을 몹시 미워하고 엄금하는 것을 보니, 너희들의 선량한 마음을 믿을 수 있다. …… 너희들이 각기 그 고을에서 성실하고 뜻이 있는 자를 뽑아 집강으로 삼되 적격하지 않은 자에게 집강을 맡겨 폐단이 발생하는 일이 없도록 해야 할 것이다.

① 정부에 휴전을 제의하였다.
② 황룡촌에서 정부군에 맞서 싸웠다.
③ 일본군을 물리치기 위해 봉기하였다.
④ 백산에 집결하여 4대 강령을 발표하였다.
⑤ 신임 군수의 무마책에 따라 스스로 해산하였다.

166 (가)에 들어갈 단체의 활동으로 옳은 것은? [2점]

> 이 건물은 대한 제국 시기에 결성된 (가) 이/가 사용하던 곳이다. 애국 계몽 운동을 전개한 이 단체는 한성부에서 평안도, 황해도, 함경도 출신의 인사들이 조직하였으며, 기존의 서우학회와 한북흥학회를 통합하여 창설하였다. 궁극적인 목표로 국권 회복과 인권 신장을 통한 근대 문명국가의 건설을 내걸었다.

① 국채 보상 운동을 주도하였다.
② 정부에 헌의 6조를 건의하였다.
③ 러시아의 절영도 조차 요구에 반대하였다.
④ 고종의 해산 권고 조칙에 따라 해산되었다.
⑤ 월보를 간행하는 등 교육 운동을 전개하였다.

167 지도에 표시된 (가)~(마) 지역에 대한 사실로 옳은 것은? [2점]

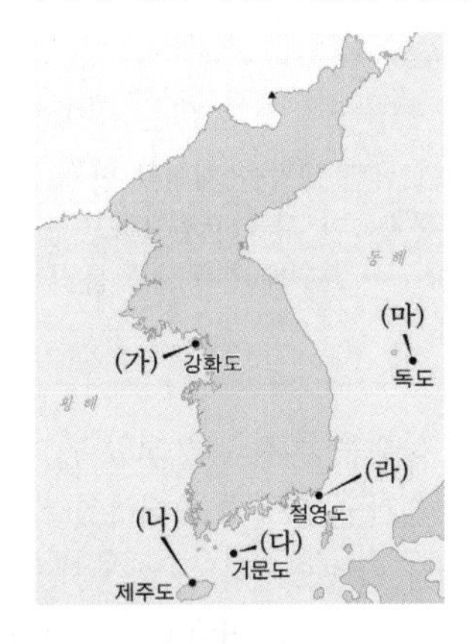

① (가) – 영국군이 불법으로 점령하였다.
② (나) – 독립 협회가 러시아의 조차 요구를 저지시켰다.
③ (다) – 삼별초가 최후의 항쟁을 전개하였다.
④ (라) – 조선왕조실록을 보관한 사고(史庫)가 설치되었다.
⑤ (마) – 대한 제국은 칙령 제41호를 통해 관할 영토임을 명시했다.

168 밑줄 그은 '전군'에 대한 설명으로 옳은 것은? [2점]

> 이때에 사기를 고무하여 서울 진공의 영(令)을 발하니, 그 목적은 서울로 들어가 통감부를 쳐부수고 성하(城下)의 맹(盟)을 이루어 저들의 소위 신협약 등을 파기하여 대대적 활동을 기도(企圖)함이라. …… 전군(全軍)에 명령을 내려 일제히 진군할 것을 재촉하여 동대문 밖에 나아가 다다를 때 ……
> – 대한매일신보 –

① 14개조 정강을 발표하였다.
② 선혜청과 일본 공사관을 공격하였다.
③ 국권 회복과 공화정체를 목표로 하였다.
④ 고종의 권고를 받아 대부분 해산하였다.
⑤ 국제법상 교전 단체로 인정할 것을 요구하였다.

정답 및 해설

167 정답 ⑤

해설 ⑤ 1900년 대한 제국 정부는 칙령 제41호를 발표하여 울릉도와 독도를 울도군으로 편제하였다.

오답 살펴보기
① 영국군은 거문도를 불법으로 점령하였다.
② 독립 협회는 러시아의 절영도 조차 요구를 저지하였다.
③ 삼별초는 제주도에서 최후의 항전을 전개하였다.
④ 강화도에 조선왕조실록을 보관하였다(정족산 사고).

168 정답 ⑤

해설 제시문의 군대는 13도 창의군으로 정미의병 시기에 결성되었다.

오답 살펴보기
① 갑신정변
② 임오군란
③ 신민회
④ 을미의병

정답 및 해설

169 정답 ④

해설 제시된 자료의 (가) 단체는 신민회이다.

오답 살펴보기

① 대한민국 임시 정부
② 보안회
③ 의열단
⑤ 신간회

170 정답 ④

해설 제시된 조약은 청·일 전쟁으로 체결된 시모노세키조약이다.

오답 살펴보기

ㄱ. 갑신정변(이전)
ㄷ. 황토현 전투(이전)

169 (가) 단체에 대한 설명으로 옳은 것은? [2점]

> (가) 결성 취지서
>
> 완고하고 부패한 국민 생활을 개혁할 신사상이 시급히 필요하며, 우둔한 국민을 깨우칠 수 있는 신교육이 시급히 필요하고, …… 미약한 산업을 일으킬 신모범이 시급히 필요하며, …… 요컨대 신정신을 불러 깨우치고 신단체를 조직해서 신국가를 건설할 뿐이다.

① 연통제를 통해 독립운동 자금을 모았다.
② 일제의 황무지 개간권 요구에 반대하였다.
③ 조선 혁명 선언을 강령으로 삼아 활동하였다.
④ 남만주 삼원보에 독립운동 기지를 건설하였다.
⑤ 민족주의와 사회주의 세력 간의 연대로 조직되었다.

170 다음 조약이 체결된 이후에 나타난 정세로 옳은 것을 〈보기〉에서 고른 것은? [1점]

> 첫째, 청국은 조선의 완전무결한 독립을 인정한다.
> 둘째, 청국은 랴오둥 반도와 타이완, 펑후 제도를 일본에 할양한다.
> 셋째, 청국은 배상금 2억 냥을 지불하는 것에 동의한다.
> ……

보기

ㄱ. 급진 개화파가 정변을 일으켰다.
ㄴ. 을미개혁으로 단발령이 실시되었다.
ㄷ. 동학 농민군이 황토현에서 관군을 물리쳤다.
ㄹ. 삼국 간섭의 영향으로 친러 내각이 수립되었다.

① ㄱ, ㄴ ② ㄱ, ㄷ ③ ㄴ, ㄷ ④ ㄴ, ㄹ ⑤ ㄷ, ㄹ

171 (가)~(마) 지역에서 일어난 사실로 옳지 않은 것은? [3점]

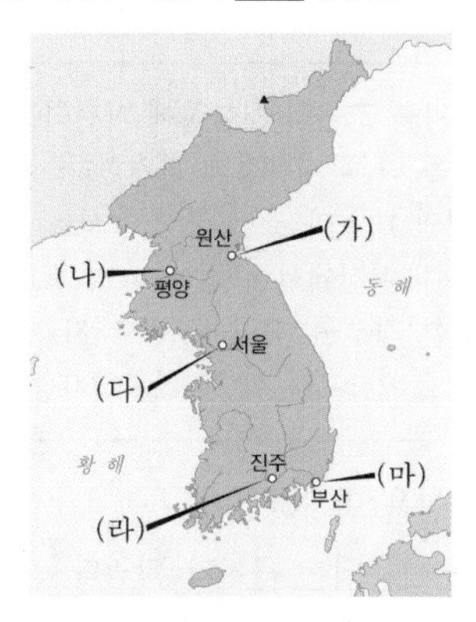

① (가) – 외국 기업의 착취에 저항한 노동자 총파업이 일어났다.
② (나) – 토산품 애용을 위한 조선 물산 장려회가 발족되었다.
③ (다) – 본격적 노동 운동 조직인 조선 노동 공제회가 결성되었다.
④ (라) – 차별 대우 철폐를 위해 백정들이 조선 형평사를 창립하였다.
⑤ (마) – 일본의 황무지 개간권 요구 저지를 위해 보안회가 출범하였다.

172 (가) 철도의 부설권을 획득한 국가에 대한 설명으로 옳은 것을 〈보기〉에서 고른 것은? [3점]

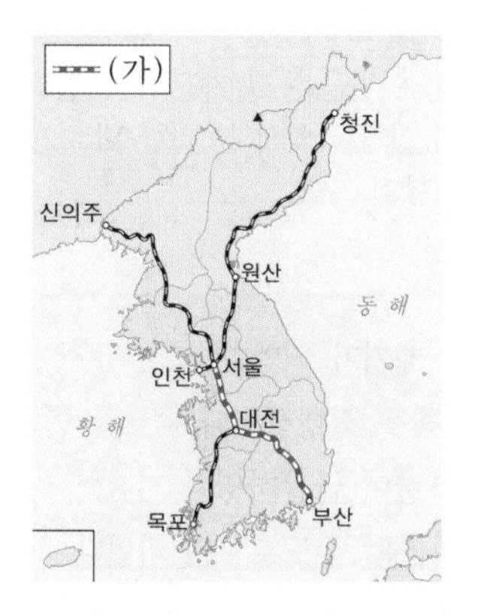

보기

ㄱ. 용암포를 점령하고 강제로 조차하였다.
ㄴ. 제너럴 셔먼호 사건을 구실로 통상을 요구하였다.
ㄷ. 동양 척식 주식회사를 설립하여 토지를 약탈하였다.
ㄹ. 삼국 간섭에 굴복하여 랴오둥 반도를 청에 반환하였다.

① ㄱ, ㄴ ② ㄱ, ㄷ ③ ㄴ, ㄷ ④ ㄴ, ㄹ ⑤ ㄷ, ㄹ

정답 및 해설

171 정답 ⑤
해설 ⑤ 보안회가 출범한 곳은 서울이다.

172 정답 ⑤
해설 제시된 철도는 경부선으로 일본이 부설하였다.
오답 살펴보기
ㄱ. 러시아
ㄴ. 미국

173 다음 내용을 담고 있는 조약에 대한 설명으로 옳은 것은? [2점]

> 1조 청의 상무위원을 조선의 개항장에 파견하고, 조선은 대원(大員)을 톈진에 주재시키고 관원을 다른 개항장에 파견한다. …… 처리하기 어려운 문제가 생겼을 때는 청의 북양 대신과 조선 국왕이 서로 통지하여 처리한다.
> 4조 조선 상인은 베이징에서 규정에 따라 교역하고, 청 상인은 양화진과 한성에 상점을 개설한 경우를 제외하고는 내지 행상을 허가하지 않는다. 두 나라 상인이 내지로 들어가고자 할 때에는 허가증을 발급받아야 한다.

① 조선이 자주국임을 명시하였다.
② 천주교 포교가 허용되는 근거가 되었다.
③ 방곡령을 내릴 수 있는 조건을 규정하였다.
④ 개화파가 일으킨 정변을 계기로 체결되었다.
⑤ 개항장 객주의 활동이 위축되는 결과를 초래하였다.

174 자료와 관련된 정책에 대한 설명으로 옳지 않은 것은? [2점]

> 〈구 백동화 무효에 관한 고시〉
> 구 백동화는 지난 융희 2년 11월 말로써 일반 통용을 금지하고 다만 공납에 한하여 올해 12월 말까지 사용함을 허용하였으나, 내년 1월 1일부터는 결코 통용함을 금지할 터이니, 인민들은 그 가진 구 백동화를 올해 안으로 공납에만 사용하되 오히려 남은 것이 있거든 역시 본 기한 내로 매수함을 청구하여 의외의 손해를 당하지 않도록 조심함이 가함.
> 융희 3년 11월 1일

① 전환국 설치의 계기가 되었다.
② 탁지부에서 정책을 집행하였다.
③ 시행 직후 통화량이 급감하였다.
④ 재정 고문 메가타의 주도로 시행되었다.
⑤ 한국인 상인과 회사에 큰 타격을 주었다.

정답 및 해설

173 정답 ⑤

해설 제시된 자료는 조·청 상민 수륙 무역 장정의 내용이다.
⑤ 청 상인의 내지통상권이 허용되면서 중계무역에 종사하던 개항장 객주들의 활동이 위축되었다.

오답 살펴보기
① 강화도 조약
② 조·프 수호 통상 조약
③ 조일통상장정
④ 한성 조약, 톈진 조약

174 정답 ①

해설 제시문은 1904년 일본의 주도로 실시된 화폐 정리 사업이다.
① 전환국은 1883년 설치되었다.

175 (가)에 들어갈 대화 내용으로 옳은 것은? [1점]

① 운산 금광 채굴권을 준다더군.
② 한성에 전차 부설을 허가한다더군.
③ 경인선 철도 부설권이 넘어간다더군.
④ 내지 통상권을 처음으로 허용한다더군.
⑤ 두만강 삼림 채벌권을 내준다고 하더군.

176 (가), (나) 사이의 시기에 볼 수 있었던 모습으로 옳은 것을 〈보기〉에서 고른 것은? [3점]

> (가) 새 것을 참작하고 옛 것을 기준으로 삼아 문물과 제도를 바꾸었다. …… 8월 16일, 삼가 천지의 신과 종묘사직에 고하고 광무라는 연호를 세웠다.
> (나) 통감과 외국 영사관 총대표가 하례사를 낭독하였다. …… 애국가 연주가 끝나자 총리대신이 손을 모아 머리 위로 들어 만세 삼창을 하고 문무백관도 일제히 소리 지르며 즉위식이 끝났다.

보기
ㄱ. 육영 공원에서 영어를 배우는 학생
ㄴ. 원각사에서 은세계를 관람하는 관객
ㄷ. 경부선 철도 건설 공사에 동원되는 노동자
ㄹ. 만국 우편 연합 가입 사실을 보도하는 신문 기자

① ㄱ, ㄴ ② ㄱ, ㄷ ③ ㄴ, ㄷ ④ ㄴ, ㄹ ⑤ ㄷ, ㄹ

정답 및 해설

175 정답 ④

해설 (가)는 임오군란으로 체결된 조·청 상민 수륙 무역 장정이다. ④ 이 조약에서는 청 상인의 내지 통상권이 처음으로 부여되었다.

오답 살펴보기
① 미국
② 1899년에 전차가 운행되었다
③ 경인선 철도 부설권은 1898년 미국에서 일본으로 넘어갔고 1899년 경인선이 개통되었다.
⑤ 러시아

176 정답 ⑤

해설 (가)는 1897년 대한제국 성립, (나)는 통감이 즉위하는 내용으로 1905년 을사늑약 이후이다.
ㄷ. 경부선(1905)
ㄹ. 만국 우편 연합 가입(1900)

오답 살펴보기
ㄱ. 육영 공원(1886)
ㄴ. 원각사(1908)

177 다음 벽보에 나타난 민족 운동에 대한 설명으로 옳은 것은? [2점]

① 황국 중앙 총상회가 중심이 되었다.
② 사회주의자들의 지지를 받아 확산되었다.
③ 평양에서 시작되어 전국으로 확대되었다.
④ 조선 총독부의 탄압과 방해로 실패하였다.
⑤ 대한매일신보의 적극적인 후원 아래 전개되었다.

178 밑줄 그은 '신문'에 대한 설명으로 옳은 것은? [1점]

> ㅇㅇ월 ㅇㅇ일
> 드디어 오늘 박문국에서 제1호 신문이 발행되었다. 앞으로 한 달에 세 번씩 신문을 발행할 예정인데 외국 소식까지 폭넓게 번역하여 기사를 실으려면 이만저만 바쁜 게 아니다. 세상이 변화하는 형세를 잘 전할 수 있어야 할 텐데, 걱정이 태산 같다.

① 영문판이 함께 발행되었다.
② 최초로 상업 광고를 게재하였다.
③ 일제의 신문지법에 의해 탄압을 받았다.
④ 정부가 발행하는 관보의 성격을 지녔다.
⑤ 서민층과 부녀자를 주된 독자층으로 삼았다.

정답 및 해설

177 정답 ⑤

해설 제시된 자료의 운동은 국채 보상 운동이다.
⑤ 국채 보상 운동은 대한매일신보의 후원 아래 전국적인 운동으로 확산되었다.

178 정답 ④

해설 밑줄 친 신문은 한성순보이다.
④ 한성순보는 관보적 성격의 신문으로 정부의 정책을 소개하였다.

오답 살펴보기
① 대한매일신보, 독립신문
② 한성주보
③ 대한매일신보, 황성신문, 제국신문 등
⑤ 제국신문

179 (가)에 대한 탐구 활동으로 적절하지 <u>않은</u> 것은? [2점]

> 이러한 이유에서 중국인들이 세계 어떤 문자보다도 간단하고 음운을 폭넓게 표기할 수 있는 (가) 을/를 채택해야 한다고 나는 감히 주장해왔다. …… 200개가 넘는 세계의 문자를 검토해 본 결과 현존하는 문자 중 가장 훌륭한 문자임이 분명하다. 누구라도 배운 지 나흘 만에 책을 읽을 수 있다. 일본이 (가) 을/를 채택한다면 최선의 선택이 될 것이다. – 헐버트 –

① 가갸날을 만든 단체에 대해 조사한다.
② 허균의 홍길동전이 갖는 의미를 분석한다.
③ 이암이 농상집요를 소개한 배경을 알아본다.
④ 주시경이 편찬한 국어문법의 특징을 찾아본다.
⑤ 유네스코에서 세종 대왕 문해상을 제정한 이유를 살펴본다.

180 다음 자료의 상황이 나타난 당시에 볼 수 있는 장면으로 가장 적절한 것은? [1점]

> 위 사진은 전차 개통식과 관련된 것으로 개통식을 구경하기 위해 한성 사람들이 모여든 모습이다. 왼쪽 사진에는 흥인지문 앞에 긴 지붕이 덮인 전차 보관소가 보인다. 오른쪽 사진에는 태극기와 성조기가 함께 걸려있는데, 이는 당시 전차가 미국의 기술로 제작되었기 때문이다.

① 부산으로 가는 기차를 타는 여행가
② 황성신문을 구입하여 읽고 있는 유생
③ 잡지 소년에 실을 원고를 작성하는 작가
④ 원각사에서 신극 치악산을 관람하는 관객
⑤ 국채 보상 기성회에 성금을 보내는 부녀자

정답 및 해설

179 정답 ③

해설 (가)는 한글이다.
③ 『농상집요』는 고려 말 원에서 들여온 농법서이다.

180 정답 ②

해설 전차는 1899년 미국인 콜브란과 고종의 합작사업으로 서대문에서 청량리 구간으로 개통되었다.
② 황성신문은 1898년 간행되어 1910년까지 발행되었다.

오답 살펴보기
① 1905년 개통
③ 1922년 간행
④ 1908년
⑤ 1907년

정답 및 해설

181 정답 ④

해설 제시문은 우리나라 최초의 민간 신문인 독립신문이다.

오답 살펴보기

① 만세보
② 한성순보
③ 독립신문은 신문지법 이전에 폐간되었다.
⑤ 황성신문

182 정답 ①

해설 가상 회고록의 내용으로 대한제국 시기임을 알 수 있다.
① 경복궁 내에 만들어진 조선 총독부 건물은 1926년 완공되었다.

오답 살펴보기

② 독립문, ③ 덕수궁 석조전, ④ 환구단, ⑤ 명동성당은 모두 대한제국 시기에 만들어진 건축물이다.

181 자료는 어느 신문의 창간사이다. 이 신문에 대한 설명으로 옳은 것은? [1점]

> 우리는 첫째 편벽되지 아니한 고로 무슨 당에도 상관이 없고 상하 귀천을 달리 대접 아니하고 모두 조선 사람으로만 알고 조선만 위하여 공평히 인민에게 말할 터인데, …… 우리가 모두 언문으로 쓰기는 알아보기 쉽도록 함이라. 남녀 상하 귀천이 모두 보게 함이오. 또 한쪽에 영문으로 기록하기는 외국 인민이 조선 사정을 자세히 모르기 때문에 혹 편벽된 말만 듣고 조선을 잘못 생각할까 보아 실상 사정을 알게 하고자 하여 영문으로 조금 기록한다.

① 천도교에서 발행하였다.
② 열흘에 한 번씩 발행되었다.
③ 신문지법에 의해 탄압을 받았다.
④ 우리나라 최초의 민간 신문이었다.
⑤ 장지연의 시일야방성대곡을 게재하였다.

182 다음은 어느 외국인의 가상 회고록이다. 밑줄 그은 '건축물'로 적절하지 않은 것은? [3점]

> 내가 만국 평화 회의를 취재하러 네덜란드 헤이그에 갔다가 대한 제국 특사의 죽음을 보게 된 것은 충격이었다. 그해 난 미국에 돌아오자마자 신문사에 한국으로 보내주길 요청했고, 겨울이 시작될 무렵 서울에 도착할 수 있었다. 그해가 가기 전 일행과 함께 전차를 타고 눈 덮인 황후의 무덤을 다녀오면서 죽은 황후를 향한 한국 황제의 애틋한 사랑 이야기를 전해 들었던 게 기억이 난다. …… 4년 뒤 서울을 떠나 고향으로 돌아오기 전까지, 나는 서울의 이곳저곳을 돌며 여러 <u>건축물</u>을 볼 수 있었다.

①

②

③

④

⑤

183 다음 조서에 따라 설립한 교육 기관으로 옳은 것은? [1점]

> 세상 형편을 돌아보건대, 부강하고 독립한 나라들은 모두 그 나라 백성들이 개명(開明)한 지식을 가지고 있다. 지식이 개명하는 것은 교육이 잘 된 데서 이루어지는 것이다. 교육은 실로 나라를 보존하는 근본이다. …… 짐은 정부에 지시하여 학교를 널리 세우고 인재를 양성하며, 신민(臣民)이 학식으로 나라를 중흥시키는 큰 공로를 이룩하게 하겠다.
> -「고종실록」-

① 동문학
② 원산 학사
③ 배재 학당
④ 신흥 무관 학교
⑤ 한성 사범 학교

184 밑줄 그은 '종교'에 대한 설명으로 옳은 것은? [2점]

이 동상은 왼손은 가슴에, 오른손 검지는 하늘을 가리키는 모습을 하고 있습니다. 이는 최제우의 사상을 표현한 것입니다. 그는 경주 출신의 몰락 양반으로 여러 종교의 장점을 취하여 새로운 종교를 만들었습니다.

① 마음속에 한울님을 모시는 시천주를 강조하였다.
② 왕조의 교체를 예언한 정감록을 경전으로 삼았다.
③ 제사와 신주를 모시는 문제로 정부의 탄압을 받았다.
④ 단군을 교조로 받드는 민족 고유의 신앙으로 발전하였다.
⑤ 하나님 앞에서의 인간 평등과 내세에서의 영생을 주장하였다.

정답 및 해설

183 정답 ⑤

해설 제시문은 고종이 근대식 공교육 실시를 발표한 교육입국조서(1895)이다.

오답 살펴보기
① 1883년
② 1883년(사립)
③ 개신교 선교사가 건립
④ 일제강점기 만주에 세워진 군사학교

184 정답 ①

해설 제시된 종교는 동학(천도교)이다.

오답 살펴보기
② 도참사상
③ 천주교
④ 대종교
⑤ 개신교

185 밑줄 그은 '신문'에 대한 설명으로 옳은 것은? [2점]

① 시일야방성대곡을 게재하였다.
② 최초로 상업 광고를 게재하였다.
③ 천도교에서 발행한 국한문 혼용의 신문이었다.
④ 최초의 민간 신문으로 민권 신장에 기여하였다.
⑤ 국채 보상 운동을 전국적으로 확산시키는 데 기여하였다.

186 다음 주장을 한 인물의 활동으로 옳은 것은? [3점]

> • 어떻게 하면 우리 이천만 동포의 귀에, 항상 애국이란 말이 울려 퍼지게 할 것인가? 오직 역사로 할 뿐이니라! 어떻게 하면 우리 이천만 동포의 눈에, 나라라는 글자가 배회하게 할 것인가? 오직 역사로 할 뿐이니라! – 역사와 애국심의 관계 –
> • 역사란 무엇이뇨? 인류 사회의 아(我)와 비아(非我)의 투쟁이 시간부터 발전하며 공간부터 확대하는 심적 활동 상태의 기록이니, 세계사라 하면 세계 인류의 그리되어 온 상태의 기록이며, 조선사라 하면 조선 민족의 그리되어 온 상태의 기록이니라. –「조선상고사」–

① 사료 편찬소에서 한일 관계 사료집을 발간하였다.
② 여유당전서를 간행하고 조선학 운동을 주도하였다.
③ 진단 학회를 설립하여 실증주의 사학을 발전시켰다.
④ 유교의 개혁을 주장하는 유교 구신론을 제창하였다.
⑤ 독사신론을 저술하여 민족주의 사학의 기반을 마련하였다.

정답 및 해설

185 정답 ⑤
해설 제시된 신문은 대한매일신보이다.
오답 살펴보기
① 황성신문
② 한성주보
③ 만세보
④ 독립신문

186 정답 ⑤
해설 제시문의 주장을 한 인물은 신채호이다.
오답 살펴보기
①④ 박은식
② 정인보, 문일평
③ 손진태, 이병도

187 (가)에 들어갈 내용으로 옳은 것을 〈보기〉에서 고른 것은? [2점]

> 모의 재판 기소문
>
> 범죄 사실
>
> 피고인은 초대 조선 총독으로 부임하여 각종 식민지 악법을 제정한 자로서 죄목은 다음과 같다.
>
> 1. 주한 통감 시절 의병들을 살육하는 데 앞장섰던 아카시를 헌병 사령관 겸 경무 총감에 임명함으로써 헌병 경찰 제도의 토대를 마련하였다.
> 2. (가)

보기

ㄱ. 산미 증식 계획을 실시하여 식량을 수탈하였다.
ㄴ. 조선 태형령을 시행하는 등 무단 통치를 하였다.
ㄷ. 치안 유지법을 제정하여 독립운동가를 탄압하였다.
ㄹ. 토지 조사 사업으로 조선 농민의 몰락을 초래하였다.

① ㄱ, ㄴ ② ㄱ, ㄷ ③ ㄴ, ㄷ ④ ㄴ, ㄹ ⑤ ㄷ, ㄹ

188 다음 법령이 제정된 이후의 사실로 옳은 것은? [2점]

> 제4조 정부는 전시에 국가 총동원상 필요할 때는 칙령이 정하는 바에 따라 제국 신민을 징용하여 총동원 업무에 종사하게 할 수 있다.
>
> 제20조 정부는 전시에 국가 총동원상 필요할 때는 칙령이 정하는 바에 따라 신문지, 기타 출판물의 게재에 대하여 제한 또는 금지를 행할 수 있다.

① 신간회가 결성되었다.
② 사립 학교령이 공포되었다.
③ 조선 민흥회가 창립되었다.
④ 조선어 학회 사건이 일어났다.
⑤ 조선 민립 대학 기성회가 조직되었다.

정답 및 해설

187 정답 ④

해설 제시문의 내용은 1910년대 무단 통치기이다.

오답 살펴보기

ㄱ. 1920년대
ㄷ. 1920년대

188 정답 ④

해설 제시문은 1938년 제정된 국가총동원령이다.
④ 1942년

오답 살펴보기

① 1927년
② 1911년
③ 1926년
⑤ 1923년

정답 및 해설

189 정답 ①

해설 제시문은 치안 유지법 제정으로 1920년대임을 알 수 있다.

오답 살펴보기

②④ 1937년(중일전쟁) 이후

③ 1910년대

⑤ 1930년대 초

190 정답 ③

해설 제시된 정책은 1910년대 시행된 토지 조사 사업이다.

③ 1938년 국가총동원령 이후 배급제가 실시되었다.

189 다음 기사가 보도된 시기 일제의 통치 정책으로 옳은 것은? [3점]

> 기자: 이번에 조선 총독부가 공포한 치안 유지법이 조선의 사회주의 운동과 민족주의 운동에 어떤 영향을 끼칠 것인지 몇 분에게 의견을 물어보았습니다.
> 갑 : 운동을 막기 위해 가혹한 법령이 제정될수록 사회주의 운동과 민족주의 운동의 관계는 더욱 밀접해질 것입니다. 그러나 민족주의 운동 중에 타협적 운동은 배척해야 할 것입니다.
> 을 : 민족주의 운동과 사회주의 운동은 성격상 협동하지 못할 것입니다. 다만 비상시에는 전략상 일시적으로 협동하여 공동의 적에 대응할 수도 있을 것입니다.

① 한국인이 발행하는 신문을 검열하였다.
② 공출제를 실시하여 미곡을 강제로 거두었다.
③ 조선 태형령을 제정하여 한국인을 탄압하였다.
④ 성과 이름을 일본식으로 바꾸도록 강요하였다.
⑤ 농민 경제의 안정화를 명분으로 농촌 진흥 운동을 실시하였다.

190 다음 자료에 나타난 정책의 시행 결과로 옳지 않은 것은? [3점]

> 소유 신고를 명심하시오
> 경성부 관내에서는 임시 토지 조사국의 통첩에 따라 지난 9월 1일까지 토지의 소유 신고를 제출하라고 반포하였다가 12월 말일까지로 그 기한을 연장하였다. 사람들이 아직 기한이 멀었다고 관망만하지만, '만일 제출하지 않는다면 후회가 없지 않을 것'이라고 모 당국자가 말하였다. – 매일신보 –

① 총독부의 지세 수입이 늘어났다.
② 소작농의 관습적 경작권이 부정되었다.
③ 식량 사정이 악화되어 배급제가 실시되었다.
④ 한국으로의 일본인 농업 이민이 촉진되었다.
⑤ 동양 척식 주식 회사 소유의 농지가 증가하였다.

191 다음 시기에 일제가 실시한 정책으로 옳은 것은? [3점]

〈19□□년대 범죄 즉결사건 처벌 현황〉

(단위: 명)

연도	처벌 총 인원	징역·금고·구류	벌금·과료	태형
19○○	36,159	2,274	15,451	18,434
19○○	45,848	2,569	23,320	19,959
19○○	94,546	4,528	51,335	38,683
19○○	71,984	4,809	32,242	34,933

① 도평의회와 부·면 협의회를 설치하였다.
② 언론을 통제하기 위해 신문지법을 제정하였다.
③ 교사에게 제복을 입고 칼을 착용하도록 강요하였다.
④ 사회주의 운동을 탄압하고자 치안 유지법을 공포하였다.
⑤ 농민의 자력갱생을 내세운 농촌 진흥 운동을 실시하였다.

192 다음 노래가 불린 시기에 볼 수 있는 모습으로 옳은 것은? [2점]

① 학도 지원병을 독려하는 문인
② 토지 조사령 발표 소식을 들은 농민
③ 경성 제국 대학 설립을 준비하는 관리
④ 제복을 입고 칼을 찬 채 수업을 하는 교사
⑤ 근우회가 주최한 강연회에 참여하는 여성

정답 및 해설

191 정답 ③

해설 제시된 표에서 형벌의 종류 중 태형을 통해서 1910년대 무단 통치 시기임을 알 수 있다.

오답 살펴보기
①④ 1920년대
② 1907년(일제강점기 이전)
⑤ 1920년대 말 30년대 초

192 정답 ①

해설 제시된 노래가 불린 시기는 1940년대이다.

오답 살펴보기
②④ 1910년대
③⑤ 1920년대

정답 및 해설

193 정답 ②

해설 제시된 자료의 단체는 1910년대 국내에서 조직된 대한광복회이다.

오답 살펴보기

① 대한독립군
③ 신민회
④⑤ 독립의군부

194 정답 ③

해설 제시문은 민립 대학 설립 운동에 대한 내용이다.
③ 민립 대학 설립 운동은 1923년 시작되었다.

193 다음 자료의 단체에 대한 설명으로 옳은 것은? [2점]

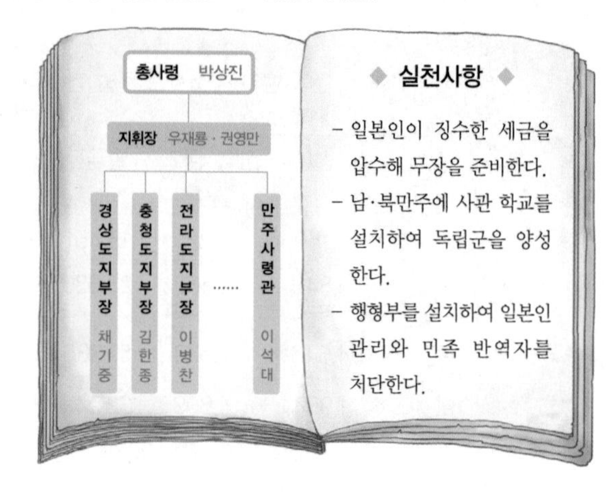

① 봉오동 전투에서 일본군을 격파하였다.
② 공화정체의 근대 국가 수립을 목표로 삼았다.
③ 삼원보에 자치 기관인 경학사를 설치하였다.
④ 고종의 비밀 지령으로 의병을 모아 조직하였다.
⑤ 국권 반환 요구서를 조선 총독부에 제출하려 하였다.

194 다음 자료가 발표되었던 시기를 연표에서 옳게 고른 것은? [1점]

수삼 년 이래 각지에서 향학열이 힘차게 일어나 학교의 설립과 교육 시설이 많아진 것은 실로 우리의 고귀한 자각에서 나온 것이다. 모두가 경하할 일이나 우리에게 아직도 대학이 없다. …… 그러므로 우리는 감히 만천하 동포에게 향하여 민립 대학 설립을 제창하노니, 자매형제로 모두 와서 성원하라.

– 민립 대학 발기 취지서 –

1897		1910		1919		1926		1937		1945
	(가)		(나)		(다)		(라)		(마)	
대한 제국 수립		국권 피탈		3·1 운동		6·10 만세 운동		중·일 전쟁		8·15 광복

① (가) ② (나) ③ (다) ④ (라) ⑤ (마)

195 다음 취지서를 발표한 단체에 대한 설명으로 옳은 것은? [2점]

> 인류 사회는 많은 불합리를 생산하는 동시에 그 해결을 우리에게 요구하여 마지않는다. 여성 문제는 그중의 하나이다. 세계인은 이 요구에 응하여 분연하게 활동하고 있다. …… 우리 자체를 위하여, 우리 사회를 위하여 분투하려면 우선 조선 자매 전체의 역량을 공고히 단결하여 운동을 전반적으로 전개하지 아니하면 아니 된다.
> 일어나라! 오너라! 단결하자! 분투하자! 조선의 자매들아! 미래는 우리의 것이다.

① 3·1 운동에 주도적으로 참여하였다.
② 조선 여자 청년회 결성에 영향을 주었다.
③ 통감부의 감시와 탄압을 받아 해산되었다.
④ 신간회와 연계하여 민족 운동을 전개하였다.
⑤ 근대적 여성 교육을 위해 이화 학당을 세웠다.

196 다음 사설이 작성된 시기의 대한민국 임시 정부 활동으로 옳은 것은? [3점]

> 급히 전보가 날아오고 라디오 소리가 들려와 우리 임시 정부의 연합 내각 성립을 고하였다. 주석에 김구, 부주석에 김규식을 비롯하여 위원 14명의 귀한 이름을 읽으니 눈물이 푹 쏟아진다. …… 멀리 계신 지도자들께서는 길이길이 단결하여 우리 독립운동의 실력을 원만히 양성하기를 바란다.

① 구미 위원부를 설치하였다.
② 대한민국 건국 강령을 선포하였다.
③ 한국광복군을 기반으로 무장 투쟁을 전개하였다.
④ 육군 주만 참의부를 조직하여 무장 투쟁을 벌였다.
⑤ 파리 강화 회의에 대표단을 파견하여 외교 활동을 전개하였다.

정답 및 해설

195 정답 ④

해설 제시된 자료의 단체는 근우회이다.
④ 근우회는 1927년 창립되어 신간회와 연대활동을 전개하였다.

196 정답 ③

해설 부주석에 김규식이 임명되어 있는 점을 통해 1944년 이후임을 알 수 있다.

오답 살펴보기
①④ 1920년대
② 1941년
⑤ 1919년

197 밑줄 그은 '이 단체'에 대한 설명으로 옳은 것은? [1점]

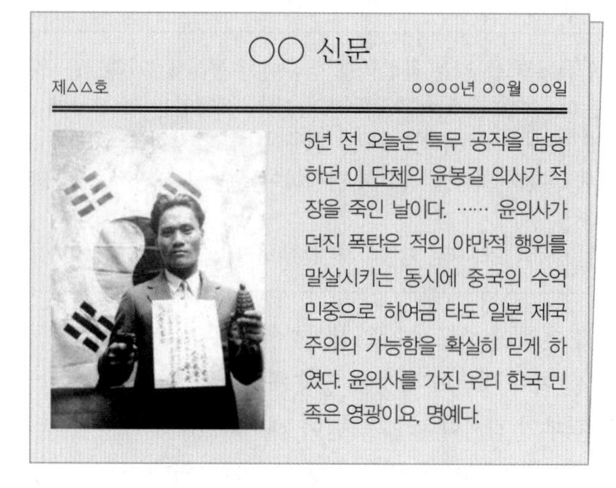

○○ 신문

제△△호 ○○○○년 ○○월 ○○일

5년 전 오늘은 특무 공작을 담당하던 이 단체의 윤봉길 의사가 적장을 죽인 날이다. …… 윤의사가 던진 폭탄은 적의 야만적 행위를 말살시키는 동시에 중국의 수억 민중으로 하여금 타도 일본 제국주의의 가능함을 확실히 믿게 하였다. 윤의사를 가진 우리 한국 민족은 영광이요, 명예다.

① 조선 혁명 선언을 지침으로 활약하였다.
② 도쿄에서 일어난 이봉창의 의거를 계획하였다.
③ 복벽주의를 내세우며 의병 전쟁을 준비하였다.
④ 신흥 무관 학교를 세워 무장 투쟁을 준비하였다.
⑤ 조선 혁명 간부 학교를 설립하여 군사 훈련을 하였다.

198 (가)에 들어갈 내용으로 옳은 것은? [3점]

시민특강

- 자랑스러운 문화유산 촉석루가 있는 충절의 고장, 우리 시의 뿌리를 알기 위해 시민 특강을 기획하였습니다. 관심 있는 분들의 많은 참여 바랍니다.
- 기간: ○○월 ○○일~○○일
- 장소: △△ 시청 세미나실
- 특강 내용

구분	시대	주제
1강	고려 시대	최충헌의 식읍과 농장
2강	조선 시대1	임진왜란과 김시민
3강	조선 시대2	임술 농민 봉기와 유계춘
4강	일제 강점기	(가)

① 오산 학교 건립
② 기호흥학회 설립
③ 관민 공동회 개최
④ 대한 광복회 조직
⑤ 조선 형평사 창립

정답 및 해설

197 정답 ②

해설 한인애국단에 대한 설명이다.

오답 살펴보기
①⑤ 의열단
③ 독립의군부
④ 신민회

198 정답 ⑤

해설 제시된 지역은 경남 진주이다.
⑤ 1923년 진주에서 조선 형평사가 창설되었다.

오답 살펴보기
① 평안도 정주
②③ 서울
④ 대구

199 다음 전투에 대한 설명으로 옳은 것은? [2점]

> 6일간의 혈전, ○○○ 전투
> 첫 전투는 10월 21일부터 벌어졌다. 우리 독립군은 이날 일본군을 공격하여 큰 전과를 올린 후, 갑산촌으로 이동하였다. 이후 독립군은 어랑촌에서 일본군을 물리치는 등 10월 26일 새벽까지 일본군과 10여 회의 전투를 벌여 승리를 거두었다.

① 조선 의용군이 활약하였다.
② 한·중 연합 작전이 전개되었다.
③ 중국 국민당 정부의 지원을 받았다.
④ 독립 전쟁 사상 최대 규모의 승리였다.
⑤ 일본군에서 탈출한 학도병이 참여하였다.

200 (가) 단체에 대한 설명으로 옳은 것은? [2점]

① 구미 위원부를 설치하였다.
② 한국 광복군을 창설하였다.
③ 2·8 독립 선언을 발표하였다.
④ 파리 강화 회의에 대표를 파견하였다.
⑤ 이상설, 이동휘를 정·부통령에 선임하였다.

정답 및 해설

199 정답 ④

해설 제시문은 청산리대첩에 대한 설명이다.

오답 살펴보기
① 1940년대 활동
② 1930년대(조선혁명군, 한국독립군)
③ 1940년대 한국광복군
⑤ 학도병제는 1943년에 시행되었다.

200 정답 ⑤

해설 (가)는 1914년 창립된 대한광복군정부이다.

오답 살펴보기
①② 대한민국 임시 정부
③ 도쿄 유학생들
④ 신한청년단

정답 및 해설

201 정답 ④

해설 제시문은 남만주 삼원보에 설립된 신흥무관학교에 대한 설명이다. 남만주 지역은 (라) 지역이다.

202 정답 ②

해설 밑줄 친 한인 청년은 윤봉길이다.
② 윤봉길은 한인 애국단 소속으로 의거를 전개하였다.

201 밑줄 그은 '학교'가 있었던 곳을 지도에서 옳게 고른 것은? [1점]

> 삼원보의 경학사가 설립한 학교에 청년들이 모여 들었다. 기억을 더듬어 보면 학생들의 의지가 대단하였다. 학교에 입학이 가능한 연령은 18세 이상이었지만 더 어린 학생들이 찾아온 적도 있었다. 아침 7시부터 저녁 8시까지 학과 교육 이외에도 군사 훈련을 받아야 했지만 학생들의 지친 기색을 찾아볼 수 없었다.
> 학교가 더욱 활기를 띠었던 시절은 지청천, 김창환이 합류한 이후였다. 이들은 모두 대한 제국 무관 학교 출신으로, 교관으로 활동하며 독립군 양성에 힘을 쏟았다.
> – ○○○의 회고록 중에서 –

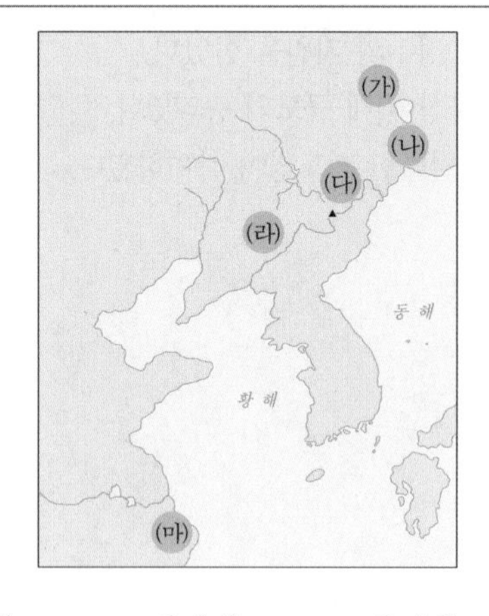

① (가) ② (나) ③ (다) ④ (라) ⑤ (마)

202 밑줄 그은 '한인 청년'에 대한 설명으로 옳은 것은? [2점]

> 19○○년 ○○월 ○○일
> 집 밖으로 나오자 거리 분위기가 술렁이며 평소와는 달랐고, 아니나 다를까 호외가 돌고 있었다. 홍커우 공원에서 중국 청년이 상하이 사변의 원흉 시라카와 대장을 즉사시키고, 여러 명을 부상시켰다는 것이었다. 얼른 신문을 사들고 집으로 돌아왔다. 몇 시간이 지난 후 다시 나온 호외에서는 폭탄을 던진 사람이 중국인이 아니고 한인 청년이라고 고쳐 보도되었다.

① 대한 독립군에 참여하였다.
② 한인 애국단에서 활동하였다.
③ 영릉가 전투를 승리로 이끌었다.
④ 북만주에서 신민부를 조직하였다.
⑤ 조선 혁명 간부 학교를 설립하였다.

203 밑줄 그은 '만세 시위'에 대한 설명으로 옳은 것은? [3점]

> S# 15. ○○○의 하숙방
> 이선호: 천도교 측에서 인쇄하기로 한 격문이 경찰에 발각되어 압수당했다고 합니다.
> 이병립: 큰일이군. 함께 만세 시위를 계획한 다른 단체 간부들도 체포되었다던데.
> 이선호: 그럼 우리만이라도 실행에 옮겨야 하지 않을까요?
> 이병립: 당연하지. 당초 계획대로 융희 황제의 인산일에 만세 시위를 하도록 하세.

① 자치론이 등장하는 배경이 되었다.
② 중국의 5·4 운동에 영향을 주었다.
③ 광주에서 시작되어 전국으로 확산되었다.
④ 한국과 일본 학생의 충돌로 시작되었다.
⑤ 국내에서 민족 유일당 운동이 전개되는 계기가 되었다.

204 다음 강령에 대한 설명으로 옳은 것을 〈보기〉에서 고른 것은? [1점]

> 제3장 건국
> 2절 정치와 경제와 교육의 민주적 시설로 실제상 균형을 도모하며, 전국의 토지와 대생산 기관의 국유가 완성되고, 전국 학령 아동의 전수(全數)가 고급 교육의 면비 수학(免費修學)이 완성되고, 보통 선거 제도가 구속 없이 완전히 실시되어 …… 극빈 계급의 물질과 정신상 생활 정도와 문화 수준이 제고 보장되는 과정을 건국의 제2기라 함.

보기

ㄱ. 신채호에 의해 작성되었다.
ㄴ. 조소앙의 삼균주의에 기초하였다.
ㄷ. 의열단의 활동 방향을 제시하였다.
ㄹ. 대한민국 임시 정부에 의해 발표되었다.

① ㄱ, ㄴ ② ㄱ, ㄷ ③ ㄴ, ㄷ ④ ㄴ, ㄹ ⑤ ㄷ, ㄹ

정답 및 해설

203 정답 ⑤

해설 제시문의 '융희 황제의 인산일'이라는 표현에서 순종 황제의 죽음에 일어난 만세운동, 6·10 만세 운동임을 알 수 있다.

오답 살펴보기
① 1920년대 문화통치
② 3·1 운동
③④ 광주 학생 항일 운동

204 정답 ④

해설 제시문은 1941년 대한민국 임시 정부가 발표한 대한민국 건국 강령이다.

오답 살펴보기
ㄱ, ㄷ. 조선혁명선언

205 다음 공판 기록과 관련된 민족 운동에 대한 설명으로 옳은 것은? [3점]

> 문: 피고는 금년 4월 2일 안성군 읍내면 장기리 시장 등에서 독립 만세를 외치고 독립 운동을 한 사실을 아는가?
> 답: 시장에 가서 비로소 알았다.
> 문: 손병희 등이 독립 선언을 발표한 결과 각지에서 시위 운동이 일어나고 있는 사실을 들었는가?
> 답: 말로만 들었다.
> 문: 시장에는 몇 사람이 모였는가?
> 답: 상당히 많은 사람이 모여서 잘 모른다.

① 순종의 인산일을 기회로 삼아 일어났다.
② 대한민국 임시 정부가 수립되는 배경이 되었다.
③ 언론 기관의 적극적인 지원을 받아 전개되었다.
④ 한국인 본위의 교육 제도를 마련해 줄 것을 주장하였다.
⑤ 학생이 주도한 1920년대 최대 규모의 항일 운동이었다.

정답 및 해설

205 정답 ②

해설 제시된 자료와 관련된 민족 운동은 3·1 운동이다.

오답 살펴보기
① 6·10 만세 운동
③ 국채 보상 운동
④⑤ 광주 학생 항일 운동

206 밑줄 그은 '이곳'을 지도에서 옳게 고른 것은? [2점]

> 민족의 최고 가치는 자주와 독립이다. 이를 수호하기 위한 투쟁은 민족적 성전이며, 청사에 빛난다. …… 1910년 일본에 의하여 국권이 침탈당하자 국내외 지사들은 이곳에 결집하여 국권 회복을 위해 필사의 결의를 다짐했다. 성명회와 권업회 결성, 한민학교 설립, 신문 발간, 13도 의군 창설 등으로 민족 역량을 배양하고 …… 대일 항쟁의 의지를 불태웠다.
> – ○○○ 기념탑 비문 –

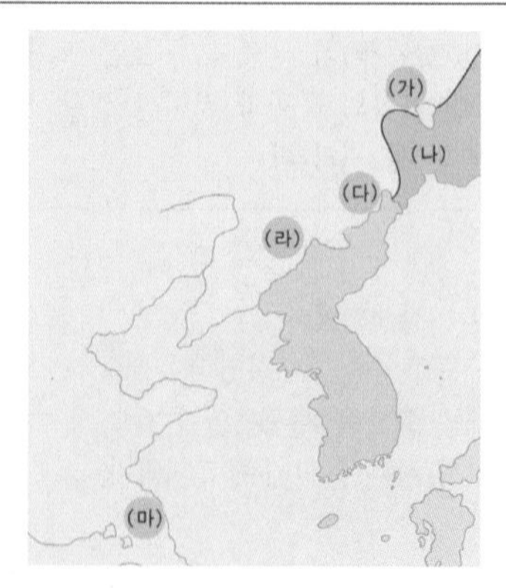

① (가) ② (나) ③ (다) ④ (라) ⑤ (마)

206 정답 ②

해설 제시된 자료의 이곳은 연해주이다. 연해주는 (나) 지역이다.

207 다음 기사가 보도된 시기의 노동 운동에 대한 설명으로 옳은 것을 〈보기〉에서 고른 것은? [2점]

○○ 신문

제△△호 1932년 ○○월 ○○일

을밀대 옥상녀(屋上女) 강주룡 사망

을밀대 지붕 위에 앉아 있는 강주룡

혁명적 노동 조합 운동에 관련되어 그동안 평양 지방 법원 예심에 회부되어 있던 강주룡이 세상을 떠났다. 그녀는 작년 3월 평원 고무공장 쟁의 당시 을밀대에 올라가 하룻밤을 새고 검거된 후 옥중에서 3일간 80여 시간을 물 한 모금 먹지 않고 단식한 것으로 세상에 알려졌다.

보기

ㄱ. 회사령이 폐지되는 데 영향을 주었다.
ㄴ. 비합법적 노동 조합을 중심으로 전개되었다.
ㄷ. 일제를 타도하자는 정치 투쟁의 성격이 강화되었다.
ㄹ. 전국적 조직인 조선 노동 총동맹의 결성으로 이어졌다.

① ㄱ, ㄴ ② ㄱ, ㄷ ③ ㄴ, ㄷ ④ ㄴ, ㄹ ⑤ ㄷ, ㄹ

208 다음 단체에 대한 설명으로 옳지 <u>않은</u> 것은? [2점]

> ○ 창립 단원: 김원봉, 곽재기, 윤세주 등
> ○ 활동 방향: 일제 식민 지배의 근간이 되는 인물 처단 및 시설물 파괴
> • 암살 대상: 조선 총독 이하 고관, 군부 수뇌, 대만 총독, 매국노, 친일파 거두, 밀정, 반민족적 토호
> • 파괴 대상: 조선 총독부, 동양 척식 회사, 매일신보사, 각 경찰서, 기타 왜적 중요 기관

① 민족 혁명당 결성에 참여하였다.
② 조선 혁명 간부 학교를 설립하였다.
③ 신채호의 조선 혁명 선언을 활동 지침으로 삼았다.
④ 단원 중 일부가 황푸 군관 학교에 입학해 군사 훈련을 받았다.
⑤ 침체된 대한민국 임시 정부에 활력을 불어넣기 위해 결성되었다.

정답 및 해설

207 정답 ③

해설 제시문은 일제강점기하의 1930년대 노동 운동에 대한 내용이다.

오답 살펴보기

ㄱ. 1920년대 초
ㄹ. 조선 노동 총동맹(1927년)

208 정답 ⑤

해설 제시된 자료의 단체는 의열단이다.
⑤ 한인 애국단에 대한 설명이다.

209 다음 결의문의 발표를 주도한 단체에 대한 설명으로 옳은 것은? [3점]

> 1. 민중 대회를 개최할 것
> 1. 시위 운동을 조직화 할 것
> 1. 다음과 같은 표어로 민중 여론을 환기할 것
>   • 광주 학생 사건의 정체를 알리자
>   • 구금된 학생을 무조건으로 석방하자
>   • 경찰의 학교 유린을 배격하자

① 105인 사건으로 해체되었다.
② 6·10 만세 운동을 계획하였다.
③ 민립 대학 설립 운동을 주도하였다.
④ 행정 기능과 군사 조직을 갖추었다.
⑤ 기회주의 배격과 민족 단결을 내세웠다.

210 다음 자료와 관련된 민족 운동에 대한 설명으로 옳은 것은? [2점]

> 우리 민중의 통곡과 복상(服喪)은
> 이척(순종)의 죽음 때문만은 아니다.
> ……
> 울고 싶어도 울지 못한
> 전 조선 민중의 단결에 의하여
> 일본 제국주의에 대항하여 싸움을 시작하자!
> 슬퍼하는 민중이여, 하나가 되어
> 혁명 단체 깃발 아래로 모이자!
> 일본 제국주의를 박멸하자!

① 평양에서 시작되어 전국으로 확산되었다.
② 대한민국 임시 정부 수립의 계기가 되었다.
③ 일제가 치안 유지법을 적용하여 탄압하였다.
④ 대한매일신보 등 당시 언론이 적극 후원하였다.
⑤ 한국인 학생과 일본인 학생 사이의 충돌에서 비롯되었다.

정답 및 해설

209 정답 ⑤

해설 제시문은 광주 학생 항일 운동의 진상을 알리고자 했던 신간회(1927~1931)의 활동이다.

오답 살펴보기
① 신민회
② 6·10 만세 운동 이후
③ 민립 대학 설립 기성회(1923년)
④ 1920년대 만주의 3부

210 정답 ③

해설 제시된 자료와 관련된 민족 운동은 6·10 만세 운동이다.

오답 살펴보기
① 물산 장려 운동
② 3·1 운동
④ 일제강점기 이전 국채 보상 운동
⑤ 광주 학생 항일 운동

211 밑줄 그은 '이 부대'에 대한 설명으로 옳은 것은? [3점]

> 1935년 난징에서 민족 혁명당이 결성되었다. 중·일 전쟁이 발발하자 민족 혁명당은 다른 단체들과 연합하여 조선 민족 전선 연맹을 결성하였고, 이듬해 중국 국민당 정부의 지원을 받아 이 부대를 조직하였다.

① 양세봉의 지휘 아래 활동하였다.
② 영릉가 전투에서 일본군을 물리쳤다.
③ 일본군의 공세를 피해 자유시로 이동하였다.
④ 중국 관내에서 결성된 최초의 한인 무장 부대였다.
⑤ 중국 호로군과 함께 한·중 연합 작전을 전개하였다.

212 다음과 같은 주장이 끼친 영향으로 가장 적절한 것은? [2점]

> 조선 민족은 지금 정치적 생활이 없다. 왜 지금의 조선 민족에게는 정치적 생활이 없나? 일본이 한국을 병합한 이래로 조선인에게는 모든 정치 활동을 금지한 것이 제일의 원인이요. …… 지금까지 해온 정치적 운동은 모두 일본을 적대시하는 운동뿐이었다. 우리는 조선 내에서 허락되는 범위 내에서 일대 정치적 결사를 조직하여야 한다는 것이 우리의 주장이다.

① 신간회를 해소하는 투쟁이 전개되었다.
② 국외 독립운동 기지 건설이 시작되었다.
③ 대한민국 임시 정부가 구미위원부를 설치하였다.
④ 자치론이 확산되어 민족주의 계열이 분화되었다.
⑤ 조선 노동 총동맹이 결성되면서 노동 운동이 활발해졌다.

정답 및 해설

211 정답 ④

해설 밑줄 친 단체는 조선의용대이다.

오답 살펴보기
①② 조선혁명군
③ 대한독립군단
⑤ 한국독립군

212 정답 ④

해설 제시문은 타협적 민족주의 진영의 자치론이다. 자치론의 등장은 타협적 민족주의와 비타협적 민족주의의 분열을 야기하였다.

213 (가)에 들어갈 내용으로 옳은 것을 〈보기〉에서 고른 것은? [2점]

한국 국민당을 조직하여 임시 정부를 이끌던 김구는 조소앙, 지청천 등과 함께 한국 광복 운동 단체 연합회를 결성하였다. 이후 이들은 한국 국민당, 한국 독립당, 조선 혁명당을 각각 해산하고 김구를 위원장으로 하는 한국 독립당을 결성하였다. 중국 국민당 정부를 따라 충칭에 정착한 대한민국 임시 정부는 이후

(가)

보기

ㄱ. 국무령 중심의 내각 책임제로 개편하였다.
ㄴ. 의열 투쟁을 전개하고자 한인 애국단을 조직하였다.
ㄷ. 조소앙의 삼균주의에 기초한 건국 강령을 반포하였다.
ㄹ. 지청천을 총사령으로 하는 한국 광복군을 창설하였다.

① ㄱ, ㄴ ② ㄱ, ㄷ ③ ㄴ, ㄷ ④ ㄴ, ㄹ ⑤ ㄷ, ㄹ

214 다음 자료에 대한 탐구 활동으로 가장 적절한 것은? [1점]

내가 10살이 되었을 때의 일이다. 아버지는 김이라는 양반에게 수십 원을 건네주고 나를 보통학교에 입학시켜 주셨다. 나는 하늘을 오른 기분이었다. 이제 겨우 백정의 생활에서 빠져나와 인간 생활로 들어가는 듯 했다. 그러나 생도들은 나를 가리켜 백정이라 욕하며 주먹을 쳐들고 …… 수백 명의 생도에게서 매일 수 시간씩 입에 담을 수 없는 학대와 모욕을 받는 일은 참을 수 없는 일이었다.

– ○○○의 고희 기념(1983년 ○○월 ○○일) 회고록 중에서 –

① 형평 운동의 배경을 알아본다.
② 교육 입국 조서의 내용을 파악한다.
③ 신흥 무관 학교의 교육 내용을 분석한다.
④ 민립 대학 설립 운동의 전개과정을 알아본다.
⑤ 언론 기관의 문맹 퇴치 운동 지원 활동을 조사한다.

정답 및 해설

213 정답 ⑤

해설 1940년대 충칭 임시 정부 시기의 내용을 묻는 문제이다.
ㄷ. 1941년 건국 강령 반포
ㄹ. 1940년 한국 광복군 창설

오답 살펴보기
ㄱ. 1925년 2차 개헌
ㄴ. 1931년 한인 애국단 창설

214 정답 ①

해설 제시문은 백정에 대한 사회적 차별로, 형평 운동에 대한 내용임을 알 수 있다.

215 (가) 인물의 활동으로 옳지 <u>않은</u> 것은? [2점]

> 흥사단 창립 100주년 기념 우표 발행
>
> 
>
>
> (가) 은/는 국권이 피탈되자 해외에 사는 교민들이 현실적인 독립운동의 기반이라고 생각하였다. 이에 교민들에게 민족의식을 심어주고 독립운동에 필요한 인물을 양성하기 위하여 1913년 5월 13일 미국 샌프란시스코에서 흥사단을 설립하였다.

① 실력 양성론을 주장하였다.
② 양기탁 등과 함께 신민회를 조직하였다.
③ 대성 학교를 설립하여 민족 교육을 실시하였다.
④ 한국 독립 유일당 북경 촉성회 선언을 발표하였다.
⑤ 국민 대표 회의에서 새로운 정부 수립을 주장하였다.

216 (가) 시기 대한민국 임시 정부와 관련된 활동으로 옳은 것은? [3점]

〈임시 정부 지도 체제의 변화〉

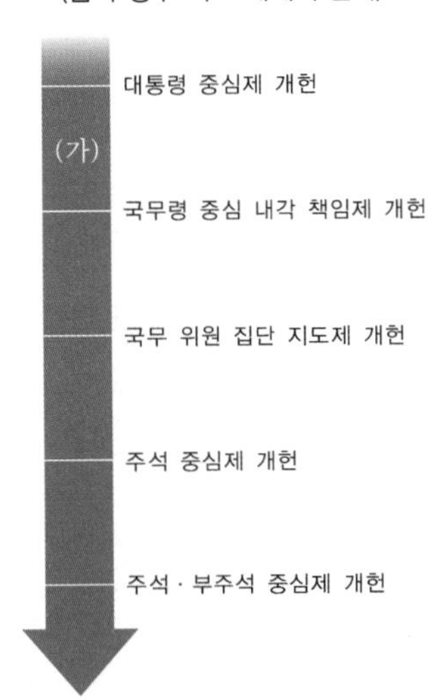

① 충칭에서 한국 광복군을 창설하였다.
② 삼균주의에 바탕을 둔 건국 강령을 발표하였다.
③ 미국의 지원을 받아 국내 진공 작전을 준비하였다.
④ 태평양 전쟁이 발발하자 일본에 선전 포고를 하였다.
⑤ 국민 대표 회의에서 독립 운동의 방향을 논의하였다.

정답 및 해설

215 정답 ⑤

해설 (가) 인물은 안창호이다.
⑤ 안창호는 국민 대표 회의에서 개조론을 주장하였다.

216 정답 ⑤

해설 (가) 시기는 1919년 1차 개헌과 1925년 2차 개헌 사이 시기이다.

오답 살펴보기
① 1940년
② 1941년
③ 1945년
④ 1941년

정답 및 해설

217 정답 ④

해설 제시문은 봉오동 전투에 대한 내용이다.

오답 살펴보기

① 1930년대(조선혁명군, 한국독립군)
② 한국광복군
③ 1930년대
⑤ 1930년대 후반 만주

218 정답 ④

해설 밑줄 친 이 시기는 1930년대 과격해진 농민 운동을 말한다.

오답 살펴보기

① 1927년 결성
② 1923년
③ 1904년 보안회
⑤ 1924년 결성

217 다음 자료와 관련된 전투에 대한 설명으로 옳은 것은? [2점]

> 〈각 부대의 임무와 전투 구역〉
> 제1 연대: 봉오골 상촌 부근 연병장에 집합, 작전 명령으로 각 부대의 전투 구역 및 임무 하달
> • 제1 중대 중대장 이천오: 봉오골 상촌 서북단
> • 제2 중대 중대장 강상모: 동산
> • 제3 중대 중대장 강시범: 북산
> • 제4 중대 중대장 조권식: 서산 남단
> • 연대장 홍범도, 2개 중대: 서산 중북단
> • 사령관 최진동, 부관 안무: 동북산 최고봉의 독립수 아래에서 지휘

① 한·중 연합 작전으로 거둔 승리였다.
② 일본군에서 탈출한 학도병이 참여하였다.
③ 만주에서 활약하던 조선 혁명군이 주도하였다.
④ 대한 독립군이 일본군을 기습하여 전과를 올렸다.
⑤ 조국 광복회의 지원을 받으며 전개한 유격전이었다.

218 밑줄 그은 '이 시기'의 농민 운동에 대한 설명으로 옳은 것은? [2점]

> 종래 조선의 농민 운동이 치열하였다고는 하나 무리한 소작권 이동과 높은 소작료 반대 등이 주요 원인이었다. 그러나 1930년경부터 쟁의 형태가 점차 전투적으로 변해갔다. <u>이 시기</u>에는 단순히 경작권 확보를 위해서가 아니라 '토지를 농민에게'와 같은 구호를 내걸고 농민 야학, 강습소 등을 개설하여 계급적 교육을 하였다. 또한 농민 조합의 조직도 크게 달라져 청년부, 부인부, 유년부 같은 부문 단체를 조직하여 지주에 대한 투쟁이 정치 투쟁화하는 경향이 생겼다.
> - 조선 총독부 경무국 비밀 보고서-

① 신간회 결성의 배경이 되었다.
② 암태도 소작 쟁의가 대표적인 사례였다.
③ 일제의 황무지 개간권 요구를 철회시켰다.
④ 비합법적 농민 조합을 중심으로 펼쳐졌다.
⑤ 조선 노농 총동맹의 지원을 받아 전개되었다.

219 (가) 지역 동포의 활동으로 옳은 것은? [2점]

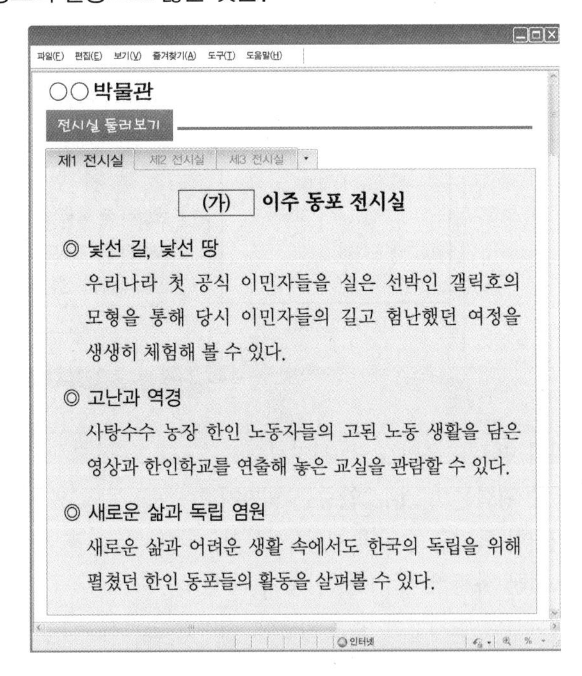

① 서전서숙을 설립하여 민족 교육을 실시하였다.
② 대조선 국민군단을 결성하여 군사 훈련을 실시하였다.
③ 대한 광복군 정부를 조직하여 독립 전쟁을 준비하였다.
④ 대한 광복회를 중심으로 독립에 필요한 군자금을 모았다.
⑤ 2·8 독립 선언서를 발표하여 한국의 독립을 주장하였다.

220 다음 자료에 해당하는 독립군 부대에 대한 설명으로 옳은 것은? [3점]

> 얼음이 풀린 소자강은 수심이 깊었다. 게다가 얼음 덩어리가 뗏목처럼 흘러내렸다. 하지만 이 강을 건너지 못하면 영릉가로 쳐들어갈 수 없었다. 밤 12시 정각까지 영릉가에 들어가 공격을 알리는 신호탄을 올려야만 했다. 양세봉 사령관은 전사들에게 소자강을 건너라고 명령하고 나서 자기부터 먼저 강물에 뛰어들었다.

① 자유시 참변으로 시련을 겪었다.
② 연합군의 일원으로 태평양 전쟁에 참여하였다.
③ 남만주에서 중국군과 힘을 합쳐 항일 전쟁을 벌였다.
④ 중국 관내에서 결성된 최초의 한인 무장 부대였다.
⑤ 조선 의용대의 일부가 합류하면서 군사력이 증강되었다.

정답 및 해설

219 정답 ②

해설 제시된 지역은 하와이이다.

오답 살펴보기
① 북간도
③ 연해주
④ 국내
⑤ 일본

220 정답 ③

해설 제시문은 양세봉이 지휘한 조선혁명군의 활동이다.

오답 살펴보기
① 대한독립군단
②⑤ 한국광복군
④ 조선의용대

정답 및 해설

221 정답 ⑤

해설 제시된 자료는 만주 지역의 역사를 정리한 것이다.
⑤ 최익현은 대마도 감옥에서 순국하였다.

221 (가)에 들어갈 내용으로 적절하지 않은 것은? [3점]

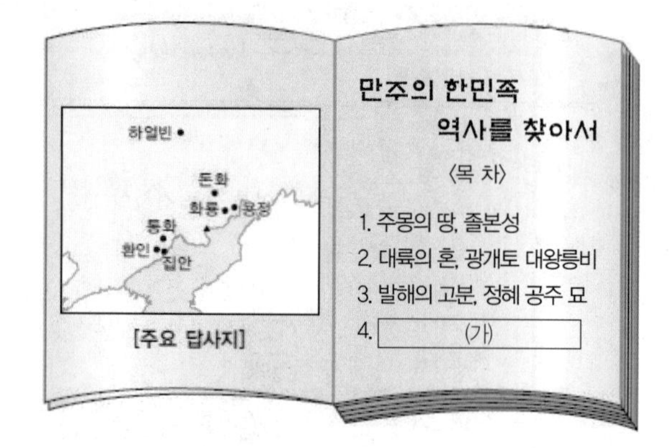

① 해외 민족 교육의 요람, 서전서숙
② 동양 평화론의 기수, 안중근 의거지
③ 위대한 독립군 승리의 현장, 청산리
④ 독립군 사관 양성 기관, 신흥 무관 학교
⑤ 을사늑약에 저항한 항일 의병장, 최익현 순국지

222 정답 ③

해설 제시된 자료에 해당하는 민족 운동은 1923년 시작된 물산 장려 운동이다.

오답 살펴보기
① 회사령 폐지 이후
② 대공황 이전
④ 브나로드 운동
⑤ 형평 운동

222 다음 자료에 해당하는 민족 운동에 대한 설명으로 옳은 것은? [2점]

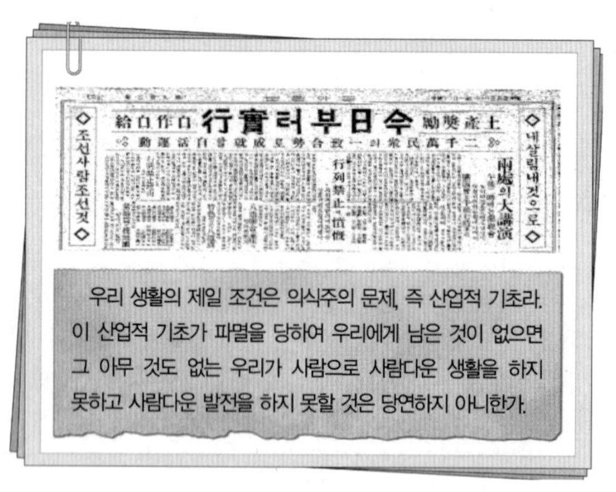

우리 생활의 제일 조건은 의식주의 문제, 즉 산업적 기초라. 이 산업적 기초가 파멸을 당하여 우리에게 남은 것이 없으면 그 아무 것도 없는 우리가 사람으로 사람다운 생활을 하지 못하고 사람다운 발전을 하지 못할 것은 당연하지 아니한가.

① 회사령 폐지에 영향을 주었다.
② 대공황을 극복하기 위해 일어났다.
③ 민족 자본의 보호와 육성을 추구하였다.
④ 학생이 중심이 된 농촌 계몽 운동이었다.
⑤ 진주에서 시작되어 전국적으로 퍼져나갔다.

223 (가), (나) 사건에 대한 설명으로 옳은 것을 〈보기〉에서 고른 것은? [1점]

> (가) 전라남도 신안군 암태도에서 시작된 소작 쟁의는 지주에 대항하여 일어났다. 지주는 소작인들의 요구를 무시하고 경찰을 동원하여 협박하기까지 하였다. 급기야 소작 농민들은 목포로 나가 법원 마당에서 단식 투쟁을 전개하였다.
> (나) 원산에서 일본인 간부의 조선인 노동자 구타가 발단이 되어 원산 총파업이 일어났다. 그러나 자본가와 일제 경찰의 방해 공작으로 파업은 4개월 만에 중단되었다.

보기

ㄱ. (가) – 조선 농민 총동맹이 주도하였다.
ㄴ. (가) – 참여 농민의 소작료를 낮추는 성과를 거두었다.
ㄷ. (나) – 국외 노동 단체의 지지를 받았다.
ㄹ. (나) – 조선 노동 공제회 창립의 계기가 되었다.

① ㄱ, ㄴ ② ㄱ, ㄷ ③ ㄴ, ㄷ ④ ㄴ, ㄹ ⑤ ㄷ, ㄹ

224 밑줄 그은 '단체'에 대한 설명으로 옳은 것은? [3점]

> ㅇㅇㅇㅇ년 ㅇㅇ월 ㅇㅇ일 맑음
> 독립운동가들이 이념에 상관없이 하나가 되어 만든 단체의 창립 대회에 다녀왔다. 이상재 선생님이 회장에 추대되었다. 기회주의를 배격하자는 이 단체의 강령이 가슴에 와 닿았다. 나는 자신의 안위를 위해 친일파로 전향하는 사람들처럼 살지 않겠다고 다짐하였다.

① 대한 국민 의회로 계승되었다.
② 의열 투쟁을 통해 독립을 쟁취하고자 하였다.
③ 구미 위원부를 설치하여 외교 활동을 전개하였다.
④ 대성 학교와 오산 학교를 세워 민족 교육을 진흥하였다.
⑤ 광주 학생 항일 운동 진상 보고를 위한 민중 대회를 계획하였다.

정답 및 해설

223 정답 ③

해설 (가)는 암태도 소작쟁의(1923년) (나)는 원산 총파업이다(1929년).

오답 살펴보기
ㄱ. 조선 농민 총동맹은 1927년에 성립되었다.
ㄹ. 조선 노동 공제회는 1920년에 창립되었다.

224 정답 ⑤

해설 제시된 자료의 단체는 신간회이다.

오답 살펴보기
① 전로한족회중앙총회
② 의열단
③ 대한민국 임시 정부
④ 신민회

정답 및 해설

225 정답 ②

해설 (가)는 대종교이다.

오답 살펴보기

① 천도교
③ 유교
④ 개신교
⑤ 천주교

226 정답 ①

해설 제시된 책은 『한국통사』로 박은식의 저서이다.
① 박은식은 임시 정부 2대 대통령을 역임하였다.

오답 살펴보기

② 박은식은 조선어 학회 창립 이전에 사망하였다.
③ 이병도, 손진태
④ 신채호
⑤ 문일평, 정인보 등

225 (가) 종교의 활동으로 옳은 것은? [2점]

> (가) 은/는 1909년 나철에 의해 단군교라는 이름으로 창시되었다. 단군교는 민족 의식의 함양을 도모하고 조선을 독립 국가로 존속시키는 것을 목표로 하였다. 그러나 정훈모의 친일 행위로 인해 종단에 내분이 일어나자 일제의 탄압을 예상하여 1910년 단군교의 교명을 바꾸었다.

① 개벽과 신여성 등의 잡지를 발간하였다.
② 중광단의 무장 항일 투쟁을 주도하였다.
③ 위정 척사를 내세워 영남 만인소를 올렸다.
④ 배재 학당을 세워 신학문 보급에 기여하였다.
⑤ 경향신문을 발행하여 민중 계몽에 기여하였다.

226 다음 역사서를 저술한 인물의 활동으로 옳은 것은? [2점]

> 옛 사람이 이르기를, 나라는 없어질 수 있으나 역사는 없어질 수 없다고 하였으니, 그것은 나라는 형체이고 역사는 정신이기 때문이다. 이제 한국의 형체는 허물어졌지만, 정신만이라도 오로지 남아 있을 수 없는 것인가? 이것이 통사를 저술하는 까닭이다.
>
> –「한국통사」–

① 대한민국 임시 정부 대통령으로 활동하였다.
② 조선어 학회에 가입하여 한글을 연구하였다.
③ 실증주의 사학을 추구한 진단 학회를 조직하였다.
④ 독사신론을 저술하여 민족주의 사관의 기초를 마련하였다.
⑤ 여유당전서 간행 사업을 계기로 조선학 운동을 전개하였다.

227 다음과 같이 주장한 인물의 활동으로 옳은 것은? [2점]

> 불교의 유신은 마땅히 먼저 파괴를 해야 한다. 유신이란 무엇인가? 파괴의 자손이다. …… 그러나 파괴라고 해서 모든 것을 무너뜨려 없애버리는 것을 뜻하지 않는다. 다만 구습 중에서 시대에 맞지 않은 것을 고쳐서 이를 새로운 방향으로 나아가야 한다는 것뿐이다.
> – 조선 불교 유신론 –

① 만주에서 의민단을 조직하였다.
② 만세보를 발행하여 계몽 활동을 펼쳤다.
③ 님의 침묵 등의 문학 작품을 발표하였다.
④ 대성 학교를 설립하여 교육 활동에 힘썼다.
⑤ 중광단에 가입하여 독립 전쟁에 참여하였다.

228 다음 잡지를 발행한 종교의 활동으로 옳은 것은? [1점]

① 만세보를 발간하여 민중 계몽에 힘썼다.
② 단군 숭배 사상을 통해 민족 의식을 높였다.
③ 무장 항일 투쟁을 위해 의민단을 조직하였다.
④ 박중빈을 중심으로 새생활 운동을 전개하였다.
⑤ 사찰령에 맞서 민족 불교의 자주성을 지키고자 하였다.

정답 및 해설

227 정답 ③

해설 제시문은 한용운의 불교 유신론이다.

오답 살펴보기
① 천주교
② 천도교
④ 신민회
⑤ 대종교

228 정답 ①

해설 제시된 잡지는 천도교에서 발간한 잡지들이다.

오답 살펴보기
② 대종교
③ 천주교
④ 원불교
⑤ 불교

229 밑줄 그은 '이 시기'의 문화계 동향으로 가장 적절한 것은? [1점]

> 일제가 이른바 문화 통치를 표방하였던 이 시기에는 다양한 문예사조가 등장하여 폐허, 백조 등의 동인지가 발간되었다. 그리고 민족적이고 저항적인 작품도 많이 발표되었는데 대표적인 시로는 이상화의 '빼앗긴 들에도 봄은 오는가', 한용운의 '님의 침묵' 등이 있다.

① 윤동주의 서시가 발표되었다.
② 원각사에서 은세계가 공연되었다.
③ 이광수가 매일신보에 무정을 연재하였다.
④ 최남선이 해에게서 소년에게를 발표하였다.
⑤ 신경향파 작가들이 카프(KAPF)를 결성하였다.

230 다음 자료와 관련된 사회 운동에 대한 설명으로 옳은 것은? [2점]

잡지 어린이

어린이의 날
- 어린 사람을 헛말로 속이지 말아 주십시오.
- 어린 사람에게 경어를 쓰시되 늘 부드럽게 하여 주십시오.
- 나쁜 구경을 시키지 마시고 동물원에 자주 보내 주십시오.

– 동아일보(1922) –

① 천도교를 중심으로 시작되었다.
② 박은식이 대표가 되어 이끌었다.
③ 사립 학교령 공포의 계기가 되었다.
④ 대한 자강회가 활동을 이어 나갔다.
⑤ 독립 협회의 지원을 받아 확대되었다.

정답 및 해설

229 정답 ⑤

해설 제시된 자료에서 문화 통치를 표방하였다는 말을 통해 1920년대임을 알 수 있다.
⑤ 조선 프롤레타리아 예술가 동맹은 1925년에 결성되었다.

오답 살펴보기
① 1941년 발표
② 1908년
③ 1917년
④ 1908년

230 정답 ①

해설 제시된 자료는 어린이 운동에 관한 자료이다.
① 어린이 운동을 전개한 방정환은 천도교계 인물이다.

231 밑줄 그은 '이 단체'에 대한 설명으로 옳은 것은? [2점]

> 1942년 여름 함흥 영생 고등 여학교 학생 박영옥이 기차 안에서 친구들과 우리말로 대화하다가 적발되는 사건이 일어났다.
> 일본 경찰은 취조 결과 여학생들에게 민족주의 감화를 준 사람이 서울에서 우리말 사전 편찬을 하고 있는 정태진임을 알게 되었다. 같은 해 9월 5일 정태진을 연행, 취조해 이 단체가 학술 단체로 위장하여 독립 운동을 목적으로 활동하고 있다는 자백을 강제로 받아내어 회원들을 검거하였다.

① 형평 운동을 주도하였다.
② 민립 대학 설립을 추진하였다.
③ 한글 맞춤법 통일안과 표준어를 제정하였다.
④ 국문 연구소를 세워 국어의 이해 체계를 확립하였다.
⑤ 고전 간행, 귀중 문서의 보존과 전파를 목적으로 하였다.

정답 및 해설

231 정답 ③

해설 밑줄 친 단체는 조선어 학회이다.

오답 살펴보기
① 조선형평사
② 민립 대학 설립 기성회
④ 주시경
⑤ 조선광문회

232 (가) 시기에 있었던 사실로 옳은 것을 〈보기〉에서 고른 것은? [2점]

〈지도로 보는 6·25 전쟁의 전개 과정〉

북한군 최대 남침선 ➡ (가) ➡ 국군·유엔군 최대 북진선

보기
ㄱ. 반공 포로 석방
ㄴ. 9·28 서울 수복
ㄷ. 인천 상륙 작전
ㄹ. 휴전 협정 조인

① ㄱ, ㄴ ② ㄱ, ㄷ ③ ㄴ, ㄷ ④ ㄴ, ㄹ ⑤ ㄷ, ㄹ

232 정답 ③

해설 (가)는 낙동강 방어선(1950. 7)과 연합군의 최대 북진선(1950.11) 사이 시기에 해당한다.

오답 살펴보기
ㄱ. 반공 포로 석방은 1953년 6월의 일이다.
ㄹ. 1953년 7월 휴전 협정이 조인되었다.

233 다음 뉴스에서 보도하고 있는 선거에 대한 설명으로 옳은 것은? [2점]

① 비례 대표제가 적용되었다.
② 6·25 전쟁 중에 진행되었다.
③ 헌법 개정에 따라 시행되었다.
④ 우리나라 최초의 보통 선거였다.
⑤ 통일 주체 국민 회의 대의원을 선출하였다.

234 다음 헌법이 시행된 시기의 정부에 대한 설명으로 옳은 것은? [2점]

제32조	양원은 국민의 보통, 평등, 직접, 비밀 투표에 의하여 선거된 의원으로써 조직한다.
제53조	대통령은 양원 합동 회의에서 선거하고 재적 국회 의원 3분의 2 이상의 투표를 얻어 당선된다.
제71조	국무원은 민의원에서 국무원에 대한 불신임 결의안을 가결한 때에는 10일 이내에 민의원 해산을 결의하지 않는 한 총사직하여야 한다.

① 내각 책임제로 운영되었다.
② 베트남 파병을 결정하였다.
③ 새마을 운동을 전개하였다.
④ 금융 실명제를 실시하였다.
⑤ 남북 정상 회담을 개최하였다.

정답 및 해설

233 정답 ④

해설 제시된 자료의 선거는 1948년 5월 10일 시행된 총선거이다. 이 선거는 우리나라 최초의 보통 선거였다.

234 정답 ①

해설 제시된 헌법은 양원제 국회가 규정되어 있는 것으로 보아 3차 개헌(4·19 혁명 이후)이며 이를 통해 장면 내각 정부임을 알 수 있다.

오답 살펴보기
②③ 박정희 정부
④ 김영삼 정부
⑤ 김대중, 노무현, 문재인 정부

235 다음 연표의 (가)에 들어갈 내용으로 옳은 것은? [2점]

○○○ 연보

1919년 신한 청년당 결성
대한민국 임시 정부 외무부 차장 취임
1933년 조선중앙일보 사장 취임
1936년 일장기 말소 사건으로
조선중앙일보 자진 폐간
1944년 조선 건국 동맹 결성
1945년 조선 건국 준비 위원회 조직
1946년 (가)
1947년 서울 혜화동에서 피살

① 한국 민주당 창당
② 5·10 총선거에 참여
③ 정읍에서 남한만의 단독 정부 수립 주장
④ 미군정의 지원으로 좌우 합작 위원회 조직
⑤ 남북 제 정당 사회 단체 지도자 협의회 참여

236 (가) 민주화 운동에 대한 설명으로 옳은 것은? [2점]

〈사진으로 보는 (가)〉

① 유신 체제가 붕괴되는 계기가 되었다.
② 한·일 간의 국교 정상화를 반대하였다.
③ 대통령 직선제가 실시되는 결과를 낳았다.
④ 허정 과도 내각이 성립되는 배경이 되었다.
⑤ 신군부의 비상 계엄 확대에 저항하여 일어났다.

정답 및 해설

235 정답 ④

해설 제시된 인물은 여운형이다. (가)는 좌우 합작 운동이 들어갈 수 있다.

오답 살펴보기
① 여운형은 가담하지 않았다.
② 1948년의 일이다.
③ 이승만의 정읍 발언
⑤ 남북 협상(김구, 김규식)

236 정답 ④

해설 (가)는 4·19 혁명이다.
④ 4·19 혁명으로 이승만 정권은 붕괴되고 허정 과도 정부가 수립되었다.

237 (가), (나) 장면이 있었던 시기 사이의 사실로 옳은 것은? [2점]

(가)

(나)

① 반민족 행위 처벌법이 제정되었다.
② 조선 건국 준비 위원회가 결성되었다.
③ 김구 등이 남북 지도자 회의에 참석하였다.
④ 여운형 등이 좌우 합작 위원회를 구성하였다.
⑤ 이승만이 정읍에서 단독 정부 수립을 주장하였다.

238 (가), (나) 헌법에 대한 설명으로 옳은 것을 〈보기〉에서 고른 것은? [3점]

(가) 제31조 입법권은 국회가 행한다. 국회는 민의원과 참의원으로써 구성한다.
제53조 대통령과 부통령은 국민의 보통, 평등, 직접, 비밀 투표에 의하여 각각 선거한다.
부 칙 이 헌법은 공포한 날로부터 시행한다. 단, 참의원에 관한 규정과 참의원의 존재를 전제로 한 규정은 참의원이 구성된 날로부터 시행한다.
– 헌법 제2호 –

(나) 제55조 대통령과 부통령의 임기는 4년으로 한다. 단, 재선에 의하여 1차 중임할 수 있다. 대통령이 궐위된 때에는 부통령이 대통령이 되고 잔임 기간 중 재임한다.
부 칙 이 헌법 공포 당시의 대통령에 대하여는 제55조 제1항 단서의 제한을 적용하지 아니한다.
– 헌법 제3호 –

보기

ㄱ. (가) – 6·25 전쟁 중에 공포되었다.
ㄴ. (가) – 정부 형태를 내각 책임제로 규정하였다.
ㄷ. (나) – 초대 대통령의 중임 제한을 철폐하였다.
ㄹ. (나) – 계엄하에서 국회의원의 기립 표결로 통과되었다.

① ㄱ, ㄴ ② ㄱ, ㄷ ③ ㄴ, ㄷ ④ ㄴ, ㄹ ⑤ ㄷ, ㄹ

정답 및 해설

237 정답 ③

해설 (가)는 제2차 미·소 공동 위원회(1947.5), (나)는 5·10 총선거(1948.5)이다.
③ 1948년 4월

오답 살펴보기
① 1948년 9월
② 1945년 8월
④ 1946년 7월
⑤ 1946년 6월

238 정답 ②

해설 (가)는 1차 개헌(발췌 개헌), (나)는 2차 개헌(사사오입 개헌)이다.

오답 살펴보기
ㄴ. 사사오입 개헌
ㄹ. 발췌 개헌

239 다음 취임사와 함께 출범한 정부 시기의 사실로 옳은 것은? [1점]

존경하는 국민 여러분! 우리는 외환 위기의 충격 속에서도 여야 간 평화적 정권 교체의 위업을 이룩하였습니다. 국민 여러분은 나라의 위기를 극복하기 위해 '금 모으기'에 나섰고, 이미 20억 달러가 넘는 금을 모아 주셨습니다.

① 금융 실명제가 시작되었다.
② 야간 통행 금지가 해제되었다.
③ 지방 자치제가 최초로 시행되었다.
④ 남북 정상 회담이 최초로 개최되었다.
⑤ 3당 합당을 통해 여소야대를 극복하려 하였다.

240 다음 선언문이 발표된 사건에서 제기된 구호로 옳은 것은? [2점]

> 오늘 우리는 전 세계 이목이 우리를 주시하는 가운데 40년 독재 정치를 청산하고 희망찬 민주 국가를 건설하기 위한 거보를 전 국민과 함께 내딛는다. 국가의 미래요 소망인 꽃다운 젊은이를 야만적인 고문으로 죽여 놓고 그것도 모자라서 뻔뻔스럽게 국민을 속이려 했던 현 정권에게 국민의 분노가 무엇인지를 분명히 보여 주고, 국민적 여망인 개헌을 일방적으로 파기한 4·13 폭거를 철회시키기 위한 민주 장정을 시작한다.

① 부정 선거 책임자를 즉시 처벌하라!
② 명분 없는 계엄령을 즉각 철폐하라!
③ 사죄와 배상 없는 경제 협력 웬말이냐!
④ 국민 합의 배신하는 호헌 주장 철회하라!
⑤ 긴급 조치 철폐하고 민주 인사 석방하라!

정답 및 해설

239 정답 ④

해설 제시문은 김대중 정부의 출범 모습이다.

오답 살펴보기
① 김영삼 정부
② 전두환 정부
③ 지방 자치제 전국 실시는 김영삼 정부
⑤ 노태우 정부

240 정답 ④

해설 제시문은 1987년 6월 민주항쟁의 모습이다.

오답 살펴보기
① 4·19 혁명
② 5·18 광주 민주화 운동
③ 6·3 한일협정 반대 시위
⑤ 유신 체제 반대 운동

241 (가) 위원회에 대한 설명으로 옳지 않은 것은? [3점]

> (가) 의견서
>
> – 성명: ○○○
> – 범죄 사실: 피의자는 1921년 순사 시험에 합격한 뒤 인천경찰서 고등 경찰로 약 15년간 근무한 자임. 상하이 임시 정부의 해외 독립운동가를 사찰하고, 독립운동가를 체포하기 위해 중국 각지에서 활동한 자로서 …… 민족 정의를 고취하기 위하여 엄중한 처단이 필요하며 △△법 제3조에 해당한다고 사료됨.
> 위와 같이 결의함.
>
> 1949년 5월 20일
> 위원 김상덕 외 7인
> 특별검찰관장 귀하

① 당시 정부의 적극적인 지원을 받았다.
② 제헌 의회에서 관련 법이 제정되었다.
③ 법안 개정으로 활동 기간이 단축되었다.
④ 반민족 행위를 한 인물들을 조사하였다.
⑤ 활동을 주도하던 일부 국회의원이 구속되었다.

242 다음 자료의 사건에 대한 탐구 활동으로 가장 적절한 것은? [2점]

▲ 광주 대단지 천막촌의 모습

> 이곳의 주민들은 주거 및 생활 대책을 위한 결단을 내리고서 집회에 나섰다. 당시 집회에는 15만 명의 광주 대단지 인구 중 3만여 명이 집결하였다. 이들 군중은 "허울 좋은 선전 말고 실업 군중 구제하라", "살인적 불하 가격 절대 반대" 등의 구호를 외치면서 성남 출장소로 몰려갔다.

① 6월 민주 항쟁 이후 노동자들의 요구를 분석한다.
② 핵 폐기장 후보지 선정을 둘러싼 갈등을 살펴본다.
③ 경제 개발에 따른 급속한 도시화의 문제를 알아본다.
④ 토지 조사 사업이 농촌 사회에 미친 영향을 파악한다.
⑤ 일제 강점기 토막민의 실태와 그에 대한 대책을 조사한다.

정답 및 해설

241 정답 ①

해설 (가)는 반민족 행위 특별 조사 위원회이다.
① 이승만 정부는 반민특위 활동에 소극적이었다.

242 정답 ③

해설 제시문은 1971년 발생한 광주 대단지 사건으로, 산업화 과정에서 나타난 주택부족 문제로 인해 발생한 사건이다.

243 다음 자료에 나타난 민주화 운동에 대한 설명으로 옳은 것은? [3점]

> **상 황 일 지**
>
> **제 목**: 시민 동향
>
> 1. ○○○○년 ○○월 ○○일 10:20 현재 도청 앞에 집결한 군중은 약 5만 명으로 계속하여 도청 공격을 시도 중이며, 군장갑차 1대를 탈취 당하였음.
> 2. 그들의 요구는 금일 12:00까지 연행자 석방, 공수부대 철수임.
> 3. 50여 대에 분승, 차창을 모두 깨고 시가지로 몰고 다니며 '계엄 해제', '전두환 물러가라' 등 구호를 외치고 있으며 시민들은 이들에게 음료수 등을 제공하고 있음.

① 유신 체제에 저항하여 부산, 마산 등지에서 일어났다.
② 관련 기록물이 유네스코 세계 기록유산으로 등재되었다.
③ 한·일 회담 반대에서 더 나아가 정권 퇴진을 요구하였다.
④ 독재 정권을 타도하였으나 미완의 혁명으로 평가받기도 한다.
⑤ 5년 단임의 대통령 직선제 개헌이 이루어지는 계기가 되었다.

244 다음과 같이 구성된 국회의 활동으로 옳은 것을 〈보기〉에서 고른 것은? [2점]

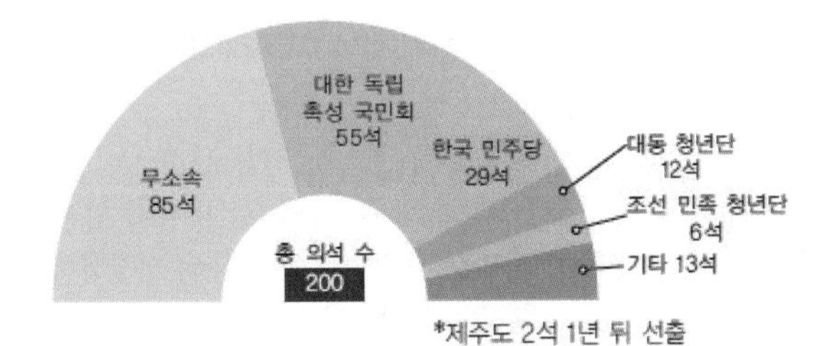

정당별 의석 분포

> **보기**
>
> ㄱ. 유상 매수, 유상 분배를 내용으로 하는 농지 개혁법을 제정하였다.
> ㄴ. 반민족 행위자를 처벌하기 위한 반민족 행위 처벌법을 제정하였다.
> ㄷ. 공직자의 부정행위를 방지하기 위한 공직자 윤리법을 제정하였다.
> ㄹ. 민주화 정착을 위한 5·18 민주화 운동 등에 관한 특별법을 제정하였다.

① ㄱ, ㄴ ② ㄱ, ㄷ ③ ㄴ, ㄷ ④ ㄴ, ㄹ ⑤ ㄷ, ㄹ

정답 및 해설

243 정답 ②

해설 제시문은 5·18 광주 민주화 운동에 관한 자료이다.

오답 살펴보기
① 부·마 항쟁
③ 6·3 항쟁
④ 4·19 혁명
⑤ 6월 민주 항쟁

244 정답 ①

해설 제시된 국회는 제헌 국회의 모습이다.

오답 살펴보기
ㄷ. 1981년 전두환 정부에서 제정
ㄹ. 1995년 김영삼 정부에서 제정

정답 및 해설

245 정답 ④

해설 (나) 광복(1945.8.15) → (라) 미소공위 개최(1946.2) → (다) 유엔 한국 임시 위원단(1948.1) → (가) 정부수립(1948.8.15)

245 (가)~(라)를 일어난 순서대로 옳게 나열한 것은? [1점]

① (가) – (나) – (다) – (라)
② (가) – (다) – (라) – (나)
③ (나) – (다) – (라) – (가)
④ (나) – (라) – (다) – (가)
⑤ (다) – (나) – (가) – (라)

246 정답 ⑤

해설 제시된 담화문을 발표한 정부는 김영삼 정부이다.

오답 살펴보기
① 김대중 정부
② 전두환 정부
③ 이승만 정부
④ 박정희 정부

246 다음 담화문을 발표한 정부 시기에 있었던 사실로 옳은 것은? [2점]

> 저는 오늘 5·18 광주 민주화 운동의 역사적 의미를 되새기면서, 광주의 아픔을 씻어내고 그 명예를 회복하기 위한 정부의 방안을 말씀드리고자 합니다. 분명히 말하거니와 오늘의 정부는 광주 민주화 운동의 연장선 위에 서 있는 민주 정부입니다. 또한 문민정부의 출범과 개혁은 광주 민주화 운동의 역사적 의미를 실현시켜 나가는 과정입니다. 시대가 남겨준 앙금과 한을 훌훌 털고 일어나 신한국 창조의 저 넓고 큰 길로 나섭시다.

① 개성 공업 단지가 조성되었다.
② 3저 호황으로 수출이 증가하였다.
③ 원조 물자를 가공하는 삼백 산업이 발달하였다.
④ 경공업 중심의 수출 주도형 공업화 정책이 추진되었다.
⑤ 경제 활동의 투명성을 높이기 위해 금융 실명제가 실시되었다.

247 다음 정부 시기에 볼 수 있는 장면으로 옳은 것은? [2점]

① 교복 자율화 정책에 기뻐하는 학생
② 프로야구 개막식을 보러가는 회사원
③ 새마을 운동으로 지붕을 개량하는 농민
④ 금강산 관광을 떠나는 남한 단체 여행객
⑤ 농지 개혁으로 지가 증권을 발급받는 지주

정답 및 해설

247 정답 ③

해설 제시된 자료는 박정희 정부의 사실이다.

오답 살펴보기
①② 전두환 정부
④ 김대중, 노무현 정부
⑤ 이승만 정부

248 그래프에 나타난 시기의 경제 상황으로 옳지 않은 것은? [2점]

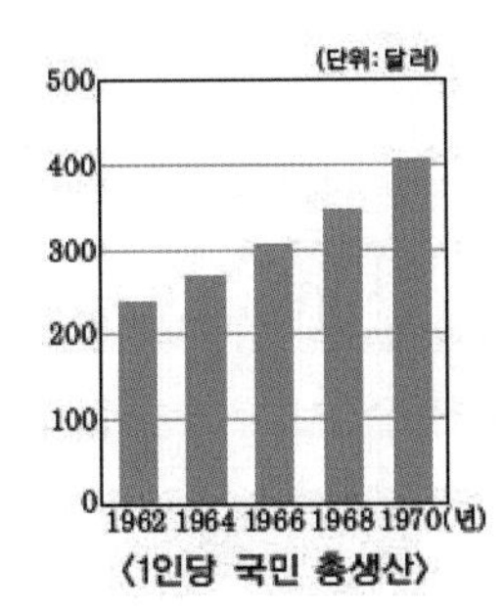

〈1인당 국민 총생산〉

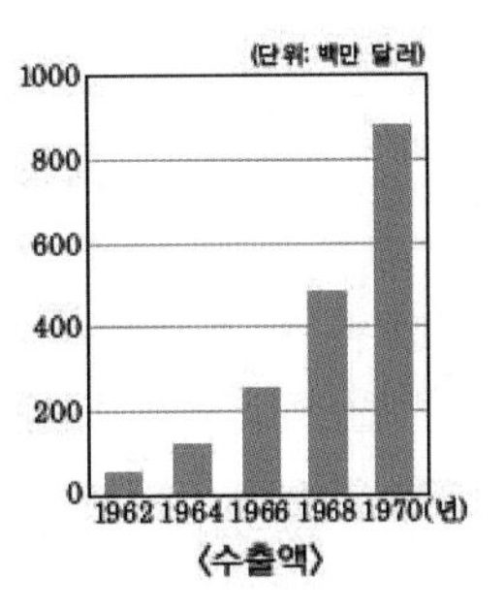

〈수출액〉

① 저곡가 정책이 추진되었다.
② 서독에 광부와 간호사가 파견되었다.
③ 건설업의 중동 진출이 본격화되었다.
④ 한국 경제의 대외 의존도가 심화되었다.
⑤ 경공업 제품을 중심으로 수출이 증가하였다.

248 정답 ③

해설 제시된 자료는 1960년대 박정희 정부 시기의 경제 상황을 보여준다.
③ 건설업의 중동 진출은 1970년대 오일쇼크를 극복하기 위한 대책이었다.

정답 및 해설

249 정답 ③

해설 제시된 자료는 1950년대 미국의 원조경제에 관한 내용을 보여준다.

오답 살펴보기

① 박정희 정부
②⑤ 김영삼 정부
④ 전두환 정부

249 다음 시기의 경제 상황에 대한 설명으로 옳은 것은? [2점]

〈미국의 잉여 농산물 도입 현황〉

구분 연도	1955	1956	1957	1958	1959
도입 실적 (백만 달러)	28.3	51.7	48.2	39.7	27.0
도입 품목	원사, 연초	쌀, 소맥, 대맥, 원사, 낙농품	쌀, 소맥, 대맥	소맥, 대맥, 수수, 당밀, 옥수수	소맥, 원사, 옥수수

한국개발연구원, 「한국 경제 반세기 정책 자료집」

① 베트남 전쟁 참전에 따른 특수를 누렸다.
② 국제 통화 기금의 구제 금융 지원을 받았다.
③ 삼백 산업 중심의 소비재 산업이 발달하였다.
④ 저금리·저유가·저달러로 물가가 안정되었다.
⑤ 우루과이 라운드 타결로 값싼 외국 농산물이 들어왔다.

250 정답 ④

해설 (다) 박정희 정부(7·4 남북 공동 성명) → (나) 노태우 정부(남북 기본 합의서) → (라) 김대중 정부(6·15 남북 공동 선언) → (가) 노무현 정부(10·4 남북 공동 선언)

250 (가)~(라)를 일어난 순서대로 옳게 나열한 것은? [2점]

(가) 남북한이 군사적 대결 종식과 평화 체제 정착을 천명한 10·4 선언을 채택하였다.
(나) 남북한이 서로의 체제를 인정하고 상호 불가침에 합의한 남북 기본 합의서를 발표하였다.
(다) 자주·평화·민족 대단결이라는 평화 통일 3대 기본 원칙에 합의한 7·4 남북 공동 성명을 발표하였다.
(라) 남한의 연합제 안과 북한의 낮은 단계의 연방제 안의 공통성을 인정한 6·15 남북 공동 선언을 채택하였다.

① (가) – (다) – (나) – (라)
② (가) – (라) – (나) – (다)
③ (나) – (라) – (다) – (가)
④ (다) – (나) – (라) – (가)
⑤ (다) – (나) – (가) – (라)

251 밑줄 그은 '정부' 시기의 사실로 옳은 것은? [1점]

○○ 신문

제△△호 19○○년 ○○월 ○○일

남북이 상호 불가침에 합의하다

남북한 유엔 동시 가입이 이루어진 이후, 정부는 북한과 '남북 사이의 화해와 불가침 및 교류·협력에 관한 합의서(남북 기본 합의서)'에 서명하였다. 정부 당국자는 이 합의서가 남북한 정부 간에 이루어진 최초의 공식 합의 문서라는 점에서 큰 의미가 있다고 밝혔다.

① 호주제가 폐지되었다.
② 프로 야구가 출범되었다.
③ 서울 올림픽이 개최되었다.
④ 100억불 수출이 달성되었다.
⑤ 경부 고속 도로가 개통되었다.

252 (가)에 들어갈 내용으로 옳은 것을 〈보기〉에서 고른 것은? [1점]

존경하고 사랑하는 국민 여러분, 역사적인 방북 임무를 대과 없이 마치고 지금 귀국했습니다. 이번 저의 방북이 한반도에서의 평화, 남북 간의 교류, 협력, 그리고 우리 조국의 통일로 가는 길을 닦는 데 첫걸음이 됐으면 더 이상 다행이 없겠습니다. 이제 여러분께 6월 15일에 발표한 남북 공동 선언서에 대해서 간단히 몇 마디 말씀을 드리겠습니다.

(가)

– 대통령 방북 성과 대국민 보고 –

보기

ㄱ. 남북 조절 위원회를 설치한다.
ㄴ. 통일 문제를 자주적으로 해결한다.
ㄷ. 한반도 비핵화 공동 선언을 채택한다.
ㄹ. 연합 제안과 낮은 단계 연방 제안의 공통성을 인정한다.

① ㄱ, ㄴ ② ㄱ, ㄷ ③ ㄴ, ㄷ ④ ㄴ, ㄹ ⑤ ㄷ, ㄹ

정답 및 해설

251 정답 ③

해설 제시된 자료는 남북 기본 합의서로 노태우 정부 시기이다.

오답 살펴보기
① 노무현 정부(2005년)
② 전두환 정부(1982년)
④ 박정희 정부(1977년)
⑤ 박정희 정부(1970년)

252 정답 ④

해설 제시된 자료는 김대중 정부 시기의 6·15 남북 공동 선언에 대한 내용이다.

오답 살펴보기
ㄱ. 1972년 박정희 정부 때 7·4 남북 공동 성명의 합의
ㄷ. 1991년 노태우 정부

정답 및 해설

253 정답 ⑤

해설 제시된 자료의 밑줄 친 성명은 1972년 7·4 남북 공동 성명이다.

오답 살펴보기

①③ 노태우 정부(1991년)
②④ 김대중 정부(1998년)

254 정답 ②

해설 제시된 자료에서 북방정책을 추진한 정부는 노태우 정부이다.

오답 살펴보기

①④⑤ 김대중 정부
③ 박정희 정부

253 밑줄 그은 '성명'에 대한 설명으로 옳은 것은? [2점]

> 미국의 닉슨 독트린 발표에 따른 긴장 완화의 국제 정세 속에서 1971년에 대한 적십자사가 이산 가족 찾기 운동을 북한에 제의하여 남북 적십자 회담이 진행되었다. 그리고 1972년 7월에는 남북한 정부 당국이 비밀 접촉을 거쳐 공동 성명을 발표하였다.

① 한반도 비핵화에 합의하였다.
② 금강산 관광을 시작하기로 하였다.
③ 남북한 유엔 동시 가입을 협의하였다.
④ 개성 공단 조성 사업을 추진하기로 하였다.
⑤ 자주, 평화, 민족 대단결의 통일 원칙을 마련하였다.

254 (가)에 들어갈 내용으로 가장 적절한 것은? [2점]

① 개성 공단 사업을 추진하였어.
② 남북 기본 합의서를 채택하였어.
③ 남북 조절 위원회를 구성하였어.
④ 금강산 관광 사업이 본격화되었어.
⑤ 분단 이후 최초로 남북 정상이 만났어.

255 (가)~(라) 정부의 통일 노력으로 옳은 것을 〈보기〉에서 고른 것은? [3점]

(가)		(나)		(다)		(라)
박정희 정부		전두환 정부		노태우 정부		김대중 정부
7·4 남북 공동 성명 발표	➡	민족 화합 민주 통일 방안 제시	➡	남북한 유엔 동시 가입	➡	남북 정상 회담 개최

보기

ㄱ. (가) – 이산가족 고향 방문단의 교환 방문을 성사시켰다.
ㄴ. (나) – 남북 조절 위원회를 설치하였다.
ㄷ. (다) – 남북 기본 합의서를 채택하였다.
ㄹ. (라) – 개성 공단 조성에 합의하였다.

① ㄱ, ㄴ ② ㄱ, ㄷ ③ ㄴ, ㄷ ④ ㄴ, ㄹ ⑤ ㄷ, ㄹ

정답 및 해설

255 정답 ⑤

오답 살펴보기

ㄱ. 이산가족 상봉은 전두환 정부(1985년)
ㄴ. 남북 조절 위원회 설치는 박정희 정부(1972년)

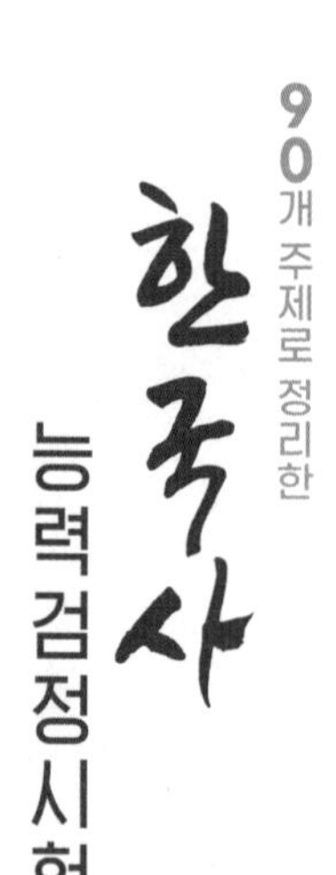

제1판2쇄인쇄 | 2024. 5. 16. **제1판2쇄발행** | 2024. 5. 20. **편저** | 남택범
발행인 | 박 용 **발행처** | (주)박문각출판 **등록** | 2015년 4월 29일 제2015-000104호
주소 | 06654 서울시 서초구 효령로 283 서경 B/D 4층 **팩스** | (02)584-2927
전화 | 교재 주문 (02)6466-7202, 동영상문의 (02)6466-7201

정가 25,000원

ISBN 979-11-6987-044-3